çais

conde

pratique

Anthony Mollica

Le français langue seconde

des principes à la pratique

À la mémoire d'un pionnier
H.H. Stern
1915 - 1987

Le français langue seconde

des principes à la pratique

Pierre Calvé   Anthony Mollica

The Canadian Modern Language Review
La Revue canadienne des langues vivantes
237 Hellems Avenue, Welland, Ontario, Canada
L3B 3B8

Printed in Canada/Imprimé au Canada

ISBN 0-9691796-2-6

Les mille premiers exemplaires de cet ouvrage sont numérotés de 1 à 1 000 et distribués gratuitement grâce à une subvention du Secrétariat d'Etat du gouvernement canadien.

EDUC
CIRC
PC
2065
·F73
1987

Renseignement pour le catalogage avant publication

Vedette principale au titre:

Le Français langue seconde

Bibliographie: p.
Comprend un index.
ISBN 0-9691796-2-6

1. Français (Langue) — Étude et enseignement — Allophones. I. Calvé, Pierre, 1942-
II. Mollica, Anthony, 1939-

PC2065.F73 1987   448'   .007   C87-094960-8

ABR 6081

Table des matières

Préface

Le dynamisme qui anime le domaine de la didactique des langues secondes depuis quelques années a donné lieu à une telle profusion de livres, de revues, de bulletins, de journaux et, il va sans dire, d'articles de toutes sortes, que même les adeptes les plus chevronnés de cette discipline ne sauraient prétendre avoir eu accès qu'à un échantillonnage restreint de toute cette littérature.

Et que dire alors du futur enseignant qui n'a bien souvent que quelques mois, lors de sa formation initiale, pour apprendre les rudiments de ce riche métier et tenter d'en découvrir, à travers cette masse de documents, les principaux postulats théoriques et pratiques.

Le présent manuel s'adresse d'abord aux futurs enseignants à qui nous voulons rendre facilement accessibles, sous une même couverture, et *en français,* une sélection d'articles qui leur permettront d'effectuer un bon tour d'horizon du domaine de la didactique du français langue seconde, en touchant à quelques-uns de ses aspects les plus importants et en respectant l'équilibre nécessaire entre les principes théoriques fondamentaux et les considérations méthodologiques.

Nous croyons combler ainsi une demande pressante, non seulement en ce qui a trait au choix de lectures, mais aussi en ce qui touche le besoin, pour le futur enseignant, d'acquérir *en français* les notions et la terminologie de sa future profession. Nous espérons aussi, il va sans dire, rejoindre de nombreux enseignants déjà en exercice qui sentiraient le besoin, soit de combler certaines lacunes de leur formation, soit simplement d'avoir à la portée de la main un bon manuel de références.

Bien entendu, malgré ses 411 pages, ce manuel ne saurait prétendre à aucune exhaustivité et la sélection ne fut certes pas des plus facile. Les rédacteurs, eux-mêmes chargés de la formation et du perfectionnement d'enseignants en français langue seconde, ont donc décidé, au début du projet, d'effectuer une vaste consultation et de demander à leurs collègues oeuvrant dans le même domaine dans les autres universités canadiennes, soit d'indiquer dans une bibliographie qui leur fut envoyée leurs préférences quant aux articles à publier, soit de soumettre leurs propres suggestions.

La réponse fut inespérée et l'embarras du choix encore plus grand! Certains articles firent l'unanimité, d'autres moins et les suggestions furent très nombreuses. Mais il fallait choisir, ce qui fut fait en tenant compte le plus possible de l'équilibre devant exister entre les différents aspects du phénomène et, bien sûr, des contraintes de temps, de budget et d'espace imposées par la traduction et l'édition.

Ceux qui ont bien voulu participer à l'enquête, et dont nous publions les noms ci-après, en les assurant de notre profonde gratitude, nous pardonneront, ci-après, en les assurant de notre profonde gratitude, nous pardonneront, l'espérons-nous, de n'avoir pu tenir compte de toutes leurs suggestions. On trouvera, dans la liste des lectures additionnelles publiées à la fin du manuel, une bonne partie des articles soumis.

Encore une fois, un tel manuel ne saurait offrir qu'un tour d'horizon du domaine et, selon les objectifs poursuivis par les différents programmes de formation (primaire, secondaire; immersion, français de base...), selon les thèmes étudiés (facteurs psycho-socio-linquistiques, méthodologie des quatre habiletés, évaluation...), ou selon le degré de préparation des étudiants, on devra soit remplacer, soit compléter les lectures suggérées par d'autres lectures, plus approfondies, plus complètes et plus diversifiées.

Remerciements

Nous désirons tout d'abord exprimer notre vive reconnaissance au Secrétariat d'Etat, à Ottawa, pour sa généreuse contribution financière à la publication du présent manuel.

Les rédacteurs tiennent aussi à remercier chaleureusement leurs collègues dont les noms suivent de leur précieux concours dans le choix des articles ainsi que de leurs nombreuses suggestions:

Jacques Barthomeuf, Université Mount Saint Vincent, Halifax
James Brown, Université Dalhousie
Aline Charbonneau, Université de Montréal
Robert Courchêne, Université d'Ottawa
Courtel, Claudine, Conseil scolaire d'Ottawa
Alison d'Anglejan, Université de Montréal
Marie Fenez, Université du Manitoba
Marcel Guisset, Université de Moncton
Howard Hainsworth, Université de Toronto
Peter Heffernan, Université de Lethbridge
Roger Lalonde, Conseil scolaire d'Ottawa
Ghislaine Lavergne, Collège Béliveau
François Lentz, Ministère de l'éducation, Manitoba
Louise Lewin, Université York
Dalton London, Université de New Brunswick
Roger Maréchal, Commission de la Fonction publique

Fernand Marion, Collège Saint-Boniface
Anthony Massey, Université de Queen's
Michael Massey, Université de Concordia
Lucille Maurice, Collège universitaire de Saint-Boniface
André Obadia, Université de Simon Fraser
Patricia Raymond, Université d'Ottawa
Jacques Rebuffot, Université McGill
Robert Roy, Université de Colombie Britannique
Anne Rusnak, Université de Winnipeg
H.H. Stern, Institut d'études pédagogiques de l'Ontario, Toronto
Claudette Tardif, Faculté Saint-Jean, Université de l'Alberta
Raymond Théberge, Collège de Saint-Boniface
Alice Weinrib, Institut d'études pédagogiques de l'Ontario
Joan White, Université McGill
Janice Yalden, Université de Carleton

Nous voulons de plus exprimer aux rédacteurs des revues, journaux et bulletins suivants tout notre gratitude pour nous avoir accordé la permission de reproduire ici, soit dans leur forme originale, soit sous forme traduite, certains articles tirés de leur publication.

Applied Linguistics
Bulletin AQEFLS (Association québécoise des enseignants de français langue seconde)
The Canadian Modern Language Review/La Revue canadienne des langues vivantes
Contact

Études de linguistique appliquée
Le Français dans le Monde
Language and Society/Langue et Société
Notre langue et notre culture
Les nouvelles de l'ACPI (Association canadienne des professeurs d'immersion)

Nous tenons aussi à remercier Mlles Pamela Mollica et Joy Rossi de nous avoir aidés dans la compilation des résultats de l'enquête ainsi que Mme Devianee Caussy, M.Gilles Groleau et Mlle Michelle Thibodeau de leur assistance dans la correction des épreuves.

Qu'il nous soit enfin permis de remercier l'Université Brock qui nous a permis, grâce à une généreuse contribution financière, d'obtenir les services d'un secrétariat.

juillet 1987

H.H. Stern

1
Les programmes de français de base au Canada: Comment les améliorer?

Je suis très heureux que l'on m'ait demandé de prendre la parole à la présente réunion de l'Association canadienne des professeurs de langue seconde (ACPLS). Le symbolisme du thème que vous avez choisi: *Take a second language to heart in Manitoba, the heart of the continent!* (Prenez la langue seconde à coeur au Manitoba, coeur du continent!) ne m'a pas échappé. Nous sommes ici vraiment au coeur du Canada, point idéal pour se tourner vers l'Ouest, l'Est et le Nord et pour obtenir une certaine perspective. Tout comme dans les autres branches de l'éducation, nous avons tendance à envisager l'enseignement des langues d'un point de vue provincial plutôt que continental. Nous sommes, pour la majorité, tellement imbus de l'idée que l'éducation est une préoccupation *provinciale* et non pas nationale, et surtout pas "fédérale", que nous oublions complètement que ce "séparatisme" dans l'éducation s'applique surtout à la *gestion* ou à l'*organisation* de l'éducation. Nos *pensées,* nos *idées* et nos *idéaux* ne s'arrêtent guère aux frontières provinciales, ni même les difficultés auxquelles nous faisons face, ou le rythme de nos préoccupations, qui est pratiquement le même dans tout le pays, d'Est en Ouest. Malheureusement, il nous manque des mécanismes de collaboration suffisants et les distances énormes qui nous séparent nous empêchent de nous retrouver assez souvent pour pouvoir échanger des idées et traiter collectivement de nos difficultés.

C'est pourquoi une association comme l'ACPLS est très importante, à mon avis. N'oublions pas que l'ACPLS a été créée au Manitoba il y a douze ans, sur l'initiative de M. Robert Roy, à qui nous devons rendre hommage pour sa vision. En tant qu'organisme, l'ACPLS est probablement plus importante que nous ne l'avons cru jusqu'ici. Elle n'a pas rempli, ces douze dernières années, la fonction qu'elle aurait dû au point de vue enseignement et apprentissage de la langue seconde au Canada. L'ACPLS devrait prendre exemple sur la *Canadian Parents for French,* autre association dont l'activité s'étend sur tout le continent et qui influe vraiment, à l'échelle nationale, sur l'avancement du français, langue seconde. Il n'y a aucune raison que l'ACPLS n'exerce, à la longue, autant d'influence — à sa façon et pour ses propres fins.

Titre original, "French Core Programs across Canada: How Can We Improve Them?" publié dans *The Canadian Modern Language Review/La Revue canadienne des langues vivantes,* 39, 1(1983): 34-47. Traduction de Lilyane Njiokiktjien. Reproduit ici avec la permission du rédacteur.

Programme des langues modernes du Conseil de l'Europe

Je vais faire une digression, maintenant, et parler du Programme des langues modernes du Conseil de l'Europe. Il me semble en effet que ce programme forme un parallèle intéressant et présente une leçon importante. Nous savons tous que l'Europe a, elle aussi, des difficultés concernant les langues. Il y a un peu plus d'une dizaine d'années, des chercheurs de divers pays européens se sont réunis, sur l'initiative du Conseil de l'Europe, et ont jeté, les années suivantes, de nouvelles bases pour les programmes de langues s'adressant aux adultes en Europe. Certains des linguistes et des enseignants qui ont contribué à cet effort sont maintenant bien connus au Canada: John Trim, David Wilkins, Eddy Roulet, Daniel Coste, René Richterich et Jan van Ek, par exemple. Leurs délibérations ont suscité le *Threshold Level,* le *Niveau-seuil,* le *Kontaktschwelle* et des équivalents dans plusieurs autres langues européennes.[1] Les ouvrages suscités par le Programme du Conseil de l'Europe représentent certaines des meilleures et des plus importantes études sur les questions linguistiques qui aient été réalisées depuis dix ans.

En février dernier, le Conseil de l'Europe a organisé au Palais de l'Europe, à Strasbourg, une rencontre très importante pour l'avenir de ce programme remarquable, à laquelle des délégations de 22 pays européens ont assisté. Le Canada a pu y envoyer une petite délégation, composée de six observateurs (dont moi), sur l'invitation du Secrétariat d'État. Cette réunion devait faire le point sur ce qui a été réalisé les dix premières années, puis aborder un programme nouveau et plus ambitieux encore — plus diversifié et de plus grande envergure que son prédécesseur — engageant une fois encore la collaboration bénévole de nombre de gens des États membres de la Communauté européenne. La toute dernière publication du Conseil de l'Europe, intitulée *Modern Languages 1971-1981,* récapitule de façon très intéressante ce qui s'est fait dans le cadre du programme, la pensée et les réalisations actuelles et, surtout, donne un aperçu des orientations futures.[2] Il y aurait beaucoup à dire sur ce programme et je ne me propose pas de continuer à en parler, ni d'entrer dans les détails des nouvelles orientations vers lesquelles le Conseil de l'Europe a l'intention de s'embarquer, malgré tout l'intérêt que cela pourrait présenter. Je ne désire pas non plus, en parlant en détail du programme du Conseil de l'Europe, sous-entendre que ce programme, ou ses conclusions, pourrait être transmis en bloc au Canada. J'en parle ici pour d'autres raisons. À Strasbourg, ce qui m'a semblé vraiment admirable, et ce sur quoi je tiens à attirer votre attention, c'est, tout d'abord, le fait même de cet acte collectif international au sujet des langues. Puis, l'existence d'un groupe de professeurs de langue et de chercheurs faisant preuve d'imagination et d'un véritable engagement qui s'attaquent ensemble aux questions linguistiques de tout un continent. Je me suis rendu compte que nous n'avions rien, dans les provinces, de comparable quant à l'envergure et au dynamisme. Et je me demande pourquoi.

Collaboration interprovinciale

Pourtant, un esprit analogue, un grand désir, en nous, de collaborer en matière linguistique semblent régner ici. Prenons *Le Revue canadienne des langues vivantes,* dont le comité national de rédaction représente diverses provinces et qui, sous la direction dynamique du rédacteur, M. Anthony Mollica, est devenue la principale revue sur l'enseignement des langues au Canada, et même à l'échelle internationale. La *Revue* est en train de relâcher délibérément ses liens avec l'Association ontarienne des professeurs de langues vivantes, afin de souligner son caractère national. Au nombre d'autres exemples de collaboration inter-provinciale, citons le très précieux Programme des moniteurs, dirigé par le Conseil des ministres de l'Éducation (Canada), et la Société éducative de visites et d'échanges au Canada (SEVEC), qui vient d'être créée. Les prédécesseurs de la SEVEC, c'est-à-dire le programme des Visites interprovinciales et le Secrétariat des échanges bilingues, ont organisé avec succès, pendant nombre d'années, des échanges d'étudiants entre le Québec et l'Ontario. La nouvelle société, fruit de la fusion de ces deux organismes, étend actuellement ses activités à l'échelle nationale et diversifie son programme.[3] On pourrait citer encore d'autres exemples: l'Association canadienne de professeurs d'immersion (ACPI), qui attire des enseignants de tout le Canada, et l'Association canadienne de linguistique appliquée (ACLA). Enfin, je mentionnerai les deux associations dont j'ai déjà parlé, la *Canadian Parents for French* et la présente association, l'ACPLS. Tous ces organismes, et toutes ces activités, prouvent qu'on n'envisage pas, au Canada, les questions linguistiques d'un point de vue provincial seulement. Nous sommes sûrement prêts à collaborer, à l'échelle du pays, pour favoriser l'enseignement de la langue seconde.

Un centre linguistique national?

Si on cherchait à soutenir un effort national de ce genre, pour quelles fins ferait-on le plus clairement appel à notre énergie? Nombre de travaux se présenteraient à l'esprit et on pourrait dire que ce qui importerait maintenant ne serait pas de se lancer dans telle ou telle initiative, mais de créer un mécanisme de collaboration interprovincial, ou national, un centre ou institut linguistique national, semblable à celui qui avait été proposé, il y a longtemps, dans le Rapport sur le bilinguisme et le biculturalisme. À maintes reprises, la Fédération canadienne des enseignants, la *Canadian Parents for French* et, tout récemment et de façon très concrète, le Bureau du Commissaire aux langues officielles, ont demandé la création d'un centre de ce genre.[4] Ces efforts n'ont toutefois rien donné jusqu'ici, pour diverses raisons (d'ordre financier, en partie), surtout, je le crains, à cause du peu d'enthousiasme de la part des ministères dans les provinces à autoriser la création d'un organisme lié à l'éducation — quelque bienveillant qu'il fût — débordant le cadre de leur propre compétence. Certains répugneraient peut-être aussi à appuyer la création d'un nouveau centre linguistique *national* — pour d'autres raisons: ils désireraient savoir d'avance ce que ce centre accomplirait que n'accomplissent pas déjà les centres linguistiques actuels, comme le Centre international pour la recherche sur le bilinguisme, à l'Université Laval, les groupes ou centres linguistiques dans diverses universités (McGill, Ottawa, Carleton, University of Western Ontario), ou le Centre des langues modernes de l'Institut d'études pédagogiques de l'Ontario (OISE). C'est pourquoi, au lieu de rêver d'un nouveau centre linguistique national, il vaudrait peut-être mieux réfléchir aux questions ou aux difficultés auxquelles on devrait s'attaquer sur le plan national.

État critique du programme de français de base

Si on me demandait de choisir une question de ce genre, je choisirais sans aucune hésitation le programme de langue seconde et, plus précisément, le programme de français de base. À mon avis, le renouvellement et le renforcement actuels de l'enseignement de la langue seconde au Canada relèvent essentiellement du programme d'études. Jusqu'à un certain point, les ministres dans les provinces et de nombreux conseils scolaires le reconnaissent déjà. Plusieurs d'entre eux ont réalisé, ou sont en train de réaliser, pour leur propre instance, de nouveaux programmes d'études de langue, notamment pour le français, langue seconde. Je suis au courant de quelques mesures intéressantes dans ce domaine, par exemple, le programme d'anglais langue seconde (ALS) et le programme de français langue seconde (FLS) du ministère de l'Éducation du Québec et le programme-cadre de français du ministère de l'Éducation de l'Ontario.[5] Si tout le monde s'oriente dans la même direction, il vaudrait bien mieux que — comme les Européens il y a dix ans — nous réunissions nos idées, grâce à un programme canadien d'études de langues modernes, ce qui n'empêcherait pas les ministères d'agir en toute liberté. Ils pourraient tous, et non seulement eux, mais aussi les conseils scolaires, les associations provinciales de langue, les dirigeants dans notre profession et quiconque s'intéresse à l'établissement de programmes de langues, avoir accès à un réservoir commun d'idées et de méthodes. Cela permettrait de gagner du temps et d'économiser des fonds et cela répondrait à un besoin réel, tout en suscitant un esprit de collaboration dont toutes les provinces pourraient tirer avantage. Ce genre de programme serait infiniment plus facile à mettre au point au Canada qu'en Europe, car nos traditions et nos systèmes scolaires se ressemblent beaucoup plus que ceux de là-bas.

Je vais maintenant parler du fond de la proposition et demander pourquoi le programme d'études est si important. Pour illustrer ce dont je veux parler, je vais choisir le français, ce qui peut sûrement s'appliquer aux autres langues. Toutes les langues enseignées à l'école et à l'université à titre de matières sont menacées, dans la conjoncture actuelle, et je conseillerai que nous réfléchissions à la façon dont nous abordons le programme d'études de langue.

Dans notre cas, le terme programme d'études comprend trois points:
• *le contenu* (ce que nous enseignons),
• *les objectifs* (ce que nous visons) et
• *les méthodes pédagogiques* (ce que nous faisons pour enseigner).

Toute opinion sur le programme de langues repose sur: des principes ou une théorie de l'enseignement des langues, une opinion sur la langue, une opinion sur l'apprentissage et une opinion sur l'éducation, ce qui est applicable sûrement à la notion de programme d'études que j'ai l'intention d'esquisser.

Pourquoi devrions-nous nous attacher au français et, plus précisément, au programme de français de base (et non pas au programme d'immersion)? On a négligé le français de base, me semble-t-il, parce qu'on s'est laissé hypnotiser par le cours d'immersion. Le cours d'immersion de français a eu un succès incontestable, mais ce fut au détriment du programme de français de base. ''Le cours d'immersion constitue la seule façon d'apprendre une langue étrangère.'' Voilà ce que l'on répète depuis dix ans au Canada concernant l'apprentissage de la langue seconde. Même si j'aime et si j'approuve le cours d'immersion, en tant que programme novateur très intéressant et, certes, indispensable dans les systèmes scolaires, j'estime qu'en exagérant son succès et, entre parenthèses, en négligeant ses difficultés, et, surtout, en désapprouvant et en dévaluant les possibilités des programmes de langues fondamentaux et ordinaires et en n'en tenant aucun compte, nous rendons un mauvais service à l'enseignement des langues. La majorité de ceux qui apprennent le français devront le faire non pas à un cours d'immersion, mais à un cours de français de base. La majorité des professeurs de langue enseignent d'après des programmes ordinaires. À l'école ou à l'université, l'apprentissage des autres langues étrangères s'effectue inévitablement au cours de langue ordinaire. À l'étranger — dans toute l'Europe, par exemple — la scolarité ne comporte pas de cours d'immersion, l'enseignement des langues s'effectuant entièrement au cours *ordinaire, ou au cours de base* comme nous l'appelons ici. Ce serait donc faire preuve d'une grande négligence que de ne pas tenir compte de l'importance de tous les cours de langue traditionnels. Dans la présente allocution, je demande instamment que les provinces s'unissent par le moyen, espérons-le, de la présente association, ou grâce à l'appui de quelque autre organisme, et que ces prochaines années, *on cherche résolument à améliorer nettement le programme d'études fondamental, de sorte que le programme de français de base devienne une autre option véritable par rapport au cours d'immersion et ne constitue plus son "parent pauvre".*

Comment cela pourrait-il se faire? Au lieu de tourner le dos au programme de base, il faudrait commencer par nous demander quels sont *ses gros défauts.* Peut-on y remédier ou bien le programme de français de base, de pair avec d'autres programmes de langues ordinaires, est-il une "cause perdue"? L'enseignement traditionnel des langues ne constitue peut-être plus une formule valide? Je suis persuadé que les opinions négatives, sous-entendues dans ces deux questions et énoncées parfois à l'heure actuelle même par des professeurs de langue, ne sont pas justifiées.

Quelles sont ces critiques portant sur les programmes de base que nous formulons, ou que d'autres formulent, et auxquelles il faut répondre? En les généralisant, sans les nuancer, elles peuvent être caractérisées de la façon suivante: il est possible de critiquer les cours de français de base, et d'autres cours de langue traditionnels, en disant qu'on y aborde de façon trop limitée la question de la langue et qu'ils fonctionnent d'après une idée trop bornée de l'apprenant et de l'apprentissage. Trop souvent, ils limitent la fonction du professeur de langue à celle d'un maître faisant faire des quantités d'exercices, sans souvent comprendre les possibilités éducatives de l'enseignement de la langue seconde. On accuse les cours d'être répétitifs et "mal intégrés." On a déclaré que le contenu essentiel des programmes était superficiel, que les narrations et les dialogues manquaient d'originalité et étaient insipides. Les élèves se plaignent parfois d'étudier sans cesse les mêmes choses et de ne pas avancer. Les enseignants, eux, sont déçus et n'éprouvent aucune satisfaction sur le plan professionnel.

Il serait peut-être bon de préciser, au cas où ces jugements assez généraux seraient mal interprétés, que j'ai décrit des auto-critiques formulées entre "professionnels," ainsi que des critiques formulées par d'autres. Il ne s'agit pas d'accusations "d'incompétence" adressées aux enseignants. Nous cherchons à améliorer la qualité de notre travail, aussi observons-nous de temps à autre d'un oeil critique nos méthodes. Le public n'aurait de souci à se faire que si nous étions satisfaits de nous-mêmes et si nous ne reconnaissions pas nos défauts, ou si nous n'étions pas prêts à y remédier.

Les défauts des programmes d'enseignement des langues que j'ai esquissés peuvent s'expliquer, naturellement. Dans l'ensemble, l'enseignement actuel du français au Canada procède de la révolution audio-linguale des années soixante, qui visait à rendre l'enseignement des langues simple, direct et vraiment pratique. Nous enseignons, pour la plupart, une langue comme on nous a enseigné à le faire à cette époque-là. Les méthodes qui ont alors été perfectionnées ont beaucoup de valeur et je ne vais pas m'amuser à "malmener" l'audio-oral.[6] Il faut cependant reconnaître que ces vingt dernières années, les opinions sur la langue et l'étude des langues se sont modifiées. Des progrès importants ont été accomplis, qu'il est impossible de passer sous silence, notamment l'immersion, qui influe de façon prépondérante sur l'enseignement ordinaire des langues. Autre réalisation: Le Programme du Conseil de l'Europe, qui aborde de façon très intéressante les nouveaux programmes d'études de langue. Une troisième réalisation a été les recherches sur l'apprentissage des langues secondes. Je pense aux études portant sur "l'interlangue", ou aux travaux très intéressants de Stephen Krashen sur la distinction à établir entre "l'acquisition" des langues et "l'apprentissage" des langues,[7] et les éclaircissements croissants sur les perceptions de l'apprenant, sur ses initiatives et sur ses "stratégies" de communication.[8] Il ne faut pas oublier non plus les changements qui ont été apportés à l'organisation de l'enseignement des langues, applicables notamment à l'anglais enseigné dans les systèmes scolaires d'expression française et au français enseigné dans les systèmes scolaires d'expression anglaise. Beaucoup plus de temps par exemple, est prévu dans les programmes scolaires pour l'enseignement de la langue seconde.[9] Les programmes de base durent aussi beaucoup plus longtemps: ils commencent souvent au niveau primaire ou au 1er cycle du secondaire et durent cinq, huit, dix ou même douze ans. En outre, davantage de temps, par jour ou par semaine, y est consacré. Cela veut dire que le programme ne peut pas se limiter, pendant des années, à des exercices mécaniques. Il force celui qui établit le programme d'études à s'assurer que le cours de français de base contribue de façon importante au programme d'études général de l'école.

Cadre du nouveau programme d'études de langue

Compte tenu de tout cela, je désire maintenant vous présenter le cadre d'un programme d'études tenant compte de ces changements et devant aussi répondre à certaines des critiques qui sont actuellement lancées contre les programmes de langues.[10] Ce n'est ni le moment d'examiner en détail tout le programme, ni l'endroit pour le faire. Le diagramme (Figure 1) et quelques explications imprimeront cependant peut-être l'orientation nécessaire.

Modèle de programme d'enseignement d'une langue seconde

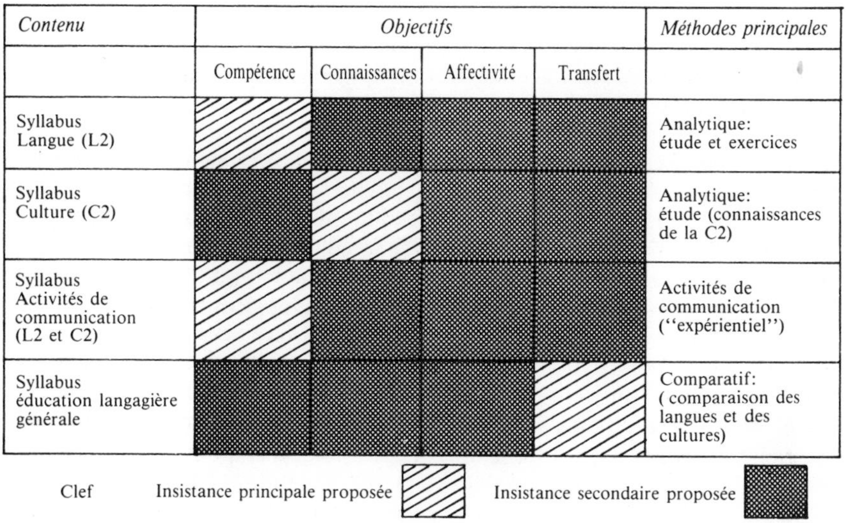

Contenu	Objectifs				Méthodes principales
	Compétence	Connaissances	Affectivité	Transfert	
Syllabus Langue (L2)	▨ (principale)	▓ (secondaire)	▓ (secondaire)	▓ (secondaire)	Analytique: étude et exercices
Syllabus Culture (C2)	▓ (secondaire)	▨ (principale)	▓ (secondaire)	▓ (secondaire)	Analytique: étude (connaissances de la C2)
Syllabus Activités de communication (L2 et C2)	▨ (principale)	▓ (secondaire)	▓ (secondaire)	▓ (secondaire)	Activités de communication ("expérientiel")
Syllabus éducation langagière générale	▓ (secondaire)	▓ (secondaire)	▓ (secondaire)	▨ (principale)	Comparatif: (comparaison des langues et des cultures)

Clef   Insistance principale proposée ▨   Insistance secondaire proposée ▓

Figure 1

On verra qu'un programme d'études multidimensionnel est proposé. Ce programme a quatre composantes, ou focalisations:
- langue
- culture
- activités de communication
- éducation langagière générale

Tout ceci veut dire que le programme d'études ne relève pas d'une notion de compétence unidimensionnelle axée sur des connaissances purement linguistiques. Son contenu n'est pas simplement la langue, interprétée d'un point de vue étroit. Il comporte en réalité quatre domaines à action réciproque, ou "syllabus." A chacun d'eux, nous pouvons attribuer des méthodes d'enseignement de base, car les divers contenus exigent des méthodes différentes, complémentaires. Je vais maintenant esquisser brièvement ces quatre contenus:

1. Le *syllabus langue* est assez bien connu, tout au moins dans certaines parties. Il comprendrait les composantes vocabulaire et grammaire qui ont toujours figuré au cours de langue et qui sont sans doute nécessaires pour l'acquisition complète de la langue seconde. Il comprendrait en outre de nouveaux éléments, dérivés de la sémantique, de l'analyse du discours et de la sociolinguistique, bref, les éléments que le *Niveau-Seuil* du Conseil de l'Europe et d'autres programmes "notionnels-fonctionnels" ont toujours inclus. Ces éléments seraient enseignés à l'aide des méthodes d'étude et de pratiques connues des professeurs de langue très expérimentés et comprendraient des méthodes d'enseignement du type "cognitif" et du type "audio-oral." Ce programme constitue par conséquent l'aspect le moins discutable de la présente proposition, sauf que la composante

sociolinguistique et la composante sémantique sont relativement nouvelles et imparfaitement intégrées à l'enseignement de la grammaire et du vocabulaire des programmes traditionnels.[11]

2. Le *deuxième syllabus, Culture,* est, en principe, largement reconnu dans la plupart des cours de langue, mais est habituellement très accessoire et souvent entièrement passé sous silence. C'est un syllabus qui orienterait ouvertement, et de façon délibérée, le cours de français vers une ou plusieurs collectivités d'expression française. Dans le cas du français langue seconde, au Manitoba, le cours comprendrait immanquablement la collectivité franco-manitobaine. En outre, on choisirait d'autres collectivités d'expression française au Canada, notamment le Québec, en tant que centre principal de la culture d'expression française en Amérique du Nord, tout en tenant compte aussi de la France et des territoires d'expression française dans le monde. Pour ce syllabus, les principales méthodes d'enseignement sont probablement l'échange de renseignements et la découverte. Naturellement, il faudrait non seulement *se renseigner* sur la culture, mais aussi *en faire personnellement l'expérience.* Toutefois, selon cette technique, l'aspect "expérientiel" figure sous la rubrique suivante. À cause d'un manque de renseignements solides et de documentation accessible, la composante culturelle est beaucoup plus difficile à mettre en oeuvre qu'on ne s'en rend souvent compte. Le matériel approprié manque pour répondre aux exigences de ce programme; il s'agit d'un point auquel il faut remédier. Espérons que dans les universités canadiennes, les départements de français contribueront de plus en plus à combler cette lacune.

3. Le *troisième syllabus, Activités de communication,* est le plus communément oublié et représente peut-être la contribution la plus originale de notre époque. Elle exige une méthode différente et vise à s'assurer que tous les apprenants font l'expérience de l'utilisation naturelle, non adaptée et non répétée d'avance, de la langue. Les notions clefs de ce syllabus sont l'interaction, la communication et l'expérience authentiques. Il garantit que l'apprenant non seulement acquiert des connaissances à propos de la langue — en tant qu'objet distinct — mais aussi qu'il ou elle "vit" personnellement et directement la langue. Dans ce syllabus, nous appliquons au cours de français de base les leçons qui ont été apprises en immersion et au cours de l'emploi d'autres méthodes récentes, dites "communicatives," pour l'enseignement des langues. Dans le cadre de ce programme, l'apprenant est encouragé à se mêler personnellement, selon ses possibilités, à la collectivité s'exprimant dans la langue cible. L'élève devrait pouvoir relier à la langue seconde sa vie, ses activités, ses intérêts et ses préoccupations prédominants. Ce programme insiste sur les sujets, sur l'information, non pas sur la langue en soi. L'une des façons les plus faciles d'y arriver consiste à enseigner en français une autre matière que la langue, ou à faire appel à d'autres matières du programme d'études, car la langue est ainsi utilisée comme moyen de communication pour autre chose. C'est là, naturellement, le "secret" du cours d'immersion. Un autre aspect important de ce programme consiste à permettre aux élèves d'entrer directement en rapport avec l'une des collectivités s'exprimant dans la langue cible: visites, rencontres avec des personnes s'exprimant dans la langue, hébergement chez des membres de la collectivité s'exprimant dans la

langue, participation à des échanges d'élèves. Une autre méthode consiste à lire des livres, des magazines et des journaux, à voir des films ou à écouter la radio s'adressant aux francophones. Dans ce contexte, nous pourrions réexaminer la fonction de la littérature dans l'enseignement des langues. Bref, voilà les diverses façons qui permettent aux élèves de se rapprocher de la collectivité s'exprimant dans la langue cible. Considérés sous cet angle, les déplacements et les échanges d'élèves ne sont pas superflus, mais représentent un aspect important de ce syllabus, car ils engagent la participation des élèves (et des enseignants) et, dans le cas des échanges de classes ou de visites, d'écoles tout entières.[12] Pour ce programme, la principale méthode d'enseignement et d'apprentissage est la communication, au lieu de l'étude systématique de la langue et des exercices de répétition. Les élèves sont directement engagés en tant que participants à des activités intéressantes et utiles. Nombre d'enseignants ont déjà encouragé ce genre d'activités et y ont gagné de l'expérience, mais ces efforts ne sont habituellement pas pleinement incorporés au cours de français. Un tel syllabus supposera de nombreuses innovations.

4. Avec la *quatrième et dernière composante* du programme d'études, que nous appelons *Syllabus "éducation générale,"* nous modifions encore une fois notre perspective. Nous nous écartons de l'apprentissage du français et de la familiarisation avec les collectivités d'expression française et nous essayons de réfléchir à la langue et aux langues en général, à l'apprentissage des langues, aux cultures et aux sociétés. A cette fin, nous tirons parti de l'expérience de l'apprentissage du français comme tremplin pour généraliser et pour relier l'apprentissage du français à ce que nous connaissons de l'anglais et d'autres langues.

Ce programme traiterait de phénomènes linguistiques et culturels généraux, éveillerait l'attention de l'apprenant sur la façon d'apprendre une langue ("apprendre à apprendre") et pourrait même comporter des discussions philosophiques sur les liens entre la langue et la pensée, la langue et la société, ou la langue et la réalité. Au nombre d'autres sujets pourraient figurer le langage de l'enfant, les familles de langues, la variété linguistique, les questions de préjugés linguistiques et ethniques ou les questions politiques et économiques dans le cadre de l'apprentissage des langues. Pour ce syllabus, la principale méthode d'enseignement aurait probablement un caractère fortement cognitif, engageant l'élève à faire des observations sur les langues et sur les cultures et des comparaisons entre elles, ce qui les encouragerait à réfléchir à leur propre façon d'apprendre la langue. Là encore nous innovons — tout au moins en ce qui concerne le français enseigné en classe aux anglophones.[13]

Ces quatre syllabus constituent le cadre d'un programme de langue seconde. La grande différence entre le cadre de ce programme et celui des programmes plus familiers est que la priorité n'est pas automatiquement accordée au syllabus de "langue." Les trois autres syllabus ne sont pas traités comme s'ils représentaient un apport secondaire. Ils sont jugés comme ayant la même valeur, comme comportant des façons différentes, mais complémentaires, d'aborder la langue seconde.

Résumons: Dans le premier syllabus nous étudions **la langue** proprement dite, nous apprenons à écouter, à parler, à lire et à écrire dans la langue. Dans le deuxième syllabus, nous nous intéressons aux *collectivités* qui s'expriment dans la langue et nous nous familiarisons avec leur mode de vie; toutefois, dans ces deux syllabus, nous observons, de façon parfaitement légitime, la langue et le mode de vie en tant qu'*objets* à examiner et à apprendre à connaître. Dans le troisième syllabus, c'est-à-dire "Activités de communication," nous modifions notre point de vue et nous participons *personnellement,* en tant qu'êtres humains, à l'utilisation de la langue, et nous faisons, aussi directement que possible, *l'expérience* de la langue cible et des collectivités cibles. Dans le quatrième syllabus, nous prenons du recul et relions le français (ou la langue que nous apprenons) à ce que nous connaissons et nous acquérons des connaissances sur *la langue,* sur *l'apprentissage de la langue* et sur l'humanité en général.

Ces quatre syllabus sont interdépendants, chacun contribuant aux trois autres et au programme scolaire général. Il ne faut pas les isoler les uns des autres: "Lundi, étude de la langue; mardi, culture; mercredi, autre chose, etc." Ces syllabus représentent plutôt des façons différentes d'étudier la langue, vue sous divers aspects, et donneraient les meilleurs résultats s'ils étaient parfaitement intégrés. Ce type de programme s'intègre fort bien à l'idée de la "langue dans l'ensemble du programme d'études," ainsi qu'aux tentatives récentes d'intégration du français aux autres matières scolaires.[14] À l'aide de cette méthode à quatre composantes, je crois que nous pourrions renforcer et mieux équilibrer le cours de langue seconde, en augmenter la valeur éducative et répondre ainsi à l'une·des principales critiques qui sont lancées contre les programmes de langue actuels: banalité du contenu, manque de substance, valeur éducative douteuse et, aussi, insuffisance de la compétence linguistique.

Les objectifs (voir la Figure 1) à atteindre grâce à ce programme peuvent se classer en quatre catégories générales, tirées assez librement des taxinomies célèbres des objectifs scolaires de Bloom et de leur adaptation à l'enseignement des langues par Valette:[15]

- *Compétence* dans la langue, ainsi que compétence culturelle: *Objectif "compétence."*
- *Connaissance* de la langue, de la culture et de la société: *Objectif cognitif.* L'apprentissage d'une langue devrait être stimulant intellectuellement et présenter des connaissances nouvelles, intéressantes et utiles aux élèves.
- *Attitudes* et *valeurs* concernant la langue, le pays ou la région, sa population et sa culture: *Objectif affectif.* L'élève devrait développer une affectivité positive envers la langue et les régions ou les pays en question. C'est de ce point de vue que le thème de la présente conférence, "Prenez la langue à coeur," convient notamment.
- *La capacité de transférer* ses expériences avec le français à d'autres langues, à d'autres pays et à une éducation plus générale et multi-ethnique: *Objectif éducation générale.*

Je soutiens qu'à l'aide de ce programme d'études multidimensionnel, ces objectifs peuvent être visés avec beaucoup plus de chances de succès que si on persiste à suivre un programme linguistique exclusivement unidimensionnel.

Il faut comprendre que, dans ce programme, les stratégies différentes dont il n'a été fait que brièvement mention ne représentent pas simplement un pot-pourri éclectique, mais conviennent aux contenus différents et aux principaux objectifs mentionnés.

Applications

Ce dont je viens de parler rapidement n'a rien de très original. Essentiellement, il est possible de trouver certaines de ces caractéristiques dans nombre de programmes et cours de français. Il s'agit d'aspects plus ou moins établis dans le répertoire de bien des professeurs de langue. Toutefois, la majorité des créateurs de programmes d'études, des rédacteurs de manuels et des enseignants considèrent qu'ils ne doivent se préoccuper *que* du syllabus langue et ont tendance à ne traiter les autres contenus que comme des aspects périphériques. Le présent programme a pour objet de mettre plus systématiquement au point ces activités périphériques. En leur donnant plus de poids, les professeurs de langue dispenseraient un programme plus intéressant, plus varié et plus solide au point du vue éducatif, ce qui, espérons-le, en accroîtrait l'efficacité.

Etant donné que ce programme n'est pas entièrement nouveau et souligne simplement les caractéristiques des programmes de langue qui sont négligées ordinairement, l'enseignant qui s'y intéresserait pourrait l'intégrer presque immédiatement à son enseignement, tout d'abord à titre provisoire et à petites doses, puis, à mesure qu'il deviendrait plus sûr de lui et qu'il dépasserait les restrictions traditionnelles des programmes de langues courants, hardiment et délibérément.

Je traiterai maintenant d'une objection possible des enseignants: "Où trouverai-je le temps pour enseigner ces autres syllabus? C'est à peine si je peux compléter mon programme ordinaire." Revenir sans arrêt et uniquement sur les exercices de langue (même de façon amusante et par des jeux) ne suffit pas et n'assure pas la compétence. À la longue, cette méthode ne peut que décevoir enseignants et élèves. En outre, du point de vue éducatif, elle est beaucoup moins justifiable que le programme multidimensionnel.

Je dois aussi souligner que je ne considère pas cette proposition comme une recette infaillible, garantissant un succès instantané, mais comme une orientation à examiner. Des points de vue théorique et éducatif, il y aurait beaucoup à dire en sa faveur. Toutefois, dans l'éducation, il faut innover par l'expérience, la recherche, la création et l'évaluation systématique. C'est dans cet esprit que je soumets la question à votre examen.

Au cours de la présente communication, j'ai pensé principalement au *français,* langue seconde, dans *le cadre scolaire.* À mon point de vue, cependant, cette méthode peut s'appliquer tout autant à l'enseignement du français *à l'univer-*

sité qu'à l'enseignement de toute autre langue à l'école ou à l'université. Je ne veux pas dire par là que dans tous les programmes de langue et à toutes les étapes d'un programme donné, l'insistance devrait rester la même. Ainsi, le diagramme illustre seulement l'une des répartitions possibles des "insistances principales" et des "insistances secondaires." Les priorités peuvent changer d'un syllabus à l'autre; les objectifs de l'apprenant peuvent varier aussi selon l'âge, l'expérience acquise, la compétence et d'autres caractéristiques. Il est possible aussi que les priorités varient en fonction de différents contextes d'apprentissage.

Je n'ai décrit que le cadre, ou les grandes lignes, du programme. D'après ce qui ressort de ma communication, les divers contenus, les différents syllabus, n'existent pas intégralement sous une forme "prêts à l'emploi." Ils n'ont pas été mis au point de façon assez approfondie. Çà et là, on peut trouver des exemples utiles des divers types d'éléments à intégrer au programme. A l'Institut d'études pédagogiques de l'Ontario, à Toronto, le Centre des langues modernes réalise depuis plusieurs années des prototypes de "modules" en français et en anglais, qui illustrent certains des élements de ces programmes.[16] Les programmes actuels et les programmes d'études nouveaux, le *French Core Programs 1980: Curriculum Guideline for the Primary, Junior, Intermediate and Senior Divisions* de l'Ontario, par exemple, ou le *Programmes d'études* en français et en anglais du Québec, sont utiles pour divers aspects de la mise au point de notre programme d'études. D'autres provinces ont sûrement fait des expériences utiles dans ce domaine, mais il reste encore beaucoup à faire.

Maintenant, je désire répondre d'avance à un malentendu possible. Je ne propose pas pour le Canada un programme d'études de français unique, sorte de méga-programme, d'"'Alsands" de l'enseignement de la langue. J'envisage un réservoir, ou banque, d'idées, d'éléments et d'exemples de techniques, de méthodes et de matériel à divers niveaux de l'enseignement de la langue, auquel contribueraient nombre de gens dans tout le Canada, et où pourraient puiser les enseignants, les ministères, les conseils scolaires, les éditeurs et même les apprenants.

Mesures en vue

Si ce programme semble prometteur, on pourrait envisager qu'un organisme comme l'ACPLS l'étudie plus à fond. Puis, s'il semble toujours intéressant, on pourrait imaginer que l'ACPLS, ou quelque autre organisme, prenne les choses en main et crée des comités, des ateliers ou des groupes d'étude nationaux qui assumeraient la responsabilité de l'un des contenus. Sinon, les comités pourraient être créés pour s'occuper des quatre syllabus à un niveau précis de l'éducation: primaire, moyen intermédiaire, supérieur, éducation des adultes ou université. À tous ces niveaux et au sein des quatre domaines d'étude (ainsi que pour d'autres langues que le français), l'enseignement de la langue ne pourait qu'être avantagé par ce genre de collaboration entre les provinces.

Les comités ne travailleraient naturellement pas isolément, mais pourraient collaborer. En outre, ils demanderaient à diverses associations linguistiques provinciales, aux ministères de l'Éducation, au Secrétariat d'Etat, au Conseil des ministres de l'Éducation (Canada), aux éditeurs canadiens, à des centres comme le Centre des langues modernes de l'Institut d'études pédagogiques de l'Ontario (OISE), le Centre de recherche internationale sur le bilinguisme de l'Université Laval, ou les centres de langues à l'Université d'Ottawa et à l'Université Carleton, de les appuyer et, enfin et surtout, ils pourraient naturellement compter sur l'appui des départements de langues dans les universités. Des idées analogues à celle du programme présenté ici ont été récemment formulées aux États-Unis; la collaboration avec des professeurs de langue américains *(American Council on the Teaching of Foreign Languages)* (ACTFL), par exemple, pourrait également être envisagée.[17]

Conclusion

Le programme que je viens de présenter devrait être expliqué plus en détail que je ne puis le faire maintenant. J'espère cependant en avoir assez dit pour vous convaincre qu'il s'agit d'une proposition concrète, à étudier à fond. Voyons ensemble si, de points de vue différents, il est raisonnable dans la conjoncture actuelle. Examinons ses répercussions sur les cours, sur l'élaboration du matériel, sur le perfectionnement des professeurs de langue et sur la recherche. Si nous concluons que la proposition en vaut la peine, prenons alors les mesures qui conviennent.

Voilà ce que je voulais dire quand j'ai déclaré: "Gagnons leurs coeurs en nous servant de nos têtes!" Je suis persuadé qu'en abordant ainsi le programme d'études, non seulement nous gagnerons le coeur de nos élèves, mais aussi nous leur permettrons d'apprendre probablement beaucoup plus de français (ou autre langue enseignée), et beaucoup d'autres choses aussi. Leur programme de langue seconde actuel est considéré comme plus ou moins satisfaisant; pour moi, toutefois, le programme d'études multidimensionnel que j'ai présenté vaut la peine d'être examiné en vue de s'orienter vers un enseignement de la langue seconde qui soit plus acceptable et plus efficace. Ce que je propose représente naturellement un effort à long terme. Même s'il ne s'agit pas là d'un remède-miracle à effet rapide, je suis persuadé qu'en essayant quelque chose de ce genre, une étape importante aura été prise pour faire sortir le cours de français de base du marasme où il s'est enlisé.*

---

*Adaptation de l'allocution d'ouverture, intitulée *Let's use our heads to reach their hearts* (Gagnons leurs coeurs par nos têtes!), qui a été prononcée, devant le douzième congrès annuel de l'Association canadienne des professeurs de langue seconde, tenu à Winnipeg, au Manitoba.

Notes

1. J. Van Ek, *The Threshold level in a European Unit/Credit System for Modern Language Learning by Adults* (Strasbourg: Conseil de l'Europe, 1975); D. Coste et al, *Un niveau-seuil* (Strasbourg: Counseil de l'Europe, 1976); M. Baldegger, M. Muller et G. Schneider, *Kontaktschwelle Deutsch as Fremdsprache* (Strasbourg: Conseil de l'Europe, 1980) et P.J. Slagter, *Un nivel umbral* (Strasbourg: Conseil de l'Europe, 1979). Voir les débats récents du programme du Conseil de l'Europe et les références supplémentaires entre autres dans les articles de L.G. Alexander, W.M. Rivers et B.J. Melvin, ainsi que H.H. Stern, dans J.E. Alatis, H.B. Altman et P.N. Alatis, réd., *The Second Language Classroom: Directions for the 1980's*

(New York: Oxford University Press, 1981).
2. Également disponibles en français sous le titre *Langues vivantes 1971-1981,* les deux versions ont été publiées par le Conseil de l'Europe, Strasbourg, 1981. Les conclusions et les recommandations de cette réunion importante, tenue à Strasbourg, du 23 au 26 février 1982, ont été publiées par le Conseil pour la coopération culturelle du Conseil de l'Europe, en tant que document distinct, daté du 20 avril 1982 (code: CC-GP4 (82) 3).
3. SEVEC, organisme de charité indépendant, qui siège au 1580, chemin Merivale, Bureau 505, Ottawa (Ontario) K2G 4B5. La SEVEC tiendra sa première assemblée annuelle et sa première conférence à Winnipeg, en octobre 1982.
4. Voir, par exemple, un article de E. Sarkar, intitulé "When it comes to a national clearinghouse, Canadians are still house hunting," *CPF National Newsletter,* No 11 (september 1980): 1-2.
5. Ministère de l'Education du Québec, *Programme d'études: Primaire - Français, langue seconde (1980); Programme d'études: Primaire - Anglais, langue seconde (1980); Programme d'études: Secondaire - Français, langue seconde (1981),* tous publiés par le Ministère de l'Education du Québec. Ministère de l'éducation de l'Ontario, *French Core Programs 1980: Curriculum Guideline for the Primary, Junior, Intermediate and Senior Divisions* (Toronto: Ministère de l'Education de l'Ontario, 1980). J'ai parlé récemment de la méthode employée par les deux ministères pour le programme d'études de la langue seconde dans *Issues in Early Core French: A Selective and Preliminary Review of the Literature: 1975-1981* (Toronto: Service de la recherche du Conseil de l'éducation pour la ville de Toronto, 1982).
6. Récemment, J.P.B. Allen a signalé qu'il fallait réévaluer la contribution de l'audiolingualisme, dans "The Audiolingual Method: Where Did It Come From and Where Is It Going?" ronéotypé (1981).
7. Voir, par exemple, S.D. Krashen, *Second Language Acquisition and Second Language Learning* (Oxford: Pergammon Press, 1981).
8. Pour une revue récente des études sur l'apprentissage de la langue seconde, voir H.H. Stern et J. Cummins, *Language Teaching/Learning Research: A Canadian Perspective on Status and Directions,* dans J.K. Phillips, réd. *Action for the '80's: A Political, Professional, and Public Program for Foreign Language Education.* The ACTFL Foreign Language Education Series (Skokie, Ill.: National Textbook Company, 1981), pp. 195-248.
9. L'importance de cours plus longs a été fortement préconisée par le Ministère de l'Éducation de l'Ontario. Voir, par exemple, le *Report of the Ministerial Committee on the Teaching of French (Rapport Gillin)* (Toronto: Ministère de l'Education de l'Ontario, 1974) et l'énoncé de politique du même ministère, dans *Teaching and Learning French as a Second Language: A new Program for Ontario Students* (Toronto: Ministère de l'Éducation de l'Ontario, 1977). La documentation récente sur la question de la durée du cours est étudiée dans mon rapport à l'intention du Conseil de l'éducation de Toronto, cité dans la note 5 ci-dessus.
10. Les notions sous-jacentes à ce programme d'études ont été mises au point durant plusieurs années, dès le début des années 1970. Elles se sont concrétisées et ont été appliquées dans les produits du Programme de modules de français du Centre des langues modernes de l'Ontario Institute for Studies in Education (OISE). Dans la forme actuelle, ce programme est le fruit d'une collaboration prolongée avec Rebecca Ullmann, associée à la recherche et chercheur principal du Programme de modules de français de l'OISE. Pour des déclarations antérieures et analogues, voir H.H. Stern, "Mammoths or Modules," *Times Educational Supplement,* 8 octobre 1976 (encart spécial sur l'enseignement des langues modernes, p. 44); H.H. Stern, R. Ullmann et al, *Module Making: A Study in the Development and Evaluation of Learning Materials for French as a Second Language* (Toronto: Ministère de l'Education de l'Ontario, 1980). Pour des déclarations plus récentes, voir H.H. Stern, "Directions in Foreign Language Curriculum Development, dans les *Proceedings of the National Conference on Professional Priorities, November 1980,* du American Council on the Teaching of Foreign Languages (Hastings-on-Hudson: ACTFL Materials Center), pp. 12-17; R. Ullmann, "A Broadened Curriculum Framework for Second Languages: Some Considerations," *English Language Teaching Journal,* 36:255-262. Voir également la note No 17.
11. La question de la conception du programme de langue est étudiée, entre autres, dans des articles de H.G. Widdowson et C.J. Brumfit, ainsi que dans l'article de L.G. Alexander, dans Alatis et al., cit., qui a déjà été mentionné.
12. Pour une étude des échanges d'élèves, vue sous cet aspect éducatif, voir G. Hanna et al., *Contact and Communications: An Evaluation of Bilingual Student Exchange Programs,*

(Toronto: OISE Press, 1980). Voir également H.H. Stern, "Language Learning on the Spot: Some Thoughts on the Language Aspect of Student Exchange Programs," *The Canadian Modern Language Review/La Revue canadienne des langues vivantes,* 36, 4 (mai 1980): 659-669.
13. Cet aspect du curriculum a été récemment souligné par E. Hawkins, "Modern Language in the Curriculum" (Cambridge: Cambridge University Press, 1981).
14. Voir E. Roulet, "Langues maternelles et langues secondes: vers une pédagogie intégrée" (Paris: Hatier, 1980).
15. Voir, par exemple, R.M. Valette, "Evaluation of Learning in Second Language" dans B. Bloom, J.T. Hastings et G. Madaus (réd.). *Handbook on Formative and Summative Evaluation of Student Learning* (New York: McGraw Hill, 1971) pp. 817-853.
16. Voir la note 10 ci-dessus ou encore une illustration d'un module d'anglais langue seconde combinant des éléments d'un syllabus linguistique avec des activités communicatives. C'est le cas par exemple d'activités reliées à une matière telle que la géographie. Voir J.P.B. Allen et J. Howard, "Subject-Related ESL: An Experiment in Communicative Language teaching," *La Revue canadienne des langues vivantes,* 37(3), mars 1981, pp. 535-550.
17. L'association ACTFL, dans un récent communiqué à priorité nationale portant sur les programmes et le matériel de langues secondes, défendait l'idée d'un curriculum multidimensionnel et proposait un "syllabus linguistique", un "syllabus culturel", un "syllabus communicatif" et un "syllabus d'éducation linguistique générale" (voir la page 28 des *Actes,* telle que citée dans la note 10 ci-dessus).

Pierre Calvé

2   Les programmes de base:
          Des principes à la réalité

Thoughts are but dreams till their effects be tried.
(Shakespeare)

Les principes: Une évolution fracassante

Les programmes de base, comme on se plaît à le répéter, surtout depuis l'avènement de l'immersion, n'ont pas, en général, fourni les résultats qu'on attendait d'eux. Associés depuis une trentaine d'années à l'approche audio-orale, ou structurale, ils en ont acquis la douteuse réputation même si (du moins en principe), ils se sont considérablement transformés au cours des dernières années.

Sans vouloir tourner le fer dans la plaie, il serait peut-être bon d'énumérer très brièvement les raisons les plus souvent évoquées de cet insuccès relatif. Je m'empresse de souligner, comme le faisait d'ailleurs si justement H.H. Stern (1981:38) dans un des excellents articles qu'il a fait paraître dernièrement sur la question (voir aussi Stern 1983 et 1984) que ce serait une grave erreur de croire que les programmes de base, tout comme l'approche audio-orale d'ailleurs, n'ont rien eu de positif à contribuer à l'enseignement des langues secondes. Il est vrai toutefois qu'ils n'ont généralement pas réussi à former les générations d'étudiants "fonctionnellement bilingues" qu'on attendait d'eux au départ et l'une des raisons principales de cette désillusion, c'est justement qu'à prime abord, beaucoup de promesses reposaient sur des illusions. Ainsi, on croyait obtenir un enseignement "scientifique," donc infaillible dans l'esprit de l'époque, en s'appuyant exclusivement sur des disciplines "scientifiques" comme la linguistique et la psychologie empiriques; on croyait que pour conserver l'intérêt et la motivation des étudiants, il suffirait de leur faire miroiter les avantages futurs qu'ils retireraient du bilinguisme et d'assaisonner le menu pédagogique d'innovations technologiques comme le laboratoire de langue et le projecteur à diapositives; on croyait que la manipulation systématique du code linguistique déboucherait sur la capacité de communiquer dans une situation normale; on prétendait promouvoir un bilinguisme fonctionnel en moins de 500 heures d'enseignement (et parfois beaucoup moins), simplement en mettant d'abord l'accent sur la langue parlée, etc.

Mais depuis, nos conceptions de la langue et de son apprentissage ont considérablement évolué et aujourd'hui, même si on retrouve toujours dans certains milieux le même dangereux dogmatisme, on peut dire que la "théorie" (au sens

"Les programmes de base: des principes à la réalité," tiré de *The Canadian Modern Language Review/La Revue canadienne des langues vivantes*, 42, 2 (1985): 271-287. Reproduit ici avec la permission du rédacteur.

large) de l'enseignement des langues secondes est beaucoup plus empreinte de souplesse, de prudence et de réalisme. Soulignons que dans une perspective historique, peu de matières scolaires peuvent se vanter d'avoir évolué aussi rapidement et de façon aussi radicale en une période de temps aussi brève. On a été beaucoup plus tolérant, et pendant beaucoup plus longtemps, par exemple, pour l'approche traditionnelle. Il est vrai que celle-ci n'avait jamais promis le bilinguisme!

Quoi qu'il en soit, si on est encore loin de tout connaître sur la façon dont une langue s'apprend (on en sait beaucoup plus, grâce à l'expérience récente, sur la façon dont elle ne s'apprend pas), on peut dire qu'un consensus à peu près général existe sur un certain nombre de points touchant chacun des facteurs sur lesquels s'appuie la didactique des langues secondes:

* *la langue*
* *l'apprentissage*
* *la communication*
* *l'enseignement.*

Sur le plan de la langue, le changement le plus important a touché la place qu'elle occupe désormais dans le processus didactique. De centre, ou noyau, la langue, en tant que code, a été reléguée (du moins en principe: on verra que la réalité est tout autre), à un rôle beaucoup plus effacé, cédant sa place au couple apprentissage-communication comme facteur prioritaire dans la démarche pédagogique.

De plus, les linguistes sont passés de la simple description de structures concrètes (superficielles) à une tentative d'explication de la capacité de l'être humain à créer une infinité de phrases à partir d'un nombre limité d'unités et de règles. Ces règles, qui se caractérisent par leur grande abstraction et dont l'apprentissage semble suivre un ordre rigoureux, appuyé sur des principes universels, ne sont certes pas enseignables directement de sorte qu'il serait, du moins pour le moment, impossible d'envisager une grammaire pédagogique qui soit entièrement fondée sur une grammaire linguistique (comme l'approche audio-orale avait tenté de le faire). C'est ce qui a d'ailleurs fait dire à Chomsky (1966), dans un discours célèbre, que la linguistique avait peu, pour le moment, à contribuer directement à la pédagogie des langues. On peut par contre tirer d'importantes implications de cette discipline, comme on le fait d'ailleurs quand on insiste sur l'inséparabilité de la forme et du sens ou quand on met l'accent sur la créativité, la nouveauté, l'expérimentation en salle de classe plutôt que sur le contrôle de tout ce que dit l'étudiant dans le but d'imposer un ''ordre'' arbitraire à son apprentissage tout en lui évitant de faire des erreurs.

Sur le plan de l'apprentissage, les idées se sont radicalement transformées. Après avoir constaté l'échec d'une pédagogie trop axée sur la langue (et, par extension, sur les ''méthodes'' dont elle constituait le fondement), les recherches, alimentées en cela par le phénomène de l'immersion, se sont portées massivement sur l'étudiant lui-même et sur les facteurs qui favorisent son apprentissage. Il serait beaucoup trop long de tenter, même dans les grandes lignes, de retracer ici cette évolution mais nous pouvons quand même en faire ressortir quelques points centraux.

Tout d'abord, l'immersion a démontré de façon flagrante que la démarche consistant à présenter la langue par le biais de la communication est beaucoup plus efficace que la démarche inverse et qu'il est utopique de croire que la capacité de communiquer découlera naturellement d'une étude ou d'une manipulation systématique du code linguistique lui-même. De plus, il apparaît évident que l'étudiant ne fera ce qu'il faut pour apprendre une langue seconde que s'il y voit une quelconque valeur *pour lui-même,* que ce soit en termes de besoins concrets ou simplement d'intérêt pour l'activité pédagogique elle-même. Tous les théoriciens s'entendent aussi pour reconnaître à l'erreur un rôle essentiel dans le processus d'apprentissage, en ce sens qu'il ne faut absolument pas éviter, comme on a déjà cherché à le faire, les activités qui comportent un risque d'erreurs sous prétexte que celles-ci favorisent l'acquisition de mauvaises habitudes. Ce n'est en effet qu'en formulant des hypothèses qu'il tentera par la suite de vérifier par expérimentation, par essais-erreurs, que l'étudiant pourra découvrir et assimiler les règles nécessaires à la formulation de phrases nouvelles. Enfin, il semble qu'avant que l'étudiant puisse commencer à s'exprimer de façon créatrice dans la langue seconde, il faut qu'on lui ait d'abord fourni l'occasion, dans une "phase silencieuse" (voir entre autres Dulay, Burt et Krashen 1982:22-23), de faire mentalement un certain travail de compréhension et d'assimilation.

La liste des postulats touchant l'apprentissage pourrait s'allonger considérablement si on voulait traiter de facteurs tels que l'âge, l'aptitude, les styles d'apprentissage, la notion d'interlangage … mais ce que nous en avons dit suffit à démontrer les changements radicaux survenus dans ce domaine depuis l'avènement de l'approche audio-orale. Et pourtant, comme on le verra, cette évolution ne s'est pas toujours traduite dans les faits et c'est ce qui explique, en partie, la réputation toujours chancelante des programmes de base.

Sur le plan de la communication, notre troisième grand facteur, les changements ont été tout aussi, sinon plus, révolutionnaires. Ainsi, de simple objectif, la communication est devenue le principe, l'essence même de la démarche pédagogique. La compétence linguistique, moteur de l'approche structurale, est devenue seulement une des "compétences" nécessaires à la communication (voir Canale et Swain 1979) et le rôle qu'on lui accorde est désormais subordonné au contexte psycho-social et à la motivation même de l'acte de parole. Encore là cependant, les programmes de base (contrairement à l'immersion qui a fait de la communication son cheval de bataille) commencent à peine, non pas à accepter ces nouveaux concepts, ce qui est fait depuis longtemps, mais à en faire une partie intégrante, essentielle, de leur démarche.

Enfin sur le plan de l'enseignement, les changements, s'ils ont été moins évidents, ont été tout aussi profonds (en principe, sinon en pratique). Ainsi le professeur, considéré au départ (dans l'approche audio-orale) comme un simple technicien au service d'une "méthode" monolithique et d'une méthodologie qui ne laissait que très peu de place à l'initiative personnelle, est devenu au contraire, dans l'esprit des théoriciens, un créateur, un animateur qui doit pouvoir inventer et choisir le matériel nécessaire à son cours et l'adapter ensuite aux différents types d'étudiants auxquels il fait face. Il doit pouvoir reconnaître les intérêts et les goûts de ses étudiants, trouver le vocabulaire et les documents "authentiques" qui y correspondent et les exploiter de façon créatrice et individualisée. Il doit trouver des façons de promouvoir la vraie communication en classe, tout en satisfaisant les exigences de programmes qui sont encore très souvent axés beaucoup plus sur la grammaire que sur la communication. Ce nouveau rôle, s'il est certes plus intéressant, est aussi beaucoup plus exigeant et nous verrons que parfois, ce qu'on attend du professeur de langue est carrément irréaliste.

La réalité: Un cheminement laborieux

Nous traiterons ici exclusivement des programmes de base tels qu'on les retrouve dans les écoles publiques, au niveau primaire ou secondaire. Il ne sera donc pas question de l'immersion (sauf pour les besoins de la comparaison) ou de l'enseignement aux adultes, dont les situations sont radicalement différentes.

Nous énumérerons ici un ensemble de facteurs qui peuvent constituer des obstacles à l'évolution des programmes de base et les empêcher de s'adapter aussi rapidement qu'on le souhaiterait aux nouvelles orientations fournies par les théoriciens. Bien entendu, ces problèmes n'affectent que dans des mesures très diverses les différents programmes, les différentes salles de classe et il ne faudrait certes pas tenter de voir là une description globale de la situation actuelle.

Encore une fois, la didactique des langues secondes a fait plus de progrès au cours des 30 dernières années que pendant les deux siècles précédents et il est tout à fait normal, les idées évoluant beaucoup plus rapidement que leur mise en application, que toutes les salles de classe ne soient pas encore vêtues du "dernier cri" pédagogique.

a) Le poids de la tradition

Depuis 1950 environ, l'approche "traditionnelle" a été remplacée par l'approche "linguistique" qui à son tour cède peu à peu sa place à l'approche "communicative." Cette évolution s'est faite d'abord au niveau théorique avant de se traduire graduellement, et souvent avec beaucoup de retard, dans les programmes scolaires. Ainsi la majorité des écoles utilisent toujours des "méthodes" fondées en très grande partie sur des données structurales, même si les didacticiens prônent depuis plusieurs années déjà une approche ou la communication reçoit au moins autant d'importance que la grammaire.

C'est sur le plan de l'enseignement comme tel, toutefois, que la résistance au changement est la plus tenace, et ce peu importe le programme ou la "méthode" utilisée. La principale raison de cet état de chose réside selon moi dans le poids énorme imposé au changement par la tradition scolaire. Il est extrêmement difficile en effet pour un professeur (ou un administrateur...) de se débarrasser du modèle d'enseignement qui lui a été fourni par ses propres années de scolarité (et bien souvent par son expérience antérieure de l'enseignement) de sorte que, dans un bon nombre de classes, l'enseignement est encore en grande partie fondé sur l'approche "traditionnelle" c'est-à-dire qu'il est

- *magistral* (le professeur parle, les étudiants écoutent),
- *analytique* (le professeur explique, les étudiants "comprennent"),
- *livresque* (le savoir à faire acquérir est "contenu" dans les manuels scolaires),
- *formel* (axé sur la structure du code linguistique lui-même) et
- fondé sur la *langue maternelle* de l'étudiant dès qu'un besoin véritable de communication se fait sentir.

Ainsi peu importe les bonnes intentions, le naturel revient souvent vite au galop et l'acte d'enseignement est toujours perçu comme un *contenu* (surtout grammatical) constitué d'*unités discrètes* qu'on doit *enseigner* selon une *progression* rigoureuse, à l'aide d'*explications* et d'*exercices systématiques,* lesquels aboutiront idéalement à l'acquisition d'un bagage de *connaissances* et à la maîtrise de certaines *habiletés* qu'on pourra ensuite évaluer de façon tout aussi *discrète* et *séquentielle.* Il est évident que ce tableau n'est plus entièrement fidèle à la réalité mais il reflète quand même une conception très tenace de ce que c'est qu'*enseigner une langue.* J'ajouterai que cette description s'applique même à l'enseignement immersif, pour ce qui est de la plupart des cours au programme (dont le cours de français) et la langue seconde n'y est traitée d'abord et avant tout comme moyen de communication que lorsqu'elle elle n'est pas enseignée comme telle.

Il est en effet très difficile, pour un enseignant, d'admettre, en pratique, sinon en principe, que pour faire apprendre une langue, il ne faut justement pas l'enseigner et qu'une bonne explication, faite dans une langue que l'interlocuteur comprend, est moins efficace qu'une activité où l'apprenant dit péniblement n'importe quoi, pourvu que cela lui tienne à coeur. De même, la tradition scolaire, qui a toujours associé la qualité de l'éducation avec l'ordre, la discipline et la rigueur qu'on a mis à l'acquérir, a beaucoup de mal à admettre que le jeu, le rire et la fantaisie (ingrédients importants de la théorie actuelle) puissent avoir une autre fonction que de distraire et reposer l'étudiant entre les authentiques *efforts* d'apprentissage. Comme le disent Joyce et Clift (1984:6) en parlant des enseignants en général:

> Clearly, most inservice teachers have difficulty dealing with curriculum implementations that require substantial changes in their behavior or acquiring teaching strategies that significantly enhance their repertoire.

b) Les programmes scolaires

On aura beau crier sur tous les toits que la classe de langue seconde doit accorder au moins autant de place à la communication qu'aux activités axées sur le code linguistique, tant que les "méthodes" fournies au professeur ne refléteront pas elles-mêmes cet équilibre, tant que les critères et les moyens d'évaluation demeureront ce qu'ils sont, l'enseignement demeurera généralement du type structural.

L'enseignant, que ce soit au niveau primaire ou secondaire, a toujours pu compter au moins sur un manuel de base contenant l'essentiel du programme qu'il aurait à enseigner au cours d'une année scolaire particulière. Ce manuel, qui fait en général partie d'un ensemble séquentiel (livre 1, 2, 3...), offre un contenu à enseigner organisé selon une certaine progression ainsi qu'une série d'exercices fondés sur ce contenu (en plus des directives méthodologiques, des tests, etc.). C'est à ce manuel (ou cette "méthode") de base que se grefferont ensuite les autres documents ou activités pédagogiques utilisés par le professeur (sauf peut-être pour certains livres de lecture qui seront étudiés parallèlement). Tout ce qui n'est pas contenu dans le manuel comme tel est considéré la plupart du temps comme secondaire ou complémentaire et ne sera abordé que si le temps le permet (c'est-à-dire si les exercices du manuel de base sont complétés) ou pour permettre aux étudiants de se détendre. C'est ainsi par exemple que les jeux de communication sont généralement perçus, à moins qu'ils ne fassent partie intégrante de la méthode. Une telle situation est d'ailleurs tout à fait normale si on veut conserver aux programmes scolaires le minimum de cohérence, d'uniformité et de continuité qu'exige tout système d'éducation public.

Or les méthodes actuelles, qu'on le veuille ou non, sont encore pour une bonne part fondées sur des données structurales, sur lesquelles s'articulent tant bien que mal les activités essentiellement communicatives et cela se comprend très bien si on considère qu'on commence à peine à trouver des contenus communicatifs assez exhaustifs et assez cohérents pour servir de base à l'élaboration de programmes communicatifs. Il ne suffit pas de dire que la "compétence linguistique" n'est qu'une des compétences à développer, d'élaborer des listes de "fonctions" ou de "notions" à enseigner, de proposer des modèles de curriculum à plusieurs facettes, de fournir des exemples d'activités communicatives ou de mettre des pourcentages sur l'importance à accorder à chaque type d'activités, encore faut-il que quelqu'un construise à partir de tout cela un programme complet, cohérent, "enseignable" et séquentiel. Si on a eu des méthodes structurales, c'est qu'on avait d'abord des grammaires structurales à partir desquelles on pouvait construire ces méthodes et aussi des gens qui ne se sont pas contentés de dire ce qu'il faudrait faire mais qui l'ont fait.

Bien sûr, on peut à force d'ateliers, de guides pédagogiques, de directives ministérielles, aider le professeur à améliorer son enseignement, à le rendre plus intéressant, plus vivant, plus efficace, mais on ne pourra jamais exiger de lui qu'il construise, qu'il écrive ou même qu'il trouve ce qui constituera l'essentiel de son programme. Si la "méthode" qu'il utilise est d'abord structurale, son enseignement le sera aussi et tout le reste se verra accorder une place secondaire. Dans le chapitre 2 ("Content") du *French Core Programs, 1980,* publié par le Ministère de l'Éducation de l'Ontario, sur 28 pages, 25 sont consacrées aux structures grammaticales et 2 au vocabulaire. De même, après avoir effectué une série d'observations auprès de classes de niveaux moyen et intermédiaire aux États-Unis, Nerenz et Knop (1983:224) concluent ce qui suit:

(...) speaking and grammar received two to three times as much time as reading or writing, which in turn received two to three times as much as culture and listening skills — a pattern observed for the total group, for the two sub-groups, and, with minor variations, for the individual student teachers.

Dans les universités, où sont d'ailleurs élaborées et expérimentées la plupart des nouvelles théories, il est relativement facile pour le professeur de langue de trouver ou même de construire son propre matériel puisque les exigences de continuité, d'uniformité y sont moins sévères, les classes moins nombreuses et surtout parce que le professeur a beaucoup plus de temps à consacrer à la recherche et à la préparation de ses leçons. Dans les écoles publiques, la situation est tout autre et il serait tout à fait utopique de s'attendre à ce que le professeur, après sa journée d'enseignement, ses corrections, réunions, préparations ... ait le temps de commencer à composer du matériel didactique (surtout le type de matériel qu'exige un enseignement "communicatif"). C'est là je crois l'un des grands problèmes auquel doit faire face une discipline qui évolue aussi rapidement que la nôtre: la pratique a très peu de chance de rattraper la théorie, ceux qui disent ce qu'il faudrait faire étant beaucoup plus nombreux, et influants, que ceux qui le font.

c) Le temps et la langue d'enseignement

S'il est vrai que la façon dont le temps est utilisé dans la salle de classe est aussi importante, sinon plus, que le nombre total d'heures consacrées à la langue seconde, il reste bien évident qu'il faut un minimum d'heures de contact avec une langue pour que celle-ci soit maîtrisée. Il est bien évident aussi que 5000 heures de contact produiront de meilleurs résultats que 1000 heures, peu importe les autres considérations, et comme il n'y a qu'en situaton d'immersion qu'on peut accumuler autant d'heures d'exposition à la langue dans le cadre de notre système scolaire, il est sûr que ce type de programme aura toujours un net avantage sous ce rapport.

Depuis la parution du fameux *Report of the Ministerial Committee on the Teaching of French* (1974), qui établissait à 1200 heures le minimum de temps à consacrer à la langue seconde si on espérait accéder à un seuil minimum de bilinguisme fonctionnel, la plupart des conseils scolaires s'efforcent d'offrir à leurs étudiants la possibilité d'atteindre au moins ce chiffre "magique" au cours de leurs études primaires et secondaires. C'est là cependant un phénomène tout à fait nouveau et on ne peut certes reprocher aux programmes de base de ne pas avoir produit jusqu'à maintenant des "bilingues" en 400 ou 500 heures de cours (ce qui représente environ 4 années de scolarité à raison de trois heures par semaine ou, dans les classes d'immersion totale, l'équivalent d'environ 12 semaines de contact avec la langue). On peut même considérer comme admirable ce qui a pu se faire dans de très nombreuses classes à l'intérieur de ce laps de temps. De plus, il ne faut pas oublier que le bilinguisme fonctionnel n'est pas le seul objectif de l'enseignement des langues secondes et qu'il ne faudrait donc pas juger comme des cas d'échec les étudiants qui n'auraient suivi qu'une ou deux années de cours de base en français et qui ne seraient donc pas considérés comme fonctionnellement bilingues. L'étude d'une langue seconde a toujours eu une valeur intrinsèquement éducative et l'école, malgré la mode actuelle du pragmatisme, de la communication à tout prix, ne doit pas oublier cet aspect essentiel de sa mission.

Quoiqu'il en soit, il reste que si on veut atteindre le seuil minimum du bilinguisme fonctionnel, on doit pouvoir compter sur un minimum de 1 000 heures (auxquelles pourraient idéalement s'ajouter quelques cours suivis en français dans une autre matière). Encore faudra-t-il cependant que certaines conditions soient respectées et la première de ces conditions, c'est que le professeur, et éventuellement les étudiants, n'utilisent (sauf en de rares exceptions) *que la langue seconde en classe.* Ici l'immersion peut nous donner une sérieuse leçon. Il existe bien sûr beaucoup de professeurs qui ne parlent que français en classe et qui exigent que leurs étudiants en fassent autant, mais il faut absolument, pour que le programme soit efficace, que l'étudiant puisse vivre cette expérience de façon *soutenue, constante* et *ininterrompue.* Si la classe de français n'est pas systématiquement, je dirais même irrémédiablement, associée au français dans l'esprit des étudiants, et ce leçon après leçon, année après année, sans interruption ni exception, alors l'"effet immersion" ne pourra se faire sentir et le français n'aura jamais la chance de s'implanter comme véritable langue de communication. Ce principe n'a rien de nouveau mais il n'est pas inutile de le rappeler car je crois qu'il constitue l'un des principaux handicaps au succès des programmes de base (du moins si je me fie à mes propres observations et aux résultats d'une petite enquête que j'ai effectuée auprès d'une centaine de professeurs et de coordonnateurs). Il est inadmissible qu'après un, voire deux ans de français, certains étudiants, comme j'ai pu le constater, ne comprennent même pas les directives les plus usuelles lorsqu'elles sont exprimées en français.

On objecte souvent, lorsqu'on soulève ce problème, que certaines explications ou directives ne peuvent vraiment se faire qu'en anglais, surtout avec des débutants. Pourtant, s'il est possible, en immersion, d'enseigner les mathématiques ou les sciences naturelles en français, il doit bien être aussi possible d'enseigner le français en français dans les programmes de base! Le problème, c'est que si on attend que les étudiants comprennent le français pour leur parler français quand on a vraiment quelque chose à leur dire (et non seulement dans le cadre d'un exercice systématique), eh bien ils ne comprendront *jamais* le français puisque, comme l'a si bien montré l'immersion, ce n'est qu'en communiquant qu'on peut apprendre à communiquer. Trop souvent voit-on s'amorcer la même vieille séquence: au niveau débutant, le français est utilisé seulement dans les exercices systématiques alors que l'anglais demeure la langue de véritable communication, tant chez le professeur que chez les étudiants. L'année suivante, les étudiants sont toujours au même point sur le plan de la communication, même s'ils sont plus avancés en grammaire, de sorte que la classe se déroule encore en anglais et ainsi de suite jusqu'à la fin du programme de français.

Ou encore, au début de l'année, plein de bonnes intentions, le professeur exige que tout se déroule en français. Mais peu à peu, il glisse un mot anglais, une phrase anglaise ici et là dans la conversation (c'est tellement plus rapide!) puis il accepte que les étudiants en fassent autant de sorte qu'à la fin de l'année, l'anglais devient la règle plutôt que l'exception et le français perd toute crédibilité comme langue de communication. C'est cette sournoise habitude que l'immersion a réussi à mettre en échec et c'est là, je crois, un de ses principaux atouts sur le plan pédagogique. Si le français de base n'a pas autant que l'immersion l'occasion d'utiliser la langue comme outil de communication, à plus forte raison doit-il saisir celle qui lui est fournie d'enseigner au moins le français... en français.

Cela étant dit, je ne crois pas que personne (surtout pas certains théoriciens actuels...) n'aurait objection à une utilisation restreinte de l'anglais dans des cas bien précis mais il faut que celle-ci soit perçue comme *exceptionnelle* de la part du professeur et surtout des étudiants. Le problème c'est qu'une fois cette porte entrebâîllée, il est très difficile de ne pas la laisser s'ouvrir complètement.

Le facteur temps doit enfin s'appliquer au nombre de minutes durant lequel *chaque* étudiant travaille *efficacement* dans la langue seconde à l'intérieur d'une classe donnée. Si je me fie encore une fois à mes propres observations, l'étudiant *moyen,* durant une leçon typique de 40 minutes, dans une classe d'une trentaine d'étudiants, s'exprime en français durant moins de 30 secondes. Si on considère cependant que dans la plupart des classes, le tiers environ des étudiants (ceux qui lèvent le plus souvent la main ou ceux que le professeur sait attentifs) reçoivent les deux tiers du temps dont disposent les étudiants pour s'exprimer, alors on peut s'imaginer le nombre de minutes dont dispose la majorité des étudiants pour exercer en classe leur français. De plus, la plupart des exercices oraux étant du type systématique, linéaire et portant sur un point du code, on doit conclure que l'étudiant typique ne dispose que d'une période de temps tout à fait négligeable pour communiquer véritablement dans la langue, c'est-à-dire pour utiliser celle-ci de façon *personnelle, créatrice* et *motivée.*

On objectera sans doute que le même problème doit bien survenir en contexte d'immersion puisque là aussi, on doit faire face à des classes de 30 étudiants et que là aussi, par conséquent, chaque étudiant dispose d'un minimum de temps pour s'exprimer. La différence selon moi réside en partie dans le type d'activités qui caractérise chaque programme (en plus bien sûr du montant total d'exposition à la langue). En immersion, où la langue est avant tout un outil devant servir à accomplir ou à apprendre autre chose, c'est cette "autre chose" qui attire l'attention de l'étudiant et qui en force la concentration de sorte que, même s'il ne s'exprime pas concrètement en français, il doit quand même porter constamment attention au sujet de la leçon (d'autant plus que celle-ci se déroule dans sa langue seconde) s'il veut en retenir quelque chose.

Dans le cours de base, par contre, c'est souvent la "méthode" utilisée qui dicte le déroulement de la leçon et comme l'exercice type des méthodes commerciales actuelles est du type systématique, c'est-à-dire séquentiel, les étudiants s'habituent à "attendre leur tour" ou attendre qu'on le leur demande, avant de se concentrer sur la tâche en question. Et entre-temps, ils deviennent plus ou moins passifs, ce qui résulte en une utilisation très inefficace du temps (ne pas confondre cette passivité avec la "phase silencieuse" qui exige quand même une disponibilité, sinon une activité mentale). C'est là que les techniques d'individualisation (travail en équipes, etc.) deviennent essentielles.

d) La formation des enseignants

J'ai déjà eu l'occasion, dans le cadre d'un autre article (Calvé 1983), de traiter de cette question fondamentale et de souligner l'urgence de revoir en profondeur la formule utilisée généralement dans la formation des enseignants en français, langue seconde.

Rappelons simplement que cette formule repose la plupart du temps sur deux prémisses pour le moins douteuses. Tout d'abord, on s'attend, lors de son admission à la faculté d'éducation, que l'étudiant aura acquis, pendant ses études préalables, une bonne connaissance du *quoi* enseigner et qu'il ne restera donc plus, durant son stage de certification, qu'à lui fournir le *comment* enseigner (ainsi que quelques semaines d'observation et de "practicum") quitte à combler les lacunes éventuelles au moyen de cours ultérieurs. De plus, on croit généralement que moins le niveau d'enseignement est élevé, moins le futur enseignant a besoin de formation spécialisée. Or, contrairement au cas des autres matières scolaires, dont l'enseignement peut(?) s'appuyer sur de telles prémisses, le cas des langues secondes exige un traitement tout à fait particulier. La matière à enseigner ne peut tout simplement pas, en effet, y être considérée comme un "contenu," un bagage de connaissances qu'on peut acquérir, comme dans le cas de l'histoire ou des mathématiques, par exemple, indépendamment de son enseignement éventuel. Dans l'enseignement des langues secondes, le "quoi," le "qui," le "pourquoi" et le "comment" sont inséparables et doivent être traités comme tels. C'est sans doute pourquoi le domaine de la didactique des langues secondes constitue une véritable discipline qui justifierait facilement à elle seule la création d'un programme complet d'études universitaires au même titre que le droit, l'architecture ou la traduction (voir à ce sujet Hammerly 1982, chap. 1).

Dans la situation actuelle, où la formation à l'enseignement des langues (à quelques exceptions près), s'acquiert indépendamment de ses bases théoriques, le futur enseignant ne développe ni la capacité, ni le goût de joindre en une synthèse critique et créatrice, comme le ferait tout véritable spécialiste, les données théoriques (le "savoir") et leur mise en application (le "savoir-faire"). Comme le disent Joyce et Clift (1984: 6):

Teacher education institutions are separated from the knowledge base of education. (...) The current process of learning to teach socializes teachers to a "practicality ethic" (...) where survival concerns dominate.

Jean Blouin (1985:38), pour sa part, dans un virulent article où il parle, non sans céder quelque peu au style de la presse à sensation, du "scandale de la formation des maîtres" au Québec, dit:

On avait confié la formation des maîtres aux universités dans l'espoir de leur faire bénéficier de la recherche. Ça n'a pas été le cas. Pratique et recherche sont restés deux mondes parallèles.

C'est sans doute cette situation qui se reflète dans les résultats d'une enquête effectuée par un comité de l'Association canadienne des professeurs d'immersion (ACPI) (voir Wilton, Obadia, Roy, Saunders et Tafler 1984) et qui démontre que la grande majorité des enseignants en immersion (il n'y a aucune raison de croire que ces résultats seraient différents dans le cas des programmes de base), lorsqu'ils font part de leurs priorités en matière de formation et de perfectionnement professionnels, rejettent le théorique au profit de "recettes faciles et efficaces" (Roy 1984: 7).

Cela ne nie pas, il va sans dire, l'existence d'un grand nombre d'excellents professeurs qui possèdent tout le talent et toute la compétence voulue pour accomplir leur tâche. Ce que nous cherchons à démontrer, par contre, c'est que le système actuel n'offre pas, à l'instar d'autres diplômes universitaires, suffisamment de garantie que ce talent et cette compétence seront partagés par la majorité des futurs enseignants.

e) L'attitude

Les programmes de base n'ont pas, il va sans dire, suscité un enthousiasme profond et généralisé pour l'apprentissage du français. L'engouement initial provoqué par les premiers laboratoires de langues a vite cédé la place, soit à l'apathie, soit à un franc antagonisme.

En plus de s'apercevoir que pour apprendre une langue seconde, il faut plus que des machines et de belles images, les étudiants canadiens d'il y a vingt ans ont souvent été marqués par le syndrome de la francisation forcée inspiré par les politiques fédérales de bilinguisme et de bi-culturalisme. À l'avènement des nouveaux programmes audio-oraux correspondait en effet la crainte du fameux *French power*. Il faut bien dire, de plus, que les "méthodes" d'enseignement faisaient assez peu pour susciter et conserver l'intérêt des étudiants pour l'étude du français.

L'immersion, par contre, non seulement a pu profiter dès le début d'un meilleur climat socio-politique mais a réussi par ses propres moyens à renverser la vapeur et à créer pour l'apprentissage du français une demande sans précédent. Établi sur une base entièrement volontaire, ce type d'enseignement bénéficie en effet d'une attitude très positive, sinon militante, de la part des parents, ce qui ne peut que se refléter positivement chez les étudiants. De plus, le caractère souvent "exceptionnel", voire élitiste, de l'enseignement immersif confère toujours, aux élèves comme aux professeurs, un supplément de motivation qui s'apparente au fameux "effet Hawthorne" bien connu des chercheurs. Enfin, l'apprentissage de la langue se faisant incidemment (et avec succès, disons-le), par le biais des autres matières scolaires, les classes d'immersion ont pu dans une bonne mesure éviter les problèmes d'intérêt qui ont marqué jusqu'à maintenant les programmes de base.

Cet enthousiasme suscité par l'enseignement immersif peut avoir sur les programmes de base deux types d'effets plus ou moins contradictoires. D'une part, le "halo" qui entoure l'immersion projette actuellement sur les programmes de base une ombre qui fait paraître ceux-ci, aux yeux de plusieurs, comme les "parents pauvres" de l'enseignement des langues, ce qui n'aide sûrement pas à en améliorer la perception. Par contre, il est évident que la population canadienne, grâce en partie au phénomène de l'immersion, accepte de plus en plus la notion même de bilinguisme, sinon de bi-culturalisme, et les parents cherchent en nombre toujours plus grand, ne serait-ce que dans un but pragmatique, à en faire profiter leur progéniture, ce qui ne peut que bénéficier aux programmes de base qui demeurent toujours, pour la grande majorité des étudiants, les seuls accessibles.

Selon moi, il est à espérer que ces deux types de programmes cesseront progressivement d'être perçus comme mutuellement exclusifs et que l'enseignement du français en arrivera à être vu comme un tout où les différentes formules, "de base, enrichi ou immersif," se distingueront plus par des questions de quantité que de qualité.

f) L'administration

Je me contenterai d'énumérer ici quelques plaintes maintes fois formulées par les enseignants au sujet des conditions touchant leur travail. Bien entendu, ces problèmes n'affectent que dans des mesures très diverses les différentes salles de classes. Ils doivent cependant porter une part de responsabilité pour l'insuccès relatif des programmes de base.

Tout d'abord, les enseignants se sentent souvent "incompris" de la direction de leurs écoles qui refuse de voir dans le français une matière "pas comme les autres." Ainsi plusieurs ne disposent toujours pas d'un local réservé exclusivement au français et où, en plus de pouvoir créer une ambiance française, le professeur pourrait placer à sa façon les pupitres des étudiants, aménager ses appareils audiovisuels, monter une bibliothèque de classe, exposer les réalisations des étudiants, etc. De plus, plusieurs administrateurs scolaires voient d'un mauvais oeil toute activité où l'ordre et la discipline semblent céder le pas à de joyeux et parfois bruyants échanges entre les étudiants. Enfin, les évaluations se faisant habituellement selon la formule traditionnelle (à périodes fixes, en groupes...), les enseignants se sentent souvent contraints d'orienter leur enseignement en vue d'examens écrits, fondés exclusivement sur la "méthode" utilisée et où le code linguistique lui-même a certes beaucoup plus de place que la communiation.

À ces quelques exemples, ajoutons simplement les cas bien connus de classes surpeuplées, hétérogènes, d'absence de continuité d'une année à l'autre, de "professeurs itinérants" qui devaient (doivent?) parfois se promener d'une école à l'autre, avec tout leur matériel pédagogique, pour enseigner jusqu'à dix sessions de 20 minutes dans une même journée.

Il est évident qu'encore ici, la pratique est encore loin derrière la théorie et que plusieurs nouvelles approches élaborées par des chercheurs ou des professeurs oeuvrant dans des conditions idéales (petits groupes d'adultes bien motivés, liberté d'action, disponibilité de temps pour les préparations...) devront subir certaines adaptations avant de pouvoir s'appliquer efficacement et généralement dans les écoles primaires et secondaires publiques.

Que faire? Quelques recommandations

a) Fournir aux enseignants des programmes complets et non seulement des manuels de directives

Comme nous le disions plus haut, on aura beau effectuer toutes les recherches imaginables, rédiger des programmes-cadres ou des guides pédagogiques offrant des listes de structures, de thèmes lexicaux ou de fonctions communicatives, ou publier de savants ouvrages sur l'acquisition des langues secondes, il reste que l'outil de base du professeur, celui qui marquera le plus son enseignement, c'est la "méthode," ou le manuel scolaire qu'il aura à sa disposition.

Or ces manuels scolaires, jusqu'à maintenant, ont toujours été des entreprises commerciales plus ou moins fondées sur la recherche théorique, plus ou moins conformes aux directives officielles et, surtout, plus ou moins "à jour" en ce qui a trait aux nouvelles approches. Et cela se comprend parfaitement quand on considère l'énorme somme de travail, et donc le délai, qu'implique la rédaction d'un programme complet.

Pourtant, malgré ces problèmes et la désaffection que connaît actuellement le mot "méthode," il reste que l'enseignant doit pouvoir compter sur un certain ensemble pédagogique pour effectuer efficacement son travail, et c'est à ce niveau, je crois, que les efforts devraient s'orienter. J'ajouterai que le même urgent problème se pose pour l'immersion où, après la réalisation de douzaines de projets de recherche, on attend toujours (du moins en Ontario) la publication, non seulement d'un ensemble pédagogique, mais d'un simple guide ministériel.

Quant aux critiques entourant la notion même de "méthode," je dirai qu'elles ne tiennent souvent pas compte des conditions d'enseignement dans les écoles publiques ainsi que du besoin d'uniformité, de continuité et de cohérence dans leurs programmes, de sorte qu'elles devraient plutôt s'adresser à la *qualité* des méthodes qu'au principe de leur existence. Je crois en effet que les manuels de l'avenir devront être beaucoup plus polyvalents, souples, adaptables que ceux que nous avons connus jusqu'à maintenant et c'est pourquoi ils devraient idéalement faire l'objet d'une rédaction en équipes (ou "task force"), un peu comme les grands projets de recherche actuels, dont le National Core French Study dont il est question dans un article de Stern (1985).

Ainsi, pour chaque composante *(langue, communication, culture, éducation linguistique générale)* d'un programme tel que celui déjà proposé par Stern (1982 et 1984), une équipe pourrait se charger de la rédaction, puis de l'expérimentation de "modules" qui s'articuleraient autour d'un plan central pré-établi. Ce plan central fournirait un contenu et des objectifs généraux ainsi qu'un ensemble de critères devant assurer la cohérence et la continuité de l'ensemble. Chaque module pourrait ensuite être élaboré en tenant compte des critères de sélection, de gradation et de cyclicité établis au départ, ce qui se traduirait en phases concrètes touchant la présentation de la matière, les activités ou exercices pédagogiques, la révision et l'évaluation comme telle. Le tableau suivant constitue un modèle très simplifié de ce qui pourrait constituer le plan de travail d'une équipe chargée de traduire en programme complet d'enseignement les composantes proposées par Stern (Figure 1).

Bien sûr, le tout devrait fournir au professeur un *choix* d'exercices, de jeux interactifs, de documents authentiques ou simplement de références précises à d'autres sources (manuels, revues, films...), ce qui lui permettrait de varier son enseignement tout en l'adaptant aux différents publics étudiants auxquels il s'adresse. De plus, certains contenus ou certaines activités, en particulier dans le domaine de la communication, pourraient être présentés efficacement dans le cadre d'autres matières ou activités scolaires (ou parascolaires). On serait donc loin des méthodes "monolithiques" qu'on a connues jusqu'à maintenant, où la

	Communication	*Langue*	*Culture*	*Education*
Objectifs				
Contenus				
Présentation				
Activités				
Evaluation				

Figure 1

"matière" à enseigner était associée au seul manuel scolaire, où la composante langue recevait presque toute l'attention et où la systématisation à outrance ne permettait à peu près pas le libre exercice de la communication.

Encore une fois, en dernière analyse, *"C'est en classe que ça se passe"* et c'est là que nos recherches doivent trouver, sinon leur raison d'être, du moins leur aboutissement.

b) Revoir en profondeur la formation des enseignants

Cette révision devrait toucher:
• les critères d'admission,
• la compétence linguistique,
• les préalables exigés (formation linguistique, psycho-sociolinguistique, littéraire, culturelle...),
• la pratique de l'enseignement (choix et rémunération des professeurs-associés, modes de supervision, critères d'évaluation...),
• le recyclage et la formation continue,
• l'évaluation continue de l'enseignement.

Il est entendu qu'une telle révision en profondeur ne peut se faire qu'à partir d'une action concertée de tous les organismes impliqués, ce qui explique sans doute la lenteur des actions entreprises en ce domaine, du moins dans certaines provinces, et ce malgré l'urgence du problème et les nombreuses recommandations qui ont déjà été formulées à ce sujet par les différentes associations professionnelles.

c) Adapter les objectifs au temps disponible (ou vice-vesa)

La poursuite d'un bilinguisme fonctionnel en 500 heures de cours est une utopie, on l'a déjà dit. Pourtant, c'est bien ce que les programmes de base ont visé pendant longtemps et ce au plus grand détriment de leur crédibilité. Ce qu'il faut maintenant, c'est, à défaut d'offrir à tous "le 1 200 ou le 5 000 magiques," établir des objectifs plus réalistes pour chaque période de temps prévue, que ce soit 500, 1 200, 2 500 ou 5 000 heures.

De plus, un programme de 500 heures devrait être qualitativement, et non seulement quantitativement, différent d'un programme de 1 200 heures en ce sens que l'étudiant ne devrait pas y être soumis aux mêmes types d'objectifs, lesquels il ne pourrait atteindre que partiellement, ce qui lui laisserait inévitablement une impression de demi-échec. Ainsi, en 500 heures, on pourrait donner la priorité à la compréhension orale et écrite, à une connaissance de base de la culture et de la grammaire françaises, et ce à partir d'un programme taillé *sur mesure* plutôt qu'à partir des premières leçons, ou livres, d'une méthode destinée à enseigner à communiquer efficacement dans les "4 savoirs."

d) Viser la communication, mais pas à n'importe quel prix

"Moi vouloir toi venir avec moi si toi avoir argent pour payer taxi."

Si le rôle de la classe de français n'est plus que de fournir aux étudiants des "techniques de survie" dans sa langue seconde, alors une phrase comme la précédente est tout à fait acceptable puisqu'elle réussit à communiquer son message. C'est là une position qui se situe à l'extrême opposé de celle qu'on a connue précédemment et qui consistait à exiger des étudiants qu'ils construisent des phrases correctes grammaticalement, peu importe s'ils pouvaient s'en servir dans de véritables situations de communication.

Je crois qu'encore ici il existe un juste milieu. Autant on ne devait pas s'attendre auparavant à ce que l'étudiant puisse apprendre à communiquer efficacement à partir de la seule étude du code linguistique, autant aujourd'hui on ne peut s'attendre à ce qu'il acquiert un niveau de correction acceptable sur le plan grammatical ou stylistique en mettant tout l'accent sur la seule communication. C'est pourquoi, selon moi, les composantes *langue* et *communication,* de même que les activités d'*apprentissage* et d'*acquisition* sont complémentaires et inséparables et il appartient aux élaborateurs de programmes d'attribuer à chacun la place qui lui revient dans le processus global.

De plus, les critères de correction ou d'"acceptabilité" devraient être établis en tenant compte des savoirs visés. Ainsi, les francophones sont généralement plus tolérants pour des fautes commises à l'oral qu'à l'écrit, de sorte que l'évaluation de l'écrit devrait être plus exigeante, sur le plan linguistique, que l'évaluation de l'oral où l'efficacité de la communication devrait recevoir le plus d'attention.

Il est sûr que la *communication* doit demeurer le but premier et ultime de notre enseignement, mais le prix à payer ne devrait pas être l'abandon, soit d'une certaine rigueur sur le plan linguistique, soit des valeurs culturelles et éducatives qu'il est aussi chargé de transmettre.

Conclusion

L'histoire de l'enseignement des langues secondes, dont l'évolution a été extrêmement rapide au cours des quelque trente dernières années, nous a habitués à voir le changement s'effectuer en ce qu'il est convenu d'appeler un "mouvement de pendule." Ce mouvement, qui se caractérise par une suite d'alternances entre des positions opposées, souvent contradictoires, nous a aussi habitués à fonctionner théoriquement à partir d'un certain nombre de dichotomies dont les termes semblent difficilement réconciliables. Ainsi, on a utilisé une approche traditionnelle *ou* audio-orale, puis audio-orale *ou* cognitive, puis linguistique *ou* communicative. En classe, on vise désormais l'acquisition *ou* l'apprentissage; nos activités portent sur le code *ou* sur la communication; on utilise du matériel authentique *ou* artificiel, etc.

De telles dichotomies, si elles sont très utiles théoriquement, peuvent parfois camoufler un dangereux dogmatisme en ce sens qu'elles ne présentent que les deux extrémités d'une échelle qui comporte toute une gradation où peuvent souvent se réconcilier les diverses positions. Ainsi il est sûrement possible, dans un grand nombre d'activités pédagogiques, de combiner efficacement acquisition et apprentissage, matériel authentique (ou naturel) et artificiel, grammaire et communication, etc.

Sur un autre plan, ou en est venu à trouver une semblable dichotomie entre programmes de base et programmes d'immersion, qu'on traite parfois comme s'ils étaient tout à fait irréconciliables. L'immersion, croit-on souvent, réussit parce qu'on y "acquiert" une langue alors que les programmes de base sont d'avance voués à l'échec puisqu'on tente d'y "apprendre" la langue ce qui, selon une théorie en vogue, serait tout à fait impossible. Accepter intégralement une telle position reviendrait à nier la possibilité de toute étude systématique du langage dans un but communicatif et à croire que la seule façon d'apprendre une langue serait de ne pas l'étudier. La réalité est sûrement plus nuancée et il serait sans doute aussi faux de croire qu'un individu, même un enfant, peut apprendre une langue sans aucune réflexion consciente que de croire qu'il peut l'acquérir par simple répétition.

Le but de cet article étant de promouvoir le rapprochement entre ce qu'on prêche en théorie et ce qui se fait dans la pratique, j'aimerais donc insister, en terminant, sur la nécessité de voir ce mouvement s'établir *dans les deux sens*. Autrement dit, si la pratique a encore beaucoup à faire pour rattraper la théorie,

Pierre Calvé

celle-ci, en revanche, qui est facilement portée à fonctionner à l'aide d'oppositions entre extrêmes, de dichotomies, devrait parfois nuancer ses énoncés en tenant compte de la réalité de la salle de classe, qui sera toujours l'ultime bénéficiaire, ou victime, de ses savantes dissertations.

Finalement, après avoir vu successivement la *langue,* puis *l'étudiant,* puis la *communication,* devenir le point de mire des préoccupations des chercheurs et pédagogues, je crois qu'il serait temps de faire porter les efforts sur l'*enseignant* lui-même (sa formation, son perfectionnement...), car c'est lui en fin de compte qui représente le véritable trait-d'union entre le savoir théorique et ses applications.

Références

Blouin, Jean, 1985. "Pourquoi nos enfants n'apprennent rien," *L'actualité,* 10(9): 33-40.

Calvé, Pierre. 1983. "La formation des enseignants en français, langue seconde: la parent pauvre d'un riche patrimoine" *"The Canadian Modern Language Review/Le Revue canadienne des langues vivantes,* 40(1): 14-18.

Canale, Michael et Merrill Swain. 1979. *Communicative Approaches to Second Language Teaching and Testing.* Ontario: Ministère de l'Éducation. Review and Evaluation Bulletins 1(5).

Chomsky, Noam. 1966. Northeast Conference on the Teaching of Foreign Languages, *Working Committee Reports,* ed. Robert C. Mead, jr., pp. 43-49.

Dulay, Heidi, Marina Burt et Stephen Krashen. 1982. *Language Two.* New York: Oxford University Press.

Hammerly, Hector. 1982. *Synthesis in Second Language Teaching.* Preliminary edition. Burnaby, B.C.: Second Language Publications.

Joyce, Bruce et Renée Clift. 1984. "The Phoenix Agenda: Essential Reform in Teacher Education," *Educational Researcher,* 13(4): 5-18.

Nerenz, A.G. et C.K. Knop. 1983. "Allocated Time, Curricular Content, and Student Engagement Outcomes in the Second-Language Classroom," *The Canadian Modern Language Review/La Revue cana-*
dienne des langues vivantes, 39(2): 222-32.

Report of the Ministerial Committee on the Teaching of French 1974. Toronto: Ministère de l'Éducation de l'Ontario.

Roy, Robert. 1984. "Commentaires: Étude nationale sur la formation et le perfectionnement du professeur d'Immersion française." Mimeo.

Stern, H.H. 1982. "French Core Programs Across Canada: How Can We Improve Them?" *The Canadian Modern Language Review/La Revue canadienne des langues vivantes,* 39(1): 34-47.

Stern, H.H. 1983. "Peut-être n'est-il pas encore trop tard: Quelques réflexions sur le passé, le présent et l'avenir des programmes de base de français," *Dialogue,* 2(1): 1-4.

Stern, H.H. 1984. "A Quiet Revolution: Second Language Teaching in Canadian Contexts — Achievements and New Directions," *The Canadian Modern Language Review/La Revue canadienne des langues vivantes,* 40(5): 506-23.

Stern, H.H. 1985. "Movements, Projects and Core French Today," *The Canadian Modern Language Review/La Revue canadienne des langues vivantes,* 43 (1): 15-33.

Wilton, Florence, André Obadia, Robert Roy, A. Brian Saunders et Rhoda Tafler. 1984. *Étude nationale sur la formation et le perfectionnement du professeur d'immersion française.* Ottawa: Association canadienne des Professeurs d'Immersion.

J.P.B. Allen

3

Modèle de programme à trois niveaux pour l'enseignement d'une langue seconde

Enseigner une utilisation communicative de la langue

Ces dernières années, on a pu assister à un déplacement d'accent majeur dans le domaine de la linguistique théorique, ce qui a entraîné, à son tour, un certain nombre de nouveaux développements importants dans l'enseignement en langue seconde. Ce changement pourrait être défini comme un mouvement de recul face à une approche qui était jusqu'alors presque exclusivement structurale, et de rapprochement vers une perspective de plus en plus sociologique de la langue.

En didactique des langues secondes, les développements ont une nette tendance à suivre la courant dominant de la linguistique théorique. Ainsi, pendant plusieurs années, le didactique a été fortement influencée par la grammaire formelle et structurale. Les professeurs de langue ont donc été enclins à considérer que leur tâche principale consistait à transmettre à leurs étudiants une connaissance des mécanismes structuro-formels de la langue enseignée. Par conséquent, le manuel scolaire typique était rempli d'exercices axés sur la composition de phrases "hors contexte" et devant témoigner du code linguistique, mais accordait peu d'attention systématique à la façon dont ces phrases devaient être utilisées afin de communiquer. On croyait qu'une fois le système grammatical appris, les étudiants sauraient d'instinct comment appliquer les règles pour produire d'eux-mêmes les phrases appropriées dans une situation donnée.

Dans les faits malheureusement, cette supposition s'est avérée beaucoup trop optimiste. C'est une observation courante que plusieurs étudiants réussissent assez bien dans un environnement de classe dirigée, mais se montrent incapables de transposer cette aptitude en situations exigeant une communication spontanée et authentique. Dans une certaine mesure, cette lacune peut signaler que les étudiants doivent passer un peu plus de temps à apprendre la grammaire fondamentale. D'un autre côté, cela indique peut-être que l'on ne doit pas seulement leur enseigner les mécanismes internes de la langue en tant que système indépendant, — cet aspect de la performance que Widdowson (1978) désigna comme l'*usage* — mais également les règles sociologiques qui président aux opérations communicatives de la langue dans son *utilisation réelle*.

Titre original, "A Three-Level Curriculum Model for Second-Language Education," publié dans *The Canadian Modern Language Review/La Revue canadienne des langues vivantes*, 40, 1(1983): 23-43. Reproduit ici avec la permission du rédacteur.

Partiellement en raison des récents progrès en socio-linguistique, mais aussi en réaction naturelle contre une application par trop rigide de la doctrine audio-orale antérieure, les praticiens de la L2 se sont tournés de plus en plus vers le concept d'un enseignement dit communicatif. Dans bien des cas cependant, la transition d'une méthodologie structurale à une méthodologie communicative n'a pas été des plus aisées. La création de bon matériel didactique de nature communicative s'est avérée un processus complexe demandant du temps et présentant de nombreuses difficultés. Une des principales sources du problème tient au fait que les explications théoriques de la compétence communicative qui ont été fournies jusqu'à présent, sont notoirement hypothétiques et incomplètes, et commencent à peine à se comparer aux propositions détaillées faites par les linguistes structuraux pour définir la compétence linguistique sous-jacente. En l'absence de théorie bien définie, la création de matériel didactique communicatif risque d'être plus dictée par l'opportunisme, l'approximation et le travail non coordonné d'auteurs individuels que par le principe.

L'apparition d'une nouvelle et forte diversité dans la définition des objectifs visés par la didactique des langues constitue un problème particulièrement gênant. Alors que la tradition structurale offrait un cadre relativement homogène pour l'enseignement de la langue à tous les niveaux, l'impact créé par la sociolinguistique semble mener à une fragmentation toujours plus grande. Alors que les cours structuraux tendent à se ressembler puisqu'ils sont organisés "intérieurement" en fonction d'une logique grammaticale abstraite, les nouveaux cours fonctionnels tendent à diverger fortement les uns des autres parce qu'ils sont spécifiquement conçus pour répondre à différents types de besoins en opérant dans le code les différents choix appropriés à ces besoins.

En conséquence, on constate dans le corps enseignant en L2 une propension croissante à se diviser en plusieurs petits groupes de praticiens et à élaborer séparément du matériel pour des groupes spécifiques d'étudiants dont les exigences semblent souvent difficiles à concilier entre elles. Le caractère créatif et novateur de plusieurs de ces programmes est engageant, mais le prix à payer risque d'être très élevé en raison du manque de coordination, de la double action et, finalement, de la perte de temps.

En période de restrictions budgétaires croissantes, ce sont là évidemment des facteurs à considérer. Dans ce contexte, il devient de plus en plus important de développer un modèle de programme général pour les études en langue seconde pouvant s'adapter à un large éventail de besoins tout en se fondant sur une méthodologie conséquente et sur une perception sous-jacente de la langue. Cette méthodologie et cette vision de la langue devront toutes deux fournir une perspective suffisamment large pour assurer la stabilité du modèle et empêcher qu'il soit miné par les vogues pédagogiques très changeantes.

Trois approches de la conception d'un programme de langues

Un projet de recherche en anglais langue seconde (ALS) de l'Institut ontarien d'études pédagogiques (IOEP) est en train de développer un modèle de programme qui, à mon sens, offre le type de vaste perspective requise (Allen Howard 1981). Bien que ce modèle soit élaboré en fonction de l'enseignement de l'anglais langue seconde en Ontario, il contient des traits pouvant s'appliquer à l'enseignement des langues secondes en général. Avant d'en faire la description, j'aimerais toutefois examiner plus en détail ce qu'impliquent, respectivement, l'approche structurale et l'approche communicative pour un programme en L2. Cette tâche n'est nullement simple puisqu'une forte confusion règne autour de la notion d'enseignement communicatif de la langue.

Cette confusion, je crois, est due en grande partie à une tendance à considérer le problème de conception d'un programme en terme de simple contraste à double sens entre des approches structurales de type "acquisition des compétences" et des approches fonctionnelles de type "utilisation des compétences." Ainsi, Dodson (1976) propose deux niveaux d'apprentissage de la langue seconde:

• un niveau orienté sur le médium avec comme objectif premier du processus d'apprentissage les caractéristiques formelles de la langue, et
• un niveau orienté sur le message, dans lequel l'accent n'est plus mis sur la langue elle-même, et "où la langue sert à aider l'apprenant à satisfaire ses besoins immédiats dans la vie courante."

Au lieu de se limiter à une discussion sur deux niveaux, je suggérerais d'envisager la possibilité de développer pour les études en langue seconde une approche plus polyvalente à trois niveaux dont les composantes principales correspondraient à une perspective
(a) structuro-analytique,
(b) fonctionnelle-analytique et
(c) non-analytique ou empirique (*cf.* Stern 1979).

Dans ce schéma, la perspective structuro-analytique correspond au niveau orienté sur le médium de Dodson, et la perspective non-analytique empirique correspond au niveau orienté sur le message. La perspective fonctionnelle-analytique se situe entre ces deux extrêmes et fait référence tant à la langue comme médium qu'à la langue comme communication. Les principales caractéristiques de ces trois approches peuvent se résumer comme suit:

(a) Structuro-analytique
• Concentration sur la grammaire et les autres éléments formels de la langue
• Techniques contrôlées de la didactique grammaticale
• Pratique axée sur le médium

(b) Fonctionnelle-analytique
• Concentration sur les éléments du discours de la langue
• Techniques contrôlées de la didactique communicative
• Pratique axée sur le médium et le message

(c) Non-analytique
• Concentration sur l'utilisation naturelle non-analysée de la langue
• Techniques didactiques complètement communicatives et empiriques
• Pratique orientée sur le message

Afin de préciser la distinction faite entre les trois approches, j'aimerais passer en revue et, parallèlement, relier entre eux trois des principaux développements qu'a connus l'enseignement des langues secondes lors des trente dernières années. Je débuterai par un bref compte rendu de la méthode audio-orale qui est particulièrement bien établie en Amérique du Nord et constitue un exemple éminent de la tradition structuro-analytique dans l'enseignement en langue seconde. Je traiterai ensuite des propositions ''européennes'' les plus récentes concernant une approche fonctionnelle-analytique et représentées par les travaux de Wilkins, Widdowson, Munby et autres. Enfin, je décrirai un certain nombre d'approches empiriques actuellement utilisées qui ne reposent sur aucun type d'analyse linguistique ou sociolinguistique, mais qui visent à impliquer très tôt les apprenants dans un processus naturel de communication. Je tenterai de démontrer que chaque type de programme d'études est conçu pour souligner un aspect important de l'apprentissage d'une langue, et qu'il y a place pour les trois approches réunies à l'intérieur d'un modèle d'enseignement en langue seconde qui soit polyvalent.

L'arrière-plan structural

Une des tentatives les plus complètes pour asseoir l'enseignement de la langue seconde sur une base structuro-analytique eut lieu pendant les années cinquante et au début des années soixante, lorsque la tradition du structuralisme bloomfieldien en linguistique américaine s'associa aux théories de B.F. Skinner sur le conditionnement pour établir les fondements théoriques de la méthode audioorale (MAO). Les principales hypothèses psychologiques de la MAO peuvent être énoncées comme suit: l'apprentissage d'une langue seconde est fondamentalement un processus mécanique de formation d'habitudes; les habitudes sont consolidées par le renforcement, et les habitudes en langue seconde sont formées le plus efficacement en donnant la bonne réponse plutôt qu'en faisant des erreurs (Rivers 1964). Vu la nature de la théorie de base, il est naturel pour la MAO de mettre l'accent sur l'utilisation orale active de la langue. Ainsi, le travail typique en classe prend la forme d'une ''mémorisation mimétique'' du matériel dialogué, secondée par des exercices intensifs ou une ''pratique des structures,'' le tout ayant pour but d'amener les étudiants à manipuler les structures au point de pouvoir répondre automatiquement.

Etant donnée la poussée de critique qu'a connue la MAO récemment, il apparaît important de préciser que la pratique de structures en elle-même n'est pas destinée à être communicative, mais plutôt à établir la base pour la communication ultérieure. Selon Brooks (1960), c'est un ''exercice de dextérité structurale … afin que la performance puisse devenir automatique et habituelle.'' Cette hypothèse estime qu'avant que les étudiants puissent envisager de communiquer dans une langue seconde, ils doivent maîtriser les principaux mécanismes structuraux au point de s'en servir avec assurance et sans avoir à prêter attention aux détails de la grammaire et de la prononciation. Une autre hypothèse de la MAO consiste à dire qu'une fois la connaissance du système grammatical établie, les étudiants apprendront facilement la façon d'appliquer les règles pour produire d'eux-mêmes des énoncés appropriés à une situation.

Dans la MAO, l'organisation du matériel de classe est fondée sur un programme composé d'une succession ordonnée de structures grammaticales. L'objectif visé est d'enseigner la grammaire comme un tout systématique en restant à un niveau de généralité approprié. À cette fin, l'auteur de matériel procède par étapes progressives soigneusement contrôlées en combinant des textes de lecture avec des exercices dans lesquels les principaux points à enseigner sont définis en termes linguistiques formels, chaque nouveau point succédant logiquement au précédent. L'ordre dans lequel le nouveau matériel est présenté se trouve déterminé par les principes de la classification structurale. Suivant ces principes, on constate habituellement que le langage plus simple est enseigné avant le plus complexe; les structures plus régulières ou productives sont enseignées avant celles de moindre productivité; et les structures les plus utiles ou fréquemment utilisées sont enseignées avant celles de faible fréquence. De plus, il est habituel de consacrer les premières étapes de l'apprentissage aux formes linguistiques présentant le minimum de difficultés contrastives, c'est-à-dire celles qui présentent le moins de divergences par rapport aux structures de la langue première de l'apprenant.

La méthode audio-orale s'est établie au début des années soixante, partiellement en réaction contre la méthode de traduction grammaticale alors (et encore) largement utilisée dans laquelle les étudiants sont confinés à un rôle surtout passif. La MAO, de par l'implication de l'étudiant dans une pratique orale active, fut considérée, avec justesse, comme une percée majeure. La doctrine selon laquelle "la langue est un comportement ... et le comportement ne peut être appris que si l'on entraîne l'étudiant à se comporter" (Politzer 1961) sembla être payante en terme de rapide développement de la compétence orale, du moins dans les premières phases de l'apprentissage de la langue. Simultanément, un système de classification conçu pour enseigner, non point "les habitudes concernant les items en tant qu'item," mais "les habitudes concernant un système ordonné de mécanismes structuraux" (Fries 1955), offrait une quantité d'avantages importants. Cela contribuait à conférer une allure d'objectivité et à contrôler le difficile art de la rédaction de manuels scolaires, cela se prêtait aisément à une variété d'exercices écrits et de systématisations orales, et cela permettait aux étudiants d'acquérir une connaissance des règles fondamentales de la grammaire de façon systématique. Il est significatif que ce sont là les avantages qui tendent à être prisés au niveau élémentaire de l'apprentissage d'une langue seconde.

Les avantages de la MAO furent perçus dès le départ; les désavantages mirent un peu plus de temps à apparaître. Il serait équitable de préciser que ces désavantages n'étaient point tant dûs à un défaut inhérent à la MAO, qu'à sa promotion peu judicieuse comme une sorte de panacée universelle. En conséquence, on s'attendait à ce que les techniques de mémorisation mimétique et la pratique de mécanismes structuraux répondent à une gamme irréaliste d'objectifs pédagogiques, incluant plusieurs pour lesquels elles étaient manifestement inadéquates. On remarqua, en particulier que les techniques audio-orales qui avaient démontré beaucoup de succès dans les premières étapes d'un cours de langue s'avéraient souvent ennuyantes, répétitives et entravaient la productivité si elles étaient prolongées sans modifications aux niveaux intermédiaire et avancé. Conséquemment, plusieurs auteurs conclurent qu'il y avait plus d'un type de compétence langagière devant être possédé les étudiants. Comme le comportement langagier s'échelonne à différents niveaux de complexité chez l'homme, il sembla pertinent d'adopter ce que Wilga Rivers appela une optique à multiples niveaux de l'apprentissage de la langue (Rivers 1968). Pour l'essentiel, le but visé est de maintenir un maximum de flexibilité dans son enseignement plutôt que d'agir comme s'il n'y avait qu'une seule "meilleure" méthode pouvant s'appliquer avec égal succès à chaque niveau sans considération pour le type d'étudiant impliqué.

Rivers émit l'opinion qu'il existait deux niveaux de langue qui étaient particulièrement importants. Il y a d'abord un niveau de manipulation des éléments de langue qui se présentent en relations déterminées dans des systèmes fermés clairement définis (ex., l'inflexion de la personne et du nombre, l'accord des genres, les caractéristiques formelles des temps). Ce sont là les habiletés fondamentales ou d'ordre inférieur. En plus, il faut cependant tenir compte d'un niveau d'expression à signification personnelle pour lequel il n'existe pas de système clairement défini en raison des possibilités de variations infinies dépendant de facteurs tels le type de message à transmettre, la situation dans laquelle l'énoncé se fait, et la relation entre locuteur et auditeur. Il s'agit ici des habiletés de langue d'ordre supérieur, dans lesquelles l'étudiant doit trouver sa propre réponse, non seulement acceptable linguistiquement, mais appropriée aussi à la situation. Comme le souligna Rivers, bien qu'une approche fondée sur la pratique de mécanismes puisse fonctionner avec un minimum d'explications à un niveau où l'étudiant établit les compétences langagières automatiques d'ordre inférieur, il faut une approche différente, avec une explication plus déclarée et une pratique "significative" plutôt que structurale, à un niveau où l'étudiant entreprend de développer les compétences langagières différentielles d'ordre supérieur.

Une question cruciale qui se pose est celle des moyens par lesquels on doit diriger les étudiants de la pratique des compétences d'ordre inférieur à celle des compétences d'ordre supérieur, de l'étape de manipulation soigneusement contrôlée des phrases jusqu'au point où ils peuvent s'engager dans quelque chose rappelant l'utilisation spontanée de la langue. C'est Paulston (1971) qui fit le premier pas pour créer un pont en proposant de diviser les exercices en trois types — mécaniques, significatifs et communicatifs — qui pourraient être présentés dans une suite. Selon le système de Paulston, un exercice mécanique en est un où le professeur assure le contrôle complet et dans lequel, par conséquent, il n'y a qu'une seule possibilité de réponse. Dans le cas d'un exercice significatif, il y a encore contrôle de la réponse, quoiqu' elle puisse être exprimée de plus d'une manière. Le professeur sait ce que l'étudiant doit répondre, mais comme la réponse dépend de l'information présente en fait dans l'environnement, l'étudiant ne peut compléter l'exercice à moins de comprendre structurellement et sémantiquement ce qu'il dit. L'exercice "communicatif," pour sa part, implique une réponse beaucoup moins contrôlée. "Le comportement final escompté en exercice communicatif est un langage normal pour la communication ou, si l'on préfère, le libre transfert de mécanismes appris à des situations appropriées ... La différence principale entre un exercice significatif et un exercice communicatif, c'est que dans celui-ci le locuteur ajoute des informations nouvelles au sujet du monde réel'' (Paulston 1971). En d'autres mots, lors d'un exercice "communicatif," ni le professeur, ni la classe ne savent à quelle réponse s'attendre parce qu'elle implique l'expérience et les opinions personnelles des étudiants.

La classification d'exercices à trois niveaux faite par Paulston a certainement contribué à libérer l'enseignement de la langue seconde d'un abus créé par un type d'exercices de mécanismes à caractère répétitif et dénués de sens qui ne demandaient peu ou pas de réflexion de la part de l'étudiant. Toutefois, comme le soulignait Rivers l'année suivante (Rivers 1972), la notion d' "exercice communicatif" est véritablement une contradiction dans les termes. Même si l'on permet à l'étudiant d'apporter une nouvelle information, l'exercice reste un exercice plutôt qu'une communication libre; "il est dirigé de l'extérieur, n'émane pas de soi; c'est une activité dépendante et non indépendante." La proposition amenée par Rivers était qu'afin de travailler le niveau d'expression d'ordre supérieur, on devait ajouter à la pratique de mécanismes un nouveau type d'exercices habilitant l'étudiant à "se servir de la langue pour les fins normales du langage: établir des relations sociales, demander et recevoir de l'information, dissimuler ses intentions etc." Cette "pratique de l'interaction autonome" est considérée comme extension de l'enseignement systématique des éléments fondamentaux de la langue plutôt que son remplacement. En d'autres termes, l'approche faite par Rivers peut être prise comme un modèle structural modifié de l'enseignement en langue seconde. Les premières étapes de l'apprentissage demeurent structuro-analytiques dans la mesure où la principale tâche des étudiants consiste à acquérir une connaissance des éléments formels de la langue visée. Une fois démontrée leur capacité de manipuler les mécanismes de phrase fondamentaux cependant, les étudiants poursuivent en utilisant leurs connaissances linguistiques formelles dans un éventail de tâches communicatives. Comme le souligne Rivers, cette étape ultérieure de la pratique se doit d'être axée sur l'étudiant plutôt que d'être imposée par l'enseignant si l'on veut réussir à générer une authentique motivation à communiquer.

Le programme fonctionnel

Tandis que Rivers, Paulston et d'autres proposaient des modifications à la MAO, un groupe de chercheurs plaidait en Europe pour un éloignement plus radical des méthodes établies en enseignement de la langue seconde. Tant en Europe qu'en Amérique du Nord, "l'approche moderne pour la didactique des langues" avait été virtuellement synonyme de la grammaire structuro-formelle. La plupart des professeurs de langue s'étaient donnés comme principale tâche de transmettre à leurs étudiants une connaissance du code linguistique et ils s'attendaient à ce que la capacité d'utiliser le code aille pratiquement de soi. Comme dans le cas de la MAO toutefois, il n'était absolument pas assuré que les étudiants qui avaient maîtrisé les principes de la grammaire en tant que système indépendant, sauraient transposer leurs connaissances efficacement dans une interaction spontanée à l'extérieur de la classe. Bref, après plusieurs décennies de structuralisme, les enseignants en Europe et en Amérique du Nord étaient parvenus à la même conclusion: si les étudiants en langue seconde devaient acquérir quelque chose ressemblant à la compétence des locuteurs naturels, il ne fallait pas seulement leur enseigner les structures grammaticales formelles, mais également les règles sociologiques déterminant la façon dont on utilise la langue pour communiquer.

À titre d'alternative pour la définition des unités d'apprentissage en termes purement grammaticaux, un groupe d'auteurs associés au Conseil de l'Europe ont proposé une approche "fonctionnelle" ou "notionnelle" qui semble s'appuyer sur des principes diamétralement opposés à la classification linguistique formelle de la didactique des langues structurale. Auparavant, le premier pas avait consisté à classifier les items d'apprentissage structuralement et, ensuite, de concevoir les moyens de les présenter par une contextualisation. En didactique fonctionnelle, ce processus est inversé: on définit d'abord les contextes dans lesquels la langue visée sera utilisée, ensuite on identifie les concepts ou "notions" que le locuteur est susceptible d'utiliser. Finalement, on spécifie les formes grammaticales, lexicales et phonologiques habituellement utilisées pour exprimer de tels concepts. Comme il n'y a pas de correspondance univoque entre les formes de la langue et les notions qu'elles expriment, le matériel qui en résulte est contrôlé fonctionnellement, mais diversifié grammaticalement. Du point de vue communicatif, cela est considéré comme approprié puisque "ce que les gens veulent faire au moyen de la langue est plus important que la maîtrise de la langue comme système non-appliqué" (Wilkins 1973).

Les cours de langues du type audio-oral s'attachent à établir un répertoire de mécanismes grammaticaux idéalisés dans l'espoir que l'apprenant sera capable de les utiliser dans la gamme de circonstances la plus vaste possible. De tels cours, généralement décrits comme offrant l'anglais "général" ou "fondamental," n'ont pas à être associés à un quelconque secteur ou champ d'utilisation de la langue. Le cours de langue fonctionnel, de son côté, est organisé en fonction des intentions pour lesquelles les gens apprennent la langue. Il s'ensuit en ce cas qu'un premier pas essentiel dans l'élaboration du programme est d'analyser les besoins du groupe particulier d'apprenants pour lesquels le cours est prévu. Pour cette raison, l'enseignement fonctionnel s'est fait fortement associer à un enseignement de "langues à des fins spéciales." Considérons, par exemple, le problème d'élaborer un programme de rattrapage pour des étudiants en L2 au collège ou à la première année d'université qui doivent apprendre la langue visée non point comme une fin en soi, mais comme instrument pour accéder à une compétence dans une autre discipline scolaire ou universitaire. Afin de définir le comportement terminal requis de ces étudiants au niveau de l'utilisation communicative de la langue, le concepteur du cours fonctionnel devra entreprendre une étude attentive de la façon dont la langue visée sera utilisée pour servir les objectifs du programme de l'étudiant en Sciences, en Sciences sociales ou en quel-qu'autre spécialité. Munby (1978) décrit une procédure pour réaliser une "analyse de besoins" de ce type en se rapportant à des variables, tels l'identité de l'étudiant comme individu, les secteurs physiques et psychologiques dans lesquels la langue visée est susceptible d'être utilisée, les rôles interactifs qu'il expérimentera probablement et les principaux canaux de communication impliqués.

Si nous considérons le problème de la constitution d'un matériel pédagogique pour l'enseignement de langue relié à une matière, et si nous pensons en fonction d'enseigner des habiletés linguistiques communicatives au lieu de limiter notre attention à des structures formelles, il est naturel de conclure que la sélection, la classification et la présentation du matériel impliquera la réalisation de la langue utilisée dans un champ thématique ou dans plusieurs. Si l'on s'interroge, par exemple, à savoir quels champs d'utilisation semblent les plus pertinents dans l'élaboration d'un contenu de programme pour des apprenants en L2 de niveau secondaire, on découvre que parmi les champs qui présentent le plus d'envergure, il y a d'autres matières scolaires comme la géographie, l'histoire, la biologie et la physique. Il existe présentement un éventail de manuels disponibles démontrant qu'on peut articuler une pratique communicative de la langue sur une variété de thèmes tirés des différents sujets au programme à l'école.

Il faut noter que le but de cette action est de créer des liens précis entre l'aspect langue et l'aspect contenu du programme. En d'autres termes, dans l'enseignement de langue connexe à une matière, on ne cherche pas à mettre l'accent sur le contenu de la matière pour elle-même, ni sur le système formel de la langue visée, mais sur les moyens par lesquels langue et matière deviennent corrélationnelles dans une communication significative. Alors, au lieu de passer la majeure partie du temps à manipuler des mécanismes de phrase formels hors contexte, les étudiants peuvent explorer la façon dont le contenu thématique est exprimé linguistiquement en Sciences sociales ou en Biologie, et la façon dont la langue visée est utilisée pour donner forme aux processus de raisonnement caractéristiques de divers champs de spécialités. Un des avantages importants de cette approche pour l'élaboration d'un cours en L2, c'est qu'elle assure un lien avec la réalité et avec l'expérience propre de l'apprenant tout en fournissant un moyen naturel d'enseigner la langue comme communication.

Prendre la "capacité communicative souhaitée" de l'apprenant comme point de départ constitue un principe fondamental de l'enseignement fonctionnel de la langue (Wilkins 1976). Exprimé d'une autre façon, l'enseignement fonctionnel ne doit pas être mis en équation avec la méthode dite "situationnelle" où les formes linguistiques sont généralement enseignées en association avec certaines caractéristiques physiques de la salle de classe; ce n'est pas non plus un autre type de pratique restreinte à un contexte comme celles où les étudiants mémorisent des séries de dialogues intitulés "au cinéma," "à la pharmacie" et "envoyer un colis par la poste." Il faudrait encore moins confondre la didactique communicative avec ces superficiels cours structuraux du jour de plus en plus populaires auprès des éditeurs, et qui prétendent être "communicatifs," mais qui entendent atteindre ce but principalement par une présentation de luxe et une préoccupation axée sur des sujets à la mode du jour, tels l'avortement, la drogue et le chômage. Le trait distinctif de l'enseignement fonctionnel de la langue, dans l'utilisation que je fais du terme, c'est que les objectifs d'apprentissage sont définis, non point par référence au contenu de sujets particuliers ou aux caractéristiques physiques de situations distinctes, mais en fonction des pensées, attitudes et intentions "internes" du locuteur, lesquelles sont fondamentalement indépendantes du contexte.

Dans les documents du Conseil de l'Europe, plusieurs de ces intentions sont exprimées sous la forme d'actes de parole (aussi dénommés actes illocutionnaires ou fonctions communicatives), tels que l'action de commander, de demander, d'informer, de conseiller, de qualifier et d'inviter. D'autres intentions sont exprimées sous la forme de catégories "sémanticogrammaticales (ex., le temps, la quantité, le lieu) ou par des significations de mode comme la probabilité, la certitude et la possibilité. Ces spécifications notionnelles et la manière dont elles sont réalisées dans une variété de contextes au moyen de sélections adéquates dans le code linguistique, sont supposée représenter une compétence communicative généralisée par le fait que les notions qu'elles expriment sont librement transposables d'une situation à l'autre, en incluant toutes celles que le locuteur n'a en fait jamais vécues et à l'intérieur desquelles il est potentiellement capable de performer. En ce sens, les règles d'utilisation communicative de la langue sont semblables à celles de la grammaire. Elles constituent, en principe, une partie de la capacité linguistique créative et fournissent au locuteur "les moyens limités pour atteindre des fins illimitées." La différence principale entre la pédagogie structurale et la pédagogie fonctionnelle est que celle-là tend à considérer les règles d'utilisation comme allant de soi, tandis que celle-ci entreprend expressément d'identifier ces règles et de démontrer comment elles fonctionnent.

L'approche empirique

Il ressort des précédents propos que la méthode audio-orale s'occupe au premier chef d'enseigner l'usage (dans le sens de Widdowson), tandis que le matériel fonctionnel s'emploie à enseigner aux étudiants comment se servir de leur connaissance linguistique formelle pour une utilisation efficace. Toutefois, il y a deux manières possibles d'amener un étudiant à utiliser sa connaissance des règles linguistiques pour les fins de la communication. Une première manière consiste à rendre explicite la nature des actes de parole et de montrer comment ils se combinent pour produire un discours cohérent. C'est l'approche que j'ai désignée comme "fonctionnelle-analytique et qui est associée aux travaux de Wilkins, Munby, Van Ek et du Conseil de l'Europe. L'autre approche de l'enseignement communicatif implique l'apprenant dans un processus spontané d'utilisation non-analysée de la langue et n'entreprend aucune tentative d'analyse structurale ou fonctionnelle. C'est l'équivalent du niveau orienté sur le message de Dodson, "où la langue et son apprentissage deviennent secondaires au but premier de s'occuper du monde autour de nous" (Dodson 1976). Ces programmes qui ne se fondent sur aucune forme d'analyse structurale ou fonctionnelle, mais mettent plutôt l'accent sur l'utilisation spontanée de la langue dans des secteurs communicatifs naturels, ont été qualifiés d'approches "naturalistes" ou "empiriques" (Stern 1980). Plusieurs programmes en langue seconde utilisent ces méthodes en les combinant souvent à des types d'exercices plus analytiques. Les brèves descriptions qui vont suivre sont tirées d'une recherche à la fois sur l'anglais et le français langue seconde, et visent à donner une certaine idée de la variété d'approches disponibles.

• Un cours du soir pour des apprenants adultes en ALS est conçu de telle manière qu'on y trouve parallèlement des exercices structuraux et une variété d'activités communicatives orientées sur l'étudiant. A un certain moment de la soirée, par exemple, la classe est divisée en deux groupes et l'on demande à chaque personne du groupe de remplir une "fiche d'informations personnelles." Exemple de question: Quel type de livres aimez-vous lire? Quelle sorte de nourriture appréciez-vous? Est-ce que vous vivez en appartement, dans une maison ou dans une chambre meublée? Chaque membre du groupe consigne sa réponse et l'information est ensuite partagée oralement en groupe. L'objet de cette activité n'est pas l'exactitude formelle, mais l'expression de soi et l'échange authentique d'idées (Hill 1978).

• Dans une école anglaise de l'Ontario, on a choisi 150 étudiants pour un cours de géographie du niveau de la 9e année. Tous les étudiants parlent couramment l'anglais, à l'exception d'un groupe de 25 encore en train de l'apprendre. Les 25 étudiants en ALS forment ainsi une "section spéciale" dans le cours de géographie et permettent ainsi au professeur de fournir un entraînement linguistique en liaison étroite avec le contenu de la discipline étudiée par les étudiants. Cette combinaison de l'étude de la langue avec l'apprentissage du contenu fournit une forte motivation à utiliser l'anglais." Pour l'essentiel, la même matière que dans les cinq autres groupes est vue, mais l'ordre de présentation peut être différent ... on fait un plus grand usage des supports visuels et l'on donne des explications plus explicites relativement à la langue appropriée pour comprendre, parler, lire et écrire sur le sujet" (Handscombe 1978).

• Dans les programmes d'immersion canadiens pour les premiers niveaux, on enseigne le français à des enfants anglophones par l'utilisation exclusive de la langue visée comme véhicule d'enseignement. Durant la majeure partie de la journée scolaire, les enfants se trouvent en environnement francophone et ils apprennent la langue dans un secteur communicatif naturel par le biais d'une grande variété d'activités auxquelles tous doivent participer (Lambert et Tucker 1972, Swain 1978, Stern 1978).

• Dans un projet d'échange canadien régulier de niveau interprovincial, les étudiants francophones et anglophones sont "jumelés" et habitent alternativement les uns chez les autres pour une période de deux semaines à la fois. De cette façon, les étudiants sont mis en étroit contact avec la communauté de la langue visée, suivent des cours et ont toute occasion de rencontrer des locuteurs naturels dans leur environnement domestique; l'apprenant fait donc l'expérience de la L2 dans son milieu naturel, le différenciant de l'environnement artificiel de la salle de classe; l'apprenant doit s'adapter linguistiquement à une diversité de rôles sociaux; et l'échange génère de nouvelles connaissances culturelles (Stern 1980, Secrétariat aux échanges bilingues 1978).

• Depuis 1969, le Projet de création de modules de l'Institut ontarien d'études pédagogiques (Stern et autres 1979) expérimente du matériel scolaire multimédia pour l'enseignement du français langue seconde dans les écoles élémentaires et secondaires. Ce matériel a pour but d'"insuffler des thèmes ou des sujets à contenus pédagogiques valables et d'importance ainsi qu'une substance à des cours de langue qui seraient sinon conventionnels," et il se fonde sur la prémisse que "si l'on prévoit enseigner les langues communicativement, on doit communiquer quelque chose qui soit digne d'intérêt" (Stern 1980). Le projet insiste sur le besoin de véhiculer une information authentique sur des sujets sélectionnés, tels que le sport, les questions politiques ou la musique et les arts dans la communauté de la langue visée. En plus de produire et de tester le matériel pour la classe de français, les chercheurs se penchent sur l'élaboration d'un modèle de programme général intégrant langue, culture et activités dans l'enseignement et l'apprentissage des langues secondes.

Un modèle à trois niveaux pour l'enseignement en langue seconde

Au cours des dernières années, le concept d'enseignement communicatif de la langue a commencé à exercer une influence dominante. Le corpus s'est agrandi en Europe comme en Amérique du Nord et il englobe la théorie de base (Wilkins 1976, Widdowson 1978, Canale et Swain 1980), l'ébauche de programme (van Ek 1975, Johnson 1982, Yalden 1983), et la production de matériel pédagogique expérimental (Allen et Widdowson 1974a, 1974b, 1978, Johnson et Morrow 1980, Stern et autres 1979, Allen et Howard 1982). On a pu, simultanément, voir apparaître de longues séries d'articles dans les revues professionnelles qui prenaient sous loupe la notion de compétence communicative et considéraient ses implications pour l'enseignement des langues (Paulston 1974, Rivers 1973, Holmes et Brown 1976, Brumfit et Johnson 1979). Bien que les propositions européennes et américaines diffèrent dans les détails, les contours généraux d'un nouveau type de programme "fonctionnel" ou "notionnel" sont en train d'apparaître. Ainsi, une série de matériaux pour la L2 inspirés de la théorie actuelle sur les programmes scolaires tendra à se fonder sur un cadre d'analyse non pas exprimé en termes de types de phrases structurales, mais en termes de types de messages communicatifs. L'objectif général ne sera pas d'enseigner uniquement les aspects abstraits idéalisés des structures de la langue, mais aussi l'utilisation concrète de la langue dans l'interaction sociale de la vie réelle.

La question de savoir ce qui constitue l'équilibre le plus effectif entre les éléments structuraux, fonctionnels et empiriques dans un programme en langue seconde a, dans une large mesure, supplanté le débat antérieur entre ceux qui voyaient l'apprentissage de la langue comme un processus de formation d'habitudes renforcées par réitération, et ceux qui préféraient mettre l'accent sur la compréhension rationnelle de l'élément étudié. Le débat entre les tenants de la "théorie des habitudes audio-orales" et de la "théorie cognitive d'apprentissage du code" perdit de sa vigueur lorsqu'on s'aperçut que ces deux points de vue pouvaient se concilier. Ainsi, selon Carroll (1971), il n'y a pas fondamentalement d'opposition entre la conception du comportement langagier comme résultat de l'opération "d'habitudes" et sa conception comme activité "dictée par des règles." On peut considérer les énoncés descriptifs du linguiste comme des règles, mais également comme énoncés des conditions par lesquelles certaines habitudes de langue se manifestent dans une communauté linguistique. Carroll conclut que ni la pure théorie audio-orale des habitudes, ni la pure théorie cognitive d'apprentissage du code ne peuvent être complètes en soi, mais que chacune peut contribuer à notre compréhension du processus d'apprentissage d'une langue.

Un peu de la même manière, on constate qu'un nombre croissant d'enseignants tentent de s'orienter sur un cours à mi-chemin entre les extrêmes structurale et fonctionnelle du concept de cours en langue seconde. Bien qu'il soit certain que l'étude des actes de parole et du discours a apporté une dimension nouvelle et utile à l'enseignement des langues secondes, on ne doit pas, par la même occasion, ignorer l'importante contribution de la méthodologie audio-orale et de la linguistique structurale. Le défi auquel nous aurons à faire face dans les années 80, sera de développer une approche de l'enseignement des langues secondes plus variée et moins dogmatique. En optant pour une telle approche, on espère pouvoir réconcilier les théories rivales qui se disputent constamment notre attention. La synthèse en résultant devrait poser les fondements pour une nouvelle génération de matériel pédagogique plus flexible, dynamique et pertinent face aux besoins de l'apprenant.

J'aimerais maintenant revenir au modèle de programme en langue seconde que nous sommes en train de développer en Ontario relativement à l'ALS, afin d'illustrer de quelle manière nous tentons de maintenir un équilibre entre les aspects structuraux, fonctionnels et empiriques de l'enseignement de la langue.

Notre approche s'appuie sur l'hypothèse qu'un modèle de programme conçu pour assurer une utilité pratique maximale, comportera un certain nombre de caractéristiques générales. D'abord, le modèle s'appuiera sur un cadre théorique cohérent, mais sera assez flexible pour répondre à une grande variété de besoins, allant de ''l'anglais au travail'' pour opérateurs chinois de machines à coudre dans la région métropolitaine de Toronto, à des programmes de langue ''culturellement compatibles'' pour des enfants Cris ou Ojibwa des régions éloignées du Nord de l'Ontario. Ensuite, l'orientation de base du modèle sera en équation avec les apports nouveaux en sociolinguistique et en didactique communicative. Par la même occasion, le modèle fournira les moyens de combler le fossé artificiel qui s'est développé entre les exercices de classe fondés sur la méthode audio-orale et ceux inspirés de la méthodologie communicative plus récente. Il s'ensuit qu'un de nos objectifs sera de réintégrer les techniques audio-orales, là où elles sont appropriées, en tant qu'élément légitime et nécessaire de l'enseignement en langue seconde. En essayant cette synthèse entre les méthodes structurale et fonctionnelle, nous articulerons la vision (Canale et Swain 1980) selon laquelle la compétence linguistique est comprise à l'intérieur de la compétence communicative et en constitue une partie inséparable.

L'organisation à trois niveaux est un trait important du modèle proposé. Comme nous l'avons vu, une bonne partie des discussions récentes tendait à présenter une vision dichotomique et simplifiée à l'excès des méthodes d'enseignement en langue seconde. Ainsi, on considère que dans l'enseignement formel l'accent est mis sur l'étude et la pratique d'éléments discrets et isolés de la structure linguistique et vise à transmettre à l'étudiant une connaissance systématique du code linguistique, tandis que pour l'enseignement fonctionnel, l'objectif est d'enseigner la langue en contexte comme un moyen de communication. Il apparaît évident que dans ce type de classification il n'y a pas d'étape intermédiaire entre la manipulation des mécanismes formels et la pleine utilisation communicative de la langue.

Comme alternative à cette vision dichotomique simple de l'enseignement de la langue seconde, nous proposons pour la conception de programmes un cadre de travail à trois niveaux. Par conséquent, tous les programmes que nous envisageons présenteront trois composantes, chacune représentant un niveau différent de la compétence communicative. Cela implique que nous pouvons voir toutes les activités d'un programme d'entraînement linguistique de trois points de vue différents. Si nous les envisageons dans une perspective structurale (niveau de communication 1), nous attendrons des étudiants qu'ils se concentrent sur les aspects formels de la langue, ce qui inclut la prononciation, les mécanismes de phrase et le vocabulaire. Si l'on envisage les mêmes activités d'un point de vue fonctionnel (niveau de communication 2), on s'attendra encore à ce que le focus soit sur la langue, mais l'accent se sera déplacé de la structure de la phrase à l'examen des règles du discours. Finalement, si l'on prend la vision empirique de l'apprentissage (niveau de communication 3), on s'attendra à ce que l'enseignement ne soit plus orienté sur les aspects formels ou fonctionnels de la langue elle-même, mais sur l'utilisation non-analysée et naturelle de la langue par l'étudiant dans la réalisation d'une série partculière d'objectifs sociaux, professionnels ou scolaires.

Une version linéaire du modèle

Il nous faut maintenant considérer de quelle manière cette vision de l'apprentissage à trois niveaux peut être traduite dans un enchaînement pédagogique. Comme on ne peut tout enseigner à la fois, le concepteur de cours doit toujours déterminer un ordre de présentation déterminé, selon les besoins d'un groupe défini d'étudiants. Considérons en premier lieu un type d'enchaînement pédagogique possible que j'appellerai "modèle de base structural" de l'enseignement en langue seconde. Ce modèle, qui a connu une certaine popularité chez les auteurs de manuels ces dernières années, est constitué d'une étape élémentaire (accent sur le niveau de communication 1), d'une étape intermédiaire (accent sur le niveau de communication 2), et d'une étape avancée (accent sur le niveau de communication 3). En supposant un enchaînement relativement direct de ce type, le tableau No 1 montre la nature de la matière qui peut être développée à chacun des trois niveaux d'enseignement.

Au niveau 1, la principale préoccupation des étudiants est d'établir des habitudes de langue courante et d'acquérir une connaissance des structures fondamentales de la phrase et du vocabulaire. On envisagera donc à ce niveau un certain contrôle formel et structural relativement à la présentation de la matière. Les épisodes de lecture seront simplifiés structurellement de façon à ce que les mécanismes de phrase plus difficiles soient omis dans les premières étapes pour être introduits point par point subséquemment dans une gradation prudente. La plupart des exercices auront pour objet la pratique d'un ou de plusieurs aspects formels de la langue. De cette manière, on peut dire que le principal objectif du niveau 1 est de fournir une pratique de l'aspect STRUCTURAL de la compétence langagière, lequel est considéré dans une approche de base structurale comme premier pas nécessaire au développement de la compétence communicative.

Trois niveaux de compétence communicative en enseignement de la langue seconde

Niveaux de compétence communicative

Niveau 1	Niveau 2	Niveau 3
STRUCTURAL	FONCTIONNEL	EMPIRIQUE
Accent sur la langue (aspects formels)	Accent sur la langue (aspects du discours)	Accent sur l'utilisation de la langue
(a) contrôle structural	(a) contrôle du discours ou du sujet	(a) contrôle de la situation
(b) matière simplifiée structuralement	(b) matière simplifiée fonctionnellement	(b) utilisation authentique de la langue
(c) pratique principalement structurale	(c) pratique du discours principalement	(c) pratique libre, non-contrôlée

Tableau no 1

Il y aurait lieu de préciser que lorsque la pratique de niveau 1 est placée dans un contexte significatif, elle constitue une forme de communication, même si elle est nécessairement d'envergure limitée. La notion d' "orientation vers" le niveau supérieur suivant est un principe de base de ce modèle. Il s'ensuit que malgré l'accentuation faite à l'étape élémentaire d'une acquisition méthodique des éléments formels de la langue, les activités en classe seront centrées sur des tâches dignes d'intérêt et orientées sur le discours quand cela sera possible. Ce qui justifie le niveau 1, c'est qu'on ne peut attendre des étudiants qu'ils communiquent dans la langue seconde avant d'avoir maîtrisé les principes sous-jacents de la structure de phrase et d'avoir acquis un vocabulaire de base. On ne saurait cependant voir en aucune circonstance le niveau 1 comme une fin en soi, comme cela tendait à être le cas dans l'enseignement audio-oral traditionnel. Il faudra plutôt, dans chaque cas, considérer le niveau 1 comme une préparation à des types de pratiques plus intégrées d'une étape ultérieure. Le but principal du niveau 1 est de donner une base structurale cohérente pour le développement d'une utilisation spontanée et authentique de la langue. Comparativement, il y aura donc au niveau 1 un degré élevé de contrôle structural, mais simultanément il sera important de maintenir la méthodologie et le matériel pédagogique aussi flexibles et significatifs que possible, un compatibilité avec les objectifs communicatifs du programme d'ensemble.

Supposons que les étudiants qui ont démontré de manière satisfaisante leur capacité de performer au niveau 1 passent à l'objectif d'apprentissage du niveau 2. À ce niveau communicatif plus avancé, on prend pour acquise la connaissance effective du vocabulaire et des principes de base des structures de la phrase. Au lieu de continuer à simplement voir plus de vocabulaire et de structures, l'étudiant de niveau 2 cherchera à acquérir la compréhension des règles d'utilisation qui président à la formation du discours oral et écrit dans la langue visée. Ce niveau intermédiaire de pratique pourvoit à l'aspect FONCTIONNEL de la compétence langagière, lequel s'occupe de la façon dont la connaissance linguistique formelle de l'apprenant est mise à contribution pour accomplir une variété de tâches communicatives: établir des relations sociales, demander et recevoir de l'information, promettre, s'excuser et expliquer, et ainsi de suite.

Comme l'accent porte maintenant sur les fonctions communicatives plutôt que sur les structures formelles, il est approprié d'utiliser un système de progression non plus fondé sur les principes de l'analyse structurale, comme au niveau 1, mais sur le regroupement de types de messages similaires ou de règles du discours. Au tableau No 1, "contrôle du discours" signifie que l'auteur de manuel élaborera du matériel analysant et pratiquant systématiquement les différents aspects de l'interaction sociale à travers le médium de la langue parlée et écrite. La matière simplifiée fonctionnellement est celle dans laquelle l'évolution logique d'une conversation ou d'un passage écrit est présentée de la façon la plus claire possible, soutenant, de la sorte, le processus d'interprétation et dirigeant l'attention sur les règles utilisées pour le discours. Comme nous l'avons vu, lors de l'élaboration de matériel pour le niveau 2 on présume habituellement que les étudiants ont déjà acquis un certain niveau de compétence structurale. Il est toutefois aisé de prévoir la possibilité pour les étudiants d'effectuer une "boucle" au niveau 1, si le professeur sent qu'ils ont un besoin de pratique additionnelle du vocabulaire et de la grammaire fondamentale.

Les principes à adopter lorsqu'on définit un concept de progression fonctionnelle ont été traités par Wilkins (1976), Widdowson (1978), Munby (1978) et autres. Nous croyons que les arguments pour définir une capacité communicative de niveau intermédiaire fonctionnel distinct du niveau plus élémentaire de la pratique structurale de base sont manifestes. En outre, nous croyons que le besoin continu de simplification et de contrôle dans les premières étapes de la pratique de langue communicative nous justifie de distinguer un niveau intermédiaire de capacité d'un niveau plus avancé caractérisé par l'utilisation entièrement empirique de la langue.

Dans l'approche du programme en langue seconde que je suis en train de décrire, on trouvera les aspects les plus avancés de l'apprentissage au niveau 3. Alors qu'aux niveaux précédents le matériel pédagogique est assujetti à divers degrés de contrôle de la face interne du langage au niveau 3 il n'y a pas de tentative pour attirer l'attention sur quelqu'e aspect particulier de la structure ou de la fonction de la langue. À ce niveau, l'objectif est plutôt de réaliser autant que possible une utilisation complètement spontanée de la langue dans l'interaction sociale de la vie réelle. La pratique de niveau 3 entend favoriser l'aspect empirique de la compétence langagière, ce qui implique la capacité de la part des apprenants d'utiliser toutes les ressources disponibles de la langue visée en vue d'objectifs personnels ou scolaires.

Tel qu'indiqué dans le diagramme, l'accent du niveau 3 est mis sur l'utilisation libre et non-restreinte de la langue prise comme instrument de communication. À ce niveau, on s'attend à ce que les exercices et textes de lecture soient tirés de documents authentiques. Les activités en classe et à l'extérieur prévoient une pratique complète de la langue fondée sur les intérêts personnels des individus, le tout étant dicté moins par le professeur que par le désir de l'apprenant de communiquer.

Au niveau empirique de l'utilisation authentique de la langue, le contenu des leçons est choisi selon les facteurs situationnels et le choix sujet, plutôt que par quelque aspect des structures ou du discours. Néanmoins, le principe du contrôle continue d'agir au niveau 3 étant donné que toutes les tâches communicatives peuvent être analysées et ordonnées en fonction de leur niveau d'abstraction intellectuelle ou de la complexité des relations interpersonnelles en action. Par exemple, demander son chemin dans la rue ou passer une entrevue pour un travail sont des opérations qui demandent toutes deux une utilisation authentique de la langue, mais il demeure certain que cette dernière tâche exige un niveau beaucoup plus élevé de compétence empirique. C'est donc au niveau 3 que se trouve le chevauchement le plus marqué des objectifs des programmes pédagogiques pour les apprenants en L2 avec ceux des étudiants de langue maternelle. Pour les étudiants de langue seconde comme pour ceux de langue maternelle, le modèle de programme prévoit des retours au niveau 2, et même au niveau 1, si la nature de l'objectif communicatif demande un contrôle particulièrement serré des aspects formels de la langue utilisée.

Une version cyclique de modèle

Jusqu'à maintenant, nous avons observé une version linéaire du modèle à trois niveaux. Suivant celle-ci, les étudiants progressent à partir d'un contrôle structural assez serré au niveau 1, passent par un contrôle fonctionnel moins restreint au niveau 2, et terminent en 3 par une pratique communicative contrôlée situationnellement mais non-limitée linguistiquement. La clé du programme se trouve dans la pratique du discours donnée au niveau 2, puisque c'est ce qui conditionne l'orientation vers la communication pour les exercices structuraux du niveau 1 tout en fournissant une base fonctionnelle systématique pour l'utilisation authentique de la langue au niveau 3.

Espérons qu'en identifiant ces trois niveaux, nous n'atteindrons pas seulement une vision beaucoup plus globale des besoins des apprenants en langue, mais que nous éviterons aussi la confusion concernant la signification de "l'enseignement communicatif de la langue." Ainsi, les exercices communicatifs décrits par Paulston (1971) peuvent être considérés principalement opératoires au niveau 1 du programme proposé; les exercices communicatifs fondés sur l'analyse fonctionnelle de la langue et contrôlés en regard des actes de parole et des règles du discours opèrent au niveau 2, tandis que les approches empiriques non-analytiques telles que nous les trouvons dans l'apprentissage en immersion, dans les "sections spéciales" des cours d'ALS et dans les programmes canadiens d'échanges interprovinciaux, opèrent au niveau 3. Il est important de souligner que les trois approches pédagogiques décrites (structuro-analytique, fonctionnelle-analytique et empirique) ne sont pas en opposition entre elles, mais constituent les trois aspects complémentaires de tout programme d'enseignement pratique en langue seconde.

Bien que le rôle du modèle de base structurale soit appréciable dans un programme de langue seconde, nous croyons qu'il faudrait l'interpréter de façon à assurer le maximum de flexibilité dans la conception du matériel pédagogique. Ceci peut être rendu possible en appliquant le concept selon lequel "la progression devrait se faire par accentuation, plutôt que par exclusion" (Allen et Widdowson 1974b). Au niveau 1, donc, l'accent porte principalement sur la pratique structurale, et les pratiques fonctionnelle et empirique seront, relativement parlant, "hors focus." De façon analogue, le niveau 2 insiste sur la pratique fonctionnelle, et le niveau 3 sur la pratique empirique. Aux deux niveaux, toutefois, les autres types de pratique demeurent en arrière-plan prêts à être utilisés si le besoin s'en fait sentir. En utilisant le technique d'un accent ou focus variable, on reconnaît l'existence de trois types de pratique (structurale, fonctionnelle, empirique) en corrélation, en interdépendance et en coexistence à tous les niveaux de l'apprentissage. Parallèlement, la notion d'un "accent premier" garantit qu'en tout temps, le contenu de la leçon reste sous contrôle et adaptable aux besoins des étudiants peu importe le niveau des compétences.

Un modèle de base structurale présente l'avantage de garantir que les étudiants acquerront une connaissance suffisante des structures fondamentales, du vocabulaire et de la prononciation avant d'entreprendre une pratique approfondie aux niveaux 2 et 3. Ce type de suite peut être approprié dans certains cadres pédagogiques et tend à plaire à ces enseignants qui ont l'impression que la connaissance linguistique formelle, représentée par les mécanismes de phrase et les règles de grammaire, est d'une certaine manière plus systématique et aisée à apprendre que la connaissance fonctionnelle ou empirique relative à l'utilisation sociale de la langue. Il est cependant probable qu'un modèle pédagogique d'application plus vaste intégrera les trois composantes didactiques, mais en les présentant sous la forme d'un cycle périodique de manière à ce que les activités structurales, fonctionnelles et empiriques interagissent à tous les niveaux du programme. Ce qui constituerait une importante différence dans le matériel utilisé pour les stades élémentaire, intermédiaire et avancé, ce serait la façon sélective de placer l'accent sur les activités de chaque niveau afin de répondre aux besoins des divers types d'apprenants.

La présentation cyclique de la matière, associée à la notion d'accent variable, suggère la possibilité de développer trois genres de programmes en langue seconde étroitement liés et offrant au professeur le choix entre un programme à accent structural, ou entre les alternatives à accent fonctionnel ou empirique. Les programmes alternatifs se fonderont sur un cycle d'activités correspondant aux trois niveaux cruciaux des compétences de communication et seront tous en mesure de réaliser le même contenu conceptuel, qu'il soit relié à un arrière-plan général, pofessionnel ou scolaire.

Bien que les trois types de programmes soient fondés sur la même méthodologie et la même vision sous-jacente de la langue, ils divergeront en fonction de la façon dont ils sont ordonnés. De la sorte, dans un type de programme, l'accent sera principalement mis sur les principes de la progression structurale, dans le second type sur la progression fonctionnelle et dans le troisième type sur les principes de la progression empirique. Le tableau No 2 illustre la relation entre les trois composantes suivant les différents types que l'on retrouve dans un programme de langue cyclique. Dans ce tableau, les flèches horizontales de gauche à droite représentent des étapes successives dans l'ordre de progression organisé aux niveaux structural (S), fonctionnel (F) ou empirique (E), tandis que les pointillés verticaux représentent des types additionnels de pratiques dérivés des deux autres niveaux.

Nous sommes maintenant en mesure d'évaluer tant les similitudes que les différences existant entre les trois approches en didactique des langues secondes ci-haut décrites. On peut considérer les trois types de programmes comme variantes d'un même modèle de programme sous-jacent dans lequel est prévu un apprentissage structural, fonctionnel et empirique de la langue. Cependant, le type de pratique sur lequel l'accent est d'abord mis, et, par conséquence, le principe global de progression varient d'un programme à l'autre. C'est ainsi qu'un cours audio-oral visant à donner une connaissance des mécanismes fondamentaux de la phrase et du vocabulaire est situé structurellement au niveau 1, mais le programme peut être enrichi par un type additionnel de pratique émanant du niveau 2 et du niveau 3. Un programme fonctionnel ou notionnel peut être contrôlé et ordonné en fonction des aspects du discours au niveau 2, mais il intégrera parallèlement du renforcement structural de niveau 1 et les exercices seront axés sur l'utilisation authentique de la langue de niveau 3. Par ailleurs, une "section spéciale" ou un programme d'immersion placera d'abord l'accent sur le niveau 3. En principe, un tel cours ne sera assujetti à aucune forme de contrôle structural ou fonctionnel; au lieu de cela, il sera organisé situationnellement en fonction du contenu non-linguistique d'autres matières du programme scolaire, des passe-temps et intérêts des étudiants, ou des activités extra-scolaires. L'accent mis au niveau 3 sur l'enseignement empirique n'exclut pas la possibilité d'un appui systématique structural et fonctionnel des deux autres niveaux si les étudiants manifestent un besoin de support pour des aspects spécifiques de la grammaire ou du discours.

Conclusion

Si nous avons entrepris d'élaborer le modèle à trois niveaux décrit dans cet article, c'était pour répondre aux multiples attentes exprimées vis-à-vis du corps enseignant en ALS en Ontario, et pour affirmer notre conviction qu'un plus fort degré de coopération est nécessaire entre les intervenants impliqués dans les dif-

Un modèle de programme à trois niveaux

Trois types de progression dans un cycle pédagogique à trois phases
(S = composante structurale; F = composante fonctionnelle; E = composants empirique)

(a) Accent sur la progression structurale

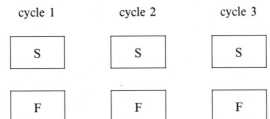

(b) Accent sur la progression fonctionnelle

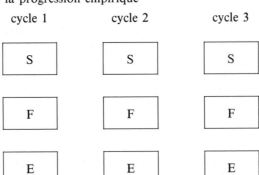

(c) Accent sur la progression empirique

cycle 1	cycle 2	cycle 3
S	S	S
F	F	F
E	E	E

Tableau no 2

férents types de programme ALS. Notre objectif était de définir un modèle d'enseignement en langue seconde qui tire profit des apports complémentaires de la didactique structurale, fonctionnelle et empirique tout en soulignant les similarités plutôt que les différences entre les trois approches. Bien qu'il soit nécessaire de continuer à travailler ce modèle, nous croyons qu'il peut convenir à tous les niveaux de compétence, qu'il vaut de façon égale pour toutes les sortes de langues visées, et qu'il montre assez de souplesse pour s'appliquer à toutes classes d'âge. De surcroît, certains aspects du modèle pourraient s'avérer tout aussi pertinents pour l'enseignement de l'anglais langue maternelle que de l'anglais langue seconde.

Nous espérons pouvoir développer à partir de ce modèle des matériaux pour les trois niveaux de compétence, lesquels pourront étoffer la méthodologie d'une série de programmes allant des cours du soir en anglais fondamental pour immigrants adultes à l'enseignement de l'ALS en immersion au niveau collégial ou à l'enseignement de l'anglais à des fins précises dans les universités ou centres universitaires.

Bien que le modèle ait été développé en premier lieu dans le contexte de l'ALS en Ontario, nous le croyons déjà adaptable aux besoins de l'enseignement de la langue seconde en général, sans s'attendre, néanmoins, à ce qu'il résolve tous les problèmes logistiques d'un programme. Quoi qu'il en soit, nous espérons que cela contribuera à dégager une perspective plus large, de même qu'à aider le corps enseignant à se dégager des mouvements dialectiques du "pendule de la mode" qui ont caractérisé la linguistique appliquée ces dernières années et suscité bien des frustrations chez plusieurs personnes oeuvrant dans le domaine. En fin de compte, le modèle se verra évalué à la mesure de son aptitude à faire le lien entre les nombreuses sortes d'activités en enseignement des langues dans la province sur la base d'une méthodologie et d'une vision communes de la langue.*

* Cet article est tiré d'un discours-programme donné à Toronto en avril 1980, lors du Congrès annuel de l'Association des professeurs de langues vivantes de l'Ontario. Je suis redevable à mes collègues suivants de leurs commentaires sur une première version: Robert J. Anthony, Barbara Burnaby, C.J. Brumfit, C.B. Paulston, Wilga Rivers, H.H. Stern, Merrill Swain, Kelleen Toohey et Albert Valdman.

Références

Allen, J.P.B. and H.G. Widdowson. 1974a *English in Physical Science.* Oxford University Press.

Allen, J.P.B. and H.G. Widdowson. 1974b. "Teaching the communicative use of English," *International Review of Applied Linguistics* 12(1):1-12.

Allen, J.P.B. and H.G. Widdowson. 1978.

English in Social Studies. Oxford University Press.

Allen, J.P.B. and Joan Howard, 1981. "Subject-related ESL: An experiment in communicative language teaching," *The Canadian Modern Language Review/La Revue canadienne des langues vivantes* 37(3):535-550.

J.P.B. Allen

Allen, J.P.B. and Joan Howard. 1982. *Canada's Golden Horseshoe: An ESL Geography Module.* Toronto: OISE Press.

Bilingual Exchange Secretariat Handbook 1978. Available from: Bilingual Exchange Secretariat, 1825 Woodward Drive, Ottawa, Ontario.

Brooks, Nelson. 1960. *Language and Language Learning: Theory and Practice.* New York: Harcourt Brace.

Brumfit, C.J. and K. Johnson, eds. 1979. *The Communicative Approach to Language Teaching.* Oxford University Press.

Canale, Michael and Merrill Swain. 1980. "Theoretical bases of communication approaches to second language teaching and testing," *Applied Linguistics* 1(1):1-47.

Candlin, C.N. 1976. "Communicative language teaching and the debt to pragmatics." In Clea Rameh, ed., *Georgetown University Round Table on Languages and linguistics 1976,* 237-256. Washington, D.C.: Georgetown University Press.

Carroll, J.B. 1971. "Current issues in psycholinguistics and second language teaching," *TESOL Quarterly* 5(2):101-114.

Dodson, C.J. 1976. "Foreign language teaching and bilingualism." in *Bilingualism and British Education: The Dimensions of Diversity.* CILT Reports and Papers 14, 78-86. London: Centre for Information on Language Teaching and Research.

Fries, C.C. 1955. "American linguistics and the teaching of English," *Language Learning* 6(1 and 2):1-22.

Handscombe, J. 1978. "Models of English as a second language programme organisation," *The English Quarterly* 11(2):115-124.

Hill, M.J. 1978 "An evaluation of selected communicative activities used in ESL classrooms." Mimeo: Modern Language Centre, Ontario Institute for Studies in Education.

Holmes, J. and D.F. Brown. 1976. "Developing sociolinguistic competence in a second language," *TESOL Quarterly* 10(4):423-431.

Johnson, K. and K. Morrow. 1980. *Communicate.* Cambridge University Press.

Johnson, K. 1982. *Communicative Syllabus Design and Methodology.* Oxford: Pegamon Press.

Lambert, W.E. and G.R. Tucker. 1972. *Bilingual Education of Children: The St. Lambert Experiment.* Rowley, Mass.: Newbury House.

Munby, J. 1978. *Communicative Syllabus Design.* Cambridge University Press.

Paulston, C.B. 1971. "The sequencing of structural pattern drills," *TESOL Quarterly* 5(3):197-208.

Paulston, C.B. 1974. "Linguistics and communicative competence," *TESOL Quarterly* 8(4):347-361.

Politzer, R.L. 1961 *Teaching French: An Introduction to Applied Linguistics.* Boston: Ginn.

Rivers, Wilga M. 1964. *The Psychologist and the Foreign Language Teacher.* Chicago and London: Chicago University Press.

Rivers, Wilga M. 1968. *Teaching Foreign Language Skills.* Chicago and London: Chicago University Press.

Rivers, Wilga M. 1972. "Talking off the tops of their heads," *TESOL Quarterly* 6(1):71-81.

Rivers, Wilga M. 1973. "From linguistic competence to communicative competence," *TESOL Quarterly* 7(1):25-34.

Stern, H.H. 1978. "Bilingual schooling and foreign language education: Some implications of Canadian experiments in French immersion." In James E. Alatis, ed., *Georgetown University Round Table on Languages and Linguistics 1978,* 165-188. Washington, D.C.: Georgetown University Press.

Stern, H.H. 1980. "Some approaches to communicative language teaching in Canada," *Studies in Second Language Acquisition* 3(1):57-63.

Stern, H.H., R. Ullman, M. Balchunas et al. 1979. *Module Making: A Study in the*

Development and Evaluation of Learning Materials for French as a Second Language, 1970-1976. Toronto: Modern Language Centre, Ontario Institute for Studies in Education.

Swain, Merrill. 1978. "Bilingual education for the English speaking Canadian." In James E. Washington, D.C.: Georgetown University Press.

Van Ek, J.A. 1975. *The Threshold Level.* Strasbourg: Council of Europe.

Widdowson, H.G. 1978. *Teaching Language as Communication.* Oxford University Press.

Wilkins, D.A. 1976. *Notional Syllabuses.* Oxford University Press.

Wilkins, D.A. 1980. "The linguistic and situational content of the common core in a unit/credit system." In J.L.M. Trim, R. Richterich, J.A. Van Ek, and D.A. Wilkins, eds., *Systems Development in Adult Language Learning: A European Unit/Credit System for Modern Language Learning by Adults.* 129-146. Oxford: Pergamon Press.

Yalden, Janice M. 1983. *The Communicative Syllabus: Evolution, Design and Implementation.* Oxford: Pergamon Press.

Sharon Lapkin et Merrill Swain

4 Faisons le point

Pour l'année 1982-83, les inscriptions aux programmes de cours immersifs en français ont dépassé les 115 000 dans les dix provinces et les deux territoires du Canada. C'est là une progression extraordinaire, puisque le premier enseignement du genre donné par une commission scolaire de la région de Montréal remonte à moins de 20 ans. L'"expérience de Saint-Lambert" a retenu l'attention de nombreux chercheurs (notamment Lambert et Tucker en 1972) qui ont tous estimé que l'immersion en français ajoutait un volet bilingue sans doute viable à l'enseignement unilingue. Dans les années 70, divers programmes de ce type ont été mis sur pied dans l'ensemble du Canada.

Soucieux avant tout d'en démontrer la viabilité, comme solution de rechange, la recherche sur l'enseignement immersif a essentiellement porté durant la dernière décennie sur les résultats scolaires. On s'est peu attaché à ses effets d'ordre social, aux côtés administratifs, voire à ses aspects pédagogiques. Dans le présent article, nous examinons les principales questions abordées par la recherche dans les années 70 et les conclusions élaborées. Nous indiquons également les voies de la recherche en cours et tentons de dégager la signification des investigations passées et présentes pour les études futures.

La figure présentée plus loin illustre trois variantes typiques de l'immersion. En général, l'immersion de la maternelle à la 12e, soit l'immersion longue, consacre tout l'horaire des trois premières années à l'enseignement dans la langue seconde, le français. À l'école maternelle, on permet aux enfants de communiquer entre eux et avec le professeur dans la langue du foyer, l'anglais. L'enseignant ne parle que le français aux enfants et recourt à la gestuelle pour se faire comprendre. À partir de la langue, des intérêts et des compétences des enfants, il introduit des éléments du vocabulaire français et, au début, des expressions simples aux fins de la compréhension. Il s'agit de communiquer un contenu et de répondre à la substance de ce que disent les enfants. Peu à peu, à un moment donné durant la première année, le français devient la langue de travail de la classe. L'étude de l'anglais comme matière est différée ordinairement à la troisième; vers la cinquième, le programme est donné pour moitié en français et pour moitié en anglais.

La démarche pédagogique diffère quelque peu dans les variantes de l'immersion (qui débute en cinquième et septième dans les exemples de la figure ci-dessus), tout en reposant sur les mêmes principes : tolérance et respect pour la langue du foyer, recours à l'expérience des enfants comme point d'appui de l'enseigne-

"Faisons le point" tiré de *Language and Society/Langue et société*, 12 (1984): 50-56. Reproduit ici avec la permission de l'Office du Commissaire aux langues officielles.

ment, activités hors programme en français (excursions, notamment), attention particulière aux aptitudes à comprendre aux premiers stades du cours.

Étant donné le caractère radical de ce nouvel enseignement, parents et éducateurs ont connu des préoccupations communes qui ont abouti à la formulation de cinq grands thèmes de recherche:

- Est-ce que la compétence en langue maternelle (l'anglais) est atteinte par des cours où la langue seconde (le français) est langue d'enseignement?
- À quel degré de compétence les élèves parviennent-ils en français?
- Est-ce que les élèves de l'enseignement immersif étudiant les sciences ou les mathématiques en français ont le rendement qu'on escompterait s'ils faisaient ces matières en anglais?
- Y a-t-il un rapport entre le développement cognitif (d'après des tests du quotient intellectuel normalisés) et les résultats obtenus à un cours immersif?
- Quelles sont les répercussions sociales et psychologiques de l'enseignement par immersion?

Conception des études immersives

Pour apprécier un enseignement par immersion, on compare en général le rendement de ceux qui le reçoivent, ou d'un échantillon d'entre eux, avec celui d'élèves anglophones suivant le même cours en anglais, et parfois avec le rendement d'élèves francophones d'une école de langue française. Le premier groupe inscrit à l'un de ces cursus a été soumis à un test annuel vers la fin de l'année scolaire durant quelques années. Souvent, un groupe de contrôle chez les élèves qui avaient commencé l'année suivante était aussi soumis à un test. Ainsi pouvait-on apprécier longitudinalement le progrès des élèves du cours immersif; il était possible de vérifier en même temps la cohérence des constatations en comparant différents groupes du même degré scolaire.

Comme les cours immersifs sont facultatifs et que la décision de s'y inscrire revient aux parents et aux enfants, il ne pouvait être question d'assigner au hasard des élèves à l'immersion et aux groupes de contrôle, sauf dans les cas où l'administration scolaire limitait les inscriptions. Alors le groupe anglais de contrôle pouvait être formé parmi les élèves qui désiraient suivre le cours mais n'en avaient pas la possibilité (Lambert et Tucker, 1972). Pour la plus grande partie, les groupes de contrôle étaient formés dans l'école même où se donnaient les cours immersifs ou dans une école du voisinage présentant des conditions socio-économiques et des traits semblables à ceux du groupe immersif soumis au test. Cela réserve la possibilité que les élèves en immersion présentent certains traits distinctifs, par exemple une plus forte motivation à l'étude du français.

Dans ces conditions la seule manière raisonnable d'aborder l'évaluation des cours immersifs est d'admettre que ces élèves forment un élément essentiel de cet enseignement et que l'évaluation peut répondre en fait à la question : ''Quelle est la performance des élèves des cours immersifs comparativement à celle des élèves qui suivent le programme d'études ordinaire?''

Analyse des données

Dans la plupart des études, on mettait en parallèle la performance des groupes d'immersion et celle des groupes de contrôle en analysant la variance ou la covariance, le coefficient intellectuel servant de covariable aléatoire; les différences à cet égard que pouvaient présenter les groupes faisant l'objet d'un contrôle statistique. Si on a procédé ainsi, c'était pour compenser l'affectation non aléatoire des élèves à chaque cours.

Portée des résultats

On peut appliquer assez sûrement à l'ensemble des cours d'une commission scolaire les résultats d'une étude sur l'enseignement immersif. Les facteurs internes propres à un système scolaire donné, tel le temps consacré à l'enseignement dans la langue seconde, et le poids du milieu ambiant, par exemple le degré d'utilisation du français dans la localité, incitent à penser que les résultats ne peuvent être appliqués qu'aux cours en question. D'autre part, en ce qui concerne l'immersion M-12, la configuration des résultats a été si constante pour tous les programmes des provinces canadiennes que l'applicabilité restreinte de chaque étude est compensée par la constance des témoignages.

Traiter, en 1983, des résultats de la recherche des années 70 nous vaut une vue rétrospective sur les résultats obtenus[1], ce que ne permettrait pas une simple chronologie de la recherche. Nous avons accès aujourd'hui aux points de vue des "cobayes" qui ont terminé le cursus ou l'ont suivi plusieurs années. Pour l'essentiel, ils correspondent aux constatations de la recherche; nous nous en servirons ci-après pour introduire les réponses à chacune des questions énoncées plus tôt.[2]

Développement dans la langue maternelle (l'anglais)

"D'après mon expérience personnelle, les cours immersifs en français n'ont pas d'effets négatifs sur l'anglais ; je suis maintenant en mesure de voir et de comparer des similitudes entre les deux langues. J'ai de très bonnes notes en anglais et en français."
Trevor Holmes, 13 ans, huitième, immersion longue, Ontario.

"Ma connaissance du français a, je crois, une heureuse influence sur mon anglais. Au fait, je ne vois pas la nécessité de consacrer tant de temps à la grammaire anglaise lorsqu'on apprend la grammaire d'une langue étrangère. Mon anglais s'améliorerait encore probablement s'il m'était donné d'apprendre une autre langue, l'allemand, l'espagnol ou le latin, par exemple."
Suzie Clark, 13 ans, huitième, immersion courte, Terre-Neuve.

Étant donné que les cours immersifs accordent une si grande place à l'enseignement en français, il y a eu crainte naturellement que les capacités dans la langue première en souffrent. Le risque semblait particulièrement élevé au primaire où serait introduit normalement l'apprentissage de la lecture et de l'écriture dans la langue maternelle.

Dans quelle mesure ces craintes étaient-elles fondées? D'après les résultats de la recherche en la matière, elles sont sans fondement. C'est, entre autres, que ces enfants appartiennent à la majorité linguistique et culturelle au Canada et que, par conséquent, l'anglais imprègne toute leur existence extra-scolaire.

Au début, le rendement en anglais des élèves de l'immersion longue accusait un retard sur celui des classes uniquement anglophones en lecture et en écriture, mais dans l'année même où sont introduites les disciplines langagières en anglais, les élèves du cours immersif réussissent aussi bien aux épreuves normalisées d'anglais. C'est le cas même si l'enseignement de l'anglais ne débute qu'en troisième ou en quatrième. Enfin, dans certains cas, passé la quatrième, les élèves de l'immersion l'emportent sur leurs camarades des cours donnés en anglais pour ce qui est de certains aspects, mesurables, de leur compétence dans cette langue. L'aptitude à lire et à écrire, une fois bien établie dans une langue, ne s'étend-elle pas aisément et rapidement à l'autre? Ce fait est confirmé par les résultats de l'immersion 5-12 (moyenne) et 7-12 (courte) où il est rare que les élèves fassent moins bien que ceux du groupe de contrôle étudiant en anglais. Et ce fait, lorsqu'il se produit, est de courte durée, ne se prolongeant jamais au-delà de la première année d'immersion.

Développement dans la langue seconde (le français)

"Je suis assez forte en français, à mon avis, pour lire un livre français, pour converser avec des francophones, pour écrire un conte simple, pour suivre un film, pour écouter la radio et faire un discours en français."
Elaine Hounsell, 14 ans, neuvième, immersion longue, Nouveau-Brunswick.

"Je serais maintenant en mesure de parler mais non sans difficulté avec une personne de langue française, pourvu qu'elle parle clairement et lentement en bon français, et non en argot."
Bob Brown, 14 ans, huitième, immersion courte, Terre-Neuve.

Ces auto-évaluations représentent les deux extrêmes chez les élèves touchés par notre enquête (voir note 2). Le fait que l'évaluation la plus réservée vienne d'un élève de l'immersion courte (7-12) reflète les manières de voir des deux groupes: les élèves de l'immersion longue (M-12) ont tendance à apprécier plus favorablement leurs capacités que ceux de l'immersion courte (Swain et Lapkin, 1982, p. 51). Les deux citations ci-dessus sont parfaitement représentatives et, comme nous le verrons, elles traduisent les résultats mêmes des épreuves de français.

La première année que les cours immersifs M-12 ont été évalués, les capacités en français des élèves étaient le plus souvent considérées par rapport à celles des élèves qui suivaient les cours de base de français langue seconde, d'une durée de 20 à 40 minutes chaque jour. Étant donné que, les premières années, on met l'accent sur les facultés auditives, la compréhension orale a fait l'objet d'épreuves,

Types d'immersion

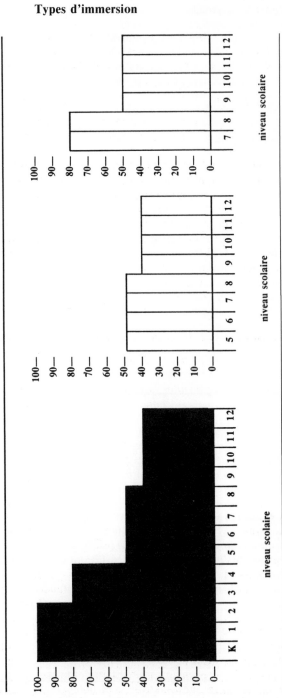

TYPES D'IMMERSION

Temps consacré à l'enseignement du français trois exemples

1. Immersion longue totale

2. Immersion de durée moyenne*

3. Immersion courte*

niveau scolaire

*Avant d'être admis en classes immersives, les élèves ont reçu une ou plusieurs années d'enseignement traditionnel du français langue seconde (de 20 à 40 minutes par jour).

depuis la maternelle jusqu'à la fin de la troisième. Il est vite apparu que les épreuves étaient trop difficiles pour les élèves du programme cadre de français, alors que ceux des cours immersifs obtenaient des notes presque parfaites dès la troisième. Il serait possible d'interpréter plus utilement les notes de français des élèves des classes d'immersion, estimait-on, si on les rapprochait des aptitudes en langue française des locuteurs d'origine du même âge et du même niveau scolaire. Ce point de vue a été appuyé par des épreuves normalisées établies pour des Francophones du Québec. Même dès la première ou la seconde, les élèves de l'enseignement immersif obtenaient d'aussi bons résultats qu'environ le tiers des locuteurs d'origine à Montréal et que la moitié de ceux-ci dès la sixième.

Il est instructif d'examiner les résultats des épreuves en langue seconde sous l'angle des capacités réceptives (audition et lecture) et des capacités productives (expression orale et écrite). Pour les élèves de l'immersion longue, les premières atteignent presque le niveau des Francophones dès la fin du cours élémentaire. Elles peuvent toutefois être influencées par les dispositions administratives touchant les cours immersifs. Une étude (Lapkin et coll., 1981), compare deux milieux scolaires différents : les centres immersifs, où l'enseignement est dispensé dans une seule langue, et les écoles à deux régimes pédagogiques, où coexistent les cours immersifs et le programme ordinaire en anglais. Nous avons constaté que les capacités réceptives étaient accentuées par les centres immersifs, où l'on s'exprime davantage en français à l'extérieur de la classe. Les capacités productives n'ont par fait l'objet d'études analogues; il semblerait toutefois que les élèves des centres immersifs bénéficient de certains avantages sur leurs homologues des écoles à deux régimes d'enseignement pour ce qui est de l'expression orale et écrite en français.

Mais, indépendamment du cadre scolaire, il est manifeste que les capacités productives en langue seconde chez les élèves de l'immersion longue ne se comparent pas à celles des locuteurs d'origine. Les élèves des cours immersifs n'ont guère de mal à se faire comprendre, mais leur façon de s'exprimer les distingue nettement de leurs camarades francophones. Toutefois, ils créent une impression favorable chez les locuteurs d'origine ; leur français parlé est aussi bien vu des adultes que des enfants francophones (Lepicq 1980).

Les épreuves touchant l'immersion courte ont donné des résultats moins constants. Ainsi, en Ontario, les élèves de ces cours accusent toujours du retard par rapport à ceux de l'immersion longue dans tous les domaines ou la plupart, et cela jusqu'à la onzième, soit après cinq ou six ans de cours, alors qu'à Montréal on n'a pas relevé ces écarts à ce niveau (Morrison, 1982 ; Adiv, 1980). Le fait peut tenir à des différences de conception entre les cours immersifs de l'Ontario et ceux du Québec. En Ontario, l'immersion longue comportait un rapport de 80/20 entre le français et l'anglais de la troisième à la cinquième, et de 50/50 de la sixième à la huitième, contre 60/40 à Montréal en troisième et 40/60 de la quatrième à la huitième. C'est dire que pour les jeunes Ontariens les contacts en français occupaient beaucoup plus de temps à l'école que pour les jeunes Montréalais, d'où peut-être leur meilleure performance dans la langue seconde que leurs homologues de l'immersion courte. Ces résultats indiquent qu'il faut attribuer le plus de temps possible à la langue seconde dans le programme pour conserver et développer les aptitudes des élèves des cours immersifs. D'ailleurs, ils sont sensibles à ce besoin. Au sujet des *désavantages* de l'immersion, Trevor Holmes, élève de huitième déjà cité, s'exprime ainsi :

> *"Dans ma région, il n'y a pas assez de cours en français. Pourtant ils sont nécessaires pour développer une bonne maîtrise de la langue. Autre difficulté, les élèves n'ont pas suffisamment l'occasion de mettre leurs capacités langagières en pratique hors de la classe."*

Les cours immersifs longs et courts aboutissent sûrement à l'aisance fonctionnelle dans les deux langues. Ils permettent aux élèves d'acquérir une compétence langagière plus poussée que le cours ordinaire de français. L'immersion longue présente un avantage important:elle touche une population scolaire plus hétérogène, soit un plus large éventail de types de personnalités et de styles cognitifs (Swain, 1984). L'article de Birgit Harley dans le présent numéro élabore les compétences en langue seconde des élèves des deux variantes de l'immersion.

Résultats scolaires dans les autres disciplines

> *"Je ne crois pas que l'immersion ait des effets sur les matières étudiées en français, sauf un peu sur l'orthographe anglaise ; comme il y a des mots ressemblants en anglais et en français, il arrive qu'on les écrive à la française plutôt qu'à l'anglaise. Cette difficulté, quant à moi, est facile à surmonter."*
> Rachel Baker, 14 ans, neuvième, immersion longue, Alberta.

Ainsi, les élèves en immersion pourraient se mesurer à ceux qui font leurs études dans leur langue maternelle pour les résultats scolaires. On craignait que le contenu du programme fût trop exigeant pour eux, mais la recherche a atténué cette inquiétude avec les années.

On a soumis les élèves des cours immersifs à des épreuves normalisées de mathématiques (à tous les niveaux scolaires) et de sciences (à partir de la cinquième ou à peu près), puis comparé les résultats obtenus à ceux des élèves des cours donnés en anglais uniquement. On faisait presser ces épreuves en anglais, nous l'avons noté plus haut, même si les matières étaient enseignées en français. La raison en était bien simple:les parents voulaient que leurs enfants apprennent le français, mais tenaient en outre à ce qu'ils puissent manier les concepts de ces deux disciplines en anglais, c'est-à-dire dans la langue dominante de la société nord-américaine. Les épreuves en anglais semblaient éminemment propres à mesurer cette aptitude.

Les résultats des élèves des cours immersifs M-12, qu'il s'agisse de sciences ou de mathématiques, se comparent à ceux des groupes de contrôle instruits en anglais. Quant aux cours immersifs 7-12, on a relevé des retards pour la première ou les deux premières années. Serait-ce que les aptitudes des élèves dans la langue seconde ne sont pas suffisantes pour les matières relativement complexes qui leur sont enseignées? Ici encore la conception des cours influerait sur les épreuves:lorsque les élèves de l'enseignement immersif 7-12 ont déjà suivi des cours ordinaires de français à partir de la maternelle, leurs résultats dans les disciplines telles que les sciences n'accusent aucune différence, même temporaire.

Quotient intellectuel et succès scolaires

"Je ne crois pas qu'étudier en français ait été cause de confusion mentale. Parfois je m'embrouille en parlant, ce que mes amis attribuent alors à "mon" français, mais je ne suis pas de cet avis. De toute façon, je parle vite."
Pam Ayer, 15 ans, neuvième, immersion longue, Nouveau-Brunswick.

"Cela m'aide, je crois, à penser plus clairement ; depuis quelque temps je réussis à bien comprendre et expliquer les choses, particulièrement en maths et dans les disciplines langagières."
Warren Nishimura, 11 ans, sixième, immersion moyenne, Alberta.

Selon une idée erronée, mais répandue, l'enseignement immersif ne vaudrait que pour les enfants d'une intelligence supérieure à la moyenne. Or, les études sur le rapport entre quotient intellectuel et succès scolaires incitent plutôt à penser que tout enfant peut profiter de l'immersion. Genesee (1976) a soumis à des tests des élèves des cours immersifs M-12 et 7-12, au-desus et au-dessous de la moyenne. Aux épreuves scolaires touchant la lecture et l'écriture, la configuration des résultats s'est dégagée : les élèves dépassant la moyenne avaient mieux réussi que les autres. Toutefois, il n'y a pas eu stratification semblable selon le Q.I. pour l'aptitude à communiquer en français dans les relations interpersonnelles. Les élèves sous la moyenne comprenaient le français parlé aussi bien que les élèves au-dessus et avaient un aussi bon rendement aux tests d'expression. D'après ces études, le Q.I. n'interviendrait pas davantage dans les cours immersifs que dans le cours ordinaire en anglais, pour ce qui est du succès scolaire. Les élèves sous la moyenne ne sont pas plus désavantagés dans un cours immersif que dans le cours ordinaire en anglais. Et ils ont l'avantage d'acquérir l'aptitude à la compréhension et à la communication en français.

Effets sociaux et psychologiques

"...l'immersion longue semble avoir réduit la distance sociale qu'on ressent entre soi et les Canadiens français, et cela en particulier avec ceux qui sont bilingues." Cziko, Lambert et Gutter (1979, p. 26).

"À l'occasion du congé de Noël — Daniel était en deuxième — nous nous sommes arrêtés dans un hôtel, au nord de Montréal. Apercevant la première neige de l'hiver, il s'est mis à lancer des boules de neige. Un chauffeur de taxi l'a vertement semoncé en "québécois" de source. "Wow, il parlait le "vrai" français", a dit Daniel."
Patricia Holland, mère de Daniel, élève en immersion longue, quatrième, Nouvelle-Écosse.

D'après la première observation des chercheurs qui ont mené une enquête sur les attitudes des élèves des cours immersifs et de l'enseignement ordinaire en anglais, l'écart social entre Anglo et Franco-Canadiens serait réduit. D'autre part, la seconde citation incite à croire que l'univers canadien-français reste lointain pour beaucoup d'élèves en immersion. Il est possible que l'immersion amène les élèves à une compréhension plus raffinée de la vie sociale et culturelle au Canada. Pour élucider ce point, on a proposé à des élèves de cinquième et sixième immersives une rédaction sur le thème: "Pourquoi j'aime (ou n'aime pas) être Canadien" (Swain, 1980). Chaque rédaction a été soumise à une analyse de contenu, les observations de fond étant repérées et mises en tableau. Divers faits intéressants se sont dégagés. Tout d'abord, le point du vue des interviewés s'est révélé d'une perspective beaucoup plus large que prévu: il comportait en moyenne deux ou trois fois plus de raisons que dans les groupes anglophones de contrôle.

En second lieu, trois fois plus d'élèves ont noté la richesse et la diversité linguistiques et culturelles de la société canadienne. Troisièmement, plus de 20 pour cent des sujets de l'immersion se sont intéressés aux possibilités particulières de bilinguisme ou de multilinguisme qu'offre le Canada, thème abordé par aucun élève éduqué en anglais. D'une manière générale, dans les rédactions émanant de ce dernier groupe, on faisait état principalement de la beauté de la nature canadienne plutôt que de la diversité linguistique et culturelle, qui retenait souvent l'attention des élèves des classes immersives.

La croissance de l'enseignement immersif n'a pas été exempte de tensions sociales. Les cours se multipliant et se développant, certains secteurs de la collectivité ressentent une menace (Burns et Olson, 1981). Ainsi des parents anglophones tiennent à ce que leurs enfants fréquentent l'école du voisinage dispensant le cours ordinaire en anglais. Voyant cette école envahie par un nombre croissant d'élèves des cours immersifs, ils ont formé des organisations de "parents préoccupés" afin de contrer l'expansion du phénomène. Les tensions entre partisans et adversaires de l'immersion se sont fait jour dans diverses localités d'un bout à l'autre du Canada, donnant même lieu récemment à des reportages à l'échelle nationale.

Les incidences de l'immersion sur la population n'ont guère suscité de recherche jusqu'ici. Pourtant il serait irréaliste de ne pas prévoir de répercussions sociales, comme il s'agit de la plus importante innovation pédagogique du siècle au Canada. Ce qui peut étonner encore davantage, sans doute, est la réaction massivement positive des élèves et de leurs parents.

Orientations actuelles et futures de la recherche

Outre les questions sociales évoquées plus haut, il reste à examiner divers points d'ordre administratif et pédagogique. Ceux-ci se rattachent à trois thèmes : comment élaborer les cours de façon à maximiser leurs effets positifs? quelles méthodes pédagogiques peuvent donner les meilleurs résultats? quels moyens offre l'éducation pour favoriser l'accroissement des contacts entre les deux groupes canadiens de langue officielle?

Mais au préalable il faut se demander comment définir avec réalisme les possibilités et les objectifs de l'enseignement immersif. L'idéal serait que les élèves aient presque atteint à l'issue du secondaire la compétence des locuteurs d'origine. La recherche ne s'est portée que tout récemment vers la *qualité* du français que parlent et écrivent les élèves en immersion. C'est que cette recherche exige beaucoup de temps et de travail et que, dans les années 70, on s'employait prioritairement à établir, par des moyens plutôt quantitatifs (tests pour groupes), la viabilité de la formule immersive. Les travaux en cours visent, entre autres, à créer des tests pour vraiment mesurer les capacités communicatives (expression-production) à la lumière des théories actuelles. Le gouvernement de la Saskatchewan a confié au Centre des langues modernes de l'Institut des études pédagogiques de l'Ontario (I.E.P.O.) le soin d'établir ces contrôles à l'intention des classes de troisième, sixième et neuvième. Ces épreuves, qui sont utilisées sur une grande échelle, non seulement en Saskatchewan mais au Nouveau-Brunswick, permettront de définir dans le détail l'aptitude à s'exprimer oralement et par écrit en français des élèves du cours immersif, par rapport à celle des locuteurs d'origine. Ces instruments descriptifs, combinés à l'observation méthodique en classe, permettront de cerner les zones faibles et de chercher les modifications au programme et à l'approche pédagogique propres à améliorer les rendements.

Les questions sociales posées précédemment supposent qu'un contact accru entre élèves anglophones en immersion et élèves francophones est désirable. Mais on n'en connait pas les effets sur les résultats scolaires. Ainsi, nombre de parents et d'éducateurs francophones craignent que le contact accru n'accélère l'assimilation chez les jeunes Francophones, qui emploient déjà l'anglais à l'extérieur. Deux travaux de recherche en cours apporteront des éclaircissements sur cette question. Dans un cas en Ontario, l'immersion moyenne se donnant dans une école de langue française fait l'objet d'un examen. Dans un autre, les classes immersives évaluées à l'échelle provinciale au Nouveau-Brunswick comptent en proportions variables des locuteurs francophones d'origine. À partir des données établies par les tests et d'une information sur le passé des élèves, nous examinerons comment la présence de ces Francophones influe, suivant son importance relative, sur les résultats des tests de français. Nous nous proposons aussi d'apprécier si le français des Francophones d'origine dans ces classes a souffert des contacts avec les Anglophones en immersion.

Pour conclure, la recherche et les études sur l'évaluation des cours immersifs ont établi que les élèves appartenant à une majorité linguistique peuvent recevoir l'enseignement dans une langue seconde sans répercussions négatives à long terme sur leur progrès dans la langue maternelle, la langue seconde et les autres disciplines. Le défi consiste désormais à définir des stratégies d'enseignement qui assurent un apprentissage réussi à la fois de la seconde langue officielle et d'autres matières prévues au programme d'études. Peut-être réussirons-nous ainsi à abolir la distance entre les deux solitudes canadiennes.

Notes

1. La recherche dont il s'agit est détaillée dans Swain et Lapkin, 1982. Le document comprend aussi une bibliographie exhaustive.
2. Ces commentaires proviennent de questionnaires distribués à un groupe représentatif d'élèves

Sharon Lapkin et Merrill Swain

et, dans certains cas, à des parents à travers le pays. Les questionnaires visaient à obtenir l'avis des répondants afin de préparer une brochure pour les élèves des classes immersives, âgés entre 11 et 15 ans (voir Lapkin, Swain et Argue, 1983).

Références

Adiv, E., "A comparative evaluation of three French immersion programmes: Grades 10 and 11." Document présenté lors du quatrième congrès annuel de l'Association canadienne des professeurs d'immersion, tenu en novembre 1980.

Burns, G.E. et P. Olson, "Implementation and Politics in French Immersion". Toronto; Institut des études pédagogiques de l'Ontario.

Cziko, G.E., W.E. Lambert, et R. Gutter, 1979. "French immersion programmes and student's social attitudes: A multidimensional investigation," *Working Papers on Bilingualism* 19: 13-28, 1979.

Genesee, F., 1976. "The role of intelligence in second language learning," *Language Learning* 26: 267-280.

The Globe and Mail, 1982. "A dispute flares within suburb on the trend to French classes," Toronto, 9 janvier.

Lambert, W.E. et G.R. Tucker, 1972. *Bilingual Education of Children,* Rowley, Mass.: Newbury House, 1972.

Lapkin, S., C.M. Andrew, B. Harley, M. Swain, et J. Kamin, "The immersion centre and dual-track school: A study of the relationship between school environment and achievement in a French immersion programme," *Canadian Journal of Education* 6:68-90.

Lapkin, S., M. Swain, et V. Argue, 1983. *French Immersion: The Trial Balloon That Flew,* Toronto.

Lepicq, D., 1980. *Aspects théoriques et empiriques de l'acceptabilité linguistique:* Le cas du français des élèves des classes d'immersion. Thèse de doctorat, Université de Toronto.

Morrison, F., C. Pawley, et R. Bonyun, 1982. *After immersion: Ottawa and Carleton students at the secondary and post-secondary level,* Ottawa, Ontario: Centre de recherche, Conseil scolaire d'Ottawa.

Swain, M. 1980. "French immersion programmes in Canada," *Multiculturalism,* 4:3-6.

Swain, M., 1984. "A review of immersion education in Canada: Research and evaluation studies, Studies on Immersion Education: A collection of U.S. Educators," Sacramento, Calif.: California State Department of Education.

Swain, M. et S. Lapkin, 1982. *Evaluating Bilingual Education: A Canadian Case Study,* Clevedon, Avon: Multilingual Matters.

Patsy M. Lightbown

5   Les grandes espérances: Enseignement et recherches sur l'acquisition d'une langue seconde

Le titre de cet article[1] indique peut-être un certain scepticisme sur les possibilités d'application en classe des résultats des recherches sur l'acquisition d'une langue seconde.[2] En fait, je suis convaincue que les recherches sur l'apprentissage d'une deuxième langue ont à long terme beaucoup à apporter aux pratiques pédagogiques. Je crois cependant que, pour le moment, elles nous en apprennent moins sur l'élaboration des syllabus ou sur telle ou telle méthode pédagogique que sur l'idée que se font les enseignants de leurs propres possibilités et de celles de leurs élèves. C'est pourquoi le titre de cet article fait allusion à deux types ''d'espérances:''

- l'espoir, partagé par enseignants et chercheurs, que les résultats des études sur l'acquisition d'une langue seconde auront des répercussions sur le *contenu* et les *méthodes* de l'enseignement;
- les attentes des enseignants, pour eux-mêmes et pour leurs élèves.

Je passerai brièvement en revue les recherches passées et actuelles sur l'acquisition d'une seconde langue. Je me propose ensuite d'examiner dans leurs grandes lignes les principes qui font plus ou moins l'unanimité à l'heure actuelle. Enfin, j'examinerai la façon dont ces principes peuvent, à mon avis, être appliqués à l'enseignement d'une langue seconde.

Les recherches sur l'acquisition d'une langue seconde : Tour d'horizon

L'expression ''recherches sur l'acquisition d'une langue seconde'' désigne les travaux sur la façon dont les apprenants manipulent leur deuxième langue et sur les processus qui sous-tendent son utilisation et son acquisition. Ce champ d'étude est relativement nouveau, puisqu'il a à peine vingt ans (si nous excluons les travaux des années 1950 et 1960 sur ce que nous pourrions appeler ''l'analyse contrastive primitive''). Les débuts de la discipline sont marqués, de l'avis général, par deux articles essentiels : ''The significance of learners' errors'' de Corder, publié en 1967, et une publication de 1972 dont le titre donnait du même coup un nom à l'objet d'étude, ''Interlangue'' de Selinker.

Depuis le début des années 1970, la recherche sur l'acquisition d'une langue

Titre original, ''Great Expectations: Second-Language Acquisition Research and Classroom Teaching,'' publié dans *Applied Linguistics*, 6, 2(1985): 173-179. Reproduit ici avec la permission de l'Oxford University Press.

seconde s'inscrit dans un certain nombre de cadres théoriques et méthodologiques. Dans un compte rendu d'article de 1977, Hakuta et Cancino classent les travaux en fonction des quatre démarches les plus utilisées: analyse contrastive, analyse des erreurs, analyse de performance, analyse du discours. Les auteurs considèrent ce compromis comme une suite de tâtonnements où chaque nouvelle démarche améliore ou remplace en grande partie celle qui la précède. Or il semble bien, rétrospectivement, que les quatre démarches restent très présentes dans la discipline: chacune complète l'autre sans l'éliminer. D'autres s'y sont ajoutées ou les recoupent en partie; c'est ainsi qu'au cours des dernières années, on a vu apparaître plusieurs façons nouvelles d'aborder la question de l'acquisition d'une langue seconde: certaines études récentes partent d'une problématique sociolinguistique; d'autres — de plus en plus nombreuses — s'appuient sur la linguistique théorique. Les chercheurs s'efforcent aujourd'hui de dépasser la simple description de ce que *font* les apprenants et de comprendre ce qu'ils *savent* et *comment* ils acquièrent ce savoir.

On peut classer les travaux sur la langue seconde de plusieurs façons. Pour faciliter la lecture de cet article, j'ai choisi de les regrouper en trois grandes catégories, en fonction de la méthodologie adoptée :
• études descriptives,
• mise à l'épreuve d'hypothèses,
• pédagogie expérimentale.

Je me propose maintenant de décrire chacune de ces catégories et d'en donner quelques exemples[3].

Études descriptives

Certains chercheurs partent d'une collecte d'échantillons de ce qu'il est convenu d'appeler le discours ou l'écriture "naturel" ou "spontané" d'un ou plusieurs apprenants de langue seconde. Certains corpus sont faits d'authentiques langues naturelles (par exemple, Hakuta 1974), alors que d'autres utilisent des procédés d'incitation pour faire parler les apprenants, ce qui limite d'une certaine façon la gamme des thèmes ou contextes possibles de certaines formes linguistiques (voir Dulay et Burt 1974). Certaines études sont diachroniques, c'est-à-dire qu'elles suivent un apprenant ou un groupe d'apprenants pendant un certain laps de temps (voir, par exemple, Lightbown 1980). D'autres sont synchroniques: elles examinent un groupe ou des groupes d'apprenants à un moment précis ou encore la performance d'apprenants censés avoir différents niveaux de compétence linguistique dans la langue cible (par exemple, Bailey, Madden et Krashen 1974).

Une fois les données recueillies, le travail de description peut commencer. La description de la performance linguistique des apprenants prend comme élément de référence soit la langue cible elle-même, soit des cohérences internes qui ne coïncident pas forcément avec les structures de la langue cible (vois dans Bloom 1974a une distinction identique dans les recherches sur l'acquisition de la première langue). Dulay et Burt (1974), entre autres, partent de la première langue pour étudier l'acquisition des morphèmes:le pourcentage d'utilisations correctes de certaines formes grammaticales dans des contextes donnés permet de déduire leur séquence d'acquisition. Citons, parmi les études des cohérences internes de la langue des apprenants, les travaux de Huebner (1979) sur l'utilisation de l'article anglais par un locuteur hmong. Huebner a découvert que l'utilisation de l'article dans la langue seconde semblait très influencée par le fait que l'apprenant croyait à tort qu'en anglais, comme dans sa langue maternelle, la marque du défini suivait des règles pragmatiques, et non syntaxiques.

Ces études ont ceci de commun qu'elles prennent comme matériau ce que nous pourrions appeler des données "très brutes," qu'elles en décrivent les constantes et les variations afin de les interpréter ou d'en rendre compte. De nombreux travaux sont conçus sur ce modèle, et les données sont interprétées dans une optique sociolinguistique (Schumann 1978, Meisel, Clahsen, Pienemann 1981), psycholinguistique (Schacter 1974), pédagogique (Lightbown 1982) psychologique (Fillmore 1976) ou autre. Signalons aussi que, plutôt que d'étudier les caractéristiques formelles de la langue, certains chercheurs s'intéressent à l'énoncé de catégories de signifiants, comme le temps et l'espace (Meisel 1982). On pourrait également inclure dans cette catégorie les études de "parler étranger" ou "d'entrées," qui décrivent la langue telle que les apprenants l'entendent et la façon dont ils y réagissent (Long 1981).

Mise à l'épreuve d'hypothèses

La deuxième démarche de la recherche sur l'apprentissage de la langue seconde ne part pas d'un corpus de langue "naturelle," mais plutôt d'hypothèses bien précises sur le bagage linguistique des apprenants, hypothèses qu'il s'agit de mettre à l'épreuve avec certains procédés : tâches de compréhension, jugements de grammaticalité, traduction.[4] Certaines de ces hypothèses s'appuient sur des études descriptives, d'autres sur des appareils théoriques élaborés dans d'autres champs de recherche. Nous citerons, pour illustrer cette démarche, l'étude de Schachter, Tyson et Diffley (1976) qui compare les réactions d'apprenants
1. à des phrases anglaises correctes,
2. à des phrases contenant des erreurs courantes chez les apprenants ayant la même langue maternelle que la leur,
3. à des phrases contenant des fautes souvent commises par des locuteurs d'une autre langue maternelle.
Les auteurs partent d'un cadre d'analyse contrastive et posent d'emblée que la langue maternelle de l'apprenant va influencer profondément sa perception et son traitement de la langue cible.

D'autres travaux ont tenté de mettre à l'épreuve telle ou telle hypothèse sur le bagage linguistique des apprenants. C'est ainsi que Bialystok (1978) et Krashen (voir le compte rendu dans Krashen 1981) ont essayé de comprendre la façon dont les apprenants appliquent différents types de connaissances linguistiques — connaissances explicites ou apprises (c'est-à-dire un savoir qu'ils ont conscience de posséder) et connaissances implicites ou acquises (autrement dit, un savoir qu'ils possèdent et qui, d'une manière ou d'une autre, influence leur comportement, mais dont ils n'ont en général pas conscience).

Signalons, dans cette même catégorie, les travaux basés sur des théories linguistiques, et notamment celle des universaux du langage qui gouverneraient le développement de la langue dès la toute petite enfance (Gass 1979, 1984, Rutherford 1984). Certains chercheurs ont tenté de vérifier l'hypothèse d'une période "critique" ou "sensible" de l'acquisition d'une langue seconde (Snow et Hoefnagel-Höhle 1978, Patkowski 1980). On commence depuis peu à explorer les diverses applications de la théorie de la "markedness" à l'étude de la séquence d'acquisition de la langue seconde (Hyltenstam 1983, Mazurkewich 1983, Rutherford 1982, White 1983, Zobl 1983, 1985).

L'une des hypothèses actuelles les plus intéressantes est celle de Krashen. Cette théorie dite "de l'entrée" (*input*) pose que l'acquisition d'une langue seconde exige que les apprenants soient exposés à une langue qu'il peuvent comprendre, mais dont les structures vont légèrement au-delà du degré de compétence linguistique de l'apprenant à ce moment précis. Krashen précise que la langue doit intéresser les apprenants et que l'acquisition doit se faire dans un contexte où les apprenants sont relativement à l'aise, où, comme il le dit lui-même, leurs "filtres affectifs" sont baissés. Cette théorie de l'entrée est bien sûr impossible à mettre à l'épreuve globalement, mais on peut la fragmenter en sous-hypothèses plus faciles à manipuler (pour ce genre d'étude, voir Long 1985).

Pédagogie expérimentale

La troisième catégorie de recherche n'a guère été explorée jusqu'à présent, mais elle pourrait avoir de fécondes répercussions dans les salles de classe. Il s'agit d'études pédagogiques qui s'efforcent de manipuler certaines variables — présentation de certaines formes linguistiques plutôt que d'autres (Gass 1982, Pienemann 1982, sous presse, Zobl 1983, 1985), comparaison entre des sujets qui apprennent la langue selon un programme scolaire bien précis avec ceux qui ne reçoivent qu'un enseignement formel (Upshur 1968, Wesche, sous presse); complexité de la langue d'entrée (Chaudron 1983, Long 1985) — afin d'étudier les effets de ces manipulations sur l'acquisition. Les études de ce type sont très difficiles à préparer et à réaliser, mais elles produisent des résultats intéressants et sont essentielles pour comprendre comment les résultats des recherches sur l'apprentissage d'une langue seconde peuvent être appliqués à son enseignement.

Les travaux cités dans ces trois catégories appartiennent à ce que l'on pourrait appeler la recherche "officielle" sur l'acquisition d'une seconde langue. D'autres études plus marginales, en psychologie cognitive, psychologie de l'apprentissage, linguistique, langage des enfants, voire recherches médicales sur le fonctionnement du cerveau, pourraient un jour nous livrer de précieuses données sur certains processus. En attendant, quinze ans de recherche "officielle" permettent d'avancer un certain nombre de principes sur l'apprentissage d'une seconde langue.

Principes de l'apprentissage d'une langue seconde

Les dix principes généraux énumérés et illustrés ci-après sont fondés sur des recherches effectuées en différents endroits et selon diverses méthodologies par des chercheurs individuels ou des groupes de chercheurs. Ces recherches portaient sur la performance d'apprenants représentant une variété de langues maternelles ou secondes.

Les adultes et les adolescents peuvent "acquérir" une langue seconde

Le terme "acquérir" désigne un peu ici ce que Krashen appelle l'intériorisation "enfantine" des règles qui sous-tendent la langue cible. Rendons-nous d'abord à l'évidence: l'être humain est fait de telle sorte qu'il y a un moment optimal pour acquérir une prononciation sans accent,[5] mais l'existence de cette période critique est beaucoup plus aléatoire pour d'autres aspects de la langue. Il n'en reste pas moins que, selon toutes les apparences, le *processus* de l'acquisition d'une langue seconde est, en partie du moins, le même chez l'enfant et chez l'adulte. Certains adultes, notamment les hommes et les femmes instruits et donc rompus à l'apprentissage en milieu scolaire, peuvent aussi bénéficier d'une instruction formelle, mais le fait d'avoir dépassé l'âge de la puberté ne les limite pas à cette méthode.[6]

L'apprenant crée une interlangue systématique où l'on retrouve en général les erreurs systématiques de l'enfant qui apprend la même langue comme langue maternelle, plus d'autres fautes qui semblent provenir de la langue d'origine de l'apprenant.

Les interlangues sont influencées par un certain nombre d'éléments. Le rôle de la langue maternelle de l'apprenant est sans aucun doute l'une des questions les plus controversées et les plus passionnantes de la recherche; on commence à mieux mesurer la complexité des rapports entre la langue maternelle et la langue cible, mais il reste encore beaucoup à apprendre. Quoi qu'il en soit, les interprétations à l'emporte-pièce sur le rôle de la langue d'origine ont fait leur temps, et les interrogations sur la nature de cette influence sont aujourd'hui plus nuancées (voir Wode 1981, Zobl 1983, 1985, et Gass 1984 pour un compte rendu des dernières recherches).

L'acquisition d'une langue se fait selon un enchaînement d'étapes, si bien que certaines structures doivent être acquises avant que l'apprenant puisse assimiler les autres.

Ce principe est étroitement lié à celui qui précède.

Les apprenants ne peuvent assimiler que ce qu'ils sont prêts à apprendre, même s'ils donnent parfois l'impression d'avoir progressé (voir le principe n° 4). Nous possédons des données fiables sur cette réalité dans plusieurs domaines et langues. Malheureusement, les séquences d'acquisition sont rarement décrites de façon suffisante — nous ne disposons en tout et pour tout que de quelques études sur les morphèmes grammaticaux de l'anglais (voir le compte rendu critique dans

Krashen 1977), l'inversion sujet-auxiliaire en anglais (Ravem 1974, Wode 1981), les règles syntaxiques de l'allemand (Pienemann 1980, Meisel, Clahsen et Pienemann 1981), etc. Nos connaissances sont d'autant plus limitées que, même lorsque la séquence est bien connue, le nombre de locuteurs d'une langue maternelle donnée dont on a analysé l'acquisition de telle ou telle langue seconde n'est pas illimité. Ainsi, bien que nous connaissions le schème d'acquisition de la syntaxe allemande chez l'hispanophone, nous ne savons pas comment un locuteur finnois, par exemple, acquiert l'ordre des mots en allemand. Certains chercheurs pensent que cet ordre est le même et que la langue maternelle ne joue qu'un rôle tout à fait secondaire. Mais d'autres recherches semblent indiquer que, bien que les séquences d'acquisition soient déterminées en partie par des universaux du langage ou des traits de la langue cible, elles sont aussi influencées par la langue maternelle des apprenants (Mace-Matluck 1979, Schumann 1979, Wode 1981). Pour compliquer encore davantage les choses, on découvre des variations *individuelles* considérables dans les séquences d'acquisition, variations qui s'expliquent peut-être par des stratégies d'apprentissage (acquisition) différentes, par des différences intralinguistiques qui feraient que certains systèmes d'une langue donnée seront acquis dans un ordre prévisible, alors que d'autres n'obéissent à aucun ordre d'acquisition particulier, mais au contraire produisent des schèmes d'acquisition très divers, qui dépendent de facteurs affectifs ou de contacts linguistiques (Meisel, Clahsen, et Pienemann 1981).

Répéter, ce n'est pas forcément progresser

Bien qu'il y ait des séquences d'acquisition, nous ne nous trouvons pas devant un simple processus linéaire ou cumulatif et la répétition d'une forme ou d'une structure particulière ne garantit pas une acquisition permanente. Les apprenants semblent oublier des formes et des structures qu'ils semblaient antérieurement maîtriser et qu'ils avaient copieusement répétées. (Certains chercheurs parlent de développement en **U**). Cet oméga renversé reproduit en fait la courbe d'exactitude de l'apprenant par rapport à une ligne droite:progrès considérables ou très rapides au début, puis affaissement avant la remontée à des niveaux de correction plus élevés. Ce phénomène peut s'expliquer de plusieurs façons. J'ai découvert pour ma part que, lorsque les apprenants ont des contacts limités ou nuls avec l'anglais à l'extérieur de la salle de classe, ce sont les pratiques pédagogiques qui sont en partie en cause (Lightbown 1983a, b). C'est ainsi que j'ai donné aux apprenants — pendant des mois — un petit nombre de phrases à mémoriser et à répéter, sans établir de lien avec une forme contrastante. Or, à chaque présentation d'une nouvelle structure, il n'y avait pas simple ajout au bagage linguistique déjà constitué, mais restructuration complète de tout le système. Hyltenstam (1977) donne un autre bon exemple de ce phénomène.

Des restructurations de ce genre ne sont pas limitées aux langues acquises en classe ni même à l'apprentissage de la langue maternelle. (Voir dans Kellerman 1985 une intéressante discussion sur l'acquisition d'une langue seconde; voir Bowerman 1982 pour la langue d'origine). Le phénomène se produit car la langue est un système hiérarchique complexe dont les éléments ne sont pas liés par des rapports linéaires. Vue sous cet angle, l'augmentation du pourcentage de fautes dans une partie de l'ensemble peut refléter une meilleure maîtrise ou précision dans une autre, suivie de la sur-généralisation de la structure nouvellement acquise, ou simplement d'une sorte de surcharge de complexité qui entraîne la restructuration, ou du moins la simplification d'une autre partie du système.

Connaître une règle ne signifie pas savoir l'utiliser dans des énoncés

Le principe vaut aussi dans l'autre sens:savoir utiliser une règle ne veut pas forcément dire être capable de l'expliquer. Cette réalité a bien sûr un intéressant corollaire, comme l'a noté Krashen: "Parfois, les règles les plus faciles à énoncer sont les plus difficiles à intégrer dans une interlangue, témoin la quasi-non-acquisition du possessif anglais *'s* par les francophones qui apprennent l'anglais, alors que cette règle de grammaire est si facile à énoncer et à apprendre qu'il semble incroyable qu'au bout de nombreuses années d'immersion et d'enseignement, elle soit encore systématiquement omise dans les énoncés (Lightbown 1983b)."

De nombreux chercheurs ont essayé de cerner et de décrire ou expliquer le phénomène des "deux types de performance" ou "deux types de connaissances:" acquisition et apprentissage (Krashen 1976, 1981), connaissance implicite et connaissance explicite (Bialystok 1978, 1981), réaction automatique et réaction volontaire (McLaughlin 1978, d'après Schneider et Shiffrin 1977), communication et cognition (Lamendella 1977), structures cognitives propres à la langue et structures cognitives de résolution de problèmes (Felix 1981). Mais on est loin de s'entendre sur l'étendue des rapports entre les deux types de performance ou de connaissance dans l'esprit de l'apprenant.

Une correction d'erreur isolée ne suffit généralement pas à modifier le comportement linguistique

Ce phénomène s'explique sans doute par le fait que la plupart des fautes ne sont pas des phénomènes isolés, mais qu'ils font partie d'un système; il tient également à la nature nécessairement séquentielle de certains aspects du développement de l'interlangue. La modification permanente du comportement linguistique passe par une progression dans la connaissance de la langue. Le système tout entier doit être restructuré — un processus qui ne se fait pas du jour au lendemain et qui exige beaucoup plus d'information que n'en peut livrer la correction d'une erreur isolée.

De plus, même si la correction de la faute suffisait à modifier le comportement linguistique, l'expérience démontre qu'on ne peut pas reprendre systématiquement chaque faute de l'apprenant — qu'il s'agisse d'une première langue ou d'une langue seconde (Brown 1973, Chaudron 1977, Fanselow 1977, Long 1977). La correction est aléatoire à deux titres :

• toutes les erreurs ne peuvent être systématiquement corrigées, même en classe, si bien que les apprenants ne peuvent pas compter sur un tiers pour leur signaler leurs lacunes;
• le "correcteur" risque d'avoir une idée assez vague — à supposer qu'il ait conscience du problème — de la véritable nature de l'erreur de l'apprenant,

c'est-à-dire des structures cognitives qui lui sont sous-jacentes[7].

Une anecdote servira à illustrer ce caractère peu fiable de la correction des fautes et à montrer que, parfois, il faut se réjouir que la correction d'une erreur isolée semble laisser si peu de traces. J'assistais un jour à un cours d'anglais donné à une trentaine de jeunes francophones; l'enseignante utilisait la technique typiquement audio-orale de poser à plusieurs élèves la même question. Si l'évève se trompait, elle répétait la question et un autre élève lui donnait la réponse correcte. C'est ainsi que j'entendis le dialogue suivant:

Enseignante: Do you like apples?
Élève A: No, I don't.
Enseignante: (s'adressant à l'élève B et montrant l'élève A) Does he like apples?
Élève B :   No, he doesn't.
Élève A :   (tout bas) No, I *doesn't.*

L'élève croyait qu'il avait été corrigé et répétait consciencieusement la phrase "correcte."

Pour la plupart des apprenants adultes, le processus d'acquisition s'arrête — se fossilise — avant que la langue cible soit maîtrisée aussi bien que la langue maternelle

On a dit que ce plafond était atteint lorsque l'apprenant maîtrisait assez bien la langue pour communiquer avec la communauté parlant la langue cible ou s'y intégrer, mais nous entrons ici dans une sphère très compliquée et les raisons de la fossilisation[8] sont très difficiles à cerner avec certitude. Certaines recherches récentes semblent indiquer que les systèmes d'interlangue qui tendent à se fossiliser sont ceux où convergent trois éléments:certaines structures linguistiques générales — voire peut-être universelles, une ou des règles de la langue cible, et une ou des règles de la langue d'origine. On ne sait guère par contre pourquoi la fossilisation se fait à des étapes si différentes chez des apprenants placés dans un même contexte d'acquisition linguistique. Ce qui est sûr, c'est qu'une fois que la fossilisation se produit, une exposition continue à la langue cible ne modifie en rien le comportement linguistique et que les cours de langues donnent aux apprenants des connaissances suppémentaires *sur* la langue sans que le système d'interlangue fossilisé en soit altéré (Long 1981, Shapira 1978, Schumann 1978).

Une heure d'enseignement par jour ne suffit pas à donner une maîtrise complète (ou quasi complète) de la langue cible

Personne ne sait combien de temps il faut pour acquérir une langue seconde, mais il est bien évident qu'on ne peut parvenir à maîtriser une langue étrangère exclusivement dans une salle de classe, même si l'on a réussi dans cette salle à établir un miracle d'équilibre entre forme et fonction, structure et communication. Les sujets qui apprennent le mieux, c'est-à-dire les apprenants de la langue maternelle ont, à l'âge de six ans, accumulé de 12 000 à 15 000 heures d'apprentissage de la langue. L'enfant inscrit au cours d'immersion française a été exposé au français environ 4 000 heures à son entrée en sixième année. Dans la plupart des programmes scolaires, le nombre total d'heures, au bout de six ans d'étude (à raison d'environ cinq heures par semaine), n'atteindrait pas le millier.

La tâche de l'apprenant est à la mesure de la complexité de la langue

Aucun linguiste, enseignant ou rédacteur de manuel scolaire ne peut mâcher la tâche au point de rendre l'acquisition facile. Ce que l'apprenant doit en fin de compte apprendre dépasse de très loin le contenu du manuel, les explications du professeur, voire la description du linguiste. Les études basées sur les théories linguistiques des universaux et de la "marque" sont particulièrement utiles pour illustrer la complexité de la tâche de l'apprenant, complexité que même les meilleures grammaires pédagogiques ne peuvent tout à fait démêler (cf. l'excellent débat dans Rutherford 1980).

Les capacités de compréhension de l'apprenant sont meilleures si le contexte est pertinent que si la langue est décontextualisée, et elles dépassent ses capacités de production d'énoncés d'une complexité et d'une précision équivalentes

Ce principe s'appuie sur un vaste corpus de recherches, tant sur la langue d'origine (Bloom 1974b) que sur les langues secondes (Cummins 1983). Il n'est d'ailleurs pas sans rappeler l'hypothèse de Krashen. Il n'existe toutefois pas de description adéquate des rapports entre compréhension et production. Les apprenants donnent parfois l'impression de parler couramment et de communiquer sans problème, mais de graves lacunes apparaissent lorsqu'ils doivent comprendre la langue hors d'un contexte familier (Fillmore et McLaughlin 1982), lorsqu'ils sont pressés (Favreau et Segalowitz 1982) ou lorsqu'ils doivent conjuguer traitement cognitif et traitement linguistique complexes (d'Anglejan *et al.* 1979, Cummins 1983). Et si nous sommes loin de connaître avec certitude les rapports entre compréhension et production, nous sommes encore bien moins renseignés sur le rôle que joue chaque élément dans la progression du processus d'acquisition.

Ce survol des recherches sur l'acquisition de la langue seconde et de certains principes qui en découlent montre l'éventail très vaste des recherches en cours et en préparation, recherches qui nous permettent de mieux comprendre les mécanismes qui sous-tendent l'acquisition d'une langue seconde et les facteurs qui les infléchissent d'une façon ou d'une autre. La liste n'est pas exhaustive, mais comme je l'ai fait remarquer précédemment, elle rend compte des conclusions des chercheurs et équipes de recherche dont les travaux ne se bornent pas à l'étude d'une seule combinaison langue première-langue seconde.

Application des résultats de la recherche à l'enseignement d'une langue seconde

Quelques extraits des conclusions et postfaces de certains articles de recherche ou d'analyses à l'intention des enseignants et des rédacteurs de syllabus suffiraient à démontrer que, dans bien des cas, on attendait beaucoup de l'application des recherches. Ils montreraient aussi que nombre de recommandations nées des

recherches sur l'acquisition de la langue seconde étaient
a) prématurées,
b) basées sur un champ de recherche très étroit,
c) basées sur une sur-interprétation des données,
d) basées en grande partie sur des intuitions ou
e) un mélange de tous ces facteurs.
Cette volonté d'appliquer immédiatement les résultats de la recherche n'est pas
limitée à l'enseignement des langues, mais elle semble particulièrement présente
dans les disciplines de l'éducation en général (Kerlinger 1977).

Bien sûr, certains chercheurs réclament depuis toujours que l'on fasse preuve
de circonspection avant de faire des recommandations pédagogiques sur la foi des
recherches sur l'apprentissage de la langue. C'est ainsi qu'Evelyn Hatch conclut
son article de 1978 ("Apply with caution") en déclarant que "la seule
question à laquelle le chercheur devrait répondre est celle qu'il pose" (p. 138).
Cependant, beaucoup d'entre nous, chercheurs et enseignants, souhaitent dépasser
les questions théoriques et passer aux applications pédagogiques, ce qui nous
permettrait de concrétiser les espoirs que nous plaçons dans la recherche. La
recherche sur l'acquisition d'une langue seconde a-t-elle jusqu'à présent répondu
à notre espoir de voir une recherche applicable à l'enseignement? Nous dit-elle
ce que nous devons enseigner? Et nous dit-elle comment l'enseigner?

À la première question (que faut-il enseigner?), il faudrait de toute évidence
répondre par la négative, du moins en ce qui concerne les formes et les structures
de la langue. Le principe qui touche de plus près la question du *contenu* de
l'enseignement est celui qui renvoie à l'existence des séquences d'apprentissage, ce
qui pourrait indiquer à première vue que nous connaissons aujourd'hui, du moins
pour certains domaines limités, l'ordre dans lequel certaines formes ou structures
devraient être enseignées. En fait, ce n'est que maintenant que nous arrivons
à l'étape où nous pouvons peut-être mettre cette hypothèse à l'épreuve. C'est
ainsi, par exemple, que nous pouvons faire des expériences pédagogiques de manipulation de la présentation des structures que nous avons acquises dans un certain
ordre (d'après des recherches antérieures) et examiner les résultats de ces
manipulations. Nous devrions peut-être alors être mieux renseignés sur les résultats
que l'on pourrait obtenir en faisant coïncider la séquence d'enseignement avec
l'acquisition de la séquence "naturelle."

Quelques chercheurs se sont penchés sur cette question et les résultats sont
tout à fait intéressants, bien qu'en un certain sens contradictoires. On dit à la
fois que l'enseignement devrait être à peine un cran au-dessus du niveau de performance (ou de compétence) de l'apprenant (Pienemann 1982) et qu'en devançant l'apprenant de plusieurs étapes, on l'encourage à apprendre et qu'on l'incite à généraliser sur les parties moins complexes de la structure ou des structures qui n'ont pas été enseignées (Gass 1982, Zobl 1983, 1985).

Ces conclusions apparemment peu cohérentes s'expliquent en partie par le fait
que les recherches dont elles sont tirées s'appuient sur des interprétations différentes des séquences d'apprentissage et de ce que la troisième étape nous dit sur

le degré de maîtrise de l'apprenant aux étapes 1 et 2. Il n'en reste pas moins que les recommandations qu'on en tire pour le contenu de l'enseignement sont contradictoires et ne donnent pas à l'enseignant et au rédacteur de syllabus l'information nécessaire pour faire des choix raisonnés sur ce qui doit être enseigné.

Autre fait essentiel à garder en mémoire:les travaux qui ont mis à jour les "séquences naturelles d'acquisition" portent sur des apprenants en étroit contact avec la langue cible en dehors de la salle de classe, et dont la formation pratique, "formelle," s'ajoute à cette exposition ou la remplace. Il serait très difficile d'affirmer que tous ces apprenants sont exposés aux formes ou structures dans le même ordre ou avec la même fréquence. Bien que la recherche semble indiquer que certaines formes acquises très tôt sont aussi les éléments qui reviennent le plus souvent dans les énoncés que l'apprenant entend (Larsen-Freeman 1976a, b, Lightbown 1980), rien n'indique avec certitude que, dans un environnement naturel, les formes précoces apparaissent isolément des autres. Au contraire, il est fort probable que la langue que les apprenants entendent contient une vaste gamme de structures et de formes — dont ils ont acquis certaines et non d'autres. Dire que la fréquence gouverne l'ordre de l'acquisition devrait logiquement entraîner le corollaire que les occurrences les plus fréquentes sont les mieux assimilées ou les premières acquises, ce qui n'est manifestement pas le cas. Bref, savoir ce que les apprenants maîtrisent en premier (ou en dernier) ne nous dit pas, en soi, ce qu'il faudrait leur enseigner en premier (ou en dernier).

La recherche en acquisition d'une langue seconde ne nous dit pas ce qu'il faut enseigner, mais peut-elle nous dire *comment* enseigner? De tout évidence, un certain nombre de principes exposés plus haut portent sur le manière d'enseigner (inefficacité de la correction d'erreurs, nature non linéaire de l'acquisition linguistique, similitude des mécanismes d'acquisition chez l'adulte et chez l'enfant, non-équation entre connaissance et application des règles grammaticales). Peut-on dire que ces principes nous montrent comment enseigner? L'idée d'une progression par étapes, d'une sorte de jeu de construction où chaque bloc grammatical s'ajoute précisément et une fois pour toutes à celui qui le soutient n'a aucun fondement dans la recherche sur l'acquisition. C'est probablement une excellente méthode dans certains domaines (on pense immédiatement à l'apprentissage de la programmation), mais elle ne semble pas fonctionner pour l'acquisition d'une langue. Toutefois, il est bien évident que la pédagogie n'a pas attendu les recherches sur l'acquisition d'une langue seconde pour progresser d'un attachement rigide à la forme à des méthodes qui encouragent, ou tout au moins autorisent, l'utilisation créative de la langue, qui limitent le recours à la correction des fautes, qui fournissent aux apprenants un environnement linguistique riche au lieu de quelques formules à apprendre par coeur. D'ailleurs, l'une des heureuses coïncidences entre l'enseignement et l'apprentissage de la langue est la *convergence* des résultats des recherches sur l'acquisition et des propositions visant un enseignement "communicatif" de la langue, enseignement à genèse autonome fondée en grande partie sur l'analyse du discours, les théories de la compétence linguistique et l'expérience pédagogique, et peu ou pas du tout liée aux recherches actuelles sur l'acquisition (voir Breen et Candlin 1980, Brumfit 1980, Brumfit et Johnson 1979, Newmark 1976, Widdowson 1978, Wilkins 1974).[9] En fait, on pourrait dire que seule la

"Natural Approach" de Krashen et de Terrell (1983) s'inspire *explicitement* des recherches sur l'acquisition d'une langue seconde. Et même là, Terrell était en train de mettre au point sa propre méthode d'enseignement (Terrell 1977) à peu près à l'époque où Krashen élaborait sa théorie de l'acquisition de la langue seconde (Krashen 1976).

Doit-on en conclure que les "grandes espérances" pour l'application des recherches à l'enseignement ne sont pas de mise? Les travaux sur l'acquisition d'une langue seconde n'indiquent pas aux enseignants ce qu'il faut enseigner, et ils ne leur apprennent rien sur les pratiques pédagogiques qu'ils ne sachent déjà. Toutefois, la recherche sur l'acquisition d'une langue seconde a su *expliquer* l'enseignement "communicatif" de la langue, et je crois que cet apport est extrêmement précieux. Bien que l'enseignement "communicatif" ne soit pas à strictement parler le fruit des travaux sur l'acquisition, la recherche permet d'expliquer *pourquoi* il est efficace. Il est intéressant de noter qu'on n'avait pratiquement jamais pu démontrer qu'une méthode d'enseignement était meilleure qu'une autre, notamment parce que les nouvelles démarches s'avéraient souvent semblables, dans les faits, aux anciennes. Seul le nom changeait. Et bien que l'enseignement "communicatif" ne soit pas le résultat de recherches en acquisition, il n'est pas non plus basé sur le type d'évaluation pédagogique qui nous permettrait d'affirmer avec certitude que cette méthode réussira là où d'autres ont échoué. Ainsi, cette preuve autonome fournie par la recherche devrait s'avérer précieuse. L'appui le plus important viendra des enseignants qui jugeront dans la pratique que telle ou telle méthode fonctionne mieux qu'une autre; mais les résultats des recherches en acquisition pourront convaincre les sceptiques qui s'opposent à l'évolution des pratiques pédagogiques.

Bien entendu, l'information ne suffit pas à elle seule à modifier des comportements, pas plus que *connaître* une règle grammaticale n'équivaut à savoir l'*utiliser*. Les enseignants devront essayer les méthodes d'enseignement linguistiques qui fonctionnent mieux que celles qu'ils ont déjà utilisées s'ils veulent les intégrer à leurs pratiques pédagogiques. Mais si les enseignants — et notamment les débutants — abordent leurs tâches en connaissant dans leurs grandes lignes les recherches en acquisition de la langue, leurs attentes sur les progrès possibles seront beaucoup plus réalistes. Les enseignants au fait des travaux sur l'acquisition seront davantage enclins à laisser les adultes et les adolescents découvrir les structures sous-jacentes de la langue sans passer par un découpage en unités discrètes. S'ils sont particulièrement bien au courant des derniers acquis, ils sauront que les apprenants les plus avancés peuvent continuer à avoir des difficultés sur certains points particuliers. Ainsi, même si la recherche, comme nous l'avons indiqué plus haut, ne dit pas au professeur ce qu'il doit enseigner ni quand il doit l'enseigner, elle peut le rassurer s'il s'inquiète de constater que certains points dont il a abondamment parlé n'ont pas été assimilés.

Les enseignants au courant de la recherche en acquisition ne voudront pas enseigner à coups de répétitions de phrases correctes, et ne s'attendront pas à ce que leurs élèves apprennent une langue avec ce genre de méthode. Ils seront moins enclins à corriger systématiquement les fautes, car ils savent que l'apprenant a besoin de dépasser le rabâchage de phrases toutes faites. Ils ne seront pas surpris que tel ou tel élève fasse à nouveau des fautes dont il s'était corrigé la semaine précédente, car ils sauront que cette régression apparente signifie peut-être l'assimilation de certains autres points, ce qui entraîne une restructuration de tout le système de l'apprenant. Ils peuvent s'attendre à ce que certains apprenants, particulièrement ceux qui ont déjà une connaissance fonctionnelle de la langue seconde et qui réussissent à se faire comprendre malgré leurs fautes, ne changeront pas sensiblement de comportement linguistique pendant les cours. Ils accepteront ces réalités sans se blâmer eux-mêmes ni sans taxer les apprenants de paresse ou de bêtise!

Les enseignants qui ont quelques notions sur la recherche en acquisition ne seront pas surpris que les apprenants fassent moins de fautes dans les tests de connaissances métalinguistiques que lorsqu'ils ont quelque chose d'important à dire. Ils ne s'attendront pas à comprendre systématiquement quelle sorte de faute l'apprenant est en train de faire. Ils ne pourront pas *toujours* expliquer pourquoi l'anglais dit telle chose de telle manière, et ils sauront que les élèves sont en mesure d'acquérir certaines structures complexes de l'anglais sans explication systématique.

Je pourrais résumer la façon dont je vois le rôle de la recherche en acquisition en disant qu'elle doit s'inscrire dans le cadre de *l'éducation* des enseignants plutôt que dans celui de leur *formation*. Certains de mes étudiants et de mes anciens étudiants me disent que les cours sur l'acquisition d'une langue ont été parmi les plus utiles de leur programme, tandis que d'autres me demandent pourquoi ils doivent assister à ces cours "théoriques." Ces deux optiques illustrent les attentes des futurs enseignants ou enseignants en stage de perfectionnement à l'égard des cours qui leur sont dispensés. La recherche sur l'acquisition de la langue ne propose aucune formule ou recette toute faite, mais elle est un élément essentiel de la formation des enseignants, car elle leur dit ce à quoi ils doivent s'attendre, pour eux-mêmes et pour leurs élèves.

J'aimerais rappeler ici le credo d'Evelyn Hatch:la seule question à laquelle un chercheur devrait répondre est celle qu'il pose. Car rares sont les recherches qui posent des questions du genre:"Dans quelle mesure la séquence d'acquisition peut-elle accélérer les progrès de l'apprenant?"; "Quand peut-on savoir avec précision que l'apprenant est prêt à passer à l'étape suivante de l'acquisition?"; "Peut-on empêcher la fossilisation en intervenant à des moments précis de l'apprentissage?" (De quelle façon intervenir? Et à quel moment?) Bien entendu, la plupart de ces questions devront être fragmentées et reformulées avant de faire l'objet de recherches. À mon avis, *seule* la recherche qui s'appuie sur la pédagogie et qui pose les questions en termes pédagogiques peut répondre à des questions pédagogiques, et ces réponses doivent être formulées en tenant compte, au moins partiellement, des résultats des recherches sur l'acquisition d'une langue.

Ce que fait la recherche sur l'acquisition, ou ce qu'elle fera au fur et à mesure de ses progrès, c'est nous renseigner sur le *comportement* des apprenants, sur ce qu'ils *savent,* et peut-être nous permettre de mieux comprendre *comment* ils en arrivent à leur *comportement* et à leur *savoir*. C'est à la recherche sur l'acquisition d'explorer ces questions, mais on ne doit pas exiger qu'elle apporte immédiatement des solutions applicables telles quelles dans les salles de classe.

D'un autre côté, la recherche pédagogique ne peut répondre à des questions fondamentales sur la nature de l'acquisition d'une langue — et ce n'est d'ailleurs pas son but. Mais elle peut à court terme apporter des solutions qui fonctionnent. Ces méthodes permettent aux enseignants d'accomplir leur travail quotidien en attendant les résultats de ce qu'on pourrait appeler la recherche fondamentale, théorique, ou pure.

Une précision : je ne prétends nullement qu'il faudrait abandonner l'une de ces recherches au profit de l'autre; je crois, au contraire, qu'il serait bon d'admettre les limites des questions qu'on peut se poser, et donc des réponses possibles de chacune. À l'heure actuelle, les recherches sur l'acquisition d'une langue seconde doivent élaborer des théories d'une portée globale en mettant systématiquement à l'épreuve les hypothèses issues des descriptions de cas ou des théories psychologiques et linguistiques. La vérification des hypothèses basées sur la théorie linguistique, l'analyse contrastive et la théorie de l'entrée devrait se poursuivre et être appuyée par des travaux plus précisément pédagogiques.

En 1976, Tarone, Swain et Fathman ont publié un compte rendu de recherche sur l'acquisition de la langue seconde intitulé "Some limitations to the classroom applications of second language acquisition research," dans lequel ils énumèrent sept limites aux possibilités d'application :

1. la portée linguistique réduite des études
2. la pénurie de données sur les processus cognitifs et sur les stratégies d'apprentissage
3. le manque d'information sur le rôle des variables individuelles
4. les renseignements insuffisants sur le rôle des variables sociales et environnementales
5. une méthodologie de collecte des données insuffisante
6. une méthodologie d'analyse des données, elle aussi insuffisante
7. le nombre limité d'études qui ont été reprises

Près de dix ans plus tard, cette liste est toujours valable. Non qu'aucun progrès n'a été enregistré. Mais nous saisissons encore très mal ce phénomène de l'acquisition, et notre capacité à faire des recommandations reste très limitée.

La plupart des chercheurs qui s'intéressent à l'acquisition du langage s'intéressent aussi à la pratique de l'enseignement. Beaucoup d'entre eux se sont lancés dans la recherche parce qu'ils étaient eux-mêmes enseignants. Et la plupart des premiers rapports de recherche de cette discipline ont été présentés à l'occasion de colloques d'enseignants comme la TESOL. Signalons cependant que les chercheurs en acquisition organisent de plus en plus leurs propres conférences au lieu de participer aux réunions d'enseignants où on leur demande immanquablement de faire le lien entre leurs découvertes et les pratiques pédagogiques. Les chercheurs eux-mêmes reconnaissent aujourd'hui qu'il y a dans leur champ d'études d'études des problèmes de méthodologie, d'analyse et d'interprétation qui doivent être réglés au sein de la discipline si nous voulons progresser dans notre connaissance de l'acquisition des langues. C'est le sérieux de leurs recherches sur l'acquisition qui leur permettra de réaliser leurs grandes espérances:contribuer de façon marquante à la pédagogie de l'enseignement des langues secondes.

Notes

1. Cet article est une nouvelle version d'une communication présentée à la TESL (Ontario) le 26 novembre 1983, à Toronto. Cette étude sur les rapports entre recherches sur l'acquisition d'une langue seconde et enseignement d'une langue seconde s'inspire de thèses formulées par nombre de mes collègues avant moi. Je tiens à remercier notamment Michael Long, Henry Widdowson et les directeurs de la revue *Applied Linguistics* pour leurs précieux commentaires. Bien entendu, les éventuelles erreurs ou lacunes ne sont imputables qu'à moi.
2. Howard Nicholas de LaTrobe University à Melbourne m'avait proposé un meilleur titre anglais pour cet article:"Great Expectations: What the Dickens Does Second-Language Research Have to Do with Second-Language Teaching?"
3. Les illustrations de chaque catégorie ne sont que cela:des exemples. De toute évidence, un examen exhaustif dépasserait de beaucoup le propos de cet article.
4. Je n'utilise pas l'expression "mise d'épreuve d'hypothèse" au sens technique. Peu de recherches en acquisition sont des vérifications d'hypothèses au sens propre du terme (voir dans Long 1985, McLaughlin 1980, Ochsner 1979 et Schumann 1983 quelques commentaires à ce sujet).
5. Cette opinion est toutefois contestée. Voir, par exemple, Neufeld (1978).
6. En disant que l'apprenant bénéficie d'une instruction formelle, je ne prétends pas avoir résolu la controverse suscitée par l'hypothèse de Krashen, qui soutient que l'enseignement formel ne modifie pas l'acquisition, mais seulement la performance dans certains contextes. Dans les deux cas, il s'ensuit un certain "avantage" pour l'apprenant lors de son *utilisation* de la langue cible.
7. Voir dans Schachter et Rutherford (1979) une intéressante étude d'un type de faute souvent mal interprétée.
8. Le terme "fossilisation" est celui de Selinker (1972).
9. Certains de ces auteurs renvoient aux recherches sur l'acquisition du langage par l'enfant, et à l'hypothèse de Corder (1967) — on apprend une langue seconde comme l'enfant apprend à parler. Le virage de l'enseignement des langues a toutefois commencé avant même que le corpus de recherches sur l'acquisition d'une langue seconde ne prenne de l'importance. Les textes que je cite ne sont pas forcément les premières publications de leurs auteurs, mais plutôt celles que je considère comme les plus complètes ou les plus accessibles.

Références

d'Anglejan, A., N. Gagnon, M. Hafez, G.R. Tucker, and S. Winsberg. 1979. "Solving problems in deductive reasoning: three experimental studies of adult second language learners," *Working Papers on Bilingualism* 17: 1-23.

Bailey, N., C. Madden, and S. Krashen. 1974. "Is there a 'natural sequence' in adult second language learning?" *Language Learning* 24: 235-43.

Bialystok, E. 1978. "A Theoretical model of second language learning," *Language Learning* 28: 60-83.

Bialystok, E. 1981. "Some evidence for the integrity and interaction of two knowledge sources" in R. Andersen ed. *New Dimensions in Second Language Acquisition Research*. Rowley, MA: Newbury House.

Bloom, L. 1974a. Commentary on F. Fuchs Schacter *et al.*: "Everyday preschool interpersonal speech usage: methodological, developmental, and sociolinguistic studies," *Monographs of the Society for Research in Child Development* 39/3: 32-8.

Bowerman, M. 1982. "Starting to talk worse. Clues to language acquisition from children's late speech errors" in S. Strauss ed. *U-Shaped Behavioural Growth*. New York: Academic Press.

Breen, M.P. and C. Candlin. 1980. "The essentials of a communicative curriculum in language teaching," *Applied Linguistics* 1/2: 89-112.

Brown, R. 1973. *A First Language*. Cambridge, MA: Harvard University Press.

Brumfit, C.J. 1980. *Problems and Principles in English Teaching*. Oxford: Pergamon.

Brumfit, C.J. and K. Johnson ed. 1979. *The Communicative Approach to Language Teaching*. Oxford: Oxford University Press.

Chaudron, C. 1977. "Teachers' priorities in correcting learners' errors in French immersion classes," *Working Papers on Bilingualism* 12: 21-44.

Chaudron, C. 1983. "Simplification of input: topic reinstatements and their effects on L2 learners' recognition and recall," *TESOL Quarterly* 17/3: 437-58.

Corder, S.P. 1967. "The significance of learners' errors," *IRAL* V/4.

Cummins, J. 1983. "Language proficiency and academic achievement" in J. Oller ed. *Issues in Language Testing Research*. Rowley, MA: Newbury House.

Dulay, H. and M.K. Burt. 1974 "Natural sequences in child second language acquisition," *Language Learning* 24: 37-53.

Fanselow, J. 1977. "The treatment of error in oral work," *Foreign Language Annals* 10: 583-93.

Favreau, M. and N.S. Segalowitz. 1982. "Second language reading in fluent bilinguals," *Applied Psycholinguistics* 3: 329-41.

Felix, S.W. 1981. "Competing Cognitive Structures in Second Language Acquisition." Paper presented at the first European-North American Workshop on Cross-Linguistic Second Language Acquisition Research, Lake Arrowhead, California.

Fillmore, L. Wong. 1976. "The Second Time Around: Cognitive and Social Strategies in Second Language Acquisition." Stanford University: doctoral dissertation.

Fillmore, L. Wong and B. McLaughlin. 1984. "Comprehension and Production of Oral Language Used in Teacher-Directed Instruc-

tion." Paper presented at the Annual Meeting of the American Educational Research Association, Montreal.

Gass, S. 1979. "Language transfer and universal grammatical relations," *Language Learning* 29: 327-44.

Gass, S. 1982. "From theory to practice" in M. Hines and W. Rutherford eds. *On TESOL '81*. Washington, D.C.: TESOL.

Gass, S. 1984. "Language transfer and language universals," *Language Learning* 34: 115-32.

Hakuta, K. 1974. "Prefabricated patterns and the emergency of structure in second language acquisition," *Language Learning* 24: 287-98.

Hakuta, K. and H. Cancino. 1977. "Trends in second language acquisition," *Harvard Educational Review* 47: 294-316.

Hatch, E. 1978. "Apply with caution" in A. Valdman and H. Gradman eds. *Studies in Second Language Acquisition* 2: 123-43.

Huebner, T. 1979. "Order of acquisition vs. dynamic paradigm: a comparison of method in interlanguage research," *TESOL Quarterly* 13: 21-8.

Hyltenstam, K. 1977. "Implicational patterns in interlanguage syntax variation," *Language Learning* 27: 383-411.

Hyltenstam, K. 1983. "Teacher talk in Swedish as a second language classrooms: quantitative aspects and markedness conditions" in S. Felix and H. Wode eds. *Language Development at the Crossroads*. Tübingen: Gunter Narr.

Kellerman, E. 1983. "U-shaped behavior in advanced Dutch EFL learners" in S. Gass and C. Madden eds. *Input in Second Language Acquisition*. Rowley, MA: Newbury House.

Kerlinger, F.N. 1977. "The influence of research on education practice," *Educational Research* 6: 5-12.

Krashen, S.D. 1976. "Formal and informal linguistic environments in language acquisition and language learning," *TESOL Quarterly* 10: 157-68.

Krashen, S.D. 1977. "Some issues relating to the monitor model" in H.D. Brown, C.A. Yorio, and R.H. Crymes eds. *On TESOL '77*. Washington, D.C.: TESOL.

Krashen, S.D. 1981. *Second Language Acquisition and Second Language Learning.* Oxford: Pergamon.

Krashen, S.D. 1982. *Principles and Practice in Second Language Acquisition.* Oxford: Pergamon.

Krashen, S.D. and T.D. Terrell. 1983. *The Natural Approach.* Oxford: Pergamon.

Lamendella, J. 1977. "General principles of neurofunctional organization and their manifestations in primary and non-primary language acquisition," *Language Learning*

Larsen-Freeman, D.E. 1976a. "An explanation for the morpheme acquisition order of second language learners," *Language Learning* 26: 125-34.

Larsen-Freeman, D.E. 1976b. "ESL teacher speech as input to the ESL learner," *Workpapers in Teaching English as a Second Language* X: 45-60.

Lightbown, P.M. 1980. "The acquisition and use of questions by French L2 learners" in S. Felix ed. *Second Language Development: Trends and Issues.* Tübingen: Gunter Narr.

Lightbown, P.M. 1982. "Classroom Language as Input to Second Language Acquisition." Paper presented at the Second European-North American Workshop on Second Language Acquisition Research, Göhrde, West Germany.

Lightbown, P.M. 1983a. "Exploring relationships between developmental and instructional sequences in L2 acquisition" in H. Seliger and M. Long eds. *Classroom Oriented Research in Second Language Acquisition.* Rowley, MA: Newbury House.

Lightbown, P.M. 1983b. "Acquiring English L2 in Quebec classrooms" in S. Felix and H. Wode eds. *Language Development at the Crossroads.* Tübingen: Gunter Narr.

Long, M.H. 1977. "Teacher feedback on learner error: mapping cognitions" in H.D. Brown, C.A. Yorio, and R. Crymes eds. *On TESOL '77.* Washington, D.C.: TESOL.

Long, M.H. 1981. "Input, interaction and second language acquisition" in H. Winitz ed. *Native Language and Foreign Language Acquisition.* Annals of the New York Academy of Sciences 379: 259-78.

Long, M.H. (in press). "Task-based instruction" in K. Hyltenstam and M. Pienemann

eds. *Modelling and Assessing Second Language Development.* Clevedon: Multilingual Matters.

Mace-Matluck, B.J. 1979. "The order of acquisition of English structures by Spanish-speaking children: some possible determinants' in Andersen ed. *The Acquisition and Use of Spanish and English as First and Second Languages.* Washington, D.C.: TESOL.

Mazurkewich, I. 1983. "Syntactic Markedness and Language Acquisition." Paper presented at the Seventeenth Annual TESOL Convention, Toronto.

McLaughlin, B. 1978. "The monitor model: some methodological considerations," *Language Learning* 28: 309-32.

McLaughlin, B. 1980. "Theory and research in second language learning," *Language Learning* 30: 331-50.

Meisel, J. 1982. "Reference to Past Events and Actions in the Development of Natural Second Language Acquisition." Paper presented at the Second European-North American Workshop on Cross-Linguistic Second Language Acquisition Research, Göhrde, West Germany.

Meisel, J., H. Clahsen, and M. Pienemann. 1981. "On determining developmental stages in natural second language acquisition," *Studies in Second Language Acquisition* 3: 109-35.

Neufeld, G. 1978. "On the acquisition of prosodic and articulatory features in adult language learning," *The Canadian Modern Language Review/La Revue canadienne des langues vivantes,* 34(2): 163-74.

Newmark, L. 1966. "How not to interfere with language learning." *International Journal of Applied Linguistics* 32: 77-83.

Ochsner, R. 1979. "A poetics of second language acquisition." *Language Learning* 29: 53-80.

Patkowski, M. 1980. "The sensitive period for the acquisition of syntax in a second language." *Language Learning* 30: 449-72.

Pienemann, M. 1980. "The second language acquisition of immigrant children" in S. Felix ed. *Second Language Development: Trends and Issues.* Tübingen: Gunter Narr.

Pienemann, M. 1982. "Psychological Constraints on the Teachability of Languages." Paper presented at the Second European-North American Workshop on Cross-Linguistic Second Language Acquisition Research, Gohrde, West Germany.

Pienemann, M. (in press. "Learnability and syllabus construction" in K. Hyltenstam and M. Pienemann eds. *Modelling and Assessing Second Language Development.* Clevedon: Multilingual Matters.

Raven, R. 1974. "The development of Wh questions in first and second language learners' in J. Richards ed. *Error Analysis.* London: Longman.

Rutherford, W. 1980. "Aspects of pedagogical grammar." *Applied Linguistics* 1/1: 60-73.

Rutherford, W. 1982. "Markedness and second language acquisition." *Language Learning* 32: 85-108.

Rutherford, W. 1984. "Description and explanation in interlanguage syntax." *Language Learning* 34: 127-155.

Schachter, J. 1974. "An error in error analysis." *Language Learning* 24: 205-14.

Schachter, J. and W. Rutherford. 1979. "Discourse function and language transfer." *Working Papers on Bilingualism* 19: 1-12.

Schachter, J., A.F. Tyson, and F.J. Diffley. 1976. "Learner intuitions of grammaticality." *Language Learning* 26/1: 67-76.

Schneider, W. and R.M. Shiffrin. 1977. "Controlled and automatic human information processing: I. Detection, search, and attention." *Psychological Review* 84: 1-66.

Schumann, J. 1978. *The Pidginization Process.* Rowley, MA: Newbury House.

Schumann, J. 1979. "The acquisition of English negation by speakers of Spanish' in R.W. Andersen ed. *The Acquisition and Use of Spanish and English as First and Second Languages.* Washington, D.C.: TESOL.

Schumann, J. 1983. "Art and science in second language acquisition research' in M.A. Clarke and J. Handscombe eds. *On TESOL '82.* Washington, D.C.: TESOL.

Selinker, L. 1972. "interlanguage." *IRAL* X/3.

Shapira, R.G. 1978. "The non-learning of English: case study of an adult" in E. Hatch ed. *Second Language Acquisition: A Book of Readings.* Rowley, MA: Newbury House.

Shiffrin, R.M. and W. Schneider. 1977. "Controlled and automatic human information processing: II. Perceptual learning, automatic attending, and a general theory." *Psychological Review* 84: 127-90.

Snow, C. and M. Hoefnagel-Hohle. 1978. "The critical period for language acquisition: evidence from second language learning." *Child Development* 49: 1114-28.

Tarone, E., M. Swain, and A. Fathman. 1976. "Some limitations to the classroom applications of current second language acquisition research." *TESOL Quarterly* 10: 19-31.

Terrell, T.D. 1977. "A natural approach to second language acquisition and learning." *Modern Language Journal* 61: 325-37.

Upshur, J. 1968. "Four experiments on the relations between foreign language teaching and learning." *Language Learning* 18: 111-24.

Wesche, M. (in press). "Foreigner talk discourse in the university classroom" in S. Gass and C. Madden eds. *Input in Second Language Acquisition.* Rowley, MA: Newbury House.

White, L. 1983. "Markedness and Parameter Setting: Some Implications For a Theory of Adult Second Language Acquisition." Paper presented at the Twelfth Annual University of Wisconsin-Milwaukee Linguistics Symposium.

Widdowson, H.G. 1978. *Teaching Language as Communication.* Oxford: Oxford University Press.

Wilkins, D.A. 1974. *Second-Language Learning and Teaching.* London: Edward Arnold.

Wode, H. 1981. *Learning A Second Language: An Integrated View of Language Acquisition.* Tubingen: Gunter Narr.

Zobl, H. 1983. "Primary Data and Learners'' Rule Projections," Paper presented at the Seventeenth Annual TESOL Convention, Toronto.

Zobl, H. 1985. "Grammars in search of input and intake" in S. Gass and C. Madden eds. *Input in Second Language Acquisition.* Rowley, MA: Newbury House.

Edwin G. Ralph

6

Motivation et étude d'une langue seconde: Peut-on modifier une attitude négative chez les élèves?

Dans nombre de programmes d'enseignement de la langue seconde dispensés dans les écoles au Canada, les cours sont obligatoires pour tous les élèves à certains niveaux d'instruction. Les enseignants ont donc devant eux des élèves ayant atteint divers stades de compétence linguistique et manifestant différentes attitudes à l'égard de la langue. L'enseignant d'une langue seconde doit par conséquent s'occuper d'élèves ne manifestant aucun intérêt pour un ou plusieurs aspects du cours de langue. Devant l'élève non motivé, l'enseignant fait face à de délicates questions: "Peut-on modifier une attitude négative chez certains élèves? Si oui, de quelle façon?"

Notre entretien a pour objet de présenter plusieurs principes de motivation et plusieurs méthodes d'enseignement qui se sont révélés utiles pour modifier l'attitude négative des apprenants. Ces techniques, qui visent à stimuler la motivation chez les apprenants, ont été validées à la fois par la recherche psycholinguistique et par l'expérience en classe, y compris celle de l'auteur. Les idées présentées ne sont ni nouvelles, ni profondes, mais utiles. Il vaut la peine de les répéter.

Difficultés et solutions proposées

Les déclarations et les questions suivantes expriment des sentiments éprouvés par tous les élèves que le cours de langue seconde rebute. Nous traiterons de chacune des remarques des élèves, tout d'abord du point de vue de la recherche psychologique générale liée à la motivation, puis en fonction de méthodes pédagogiques précises relevant de ces principes généraux.

1. "Et pourquoi faut-il apprendre la langue seconde?"

L'une des méthodes efficaces pour modifier une attitude négative chez un être humain consiste à lui présenter un argumentation convaincante en faveur d'une attitude plus positive. Dans cette argumentation, on énonce systématiquement les éléments provoquant l'attitude négative, puis on les réfute un à un. Ainsi,

Titre original, "The Unmotivated Second-Language Learner: Can Students' Negative Attitudes Be Changed?" publié dans *The Canadian Modern Language Review/La Revue canadienne des langues vivantes*, 38, 3(1982): 493-502. Traduction de Lilyane Njiokiktjien. Reproduit ici avec la permission du rédacteur.

au début du cours de langue seconde, l'enseignant qui rencontre pour la première fois les élèves peut présenter, de façon intéressante et concise, un sujet comme "l'avantage d'apprendre la langue seconde". Dans son petit discours, il présente, de façon logique, les points faibles des déclarations émaillées d'idées préconçues, des raisonnements boiteux, des renseignements non confirmés, des préjugés, des suppositions sans fondement, des remarques banales et des clichés qui sortent souvent de la bouche des élèves, ou d'autres, pour dénigrer la langue, ceux qui la parlent, ou leur culture.

Pour illustrer ce "laïus d'encouragement du premier jour," plusieurs raisons d'apprendre la langue seconde figurent dans la liste qui suit:[1]

- D'après la recherche psychologique, il ressort que la personnalité de ceux qui connaissent plus d'une langue est caractérisée par une certaine "volonté d'enrichissement" ou "stimulation mentale." Par rapport à des groupes analogues de monolingues, les bilingues ou multilingues semblent aussi avoir des vues plus larges sur le monde et être prêts à communiquer avec des gens d'autres cultures. Les monolingues, eux, semblent plus fermés, plus provinciaux et moins tolérants à l'égard d'autres cultures.
- D'après l'étude de douzaines de tests d'intelligence verbale et non-verbale, comparant des groupes de monolingues et des groupes de bilingues ou de multilingues, il ressort que ces derniers obtiennent de meilleurs résultats, notamment du point de vue souplesse cognitive (raisonnement divergent et raisonnement diversifié), que les groupes unilingues.
- Ceux qui connaissent plus d'une langue ont tendance, après l'étude d'une langue seconde, à mieux comprendre leur langue maternelle (grammaire et usage, par exemple). En comparant et en mettant en contraste les analogies et les différences entre les deux langues, l'élève bilingue semble bien mieux comprendre sa langue maternelle.
- En général, les sujets bilingues ou multilingues sont plus détendus et se trouvent plus à l'aise en société que les groupes comparables de monolingues d'âge et de milieu analogues.
- En général, les apprenants bilingues ou multilingues semblent être plus tolérants envers les gens d'autres cultures et mieux les accepter que des sujets unilingues comparables. Il semble que les stéréotypes, les préjugés et les partipris à l'égard d'autres cultures chez les bilingues ou multilingues soient moins rigides que chez les monolingues.

2. *"Pourquoi l'enseignante cherche-t-elle à me le faire prononcer parfaitement? Elle me le fait répéter plusieurs fois à voix haute, dans la classe. C'est gênant!"*

Lors des premiers heurts avec l'élève non motivé, l'enseignant d'une langue seconde ne devrait pas se montrer trop tatillon en matière de perfection linguistique — notamment dans l'aspect oral du cours (Kindred et al. 1981: 39-41). C'est à mesure que l'année progresse que l'enseignant s'attendra à ce que l'élève acquière plus d'aisance en s'exprimant de plus en plus à la façon d'un indigène.

L'important, cependant, est de donner en tout premier lieu à l'élève démotivé l'impression qu'il est accepté dans la classe pour lui-même, et ce malgré son milieu socio-culturel, les résultats obtenus précédemment ou les échecs passés (Asher 1972, Postman 1979: 212). L'enseignant doit arriver à établir un juste milieu entre le laxisme ou un laisser-faire total et une ambiance de coercition, de crainte et de menaces.[2] Il faut naturellement viser à créer une atmosphère chaleureuse et accueillante tout en maintenant des normes réalistes en matière de compétence des élèves. À ces fins, l'enseignant peut employer plusieurs procédés:

• Pour créer une ambiance amicale, tout en conservant une certaine fermeté, l'enseignant devrait énoncer clairement les objectifs de l'instruction, afin qu'élèves, personnels et parents sachent exactement ce qu'il est attendu des élèves et qu'ils puissent se rendre compte qu'ils ont vraiment appris quelque chose. Ceci devrait être fait pour chaque unité ou section de travail vue en classe.

• Pour modifier l'attitude négative de l'élève, l'une des techniques les plus efficaces que l'enseignant puisse employer consiste à approuver sincèrement (ce qui peut être artificiel parfois!) l'élève qui, n'ayant jusque-là démontré aucun intérêt, manifeste soudainement le comportement souhaité ("renforcement positif"). Nombre d'éducateurs ont refusé, pour des raisons d'ordre moral, d'adopter ce principe. Pourtant, il n'est pas nécessairement choquant si l'enseignant l'utilise avec discernement (Ing 1978: 71-79).[3] Voici les procédés que l'enseignant peut utiliser pour appuyer le comportement souhaitable chez l'élève:

expression positive du visage ou des gestes des mains;
petits tapotements sur l'épaule de l'élève;
sourcils levés pour manifester l'approbation;
regards échangés avec l'élève;
manifestation physique que l'on écoute quand l'élève parle;
remarques exprimant le plaisir et la satisfaction que l'élève a fait ce qu'il fallait.

Pour que cela donne des résultats, il faut que l'élève juge que toutes ces expressions d'encouragement sont sincères, et non pas simplement superficielles. Par exemple, si l'élève non intéressé, ayant typiquement manifesté divers comportements pour éviter de faire ce qu'on attendait de lui (comportement jugé inacceptable dans les travaux en classe ou par rapport aux objectifs du cours), essaie d'apprendre — tenter par exemple de répondre oralement ou de finir un devoir — l'enseignant doit l'encourager aussitôt, publiquement ou en privé, selon le caractère de l'élève et selon la situation. Il dira, par exemple: "Très bien Paul!"; "Bon! Tu as bien fait!"; "C'est beau, ça, Charlène!"

• L'enseignant peut modeler chez l'élève le comportement souhaité en encourageant les approximations successives face à ce comportement. Dans l'enseignement de la langue seconde, il faut naturellement que l'enseignant parte du niveau de connaissances et de l'attitude de chaque élève. Au début, l'enseignant encourage de façon constructive toute réponse (ou toute tentative de réponse) de la part d'un élève non motivé jusque-là, malgré des erreurs évidentes dans la réponse. Petit à petit, à mesure que l'élève devient plus sûr de lui et plus motivé, à cause de tout ce qu'il a réussi au cours du semestre, et à mesure que cet élève progresse (même si les résultats sont élémentaires au début), l'enseignant peut commencer à retarder l'encouragement jusqu'à ce que les réponses prouvent que l'élève a vraiment fait des progrès. Par exemple, la réponse d'un élève, composée d'un seul mot mal prononcé, sera louée au début. Puis, petit à petit, les éloges ou la reconnaissance des efforts diminueront, jusqu'à ce que la réponse de l'élève prouve que ses connaissances gagnent en profondeur et en complexité.

- L'encouragement intermittent a plus d'effet que l'encouragement constant (Clayton 1965, Haddan 1970). Après ses premiers succès et ses premières réalisations, l'élève doit faire l'expérience d'une tension cognitive légère et occasionnelle. L'enseignant commence alors à n'appuyer que de façon intermittente les réponses justes, ce qui a en général pour effet de stimuler chez l'élève l'attention et la motivation. Pour obtenir les meilleurs résultats possibles durant l'apprentissage, il faut s'assurer d'une certaine mesure de difficulté ou de frustration cognitives (Mussen 1963 1963: 84-85, Maslow, 1962). Chez l'élève non motivé qui apprend la langue seconde, le succès commence à rétablir l'amour-propre et l'image de soi qui ont été meurtris; d'autre part, l'élève commence à s'intéresser davantage aux activités où il a obtenu de bons résultats.

- Pour maximiser l'apprentissage, l'appui doit être accordé à petites doses. L'élève doit aussi se rendre compte que la réponse souhaitée vaut vraiment la peine d'être reconnue de façon positive. Pour arriver à modifier l'attitude négative des élèves, l'enseignant doit donc comprendre qu'il faut qu'il y consacre du temps et qu'il s'y applique constamment et être persuadé que le temps et les efforts nécessaires en valent la peine.

L'apprenant d'une langue non motivé commence à réagir positivement s'il est encouragé périodiquement et à bon escient par un enseignant bienveillant et vigilant, manifestant lui aussi constamment une attitude constructive à l'égard de la langue et du programme.

3. *"Le cours est tellement artificiel! Ça ne m'intéresse pas du tout!"*

Quelle que soit leur école de pensée, les psychologues conviennent en général que l'apprentissage est le plus efficace quand l'apprenant y participe (Good et Brophy 1980, Watson 1968). L'élève rebuté n'a en général pas eu de succès lors d'une participation personnelle au cours. Pour neutraliser ce manque d'intérêt chez l'élève, l'enseignant peut tirer parti en classe de certains côtés de l'art dramatique, à la fois pour l'élève et pour lui-même ou elle-même.[4]

Lors de la présentation de nouvelles structures, par exemple, l'enseignant peut mimer, imiter ou dramatiser d'une autre façon le dialogue. L'auteur s'est rendu compte que l'intérêt de l'élève non motivé s'accroît s'il voit l'enseignant mimer quelque chose ou faire preuve d'humour en classe. Il est possible d'accorder des points aux élèves pour la création et la présentation de dialogues, de sketches satiriques et pour leur participation aux conversations. Au début, ces mises en scène peuvent ne tirer parti que des données très élémentaires de la langue seconde, mais il est possible d'accorder des points pour la participation, l'interprétation, l'utilisation d'accessoires, etc. Petit à petit, durant les mises en scène ultérieures, l'enseignant s'attend à une utilisation plus avancée de la langue et ajuste ses critères d'évaluation en conséquence. Ainsi, l'insistance qu'on a mise au début sur l'excellence linguistique peut être temporairement transférée à un autre domaine, puis être progressivement ré-intégrée dans l'apprentissage des activités. À titre d'illustration, l'auteur a été témoin d'un changement d'attitude, qui est devenue constructive à l'égard du cours de français, chez certains de ses anciens élèves, à partir du moment où il a reconnu et tiré parti, durant les activités liées à la langue seconde, de certains talents non linguistiques. Par exemple, un élève de 8e année qui n'avait jusque-là fait preuve que de peu d'aptitudes scolaire et linguistique (mais qui s'intéressait beaucoup à la technique audiovisuelle et faisait preuve de compétence dans ce domaine) a été invité à jouer le rôle de technicien responsable de l'aspect audiovisuel lors de l'assemblée annuelle du cours de français à l'école. Les protagonistes de la pièce étaient des gangsters des années 1920 parlant français. Le savoir-faire technique de cet élève a permis d'organiser un éclairage authentique, une piste sonore contenant des extraits très réalistes de musique des folles années vingt, des bruits de mitraillage et de filles de l'époque dansant le Charleston. La classe a été ultérieurement invitée à présenter la pièce dans certaines des classes de français des écoles du voisinage. En raison du succès remporté et du reportage dans les journaux locaux, notre "technicien" a non seulement adopté une attitude plus constructive à l'égard du cours de français, mais a aussi amélioré son opinion face à l'école en général.

En outre, en utilisant des sujets aussi stimulants pour des pièces en français que le piratage de l'air, le "Far West," les contes de fée modernisés, les annonces télévisées en français , "l'histoire du jeune garçon devenu gendarme" ou "les héros de la télévision d'hier," l'auteur a été témoin d'un changement progressif dans les intérêts de la majorité des élèves. Ainsi, alors qu'au début, seuls le comique et la bouffonnerie attiraient leur attention, peu à peu leur intérêt se développera pour la classe de français et ses diverses activités et enfin pour la langue française elle-même.

Le respect de soi et la confiance en soi lors de l'étude de la langue seconde tendent en général à s'affirmer chez l'élève qui participe vraiment aux activités d'apprentissage (Strom et Torrance 1973: 235-238). On a observé que des élèves non intéressés jusque-là faisaient preuve de beaucoup de fierté, d'esprit d'équipe et de fidélité au groupe. Ces sentiments se sont traduits en retour par une attitude plus constructive à l'égard de l'apprentissage de la langue — l'enseignant n'ayant plus autant recours aux menaces, aux punitions ou à la crainte pour forcer les élèves à "aimer le cours."

4. "L'enseignante essaie d'être gentille et les élèves en profitent. Ils démolissent la classe."

L'un des dangers auxquels les débutants dans l'enseignement de la langue seconde font souvent face est le suivant: Ils essaient de créer une ambiance constructive en classe, un "climat démocratique", et provoquent l'effet contraire. Dans leur zèle à susciter l'acceptation et l'appui, ils constatent que des élèves jugent leurs efforts pour être aimables comme un signe de mauvaise discipline et de faiblesse, ce qui se traduit souvent par une perte d'autorité et, parfois, par la confusion. Si un professeur de langue seconde en est à ses débuts, ou si des enseignants expérimentés prennent en main une situation assez chaotique, une méthode efficace consiste à adopter le style du "dictateur bienveillant" (Candless 1967: 527-611, Knowles et Saxberg 1971: 148-156). À la première rencontre avec la classe, cette attitude paternaliste et autoritaire de l'enseignant se révèle parfois idéale pour diriger la classe. À mesure qu'élèves et enseignant apprennent à se connaître, le style peut se modifier.

Si les élèves continuent à faire preuve d'une attitude négative, l'enseignant peut envisager d'employer une autre tactique, selon laquelle il ou elle s'attache uniquement à modifier l'aspect cognitif du comportement de l'élève, tout en ne prêtant pas attention, temporairement, à l'aspect affectif (Siegel 1967: 250). Il a été démontré qu'un changement du comportement cognitif influe ultérieurement de façon constructive sur l'attitude de la personne. Donc, le professeur de langue peut tout d'abord essayer d'introduire une dissonance cognitive chez l'élève non motivé en présentant une difficulté réaliste et significative, à laquelle l'élève doit s'attaquer pour remédier au déséquilibre cognitif. Le professeur de langue seconde y arrivera peut-être en exigeant des élèves qu'ils:

- imaginent une conversation téléphonique;
- fassent un sketch sur la façon de passer une commande au restaurant;
- composent cinq questions simples (avec les réponses) sur une scène présentée sur un support visuel;
- créent une brochure avec des dessins ou des images à découper démontrant, par diverses actions, la conjugaison de dix verbes ordinaires;
- interviewent (en anglais) quelqu'un qui parle plus d'une langue;
- suivent une rencontre sportive en direct au poste de télévision de la langue seconde et dressent la liste de dix mots qui ont été compris;
- rédigent un rapport énonçant où la langue seconde se parle dans le monde;
- collectionnent des étiquettes imprimées en langue seconde et soulignent les mots connus;
- rédigent un rapport sur les personnalités célèbres qui s'expriment dans la langue seconde (athlètes, acteurs, chanteurs, hommes politiques, personnalités historiques, explorateurs);

et ainsi de suite.

En suivant le processus cognitif nécessaire à l'accomplissement d'un travail constructif portant sur la langue seconde, l'expérience cognitive nouvelle de l'apprenant influe également — peut-être de façon moins directe — sur son attitude affective à l'égard de la langue et sur sa façon de l'aborder.

5. *"J'ai parfois l'impression que l'enseignant cherche à nous "vendre" l'idée d'apprendre la langue. À mon avis, c'est truqué et malhonnête."*

S'il semble aux élèves que le professeur n'appuie pas lui-même l'enseignement de la langue et ne fait pas lui-même preuve d'enthousiasme à son égard et s'il leur semble que l'appui constructif du professeur à l'intérêt qu'ils manifestent n'est pas sincère, certains risquent d'adopter une attitude encore plus négative à l'égard de l'apprentissage de la langue. Les enseignants doivent donc chercher à agir de façon constructive et professionnelle devant les élèves. Ceux-ci se rendent très vite compte de son attitude et cherchent souvent à l'imiter.

La recherche prouve également que les élèves ont tendance à accepter un certain point de vue s'ils estiment qu'il est le fruit de leur propre réflexion (Mills 1969: 121-231, Blair et al. 1968: 218-225). Donc, si l'enseignant ou l'enseignante affecte une attitude que l'élève devrait adopter, il ou elle peut organiser les activités de la classe de façon que l'apprenant soit amené à accepter cette position parce qu'il croit y être arrivé de lui-même.

Par exemple, si l'élève aime le hockey mais pas le français, l'enseignant peut lui demander de faire des recherches sur les joueurs de hockey d'expression française. L'élève est aidé dans la collecte de renseignements, la rédaction de lettres ou la tenue d'entrevues, puis présente les résultats de ses travaux à la classe. Après cette présentation, l'enseignant pose une ou deux questions clefs sur les résultats obtenus, afin d'amener l'élève à exprimer publiquement sa nouvelle opinion. Durant toutes ces activités, l'enseignant cherche naturellement à appuyer les travaux et les résultats de l'élève devant ses camarades. Puis, en conclusion, l'enseignant peut faire une remarque comme celle-ci: "Naomi nous a montré que plusieurs athlètes parlant plus d'une langue trouvent que cela en vaut la peine." L'enseignant félicite ensuite l'élève de cette nouvelle attitude en lui demandant de répéter ailleurs ses conclusions: débat, devoirs ou tests, présentation du rapport à une autre classe. Dans ce cas encore, les félicitations et l'encouragement ne doivent pas être superficiels, mais sincères.

Pour contribuer à réduire l'attitude négative des élèves, une autre méthode pédagogique consiste à amener l'élève non motivé à adopter une attitude contraire à son attitude du moment, en lui faisant jouer un certain rôle, par exemple dans un sketch satirique, un dialogue, un spectacle de marionnettes ou une pièce. En exprimant une opinion ou un intérêt différent (dans le rôle de "quelqu'un d'autre"), l'élève peut, insensiblement, subir un changement d'attitude.[5]

Par exemple, on pourrait demander à quelques membres d'un "groupe" non motivé de discuter (en anglais) d'une déclaration sur la culture, la langue ou les gens étudiés. L'enseignant peut s'arranger pour que l'élève ou les élèves faisant preuve d'une attitude négative soient choisis "au hasard" en vue adopter, au cours du débat, une attitude constructive à l'égard de la langue seconde. À cause de la recherche et de la présentation d'un point de vue s'opposant à leur propre idée, ces élèves comprennent mieux les divers aspects d'une question donnée. Ultérieurement, de nouveaux renseignements cognitifs et affectifs leur sont présentés, ce qui les amène à modifier leur attitude et à apprécier la langue.

6. *"Cela ne me fait rien d'apprendre la langue, mais certains des devoirs sont ennuyeux et bêtes"*

Pour stimuler les élèves à l'égard des activités quotidiennes de la classe, l'enseignant devrait s'assurer qu'ils adhèrent aux principes suivants:

a) Créativité:
Une courte étude des textes offerts par les divers éditeurs de cours de langue seconde démontre que l'on insiste sur la participation des élèves à une communication enrichissante, ainsi que sur l'application et le transfert immédiat des connaissances de base à des situations nouvelles et différentes.⁶ Au début du cours, les élèves sont encouragés à créer leurs propres dialogues, à inventer des questions ou à décrire des situations inédites — tout en utilisant et en réorganisant les structures fondamentales qu'ils apprennent. Imagination, ressources, originalité, sens de l'humour et fantaisie sont encouragés.

Dans les programmes actuels d'enseignement de la langue seconde, on insiste pour que les enseignants ajoutent aux activités souvent artificielles contenues dans les manuels diverses situations authentiques, non linéaires et non épurées. L'élève non motivé est capable de créer, mais l'enseignant doit cultiver ses possibilités à l'école (Blair et al. 1968: 257, Skilling 1969: 45). Quand les élèves qui ne manifestaient jusque-là aucun intérêt éprouvent un sentiment de satisfaction parce qu'ils ont réussi des travaux auxquels ils ont personnellement contibué, cette satisfaction les encourage à une application future à d'autres situations ou à d'autres exercices, dans le cadre du programme. Dans ce cas, on peut vérifier la véracité du cliché selon lequel "le succès engendre le succès."

b) Questions utilisées adroitement:
Pour stimuler la réflexion chez l'élève non intéressé, le professeur de langue seconde ne doit pas seulement tenir compte, dans le choix de ses questions, du niveau de difficulté. Il doit aussi enseigner aux élèves à poser des questions pertinentes. Tout à fait au début du cours, l'élève doit apprendre à poser des questions fondamentales (et à y répondre), par exemple: Qui êtes-vous? Qu'est-ce que c'est que ça? Où-va-t-il? Quelle heure est-il? Quand part-elle? etc. Pour encourager l'élève, l'enseignant doit, au début, ne poser que des questions assez faciles.

Il est également possible, cependant, de stimuler les élèves en donnant des ordres ou en posant des questions bizarres, amusantes ou espiègles, dans des situations originales, ou en leur demandant de mimer de nouvelles scènes. Par exemple, une fois qu'un certain vocabulaire de base a été appris, l'enseignant peut demander, dans la lanque seconde: "Lucille, lève-toi, tourne deux fois sur toi-même, va vers Martin, prends son crayon et place-le sur le livre de Paulette." Ces questions et ces ordres nouveau genre agrémentent l'exercice.

Pour motiver les élèves, l'enseignant peut également tirer parti de circonstances qui se présentent spontanément et d'événements ou d'incidents courants en posant des questions stimulantes, au niveau adapté à chacun. Par exemple, des images tirées d'un magazine ou des photos dans le journal présentant des événements ou des personnalités auxquels les élèves s'intéressent pourraient stimuler ces derniers à utiliser la langue, oralement ou par écrit — ce que l'enseignant approuverait à bon escient. Pour l'élève non motivé qui aime les magazines d'automobiles, par exemple, l'enseignant peut utilisr un reportage sur le tout dernier Indianapolis 500 et demander: "Qui est-ce?" ("C'est Al Unser."), "Qu'est-ce que c'est?" ("C'est une auto."), "Où est Al?" ("Il est dans l'auto."), etc.

c) Nouveauté et stimulation:

Étant donné que les êtres humains ont la faculté de réagir à des stimulants nouveaux, le professeur de langue seconde doit imaginer, en classe, des activités qui stimulent l'attention des élèves (Asher 1972). Les devoirs, les travaux et les tests peuvent porter sur des médias multisensoriels, de sorte que la vue, l'ouïe, le toucher et les sensations — c'est-à-dire tout l'individu — y participent.[7] Plus la participation sensorielle est forte dans une activité, plus l'apprentissage est efficace et permanent. L'enseignant doit cependant s'assurer d'une planification systématique et d'une organisation rationnelle du matériel. L'utilisation de divers médias d'enseignement, faisant appel au sens de l'humour, incorporant des événements inattendus, des situations étranges, des anecdotes originales, des dénouements surprenants ou des intrigues nouvelles peuvent être employés avec succès pour rendre les dialogues et les présentations plus attirantes et, par conséquent, pour mieux motiver les élèves. Par exemple, l'auteur a présenté un court-métrage muet de l'Office National du Film (ONF), intitulé *La course,* portant sur un riche directeur d'entreprise, son chauffeur et le rêve extravagant de ce dernier d'une folle promenade en voiture dans la campagne. L'auteur a demandé à un groupe d'élèves de 8e année (certains étant motivés et d'autres pas!) d'élaborer une piste sonore pour le film. Les élèves ont créé un dialogue très simple, en français, agrémenté de musique de fond et d'effets sonores (vrombissements de moteurs, claquements de portes et froissements de journaux). Résultat: Un programme multimédia authentique et amusant, non seulement agréable à suivre, mais aussi propre à stimuler la motivation des élèves pour tous les aspects du cours de français. Les élèves qui avaient réalisé la piste sonore se sont attiré les félicitations de leurs camarades et l'approbation de l'enseignant. Leur motivation s'est nettement accrue. Pour contribuer à réduire l'attitude négative des élèves à l'égard du cours de langue seconde, l'auteur a utilisé une autre tactique de motivation, c'est-à-dire qu'il les a aidés à élaborer un programme à l'aide de diapositives et de bandes sonores, intitulé *Un jour typique dans la vie d'un étudiant.* Ce programme suivait Jacques, élève type de 9e année, durant sa journée: réveil, petit déjeuner, trajet jusqu'à l'école, cours, partie de football, retour à la maison avec Jacqueline, devoirs à la maison, sortie avec Jacqueline pour acheter un hamburger, constatation que le portefeuille avait été oublié. Les participants ont posé pour les diapositives de 35 mm et ont créé un dialogue simple en français, accompagné d'effets sonores réalistes et de musique de fond.

L'auteur utilise actuellement ce programme non seulement pour motiver les élèves, mais aussi comme instrument d'évaluation. Plusieurs questions, orales et écrites, sur cet épisode ont été élaborées pour mesurer la compétence des élèves en compréhension de la langue parlée, réponses orales, lecture et rédaction. L'auteur a constaté que l'intérêt des élèves est non seulement stimulé par ces événements réalistes et humoristiques de la vie d'un de leurs condisciples, de l'Ouest Canadien, mais aussi que l'enthousiasme et l'acceptation remplacent l'aversion traditionnelle pour le "test."

L'interprétation de ce qui précède présente un danger: l'auteur semble associer le cours de langue à un "cirque à trois pistes" où l'enseignant doit jouer le rôle de maître de manège et de magicien! Ce n'est pas là la conclusion attendue. L'auteur prétend cependant que l'attitude négative des élèves à l'égard de la langue seconde sera très nettement modifiée si l'enseignant organise un *plan systématique* d'enseignement:

- relevant de solides principes de motivation;
- tirant parti de matériel didactique multimédia;
- créant un rapport affectif d'acceptation entre l'enseignant et tous les élèves — les motivés et les non motivés.

Notes

1. La liste est basée sur un discours de M. Wallace Lambert "Cognitive and Social Consequences of Bilingualism," prononcé à l'Université de Winnipeg, le 8 novembre 1977.
2. Pour une présentation concise de plusieurs façons de créer une atmosphère chaleureuse et accueillante, voir Chlebec (1978).
3. Pour une discussion détaillée de la théorie du "renforcement positif," voir O'Leary et O'Leary (1977:55-61), Good et Brophy (1980:208-257), et K. Chastain (1976).
4. Pour une source compréhensive d'idées et thèmes pour le drame dans la salle de classe, voir Heinig et Stillwell (1981).
5. Pour une discussion générale sur les techniques que plusieurs enseignants utilisent pour promouvoir un changement d'attitude chez les étudiants, voir Blair et al. (1968) et Harless et Linesberry, jr. (1971).
6. Voir, par exemple, la série *Bonjour Canada!* (Toronto: Prentice-Hall of Canada), *Le Français International,* deuxième version (Montréal: Centre Educatif et Culturel), *RSVP* (Toronto: Copp Clark Pitman), ou *Vive le français!* parmi autres.
7. Pour une présentation convaincante sur l'effet des media dans l'apprentissage, voir Brown et al. (1977), Smith et Nagel (1972).

Références

Asher, James J. "Implications of Psychological Research for Second Language Learning," dans *Foreign Education: A Reappraisal,* réds. D. Lange et C. James. Stokie, Illinois; National Textbook.

Blair, G. et al. 1968. *Educational Psychology.* London: Macmillan, 1968.

Brown, J. et al. 1977. *AV Instruction, Technology, Media, and Methods.* New York: McGraw-Hill.

Chastain, K. 1976. *Developing Second Language Skills: Theory to Practice.* Chicago: Rand McNally.

Chlebek, Agnes. 1978. "Reading and Teaching the Less-Able Student," *The Canadian Modern Language Review,* 34: 718-23.

Clayton, T. 1965. *Teaching and Learning: A Psychological Perspective.* Englewood Cliffs: Prentice Hall.

Good, T et J. Brophy. 1980. *Educational Psychology: A Realistic Approach.* New York: Holt Reinhart and Winston.

Haddan, E. 1970. *Evolving Instruction.* New York: Macmillan.

Harless, J. et C. Linesberry, Jr. 1971. *Turning Kids On and Off.* Springfield, Virginia: Guild V.

Heinig, R. et L. Stillwell. 1981. *Creative Drama for the Classroom Teacher.* Englewood Cliffs, New Jersey: Prentice Hall.

Ing, M. 1978. "Theories of Motivation," dans *Theory and Practice of Curriculum Studies,* réd. D. Lawton et al. London: Routledge and Kegan Paul, pp. 71-79.

Kindred, L.W. et al. 1981. *The Middle School Curriculum: A Practitioner's Handbook.* Toronto: Allyn and Bacon, pp. 39-41.

Knowles, H. et B. Saxberg. 1971. *Personality and Leadership Behavior.* Reading, Massachusetts: Addison-Wesley.

Maslow, A. 1962. *Toward a Psychology of Being.* Princeton, New Jersey: Van Nostrand.

McCandless, B. 1967. *Children: Behavior and Development.* New York: Holt Reinhart Winston.

Mills, J. réd. 1969. *Experimental Social Psychology.* London, Macmillan.

Mussen, P. 1963. *The Psychological Development of the Child.* Englewood Cliffs: Prentice Hall.

O'Leary, K. et S. O'Leary, réds. 1977. *Classroom Management.* New York: Permagon.

Postman, Neil. 1979. *Teaching as a Conserving Activity.* New York: Dell.

Seigel, L. 1967. *Instruction: Some Contemporary Viewpoints.* San Francisco: Chandler.

Skilling, H. 1969. "Let Us Teach Guessing," dans *Do You Teach? (Views on College Teaching).* New York: Holt Reinhart and Winston.

Smith, H. et T. Nagel. 1972. *Instructional Media in the Learning Process.* Columbus, Ohio: Merrill.

Strom, R et E. Torrance, réds. 1973. *Education for Affective Achievement.* Chicago: Rand McNally.

Watson, G. 1968. "From What Psychology Can We Trust,' dans *Psychology in the World Today: An Interdisciplinary Approach,* réd. R. Guthrie. Reading, Massachusetts: Addison-Wesley.

Claude Germain et Raymond LeBlanc

7   Quelques caractéristiques d'une méthode communicative d'enseignement des langues

Il pourrait à première vue paraître téméraire, voire même prétentieux, de vouloir énoncer quelques caractéristiques d'un matériel pédagogique qui ne se trouve pas encore vraiment sur le marché. Pourtant, à y regarder d'un peu plus près, il n'y a rien là de bien osé. L'histoire de l'enseignement des langues montre en effet que le matériel didactique est toujours à la remorque de quelque grande orientation théorique sous-jacente: les méthodes ne précèdent pas mais suivent les courants de pensée théoriques, en accusant même un certain retard. Par exemple, ce n'est qu'une quinzaine d'années après l'énoncé de ses principes de base que la méthode directe a réussi à conquérir un marché d'importance; les méthodes audio-orales ont mis pratiquement autant de temps à se répandre sur le marché américain, suite aux énoncés de la linguistique structurale et de la psychologie béhavioriste; quant aux méthodes audio-visuelles, elles ont mis une bonne dizaine d'années avant de paraître, suite aux enquêtes qui les sous-tendaient. Tout porte à croire qu'il n'en va pas autrement de nos jours.

La didactique des langues connaît depuis déjà une décennie une certaine remise en cause des fondements des méthodes audio-orales et même audio-visuelles. Après une inévitable période de tâtonnements, de nouveaux courants de pensée, concernant à la fois *le quoi* enseigner (l'approche communicative) et *le comment* enseigner (la pédagogie de la communication) sont en train de se consolider. Les grandes lignes de ces nouvelles orientations étant connues, il ne semble donc pas utopique de vouloir dès maintenant proposer un certain nombre de caractéristiques que devrait présenter le nouveau matériel pédagogique, que ce soit au plan du contenu ou à celui de la pratique de la communication en classe.

Dans les pages qui suivent, nous nous intéresserons donc dans un premier temps à la question du contenu, le quoi enseigner, tel qu'il découle de cette orientation qui se nomme approche communicative, pour nous arrêter ensuite à la pédagogie de la communication, le comment enseigner, en mettant l'accent sur la contribution que la didactique de la langue maternelle est susceptible de faire dans l'enseignement de la langue seconde.

L'approche communicative: Le quoi enseigner

Pour comprendre l'avènement de ce qu'il est maintenant convenu d'appeler ap-

"Quelques caractéristiques d'une méthode communicative d'enseignement des langues," tiré de *The Canadian Modern Language Review/La Revue canadienne des langes vivantes*, 38, 4(1982): 666-678. Reproduit ici avec la permission du rédacteur.

proche communicative, il faut remonter aux motifs qui, il y a quelques années, ont entraîné les spécialistes de la didactique des langues à mettre en cause les méthodes pourtant encore largement utilisées de nos jours (Coste 1980, Germain 1982). Plusieurs hypothèses susceptibles d'expliquer ce geste ont déjà été émises. Il en est cependant une qui, à notre avis, rend le mieux compte de ce changement de cap. Il s'agit du constat de la difficulté suivante: avec les méthodes audio-orales ou audio-visuelles, les élèves sont généralement incapables de transposer leurs connaissances hors de la salle de classe. Dès lors, peut-on légitimement se demander, comment expliquer à son tour ce phénomène?

Il semble bien que l'idée que l'on se faisait alors de l'apprentissage d'une langue reposait sur un syllogisme *faux* que l'on pourrait ainsi énoncer:

Une langue est un instrument de communication.
Or, je connais une langue.
Donc, je sais communiquer.

Il aurait fallu conclure:
Donc, je connais un instrument de communication.

Ce qui est très différent. C'était en fait oublier que la connaissance d'une langue est une condition *nécessaire* mais *non suffisante* pour pouvoir communiquer. Pour communiquer, même linguistiquement, il n'est pas suffisant, par exemple, de connaître toutes les règles grammaticales, morphologiques, ou phonologiques d'une langue. Il est nécessaire de posséder, en plus, une connaissance des règles sociales, psychologiques et culturelles qui en gouvernent l'usage. A la connaissance d'un savoir (le code de la langue) il faut ajouter la connaissance d'un savoir-faire (ses règles d'emploi). C'est cette double compétence que nous appelons, à la suite d'autres auteurs, la "compétence de communication."

Avec les méthodes audio-orales ou audio-visuelles traditionnelles, il faut reconnaître que l'objectif visé est d'ordre communicatif: il suffit de consulter la préface de certaines de ces méthodes pour s'en convaincre. Toutefois, ce sont les moyens adoptés pour atteindre cet objectif qui semblent, au moins en partie, inadéquats: l'accent est nettement mis sur l'acquisition de la seule connaissance du code (la compétence linguistique) au détriment de l'acquisition des règles d'usage de la langue et, le cas échéant, des autres composantes de l'habileté à communiquer. Il s'agira donc, dans les méthodes communicatives, de tenter de fournir à l'étudiant tous les moyens nécessaires pour lui permettre de participer pleinement à des actes de communication dans la langue seconde. A ce moment de l'histoire de la linguistique appliquée, c'est l'approche communicative qui est proposée comme solution et sa popularité, sans doute comparable à celle de l'approche structurale de naguère, nous incite à examiner plus à fond ce concept afin d'en tirer quelques implications.

Par approche communicative on entendra ici toute approche qui vise à faire acquérir une compétence de communication et qui suggère des moyens effectivement appropriés à l'atteinte de cet objectif. Quant aux modalités de cette approche, elles sont bien sûr diversifiées. Dane le mesure où ce que l'on appelle parfois l'approche fonctionnelle, notionnelle (ou même fonctionnelle-notionnelle ou notionnelle-fonctionnelle), ou situationnelle vise l'objectif de la compétence de communication, il paraît légitime de considérer tout simplement ces courants comme des variantes de l'approche communicative. Dans cette perspective, il y aurait tout intérêt à parler d'approche communicative fonctionnelle, d'approche communicative notionnelle, d'approche communicative situationnelle, voire même d'approche communicative thématique, etc., suivant que le critère premier de sélection du contenu à enseigner consiste dans les fonctions langagières (comme par exemple "dire de faire," "exprimer son désaccord," etc.), dans des notions (comme "quantité," "qualité," "temps," "lieu," etc.), dans des situations, dans des thèmes ou dans tout autre principe de choix (Germain 1982).

En tout état de cause, il ressort de ce qui précède que l'approche communicative ainsi définie constitue avant tout un apport dans le domaine du contenu à enseigner. Il y a quelques années, seule la linguistique osait prétendre avoir son mot à dire dans la détermination de la matière à enseigner; depuis peu, la perspective s'est élargie de manière à prendre en considération des données non seulement d'ordre linguistique mais d'ordre pragmatique, sociologique (ou sociolinguistique), sémantique, etc. Grâce à ces champs récents de recherche, il est désormais possible de tenir compte autant de l'usage de la langue (en situation) que du code même de la langue.

C'est dans le cadre de cette nouvelle perspective que nous voulons situer les caractéristiques que nous croyons devoir retrouver dans le matériel pédagogique issu de l'approche communicative. Afin de mieux saisir la spécificité de chaque caractéristique, on verra tout d'abord, pour chacune, ce qui en est dans les méthodes actuelles.

1. Le critère de choix du contenu à enseigner
a) Dans les méthodes actuelles
Règle générale, le contenu enseigné dans les méthodes présentement utilisées repose sur des critères de choix d'ordre linguistique. Chaque leçon est construite à partir, soit de listes de fréquence du vocabulaire, soit d'un relevé de structures syntaxiques, soit d'un inventaire des traditionnelles parties du discours. Autrement dit, chaque unité d'enseignement est fondée sur le principe d'un choix de formes linguistiques (des SIGNIFIANTS). On comprend dès lors que certains aient pu prétendre que les méthodes présentement en usage reposaient sur une approche étroitement linguistique, compte tenu du fait que les unités linguistiques servent, en plus, de critère de progression: les formes les plus simples sont enseignées avant les plus complexes, ou les plus faciles avant les plus difficiles.

b) Dans une méthode communicative
Dans le matériel pédagogique appelé à être construit suivant les principes de l'approche communicative, le choix du contenu de chaque leçon ne se situera vraisemblablement plus au niveau des signifiants, mais plutôt au niveau des

SIGNIFIÉS linguistiques. Le mot d'ordre est devenu:

le message d'abord, la forme ensuite.

La langue étant conçue avant tout comme un instrument servant à communiquer, sa place se voit maintenant changée: étant un instrument, c'est désormais l'expérience à communiquer qui est appelée à dicter le choix du contenu à enseigner. C'est ainsi, par exemple, que chaque leçon pourra être bâtie autour de fonctions langagières (ou intentions de communication) du type: demander de l'information, exprimer son accord/désaccord, promettre, demander de faire, etc. Le choix ne sera donc plus fait à partir de formes linguistiques étroitement contrôlées. Ce qui signifie, concrètement, qu'il n'est pas impensable que, même à un niveau relativement peu avancé, des formes linguistiques d'une certaine complexité côtoient des formes plus faciles. Par exemple, des formules courantes comme *Je voudrais* ou *Est-ce que vous pourriez...* pourraient se trouver dès les premières leçons, dans la mesure où le message correspondant sera apparu comme essentiel à ce niveau. Cela ne veut pas dire toutefois que la conjugaison du conditionnel devrait être apprise par les débutants: ces énoncés seraient plutôt enseignés, à ce niveau, comme des formes figées à apprendre globalement. Il faudrait se garder d'en arriver au point où l'enseignement de la langue serait réduit à une liste de formes figées à faire apprendre les unes après les autres.

2. Les variantes linguistiques
a) Dans les méthodes actuelles

De façon générale, dans le matériel didactique courant, une seule forme linguistique, correspondant au message à transmettre, est proposée. Par exemple, il est fréquent de ne trouver, à propos du concept d'âge, que l'énoncé *Quel âge as-tu?* (ou *Quel âge avez-vous?*), ou au sujet de l'identification des personnes, l'énoncé *Comment t'appelles-tu?* (ou *Comment vous appelez-vous?*). De plus, chaque forme enseignée au niveau de la compréhension est également enseignée au niveau de l'expression tant orale qu'écrite.

b) Dans une méthode communicative

Comme l'accent est mis prioritairement sur le message à transmettre, il en résulte une mise en évidence d'une multiplicité de formes servant à véhiculer un même message. Par exemple, pour quiconque veut s'enquérir de l'âge d'une personne (en laissant ici de côté toute nuance proprement stylistique), plusieurs énoncés sont possibles:

Quel âge as-tu?
Quel âge est-ce tu as?
Quel âge que t'as?
Quel âge t'as?
T'as quel âge?
C'est quoi ton âge?
Ton âge?
Ton âge, c'est quoi?
etc.

Un choix semblable se produit dans le cas de la demande d'identification de la personne:

Comment t'appelles-tu?
Comment est-ce que tu t'appelles?
Comment que tu t'appelles?
Comment tu t'appelles?
Tu t'appelles comment?
C'est quoi ton nom?
Ton nom?
Ton nom c'est quoi?
etc.

Devant pareille constatation, il ressort que l'élève devrait être amené à devenir conscient de certains de ces choix, à tout le moins au niveau de la compréhension (orale, ici). En d'autres termes, au lieu de n'apprendre que des formes neutres du type *Quel âge as-tu?* et *Comment t'appelles-tu?*, l'élève pourrait se voir présenter deux ou trois variantes formelles (ou énoncés différents en partie) signifiant la même chose. Arrivé à un niveau plus avancé, il pourrait alors apprendre une ou deux autres variantes linguistiques du même message, suivant les principes d'une progression cyclique ou en spirale.

Cela entraînera vraisemblablement une spécification beaucoup plus grande aux niveaux de la compréhension et de l'expression. Il n'est pas impensable, par exemple, que deux ou trois variantes soient à chaque fois enseignées au niveau de la compréhension, mais qu'une seule variante continue d'être enseignée au niveau de l'expression. Il s'agit en fait d'habiliter l'élève à comprendre différents interlocuteurs, sur lesquels il n'a aucun contrôle quant aux choix des formes linguistiques utilisées, tout en l'outillant d'une forme relativement standardisée, neutre ou "passe-partout" en quelque sorte, au moment où il transmet lui-même un message.

Il importe de signaler que, sans vouloir verser dans un déterminisme fâcheux ou dans une forme quelconque de béhaviorisme étroit, les choix linguistiques de tout locuteur s'expliquent en grande partie par un ensemble de contraintes situationnelles (toutefois, un choix stylistique individuel reste toujours possible, qui s'oppose à une certaine interprétation mécaniciste). C'est un fait connu qu'on ne transmet pas un message de la même manière selon que l'on se trouve en présence d'un ami intime ou d'un inconnu, selon que l'on est en colère ou calme, selon que l'on se trouve dans un lieu public ou dans un endroit privé, etc. En d'autres termes, les circonstances de temps et de lieu peuvent influer sur les choix linguistiques de deux interlocuteurs autant que leurs caractéristiques sociales (comme l'âge, le sexe, le degré de familiarité, etc.) ou que leur comportement psychologique (par exemple, ton neutre, bienveillant ou agressif). Par exemple, un adulte pourra s'adresser à un jeune élève qui lui est totalement inconnu en lui demandant, sur un ton neutre: *Quel âge as-tu?* Par contre, un élève s'adressant à un autre élève qu'il connaît depuis quelques semaines pourrait très bien dire *Quel âge t'as?* ou *T'as quel âge?* - ces deux énoncés étant alors considérés comme deux variantes libres à l'intérieur de la deuxième variante situationnelle présentée. Cela fait partie de la connaissance des règles d'usage que de savoir utiliser les énoncés appropriés aux situations de communication.

3. L'oral et l'écrit

a) Dans les méthodes actuelles

Dans la plupart des méthodes utilisées de nos jours, la priorité est accordée à l'oral. Chaque leçon commence par un enseignement des formes orales et se termine par la présentation des formes écrites correspondantes. Dans la majorité des cas, les dialogues présentés en début de leçon servent de base à l'enseignement de l'écrit. Au niveau élémentaire de l'apprentissage, il arrive même que l'introduction de l'écrit se fasse assez tardivement, au bout de plusieurs leçons.

b) Dans une méthode communicative

Comme il s'agit avant tout, dans les nouvelles orientations de la didactique des langues, de faire acquérir à l'élève une véritable compétence de communication, il en découle un alignement des contenus à présenter sur ce qui paraît le plus susceptible de servir effectivement à la communication. En fait, il n'y a pas de raison pour qu'*a priori* l'oral se voie accorder une place privilégiée par rapport à l'écrit, de manière à réduire celui-ci à une sorte de sous-produit de l'oral. Dans une perspective véritablement communicative, l'oral et l'écrit se voient confinés, sans visée prioritaire, dans leur rôle respectif de communication. Il s'agit de deux canaux parallèles de communication dont il convient alors de déterminer la spécificité. Autrement dit, dans quelles situations ne se sert-on que de l'oral? que de l'écrit? des deux?

Par exemple, si l'élève exprime le désir d'apprendre à écrire des cartes postales ou des lettres de style familier, on voit mal pourquoi il faudrait, pour lui faire acquérir ces habiletés ou ces connaissances, faire le détour par l'oral puisqu'il s'agit là de situations propres à l'écrit. S'il se voit contraint à remplir des formulaires dans la langue seconde, il suffit de développer des habiletés à lire ce type de documents et à le compléter par écrit. A l'inverse, il y aurait certainement lieu de faire l'économie d'un apprentissage de l'écrit s'il s'agissait, par exemple, d'apprendre à commander un repas dans un restaurant (oralement, bien entendu). Ailleurs, si l'élève désire apprendre à lire ce qui est écrit sur les boîtes de céréales ou à déchiffrer les instructions d'assemblage d'un jouet, il paraît peu utile, là encore, de faire un détour par l'enseignement des formes orales correspondantes. Il convient en somme de faire l'économie de certains types d'apprentissage, considérés comme peu rentables, au profit d'un apprentissage plus spécifique des formes orales ou écrites.

Il ne semble pas utopique de concevoir que, dans les méthodes communicatives, certaines leçons ne porteront que sur l'oral, d'autres sur l'écrit seulement, certaines sur la lecture seulement, et d'autres encore sur diverses combinaisons de ces types de savoirs. L'apprentissage de la langue pourra dès lors être diversifié en fonction de ses usages anticipés.

4. Les matériaux de base
a) Dans les méthodes actuelles

Dans le ou les dialogues qui accompagnent habituellement chaque leçon d'une méthode structurale, il est question de mise en contexte situationnel de l'ensemble des structures présentées pour bien montrer qu'une langue n'est pas qu'une juxtaposition de structures mais une composante de la communication dans des situations globales complexes. Mais cela dit, les situations proposées sont aseptisées, dépouillées de tout contexte, et servent surtout à illustrer le niveau d'ingéniosité des auteurs dans leur rassemblement d'éléments disparates en un tout plus ou moins cohérent sur le plan linguistique. En pratique, les dialogues ne tiennent pas toujours bien compte de l'aspect communicatif, même dans son aspect verbal (un seul registre de langue, absence de variations linguistiques, etc.) et font encore moins entrer le non verbal en ligne de compte.

b) Dans une méthode communicative

À partir de cette idée que le message à transmettre a désormais priorité sur la forme linguistique, on comprend qu'il soit de plus en plus souvent question de recourir, même avec des débutants, à des documents authentiques, c'est-à-dire à des textes, sonores ou écrits, qui n'ont pas d'abord été conçus expressément pour être utilisés en salle de classe. "Authentique," dans ce sens, s'oppose à "fabriqué pour la classe" (et non à naturel ou spontané, idéal vers lequel tend tout dialogue ou texte fabriqué). À l'écrit, le choix des documents dits authentiques est relativement facile même s'il peut être parfois nécessaire de prévoir diverses étapes d'exploitation au cours desquelles le document se voit simplifié ou modifié pourvu que, dans une phase finale, il soit présenté dans toute son intégralité. À l'oral, il faut reconnaître que la situation est plus complexe: faute de documents oraux authentiques (dans le sens défini ci-dessus), le professeur de langue peut se voir contraint de procéder lui-même à des enregistrements de langage spontané (par exemple, dans une banque, dans un hôpital, dans un magasin, etc.).

Quoi qu'il en soit, ce qui importe avant tout est la justification pédagogique du document authentique utilisé. Qu'il s'agisse de bulletins de nouvelles, de reportages, de feuilletons, de films ou de conférences, de posters, de dépliants touristiques, de feuillets publicitaires, de règlements de jeux ou d'articles de journaux, divers types d'exploitations peuvent être suggérés. Par exemple, suivant le type de document qui s'y prête le mieux, on peut en faire une étude de comportements sociaux, une étude de valeurs culturelles, une analyse transactionnelle (en termes d'échanges, d'interventions et d'actes), une analyse du discours, une analyse de l'emploi de formes grammaticales, etc.

5. La composante non verbale de la communication
a) Dans les méthodes actuelles

Il n'est presque jamais question de la composante non verbale de la communication dans la pédagogie des méthodes actuelles. Tout ce qu'on y trouve, et encore très rarement, c'est la mention de certaines caractéristiques gestuelles mais toujours présentées sous forme anecdotique, comme élément de curiosité, sans effort ultérieur d'intégration dans une pratique cohérente de communication dans la langue en question.

b) Dans une méthode communicative

Dans la perspective d'une linguistique appliquée prenant en compte les données d'ordre sociolinguistique, des recherches récentes ont permis de mettre en évidence l'importance du non verbal dans l'acte de communication. Le contact physique, le ton de la voix, l'expression faciale, le débit, la proximité, la posture détendue ou tendue "parlent" clairement. Wilga M. Rivers (1981) abonde dans le même sens quand elle indique que les étudiants doivent apprendre comment le véritable message est transmis en conformité (ou parfois en opposition) avec les mots employés et qu'ils doivent comprendre non seulement la signification des expressions faciales et des mouvements corporels importants mais aussi des légers mouvements des sourcils, de la tête, de la main, des épaules. Il existe des différences culturelles dans la distance à laquelle on se tient de son interlocuteur, dans la manière de se toucher ou d'éviter de le faire, dans le degré de contact visuel, dans la force de la voix et dans l'emploi du silence. De plus, chaque groupe culturel dispose de moyens, le plus souvent subtils, d'imposer l'autorité ou encore d'indiquer l'incrédulité, la condescendance, la sympathie, etc. De fait, ces composantes de la communication sont importantes au point d'être à l'origine d'échecs nombreux dans des programmes à l'intention de boursiers scientifiques étrangers (LeBlanc 1982).

La recherche sur les implications didactiques du non verbal dans la communication en est encore à ses débuts. Les quelques données que l'on possède sur le sujet nous autorisent cependant à croire qu'il y aurait tout intérêt à tenir compte dès maintenant de cet important aspect de la communication dans du matériel communicatif. C'est ainsi par exemple qu'on peut tirer trois implications pédagogiques des observations de Walburga von Raffler-Engel (1980). Une première dimension concerne le besoin d'assurer un niveau constant de redondance dans la langue parlée. Ainsi, une langue à rythme rapide (comme l'italien) requiert plus de gestes qu'une langue à rythme lent à cause du risque accru de perte d'information. Même phénomène dans le cas d'une communication orale prenant place dans une situation où il y a beaucoup de bruit: on observe alors un surcroît de gestes, pour la même raison.

Pour ce qui est de la deuxième dimension, elle repose sur l'aspect physiologique de l'articulation de la langue parlée et de la gestuelle. En effet, le rhythme d'une langue devrait être coordonné avec celui des autres mouvements afin que les mouvements corporels requis pour parler et ceux dont sont composés les gestes qui accompagnent la parole n'entrent pas en conflit les uns avec les autres.

Enfin, autre constatation intéressante de la recherche, il semble que chez les étudiants qui ont été entraînés à écouter les suites sonores et à observer en même temps la kinésique du locuteur, le niveau de fatigue soit beaucoup moins élevé. L'explication proposée porte sur la similitude qu'il y a dans ce cas avec la réception du message en langue première où ces habiletés sont toujours simultanément exploitées.

Pour des raisons de cet ordre, il paraît donc impérieux de tenir compte, au moyen d'illustrations, de films ou de bandes magnétoscopiques, du non verbal dans l'élaboration d'un matériel d'enseignement.

La Pédagogie de la communication: Le comment enseigner

Dans la perspective de l'approche communicative telle que conçue ici, la pédagogie proprement dite de la langue seconde ne se trouve pas modifiée puisque cette approche ne concerne que le contenu à enseigner. C'est par des recherches d'ordre pédagogique (concernant par exemple l'interaction professeur-élèves, différentes techniques pédagogiques concrètes, etc.) ou d'ordre psychologique (psycholinguistique) touchant les différentes stratégies d'apprentissage de l'élève, par exemple, que la pratique même de l'enseignant pourra être renouvelée. D'ici là, toutefois, il faudrait se garder de reprocher à l'approche communicative de n'apporter aucun changement dans l'acte pédagogique du professeur de langue puisque tel n'est pas son objectif. L'approche communicative ne saurait que renouveler le contenu à enseigner et, le cas échéant, faire des suggestions quant au traitement de ce contenu. Les changements qu'implique l'enseignement de l'habileté à communiquer au niveau des techniques utilisées dans la salle de classe ne peuvent être que le produit d'une pédagogie de la communication.

Les récents programmes de français *langue maternelle* au primaire et au secondaire, élaborés par le Ministère de l'Education du Québec, sont fondés sur une pédagogie de la communication. Ces nouveaux programmes visent avant tout le développement de "l'habileté à communiquer" (les expressions rencontrées dans le domaine des langues secondes, "compétence de communication" et "performance de communication," y sont rarement utilisées). L'objet d'enseignement, dans cette pédagogie de la communication, comprend non seulement les éléments du code linguistique, mais les facteurs extra-linguistiques qui interviennent dans la compréhension ou la production d'un discours, notamment l'intention de communication, le message à transmettre, le destinataire du message, et la situation de compréhension ou de production du discours. Il s'agit donc de viser à la fois le développement d'un savoir (la langue) et d'un savoir-faire (l'usage de la langue).

L'objet d'enseignement étant délimité, sont alors spécifiées les activités d'apprentissage correspondantes. Sur ce plan, il y a pédagogie de la communication lorsque la classe n'est pas simplement considérée comme un lieu d'apprentissage de la langue, mais plutôt comme un lieu où les élèves pratiquent effectivement la communication et où ils observent, analysent et évaluent ces pratiques: "Aménager en classe des situations où les élèves jouent effectivement le rôle de récepteur et d'émetteur, et mettre toute l'attention sur le rapport entre l'apprenti-récepteur ou l'apprenti-émetteur et le discours, et non sur le discours seulement, voilà ce qui constitue un trait fondamental de la pédagogie de la communication" (Milot 1981:8). Les deux moments fondamentaux de la pédagogie de la communication ainsi conçue sont donc des "mises en situation" visant à favoriser des pratiques de communication et "l'objectivation" de ces pratiques.

Il y a là, à notre avis, deux techniques pédagogiques qui n'entrent pas en conflit avec les principes de l'approche communicative qui a maintenant cours en langue seconde. De plus, comme ces techniques ont permis jusqu'ici d'apporter des modifications sensibles dans le domaine de l'enseignement de la langue maternelle, il nous semble légitime d'en proposer l'emprunt pour la langue seconde, au moins à titre expérimental.

1. La prise en compte du vécu de l'apprenant

L'hypothèse selon laquelle l'acquisition d'une langue seconde devrait se faire sur une base de communication n'est pas récente. Dès 1904, Otto Jespersen écrivait: "We ought to learn a language through sensible communications" (p.11). Cependant, les actes de communication raisonnables, pratiques, ont toujours cédé le pas dans les méthodes (si tant est qu'ils s'y soient trouvés) au besoin ressenti depuis toujours d'imposer un contenu et une progression rigides à l'élève. Il est de fait pratiquement impossible de combiner gradation du contenu et spontanéité de la communication. En outre, la salle de classe a été et est encore le plus souvent perçue comme un lieu artificiel ne pouvant produire que des échanges artificiels. Pourtant, nous y avons fait allusion ci-dessus, la classe est une cellule sociale où l'on retrouve des lois, des rapports de force, des intérêts, des opinions, etc. De la même façon que dans une classe de jeunes par exemple, on observe des rapports hiérarchiques professeur/élèves, on observe aussi que d'autres types de rapports existent: élèves brillants/élèves moins doués, élèves costauds/élèves fluets, élèves entreprenants/élèves timides, etc. Ces élèves ont des sujets qui les passionnent: le dernier spectacle "rock" de Led Zeppelin, de Styx ou de Foreigner, le "new wave" de The Police, les exploits de tous types, la drogue, les rapports parents/enfants, hommes/femmes, etc. Ils ont également des points de vue qu'ils ont tendance à exprimer en vue d'épater, de choquer, de briller, etc. A noter au passage qu'il s'agit là de fonctions tout aussi valables que questionner, ordonner ou autres. La salle de classe semble donc se prêter très bien à la communication à condition de savoir en tirer parti. A cette fin, nous voudrions suggérer ici l'utilisation de mises en situation susceptibles de produire des pratiques de communication naturelle et partant, le goût, voire même le besoin de communiquer.

Ce qui importe avant tout c'est que la situation qui doit provoquer la communication fasse partie du vécu de l'élève. M. Thibaut, Marco Boni et autres Jacques Beaudet sont des personnages insipides parce que sans vie et sans rapport avec la vie de l'élève. Or l'observation montre que ce qui importe avant tout pour que s'établisse la communication, c'est l'implication personnelle de l'élève dans le discours. On voit alors comment la présentation de la langue autour d'un thème comme "l'eau" par exemple, va susciter beaucoup moins d'intérêt et d'implication qu'une mise en situation portant sur une inondation, une noyade, etc., probablement beaucoup plus proche du vécu des participants (Valiquette 1981).

Les mises en situation, qu'elles soient fortuites ou proposées par le professeur avec l'accord tacite de l'élève, permettent la communication véritable lorsqu'elles se rattachent d'une manière ou d'une autre au monde de l'élève.

Une situation fortuite c'est la publication d'un nouveau règlement à l'école, la visite d'un personnage en classe, un accident/incident impliquant un ou des élèves, la température et, de façon générale, tout ce qui se passe autour de soi et qui peut être employé pour montrer que la langue sert dans toutes ces situations. Mais le hasard doit parfois être aidé. On proposera alors aux élèves des situations hypothétiques à partir desquelles la communication s'établira. Un exemple de ce qui pourrait être proposé comme point de départ: vous avez organisé un pique-nique pour jeudi car c'est la sortie annuelle du groupe. Tout est prêt mais ce jeudi-là, il pleut. Comment allez-vous réorganiser la journée? Il y a de bonnes chances qu'une mise en situation de ce type amène, par exemple, des suggestions, des objections, l'organisation éventuelle d'un programme de rechange, du travail sur l'horaire, une prise de conscience des goûts et des besoins des participants, l'établissement de responsabilités, etc. Les élèves ne feront pas spontanément tout cela seuls. Il est acquis cependant qu'une participation et une animation discrète du professeur suffiront à orienter les interventions dans des directions intéressantes et productives.

À noter également que la mise en situation devrait être utilisée quel que soit le niveau de l'élève. Certains ont trop souvent tendance à penser que pour être satisfaisante, l'exploitation d'une situation doit être complète: elle est alors mise de côté au niveau des débutants, sous prétexte qu'elle ne peut être que partielle. Il est pourtant tout aussi enrichissant pour le débutant de reconnaître ou d'employer correctement un élément approprié à la situation qu'il peut l'être pour un élève avancé de disserter sur cette même situation. Ce qu'il importe de constater, c'est qu'il n'y pas de niveau privilégié pour le traitement d'un sujet donné: tout est fonction de ce que les participants font entrer dans leurs interventions. On a donc intérêt à employer la mise en situation dès que possible afin de fournir à l'élève l'occasion d'une véritable pratique de communication et de le motiver à participer en l'impliquant personnellement.

Cela devrait s'avérer d'autant plus facile que, par le biais du vécu de l'élève, on s'assure que ce dernier est en contact, soit en compréhension, soit en expression selon les besoins, avec les registres de langues utiles pour lui et qu'on enrichit ainsi la langue neutre qui est le plus souvent celle de l'enseignant. Un avantage immédiatement perceptible pour quiconque a enseigné réside dans l'élimination rapide des questions portant sur la différence entre ce qui est appris en classe et ce qui se dit dans la rue. Les registres de langue existent et il est important d'en tenir compte. Que les mises en situation permettent une bonne discussion du sujet, voilà sûrement un bon point en leur faveur. Nous croyons cependant que ce n'est pas le seul, loin de là, d'abord parce qu'elles se prêtent à des exploitations nombreuses, sources de pratiques de communication, et ensuite parce qu'elles peuvent favoriser la réflexion sur la communication.

2. La technique de l'objectivation

Comme on l'a vu ci-dessus, selon les concepteurs des nouveaux programmes québécois de français langue maternelle, le développement d'une habileté implique à la fois une pratique et un regard critique sur cette pratique. C'est ce recul de l'élève vis-à-vis de sa production langagière qui est appelé "objectivation": "L'objectivation est le processus par lequel l'écolier prend du recul vis-à-vis d'un discours pour analyser les facteurs qui en influencent la production ou la compréhension" (Ministère de l'Éducation du Québec 1979:7). Grâce à cette pratique pédagogique, l'élève est amené à modifier son propre comportement langagier, à mieux comprendre autrui, voire même à dégager des règles: "Il y a objectivation quand un acte intentionnel qui résulte d'un choix (portant sur l'acte à poser ou la manière de l'exécuter), est considéré dans son rapport au but poursuivi afin d'analyser l'action et de la modifier en fonction du but à atteindre" (Pagé et Béland 1980:16). Dans cette perspective, c'est le rapport entre l'apprenti et le discours, plutôt que le discours lui-même, qui occupe une place privilégiée. Les connaissances (des règles grammaticales, par exemple) sont dès lors subordonnées au développement des habiletés: elles jouent un rôle instrumental. Les notions à enseigner sont choisies non pas à partir de la grammaire, mais à partir de la performance des élèves. En définitive, la technique de l'objectivation vise à faire prendre conscience à l'individu qui communique, des facteurs susceptibles de rendre compte, soit de l'échec de la communication, soit de sa réussite ou de sa demi-réussite (Fall, Igartua et Lavoie 1981).

Concrètement, voyons un exemple d'objectivation tiré du nouveau programme de français langue maternelle au primaire. Prenons le cas du développement de l'habileté à communiquer oralement, en 4e année. Voici le genre de suggestions faites aux enseignants en vue d'une meilleure adaptation du discours oral de l'élève (à caractère incitatif, ici) aux caractéristiques de l'interlocuteur, selon ses besoins d'information. Soit la situation suivante: "Profiter d'activités organisées par la classe ou l'école pour confier à des écoliers le soin d'inviter différentes personnes à y participer (parents, autres enfants, autres enseignants, personnes extérieures à la classe ou à l'école)." Les suggestions en vue de l'objectivation se présentent comme suit:

Aider les écoliers à préparer leur message d'invitation par des questions telles que: À qui s'adresse l'invitation? Que sait-il de l'activité à laquelle il est invité? Quelles raisons peuvent l'inciter à y participer?

Fournir, au besoin, les expressions dont le locuteur a besoin pour formuler son message.

Après l'invitation, questionner le locuteur sur les réactions de l'interlocuteur. A-t-il semblé intéressé? A-t-il demandé d'autres informations? Lesquelles? A-t-il semblé convaincu? Quel(s) argument(s) semble(nt) l'avoir convaincu? Y en aurait-il d'autres? (Ministère de l'Éducation du Québec 1979: 153-154).

Comme le révèle bien cet exemple, l'objectivation peut se pratiquer non seulement après une production de discours, mais également avant et pendant le discours (Hopper 1980).

Bien sûr, compte tenu de la spécificité de l'apprentissage d'une langue seconde, le recours dans ce domaine à la technique de l'objectivation implique une certaine adaptation. En effet, on conçoit mal une application intégrale de cette pratique pédagogique avec des débutants complets en langue seconde.

Dans pareil cas, mieux vaudrait à notre avis faire pratiquer l'objectivation dans la langue maternelle de l'élève. Ainsi après avoir pratiqué dans la langue cible la communication orale dans des situations le plus près possible de la vie réelle, l'élève pourrait être amené par le professeur à opérer, dans sa langue maternelle, un feedback sur sa pratique grâce à un jeu de questions pertinentes concernant par exemple le degré d'adéquation entre les formes linguistiques choisies et divers facteurs interreliés, comme l'intention de communication, le type d'interlocuteur visé, la situation du discours, etc. Les questions posées par le professeur pourraient se présenter comme suit:

A-t-on dit des choses qu'il n'était pas nécessaire de dire ou qu'il ne convenait pas de dire?
A-t-on utilisé les bonnes formules de politesse?
Qu'est-ce que l'interlocuteur savait déjà? Qu'est-ce qu'il ne savait pas?
Qu'est-ce qu'il serait nécessaire de lui faire savoir?
Qu'est-ce qui l'intéresserait?
Les informations transmises étaient-elles organisées selon un ordre logique, chronologique ou autre?
etc.

Comme on peut le constater, grâce à pareil retour réflexif sur la pratique de la communication, il y a lieu de croire que la communication est mieux réussie lorsqu'elle est mieux adaptée aux circonstances de l'énonciation. C'est pourquoi la technique de l'objectivation nous semble prometteuse en pédagogie de la communication en langue seconde.

Il est évident que, sur le plan de la pédagogie de la communication, il aurait pu être intéressant d'examiner d'autres techniques: on pense par exemple au jeu de rôle, à la simulation, à l'observation, etc. Nous aurions également pu nous arrêter sur les nombreux types d'exercices dits communicatifs qui figurent de plus en plus dans le matériel récent. Cependant, comme c'est à l'expérimentation pédagogique qu'il appartient d'établir la valeur de ces exercices, il nous a semblé plus prometteur d'explorer deux techniques utilisées en langue maternelle et qui ont l'avantage de porter en elles les éléments de base d'une véritable pédagogie de la communication.

Comme nous croyons l'avoir montré, les caractéristiques d'une méthode communicative d'enseignement des langues doivent toucher et le contenu à enseigner et le comment enseigner. Il nous semble en effet irréaliste de privilégier un aspect au détriment de l'autre puisqu'il s'agit de composantes à part entière d'un ensemble ayant comme objectif de favoriser l'acquisition de l'habileté à communiquer.

En dissociant contenu et pédagogie, nous avons pu mettre en lumière le caractère propre de chacun et montrer, d'une part, comment l'approche communicative est essentiellement linguistique (au sens élargi du terme) tout en examinant, d'autre part, un type de contribution que la pédagogie pourrait peut-être faire à l'enseignement de la langue seconde. Enfin, avec l'avènement de l'approche communicative et le développement d'une pédagogie de la communication, il est à prévoir non pas "La mort du manuel" (suivant l'expression fameuse de Francis Debyser), mais bien un développement plus grand que jamais du marché des méthodes.

Références

Coste, Daniel. 1980. "Communicatif, fonctionnel, notionnel et quelques autres," *Le Français dans le Monde*, 153(mai-juin): 25-34.

Fall, Khadiyatoulah, Marie-Thérèse Igartua et Anne Lavoie. 1981. "Communication et stratégies métalinguistiques d'élucidation," *Liaisons*, 6, No 1(novembre): 13-15.

Germain, Claude. 1982. "Français fonctionnel, situationnel ou notionnel?" *Options nouvelles en didactique du français, langue étrangère.* Collection 3L. Montréal: Didier Canada, pp. 17-25.

Hopper, Christophe. 1980. "J'objective, tu objectives...," *Québec français*, 37(mars): 19-22.

Jespersen, Otto. 1904. *How to Teach a Foreign Language.* New York: Allen and Unwin.

LeBlanc, Raymond. 1982. L'insertion socio-culturelle des boursiers scientifiques étrangers: un problème de communication interculturelle," *Les boursiers scientifiques étrangers, ouvrage collectif.* Paris: AUPLELF.

Milot, Jean-Guy. 1981. "Problématique générale: La pédagogie de la communication," programme du Colloque Québec-Belgique Écarts et convergences, organisé par la revue *Québec français*, Université de Montréal (août-sept): 8.

Pagé, Michel et Jean-Pierre Béland. 1980. "L'objectivation des pratiques de communication," *Québec-français*, 37(mars): 16.

Programme d'étude-primaire: français. 1979. Québec: Direction générale du développement pédagogique, Ministère de l'Éducation, mai.

Rivers, Wilga M. 1981. "The Revolution Now: Revitalizing the University Language Departments," *The Canadian Modern Language Review/La Revue canadienne des langues vivantes*, 37:447-61.

Valiquette, Josée. 1979. *Les fonctions de la communication au coeur d'une didactique renouvelée de la langue maternelle* Québec: Direction générale du développement pédagogique, Ministère de l'Education, juillet.

Valiquette, Josée. 1981. "Critères de compétence langagière et enseignement du français," conférence prononcée à l'Université de Montréal, mars.

von Raffler-Engel, Walburga. 1980. "Kinesics and Paralinguistics: A Neglected Factor in Second-Language Research and Teaching," *The Canadian Modern Language Review/La Revue canadienne des langues vivates*, 36:225-37.

T. D. Terrell

8 Approche naturelle en enseignement des langues: Une mise à jour

En 1977, j'ai établi les grandes lignes d'une proposition pour une nouvelle philosophie de l'enseignement des langues que j'ai appelée l' "Approche naturelle" (A.N.) (Terrell 1977). Kelly (1969) et Titone (1968) ont souligné qu'il n'y a pas de nouvelles approches à l'enseignement des langues; il n'y a que des réarrangements d'idées qui se sont tour à tour imposés pour ensuite passer de mode depuis que l'homme a commencé à spéculer sur l'enseignement et l'apprentissage du langage. Higgs (1979) a laissé entendre que j'aurais "redécouvert" l'Approche naturelle. En un sens, il a raison. Pendant la période audio-orale, alors que j'étudiais la méthodologie de l'enseignement des langues, on n'accordait que très peu d'attention aux méthodes autres que la "grammaire-correction" que nous avions convenu de remplacer et aux méthodes audio-orales qui venaient de supplanter cette approche. En 1963, Newark (1970) a émis des hypothèses semblables aux miennes. Mes théories, à cette époque, résultaient de mes expériences d'enseignement du néérlandais et de l'espagnol à des débutants dont la langue maternelle était l'anglais. Depuis lors, l'Approche naturelle a été utilisée dans des classes d'enseignement de l'anglais aux adultes et aux élèves du primaire et du secondaire; elle a également servi pour l'enseignement du français, de l'espagnol et de l'allemand aux élèves des niveaux secondaire et universitaire et aux adultes. Pendant ces cinq ans d'expérimentation, nous nous sommes concentrés sur le développement de techniques d'enseignement destinées à mettre en oeuvre ma proposition initiale.

Cet article poursuit deux objectifs:
- d'abord discuter les hypothèses qui sous-tendent mon article de 1977, à la lumière des découvertes les plus récentes dans le domaine de l'acquisition et de l'apprentissage de la langue seconde et de mon expérience personnelle de la salle de classe;
- deuxièmement, suggérer des techniques propres à implanter l'Approche naturelle dans les classes d'enseignement des langues secondes ou étrangères.

Postulats généraux

L'Approche naturelle n'est pas le seul outil d'enseignement des langues qui aboutisse à une situation où les étudiants peuvent communiquer avec des interlocuteurs indigènes dans une langue cible donnée. Toute approche dans la-

Titre original, "The Natural Approach to Language Teaching: An Update," publié dans *The Modern Language Journal*, 41,3(1984): 460-479. ©*The Modern Language Journal*. Reproduit ici avec la permission de University of Wisconsin Press.

quelle les activités de salle de classe reposent sur des échanges linguistiques authentiques forme des étudiants qui, après un très court laps de temps, deviennent de véritables locuteurs "indigènes" dans la langue concernée. Je suis conscient des difficultés à définir ce que j'appelle "communication en un très court laps de temps". J'ai défini la compétence communicative dans mon article de 1977 et, en dépit des critiques de Higgs (1979: 335), cette définition était relativement claire. Un "très court laps de temps" doit rester vague à cause des nombreuses variables qui spécifient le rythme d'acquisition. Je ne vois aucune raison d'accepter le point de vue radical selon lequel la compétence à communiquer des messages ne peut pas être acquise en salle de classe ou même que de très nombreuses années d'apprentissage de la langue soient nécessaires à cette fin. L'échec massif de l'enseignement scolaire à produire, en un ou deux ans d'apprentissage, quelque chose qui ressemble à la compétence de communication est malheureusement camouflé par la pratique quasi-universelle consistant à n'évaluer que la compétence grammaticale. Confrontés à des manipulations grammaticales complexes dans le cadre des tests écrits, les étudiants peuvent obtenir de bons résultats; on en assume — bien que généralement la plupart n'y croit pas vraiment — que lorsque la situation se présente, ces connaissances peuvent être mises à profit dans une situation de communication authentique. Étant donné que de telles situations de communication se présentent rarement dans la salle de classe, justement parce que le professeur est trop occupé à enseigner le prochain point de langue, il en résulte que la capacité de l'étudiant à transmettre des messages n'est vraiment jamais évaluée et que, dans ce contexte, l'échec du cours n'est pas mis en évidence. Diller (1971) est du même avis. Les publications professionnelles évaluent de façon positive de nombreuses approches communicatives à l'enseignement des langues étrangères. Les professeurs de langue devraient se familiariser avec un certain nombre de ces approches à l'apprentissage de la langue et notamment:

- la *Suggestopédie*, de Lozanov (Stevick 1980; Grabe 1979);
- le *Community Language Learning* de Curran (Stevick 1973, 1980; Grabe 1979);
- la *Total Physical Response*, de Asher (Asher 1977);
- le *Silent Way*, de Gattegno (Gattegno 1974; Stevick 1980; Grabe 1979);
- le *Focus Approach* de Magnan (Magnan 1979);
- le *Confluent Learning*, de Beverly Galyean (Galyean 1979).

Benseler et Schultz (1980) présentent une brève synthèse de ces approches.

Les approches qui n'aboutissent pas normalement à la capacité de communication sont les approches basées sur la grammaire-traduction, l'approche audio-orale et les différentes approches éclectiques fondées sur la cognition. Ces approches engendrent des habiletés qui correspondent exactement à la matière enseignée. Dans le cas de la grammaire-traduction, les étudiants peuvent traduire de la langue cible à la langue première et acquièrent généralement une bonne connaissance de la grammaire de la langue cible, spécialement lorsqu'on mesure cette capacité par l'intermédiaire de tests de grammaire. Ils ne parviennent généralement ni à parler, ni à comprendre la langue orale, et on ne s'attend pas non plus à ce qu'ils puissent le faire. Les étudiants qui ont adopté une approche audio-orale ont d'habitude une excellente prononciation; ils peuvent répéter des dialogues et réutiliser des structures pré-fabriquées, préalablement mémorisées, dans un cadre de conversation. Ils peuvent faire des exercices mécaniques, faire des substitutions et des changements de morphèmes, en appliquant diverses règles d'accord. Par ailleurs ils ne peuvent participer que très rarement à une conversation à bâtons rompus avec un locuteur natif. Les étudiants qui adoptent une des approches cognitives à la mode affichent d'excellents résultats à des examens de grammaire et peuvent même produire des phrases originales bien qu'ils le fassent lentement et laborieusement. Ce résultat peut être attribué au fait qu'ils se sont concentrés sur une compréhension intellectuelle des règles qu'ils se doivent donc d'appliquer consciemment au cours de l'acte de communication. Krashen (1978) a appelé cette stratégie le mode d'expression "L-1 plus Monitor"; cela consiste principalement pour l'apprenant à adopter l'agencement des mots de la langue maternelle, à utiliser les éléments lexicaux de la langue cible, et à combler les lacunes en utilisant tant bien que mal les règles de la langue cible qui lui ont été explicitées et qu'il s'est appropriées par le biais d'exercices. Bien que cette stratégie d'énonciation produise dans des circonstances restreintes de bons résultats pour certains individus (pour ceux qui ont la "bosse" de la grammaire), il s'agit là d'un mode totalement inefficace d'énonciation qui doit être, à un moment donné, remplacé par des techniques de production plus normales.

Il n'est pas dans mon propos d'avantager l'Approche naturelle par comparaison avec les autres approches communicatives mais bien de démontrer informellement que les approches communicatives produisent généralement des résultats supérieurs à toute approche cognitive ou à toute approche basée sur des exercices structuraux mécaniques. Étant donné le nombre considérable de variables difficiles à contrôler dans toute méthodologie expérimentale comparative, il est peu probable que l'on puisse établir des preuves scientifiques à l'appui de cette hypothèse, tout au moins dans un proche avenir. Il existe toutefois certains éléments de preuve tels que ceux établis par Asher (1965), Hauptman (1971), Villani (1977) et Savignon (1972). Stevick (1980) fait également état d'expériences manifestes de réussite par le biais de différentes approches communicatives.

Dans la version initiale de l'article relatif à l'Approche naturelle, j'ai proposé trois principes sur lesquels l'enseignement des langues étrangères devrait se baser:

1. La salle de classe devrait être le théâtre principal des activités qui produisent l'acquisition (les activités qui favorisent l'apprentissage devraient se dérouler dans le cadre de travaux individuels).
2. L'enseignant ne devrait pas corriger les erreurs produites par les étudiants pendant l'énonciation.
3. Les étudiants devraient être autorisés à répondre dans l'une ou l'autre des langues en présence, ou une alternance des deux.

J'utilise une définition "opératoire" d'"acquisition" qui est maintenant largement accepté comme dénotant un processus inconscient de création des règles grammaticales; on y réfère également sous le terme "construction créatrice" ou encore, en anglais, par l'expression "picking up a language"; l'"acquisition" se distingue ainsi de l'"apprentissage" qui est une tentative consciente d'intériorisation des règles de grammaire. L'apprentissage inclut généralement l'assimilation d'éléments particuliers et la pratique d'une variété d'exercices. L'expérience a montré que le principe le plus important consiste à faire, de la salle de classe, le théâtre des activités d'acquisition. En plus de permettre l'assimilation de connaissances acquises en faisant appel à des stratégies cognitives conscientes, les activités d'acquisition favorisent le développement naturel de la compétence communicative. Les deux autres principes fournissent des exemples particuliers de techniques qui créent un environnement favorable à l'acquisition. Il en résulte qu'en vue de comprendre le fonctionnement de l'Approche naturelle en salle de classe, nous devons examiner en détail le processus d'acquisition et son implantation.

Acquisition:

Les publications récentes en didactiques des langues présentent de solides arguments en faveur de l'établissement d'une distinction très claire entre ce que Krashen et d'autres auteurs ont appelé l'"acquisition" (la formulation inconsciente des principes grammaticaux) et l'"apprentissage" (l'étude de la grammaire basée sur des processus cognitifs conscients), ces deux systèmes permettant d'intérioriser la connaissance de la langue (Krashen 1977). Taylor (1978) exprime un point de vue similaire et Bialystok (1978, 1979a, 1979b) utilise les termes "connaissance implicite et explicite." Dans une proposition initiale j'affirmais que ces deux modes d'assimilation constituent des voies importantes vers la maîtrise du langage. Cependant, étant donné que l'étudiant en langue étrangère (et souvent également en langue seconde) n'a que de maigres chances d'être exposé au processus d'acquisition à l'extérieur de la salle de classe, le professeur doit lui fournir un environnement favorable. L'apprentissage, par contre, élément secondaire dans le développement de la compétence communicative, devrait être moins exploité et probablement réservé à des activités qui se déroulent en dehors du contexte de la salle de classe. Il faut retenir que les activités destinées à promouvoir l'acquisition sont absolument indispensables pour tout étudiant. Les activités d'apprentissage jouent un rôle beaucoup plus limité pour les débutants. Par ailleurs, il est évident que certains observateurs excluent le processus d'acquisition du contexte de l'apprentissage scolaire d'une langue. Strevens (1978) affirme, par exemple, "que l'acquisition de la langue maternelle et que l'apprentissage et l'enseignement d'une autre langue réfèrent à des univers de discours très différents (et que) le fait de voir l'enseignement de la langue comme relevant d'un processus de psycho-linguistique appliquée vient d'une incompréhension des relations existant entre des activités à prédominance intellectuelle et des activités à prédominance pragmatique." À mon avis, l'enseignement des langues en tant qu'activité intellectuelle est dans une large mesure responsable de l'échec des institutions éducatives à faire acquérir les compétences communicatives les plus minimales à la clientèle habituelle des cours de langue étrangère.

Il existe, en recherche, des données convaincantes — sans parler des études moins scientifiques — qui démontrent que l'étudiant ayant comme objectif de communiquer doit acquérir cette maîtrise d'une façon similaire à celle qu'utilisent les adultes ou les enfants en milieu naturel. Krashen avance des arguments très puissants pour que les "règles apprises", par opposition aux "règles acquises," n'offrent qu'une aide limitée à l'étudiant; pour certains apprenants, ces "règles apprises" servent de "moniteur" c'est-à-dire qu'elles constituent un mécanisme d'"édition" permettant de faire des changements ou des corrections mineures dans des énoncés qui, la plupart du temps, sont produits sur la base d'une connaissance ou d'une compétence résultant d'un processus d'acquisition. La recherche appuie l'hypothèse de Krashen selon laquelle ce moniteur ne peut être activé que dans des circonstances limitées. Le locuteur doit

1. connaître la règle;
2. être centré sur la forme de l'énoncé;
3. avoir le temps d'appliquer la règle.

Les éléments de recherche à l'appui de cette hypothèse peuvent être extraits de Krashen (1979a, 1979b), Larsen-Freeman (1975), Krashen, Butler, Bernbaum et Robertson (1978), Bialystok (1978, 1979a, 1979b, 1979c).

La plupart des locuteurs ne satisfont aux conditions permettant au "moniteur" de s'exercer de façon régulière et systématique que dans le contexte de tests grammaticaux basés sur un processus cognitif. La plupart d'entre nous sommes incapables de nous servir du "moniteur" de façon significative dans le cadre de situations de communication normale. Ainsi, même si les règles sont apprises par l'étudiant par le biais de l'explication, des exercices mécaniques et de la pratique, et même si celui-ci démontre qu'il peut produire des formes et des structures correctes lors de tests grammaticaux, une telle connaissance (basée sur les processus cognitifs) n'est habituellement, surtout en début d'apprentissage, guère utile dans des situations de communication authentiques. Bialystok (1978, 1979a, 1979b) prouve de façon convaincante qu'une exposition générale à la langue en situation de communication est pertinente pour toute performance où l'accent est placé soit sur la forme, soit sur le sens, mais que, à un moment donné, des exercices pratiques formels supplémentaires ne facilitent plus la performance. Les commentaires de Rivers (1979) extraits de son journal de bord dans le contexte d'un cours d'espagnol sont révélateurs à ce sujet. "Vous cessez de penser dans une langue à partir du moment où les exercices vous font dire des choses contradictoires ou qui ne s'appliquent pas à votre cas." Les argumentations scientifiques ou autres mettent donc en évidence la position centrale du sens par opposition à la simple pratique formelle. La théorie du "moniteur" de Krashen explique donc que la maîtrise orale d'une langue en situation de communication n'est pas nécessairement liée à la capacité d'obtenir des scores élevés dans le cadre de tests grammaticaux traditionnels; un fait qui est généralement ignoré par tous ceux, parmi les professeurs de langue, qui prétendent viser l'acquisition de la compétence communicative, mais continuent à évaluer le progrès dans le seul secteur de l'apprentissage des règles grammaticales (Mullen 1978, Terrell, Perrone et Baycroft, à paraître). Krashen prétend que la théorie du moniteur rend également compte des variations considérables existant chez les adultes dans le domaine de la précision grammaticale. Il existe des adultes qui n'utilisent que très peu le "moniteur" (*under-users*) c'est-à-dire ceux qui n'utilisent que très rarement leur compétence "apprise", ou encore, ceux dont la compétence apprise est faible (à noter que les "sous-utilisateurs" peuvent quand même atteindre un très haut niveau de précision communicative par le seul biais de l'acquisition). Certains abusent du moniteur (*over-users*): ils passent tellement de temps et d'effort à la correction que cela interfère souvent avec la communication. Les "utilisateurs optimaux" sont ceux qui sont capables d'exercer un travail de contrôle de leur propre discours et d'améliorer leur niveau de précision grammaticale, mais pas à un point tel que cela interfère avec le discours. Une quatrième catégorie a été suggérée par Carlos Yorio au congrès TESOL 1978 à Mexico: les "super-utilisateurs"; ce sont ceux qui peuvent appliquer consciemment les règles apprises avec facilité et avec efficience, de telle sorte que l'interlocuteur ne se rend nullement compte du rôle important joué par le moniteur. De nombreux professeurs de langue tombent dans cette catégorie et bien que la plupart d'entre eux aient acquis les règles pertinentes subséquemment et n'ont, depuis longtemps, plus besoin de contrôler leur discours consciemment, ces "super-utilisateurs" ont souvent une tendance à penser que ce mode d'énonciation (*super-monitoring*) est la méthode d'apprentissage la plus rentable. Malheureusement, de nombreux étudiants et peut-être la plupart d'entre eux, ne sont pas capables de communiquer en utilisant la gymnastique mentale accessible à leur professeur.

Certains prétendent que les règles apprises sont acquises par la pratique. Cette hypothèse de base semble sous-tendre la plupart des approches cognitives, approches qui font appel à une technique à trois dimensions: l'explication, la pratique et l'application. Chastain (1976) souligne que les partisans de l'approche cognitive croient que la compréhension des règles doit précéder leur utilisation. Il est vrai que l'apprentissage de principes grammaticaux peut précéder leur acquisition. Toutefois, la question de savoir si cette préséance facilite l'acquisition dépend probablement du style d'apprentissage de l'apprenant.

Heureusement, la maîtrise consciente des règles de grammaire n'est pas un pré-requis à leur acquisition. La plupart des adultes ne sont pas très à l'aise dans l'apprentissage de la grammaire, mais ils acquièrent les règles sans problème, bien que souvent de façon imparfaite, aussitôt qu'ils ont la possibilité de communiquer dans la langue cible dans des situations communicatives impliquant des locuteurs natifs.

Si la théorie du "moniteur" de la compétence et de la performance en langue seconde est fondée, les activités qui favorisent l'acquisition doivent jouer un rôle dans toute approche qui permet à la communication de se dérouler dans certaines conditions. Dans une situation de communication:

1. l'accent de l'échange est sur le message;
2. l'apprenant doit comprendre le message — et
3. l'apprenant doit être dans un état de faible anxiété.

L'argument selon lequel l'accent doit être mis sur le message dans une situation de communication, est un argument de poids; toutefois, il a des répercussions immédiates sur la pratique de salle de classe. L'importance de mettre l'accent sur le contenu a été reconnue depuis longtemps, lorsqu'on enseigne à des enfants, mais cela vaut également pour les adultes (Dulay et Burt 1973, 1977). Si cette hypothèse se vérifie et, jusqu'ici, nous n'avons pas de preuve contraire, cela veut dire que, la plupart du temps, l'acquisition ne se déroulera pas au cours d'exercices grammaticaux traditionnels ou d'exercices mécaniques puisque ces derniers ne favorisent pas la communication significative. Je ne veux pas prétendre qu'aucune acquisition ne s'effectue au cours d'activités d'apprentissage. Par exemple, dans tout échange où l'accent est mis sur le temps des verbes, d'autres structures (l'arrangement des mots, l'accord nom-adjectif, le genre, etc.) peuvent être acquises si les autres conditions dont nous venons de parler sont satisfaites. Malheureusement, beaucoup d'exercices cognitifs basés sur la grammaire ennuient les étudiants, même les plus motivés. Je les éliminerais totalement si je n'étais pas convaincu qu'ils peuvent aider certains apprenants. Par ailleurs, leur incapacité d'apporter une réponse satisfaisante aux problématiques qui se posent dans le cadre d'un cours de langue est malheureusement évidente. C'est pour cette raison qu'un syllabus basé sur l'Approche naturelle consiste en une liste d'objectifs communicatifs. Les syllabus fonctionnels/notionnels en usage en Europe depuis quelque temps déjà sont basés sur une philosophie de l'enseignement des langues similaire (Wilkins 1973, Johnson 1977, Kennedy 1979). Toutefois, lorsque j'utilise le terme "objectif communicatif," je me réfère principalement à la série de messages personnels dont tout étudiant débutant a besoin pour communiquer (information sur lui-même, sa famille, ses amis, ses activités quotidiennes, ses violons d'Ingres, les choses qu'il aime ou qu'il n'aime pas, etc.) Le syllabus fonctionnel/notionnel met l'accent également sur le message, mais du point de vue de ce que le locuteur veut faire avec la langue: saluer, inviter, donner des directives, exprimer son accord, etc. Par exemple: le récit de ce que les étudiants ont fait en fin de semaine peut constituer un objectif dans le cadre du l'Approche naturelle. C'est lors du déroulement des activités pédagogiques desservant un objectif particulier que les outils nécessaires (vocabulaire, structures) sont fournis à l'étudiant. Toutefois, le contenu sémantique doit rester le point de mire de l'étudiant pendant toute l'activité (dans ce cas, les activités de la fin de semaine) et non pas la forme grammaticale (ici, l'imparfait ou le passé composé).

La deuxième condition est que l'étudiant comprenne le message. L'acquisition ne se produit pas à l'audition si l'étudiant entend un message qui n'est pas du tout compris par lui. Il en résulte que le matériau linguistique introduit dans la situation de salle de classe par le discours du pédagogue doit être compréhensible. Cela ne signifie pas toutefois que le discours doit être simplifié à l'extrême en n'utilisant que les éléments lexicaux, grammaticaux ou les structures qui sont déjà totalement maîtrisées par l'apprenant — une pratique qui est répandue dans le cadre des approches audio-orales.

Les personnes qui apprennent une langue dans des situations naturelles enregistrent régulièrement des éléments linguistiques compréhensibles. Dans le domaine de l'acquisition de la langue première nous appelons cela *caretaker speech* (le discours du locuteur qui se préoccupe du niveau de compréhension de l'enfant); dans celui de l'acquisition d'une langue seconde, on parle de *foreigner talk* (le discours du locuteur qui veut être compris du locuteur étranger). Il existe toute une série d'articles relatifs au langage des enfants et à la signification pour le processus d'acquisition que l'on peut trouver dans Snow et Ferguson (1978). Les caractéristiques de cette sorte de discours simplifié ont été étudiées en détail et intéressent les professeurs parce qu'il semble être utile à l'apprenant. Hatch (1979) résume les caractéristiques les plus importantes des "intrants" linguistiques simplifiés: *rythme lent* (articulation claire, contractions rares, pauses longues, volume accru et intonation exagérée); *vocabulaire compréhensible* (vocabulaire très fréquent, peu de formes dialectales, peu d'idiotismes, utilisation des véritables référents de préférence aux formes pronominales); *définitions marquées* (explication d'un terme pour lequel le locuteur doute de la capacité de compréhension de l'apprenant, répétition, gestes, utilisation de l'image); *simplification de la syntaxe par rapport au sens* (propositions simples, focalisation sur les thèmes, répétition, reformulation, aide fournie à l'étudiant pour lui permettre de compléter ses phrases); *techniques de discours* (fournir des éléments de réponse dans la formulation de la question, questions oui/non, questions utilisant des mots interrogatifs). Les "intrants simplifiés" ont ceci de remarquable que leur utilisation fait appel à des techniques faciles à acquérir. Les locuteurs natifs ne donnent pas nécessairement du premier coup un discours accessible à l'apprenant dans toutes les situations; mais, pour la plupart des adultes, une expérience de communication limitée avec des apprenants produit rapidement la capacité d'opérer les changements décrits précédemment, de façon automatique et inconsciente.

La troisième condition est que l'étudiant soit exposé à ces "intrants linguistiques compréhensibles" dans un environnement peu anxiogène. J'utilise "peu anxiogène" pour dénoter une situation "positive sur le plan affectif." Un certain niveau de tension peut être favorable à l'apprentissage, mais probablement pas très utile à l'acquisition. Schuman (1975) classe les facteurs pertinents pour l'acquisition d'une langue seconde en utilisant une échelle à neuf niveaux:

1. social,
2. affectif,
3. personnalité,
4. cognitif,
5. biologique,
6. aptitudes,
7. personnel,
8. *input,*
9. enseignement.

Mon utilisation du terme "affectif" couvre ses catégories 1, 2, 3 et 7, c'est-à-dire les facteurs tels que la motivation, l'attitude, l'estime de soi, l'anxiété, etc... J'ai affirmé précédemment (1977) que les facteurs affectifs sont les plus importants dans l'acquisition du langage (mais pas nécessairement dans l'apprentissage de celui-ci). Je suis même encore plus convaincu que la réduction des barrières affectives doit constituer une préoccupation centrale dans les activités de salle de classe, si l'on veut favoriser l'acquisition. Stevick (1976: 62) not que "les attitudes des étudiants ont une priorité chronologique (sur le contenu du cours...); le matériau linguistique présenté durant la première semaine n'est qu'un véhicule permettant aux apprenants de se connaître et favorisant la détection et la réduction de l'anxiété." (Voir également Gardner et Lambert 1972).

Une situation à faible niveau d'anxiété peut être créée en impliquant l'étudiant personnellement dans les activités de salle de classe. Les techniques spéciales en vue de réduire les barrières affectives varieront, par nécessité, d'un groupe à l'autre à cause de la différence dans la personnalité, les intérêts et les objectifs poursuivis par les étudiants et les professeurs. Le but visé est que les membres du groupe s'intéressent vraiment aux opinions des autres membres, à leurs sentiments et à leurs intérêts et qu'ils aient le sentiment de pouvoir s'exprimer à l'aise sur les différents thèmes abordés dans la salle de classe. À partir de ces observations, il résulte qu'en ce qui concerne les activités capables d'impliquer les apprenants aucun document ne peut fournir autre chose que des suggestions. Des exemples particulièrement intéressants sont notés dans Christensen (1975-1977), de qui je reprends le terme "activités d'acquisition affectives" (voir aussi Gallyean 1976, Moskowitz 1979, 1981, Papalia 1976).

En résumé, donc, les activités destinées à promouvoir l'acquisition dans un contexte affectif plutôt que cognitif constituent le noyau de l'Approche naturelle. Comparez cette position à la position opposée que l'on retrouve dans une approche cognitive telle que celle proposée par Nahir (appelée de façon quelque peu erronée "approche pragmatique") qui affirme: "... notre première hypothèse est donc que l'apprentissage de la langue seconde doit, au moins dans ses premières étapes, être basée sur les structures de base et des règles qui sont introduites en suivant une programmation rigoureuse; cette phase est suivie par une exposition aux unités grammaticales et aux éléments lexicaux, par des échanges de vue portant sur ces éléments et leur association, démarches qui sont suivies, à leur tour, par des exercices mécaniques planifiés et d'autres types d'interventions pédagogiques" (Nahir 1979). Une activité qui favorise l'acquisition doit fournir des "intrants" compréhensibles dans lesquels l'accent est mis sur la communication de messages dans un environnement peu anxiogène.

Examinons maintenant les types d'activités de salle de classe dans le cadre de l'Approche naturelle. Je décrirai les activités qui correspondent aux trois stades de l'enseignement d'une langue à des débutants:

1. la compréhension (pré-production);
2. l'énonciation caractéristique du débutant (*early speech*);
3. l'émergence de la parole.

Compréhension (pré-production)

Puisque la capacité de comprendre des phrases nouvelles dans la langue cible est une condition nécessaire pour que l'acquisition se produise, nous avons essayé de développer une série de techniques qui exposent l'apprenant à des expériences de compréhension auditive dans les premiers stades de l'acquisition du langage. Ces activités ne requièrent pas de la part de l'étudiant qu'il utilise activement la langue cible. L'exploitation d'une période de pré-production n'est pas le propre de l'Approche naturelle; toutefois, à l'exception de la *Total Physical Response* de Asher, cette dernière est une des rares approches à utiliser cette phase de de façon extensive (voir Asher 1977, Davies 1976). Les enfants qui acquièrent leur langue maternelle apprennent à comprendre avant de parler (Fraser, Beluzzi et Brown 1966). En effet, pour tous les locuteurs, la compétence de compréhension précède la compétence de production. Winnitz et Reeds estiment que, dans le cadre de l'acquisition de la langue maternelle, ''la compréhension précède la génération des phrases à peu près d'un an. Cette séquence de développement — compréhension d'abord, production ensuite — est une propriété fonctionnelle du cerveau humain qui ne devrait pas être violée dans l'enseignement des langues'' (voir Winnitz et Reeds 1973). Des arguments convaincants permettent d'affirmer que la phase de pré-production est bénéfique pour les étudiants dans un contexte de salle de classe (Asher 1965, Asher, Kusudo et De La Torre 1974, Ruder, Hernamm et Schefelbusch 1977, Postovsky 1979).

La compréhension d'une nouvelle langue, qu'il s'agisse des éléments écrits ou oraux, se produit si l'étudiant apprend à inférer logiquement le sens des éléments. Les principales composantes de la situation sont les suivantes:

1. le contexte,
2. les gestes et les autres indices tirés du langage corporel,
3. un message à comprendre et
4. une connaissance de la signification des éléments lexicaux-clés dans l'énoncé.

Les signaux grammaticaux ne sont généralement pas cruciaux pour la compréhension des étudiants débutants. Snow note que ''les enfants infèrent les règles sous-jacentes aux structures syntaxiques en utilisant des indices qui proviennent de la signification des énoncés des adultes'' et que cela implique que ''les enfants peuvent être capables de déterminer ce qu'un énoncé veut dire sur la base d'une information non syntaxique puisque la syntaxe est précisément ce qu'il faut apprendre.'' Comme l'avait déjà fait Macnamara, Snow, en parlant des enfants, décrit le processus de la même façon que je l'ai établi pour les adultes: ''la connaissance de la signification des éléments lexicaux importants, alliée à la connaissance de ce qui devrait être dit à-propos de ces entités ou de ces actions dans une situation donnée, doit permettre à l'enfant de deviner correctement ce que l'énoncé signifie. Cela implique naturellement que l'enfant doit être un bon ''devineur,'' mais aussi que l'adulte doit exprimer les sortes de choses que l'enfant s'attend à entendre'' (Snow 1979: 369).

Dans son célèbre guide *Teaching and Learning English as a Foreign Language,* (un des précurseurs théoriques les plus importants de l'approche audio-orale) Fries (1945) est d'avis contraire: ''lorsqu'on apprend une nouvelle langue, le défi principal n'est pas d'apprendre des éléments de vocabulaire. C'est d'abord de maîtriser les éléments organisationnels qui constituent la structure du langage.'' Malheureusement, trop de monde dans le domaine de l'enseignement des langues ont accepté cette position extrême et, ce qui est pire, ont adopté la définition que donne Fries de l'essence de l'apprentissage d'une langue étrangère: "une personne a appris une langue étrangère quand elle a d'abord, avec un vocabulaire limité, maîtrisé le système phonologique et ensuite a acquis, de façon purement automatique, la maîtrise des éléments structuraux" (page 3). Une telle conception de la compréhension linguistique est à la fois restrictive c'est-à-dire que l'apprenant ne sera guère capable de réagir dans des contextes de communication normaux — et irréaliste parce que beaucoup d'apprenants de langue seconde ou étrangère n'apprennent jamais à contrôler la phonologie et la grammaire à un niveau de maîtrise automatique. Ni les observations informelles de l'acquisition d'une langue seconde, ni les études formelles du même phénomène n'ont confirmé cette vision de la priorité de la phonologie et de la grammaire sur le lexique. Comme Bolinger (1970) l'établit clairement: "le lexique est central, la grammaire n'est pas quelque chose sur laquelle les mots se greffent, mais est plutôt un mécanisme au service des mots. La quantité d'information dans le lexique dépasse de façon importante celle que l'on retrouve dans tout autre élément du langage et si la notion de redondance a quelque raison d'être, il devrait être plus facile de reconstruire un message qui ne contient que des mots que d'en reconstruire un qui ne contient que des relations syntaxiques."

Les commentaires de Brown sur le niveau de discours de l'adulte qui s'adapte à l'enfant (*caretaker speech*) démontrent très bien au professeur de langue l'importance d'enseigner la compréhension auditive. Il note: "je pense que les parents sont concernés exclusivement par la communication. Je pense qu'ils contrôlent continuellement les réactions de l'enfant pour y détecter des signes de distraction ou d'incompréhension et lorsqu'ils s'en rendent compte, ils agissent immédiatement... pour corriger la situation" (1977:15).

Dans les paragraphes suivants, je ne mentionnerai que quelques-unes des techniques que nous avons utilisées pour développer la compréhension auditive. Les professeurs qui ont un peu d'imagination pourront très facilement en élaborer d'autres. L'important, c'est de ne pas forcer les débutants à produire des énoncés dans la langue cible avant qu'ils ne se sentent à l'aise dans le domaine de la compréhension.

La *Total Physical Response* d'Asher (TPR) et ses techniques se sont avérées très utiles dans l'Approche naturelle. Dans le cadre de ces activités, le professeur demande aux étudiants d'accomplir certains actes ou de mimer certains événements. Des ordres simples ("asseyez-vous, levez la main, fermez votre livre") sont des éléments que l'on retrouve dans de nombreuses méthodologies. La *Total Physical Response* peut être utilisée de bien d'autres façons cependant. Les parties du corps et les pièces de vêtements peuvent y être facilement exploitées. (Placez votre main gauche sur votre jambe droite. Montrez un chandail bleu").

Les objets dans la salle de classe (ou tout objet transportable) fonctionnent également très bien dans le cadre de la TPR ("Tous ceux qui ont des crayons, désignez quelque chose de rouge. Allez au tableau et écrivez votre nom."). Ces ordres peuvent devenir très complexes et, après une période d'exercices appropriée dans un climat affectif positif, peuvent être individualisés: "Kevin, s'il te plaît, prends le grand verre qui se trouve en face de la dame qui porte un chandail rouge et mets-le sur le pupître qui est situé derrière l'étudiant qui porte une barbe."

Une autre technique utile au cours des premiers jours de classe consiste à utiliser les noms et les descriptions des étudiants eux-mêmes. Ce qui suit constitue un exemple de *teacher talk* ce qui veut dire un exemple d'intrant compréhensible: "Quel est votre nom?" (Barbara). Regardez tous Barbara. Barbara a de longs cheveux blonds (en utilisant le contexte et les gestes pour clarifier la signification de "cheveux," "longs" et "blonds"); "Comment s'appelle l'étudiante qui a de longs cheveux blonds?" (La classe répond en utilisant le nom seulement). "Comment vous appelez-vous?" (en choisissant un autre étudiant). Marc. Regardez Marc; est-ce que Marc a de longs cheveux»? (utilisez des gestes pour contraster "longs" et "courts") (la classe répond: oui). "Est-ce que ses cheveux sont blonds?" (non). "Est-ce qu'ils sont bruns?" (utilisez le contexte et les gestes) (Oui). "Marc est l'étudiant qui a les cheveux courts et bruns. Quel est le nom de l'étudiant qui a des cheveux longs et blonds? Et l'étudiant qui a de courts cheveux bruns?" (Marc).

Cette activité peut se poursuivre en exploitant les caractéristiques physiques (attributs positifs seulement) et l'habillement, incluant les couleurs et en fournissant quelques descriptions simples. Cette activité ne fournit pas seulement l'intrant compréhensible (les mots-clé sont aisément interprétés à partir du contexte) mais constitue également un moyen pour le professeur et l'étudiant de connaître leurs noms respectifs.

Une autre technique largement utilisée dès les premiers contacts avec la classe consiste à exploiter l'utilisation d'images et à mettre l'accent sur l'apprentissage des noms. Le professeur présente des images en en décrivant les éléments et en ne mettant l'accent que sur les éléments lexicaux-clés dans chacune d'elles. "Dans cette image il y a deux dames. Une est debout et l'autre assise. La dame qui est debout a une tasse de café." Chaque étudiant reçoit une image différente. Les questions qui sont posées à la classe consistent en informations relatives à l'image et les réponses se limitent à prononcer le nom de l'étudiant qui a l'image contenant une dame tenant une tasse de café à la main. Naturellement de telles questions doivent être posées à partir de toute une variété d'images: "Qui a l'image contenant une dame parlant au téléphone? Quel est le nom de la dame dans l'image où deux hommes sont en train de laver le chien?"

Une autre technique consiste à partager des renseignements personnels relatifs à certains des étudiants de la salle de classe. Par exemple, le but de la leçon peut être d'apprendre à quels cours d'autres étudiants sont inscrits et, dans ce contexte, le professeur présente à la classe les éléments de la langue cible équivalents. Cela amène ainsi à associer les mots de la langue cible à certains étudiants de la classe. À mesure que cette activité se déroule le professeur pose des questions comme: "Qui étudie en psychologie? Quels sont les étudiants qui sont inscrits à la fois en littératue et en critique musicale?" D'autres thèmes possibles qui se prêtent bien à la situation d'apprentissage pour les débutants sont les sports, les jeux, les dates de naissance, l'expérience de travail, etc.

Cette phase d'écoute active devrait durer tant que les étudiants en ont besoin. En 1977, j'ai insisté sur le fait que les étudiants doivent décider quand ils sont prêts à parler. L'expérience a prouvé que cette suggestion est réaliste. Ma propre expérience de l'enseignement au moyen de l'Approche naturelle m'a appris que les étudiants de l'école élémentaire ont besoin d'intrants compréhensibles pendant plusieurs mois en vue de permettre la mise en oeuvre du processus d'acquisition. Les étudiants du niveau secondaire commencent généralement à parler sans problème après environ un mois. Au niveau universitaire, les étudiants commencent à parler volontairement après quatre ou cinq heures d'enseignement.

Discours initial *(Early speech production)*

La transition du stade de la compréhension à celui de la production orale initiale se fait facilement si les étudiants ont développé un vocabulaire passif raisonnablement extensif. Je recommande un niveau de connaissance d'environ cinq cent mots avant que l'étudiant n'aborde le stade de la production orale initiale. Dans cette phase nous voulons encourager l'utilisation des connaissances acquises et éviter autant que possible l'utilisation du mode "L-1 plus Monitor." Les occasions de prises de parole fournies à l'étudiant au début de l'apprentissage devraient dès lors consister en questions qui ne requièrent que des réponses formulées à l'aide d'un seul mot. Les questions qui exigent un simple choix sont particulièrement appropriées et se dégagent aisément des activités de compréhension auditive décrites dans la section précédente: (en regardant une image) "Est-ce que cette dame est debout ou assise? Est-ce que cette voiture est rouge ou verte?"

Les étudiants de l'Approche naturelle passent par des stades de production qui sont similaires à ceux que l'on retrouve en milieu naturel (il ne s'agit pas d'étapes complètement distinctes): réponse oui/non; "Est-ce qu'il mange une salade?" (Oui); réponses constituées d'un seul mot à partir de questions "à choix simple" "Quelle est la couleur de cette blouse?" (Bleu); association de deux mots (grand chapeau, à la maison, pas avoir, moi partir, vois rien, etc...); des listes: "Que voyez-vous sur cette image?" (femme, chapeau, jaune, etc...); des associations de trois mots et/ou de courtes phrases; des phrases plus longues; des phrases complètes; un discours suivi et des dialogues. Tout comme c'est le cas pour des enfants qui acquièrent leur première ou leur seconde langue, ces stades se recoupent. Certaines phrases peuvent être complexes alors que d'autres idées sont encore exprimées au moyen de mots isolés.

Diverses activités autres que les questions/réponses favorisent l'introduction du discours initial par le biais du monde d'acquisition. La plupart de ces activités sont des techniques traditionnelles auxquelles j'ai simplement donné diverses étiquettes. Le type d'exercice lacunaire est sans importance, mais la possibilité de créer un suivi favorable à la conversation spontanée est cruciale. La plupart des exemples sont adaptés de Christensen (1975, 1977).

Le modèle de la phrase ouverte consiste en une structure de phrase dans laquelle un seul mot manque:

Ma mère est _____.
Le cours que je préfère est _____.

Le modèle du dialogue ouvert consiste en de courts échanges dont certains éléments-clés sont manquants:

Salut, comment ça va?
Je vais au _____.
Est-ce que tu pourrais _____ avec moi ce soir?

Le modèle de l'interview ouverte est favorable au discours initial spécialement si les éléments lacunaires se situent au niveau des réponses: Quel est votre nom?

Mon nom est _____.
Son nom est _____.
Où habitez-vous?
J'habite à _____.
Il/elle habite à _____.

J'ai décrit un autre modèle de "discours initial," le modèle des associations dans un autre article (1980).

L'énonciation du discours à un stage initial contiendra des erreurs. C'est inévitable puisque les règles de grammaire sont acquises au cours d'une longue période de temps et que la maîtrise de toute règle de grammaire ne s'acquiert qu'après une exposition importante à la langue, dans un cadre de communication réaliste. C'est la raison pour laquelle j'ai proposé dans mon article sur l'Approche naturelle que l'on évite de corriger les erreurs d'expression sur le champ. Cette question de la correction mérite d'être commentée avant d'aborder le troisième stade de l'Approche naturelle.

Correction des erreurs

Ma recommandation d'éviter de corriger les erreurs de l'étudiant a été reçue comme une position radicale et a donné lieu à de nombreuses contestations de la part de beaucoup de personnes intéressées par l'Approche naturelle. Je suggérais alors qu'il n'existe aucune preuve établissant que la correction des erreurs de discours est nécessaire ou aidante dans le cadre de l'acquisition du langage (Terrell 1977: 330, voir également Lalande 1981). Cette affirmation est encore valide. Cinq années d'expérience de la salle de classe au cours desquelles les erreurs en expression orale n'ont pas été corrigées systématiquement m'ont convaincu du fait que la pratique de la correction immédiate des erreurs d'expression n'est pas seulement inutile, mais également dommageable au progrès dans un contexte d'acquisition du langage. Hendrickson (1978) accorde beaucoup d'importance aux circonstances qui entourent la correction des erreurs, circonstances relatives au moment, à l'objet, à la manière et au bénéficiaire de cette pratique. Toutefois, il évite la question centrale: "les erreurs de l'apprenant devraient-elles être corrigées?" En fait, son argumentation en faveur d'une réponse affirmative à cette question est faible. Il prétend que les étudiants qui sont incapables de reconnaître leurs propres erreurs ont besoin de l'assistance de quelqu'un de plus compétent qu'eux-mêmes dans la langue cible. Cette affirmation est vraie, mais les intrants corrects peuvent être fournis de façon très diverse sans qu'il y ait nécessairement correction directe des erreurs de discours. Je suis par ailleurs convaincu que les autres arguments qui ont pu être avancés sont tellement faibles qu'ils ne valent pas la peine d'être commentés ici. Quand Hendrickson paraphrase Krashen et Seliger (1975) en disant que "la correction des erreurs est particulièrement utile dans le cas de l'apprentissage de la langue seconde parce qu'elle aide l'étudiant adulte à apprendre à choisir l'environnement exact dans lequel il faut appliquer les règles et à découvrir l'extension sémantique précise des éléments lexicaux," son affirmation ne peut pas être utilisée comme preuve de l'importance de la correction des erreurs dans *l'acquisition* des règles et de la structure du langage, mais seulement dans la perspective de *l'apprentissage* de règles simples pour aider l'action du moniteur.

Je crois que le refus des professeurs de langue à accepter des énoncés grammaticalement incorrects de la part de leurs étudiants provient de deux malentendus. En premier lieu, je postule que la correction directe des erreurs de discours n'est pas utile à l'acquisition. Je n'ai jamais affirmé que la correction des erreurs n'est pas utile à l'apprentissage conscient et intellectuel des règles et des structures grammaticales. Je propose que les erreurs des étudiants ne soient pas corrigées au cours des activités d'acquisition pendant lesquelles l'accent doit être placé par définition sur le message à communiquer. La correction des erreurs attirerait l'attention des étudiants sur la forme en rendant ainsi l'acquisition plus difficile. La correction des erreurs de discours peut favoriser l'apprentissage, pas l'acquisition. Etant donné que la salle de classe utilisant l'Approche naturelle se centre presqu'exclusivement sur des activités d'acquisition, il s'ensuit que les erreurs de production des étudiants n'y sont pas d'habitude corrigées sur le champ. Par ailleurs, dans le cadre des classes traditionnelles, dans lesquelles les exercices cognitifs et/ou les exercices mécaniques audio-oraux constituent la composante essentielle du cours, la non-correction des erreurs serait contre-productive. Cela entraînerait certainement une perte de temps de faire faire un exercice de substitution centré, par exemple, sur l'accord sujet/verbe, si on permettait à l'étudiant d'ignorer les règles d'accord. Dans un autre cadre, si le professeur voulait vérifier la réponse à un exercice de grammaire de type cognitif dans lequel l'étudiant doit remplir les espaces laissés en blanc au moyen des formes verbales correctes, il serait également inapproprié d'accepter une réponse erronée sans correction." La non-correction des erreurs dans l'Approche naturelle se base directement sur l'hypothèse selon laquelle l'acquisition constitue la composante centrale de la compétence linguistique et de la performance et sur le fait que la correction des erreurs d'expression, en général, ne joue pas de rôle dans l'acquisition du langage chez l'enfant ou chez l'adulte.

Deuxièmement, le malentendu résulte du fait que les professeurs (et les parents) sentent intuitivement que la correction des erreurs permet à l'étudiant de progresser vers les formes grammaticales d'un locuteur adulte; que seule l'utilisation fréquente du langage alliée à un processus de correction constante par rapport aux erreurs, permet aux étudiants de progresser dans leur capacité de s'exprimer dans la langue cible. Cinq années d'expérience avec plusieurs milliers d'étudiants qui ont réussi de façon satisfaisante leur cours de langue en utilisant l'Approche naturelle sans qu'il y ait eu de correction directe des erreurs d'énonciation et qui continuent à progresser pendant le cours, constituent une preuve convaincante, quoique non scientifique, que la correction des erreurs n'est pas un pré-requis pour l'amélioration de la compétence et de la performance. Les étudiants qui ont étudié une langue seconde par le biais de l'Approche naturelle font des erreurs lorsqu'ils sont engagés dans des situations de communication réelles dans la langue cible; cependant, je prétends qu'ils ne font pas plus d'erreurs que des étudiants ayant utilisé d'autres méthodologies.

Si la correction des erreurs de l'apprenant n'est pas source d'amélioration et de progrès, en quoi consiste-t-elle? La théorie du moniteur prédit que lors d'une exposition continue à des intrants langagiers compréhensibles dans la langue cible, dans des situations marquées positivement sur le plan affectif, les étudiants continuent à améliorer à la fois la précision et la fluidité de leur discours. Selon la théorie du moniteur, cette amélioration est la résultante de la nature même des intrants compréhensibles. Quand les étudiants sont exposés à la communication et comprennent le message, ils ne comprennent pas nécessairement tous les éléments lexicaux, toutes les structures grammaticales ou toutes les formes utilisées par le locuteur. Lorsqu'on atteint un certain niveau de complexité structurale et lexicale, les étudiants peuvent comprendre les formes, les structures et les éléments lexicaux qui sont quelque peu en-deçà de la compétence acquise mais qui ne s'en éloignent pas assez pour que cela interfère de façon cruciale avec le processus de compréhension. La complexité des intrants augmente avec l'acquisition. Cette différence entre les intrants compréhensibles et les capacités de production acquises par l'étudiant explique le progrès (voir Krashen 1977, 1979a, 1979b).

D'un autre côté, les erreurs d'énonciation dans l'Approche naturelle ne sont pas simplement totalement négligées. Nous utilisons les mêmes techniques conversationnelles avec nos étudiants que le font les adultes avec les enfants et que le font les locuteurs natifs avec des étrangers dans le cadre de situations de communication réelles. Si le discours de l'apprenant est trop profondément altéré, le professeur tente de reconstruire une phrase possible à partir des éléments présents. "Qu'est-ce que vous allez faire après le cours aujourd'hui?" "Je aller mangerai cafétéria. Pas avoir argent." Le professeur répondrait alors: "Oh, vous n'allez pas manger à la cafétéria parce que vous n'avez pas d'argent? Pourquoi est-ce que vous n'avez pas d'argent? Est-ce que votre argent est à la maison?"

Si le discours contient des erreurs mineures, elles sont normalement corrigées indirectement par une simple expansion. "Qu'est-ce que le bébé est en train de faire? Bébé jouer. Oui, le bébé est en train de jouer. Avec quoi est-ce qu'il joue?" Presque toutes les réponses de l'apprenant peuvent être commentées et réutilisées pour prolonger la conversation.

Il ne faut pas croire que ces expansions ont un effet immédiat sur tous les étudiants. Leur utilité dépend des dispositions de chaque étudiant en particulier. Hatch, à-propos de la conversation d'un adolescent de langue espagnole apprenant l'anglais, confirme clairement ce point de vue: "Il semble improbable que cet étudiant se préoccupe des corrections qui sont incluses dans les réponses du locuteur natif. Il est plus probable qu'il les entende en tant que signaux lui permettant de savoir que le locuteur comprend ce qu'il est en train d'essayer de lui dire. Il est possible qu'à un stade ultérieur il écoutera ces indices et les comparera à sa propre expérience" (Hatch 1979: 66).

Je crois que trois motifs importants justifient l'élimination de la correction directe des erreurs du discours:

1. la correction des erreurs d'énonciation ne joue un rôle important dans la progression vers des modèles grammaticaux propres au discours de l'adulte dans aucune situation d'acquisition d'une langue naturelle.
2. La correction des erreurs crée des barrières affectives et
3. La correction des erreurs tend à favoriser l'importance que le locuteur accorde à la forme et par là même favorise l'apprentissage aux dépens de l'acquisition.

Émergence du discours

Les activités de salle de classe pendant le troisième stade dépendent dans une large mesure des buts du cours, à la fois dans le domaine des situations et des fonctions qui gouvernent l'utilisation du langage et par rapport aux habiletés langagières particulières visées, que ce soit au niveau des habiletés orales ou des habiletés de lecture et d'écriture. J'orienterai le reste de cette discussion vers une description des activités qui favorisent les habiletés orales au moment de l'acquisition. Toutefois, il ne faut pas penser que l'Approche naturelle exclut en aucune façon les habiletés de lecture et d'écriture. Quatre types d'activités peuvent favoriser l'acquisition, du simple fait que l'accent y est toujours mis sur le contenu de la communication plutôt que sur sa forme.

1. Jeux et activités récréatives

Les jeux ont toujours été utilisés par les professeurs de langue mais davantage en tant qu'activité de relaxation que comme une des composantes essentielles du cours de langue. Les jeux, de par leur nature même, permettent à l'étudiant de se centrer sur ce qu'ils font et d'utiliser la langue comme un outil leur permettant d'atteindre leur objectif (qui est de participer au jeu) plutôt que comme une fin en soi. Même si on travaille avec des adultes, toute période d'enseignement devrait comprendre au moins une activité dans laquelle la langue cible est utilisée à des fins ludiques.

2. Contenu

La langue cible peut être utilisée pour explorer certains thèmes particuliers. Dans les classes de langue, ce domaine a été traditionnellement consacré aux différences

A

Didactique en questions : le point de
vue de 22 spécialistes en français,
langue seconde / collège et présente
par Françoise Ligier *et* *Louise* *Savoie*
(Collection pratiques langagières :
Hors série) /
260p. : ill. ; 23 cm.
Beloeil, Ed. la Lignée 1986
1. French Language

ISBN 2920190148PBK

et aux similarités culturelles ou à certains aspects de l'histoire de la langue ou des peuples qui la parlent. Les programmes d'immersion tels que ceux qui sont implantés au Canada utilisent la langue seconde pour enseigner les matières académiques (Swain 1978). Ce qu'il faut souligner c'est que ces activités centrées sur le contenu, même si elles sont intéressantes pour les étudiants, se qualifient comme activités d'acquisition puisqu'elles utilisent le langage comme outil en vue d'apprendre autre chose. L'accent est mis nécessairement sur l'information à transmettre plutôt que sur les moyens (la langue cible). Les activités les plus populaires dans cette catégorie comprennent la présentation de diapositives et de films, des rapports, des représentations artistiques, des récitations de contes, des tables rondes, des photographies, l'invitation de conférenciers, etc.

3. Activités humanistes ayant une valeur affective

Celles-ci incluent des activités qui font appel à l'étudiant sur un plan personnel. Les activités humanistes ayant un rôle affectif explorent les valeurs, les idées, les opinions, les buts et les sentiments des étudiants aussi bien que leurs expériences de vie. Elles se qualifient comme activités d'acquisition puisque l'accent y est placé sur le message transmis plutôt que sur la forme du langage utilisé pour faire passer le message. Christensen, Galyean et Moskovitz ont développé ces sortes d'activités et nous les utilisons de façon extensive dans l'Approche naturelle, au troisième stade (Christensen 1975, 1977, Galyean 1976, Moskovitz 1979, 1981, Papalia 1976).

4. Activités d'information et de solution de problèmes

L'étudiant doit trouver une réponse à une question spécifique ou à un problème. Ces activités sont particulièrement utiles dans la préparation des étudiants à communiquer de façon fonctionnelle dans la pays ou dans la région où la langue cible est parlée. Par exemple, à-propos de petites annonces relatives à l'habillement, le professeur pose des questions telles que:

Combien coûte un costume?
Quelle est la réduction de prix sur les sous-vêtements cette semaine?
À quelle heure le magasin ferme-t-il?
Si vous disposiez seulement de cinquante dollars à dépenser dans ce magasin, qu'est-ce que vous achèteriez?

Une alternative consiste à fournir à l'étudiant une petite annonce d'épicerie et de lui demander de planifier un repas. Les tableaux de compilation de données sont utiles et de nombreux manuels contemporains d'anglais, langue seconde, utilisent cette technique de façon généralisée (voir, par exemple, Yorkey et coll. 1977). Un tableau des compilations de données retraçant les tâches quotidiennes de la famille Green pourrait inclure des indications sur ce qui est accompli, par qui, et quand. Les questions posées gravitent autour de l'information fournie:

Qui fait la vaisselle dans la famille Green?
Quelles sont les tâches du plus jeune enfant?

Est-ce que le père lave parfois la voiture?

Il y a naturellement des activités pour lesquelles plus d'une des catégories mentionnées sont pertinentes. On peut construire avec la classe, par exemple, un tableau des activités quotidiennes des étudiants eux-mêmes. Cette activité est à la fois une activité de solution de problème et une activité à valeur affective. Par ailleurs, une activité de solution de problème peut être utilisée en tant que jeu. Ce qui compte, c'est que chaque activité procure à l'étudiant la possibilité d'utiliser le langage de façon fonctionnelle, comme outil de communication. L'accent dans toutes les activités d'acquisition est placé sur le message échangé, non sur la forme.

Conclusion — principe de base

Bien que les principes de base de l'Approche naturelle n'aient pas changé, les vues qui la sous-tendent se sont élargies considérablement. Si le but du cours est la capacité de communiquer en utilisant la langue cible, les règles de grammaire doivent être acquises puisque les règles qui ont été apprises ne sont disponibles que pour l'auto-correction (la mise en oeuvre du "moniteur"). La compréhension est l'habileté de base qui favorise l'acquisition et en conséquence elle devrait précéder la production du discours. La production (orale et écrite) n'est pas enseignée directement, mais plutôt elle émerge, par vagues, des réponses fournies par la voie des gestes à un discours verbal. À la fois, les expériences de compréhension et de production sont amenées par une série d'activités d'acquisition à valeur affective — dont le but principal est de promouvoir l'acquisition:

1. fournir des intrants compréhensibles
2. baisser le niveau d'anxiété
3. créer des occasions de transmettre de vrais messages.

L'Approche naturelle préconise trois stades d'acquisition du langage pour lesquels diverses techniques sont utilisées dans chaque stade.

1. *Compréhension (pré-production)*
   a) *Total Physical Response*
   b) réponse au moyen de noms — objets, étudiants, images

2. *Production du discours à un stade initial*
   a) questions "oui/non"
   b) questions à choix simple
   c) réponses constituées d'un ou de deux mots
   d) phrases tronquées
   e) dialogues tronqués
   f) entrevues

3. *Emergence du discours*
   a) jeux et activités récréatives
   b) activités centrées sur des contenus

c) activités humanistes à valeur affective
d) activités d'information et de solution de problème

Roger Brown a tenté de répondre à la question suivante: "Comment une mère, soucieuse de son enfant, peut-elle faciliter son apprentissage de la langue?" (Brown 1977). En dépit des nombreuses différences entre l'acquisition de la langue maternelle et de la langue seconde, sa réponse peut s'appliquer aussi bien à la situation de salle de classe destinée à des adultes qu'à des enfants: "Croyez au fait que votre enfant peut comprendre plus qu'il ne peut dire que votre préoccupation centrale soit de communiquer, comprendre et être compris. Fixez votre esprit sur le même objectif. En faisant cela vous ferez sans même y penser 900 ou 1 000 modifications à votre discours et à vos actions. Ne vous efforcez pas de les pratiquer comme tel. Il n'y a aucun système de règles conscientes relatif au langage qu'on utilise pour parler à un enfant qui puisse se rapprocher de ce que vous connaissez de façon inconsciente. Si vous vous concentrez sur la communication, tout le reste s'ensuivra naturellement." Les enseignants en langue seconde ou étrangère ne peuvent bénéficier d'un meilleur avis."

Références

Asher, J.J. 1965. "The Strategy of Total Physical Response: An Application to Learning Russian," *IRAL,* 3:292-299.

Asher, J.J., Jo Anne Kusudo and Rita de la Torre. 1974. "Learning a Second Language Through Commands: The Second Field Test," *The Modern Language Journal,* 58:24-32.

Asher, J.J. 1977. *Learning Another Language Through Actions: The Complete Teacher's Guide.* Los Gatos, CA: Sky Oaks Production.

Benseler, David P. and Renate A. Schulz. 1980. "Methodological Trends in College Foreign Language Instruction," *The Modern Language Journal,* 64:88-96.

Bialystock, E. 1978. "A Theoretical Model of Second Language Learning," *Language Learning,* 28:69-83.

Bialystock, E. 1979a. "The Role of Conscious Strategies in Second Language Proficiency," *The Canadian Modern Language Review/La Revue canadienne des langues vivantes,* 35:372-394; reprinted 1981. *The Modern Language Journal,* 65:24-35.

Bialystock, E. 1979b. "Analytical View of Second Language Competence: A Model and Some Evidence," *The Modern Language Journal,* 63:257-262.

Bolinger, Dwight. 1970. "Getting the Words In," *American Speech,* 45:257-262.

Brown, Roger. 1977. "Introduction," *Talking to Children: Language Input and Acquisition,* ed., E.E. Snow and C.A. Ferguson, Cambridge: Cambridge University Press.

Chastain, K.D. 1976. *Developing Second-Language Skills.* Chicago: Rand McNally.

Christensen, Clay B. 1975. "Affective Learning Activities," *Foreign Language Annals,* 8:211-219.

Christensen, Clay B. 1977. *Explorando: Affective Learning Activities for Intermediate Practice in Spanish.* Englewood Cliffs, NJ: Prentice-Hall.

Davies, Norman F. 1976. "Receptive versus Productive Skills in Foreign Language Learning," *The Modern Language Journal,* 60:440-442.

Diller, Karl Conrad. 1971. *Generative Grammar, Structural Linguistics and Language Teaching.* Rowley, MA: Newbury House.

Dulay, H. and M. Burt. 1973. "Should We

Teach Children Syntax?'' *Language Learning,* 23 (ii):245-258.

Dulay, H. and M. Burt. 1977. ''Remarks on Creativity in Language Acquisition,'' *Viewpoints on English as a Second Language,* ed. M. Burt, H. Dulay and M. Finocchiaro, pp. 95-126. New York: Regents.

Fraser, C., U. Belluzi and R. Brown. 1966. ''Control of Grammar in Imitation, Comprehension, and Production,'' *Journal of Verbal Learning and Behavior,* 2:121-135.

Fries, Charles. 1945. *Teaching and Learning English as a Foreign Language.* Ann Arbor. University of Michigan Press.

Galyean, Beverly. 1976. *Language From Within.* Long Beach, CA: Prism.

Galyean, Beverly. 1979. ''A Confluent Approach to Curriculum Design,'' *Foreign Language Annals,* 12:121-127.

Gardner, R.C. and W.E. Lambert. 1972. *Attitudes and Motivation in Second Language Learning,* Rowley, MA: Newbury House.

Gattegno, C. 1974. *Teaching Foreign Languages in Schools: The Silent Way.* Reprinted 1972. New York: Education Solutions.

Grabe, William. 1979. ''Three Methods for Language Learning: Community Language Learning, the Silent Way. Suggestopedia,'' *Ohio University Working Papers in Applied Linguistics,* No. 5.

Hatch, Evelyn. 1979. ''Simplified Input and Second Language Acquisition,'' unpubl. paper presented to the annual meeting of the Linguistic Society of America, Los Angeles.

Hauptman, Philip C. 1971. ''A Structural Approach Versus A Situational Approach to Foreign Language Teaching,'' *Language Learning,* 21(ii):235-244.

Hendrickson, J. 1978. ''Error Correction in Foreign Language Teaching: Recent Theory, Research, and Practice,'' *The Modern Language Journal,* 63.

Higgs, Theodore. 1979. ''Some Pre-Methodological Considerations in Foreign Language Teaching,'' *The Modern Language Journal,* 63:335-341.

Johnson, Keith. 1977. ''The Adoption of Functional Syllabuses for General Language Teaching Courses,'' *The Canadian Modern Language Review/La Revue canadienne des langues vivantes,* 33:667-680.

Kelly, L.G. 1969. *25 Centuries of Language Teaching.* Reprinted 1976. Rowley, MA: Newbury House.

Kennedy, B.D. 1979. ''Conceptual Aspects of Language Learning,'' *Understanding Second and Foreign Language Learning,* ed. Jack Richards. Rowley, MA: Newbury House.

Krashen and Seliger. 1975. ''The Essential Contribution of Formal Language Instruction in Adult Second Language Learning,'' *TESOL Quarterly,* 9:173-183.

Krashen, S. 1977. ''The Monitor Model of Adult Second Language Performance,'' *Viewpoints on English as a Second Language,* ed. M. Burt, H. Dulay, and M. Finocchiaro. New York: Regents.

Krashen, S., J. Butler, R. Bernbaum and J. Robertson. 1978. ''Two Studies in Language Acquisition and Language Learning,'' *IRAL,* pp. 73-92.

Krashen, S. 1978. ''Individual Variation in the Use of the Monitor,'' *Principles of Second Language Learning,* ed. W. Ritchie, pp. 175-183. New York: Academic Press.

Krashen, S. 1979a. ''The Monitor Model for Second Language Acquisition and Foreign Language Teaching,'' *Second Language Acquisition and Foreign Language Teaching,* ed. R. Gingras. Arlington, VA: CAL.

Krashen, S. 1979b. ''A Response to McLaughlin, The Monitor Model: Some Methodological Considerations,'' *Language Learning,* 29(i):151-168.

Krashen, S. 1980. ''The Theoretical and Practical Relevance of Simple Codes.'' *Research in Second Language Acquisition,* ed. R. Scarcella and S. Krashen, pp. 7-18.

Lalande II, John F. 1981. ''An Error in Error-Correction Policies?'' *ADFL Bulletin,* 12(iii):45-47.

Larsen-Freeman, D. 1975. "The Acquisition of Grammatical Morphemes by Adult ESL Students," *TESOL Quarterly,* 9:409-419.

Magnan, Sally. 1979. "Reduction and Error Correction for Communicative Language Use: The Focus Approach," *The Modern Language Journal,* 68:342-348.

Moskowitz, G. 1979. *Caring and Sharing in the Foreign Language Classroom.* Rowley, MA: Newbury House.

Moskowitz, G. 1980. "Effects of Humanistic Techniques on Attitude, Cohesiveness, and Self-Concept of Foreign Language Students," *The Modern Language Journal,* 65:149-157.

Mullen, Karen A. 1978. "Direct Evaluation of Second Language Proficiency: The Effect of the Rater and Scale in Oral Interview," *Language Learning,* 28(ii):303.

Nahir, M. 1979. "A Practical Progression in the Teaching of a Second Language" *The Canadian Modern Language Review/La Revue canadienne des langues vivantes,* 35.

Newmark, Leonard. 1970. "How not to Interfere with Language Learning," reprinted in Mark Lester, *Readings in Applied Transformational Grammar,* New York: Holt Rinehart.

Papalia, A. 1976. "From Manipulative Drills to Language for Real Communication," *The Canadian Modern Language Review/La Revue canadienne des langues vivantes,* 32:150-155.

Postovsky, V.A. 1979. "Effects of Delay in Oral Practice at the Beginning of Second Language Learning," *The Modern Language Journal,* 58:229-239.

Rivers, W. 1979. "Learning a Sixth Language: An Adult Learner's Daily Diary," *The Canadian Modern Language Review/La Revue canadienne des langues vivantes,* 36:67-82.

Ruder, Kenneth F., Patricia Hernamm and Richard L. Schefelbusch. 1977. "Effects of Verbal Imitation and Comprehension Training on Verbal Production," *Journal of Psycholinguistic Research,* 6:59-72.

Savignon, S.J. 1972. *Communicative Com-* *petence: An Experiment in Foreign Language Teaching.* Philadelphia, PA: CCD.

Schumann, John H. 1975. "Affective Factors and the Problems of Age in Second Language Acquisition," *Language Learning,* 25(ii):209-236.

Snow, C. and C. Ferguson. 1978. *Talking to Children: Language Input and Acquisition.* Cambidge: Cambridge University Press.

Snow, C. 1979. "Conversations with Children," *Language Acquisition: Studies in First Language Development,* ed. P. Fletcher and M. Garman. Cambridge: Cambridge University Press.

Stevick, E.W. 1972. *Memory, Meaning and Method.* p. 62. Rowley, MA: Newbury House.

Stevick, E.W. 1973. "Review of Curran," *Language Learning,* 23:259-271.

Stevick, E.W. 1980. *Teaching Languages: A Way and Ways.* Rowley, MA: Newbury House.

Strevens, Peter. 1978. "The Nature of Language Learning," ed. Jack Richards, pp. 179-203. Rowley, MA: Newbury House.

Swain, M. 1978. "Bilingual Education for the English-Speaking Canadian," *Georgetown University Roundtable on Languages and Linguistics,* ed. James Alatis, Washington, DC: Georgetown University Press, pp. 141-154.

Taylor, I. 1978. "Acquiring Versus Learning A Second Language," *The Canadian Modern Language Review/La Revue canadienne des langues vivantes,* 34:455-472.

Terrell, T.D., C. Perrone and B. Baycroft, "Teaching the Spanish Subjunctive: An Error Analysis," forthcoming.

Terrell, T.D. 1977. "Natural Approach to the Acquisition and Learning of a Language," *Modern Language Journal,* 61:325-336.

Terrell, T.D. 1980. "A Natural Approach to the Teaching of Verb Forms and Function in Spanish," *Foreign Language Annals,* 13:129-136.

Titone, Renzo. 1968. *Teaching Foreign*

Languages: An Historical Sketch. Washington, DC: Georgetown University Press.

Villani, Sergio. 1977. "Communication in an Experimental Foreign Language Class," *The Canadian Modern Language Review/La Revue canadienne des langues vivantes,* 33:372-378.

Wilkins, C.A. 1973. "The Linguistic and Situational Content of the Common Core in a Unit/Credit System," *System Development*

in *Adult Language Learning: A European Unit/Credit System for Modern Language Learning by Adults,* pp. 136-137. Strasbourg: Council of Europe.

Winitz and Reeds. 1973. "Rapid Acquisition of a Foreign Language (German) by the Avoidance of Speaking," *IRAL,* 11:295-317.

Yorkey, R.C. et al. 1977. *Intercom: English for International Communication.* New York: American.

Monique Nemni

9 Si communication savait...
Si grammaire pouvait...

> *To ask learners to learn a list instead of a system*
> *goes against everything we know about learning theory.*
> (Brumfit)

L'incompatibilité quasi inhérente entre la communication et la grammaire semble tellement évidente de nos jours, qu'on voit mal ce qu'on pourrait ajouter à cette "vérité" répétée partout et par tous - ou presque. Et puisqu'on dénonce à hauts cris l'incapacité de la grammaire de mener à la communication, il est naturel d'opter pour la communication, abandonnant la grammaire au triste sort qu'elle mérite.

Alors qu'on rit des pratiques naïves et inefficaces qui ont caractérisé notre enseignement à ce jour, pratiques "grammaticales" qui ne pouvaient se solder, évidemment, que par un échec, on proclame à grands cris les merveilleux mérites de nouvelles approches "communicatives" qui donneront, sans aucun doute, les résultats spectaculaires tant attendus!

On peut critiquer ce type de discours pour plusieurs raisons:

• Il réduit à zéro - ou presque - la contribution historique de la didactique des langues secondes.

• Il minimise injustement le succès de milliers et de milliers de professeurs qui ont eu, ma foi, d'excellents résultats compte tenu des conditions d'enseignement.

• Il attribue le succès ou l'échec des langues secondes exclusivement à la méthode ou au manuel utilisé.

• Il ne juge pas bon de nous faire la preuve scientifique de la supériorité de ces nouvelles approches. À ma connaissance, on ne dispose que de comptes rendus d'expériences ponctuelles qui affirment que l'approche communicative, ça marche, c'est *faisable*. Doit-on conclure que ce qui est *faisable est souhaitable? efficace?* Il faudrait disposer au moins de quelques études longitudinales, sur une durée raisonnable, avant de crier victoire.

Language teachers would be rightly sceptical of abandoning the partly negotiable currency of the grammatical approach for the crock of gold at the end of the functional rainbow. (Wilkins 1979:92)

"Si communication savait... Si grammaire pouvait..." tiré de *The Canadian Modern Language Review/La Revue canadienne des langues vivantes,* 42,2(1985): 288-306. Reproduit ici avec la permission du rédacteur.

Que doit donc faire l'enseignante ou l'enseignant face aux miracles qu'on lui périodiquement à condition qu'elle-il accepte de changer complètement sa pratique? Force est bien de composer avec les nouveaux courants de peur qu'ils nous engloutissent...

De toute manière, je pense que nous avons le devoir de faire régulièrement une *analyse critique* de nos pratiques pour retenir ce qu'il y a de bon et améliorer, ou complètement modifier, ce qui ne va pas. Je pense que nous avons également le devoir de bien connaître ce qu'on nous propose, afin d'en faire une *analyse critique*. Nous pouvons alors nous approprier ce qu'il y a de bon et rejeter ce qui nous semble peu convaincant, peu documenté, ou contraire à notre vision sociale ou éducative.

Examinons donc l'incompatibilité supposément évidente entre l'apprentissage de la grammaire et celui de la communication. Les attaques contre la grammaire semblent surgir de partout et semblent s'appuyer sur des études des plus sérieuses et des arguments des plus convaincants.

1. Échec des méthodes basées sur une progression grammaticale

Depuis qu'on crie "haro" sur les méthodes audiovisuelles et audio-orales, on impute l'échec indiscuté - mais peut-être pas indiscutable - de ces méthodes non seulement à leur conception behavioriste de l'apprentissage, mais également, et surtout, au fait que ces méthodes privilégiaient l'acquisition de la grammaire et qu'elles basaient leur contenu sur la notion de progression grammaticale. C'est ainsi qu'on aurait produit ce que Newmark appelle: "the structurally competent but communicatively incompetent student" (cité par Swan 1985a:7).

2. Pragmatique - *Niveau-Seuil* et Actes de parole

Depuis l'avènement de la pragmatique qui prend sa source chez de nombreux sociolinguistes et philosophes du langage, tels Austin (1962, traduction française 1970), Searle (1969, traduction française 1973) et Hymes (1971, traduction française 1984) et depuis la publication du *Niveau-seuil* (1976), on constate une tendance fréquente à décrire les contenus d'apprentissage en termes *d'actes de parole* et non, comme autrefois, en termes de *structures grammaticales* séquentielles. C'est ainsi qu'on lit, dans le programme du ministère de l'Éducation du Québec (1982:13): "Le programme...est organisé avant tout à partir de l'utilisation fonctionnelle de la langue plutôt qu'à partir de ses formes grammaticales."

Pour défendre cette position, on affirme, avec raison, que dans la vie réelle, on utilise toujours la langue pour faire quelque chose et non pour le plaisir d'utiliser une structure grammaticale donnée. Bertrand Russell exprime très bien ce point de vue:

The purpose of words, though philosophers seem to forget this simple fact, is to deal with matters other than words. If I go into a restaurant and order my dinner, I do not want my words to fit into a system with other words, but to bring about the presence of food" (cité par Oller 1971: 173).

3. Vogue et vague de l'authentique

Depuis l'avènement, et la vogue du document authentique, on voit mal comment il serait même possible de concilier la fréquentation constante de ces documents et la pratique grammaticale. En effet, le document authentique ne met en évidence qu'exceptionnellement une structure grammaticale particulière.

Comment pourrait-il d'ailleurs en être autrement? Ça semble tout à fait dans la nature même des choses. Il est impossible de créer des dialogues tant soit peu authentiques tout en privilégiant un point donné de grammaire tel que le pluriel, l'accord de l'adjectif ou l'utilisation d'un temps donné. Déjà en 1904, le linguiste Otto Jespersen écrivait:

> The reader of certain foreign language texts often gets the impression that Frenchmen are strictly systematical beings who one day speak merely in futures, another day in *passés définis,* and who say the most disconnected things only for the sake of being able to use all the persons in the tense which for the time being happens to be the subject for conversation (cité par Oller 1971: 176).

Pour remédier à ce problème, Moirand propose l'utilisation de textes authentiques, depuis le début de l'apprentissage:

> Introduire des textes authentiques au niveau débutant, dont le choix sera fait par le public et en fonction du public... c'est mettre en cause toute progression exclusivement linguistique du matériel didactique au profit d'une répartition des données en fonction de critères extralinguistiques (1977:57).

4. Futilité de l'enseignement de la grammaire
Acquisition et apprentissage — Éloge de l'erreur

Depuis les recherches de Dulay et Burt (1973, 1974) et les nombreuses autres études qui ont suivi dans la même veine, on s'accorde pour dire qu'il existe un ordre naturel d'acquisition de la grammaire, et que cet ordre est:

- universel et indépendant de la langue maternelle (quelle que soit la langue maternelle, les apprenants font les mêmes erreurs et dans le même ordre. Le point de vue tant chéri des tenants de l'analyse différentielle, qui attribue l'erreur à l'interférence de la langue maternelle semble, du coup, fondre comme neige au soleil);
- développemental et réfractaire à tout apprentissage (tant qu'ils ne sont pas prêts, les apprenants continuent à faire les mêmes erreurs, même si on les leur corrige);
- très différent de l'ordre dans lequel on enseigne d'habitude ces formes.

Si tel est le cas, pourquoi s'évertuer à enseigner la grammaire puisque ça ne sert à rien, qu'on l'apprend dans un ordre préprogrammé (par une force supérieure?) presque en dépit de soi et des autres?

D'autre part, depuis que Krashen (1977, 1981) a découvert — ou inventé — le concept du moniteur, et que ce concept s'est répandu comme un feu de paille parmi les didacticiens de L2, il est fréquent d'entendre affirmer avec assurance que les connaissances grammaticales apprises ne sont guère utilisées en situation de communication orale. En effet, dit Krashen, "conscious learning is only available as a Monitor" (1981:4). Or le moniteur, qui est alimenté par ce qu'on *apprend* et dont la fonction est de corriger les fautes, a besoin de temps pour agir ou réagir. En situation normale de communication orale, le moniteur ne peut donc être d'aucun secours. Il peut même nuire à la communication.

> Extreme Monitor users might, in fact, be so concerned with editing their output to make it conform to their conscious rules that fluency would be seriously hampered (Krashen 1981: 12).

Le moniteur ne peut être utile que pour l'écrit, seule situation où l'on dispose du temps nécessaire pour y avoir recours. Selon Krashen toujours, même les formes grammaticales que l'on arrive à utiliser correctement en communication orale n'ont pas été *apprises* mais *acquises*. L'acquisition ne passe pas par l'apprentissage; l'apprentissage ne mène pas à l'acquisition.

Dans ces conditions, on comprend que, à toutes fins pratiques, l'enseignement de la grammaire soit considéré futile pour développer la communication orale. Krashen (1982:92-94) montre d'ailleurs avec brio que l'enseignement de la grammaire pose un problème "logique" insoluble. En effet, dit-il, en partant de toutes les règles qui régissent une langue, même la linguistique formelle la plus sophistiquée n'arrive à en décrire qu'une partie. La linguistique appliquée, à son tour, ne récupère qu'une partie de la meilleure description formelle disponible. Le meilleur professeur de langue seconde ne connaît qu'une partie de ce qu'on sait en linguistique appliquée. Dans les meilleures conditions, ce même professeur ne peut enseigner qu'une partie des règles qu'il connaît. Les meilleurs élèves ne peuvent se rappeler qu'une partie des règles qu'on leur a enseignées. Ces mêmes élèves ne peuvent appliquer dans leur performance qu'une partie des règles qu'ils savent. Alors, force est bien de conclure que la gigantesque montagne grammaticale ne peut accoucher que d'une toute petite souris performative!

Le jeu en vaut-il donc la chandelle? Logiquement, non. Il faut conclure, dit Krashen, que si on continue à réclamer et à dispenser l'enseignement grammatical, c'est *uniquement* en vertu de sa fonction psychologique sécurisante pour un public adulte: on l'enseignerait parce que les étudiants adultes *pensent* que ça leur fait du bien, que ça améliore leur performance.

> They (the students) believe that it is the subject matter itself, the study of grammar, that is responsible for the students' progress in second language acquisition, but in reality, their progress is coming from the medium and not the message. Any subject matter that held their interest would do just as well (1982: 120).

Que faire alors des erreurs? Depuis qu'on considère l'erreur comme un phénomène positif qui témoigne de la mise en marche du processus d'apprentissage chez l'élève, on recommande aux enseignants une grande tolérance de l'erreur. C'est ainsi qu'on peut lire dans le programme du ministère de l'Éducation du Québec (1982:12): "Dans la mesure où l'enseignant accepte que l'erreur fasse partie intégrante de l'apprentissage, il favorise chez l'élève une plus grande motivation à communiquer dans la langue seconde."

On recommande de ne corriger l'erreur que lorsqu'elle entrave la communication. "Il est essentiel de *tolérer l'erreur* (en italiques dans le texte) au niveau de la phonologie et de la syntaxe à condition qu'elle n'entrave pas la communication." Or l'erreur grammaticale nuit rarement à la communication. Si je dis: "Moi pas travailler demain," le message est parfaitement clair. Mon employeur saurait exactement quoi en faire!

Au lieu donc de perdre son temps à viser la formulation parfaite de chaque énoncé, tant du point de vue grammatical que phonétique, on devrait donc développer chez les élèves des *stratégies de communication* efficaces. La correction grammaticale est un luxe qu'on se paiera plus tard, si toutefois elle n'est pas déjà venue d'elle-même. C'est ce qu'affirme Corder:

> Naturellement, les erreurs des apprenants disparaîtront avec le temps, au fur et à mesure que se construit leur connaissance implicite, leur grammaire "mentale" (1980: 41).

C'est ce qu'on lit également dans le programme du ministère de l'Éducation du Québec: "La forme se raffinera avec l'usage" (1982: 12). Cette position est largement répandue dans les écrits récents.

Mais, pourrait-on suggérer timidement, ne serait-il pas possible d'enseigner la grammaire "communicativement"? Là encore, on semble se heurter à des problèmes logiques de taille.

- L'apprentissage de la grammaire exige une prévisibilité des réponses pour faire pratiquer le point à l'étude. Or, la communication échappe à tout contrôle. En effet, à une question telle que: "Que feras-tu cette fin de semaine?" (conçue, comme on l'a deviné, pour faire pratiquer le futur), je peux non seulement utiliser une panoplie de verbes réguliers ou irréguliers au futur sur lesquels le professeur n'a aucun contrôle - ce qui ne serait qu'un problème mineur -, mais également: "Je n'ai pas encore décidé," "Rien, comme d'habitude," "Dis donc, si on allait ensemble au cinéma?," "Demande ça à ma femme/mon mari, c'est jamais moi qui décide," "Tiens! ça me rappelle: as-tu vu *Les beaux dimanches* la semaine passée?" ou même encore: "Ça ne vous regarde pas!" Si on laissait donc libre cours à la communication authentique, on ne pourrait jamais pratiquer une forme grammaticale pré-établie.
- L'apprentissage de la grammaire exige que l'on *répète* les mêmes formes plusieurs fois. Il ne suffit pas d'arriver à faire dire une fois aux élèves: "Moi, je lirai le journal," "Moi, je ferai du ski," ou: "Moi, j'irai à la campagne avec ma famille" pour conclure que les formes du futur des verbes irréguliers sont apprises. Il faut faire répéter ces formes plusieurs fois pour qu'elles s'inscrivent dans la mémoire à long terme des apprenants. Or la communication

authentique s'accommode mal de la répétition.

• L'apprentissage de la grammaire exige le *contrôle des difficultés*. Si nous voulons que les élèves concentrent leur attention sur le futur, on a coutume de dire que ce n'est pas le moment de composer, par exemple, des phrases super complexes, contenant toutes sortes d'enchâssées. Même si on rejette le point de vue behavioriste qui préconisait la pratique d'une seule difficulté à la fois, le contrôle des difficultés semble tout à fait légitime pour l'apprentissage de quoi que ce soit. Or, la communication authentique fait fi de tout contrôle.

Ce n'est donc pas étonnant si les nombreux efforts pour présenter un point donné de grammaire dans un contexte de communication plausible se sont soldés le plus souvent par un échec. C'est comme si l'on voulait faire la quadrature du cercle! Ce n'est pas étonnant non plus si l'enseignement de la grammaire et la manie de la forme correcte n'ont pas produit des élèves qui peuvent communiquer.

Comment pourrait-on encore oser défendre la grammaire, avec des arguments aussi convaincants et des prises de position aussi claires? La communication ne sait que faire que de la grammaire. Et voilà. La preuve est faite. La communication ne peut pas savoir qu'elle sait, et la grammaire qui sait ne peut pas vouloir communiquer...

Et pourtant...

Notre gros bon sens nous dit qu'il y a quelque chose qui cloche dans ce raisonnement. Nous savons bien, par expérience, que mieux on sait la langue, mieux on la manie et mieux on arrive à s'exprimer et donc à communiquer. Si on critique, avec raison, le discours sur la forme (grammaire) qui ne tient pas compte du fond (communication), il faut tout autant refuser le discours qui suppose un fond sans forme. Les rapports dialectiques entre le fond et la forme ne peuvent être évacués par la simple affirmation de la primauté du fond.

L'erreur consiste à exiger une allégeance exclusive à la grammaire ou à la communication.

Language is not *only* a set of formal systems, but it *is* a set of systems, and it is perverse not to focus on questions of form when it is desirable (Swan 1985: 78, en italiques dans le texte).

L'erreur consiste aussi à chercher éternellement une solution simple, *la* solution à tous nos problèmes pédagogiques — recherche que Higgs appelle "the Quest for the Holy Grail" (1984: 1).

Après une répudiation, heureusement temporaire, la grammaire connaît, de nouveau un regain de faveur. En effet, les écrits récents mettent de plus en plus en évidence le rôle indéniable que joue la correction grammaticale dans la communication.

It is not popular these days to stress the need for grammatical accuracy in foreign-language classes. But it is vital to recognize that once a fairly elementary level is surpassed, the grammar itself communicates considerable meaning (Higgs 1984: 7).

Richards ajoute:

Grammar is (...) not (...) the central organizing principle of communication, but (it is) an important component of communication...Grammar skills interact with other language skills and together determine what learners can do at any given level of proficiency and how well they can do it (1985: 148).

Que faire alors des arguments massue qui semblaient prouver que l'enseignement et l'apprentissage de la grammaire ne servent à rien? Reprenons donc ces arguments:

1. Échec des méthodes basées sur une progression grammaticale

Existe-t-il vraiment cet échec? Après tout, la plupart des professeurs de langues secondes dans le monde possèdent la même langue maternelle que leurs élèves. Ils n'ont appris cette langue seconde que par les horribles méthodes qu'on condamne aujourd'hui. Force est bien d'admettre que quelque chose a bien marché, puisque ces professeurs ont décidé d'en faire leur carrière!

A-t-on même la preuve que les auteurs de manuels respectaient réellement une progression aussi rigoureuse qu'on veut bien le dire? Pour m'être essayée maintes fois à la chose (Kerr, Nemni et Séguinot 1968, 1969, 1970, 1971), je peux affirmer qu'il s'agit là plus d'un souhait de méthodologues que de réalité! Besse et Galisson font la même constatation à propos des cours qu'ils appellent "antéfonctionnels":

À vrai dire, c'est plus dans les discours méthodologiques qu'on tenait sur eux que dans la réalité de leur facture que ces cours respectaient une progression linguistique rigoureuse (1980: 84).

Quelles preuves a-t-on que c'est à la progression grammaticale et non à de multiples autres facteurs possibles qu'on doit attribuer le prétendu échec? C'est ainsi que Swan considère que le "linguistically competent, but communicatively incompetent student" de Newmark a tout simplement un problème de vocabulaire limité! (1985: 7).

Mais qu'entend-on, d'ailleurs, par échec? Se réfère-t-on à une absence totale de maîtrise de la langue, en d'autres termes, les élèves ne savent rien? Ou parle-t-on de non contrôle de certains aspects de la langue? Si oui, lesquels? Se réfère-t-on plutôt à un taux jugé trop élevé d'abandons? Au fait, sur quelles études se base-t-on pour parler d'échec? Et par rapport à quelle norme?

Spécifier *la nature* de l'échec est de prime importance si on veut proposer quelque chose qui *marche mieux*. La question est: *Qui fait quoi mieux?* A cela, on ne trouve aucune réponse. Dans ces conditions, on est en droit de mettre en doute tant la critique que les solutions proposées.

2. Pragmatique - *Niveau-Seuil* - actes de paroles

La pragmatique a incontestablement ajouté à l'étude du langage une dimension sociale qui manquait aux descriptions phonologiques, syntaxiques et lexicales, mais elle ne peut pas - et n'a d'ailleurs jamais prétendu - représenter *la seule* description valable de la langue. "Pragmatics are over-evaluated at the moment" (Swan 1985: 81). De même qu'il semble absurde d'avoir à choisir entre une description phonologique et une description syntaxique de la langue, il semble tout aussi absurde d'avoir à choisir entre une description notionnelle-fonctionnelle ou en actes de parole et une description syntaxique. Le débat se situe, non sur le plan descriptif, mais sur le plan du choix entre les deux comme base pour l'élaboration d'un programme d'études. Le débat entre l'approche structurale et l'approche fonctionnelle a été brillamment exposé par Stern dans plusieurs écrits. (voir, par exemple, 1981: 425-455). Comme on le sait, le Conseil de l'Europe a opté pour une approche notionnelle-fonctionnelle. Mais Guntermann et Phillips (1982) considèrent cette position comme prématurée:

> Since a great deal of testing of functional-notional approaches has still to be done, it does not yet appear to be feasible to place functions at the center of courses and materials for wide use in schools and colleges (cité par Omaggio, 1984: 75).

De toute manière, écrit Swan, le débat entre structural et fonctionnel repose sur une fausse dichotomie:

> The real issue is not which syllabus to put first: it is how to integrate eight or so syllabuses (functional, notional, situational, topic, phonological, lexical, structural, skills) into a sensible teaching programme...Designing a language course involves reconciling a large number of different and often conflicting priorities, and it is of little use to take one aspect of the language (structures, notions/functions, or anything else) and to use this systematically as a framework for the whole of one's teaching (1985: 80-81).

Réconcilier ces priorités, souvent conflictuelles et contradictoires, c'est ce que nous tentons de faire en partie, et non sans grande difficulté, dans la série *Tournesol,* qui met en pratique "l'approche intégrative" que nous avons élaborée (Nemni *et al,* 1978 à 1985).

Dans l'état donc de la recherche, en l'absence de données qui prouvent la supériorité à long terme d'un programme basé exclusivement sur une approche notionnelle-fonctionnelle, il semble plus sage d'*inclure* des actes de parole dans son enseignement, sans pour autant *exclure* d'autres types de regroupements traditionnellement acceptés.

3. Vague et vogue de l'authentique

Si l'on examine maintenant de plus près le concept d'authenticité qui a tant fait couler d'encre, et au nom duquel on a tant condamné les dialogues et exercices "artificiels" des méthodes audiovisuelles et audio-orales, on se trouve vite confronté à des difficultés théoriques de taille:

a) La communication authentique supporte mal tout cadre institutionnel. En effet, dans toute communication authentique, *on choisit ses interlocuteurs,* ce qui n'est nullement le cas en classe. *On choisit également entre la parole et le silence.* On ne prévoit ni ne commande d'avance *un état émotif:* on ne décide pas de se fâcher authentiquement le mercredi 10 octobre à 9h45, moment où on apprendra et pratiquera les formes langagières qui expriment la colère... Le manque d'authenticité de la classe a déjà été suffisamment souligné pour qu'il suffise ici de le rappeler et non de le prouver. (Voir à ce sujet, par exemple, les très nombreux articles sur l'authenticité dans divers numéros du *Français dans le Monde,* celui de Maley (1980), par exemple, le volume 4, numéro 2 du *Bulletin de l'ACLA* (1982) ou les articles parus dans *La Revue canadienne des langues vivantes).*

Pour remédier à cette difficulté non négligeable, il est commun de préconiser la simulation ou le jeu de rôle. Ces techniques, vieilles comme la pédagogie, ont le mérite incontestable de créer une situation de communication qui *simule* la réalité. Mais il ne faut pas oublier pour autant que ces techniques produisent des réactions différentes selon les apprenants, ''libérantes pour certains mais paralysantes pour d'autres'' (Pérez 1984: 32) et surtout ne pas prendre la simulation pour la réalité!

Du moment que l'on admet que la vraie communication authentique ne peut avoir lieu dans une salle de classe, il devient impossible de condamner une activité quelconque au nom de l'authenticité absolue. Il n'est plus question que d'authenticité *relative,* de *degrés* d'authenticité, jugés selon des critères que l'on peut toujours débattre ou contester. La dichotomie authentique/non authentique se révèle illusoire dans la salle de classe. En effet, un-e étudiant-e adulte pourrait très bien, par exemple, trouver plus ''authentique'' une leçon de grammaire, parce que plus conforme à ses attentes, qu'une simulation où il-elle serait censé-e exprimer sa joie (imaginée) de recevoir un beau cadeau (toujours imaginé).

Pour illustrer le fait que la simulation exige souvent un gros effort d'imagination, j'aimerais citer cet exemple d'activité d'écriture tiré d'un manuel américain publié très récemment. Si je n'en donne pas les références exactes, c'est qu'il ne s'agit pas ici de condamner un manuel en particulier ou ses auteurs — il serait très facile de trouver une multitude d'autres exemples, publiés ailleurs — mais plutôt de critiquer ce qu'on nous propose souvent comme des activités authentiques, ou pour le moins, réalistes.

You have a rich uncle. You want him to lend you some money so that you can buy a new car. He knows you smashed up your old one. Write him a letter asking him to lend you the money. Give reasons.

En tant qu'étudiante, pour que cette activité me semble tant soit peu authentique, il faut que je prétende:

• que j'ai un oncle,

- qu'il est riche,
- que je sais conduire,
- que j'avais une vieille voiture,
- que je ne l'ai plus à cause d'un accident,
- que j'en veux une autre,
- que je ne peux ni rendre visite à mon oncle ni lui téléphoner pour mieux l'amadouer,
- que mon oncle ne parle pas ma langue maternelle, mais bien la langue seconde que j'étudie en ce moment...Et j'en oublie peut-être...

Mon dieu! Où est donc passée l'authenticité?

b) Exiger l'usage d'une langue "naturelle," non simplifiée à des fins pédagogiques, pour mieux simuler les conditions d'acquisition de la langue maternelle, c'est ne pas tenir compte des recherches de plus en plus nombreuses qui tendent à prouver:

- qu'on n'apprend pas une langue seconde comme une langue maternelle;
- que l'analyse de la langue utilisée pour parler aux enfants — appelée d'abord "motherese," puis, pour éviter tout sexisme, "caretaker talk" — cette analyse donc, révèle des simplifications systématiques, tant au niveau lexical que syntaxique.

D'autres recherches ont établi l'existence d'un "foreigner" et d'un "teacher talk" qui subissent des simplifications analogues à celles du "caretaker talk". En d'autres termes, pour mieux assurer la communication, il semble que nous ajustions intuitivement notre langage en fonction de ce que nous croyons être la compétence linguistique de notre interlocuteur.

Décrivant ce phénomène, cette fois du point de vue de l'apprenant, Krashen a brillamment mis en évidence la différence entre ce qu'il appelle "the input" et "the intake," ou entre "l'entrée" et "la saisie." Il a proposé l'hypothèse convaincante que la saisie maximale se produit quand l'entrée ne dépasse que faiblement le niveau de compétence de l'apprenant. Si l'écart est trop grand, la saisie devient impossible.

Si l'on accepte cette hypothèse, comme c'est mon cas, et si l'on tient compte de l'existence du "caretaker talk," il s'ensuit que, surtout au niveau débutant, le contrôle de l'entrée, qui vise à fournir à l'apprenant ce que Krashen appelle du "comprehensible input," a non seulement le mérite d'assurer une meilleure compréhension de la part de l'apprenant, mais il est également plus "authentique," plus "naturel," puisqu'il reproduit davantage ce qui se passe dans la vie, hors de la salle de classe.

Il s'ensuit également que le document authentique, qui pose par ailleurs un problème sérieux d'authenticité une fois soumis à l'agression de la classe, pose aussi des problèmes pédagogiques s'il n'est pas suffisamment adapté au niveau linguistique des apprenants. Omaggio écrit à ce sujet:

It is not clear how teachers can make the most effective use of authentic language materials in elementary-level...classes...We might obtain the best results by using simplified versions of authentic materials and gradually move toward incorporating complete, unedited language samples (1984: 71-72).

Il n'est pas question ici de condamner le recours aux documents authentiques. Leur valeur pédagogique n'est plus à démontrer. Déjà dans la méthode de grammaire-traduction, l'enseignement de la langue débouchait aussi vite que possible sur la lecture des grandes oeuvres littéraires, jugées seules dignes d'attention. Il convient, cependant, de souligner que ce document n'est pas nécessairement le mieux adapté aux besoins des élèves. S'il y a conflit entre l'authentique et le pédagogique, il faut opter pour le pédagogique, parce que ce dernier est, comme on vient de le voir, plus conforme à l'expérience humaine.

"Chassez l'authentique...il revient au galop" écrit Moirand (1977: 53). Je veux bien. Mais chassez le pédagogique...et vous chassez l'authentique!

c) Recommander l'usage exclusif de communications et de documents authentiques, qui ne répètent qu'exceptionnellement les mêmes formes linguistiques, c'est aller à l'encontre de ce qu'on semble savoir sur le fonctionnement de la mémoire, à savoir, le besoin d'organiser, d'ordonner, de faire apparaître un système. On trouvera des données fascinantes sur la question dans l'excellent livre de Stevick (1976), *Memory, Meaning and Method*. La systématisation favorise le rappel, et certaines formes de systématisation sont plus efficaces que d'autres.

Or, c'est le propre de la description et de la pratique grammaticales, phonologiques, lexicales, pragmatiques, etc. d'organiser les données de la langue. Hors de la structuration, point de pédagogie! Même dans une approche notionnelle/fonctionnelle, il est possible de mettre en doute la valeur pédagogique du recours exclusif aux documents et à la communication authentiques, puisque ces derniers n'assureraient pas à la mémoire le cadre le plus favorable à sa rentabilité.

d) La volonté de créer *in vitro* un contexte sociolinguistique "authentique," qui caractérise tout échange normal, oblige les professeurs et les nouveaux auteurs de manuels à fournir un luxe de détails sur la situation de communication de chaque énoncé. On se trouve alors face à un dilemme:

• Ou bien on donne ces détails dans la langue seconde et on risque de ne pas être du tout compris par les élèves,
• Ou on donne ces détails dans la langue maternelle des élèves et on passe plus de temps à parler en L1 qu'en L2.

Examinons, à titre d'exemple, l'activité suivante, proposée pour faire pratiquer les "greetings." Une fois de plus, je ne donne pas la référence exacte, pour les mêmes raisons que plus haut.

People: two friends.
Information to consider.

Both people are middle-aged. One person is a man; the other is a woman. They used to live next door to each other, but the man moved to another part of the city. While they were neighbours, they had a friendly relationship; however, they haven't seen each other since the man moved.
Greetings:
The two friends run into each other at a movie. They greet each other.

Les étudiants doivent choisir parmi les expressions proposées suivantes celle qui convient le mieux à la situation:

Good morning (afternoon, evening) / Hello. / Hi. How are you? / How are you doing? / How are things? / How's it going?

Et pour les réponses:

(I'm) Fine! (Very) good. (thank you) / Great! All right. OK. / Not too bad. (thanks)
And you? / How are you? / How about you? / What about you?

Oublions pour l'instant un problème mineur du choix absent d'une formule très probable, à savoir "Long time, no see!". Un problème plus grave est que je doute qu'il existe beaucoup d'étudiants qui, ayant compris la situation, auraient eu une difficulté quelconque à choisir la formule appropriée. En un quart de siècle d'enseignement des langues secondes, je n'en ai, personnellement, pas rencontré. L'activité aurait donc été, pour eux, inutile. Par contre, ceux qui auraient eu des difficultés à choisir, n'auraient très probablement pas compris grand-chose à la mise en situation! Si j'expliquais donc cette situation en langue maternelle, je passerais plus de temps à parler la langue maternelle des élèves qu'à faire pratiquer les "greetings." Il faut, en effet, plus de temps pour décrire la situation, ma fois pas mal compliquée, des voisins de tout à l'heure que pour dire: "Hi! How are you?"

Bien que je me range résolument parmi les défenseurs du droit incontestable au recours à la langue maternelle, je considère néanmoins que dans les classes régulières de langue seconde (du type "core French" ou anglais de base), compte tenu des classes surchargées, des heures-contact limitées, de notre tendance notoire à la verbosité et au monologue, nous avons *le devoir* de privilégier des modèles pédagogiques qui favorisent l'usage maximal de la langue seconde.

De plus, l'obligation du recours à la langue maternelle rend automatiquement ce modèle inopérant dans les classes de débutants, linguistiquement hétérogènes, telles certaines classes de francisation (dans les pays francophones) et de ESL (dans les pays anglophones). C'est ce que confirme Alexander (1978) dans le guide pédagogique de *Mainline:*

Paradoxically, for all their emphasis on communication, the new generation of courses based on a functional/notional approach is going to bring with it an increasing demand for the use of the mother tongue at the absolute beginners' level...(p.32).

If the teacher is faced with a mixed nationality class of absolute beginners, there is almost no way he can operate a course like *Mainline Beginners* to its fullest extent and he might be well-advised to use audio-visually based materials...(p.34).

Force est bien de conclure que l'authenticité soulève plus de problèmes qu'elle n'en résoud. Il faut veiller à ce que la vague — que dis-je la vague? — le raz de marée de l'authentique n'engloutisse sur son passage enseignants et apprenants.

3. Futilité de l'enseignement de la grammaire Apprentissage et acquisition — Éloge de l'erreur

Examinons maintenant tour à tour l'ordre naturel d'acquisition de la grammaire, la différence entre l'apprentissage et l'acquisition, et la place de l'erreur dans l'apprentissage d'une langue seconde.

La publication de la recherche de Dulay et Burt (1974) qui conclut à l'existence d'un ordre naturel dans l'acquisition de la grammaire a eu un effet explosif, révolutionnaire, et, ma foi, salutaire, sur les théories behavioristes relatives à l'acquisition des langues secondes. Cet ordre naturel garde ses défenseurs invétérés. C'est ainsi que Krashen écrit, en 1981, à propos de ses propres recherches portant sur des apprenants adultes:

We...reported no difference in rank order between Spanish-speakers and non-Spanish-speakers, which was consistent with Dulay and Burt's finding of no first language influence in their child second language study (Chinese-speakers and Spanish-speakers) (p.52).

Et après une discussion qui le mène à la réfutation des recherches qui ne semblent pas aboutir aux mêmes résultats, il conclut que la grammaire se développe d'elle-même:

There is, as yet, no counterevidence to the hypothesis that the existence of the natural order in the adult is indeed a manifestation of the creative construction process, or language acquisition (p.62).

Ce point de vue, cependant, perd de sa popularité. D'autres recherches, dont le nombre va en croissant, ont présenté des résultats qui semblent contredire (Sheen 1980) ou, pour le moins, nuancer (Larsen-Freeman 1976, Hamayan et Tucker 1980, Roffé et Saura 1985 et bien d'autres) l'hypothèse de l'influence nulle de la langue maternelle et de l'enseignement.

Si l'analyse différentielle péchait par une assurance démesurée, sinon arrogante, vis-à-vis sa capacité à expliquer et à prédire les erreurs des apprenants, l'hypothèse universaliste et développementale pêche par la surgénéralisation de résultats limités. En effet, les études de Dulay et Burt, ou de Krashen, par exemple, ne portent que sur une dizaine de morphèmes de l'anglais. La syntaxe d'une langue se réduit-elle à si peu? Peut-on sérieusement en déduire une théorie de l'acquisition de la syntaxe, encore moins une théorie de l'acquisition d'une langue seconde? Il est permis d'en douter.

It should be pointed out...that there is much more to language acquisition than the mastery of twelve or so grammatical morphemes. Much of the SLA research of the 1970s consequently reflected an impoverished view of the nature of language proficiency...Although the facts the morpheme studies demonstrated have not generally been disputed, their significance for a theory of second language acquisition is consequently limited (Richards 1985: 65).

Après avoir connu quelques années de disgrâce, l'analyse différentielle reprend, depuis quelques années, du poil de la bête: témoin, entre autres, le livre au nom révélateur *Contrastive Linguistics and The Second Language Teachers* (Fisiak 1981). On reconnaît, une fois de plus, le rôle indéniable de la langue maternelle dans l'acquisition d'une langue seconde et on en étudie les processus et les conditions de *transfert,* transfert qui peut être, d'ailleurs, aussi bien positif que négatif. On assiste à l'émergence d'une position plus modérée, plus nuancée, qui tient compte à la fois des acquis de l'analyse différentielle, de l'analyse développementale et de la pragmatique.

Interference from the mother tongue is clearly a major source of difficulty in second-language learning, and contrastive analysis has proved valuable in locating areas in interlanguage interference. Many errors, however, derive from the strategies employed by the learner in language acquisition, and from mutual interference of items within the target language...Teaching techniques and procedures should take account of the structural and developmental conflicts that can come about in language learning (Richards 1985: 54).

De plus, on assiste à une prise de conscience croissante de la complexité du processus d'acquisition d'une langue seconde aussi bien en milieu naturel qu'en salle de classe. De nombreuses études tentent d'évaluer le rôle respectif de l'entrée linguistique, de l'interaction en classe, des stratégies individuelles, et de bien d'autres facteurs. À la lumière de ces recherches, l'hypothèse universaliste de l'acquisition de la grammaire, qui n'attribue aucun rôle à la langue maternelle ou aux circonstances de l'acquisition, semble, à tout le moins, reposer sur des données restreintes. Elle ne pourrait donc suffire à réfuter l'enseignement de la grammaire.

Considérons alors la fameuse dichotomie apprentissage/acquisition et le concept du moniteur de Krashen. Bien que ces termes fassent aujourd'hui partie du vocabulaire d'usage de la presque totalité des didacticiens des langues secondes, les hypothèses qui les sous-tendent sont loin de faire l'unanimité. Parmi les critiques les plus intéressantes, citons celles de McLaughlin (1978) et de Bibeau (1983).

Que peut-on reprocher à ce modèle attrayant, brillamment exposé, et qui semble tenir compte de tout ce que le domaine de l'acquisition des langues secondes a apporté à la didactique? En gros, et tout simplement, ce qui lui manque, c'est la preuve qu'il existe!

Prenons la distinction très nette entre l'acquisition et l'apprentissage. Qu'il y ait des choses qu'on apprend mille fois et qu'on ne sait toujours pas, et d'autres où une expérience unique laisse des traces indélébiles dans notre mémoire, on en conviendrait sans hésitation. Nous en avons tous fait l'expérience personnelle.

Mais de là à conclure à l'existence d'un mur de Berlin entre l'acquisition et l'apprentissage...

Pour prouver son point de vue, Krashen utilise un raisonnement qui va comme suit: si l'apprentissage ne mène pas à l'acquisition, c'est que "conscious learning is only available as a Monitor" (1981: 4). Mais sur quoi repose l'utilisation du mot "only"? Quelles preuves nous propose-t-on pour affirmer qu'il y a acquisition quand on prête attention au sens et non à la forme et qu'il n'y a qu'apprentissage quand on prête attention à la forme? Ne peut-on jamais faire les deux à la fois?

Face aux résultats de sa propre recherche (Krashen, Jones, Zelinski et Usprich 1978) qui prouvent que "years of formal instruction reported is a better predictor of language proficiency than is time spent in an English speaking environment" (Krashen 1981: 44), il en conclut, non que sa théorie sur l'acquisition accuse quelque faiblesse — ce qui me semble la conclusion logique — mais que "it seems plausible that the classroom can accomplish both learning and acquisition simultaneously" (p.47). Le raisonnement est circulaire: si on sait, c'est parce qu'on a acquis. Si on a acquis dans un contexte où on croyait qu'on était en train d'apprendre, c'est parce que, indépendamment de l'apprentissage qui ne sert à rien, on était en train d'acquérir. L'apprentissage, ce n'est pas de l'acquisition parce que l'acquisition, ce n'est pas de l'apprentissage, c'est de l'acquisition! Nous voguons en pleine tautologie...

L'hypothèse de McLaughlin (1978:327) qui réfute celle de Krashen, me semble beaucoup plus convaincante: "It is better to speak of controlled processes becoming automatic as they are practiced and committed to long-term store."

On peut se demander, alors, avec Bibeau (1983: 121):

> Comment donc expliquer la naissance d'une théorie comme celle du moniteur, qui possède de si nombreux défauts? Comment concevoir qu'une argumentation si souvent peu rigoureuse puisse voir le jour et même connaître un grand succès? Je ne vois qu'une explication à ce phénomène étrange: la panique intellectuelle qui s'est emparée des spécialistes de la question devant ce qu'on appelle — à tort d'ailleurs — l'échec de l'apprentissage des langues secondes.

Il ne reste plus à traiter ici que de la place de l'erreur dans l'acquisition, ou plutôt, ce qui nous intéresse davantage, dans l'enseignement d'une langue seconde. Faut-il adopter une attitude de laisser-faire, puisque, avec un peu de patience, les choses s'arrangeront d'elles-mêmes? C'est, comme on s'en souvient, l'attitude de Corder et de bien d'autres.

Que l'erreur n'ait plus à être considérée comme un échec de l'enseignant, de l'apprenant ou de la méthode, cela semble aujourd'hui tout à fait évident. C'est là une des contributions les plus intéressantes de l'analyse des erreurs. Je trouve cette perspective également plus rassurante, puisqu'elle déculpabilise enseignants, apprenants, et auteurs de manuels. En effet, l'élève qui dirait, par exemple, "des journaux," démontrerait en fait qu'il-elle a compris la règle du pluriel en français, à savoir que c'est le prédéterminant et non le nom qui porte la marque du pluriel. Ce que l'élève ignore, ce sont les limites, ou les contraintes de cette règle.

Ce type d'erreur, qu'on appelle intralinguale et qui ne provient pas de l'interférence de la langue maternelle, constitue effectivement une partie importante des erreurs des apprenants. Elle témoigne sans aucun doute du dynamisme du processus d'apprentissage (ou d'acquistion). On comprend qu'on puisse y voir une certaine créativité, ou une créativité certaine!

Mais ceci dit, le problème reste entier. Que dois-je faire si quelqu'un en classe me dit "des journals"? Dois-je corriger tout de suite, de peur que l'élève apprenne la faute? Ou passer outre, puisque l'erreur n'a pas nui au message et qu'elle se corrigera à la longue? Que veut-on dire par "tolérer l'erreur"? La tolérer à quel degré?

Qu'on n'ait pas à bondir sur les élèves toutes les fois qu'ils font une erreur, tous les bons professeurs en conviendraient et en ont toujours convenu. À voir la quantité d'erreurs que certains élèves font parfois dans une seule phrase, on se rend vite compte que la tâche serait, d'ailleurs, bien au-dessus de nos forces. Les professeurs ont toujours "laissé passer" des fautes, sinon par conviction, du moins par nécessité.

Là n'est donc pas la question. Ce qu'on discute, c'est non la modération dans la correction, mais les deux hypothèses selon lesquelles: 1) les erreurs se corrigeront d'elles-mêmes, 2) les erreurs de phonologie et de syntaxe ne nuisent pas à la communication.

Examinons la première. Sur quelles études repose cet optimisme? Quelles preuves nous fournit Corder, par exemple, quand il affirme:

> Pourvu qu'il ait d'abondantes occasions de communiquer au moyen de son interlangue et bénéficie d'une riche exposition à la langue cible, utilisée elle-même à des fins de communication naturelle, un apprenant finira toujours par acquérir cette langue et par éliminer graduellement la plupart de ses erreurs, à condition qu'il soit motivé en ce sens (1980: 41).

Aucune, à ma connaissance. Accepter donc ce point de vue, comme le font ses nombreux défenseurs, en l'absence de preuves empiriques, c'est faire acte de foi.

En fait, notre expérience intuitive, ainsi que les quelques études empiriques sur la question, semblent plutôt prouver le contraire. Il suffit de se promener dans n'importe quelle ville du Canada, ou d'ailleurs, pour constater que tous les immigrants ne raffinent pas nécessairement la forme avec l'usage. Livrés à eux-mêmes, les gens semblent atteindre un plateau au-delà duquel leur maîtrise grammaticale ne progresse pas. Rapportant les études de Schumann (1978), de Schmidt (1983) et de Higgs et Clifford (1982), Richards conclut:

> ...many language learners..., despite prolonged contact with and use of English,

fail to go beyond an initial level of proficiency in many areas of grammar, despite developing greater control in other areas of communicative competence (1985: 150).

Il cite également les résultats de Higgs et Clifford (1982) qui ont étudié la performance de nombreux étudiants américains ayant suivi des cours intensifs au "Defense Language Institute." Ces chercheurs rapportent un phénomène de fossilisation. Ils constatent, d'autre part:

> It is important to note that the grammar weaknesses that are typically found...are not *missing* grammatical patterns which the student could learn or acquire later on, but are *fossilized* incorrect patterns. Experience has shown again and again that such patterns are not remediable, even in intensive language training programs or additional in-country living experience (1982: 67, en italiques dans le texte).

Ces chercheurs expliquent ce phénomène ainsi:

> In many U.S. government programs...where there is an initial emphasis on communication, and in particular comprehensible communication, learners' production or output demands in the target language may soon outstrip their grammatical competence. The results are learners who are successful but grammatically inaccurate communicators. There may be too few demands within the curriculum for use of the syntactic mode. In addition, there is often not enough focus on grammatical accuracy in such programs (dans Richards 1985:152).

Ces résultats invitent à la prudence, d'autant plus que même la recherche de Krashen, mentionnée plus haut, qui soutient pourtant que les erreurs se corrigent d'elles-mêmes avec le temps, a trouvé une corrélation positive entre la performance des sujets et la durée de l'enseignement formel. C'est pourquoi il me semble plus sage de conclure, avec Omaggio:

> Until concrete and compelling evidence is provided that accuracy in language production develops without correction of errors and attention to form...this writer will assume the alternate hypothesis implied in the Higgs and Clifford position: that is, careful error correction is important for the eventual development of proficiency (1984: 50).

En effet, en encourageant et en valorisant une expression approximative chez nos élèves, nous risquons de leur faire, à long terme, plus de mal que de bien. Il faut corriger les erreurs, même phonologiques et syntaxiques, mais il faut le faire avec modération et diplomatie, pour ne pas nuire à la motivation, déjà pas toujours extraordinaire, de nos élèves.

Considérons maintenant la deuxième hypothèse, selon laquelle l'erreur phonologique et syntaxique ne nuit pas à la communication. D'abord, un des problèmes auquel nous faisons face, en tant qu'enseignants, c'est qu'il nous est très difficile de déterminer ce qui nuit à la communication: nous avons tellement l'habitude d'entendre la langue seconde massacrée qu'il y a peu d'énoncés de nos élèves que nous n'arrivons pas vraiment à comprendre. Comme les parents, nous comprenons ces chers petits (ou grands) à demi-mot, au quart de mot...Comment savoir ce qui serait incompréhensible pour des locuteurs natifs non initiés?

Mais même en dehors de la classe, à quel type de communication se réfère-t-on? Peut-on dire que parler comme Tarzan ne nuise pas à la communication? Et si, comme le soutient Sieloff Magnan (1982), certaines erreurs grammaticales produisent, plus que d'autres, des réactions négatives chez les locuteurs natifs, peut-on parler encore de communication non affectée par l'erreur? Il faut se situer à un niveau bien bas de communication pour que la forme n'affecte en rien le message.

Je dirais qu'à la limite, *toutes* les erreurs nuisent à la communication, mais à des degrés variables, bien entendu. Il ne s'agit pas, cependant, de légitimer la chasse à l'erreur. Loin de là.

Il n'est pas question de traumatiser les étudiants au point de les réduire au silence. Les bons professeurs le savent depuis toujours. Mais on peut traumatiser tout autant les élèves en ne corrigeant que les erreurs "qui nuisent à la communication". C'est bien plus *le climat* dans lequel se fait la correction de l'erreur que *le type* d'erreur sur lequel porte la correction qui va ou non donner à l'élève l'envie de persévérer. C'est là que la pédagogie peut être d'un grand secours.

Conclusion

Les arguments, en apparence très convaincants pour donner à l'enseignement de la grammaire un rôle mineur, pour ne pas dire inexistant, résistent mal à une analyse plus approfondie. Le peu de données à notre disposition nous invite à ne pas rejeter trop hâtivement cet enseignement...Au contraire, comme le fait Stern, il faut plutôt encourager les professeurs à "treat the grammar of a second language as a puzzling and challenging phenomenon and as a subject of worthwhile and fascinating study" (1983: 131).

La communication doit savoir pour pouvoir...

Mais peut-on enseigner la grammaire d'une manière plus communicative, et peut-être plus intéressante, qu'on ne le fait habituellement? Je le crois. Mais cela devra faire l'objet d'un autre article.*

---

* Cet article est une version "revue et augmentée" de la communication donnée par l'auteur à Montréal, le 3 mai 1985, au congrès conjoint de l'AQEFLS et de CASLT.

Références

Alexander, L.G. 1978. *Mainline, Beginners A.* Teacher's Book. London: Longman.

Austin, J.L. 1962. *How to Do Things With Words.* Oxford: Oxford University Press. Traduction française: *Quand dire, c'est faire.* 1970.

Besse, H. et R. Galisson. 1980. *Polémique en didactique: du renouveau en question.* Paris: CLE International.

Bibeau, G. 1983. "La théorie du moniteur de Krashen: aspects critiques." *Bulletin de l'ACLA,* 5(1):99-123.

Corder, S.P. 1980. "Que signifient les erreurs des apprenants?" *Langages,* 57:9-41.

Coste, D.,J. Courtillon, V. Ferenzi, M. Martins-Baltar, E. Papo, E. Roulet. 1976. *Un Niveau-seuil.* Strasbourg: Conseil de l'Europe.

Dulay, H.C. et M.K. Burt. 1973. "Should We Teach Children Syntax?" *Language Learning,* 23:245-258.

Dulay, H.C. et M.K. Burt. 1974. "A New Perspective on the Creative Construction Process in Child Second Language Acquisition," *Language Learning,* 34:253-278.

Dulay, H.C. et M.K. Burt. 1975. "A New Approach to Discovering Universal Strategies of Child Second Language Acquisition" in *Developmental Psycholinguistics,* ed. D.P. Dato. pp. 209-233. Georgetown: Georgetown University Press.

Fisiak, J. ed. 1981. *Contrastive Linguistics and the Language Teacher.* London: Pergamon Institute of English.

Higgs, T.V. and R. Clifford. 1982. "The Push Toward Communication" in *Curriculum, Competence, and the Foreign Language Teacher,* ed. T.V. Higgs, 13:57-79. The ACTFL Foreign Language Education Series, Skokie, Ill.: National Textbook Co.

Higgs, T.V. ed. 1984. *Teaching for Proficiency, the Organizing Principle.* The ACTFL Foreign Language Education Series. Skokie, Ill.: National Textbook Co.

Hymes, D.H. 1971. *On Communicative Competence.* Philadelphia: University of Pennsylvania Press. Traduction française: *Vers la compétence de communication.* 1984. Paris: Hatier.

Kerr, D., M. Nemni, et A. Séguinot. 1968. *Ici On Parle Français. Level III.* Toronto: Prentice-Hall Canada Inc.

Kerr, D., M. Nemni, et A. Séguinot. 1969. *Ici On Parle Français. Level IV.* Toronto: Prentice-Hall Canada Inc.

Kerr, D., M. Nemni, et A. Séguinot. 1970. *Ici On Parle Français. Level V.* Toronto: Prentice-Hall Canada Inc.

Kerr, D., M. Nemni, et A. Séguinot. 1971. *Ici On Parle Français. Level VI.* Toronto: Prentice-Hall Canada Inc.

Krashen, S.D. 1977. "Some Issues Relating to the Monitor Model" in *On TESOL '77. Teaching and Learning English as a Second Language,* ed. H.D. Brown, C. Yorio, and R.

Crymes, pp. 144-158. Georgetown: TESOL.

Krashen, S., S. Zelinski, C. Jones, and C. Usprich. 1978. "How Important Is Instruction?" *ELT Journal,* 32:257-261.

Krashen, S.D. 1981. *Second Language Acquisition and Second Language Learning:* London: Pergamon Institute of English.

Krashen, S.D. 1982. *Principles and Practice in Second Language Acquisition.* London: Pergamon Press.

Maley, A. 1980. "L'enseignement d'une compétence de communication: Illusion du Réel et Réalité de l'Illusion," *Le Français dans le Monde.* 153:58-60 et 69-71.

Moirand, S. 1977. "Communication écrite et apprentissage initial," *Le Français dans le Monde,* 133:43-44 et 53-57.

Nemni, M. et D. Kerr. 1979. (Série *Tournesol*) *Autour de moi.* Toronto: Prentice-Hall Canada Inc.

Nemni, M. et D. Kerr. 1979. (Série *Tournesol*) *Parlons chiffres.* Toronto: Prentice-Hall Canada Inc.

Nemni, M., D. Kerr., B. Lecerf et I. Robinson. 1980. (Série *Tournesol*) *À vos marques!* Toronto: Prentice-Hall Canada Inc.

Nemni, M., et Y. Szmidt. 1982 (Série *Tournesol*) *Ça tourne!* Toronto: Prentice-Hall Canada Inc.

Nemni, M. 1985. (Serie *Tournesol*) *Quelles nouvelles?* Toronto: Prentice-Hall Canada Inc.

Nemni, M., B. Lecerf et I. Robinson, 1986. (Série *Tournesol*) *Plus loin...* Prentice-Hall Canada Inc.

Oller, J.W. Jr. 1971. "Language, Communication and Second Language Learning" in *The Psychology of Second Language Learning,* ed. P. Pimsleur, pp. 171-179. Cambridge: Cambridge University Press.

Omaggio, A.C. 1984. "The Proficiency-Oriented Classroom," in *Teaching for Proficiency, the Organizing Principle,* ed. T.V. Higgs, pp. 43-84. Skokie, Ill.: National Textbook Co.

Pérez, M. 1984. "Degrés de réalisme dans les documents oraux obtenus au moyen de différents types de simulation." *Études de linguistique appliquée,* nouvelle série, 56:26-37.

Programme d'études. Primaire. Français langue seconde. 1982. Ministère de l'Éducation du Québec. Doc. 16-2405.

Richards, J.C. 1985. *The Context of Language Teaching.* Cambridge: Cambridge University Press.

Roffé M. et B. Saura. 1985. *Analyse des erreurs d'étudiants hispanophones apprenant le français.* Mémoire de maîtrise. Montréal: Université du Québec à Montréal.

Searle, J.R. 1969. *Speech Acts* Cambridge: Cambridge University Press. Traduction française: *Les actes du langage. Essais de philosophie du langage.* 1973. Paris: Hermann.

Sheen, R. 1980. "The Importance of Negative Transfer in the Speech of Near-Bilinguals," *IRAL,* 48(2):105-119.

Sieloff Magnan, S. 1982. "Native Speaker Reaction as a Criterion for Error Correction" in *ESL and the FL Teacher,* ed. A. Garfinkel, pp. 30-36. Skokie, Ill.: National Textbook Co.

Stern, H.H. 1981. "The Formal-Functional Distinction in Language Pedagogy: a Conceptual Clarification," in *Actes du 5ème congrès de l'Association internationale de linguistique,* ed. J-G. Savard et L. Laforge, pp. 425-455. Laval: Les Presses de l'université Laval.

Stern, H.H. 1983. *Fundamental Concepts of Language Teaching.* Oxford University Press.

Stevick, E.W. 1976. *Memory, Meaning & Method.* Rowley, Mass.: Newbury House Publishers.

Swan, M. 1985a. "A Critical Look at the Communicative Approach" (1) *ELT Journal.* 39(1):2-12.

Swan, M. 1985b. "A Critical Look at the Communicative Approach" (2) *ELT Journal.* 39:(2):76-87.

Wilkins, D.A. 1979. "Notional Syllabuses and the Concept of a Minimum Adequate Grammar, " in *The Communicative Approach to Language Teaching.* ed. C.J. Brumfit & K. Johnson. pp. 91-98. Oxford: Oxford University Press.

Nancy Wickwire Fraser

10
Quelques conseils
à l'intention des nouveaux
enseignants en français langue seconde

Dans les écoles canadiennes, les enseignants du français langue seconde font face à deux difficultés:

- enseigner la langue cible à des enfants,
- créer une ambiance où les élèves se sentent en confiance.

C'est ce dernier point dont j'ai l'intention de traiter dans le petit recueil qui suit. Étant donné que la majorité des professeurs de français rencontrent entre cent cinquante et deux cents jeunes élèves par jour, il leur est difficile de les mettre tous en confiance, car, au bout de vingt ou de quarante minutes de classe, ils disparaissent jusqu'au lendemain! C'est pourquoi il faut veiller tout spéciale-ment à encourager les élèves à avoir davantage confiance en eux et à multiplier leurs chances de succès durant les heures de classe elles-mêmes si précieuses. En tant que professeur de français aux niveaux primaire et secondaire, en tant qu'enseignante spécialisée et en tant que conseillère, j'ai enseigné ou observé des élèves dans des centaines de classes, relevant de nombreux conseils scolaires, et ce dans trois provinces. Il est arrivé que des élèves déchirent de façon belligérante, et par défi, leurs devoirs à la fin du cours; par contre, il est arrivé que des élèves supplient leur professeur de leur enseigner *tout de suite* le passé du verbe. Où se situe la différence entre ces deux extrêmes? Parmi les nombreux facteurs en cause, j'ai remarqué que dans les classes où les élèves se sentent à l'aise et sont très sûrs d'eux, les progrès sont sensibles.

Les conseils *À faire* et *À ne pas faire* ci-dessous sont faciles à suivre, sauf dans deux cas notables qui seront soulignés. Tous ces points visent à gagner la con-fiance des apprenants et à accroître leurs chances de succès. Certains conseils *À ne pas faire* m'ont été signalés comme des faiblesses personnelles par des directeurs d'école qui m'ont observée à la tâche, ce dont je leur suis très vive-ment reconnaissante. C'est à vous que je passe le flambeau!

À faire...

Établissez au début et à la fin du cours un rite qui encadre agréablement la leçon. Ceci est très important pour l'enseignant qui va d'une classe à l'autre. Le début

Titre original, "Help for the Beginning Teacher in FSL: A Consultant's Compendium." publié dans *The Canadian Modern Language Review/La Revue canadienne des langues vivantes*, 41,6(1985): 1008-1113. Traduction de Lilyane Njiokiktjien. Reproduit ici avec la permission du rédacteur.

et la fin du cours de français, toujours les mêmes, permettent aux élèves de se mettre facilement et sans crainte dans l'ambiance. Par exemple, pour commencer le cours, le rite suivant peut être adopté:

L'enseignant: Bonjour, mes amis!

La classe: Bonjour, Monsieur/Madame!

L'enseignant: (secondaire 1er cycle) Il commence à chanter une chanson connue: *À la Volette* ou *Sur le pont d'Avignon*. La classe se joint à lui.

(élèves plus avancés) Il pose une question simple comme test des connaissances, du genre de celles qui sont posées dans des concours, par exemple: "Qui est le premier ministre du Canada?" ou, en montrant une photo du journal de la veille: "Qui est-ce?" (une célébrité), ou: "Où s'est produit l'explosion?" (photo d'une catastrophe survenue la veille quelque part dans le monde).

Ces activités simples et rondement menées sont amusantes, détendent les élèves et créent une ambiance agréable pour l'apprentissage. À la fin de la leçon, l'enseignant dit: "Au revoir, mes amis! À demain!", à quoi les élèves répondent: "Au revoir, Monsieur/Madame!" Si le professeur de français doit laisser partir les élèves, il les met en rang exactement comme l'aurait fait le maître de la classe, habitude qui les rassure. Au fur et à mesure qu'ils quittent la salle, il peut dire à chacun: "Au revoir! À demain!"

À faire...

Choisissez pour chaque leçon un thème général, le "plat de résistance" autour duquel s'élabore le "menu." Les activités préliminaires devraient l'alimenter et les activités ultérieures, ou le renforcer, ou favoriser la détente. Une leçon composée de quinze ou vingt activités différentes et de courte durée (activités nouvelles ou révision), ressemble à un buffet scandinave où l'on mange une bouchée de vingt plats différents. Cette méthode cause de la confusion, est indigeste et ne satisfait pas. Les enfants ne retourneront pas volontiers à votre table pour un tel repas! Inspirez-leur confiance en leur offrant tous les jours un "repas" bien équilibré. Si c'est le jour de la révision, choisissez un ou deux points à réviser et traitez-en à fond. Puis, faites-leur jouer un jeu qui les détende ou apprenez-leur une chanson. N'essayez *jamais* de réviser en 40 minutes tout ce qu'ils ont appris. La classe aurait besoin d'un antiacide mental!

À faire...

Ne restez pas constamment devant la classe. Enseignez à l'arrière ou sur les côtés; allez et venez; mêlez-vous aux élèves. Quand ceux-ci dialoguent, circulez, tout en les écoutant, en les surveillant et en les encourageant. Si les élèves se détendent en faisant du coloriage ou s'ils font un devoir écrit, déplacez-vous et entamez la conversation au hasard avec certains d'entre eux (ne signalez pas d'erreurs à ce moment-là). À un élève qui colorie une image du Père Noël, demandez: "C'est un lutin?" L'enfant peut répondre: "Non, c'est le Père Noël!" Répondez:

"Ah! oui, formidable!'' Demandez à un élève plus âgé de vous lire une phrase ou deux du devoir qu'il est en train de faire et complimentez-le sur sa prononciation. C'est ainsi que les élèves s'exercent à la conversation. Par la même occasion, l'enseignant peut féliciter chaque élève.

À ne pas faire...

Ne diluez pas le français parlé en classe par des remarques en anglais. Il est compréhensible que vous désiriez vous montrer amical et bavarder avec les élèves pour établir des liens avec eux, mais l'effet est désastreux quant aux objectifs du cours de français; les résultats ne peuvent qu'être mauvais. L'élève se demandera: "Pourquoi faut-il essayer de parler français si le professeur ne cesse de parler anglais?'' Ne parlez anglais qu'à la récréation ou après le cours. Par exemple, l'enseignant pourrait être tenté de faire les remarques suivantes:

Well, class, yesterday we did several exercises on the expressions of quantity and I feel you will need more work on it; it isn't all that hard actually; I remember how we had to learn it when I was in school, and we thought it was just about impossible but it wasn't really; let's just go over the explanation again, shall we, ouvrez votre livre à la page 29.

Au lieu de cela, tenez à bout de bras le devoir écrit qu'ils vous ont remis la veille et faites le signe que ça n'a pas bien marché ou faites un geste qui manifeste votre prétendu désarroi. Dites: "Alors, mes amis, les expressions de quantité, *encore une fois,* à la page 29'' (en souriant) et commencez simplement la révision. Les expressions du visage et du corps expliquent tout, sans menaces. Pas de temps perdu, pas besoin de parler anglais.

À faire...

Parlez français tout au long du cours. Oui, c'est possible! C'est facile une fois qu'on observe la règle éliminant les remarques personnelles. Les élèves comprennent au début ce que vous désirez, puis finissent par utiliser eux-mêmes certaines de vos expressions. Les résultats ne sont pas immédiats, raison pour laquelle des enseignants s'alarment ou se découragent (ou, pis, se montrent condescendants) et retournent à l'usage de l'anglais. On ne comprend pas le français en un jour! En réalité, c'est un peu comme si l'on plantait, en septembre, un oignon de tulipe dans un pot: les résultats ne commencent à se voir qu'en décembre. Considérez la question comme un jeu, au cours duquel vous amenez les élèves, par des mimiques et des dessins au tableau qui aident à faire comprendre, à vous apprécier et à apprécier le français. Gavin et ses camarades comprendront parfaitement ce que vous demandez: "Branche le rétroprojecteur, Gavin, s'il te plaît,'' si vous tenez la fiche et si vous lui montrez la prise de courant du doigt, tout en lui souriant. Dans le courant de l'année, ces mimiques deviendront inutiles.

À faire...

Enseignez aux élèves les six phrases fondamentales qui suivent. Vous serez supris de les entendre parler surtout français, en classe, et sans effort:

1. Je ne comprends pas.
2. Comment dit-on _____ en français?
3. Est-ce que je peux aller aux toilettes?
4. Est-ce que je peux boire de l'eau?
5. Est-ce que je peux tailler mon crayon?
6. Je ne sais pas.

À ne pas faire...

N'acceptez pas que les questions ci-dessus soient posées en anglais. Si un élève demande quelque chose en anglais, faites le sourd; dites: "Pardon?" Si l'élève a de la difficulté à poser la question en français, aidez-le en la prononçant en silence ou posez-la vous-même en français, puis demandez-lui de répéter ce que vous avez dit. Enfin, pour l'amour du ciel, laissez-lui tailler son crayon, ou faire ce qu'il a demandé.

À faire...

Laissez l'élève finir sa phrase avant de bondir s'il fait une faute de grammaire ou de prononciation. *C'est très difficile pour la majorité des enseignants, y compris moi.* C'est pourtant un point à cultiver, car, dans ce cas, c'est la communication, et non pas une phrase sans faute de grammaire, qui compte. En outre, cela permet de respecter la dignité de l'élève. Les exemples qui suivent donnent, l'un, la *mauvaise façon* de faire, l'autre, la *bonne façon* de faire:

Mauvaise façon de faire:

Linda: (Elle lit) "Il étaient..."
L'enseignant: (Interrompant l'élève) "Z.Z.Z.Z., liaison, il z étaient."
Linda: (Chagrinée) Ils z étaient tou là devant la télé ...
L'enseignant: (Interrompant encore) "Toussss. On prononce le s."
Linda: (Elle se dit) Pourquoi est-ce que j'ai choisi ce cours? Je suis nulle en français.

Bonne façon de faire:

Linda: (Elle lit) "Il étaient tou là devant la télé quand M. Marchand entra, un sourire aux lèvres."
L'enseignant: (Fait le signe de s'arrêter) "Merci, Linda. Ils z étaient."
Linda: (Elle répète) "Ils z étaient."
L'enseignant: Bien! "Ils z étaient toussss là."
Linda: Ils z étaient toussss là."
L'enseignant: "Merci, très bien! Gavin, continue."
Linda: (Elle se dit) Ouf! Je n'ai fait que deux fautes.

À ne pas faire...

Ne répétez pas la réponse ou la phrase correcte de l'élève. En agissant ainsi, vous, l'enseignant, perdez plus de 50% des heures de travail oral de la classe et, vous, qui parlez français mieux et plus fort que les élèves, et avec une parfaite assurance, faites preuve chaque fois de votre "supériorité." Au lieu de cela, multipliez les possibilités de participation des élèves aux travaux oraux. Durant le temps gagné parce que vous ne répétez *pas* la réponse, posez la même question à un autre élève. Résultat: Deux élèves ont pu parler. J'ai remarqué qu'aux cours où l'enseignant répond par *Oui* ou par *Bien* à une réponse juste au lieu de répéter ce qui a été dit, les élèves ont en général tendance à mieux écouter et à mieux parler, et font preuve de plus de conviction. *Ce n'est pas facile pour la majorité des enseignants.* Cela ne m'est sûrement pas facile. J'aime parler français. J'aime répéter les réponses des élèves et poser la même question quatre ou cinq fois de suite, alors que tout le monde m'a parfaitement entendue dès la première fois. Voici des exemples de *mauvais* et de *bons* échanges entre l'enseignant et les élèves:

Mauvais échange:

L'enseignant: "Quelle heure est-il? Quelle heure est-il? Quelle heure est-il?"
(Plusieurs mains se sont levées dès la première fois que la question a été posée, mais l'enseignant n'en tient pas compte tant que, à son avis, une bonne partie de la classe n'est pas prête à répondre.) "Quelle heure est-il, Gavin?"
Gavin: "Il est une heure vingt."
L'enseignant: (Très fort) "IL EST UNE HEURE VINGT."
Gavin: (Il se dit) "C'est ce que je viens de dire, vieille bique!"

Bon échange:

L'enseignant: "Quelle heure est-il, Gavin?"
Gavin: "Il est une heure vingt."
L'enseignant: "Bien! Heather, quelle heure est-il?"
Heather "Hum! Il est ... une heure vingt et une."
L'enseignant: "Oui, bravo!"
(Gavin et Heather se disent: "Ça a bien marché aujourd'hui! On recommencera demain.")

Imaginons que Gavin réponde bien à la question, mais d'une voix faible. Au lieu de reposer la question à voix haute et intelligible (ce qui rabaisse Gavin), demandez: "Pardon? Je suis sourd!" et mettez la main en cornet. Si Gavin ne peut pas parler plus fort, dites: "Merci!" et posez la question à un autre élève.

À ne pas faire...

N'utilisez pas la même méthode deux fois au cours d'une même leçon. Par exemple, nombre d'enseignants ont des cartes pour les révisions: identification d'objets, questions de mathématiques, etc. Ne présentez qu'une série de cartes par leçon pour que la méthode reste efficace. Ne faites jamais suivre une leçon avec des cartes d'une autre leçon du même genre.

À faire...

Veillez à ce que les cartes remplissent une double fonction. Au lieu de les placer faces retournées sur le bureau à mesure qu'elles sont identifiées:
(a) alignez-les le long du rebord du tableau et utilisez-les pour une révision rapide ou pour une activité complémentaire, ou
(b) passez les cartes aux élèves à mesure qu'ils les identifient.
Quand toutes les cartes sont entre les mains des élèves, rappelez-les en demandant à l'élève d'identifier la carte, créer une phrase comprenant le mot qui figure sur la carte ou demander au voisin de l'élève de le faire.

À ne pas faire...

Ne faites jamais vous-mêmes ce qui suit: Effacer le tableau, fermer la porte, distribuer ou ramasser les épreuves, les manuels ou les tests, brancher le rétroprojecteur ou mettre les lumières en veilleuse. Les élèves aiment participer aux activités en classe. Ceux qui sont faibles en français ont spécialement besoin de réussir quelque chose et, en accomplissant ces tâches, pour lesquelles vous leur dites "Merci!" en souriant, ils éprouvent de la satisfaction envers eux-mêmes et envers la matière étudiée. Naturellement, il faut le leur demander en français, ce qui les familiarise avec les ordres courants et les encourage, parce qu'ils ont compris ce qui leur a été demandé.

À ne pas faire...

À la fin de la correction d'un devoir, ne demandez pas: "Combien d'entre vous ont bien répondu au n° 1, au n° 2? (etc.)." C'est: a) ennuyeux, b) une pure perte de temps, c) susceptible de ne pas donner de bons résultats; d) gênant pour ceux qui ont fait beaucoup de fautes. Si vous voulez vraiment savoir quels sont les résultats, demandez que le devoir vous soit remis. Sinon, passez à une activité plus fructueuse.

À faire...

Faites souvent jouer, sur le meilleur magnétophone possible, les bandes qui accompagnent le cours de français, en employant les méthodes du Guide du maître. Nombre d'élèves sont arrivés, en imitant attentivement des bandes, à mieux prononcer la langue que l'enseignant (si son accent n'est pas tout à fait authentique). Oui, c'est vrai!

À ne pas faire...

Ne faites pas passer au Groupe A d'une classe dédoublée un test de compréhension de la langue parlée, une histoire ou un devoir avec la cassette pendant que vous travaillez oralement avec le Groupe B. Les deux groupes seront désorientés et agacés. Un devoir écrit, fait en silence, ou une lecture, est indispensable pour le groupe B — sauf si vous adoptez le plan d'un enseignant inventif qui demande aux deux groupes de faire le même test de compréhension de la langue parlée. Pour le Groupe A, il se peut que le test soit trop simple, et pour le Groupe B, qu'il soit trop avancé. Le mot clef est *il se peut*. Il se peut que le Groupe A se réjouisse secrètement d'une révision de l'année précédente; il se peut que le Groupe B soit très encouragé en se rendant compte qu'il arrive à faire comme il faut au moins une partie du "devoir déjà avancé".

À ne pas faire...

Ne laissez pas les enfants choisir le jeu ou l'activité de la journée. C'est *vous* qui décidez. Une règle d'or, que m'a conseillée un enseignant possédant beaucoup d'expérience, est la suivante: tout jeu demandé aujourd'hui ne sera PAS joué aujourd'hui. Les élèves désirant des jeux spéciaux ou des activités spéciales peuvent le demander après la classe. Le même enseignant me conseillait aussi: Ne promettez JAMAIS de jouer à un certain jeu tel ou tel jour, de peur que les circonstances vous en empêchent et que les enfants soient déçus. Ne jouez jamais au même jeu deux jours de suite, même si les élèves vous supplient avec éloquence de le faire. Du jour au lendemain, sa saveur se sera émoussée.

À faire...

Reportez-vous, à l'Annexe, au document intitulé *French Core Program 1980* de l'Ontario, aux pages 86 à 94, où les activités d'apprentissage correspondent au développement de l'élève. Vous comprendrez pourquoi l'Activité A, si bien planifiée, a fait fiasco, tandis que l'Activité B a donné d'excellents résultats. Je parie que les élèves, ou n'étaient pas prêts pour la première activité, ou l'avaient dépassée. Les activités qui conviennent au développement mental et physique des élèves leur donnent confiance en vous, l'enseignant et le planificateur.

Les conseils qui précèdent visent à tout axer sur l'apprenant au lieu de l'enseignant, en multipliant les possibilités de participation physique, orale et intellectuelle. Au cours de langue, le rôle dominant traditionnel de l'enseignant diminue à mesure que les possibilités de succès et de participation des élèves croissent, ce qui favorise détente, collaboration et progrès.

Et voici un dernier *À faire,* s'adressant à l'enseignante seulement:

À faire...

Dans le tiroir de votre bureau, gardez un flacon d'*Arpège* pour vous parfumer, ou une *boîte de chocolats* à savourer, après une journée éprouvante. Vous faites de votre mieux et vous méritez sur-le-champ des résultats positifs. Bonne chance!

Références

Ministry of Education, Ontario. 1980. *French core Programs 1980. Curriculum Guideline for the Primary, Junior, and Senior Divisions.* Toronto: Ministry of Education, Ontario.

Wilga M. Rivers

11
Nos étudiants
veulent la parole

Je lis dans l'énoncé du programme d'une très célèbre école de langue : "Une fois maîtrisés les modèles et les structures de base, l'étudiant peut passer à des exercices de substitution de plus en plus contrôlés et éventuellement à la conversation libre." Comme tout cela paraît suavement aisé! Nous respirons l'air vivifiant de la simplicité. L'étudiant "maîtrise les modèles et les structures de base," nous lui donnons une pratique soigneusement contrôlée, et hop! il s'exprime librement dans des situations déstructurées.

Il y eut une époque, qui semble maintenant d'un autre âge, où tout le monde croyait ferme en l'efficacité de cours structurés et d'exercices contrôlés pouvant former des sujets parlant couramment une langue étrangère. Nous savions où nous voulions aller; nous savions comment y aller, nous étions heureux de ce que nous faisons... Mais l'étions-nous vraiment? Et les étudiants l'étaient-ils? Est-ce la première fois que nous entendons semblables cris de frustration : "Je ne peux rien dire qui vienne de moi-même, mes phrases semblent toutes sortir d'un livre (The Advisor 1970-1972:122)." Cette plainte d'un étudiant des années soixante-dix semble presque la paraphrase d'une remarque plus académique faite en 1948 :

> Lorsque vient le moment où des étudiants peuvent participer à des conversations mémorisées rapidement et sans effort, presque aucun n'est finalement capable de faire aisément des variations à partir du matériau de base, et aucun n'est en mesure de s'exprimer sur des sujets non préparés sans de fréquentes et pénibles hésitations (Agard et Dunkel 1948:128).

Après environ un quart de siècle, nous ne nous sommes pas encore attaqués à notre problème fondamental : comment développer l'aptitude à communiquer dans une langue étrangère? Nous pouvons intensifier l'entraînement dans la classe (pratique de modèles, pratique de variations sur des modèles, pratique sur le choix de modèles), mais comment allons-nous organiser le grand saut? Un enfant apprend toutes sortes de mouvements pour nager quand, affectueusement, son père le soutient, le lâche un peu mais reste là pour lui venir en aide s'il perd confiance: puis à un moment donné l'enfant nage. À l'instant, il ne savait pas nager, et maintenant il sait nager. Les mouvements sont les mêmes, l'activité est d'autre sorte — la différence est d'ordre psychologique. Comment celui qui ne sait pas nager devient-il une personne sachant nager? C'est qu'il devient *autonome dans*

"Nos étudiants veulent la parole," tiré de *Le Français dans le Monde*, 94(1973): 23-30. Traduction de M.P. Martin. Titre original, "Talking off the Tops of Their Heads," paru dans *TESOL Quarterly*, 6(1972): 71-81 et dans Wilga Rivers, *Speaking in Many Tongues,* Rowley Mass.: Newbury House, 1972, pp. 20-35. Reproduit ici avec la permission du rédacteur.

ses mouvements et ses directions : il fait appel à ses propres ressources; il cesse de compter sur le soutien de quelqu'un d'autre; il s'élance et il nage. Comment conduisons-nous nos étudiants jusqu'à cette étape autonome de l'utilisation d'une langue? C'est là le point crucial de notre enseignement. Tant que nous n'aurons pas résolu ce problème nous continuerons à piétiner : développant des techniques de plus en plus efficaces pour former des boiteux ayant tous les muscles et les nerfs nécessaires mais incapables de marcher seuls. "Expression spontanée," "expression libre", "créativité du langage," les termes peuvent varier selon la variation des modes dans notre profession; mais le but nous échappe encore. Voyons ce que nous pouvons faire ici et maintenant pour affronter ce problème d'une manière directe et pratique.

Un nouveau modèle d'enseignement des langues

Nous devons examiner le problème à l'endroit même où nous restons bloqués. Comment pouvons-nous aider l'étudiant à passer de l'emmagasinage d'un savoir linguistique, et de l'information concernant le fonctionnement de ce savoir dans la communication, à l'utilisation concrète de ce savoir dans les situations multiples et imprévisibles d'un individu en contact avec d'autres individus? Il n'est nul besoin d'inventer des moyens supplémentaires susceptibles d'aider l'étudiant à acquérir des connaissances linguistiques — nous en connaissons beaucoup après "vingt-cinq siècles d'enseignement des langues" (Kelly 1969) et chacun à son heure de gloire a paru remplir efficacement son rôle. Nous pouvons les adopter ou les rejeter selon notre conviction théorique, l'orientation de notre tempérament, et notre appréciation sur les types d'apprentissage applicables aux étudiants qui nous sont confiés. De toute façon, ces étudiants apprendront en fonction de leur stratégie personnelle dans le profond secret de leur personnalité individuelle, même lorsqu'ils sembleront faire comme nous le prescrivons.

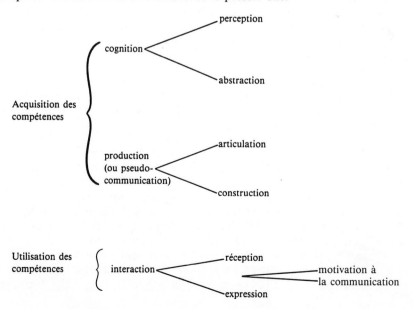

Ce dont nous avons besoin, c'est d'un nouveau modèle d'enseignement des langues qui attribue un rôle important à l'apprentissage individuel de l'étudiant dans la communication. Je propose la répartition suivante des opérations essentielles :

La capacité à la communication et à l'interaction verbales présuppose une certaine connaissance *(cognition)* qui est à la fois perception des unités, catégories et fonctions. Je ne m'occuperai pas ici de la manière dont on acquiert cette connaissance et je veux bien admettre la validité (et probablement la nécessité) d'une pluralité d'approches de telles acquisitions. Cette connaissance doit cependant s'acquérir. Dans le processus d'acquisition, l'étudiant apprend la *production* de séquences de langage : il append par la pratique. Que nous utilisions les termes d'"exercices," d'"exercices structuraux" ou d'"activités" est de peu d'importance; un certain entraînement qui rende l'étudiant capable de combiner sans à-coups et avec confiance ce qu'il apprend est essentiel. L'étudiant doit apprendre à articuler d'une manière acceptable et construire, par l'association rapide des éléments appris, des séquences de langage compréhensibles.

Quelque degré de relation que nous établissions entre ces activités et les situations de la vie réelle, cette pratique va rarement au-delà de la *pseudo-communication* : tout est dirigé de l'extérieur, rien ne procède de l'intérieur; c'est une activité dépendante, et non indépendante. L'expression peut même être originale dans la combinaison des segments, mais l'étudiant ne communique rien qui ait un sens réel pour lui, ni ne reçoit aucun message véritable. L'étudiant reçoit un entraînement à la formulation de communications et comme tel cet entraînement est valable. Il pratique la quasi-communication avec toutes les apparences extérieures de la communication, mais il n'a pas à démontrer au cours de ces exercices qu'il a fait le grand saut décisif vers l'autonomie. Nous avons échoué dans le passé parce que nous sommes satisfaits d'entendre des étudiants qui se débrouillaient bien dans la pseudo-communication. Nous avons eu tendance à croire que s'opérait un passage automatique vers une performance concrète, dans le cadre de ce que nous avons appelé *l'interaction verbale*.

Nous avons certes encouragé quelques essais imparfaits d'interaction autonome, mais toujours en guidant l'expérience : le professeur ou l'assistant étranger parlant dans sa langue maternelle consuisait le groupe, encourageait l'étudiant, dirigeait l'échange.

David Wolfe laisse entendre que le progrès vers l'autonomie est peut-être entravé par ce qu'il y a d'artificiel à apprendre une langue au moyen de "drills et d'exercices qui forcent l'étudiant à mentir." "Du point de vue de la véritable communication linguistique," dit-il des phrases apparemment anodines comme : *"Hier je suis allé au cinéma, hier soir je suis allé au théâtre, la semaine dernière, je suis allé au match"* sont à la limite de l'absurde (1967:175). Je ne pense pas que ce soit là le problème. Nous pouvons soutenir que le mensonge est une forme de la communication réelle, mais, cela mis à part, les phrases dans des drills de ce type constituent de toute façon de la pseudo-communication, et de cela les étudiants s'en rendront mieux compte si elles sont parfois formulées de manière absurde. Dans un récent texte étranger co-signé par le dramaturge Ionesco, l'approche absurde, pour ne pas dire fantasque, de l'apprentissage au niveau adulte est volontairement utilisée avec des étudiants jouant à manipuler des phrases telles que *"Le professeur est dans la poche du gilet de la montre." "Le crocodile est plus beau que Marie-Jeanne"* ou *"Il dit que ses parents sont aussi grands que la tour Eiffel* (Benamou et Ionesco 1969)." De telles constructions ont pour but de forcer l'étudiant à penser au sens de ce qu'il dit, ce qui est un pas vers l'autonomie, et la pure absurdité peut à l'occasion se révéler plus efficace dans ce sens que les faits et gestes socialement sensés mais sans saveur de Dick et Jane ou de Maria et Pedro.

Les exercices dits "de communication"

Dans des écrits récents traitant de l'enseignement des langues étrangères on insiste de plus en plus sur la communication, et sur ce que l'on nomme les exercices de communication. J'ai moi-même souvent insisté, dans d'autres publications, sur la nécessité de lier le contenu des exercices aux intérêts exprimés par l'étudiant.

> La participation aux exercices peut être novatrice : il faut fournir à l'élève les occasions de répétition, de combinaison des éléments de langue, mais en même temps lui offrir des possibiltés de choix, afin qu'il exprime sa propre pensée et non point celle de l'auteur du manuel... Cet entraînement à la sélection ne devrait pas être réservé aux activités de niveau II; il peut et doit être inclus dans les moments de la classe, dès les toutes premières leçons (Rivers 1969:12).

> Bien des exercices peuvent être présentés sous forme de jeu, ou prendre l'aspect d'une communication simple, par exemple l'étudiant est invité à poser au maître une série de questions en fonction de certaines clés — ou à formuler une série de commentaires sur les activités et les intérêts du professeur ou ceux de ses condisciples. Plus un étudiant attache d'intérêt à une activité donnée concernant la langue étrangère, plus il ressent le désir de communiquer dans cette langue et ce désir constitue le premier pas — le pas le plus décisif dans l'apprentissage d'une utilisation spontanée des formes de langage (Rivers 1968:109).

Christina Paulston a analysé le problème des exercices de communication de façon plus détaillée (1970:187-193). Elle distingue trois groupes :

* les exercices mécaniques,
* les exercices significatifs, et
* les exercices de communication.

Dans **les exercices mécaniques**, la réponse est totalement contrôlée, si bien qu'il n'est même pas nécessaire que l'étudiant comprenne l'exercice pour qu'il produise la réponse correcte (comme dans les exercices de substitution simple).

Paulston suggère que si un mot absurde peut être inséré par l'étudiant sans plus de difficulté qu'un mot raisonnable, alors l'exercice est de type mécanique. Il s'agit là de production au niveau le plus simple, parfois uniquement d'entraînement à l'articulation, parfois encore de mise en ordre des éléments d'une séquence.

Comme tel, ce type de production trouve place dans la phase initiale d'introduction d'une structure nouvelle ou dans la réduction de quelque problème de prononciation ou d'intonation.

Voici un exemple de ce type d'exercice :
Modèle : *Je lis un livre.*
Clé : *Une revue.*
Réponse : *Je lis une revue.*
Clé : *Un journal.*
Réponse : *Je lis un journal.*

Dans **les exercices significatifs** "la réponse est encore contrôlée (bien qu'elle puisse être correctement formulée de diverses façons...), mais l'étudiant ne peut réussir l'exercice que s'il comprend parfaitement, structuralement et sémantiquement, ce qu'il dit."

L'exemple suivant illustre bien ce que sont les exercices significatifs :
Question : *Quand êtes-vous arrivé ce matin?*
Réponse : *Je suis arrivé à 9 heures.*
Question : *Quand partirez-vous ce soir?*
Réponse : *Je partirai à 6 heures.*

Dans **les exercices de communication,** par contre, "la réponse n'est aucunement contrôlée. L'étudiant choisit librement sa réponse et le critère de sélection qui le guide est l'opinion qu'il s'est formée du monde réel quelle que soit sa réponse." L'interaction autonome semble ici atteinte. Mais Paulson poursuit : "C'est dans le stimulus que réside le dernier élément de contrôle... Nous sommes toujours en présence d'un exercice plutôt que d'une communication libre car nous restons dans le domaine du schéma clé-réponse." Elle cite cet exemple de question : "Qu'avez-vous pris pour le petit déjeuner?" qui peut susciter une réponse orthodoxe, telle que "J'ai pris du pain grillé et du café pour mon petit déjeuner," mais aussi une réponse non orthodoxe du type : "Je me suis rendormi et j'ai sauté le petit déjeuner pour ne pas manquer mon bus." Il est clair que l'étudiant non conformiste pourra métamorphoser cet exercice en interaction vivante, mais je crois pouvoir avancer que la majorité des étudiants, trop peu assurés dans leur connaissance de la langue, se cantonneront dans le domaine rassurant de la pseudo-communication.

Adrian Palmer (1970) propose ce qu'il nomme des "exercices d'entraînement à la communication." Dans ce type d'exercice, "l'étudiant se plait à fournir une réponse qui non seulement est linguistiquement acceptable, mais encore transmet des informations qui le concernent, lui et son entourage." Comme nous allons le voir, cette technique présente un intérêt certain.

Palmer affirme que "la technique la plus efficace dont dispose le professeur est sa capacité de créer, par la parole, des situations qui soient en rapport direct avec la vie personnelle de l'étudiant, puis ensuite d'amener celui-ci à réfléchir sur la signification et la portée de ce qu'il dirait dans de telles situations." Les exercices d'entraînement à la communication demeurent des exercices parce qu'ils sont axés sur la pratique de structures choisies telles que :

Je	lui		de fermer la porte
		dirais	d'allumer la lumière
	leur		d'apporter à manger

Cependant il les conduit selon une méthode proche de la manière socratique :

Le Professeur: *Karen, si toi et Suzanne arriviez en classe à 8 h du matin en hiver, et si vous trouviez la salle encore noire, que dirais-tu à Suzanne?*

Karen: (avec un peu de chance répondrait) *Je lui dirais d'allumer la lumière.*

Le Professeur: *Et toi, Paul, si tu étais avec Marie et si tu voulais lire, que dirais-tu?*

Paul: *Je lui dirais d'allumer la lumière.*

Le Professeur: (dans la langue maternelle de l'étudiant) *Toi, un garçon, tu dirais à une fille de faire cela pour toi?*

Le Professeur: (poursuivant dans la langue d'apprentissage) *Paul, si tu venais seul, et si tu me trouvais dans la salle, que dirais-tu?*

Paul: *Je vous dirais d'allumer la lumière.*

Le Professeur: *Alors, c'est là que je te flanquerais dehors!*

Dans ce type d'exercice, Palmer se rapproche de l'interaction car un étudiant qui donne mécaniquement une réponse d'apparence correcte peut fort bien s'arrêter net lorsqu'il comprend qu'il n'a pas réfléchi aux implications de sa réponse dans le cadre imposé. Il est possible que la pratique de tels exercices rende la moyenne des étudiants capable de produire des réponses plus originales qu'après un entraînement avec les exercices de communication de Paulston, parce que ces étudiants, aiguillonnés par la verve taquine du professeur, désireront tout naturellement montrer au professeur qu'ils ont percé son stratagème. Ce type d'exercice permet par intermittence, de parvenir à l'interaction, mais le plus souvent les échanges qu'il suscite appartiennent au domaine de la pseudo-communication et de l'entraînement à la production, car ils sont entièrement guidés par le professeur et conçus très précisément en vue de l'emploi de certaines structures.

Comment aller au-delà?

À ce stade, que pouvons-nous faire? Nous devons, dès le début de l'apprentissage, créer des situations telles que l'étudiant se sentira livré à lui-même et s'efforcera d'utiliser la langue étrangère à des fins normales : pour établir le contact avec autrui, solliciter ou fournir des informations, pour exprimer ses réactions, apprendre à faire quelque chose, dissimuler ses intentions ou se tirer de situations difficiles, pour persuader ou dissuader, pour divertir autrui ou faire état de ses réalisations. Lorsque je dis que l'étudiant doit être "livré à lui-même," j'entends qu'il ne doit plus être soutenu ou guidé par le professeur : il peut aussi bien s'entretenir avec un ou plusieurs partenaires étudiants. Dans ce genre d'entraînement, l'étudiant doit se sentir libre d'utiliser n'importe lesquelles de ses connaissances dans la langue et n'importe quel support (gestes, dessins, mime) pour parfaire ce qu'il veut exprimer lorsqu'il est à court de mots. De la sorte il apprendra à tirer parti de la totalité de son fonds de connaissances à un stade donné de son apprentissage de la langue, mais encore à batailler pour faire passer son message tout comme il aurait à le faire s'il se trouvait soudain placé dans un cercle de personnes ne s'exprimant que dans cette langue.

L'expérience que nous proposons n'a pas pour fin de remplacer l'enseigne-ment méthodique de la langue que nous pratiquons à présent (c'est-à-dire les activités d'acquisition de compétences que nous organisons), mais elle vise à le prolonger en suscitant régulièrement et fréquemment les occasions d'interactions autonomes, rétablissant ainsi dans sa dimension normale un aspect de l'appren-tissage d'une langue qui est aujourd'hui sinon complètement négligé, du moins insuffisamment considéré dans nos programmes. Ainsi que je l'ai dit en d'autres lieux :

la perfection au niveau des exercices structuraux, aussi impressionnante soit-elle pour l'observateur, ne peut être une fin en soi. Cette activité reste stérile si l'on ne prend soin de développer chez l'étudiant les connaissances ainsi acquises de façon à le rendre capable d'expression autonome (Rivers 1968:109).

En 1964, j'ai fait part de la nécessité pour le professeur de développer chez l'étudiant "cette hardiesse d'esprit qui lui permettra de faire face, dans n'im-porte quelle situation, en utilisant son savoir au maximum (Rivers 1964:78)." En 1968, j'ai écrit :

Il serait bon d'encourager les étudiants de niveau avancé à expérimenter de nouvelles combinaisons d'éléments qui aboutiraient à des formulations neuves. Car ces étu-diants auraient à procéder de même s'ils se trouvaient en pays étranger. Ils auraient à faire l'effort d'exprimer leur pensée au moyen des mille et mille combinaisons des éléments de langue à leur disposition. Et plus leur audace serait grande dans l'innovation linguistique, plus leurs progrès seraient rapides (p. 201).

Lorsque je me reporte à ces écrits, je m'aperçois qu'il était erroné de destiner ces recommandations au seul bénéfice des "étudiants de niveau avancé" (qui, au mieux, ne représentent qu'une entité assez vague). Il se peut que notre erreur ait été de ne pas insister pour que cette "hardiesse d'esprit" soit encouragée dès la première période d'apprentissage : il en résulte que l'étudiant ne passe qu'à grand-peine de la sécurité des structures à l'insécurité de l'autonomie, tout com-me le jeune apprenti nageur qui se cramponne à la main de son père.

Dans une analyse fort intéressante de Savignon, on peut lire que des étudiants participant à un programme de développement de la communication (soit une heure par semaine en complément d'un cours régulier de type audio-lingual) :

étaient mis en situation de communication, de manière répétée et variée, afin qu'ils puissent s'exprimer en français — soit au cours de brefs échanges avec un locuteur français durant 1 à 2 minutes, soit au cours de discussions en groupe sur un sujet d'actualité. Priorité était toujours donnée à la transmission du message — et l'on poussait les étudiants à utiliser tous moyens à leur disposition pour comprendre et pour se faire comprendre. Aucun cas n'était fait des fautes de grammaire ou de prononciation, sauf dans le cas où celles-ci faisaient obstacle à la compréhension. En d'autres termes, l'expérimentateur et le moniteur français qui participaient à ces séances ne réagissaient qu'en fonction du fond de l'entretien, jamais en fonction de sa forme (Savignon 1971:24).

L'un des participants fit ce commentaire : "Ces séances m'ont appris à dire ce que je voulais dire et non pas à répéter des conversations livresques (Savignon 1971:30). Si nous comparons cette remarque à celle formulée par l'étudiant cité au début de cet article, il semblerait que ceux qui ont participé à ce cours ont vraiment commencé à s'exprimer par eux-mêmes.

Comment au juste cet entraînement à l'interaction autonome pourra s'incorporer dans un programme d'enseignement dépendra de la nature de ce programme. Mais un fait demeure : cet entraînement *doit* y être incorporé, et recevoir un rôle substantiel dans l'apprentissage de l'étudiant. Il faut écarter le sentiment que l'entraînement à l'interaction équivaut plus ou moins à une "perte de temps" alors "qu'il y a tant à apprendre." Si l'on ne laisse pas à cette "hardiesse d'esprit" le temps de se constituer en attitude permanente, la plus grande partie de ce qui est appris demeurera inutilement stocké et nous formerons des individus riches en savoir, mais inhibés et craintifs lorsqu'ils seront placés dans des situations requérant l'utilisation du langage. Si les diverses activités de la classe sont sélectionnées avec soin, alors un tel entraînement peut être intégré à chaque leçon, et cela très tôt dans le processus d'apprentissage, la tâche impartie à l'étudiant devenant de plus en plus complexe à mesure que celui-ci progresse.

L'entraînement à l'interaction autonome devrait être individualisé, c'est-à-dire que compte devrait être tenu des différentes manières d'apprendre des étudiants, des différentes allures auxquelles ils apprennent, de la diversité des choses qui les intéressent, et des situations variées dans lesquelles ils préfèrent apprendre. Il serait préférable d'offrir aux étudiants un éventail de tâches (choses à faire, choses à trouver, problèmes à résoudre, situations provoquant leurs réactions) et de les autoriser à décider par eux-mêmes comment, où, quand et avec qui ces tâches seront affrontées. Il se peut que certains préfèrent travailler régulièrement avec un autre compagnon, d'autres préféreront travailler de façon suivie, au sein d'un petit groupe, d'autres encore choisiront de travailler avec le professeur. Quelques solitaires préféreront affronter seuls certaines situations, faisant ainsi la démonstration de leurs talents en tant qu'individus (et il se pourrait que nombre de ceux-ci distancent posément leurs compagnons d'étude du fait de l'unicité de leurs efforts).

Il est impossible d'installer les étudiants par petits groupes, ou de les disperser deux par deux en leur assignant pour tâche l'interaction dans la langue étrangère. Cette intercommunication doit être fortement motivée. À l'occasion, quelque incident fortuit ou la présence inattendue de certaines personnes susciteront le désir spontané de communiquer quelque message dans la langue étrangère; mais, dans la plupart des cas, la motivation des étudiants devra trouver aliment dans l'intérêt intrinsèque de la tâche qui leur sera proposée. L'interaction qui sera nourrie par un tel intérêt n'en sera que plus autonome, donnant lieu à une communication authentique entre une personne et une autre, et non pas, une fois de plus, à un acte imposé de pseudo-communication. En raison de la nature personnelle de l'activité dont nous nous faisons l'avocat, le type de réaction à susciter doit toujours être adapté à la personnalité de chaque étudiant pris séparément. Par nature, certains étudiants sont incapables de prendre part à une conversation trop animée entre plusieurs personnes. Les forcer à le faire revient à leur imposer ce qui, pour eux, n'est que de la pseudo-communication, la production artificielle de portions de phrases toutes faites. La qualité de l'interaction sera évaluée selon d'autres critères : l'aptitude à recevoir et à exprimer un message, à comprendre et à faire connaître des intentions, enfin l'aptitude à exécuter sa tâche de manière acceptable dans des situations données et en relation avec d'autres individus.

Douze catégories d'activités d'interaction verbale

J'ai déjà suggéré plus haut divers modes d'utilisation naturelle du langage dans l'interaction et qui peuvent être employés dans ce type d'activités.

Je veux, à présent, y revenir plus en détail et indiquer quelques directions, laissant le soin à tout professeur doué d'imagination d'en percevoir de nombreuses autres.

1. *Amorce et maintien de relations sociales :* échange de salutations entre personnes d'âge et de niveau social semblables ou différents, formules de présentation d'un étranger à un ami, voeux exprimés à l'occasion de certaines célébrations — manières courtoises de s'informer sur autrui (en faisant ressortir quelles questions sont permises, lesquelles sont attendues dans le pays d'utilisation de la langue) — fixation de rendez-vous — explication d'itinéraires à des étrangers — formules d'excuses — de justification — de refus polis, de réprimande adoucie — les phrases permettant de ne pas s'engager (selon l'art policé du refus de communication) — les encouragements, les dissuasions, les manières de convaincre autrui. On pourra donner pour tâche à l'étudiant de découvrir, par le moyen d'entretiens avec toute personne s'exprimant dans le vernaculaire, comment ces formules sont vécues et insérées dans le contexte culturel de la langue étudiée.

2. *Recherche d'information* (enquêtes) sur des sujets à propos desquels des étudiants possèdent un vocabulaire moyen (dans certains cas la recherche d'un vocabulaire technique spécifique peut s'intégrer à ce type d'interaction). Là encore, le moniteur étranger s'exprimant dans sa langue maternelle ou le professeur se comportant comme s'ils étaient monolingues; l'étudiant peut aussi aller quérir son information hors du cours ou de l'école, auprès d'étrangers monolingues parlant la langue d'apprentissage. Les renseignements recueillis peuvent trouver leur utilisation dans les exercices 1, 3, 4, 8 et même 11.

3. *Communication d'information* sur soi-même, son origine et son milieu, son

pays, ou sur tout domaine dans lequel on est compétent. L'étudiant peut communiquer des informations à d'autres étudiants en train d'acquérir un savoir ou une technique, ou encore rendre compte des informations qu'il vient lui-même d'acquérir. Lorsque les étudiants sont confinés dans les limites étroites de l'école il peut être utile de simuler un environnement plus motivant : guichet de banque ou de compagnie aérienne, bureau de douane, atelier d'artisan ou restaurant.

4. *Apprentissage d'un savoir ou d'une technique.* Ici les cas possibles sont innombrables. La pression des cours intensifs peut être allégée par l'organisation des séances au cours desquelles l'étudiant, s'exprimant uniquement dans la langue étrangère et manipulant d'authentiques matériaux, se livre à diverses activités (telles que sports, violons d'Ingres, bricolages, culture physique).

5. *Expression de réactions personnelles.* L'étudiant peut être placé en situations réelles ou simulées dans lesquelles il est invité à s'exprimer verbalement pendant le déroulement d'une émission de télévision, la présentation de diapositives entre amis ou pendant la visite d'une exposition de photographies ou de peintures.

6. *Dissimulation de ses intentions.* Chaque étudiant reçoit une mission, laquelle il ne doit révéler sous aucun prétexte, mais qu'il doit accomplir dans un laps de temps donné. Ce type d'activité entraîne l'utilisation fructueuse de la langue étrangère au-delà des heures de cours car les étudiants essaient de découvrir les missions les uns des autres.

7. *Résolution de difficulté par l'échange verbal.* Des situations réelles ou imaginaires devraient être présentées — comportant des difficultés verbales croissantes et amenant l'étudiant à utiliser toutes les ressources de son intelligence pour se tirer de son dilemme.

8. *Solution de problème.* Certains problèmes peuvent inclure des éléments appartenant aux exercices 2 ou 4, et même 6 et 7. En tout état de cause, le problème présenté devrait être de nature active et requérir pour sa solution une activité ou une enquête verbale. Dès 1954, Carroll nous invitait à nous demander si les méthodes audio-orales ne pourraient pas gagner en efficacité

"si, au lieu d'offrir à l'apprentissage de l'étudiant une leçon figée, et prédéterminée, le professeur donnait à l'étudiant un problème à résoudre, créant ainsi une situation dans laquelle celui-ci devrait trouver [...] les réponses verbales appropriées à la solution du problème," étant ainsi très tôt forcé "d'apprendre, selon le processus d'expérimentation et autocorrection *(trial and error process)*, à communiquer plutôt qu'à se borner à répéter des modèles de langage tirés du plan de la leçon (Carroll 1953:188).

9. *Participation à des activités récréatives.* Il serait bon d'offrir aux étudiants l'occasion de se familiariser, par la pratique, avec les jeux et divertissements prisés dans la culture étrangère. Ils devraient pouvoir participer à des jeux verbaux. Ils devraient aussi se joindre aux activités spécifiques organisées à l'occasion de festivités ou célébrations nationales.

10. *Conversation au téléphone.* Cette performance est toujours délicate en langue étrangère et devrait être tentée au plus tôt. L'étudiant devrait utiliser un annuaire téléphonique étranger et partout où la chose est matériellement possible, prendre par téléphone des renseignements sur certains produits, des services ou des horaires de voyage. L'aide d'invités extérieurs monolingues pourrait être sollicitée. (Certaines personnes handicapées ou à la retaite et vivant seules se joindraient bien volontiers à ce type d'activité). Cet exercice peut être pratiqué conjointement avec les exercices 2 ou 8 et impliquera fréquemment l'exercice 9.

11. *Animation de divertissements.* Chance devrait être offerte à chaque étudiant d'utiliser ses talents naturels, de tenir un rôle devant le groupe à l'occasion de séances de jeu dramatique. Il pourrait se voir confier un programme radio (du type "réception d'invités") ou une émission de télévision (du type "débat"); des étudiants pouraient se grouper pour préparer et présenter des séquences publicitaires pour la radio ou la télévision (lesquelles peuvent inclure plus ou moins de texte parlé intercalé de mime et conviennent donc parfaitement à la première phase du cours).

12. *Présentation de ses réalisations.* Les étudiants peuvent à tour de rôle exposer les activités auxquelles ils ont pris part dans les exercices de type : 4, 5, 6, 7 ou 8, ou encore présenter en détail certains projets spéciaux. L'exercice 12 peut être le point culminant d'une série d'efforts visant à l'intensification des interactions.

Ces activités ne seront évidemment pas toutes immédiatement utilisables par tous les étudiants dès le début du cours. Le professeur sélectionnera et graduera les exercices cherchant à développer dès que possible, chez ses étudiants, le goût de la communication par le truchement d'activités toujours en rapport avec leur acquis linguistique.

Fixer aux étudiants, trop tôt, une tâche impossible les déroute et les décourage, et le risque est fort d'inhiber en eux cette faculté potentielle d'expression fluide tout autant qu'en les privant des occasions de mise en pratique de ce qu'ils ont appris.

La correction des erreurs

Certains jugeront sans doute dangereux de laisser ainsi commettre aux étudiants des fautes qui, peut-être, s'enracineront et ne pourront plus être extirpées. C'est en raison de ces appréhensions que nombre de collègues se sont détournés de la méthode directe, recherchant une approche plus systématique qui promette d'assurer une production linguistique plus précise. Le malheur c'est que cette exigence de production correcte — de tous les instants — et la ferme résolution de créer une situation d'apprentissage dans laquelle l'étudiant ne pourra commetre de fautes semblent avoir mené beaucoup d'étudiants dans une impasse. Si nous souhaitons faciliter le "grand saut" que j'ai décrit, alors il nous faut absolument modifier notre attitude vis-à-vis des fautes commises pendant l'entraînement à l'interaction. C'est pendant le déroulement des séances de production (ou de pseudo-communication) que des corrections immédiates devraient être faites. C'est à ces moments-là que nous devrions rendre l'étudiant conscient d'erreurs possibles et le familiariser à tel point avec les énoncés acceptables, qu'il en devienne capable d'auto-corriger sa production au cours des interactions spontanées. Notre objet est de développer une attitude d'innovation et d'expérimentation face à la langue nouvelle au cours de l'entraînement à l'interaction. Rien ne refroidit l'enthousiasme et ne décourage l'effort mieux que ces corrections répétées, juste au moment où l'étudiant essaie d'exprimer ses idées dans le cadre étroit de ses connaissances encore neuves. La tâche du professeur sera de prendre note, en silence, des fautes répétées, systématiques, commises par l'étudiant en sa présence (et non pas des lapsus et des erreurs accidentelles sur des points où l'étudiant s'exprime d'habitude avec correction); ces erreurs seront ensuite analysées avec l'étudiant au moment où son instructeur l'aidera à évaluer le degré de succès atteint dans l'interaction, et une attention particulière sera donnée aux types d'erreurs qui freinent la communication.

Cette séance d'analyse pourra se faire de temps à autre à l'écoute d'un enregistrement de telle ou telle séquence de la communication, l'étudiant ou un groupe d'étudiants étant alors invités à détecter les erreurs commises au sein de leur propre production spontanée, et à suggérer corrections ou améliorations. Cette technique rend les étudiants plus attentifs à leurs propres fautes et leur révèle d'autres possibilités qu'ils n'avaient pas songé à exploiter pour exprimer leur pensée.

Nombre des exercices énumérés ci-dessus ont certainement déjà trouvé place dans nos cours. L'originalité de notre approche ne réside pas tant dans la nouveauté des activités que dans la manière dont nous pensons qu'elles doivent être abordées. Pour développer la maîtrise du langage dans la communication, nous devons ménager à l'étudiant des périodes d'autonomie et aussi le dissuader de rester sous note dépendance. Nous devons l'habituer à tirer parti de ses propres ressources et à faire preuve d'imagination, de façon à lui faire prendre conscience, dès ses premiers pas dans l'apprentissage de la langue, que c'est seulement par l'interaction libe et indépendante avec les autres qu'il pourra acquérir cette maîtrise et cette aptitude à trouver promptement le mot juste, indispensable à la fluidité d'expression.

Note

1. J'ai emprunté ette division en "acquisition des compétences" et "utilisation des compétences" au docteur H. Parker : "When should I individualize instruction?" dans Virgil M. Rowes, ed., *Individualization of Instruction. A Teaching Strategy.* New York: Macmillan, 1970. page 176.

Références

The Advisor (1970-1971) Teacher-Course Evaluation. University of Illinois.

Agard, F. et H. Dunkel. 1948. *An Investigation of Second Language Teaching.* Boston: Ginn.

Benamou et Ionesco. 1969. *Mise en train.* New York: Macmillan.

Carroll, J. 1953. *The Study of Language.* Cambridge, MA: Harvard University Press.

Kelly, H. 1969. *Twenty-five Centuries of Language Teaching.* Rowley, MA: Newbury House.

Palmer, Adrian. 1970. "Teaching Communication." *Language Learning,* 20(1):55-68.

Paulston, Christina. 1970. "Structural Pattern Drills: A Classification," *Foreign Language Annals,* 4,2(décembre): 187-193.

Rivers, Wilga M. 1964. *The Psychologist and the Foreign-Language Teacher.* Chicago: University of Chicago.

Rivers, Wilga M. 1968. *Teaching Foreign-Language Skills,* Chicago: University of Chicago Press.

Rivers, Wilga M. 1969. "From Skill Acquisition to Language Control," *TESOL Quarterly,* 3,1(mars); republié dans *Speaking in Many Tongues* (1972).

Savignon, Sandra. 1971. Thèse de doctorat. Urbana-Champaign, Ill.: University of Illinois.

Wolfe, David. 1967. "Some Theoretical Aspects of Language Learning and Language Teaching," *Language Learning,* 17(3-4).

Henri Besse

12   Enseigner la compétence de communication?

Il n'est pas possible, dans le cadre qui nous est imparti, d'aborder toutes les questions[1] que nous paraissent soulever les "pratiques de communication" en classe de langue étrangère. Deux options fondamentales semblent cependant, aux yeux de leurs tenants, en caractériser l'originalité.

La première est liée à la conception qu'on se fait de la matière à enseigner: Dans cette approche, les mots-clés ne sont plus *code, système, structure linguistique,* mais *énonciation, discours, acte de parole, compétence de communication* (...). D'une linguistique de la langue, qui se limitait à l'analyse structurale de la phrase, ils [les chercheurs] tentent de passer à une linguistique de la parole qui envisage l'échange verbal dans ses composantes sociales et psychologiques, c'est-à-dire qu'ils s'intéressent à la communication (Heddesheimer et Lagarde 1978:5).

Même certitude chez H.G. Widdowson (1978); pour apprendre une langue nous devons "non seulement apprendre à construire et à comprendre des phrases correctes mais aussi à utiliser ces phrases de manière appropriée pour accomplir une intention communicative particulière."

La seconde option est liée à la conviction que l'enseignement doit être centré sur l'apprenant: "La langue n'apparaît plus seulement comme un savoir que l'apprenant doit acquérir (...) mais comme un savoir-faire qu'il doit maîtriser en situation. Cela implique une pédagogie centrée sur l'apprenant et sur ses besoins langagiers (Heddesheimer et Lagarde 1978: 7)." Ce que H.G. Widdowson glose ainsi: si nous voulons enseigner la langue dans sa dimension communicative, "nous devons accepter que la langue soit associée aux zones de savoir et d'expérience qui sont familières à l'apprenant et qu'il pourra reconnaître comme répondant à ses besoins (1978: 133)."

Sous des formulations voisines, on retrouve, dans les travaux du Conseil de l'Europe et dans la grande majorité des articles traitant des pratiques communicatives,[2] cette conviction que, si on veut que la langue étrangère soit apprise non seulement dans sa dimension proprement linguistique, mais aussi dans sa dimension communicative, il faut que l'apprenant se sente directement engagé dans son apprentissage. Car c'est cet engagement qui assurera une réelle valeur communicative à ses pratiques en langue étrangère. Les deux options de base sont donc posées comme étroitement imbriquées. Mais ce n'est pas que par commodité que nous interrogerons successivement l'une et l'autre: dans la classe, elles peuvent être vécues comme contradictoires.

"Enseigner la compétence de communication?" tiré de *Le Français dans le Monde.* 153(1980):41-47. Reproduit ici avec la permission du rédacteur.

Une nouvelle conception de la langue à enseigner?

La manière dont se situe la nouvelle approche par rapport aux approches antérieures et, plus largement, à l'histoire de la didactique des langues et de la linguistique paraît souvent contestable.

Le concept de fonction doit beaucoup à M.A.K. Halliday (1970) qui cherche à aborder la description des langues non de l'intérieur, à partir des régularités morphologiques et syntaxiques, mais de l'extérieur, à partir de ce à quoi elles peuvent servir dans la communication sociale. Le concept d'acte est directement lié aux travaux des "philosophes du langage ordinaire," particulièrement J.L. Austin et J.R. Searle (1973). Celui de compétence communicative a été proposé par D. Hymes (1972) pour désigner la connaissance, le plus souvent implicite, des règles psychologiques, sociales et culturelles qui régissent les échanges langagiers dans les cadres sociaux d'une communauté donnée. Il suppose qu'il est possible de trouver des constantes dans le vaste domaine que F. De Saussure et N. Chomsky avaient exclu de leur champ, celui de la parole ou de la performance. Appliqués à la didactique des langues, ces concepts ont subi des transformations qu'il faudrait analyser de manière détaillée; bornons-nous ici à constater que, le plus souvent, on a eu tendance à transformer ces concepts méthodologiques en objets naturels qui existeraient indépendamment des démarches qui les construisent (liste de fonctions, d'actes de parole, existence d'une compétence communicative enseignable en tant que telle, etc.).

Et, un peu naïvement, on a critiqué les approches antérieures, en y dénonçant la monarchie qu'y aurait exercée la linguistique distributionnelle ou structurale, en prétendant qu'on n'y enseignait que la compétence linguistique et pas la compétence communicative, en présentant de nouveaux cours comme étant les seuls à contenir des actes de parole, etc.[3]

Nous ne nions pas les apports de la sociolinguistique, de l'ethnographie de la communication ou de la philosophie analytique du langage. Constatons seulement que les chercheurs qui travaillent dans ces domaines se prétendent beaucoup moins novateurs que leurs imitateurs didacticiens. J.J. Gumpertz, J.A. Fishman soulignent constamment que leurs travaux s'inscrivent dans une ancienne lignée linguistique définissant le langage comme un phénomène social (néogrammairiens, dialectologistes, historiens de la langue, etc.), et ils reconnaissent J.R. Firth, E. Sapir, R. Jakobson, J. Gilliéron, F. Brunot, A. Meillet, E. Benveniste comme des précurseurs dans ces domaines. W. Labov s'étonne, par exemple, que "les linguistes qui suivent la tradition saussurienne (...) ne s'ocupent nullement de la vie sociale" et admet avec réticence le terme de *sociolinguistique:* "terme pourtant trompeur et bizarrement redondant (1976: 259, 257)." Les didacticiens anglo-saxons ont tiré arguments de ces nouveaux concepts pour critiquer les cours audio-oraux des années cinquante en dénonçant leur approche trop étroitement linguistique; les didacticiens francophones reproduisent ses arguments en les appliquant aux cours audio-visuels qui, pourtant, depuis leur origine, revendiquent un enseignement de la parole étrangère en situation.

On peut considérer, sans esprit de vaine polémique, qu'on a toujours plus ou moins cherché à enseigner ce qu'on nomme aujourd'hui une compétence communicative en langue étrangère. Pour la simple raison que, dans une classe de langue, les étudiants ne dissocient pas compétence linguistique et compétence communicative, même dans un exercice très formel et non contextualisé comme un exercice structural. Pour interpréter une phrase, il faut nécessairement mettre simultanément en jeu ces deux sortes de compétences, et elles le sont effectivement dans les classes de méthode directe, audio-orale ou audio-visuelle, mais de manière différente de ce qui se passe dans les classes qui suivent l'approche communicative.

H.G. Widdowson interprète, par exemple, le jeu canonique de la méthode directe (*"Qu'est-ce que c'est? — C'est un x."*) comme un enseignement de la seule compétence linguistique. Il est vrai que la question magistrale n'est pas une "vraie" question puisque le maître en connaît la réponse et que la réponse n'en est pas une, puisque l'élève sait que le maître la connaît mieux que lui. Il n'en reste pas moins que si le jeu fonctionne dans la classe, c'est que maître et élèves suivent des règles communicatives non explicites telles que, par exemple: apprendre une langue étrangère, c'est apprendre à nommer autrement ce qui m'entoure. En soi, le fait que *"Qu'est-ce que c'est?"* puisse être compris, dans la classe de langue, comme un ordre ("Dites-moi le nom de cet objet en français") n'est pas plus étrange ou artificiel que le fait que *"J'ai froid,"* dans des circonstances communicatives particulières, puisse signifier "Ferme la fenêtre," ou "Approche-toi de moi." Le problème méthodologique est que la compétence communicative bien réelle mise en jeu dans la classe est difficilement transférable en dehors de celle-ci.

Les procédures audio-orales et audio-visuelles, en réaction partielle aux méthodes directes, se sont efforcées d'inciter les apprenants à "jouer" des rôles, des statuts, des échanges communicatifs directement dans la langue et la culture étrangère (*"Vous êtes Pierre, parlez!"*). Là aussi, il s'agit d'acquérir une compétence linguistique et communicative, mais dans des situations étrangères simulées. Deux démarches nous paraissent, de ce point de vue, exemplaires. Celle qui consiste à construire progressivement une compétence par des essais et erreurs sur des paraphrases discursives formulées par les étudiants (à l'aide de leurs acquis antérieurs en langue étrangère) pour exprimer les intentions communicatives qu'ils prêtent à des personnages fictifs, présentés par des séquences d'images (sans "ballon" visualisant un énoncé précis) et manifestement engagés dans des dialogues dont les répliques sont directement liées aux circonstances d'échange (voir Besse 1975, ch. 2 et 11). La seconde est connue sous le nom de jeu de rôles ou de simulation, pratiquée en demandant à l'étudiant "de sortir de lui-même, de s'identifier au moins partiellement à autrui, d'agir et de parler comme cet autre, un autre qui utilise non seulement la langue étrangère (...), mais encore la variété de langue étrangère requise par la situation où il est engagé avec son rôle individuel et son rôle social"[4] (Bertrand 1979: 11-12). Nous ne contestons pas que ces démarches posent de sérieux problèmes pédagogiques et psychologiques (il n'est, en particulier, pas toujours aisé de sortir des situations simulées pour parler de soi en langue étrangère et, en outre, on n'a pas toujours envie de parler de soi), mais nous affirmons qu'il y a là des procédures intéressantes d'entraînement à une vraie compétence communicative étrangère.

Dans cette perspective, on peut avancer qu'en raison même de ses options de départ, l'approche communicative n'enseigne pas toujours, en fait, la compétence communicative étrangère, puisque nombre de ses techniques de classe présupposent que cette compétence est déjà, pour l'essentiel, connue des apprenants, qu'elle relève de l'univers familier ou professionnel des apprenants. En d'autres termes, on utilise la compétence communicative acquise en culture maternelle pour acquérir une certaine compétence linguistique en langue étrangère.

Ceci est particulièrement net dans les pratiques visant à développer la compétence communicative en compréhension écrite ou orale à partir de documents dits "authentiques". Ces documents sont choisis en fonction des intérêts et connaissances des apprenants: on partira d'une émission de radio étrangère portant sur le pays des apprenants ou sur le match qu'ils ont vu à la télévision locale, on sélectionnera des textes se référant au domaine de spécialisation professionnelle du groupe-classe, etc. On spécule sur le fait que la connaissance des données référentielles du document et d'une partie des règles communicatives et discursives qui l'organisent facilite l'accès à la compréhension des données proprement linguistiques: "Si l'on pose par hypothèse que la compréhension découle d'une double connaissance: celle des modèles d'organisation du discours, celle des références extra-linguistiques du contenu, il importe donc d'aider les étudiants à s'approprier peu à peu les modèles syntactico-sémantiques du français au travers de repères leur montrant comment s'expriment en français les notions du domaine de référence (...) qu'ils connaissent en langue maternelle"[5] (Lehmann, Moirand, Mariet et Catalan 1979: xviii). Le travail pédagogique s'appuie sur une compréhension globale et non linéaire, par l'apprentissage de repérages formels ou thématiques permettant à l'apprenant de reconnaître "les formulations qui, en français, rendent compte des notions, opérations et activités économiques qu'il connaît en langue maternelle" (*ibid.*).

Ces pratiques, contrairement à nombre d'autres dites également "communicatives," distinguent nettement l'intégralité (orale ou scripturale) du document, qu'elle soit spontanée ou très élaborée, de son authenticité proprement dite, celle-ci ne pouvant être définie que comme l'ensemble des conditions (langagières et non langagières) de production et de réception originellement prévues pour lui (Besse 1980). La tactique pédagogique adoptée permet de restituer en classe quelque chose de ces conditions primitives et d'assurer ainsi des réceptions plus authentiques. Mais le travail pédagogique mené en classe nous semble poser problème: au questionnement magistral (par questions orales ou masqué dans une tâche à effectuer) du document, les apprenants peuvent souvent répondre par la citation d'un mot ou d'un membre de phrase, sans qu'ils aient vraiment à les interpréter. L'expérience de ce travail semble attester que souvent on apprend simplement à reconnaître sous des travestissements étrangers ce qu'on suppose être contenu dans le document. Autrement dit, la langue étrangère risque d'être perçue et apprise comme une sorte de surcodage des pratiques communicatives et linguistiques acquises en culture maternelle.[6] Elle peut ainsi se trouver réduite à un ensemble de signifiants qu'on apprend à repérer par rapport à des signifiants de langue maternelle, sans que l'apprenant ait à en restructurer les niveaux sémantiques et pragmatiques. Cette démarche, motivante au départ, risque de devenir une entrave à un stade plus avancé, quand la compréhension exigera une restructuration, souvent profonde, de ces niveaux en fonction des règles communicatives étrangères.[7]

Nombre d'exercices "communicatifs" consistent à donner aux étudiants une tâche à exécuter à partir du document de départ (repérages de certaines régularités, réponses à un questionnaire, classement des informations, simulation d'un comportement connu, etc.). On pense qu'en détournant l'attention des apprenants de l'apprentissage de la langue elle-même, on facilitera, pour ainsi dire latéralement, l'apprentissage de celle-ci. Les choses ne se passent-elles pas ainsi pour la langue maternelle? L'enfant qui dit *"J'ai faim"* ne le dit pas pour prononcer ces mots mais pour obtenir à manger. Mais si l'attention et l'intelligence des étudiants se concentrent sur la tâche à effectuer, ne risque-t-on pas d'apprendre plus les règles d'exécution de cette tâche que les règles communicatives étrangères? Ne retiendra-t-on pas plus les tactiques de repérages sans cesse pratiquées que les formulations très diversifiées sur lesquelles elles portent? Si l'on admet la thèse de Schonen selon laquelle: "L'aspect intelligent d'une conduite consiste essentiellement en l'élaboration d'organisations nouvelles du milieu pour et par le sujet, l'aspect mnésique consiste en une restitution d'une organisation antérieurement élaborée" (de Schonen 1974: 294), on peut se demander si les étudiants, dans leur mémoire à long terme, ne garderont pas *d'abord* le souvenir des opérations perceptivocognitives qu'ils auront dû construire pour exécuter les tâches qu'on leur a demandées. On a ainsi, naguère, appris souvent plus de grammaire à propos du latin que le latin lui-même. Ne risque-t-on pas d'apprendre à téléphoner, à jouer ou à lire de manière non linéaire plutôt que d'apprendre la langue?

Un enseignement centré sur l'apprenant?

L'analyse des besoins langagiers en langue étrangère est, en principe, la première étape d'une méthodologie visant à centrer l'enseignement sur les apprenants. Mais la notion de besoin n'est pas aussi évidente qu'elle le semble, et encore moins celle de besoin langagier.

Quelques sciences humaines font appel à la notion de besoin, mais comme le remarque J. Fontanel à propos de l'économie: si "toute théorie économique inclut nécessairement une théorie des besoins, il est curieux de constater l'incroyable indigence des études portant sur le fondement même de l'économie" (Fontanel 1978).[8] En didactique des langues, cette notion ne paraît guère mieux conceptuellement maîtrisée. Il paraît clair que, dans ce domaine, si besoins il y a, ils ne sont pas liés à des manques fondamentaux, proches du physiologique (manger, se vêtir, etc.), mais à des manques suscités par l'environnement professionnel, social ou culturel. Relativement rares sont les situations où l'apprentissage d'une langue étrangère est une question de survie!

Dans les études portant sur l'analyse des besoins langagiers, on peut remarquer que ces besoins recouvrent, selon les contextes, trois réalités connexes mais distinctes: ce que l'apprenant désire apprendre, ce que l'environnement (professionnel, social, culturel) exige de lui, ce qu'il lui faut apprendre en langue étrangère. La notion de besoin dénote ainsi, tour à tour ou simultanément, les désirs, les nécessités et les objectifs d'apprentissage. Pour un apprenant donné, il n'y a pas toujours congruence entre ces trois dimensions: la nécessité professionnelle, par exemple, d'apprendre une langue n'en suscite pas toujours le désir, le désir d'apprendre ne coïncide pas toujours avec une nécessité clairement ressentie, enfin, il peut souvent arriver que les désirs et nécessités de l'apprenant ne correspondent pas avec les objectifs qui sont utiles à son apprentissage (que l'on pense aux demandes de traduction littérale).

On a tenté d'élaborer des techniques pour cerner ces besoins langagiers. Dans une première étape, on s'est appuyé sur des enquêtes par interviews ou questionnaires préalables au cours lui-même. Ces enquêtes ne peuvent porter sur les désirs proprement dits des apprenants, ceux-ci étant trop fluctuants, individualisés, variés. Elles se concentrent donc sur les "besoins objectifs," c'est-à-dire sur ce que l'environnement exige des apprenants (les nécessités). Par des biais divers, ces derniers se trouvent, en conséquence, dépossédés de leurs propres besoins au profit de ceux de leurs employeurs ou de leurs enquêteurs-professeurs. Certains publics, bien "intégrés," peuvent accepter cette dépossession comme une nécessité, d'autres y réagiront avec plus ou moins de violence. Dans une seconde étape, on a donc proposé que les besoins langagiers soient analysés et négociés avec les apprenants eux-mêmes, négociation constamment reprise en raison du fait que ces besoins évoluent en cours d'apprentissage (Richterich et Chancerel 1977). Mais quelle peut être la validité, autre que manipulatoire, de telles négociations, puisque les apprenants ignorent une bonne partie du contenu négociable (la langue étrangère) et que l'essentiel n'est, en général, pas ou peu négociable (la compétence et la personnalité du professeur, le cadre institutionnel où se déroule le cours). La négociation risque souvent de révéler "des désirs, des refus, des aspirations vagues, des demandes exprimées en termes situationnels et des souhaits d'ordre pratique nés d'une difficulté ou d'un problème, et souvent disparaissant avec eux. L'enseignant ne peut rien construire sur un terrain aussi mouvant (l'inconstance et l'improvisation n'ayant jamais fait la preuve de leur efficacité pédagogique)" (Heddesheimer et Lagarde 1977: 147).

Sous ces techniques, il y a la conviction, peu explicitée, que l'acquisition d'une habileté professionnelle ou sociale directement utile à l'apprenant lui procurera une satisfaction qui ne pourra que renforcer sa motivation à l'apprentissage. Il y a là un syllogisme douteux : certes, l'espoir de réussir à faire rapidement ce dont on sait avoir besoin peut soutenir l'effort d'apprentissage, mais ce n'est pas cet espoir qui donne les moyens et l'envie d'apprendre. En voulant recentrer l'apprentissage sur l'apprenant, on se préoccupe trop de ce qui lui manque et pas assez de ce à partir de quoi il apprend une langue étrangère. On néglige les potentialités d'apprentissage (langue et culture maternelles, métalangages appris, techniques d'apprentissage antérieurement pratiquées, inhibitions corporelles, etc.) au profit des finalités qu'on prête à cet apprentissage. Ce dont un apprenant a le plus besoin n'est pas nécessairement ce qui est le plus efficient pour son apprentissage. Un travailleur migrant peut avoir un besoin urgent de savoir remplir une demande de séjour, mais s'il commence son apprentissage de la langue étrangère par cette tâche, il risque de se trouver très démuni pour la résoudre, car cette tâche ne fait pas appel aux maîtrises (surtout orales et liées à des types de discours comme le dialogue face à face et le récit) qu'il a acquises dans sa culture maternelle. En lui proposant une tâche qui exige des capacités qu'il ne possède pas, on le prive des moyens de maîtriser son apprentissage et on le place dans une totale dépendance à l'égard du professeur.

Certes, la négociation des objectifs, la prise de conscience de certaines nécessités langagières peuvent développer une attitude favorable à l'apprentissage, mais cette attitude dépend de bien d'autres facteurs. Certains psychologues (en particulier soviétiques) (voir Saferis 1970) affirment que pour créer une disposition mentale profonde favorable à l'apprentissage, il faut abaisser trois "barrières;" une barrière "logique" qui fait rejeter tout ce qui paraît inutile, inefficace; une barrière "affective" qui tend à écarter tout ce qui ne donne pas confiance, sécurité, plaisir; une barrière "éthique" qui se lève devant tout ce qui contredit nos normes morales ou idéologiques. L'approche communicative (particulièrement dans sa variante fonctionnelle) nous paraît surtout chercher à abaisser la barrière "logique" sans tenir compte des deux dernières, les renforçant même parfois par les procédures qu'elle emploie. Efficace avec certains publics sensibles aux plus-values socio-utilitaires, elle risque de rebuter ceux qui le sont moins.

L'apprentissage d'une langue étrangère est probablement un processus très individualisé engageant l'histoire personnelle de chaque apprenant. D'où la nécessité, autant que faire se peut, de centrer son enseignement sur l'apprenant dans sa singularité. De ce point de vue, l'analyse des besoins, préalable ou négociée, nous paraît se heurter aux deux difficultés suivantes.

L'analyse des besoins porte sur des publics plutôt que sur des individus. Dans le dépouillement des enquêtes et questionnaires, on ne peut retenir que ce qui réapparaît avec une fréquence significative, c'est-à-dire ce qui est commun à la majorité des sujets consultés. Les négociations à l'intérieur d'un groupe-classe donné ne peuvent, au mieux, que favoriser un certain consensus quant aux objectifs qu'on décide de poursuivre. Dans un cas comme dans l'autre, il est inévitable que nombre de désirs, d'exigences, de finalités, statistiquement marginaux mais importants pour les apprenants qui les formulent, se trouvent écartés. Certes, on ne peut revenir au préceptorat, mais il y a quelque contradiction à diffuser des cours réputés être centrés sur l'apprenant quand, de fait, ils ne sont adaptés qu'à un apprenant générique relevant d'un public donné. Il n'est pas évident que l'étudiant en médecine étranger qui vient poursuivre ses études en France ait le désir d'apprendre le français dans des textes médicaux et il n'est pas prouvé que son apprentissage en bénéficie.

La seconde difficulté est de cerner clairement ce qu'est un besoin langagier. Il est relativement aisé de décrire les situations dans lesquelles les apprenants auront à ré-utiliser la langue étrangère; il est beaucoup plus difficile de spécifier quelle langue ils pourront ou souhaiteront utiliser dans ces situations. Sera-t-elle définie au niveau des signifiants (des formulations) ou des signifiés (notions, intentions, actes de parole, fonctions)? L'approche communicative a opté pour une définition sémantique des contenus. Mais qui décide que telle ou telle unité sémantique apparaîtra dans telle situation? Qui décide que cette unité sera présentée sous telle formulation et non sous telle autre? Le professeur ou l'auteur du cours? On ne voit plus dès lors comment le contenu de l'enseignement est centré sur l'apprenant, puisque celui-ci, contrairement à l'usage ordinaire du langage, ne peut choisir ni ce qu'il a l'intention de dire, ni la manière dont il peut le dire. Certes, dans les situations conventionnelles, il existe des habitudes phraséologiques prévisibles et quasi inévitables, mais dès que l'on sort de ces situations (déjà beaucoup utilisées par les approches antérieures), le choix devient difficilement prévisible, et donc est arbitrairement imposé à l'apprenant. Dans les inventaires notionnels-fonctionnels qui, selon D.A. Wilkins (1976),[10] devraient permettre d'échapper aux contraintes imposées par les situations, une quasi-disparition nous paraît symptomatique. Dans le *Notional Syllabuses,* assez directement inspiré des hypothèses fonctionnelles de M.A.K. Halliday, on trouve un répertoire de "catégories de modalité." Dans *The Threshold Level* et dans *Un niveau-seuil,* elles n'apparaissent plus en tant que telles, mais se trouvent, là, dispersées entre les notions générales et la grammaire, ici, entre la grammaire et les actes de parole. Or, ces catégories, qui relèvent chez M.A.K. Halliday de la fonction interpersonnelle, sont essentielles à la pratique d'une énonciation personnalisée en langue étrangère. Car ce sont elles qui permettent à l'apprenant d'expliciter son attitude par rapport à ce qu'il cherche à dire ou à faire dans cette langue qui n'est pas la sienne.

Les deux options fondamentales de l'approche communicative ne sont guère, en elles-mêmes, contestables. Elles ne sont pas contradictoires avec ce que l'on sait actuellement en linguistique, en sociolinguistique ou en psychologie de l'apprentissage. Elles ont permis à la didactique des langues étrangères de sortir de l'ornière structuro-behavioriste (dans laquelle, à notre avis, seules certaines pratiques audio-visuelles se sont embourbées). Mais les mises en oeuvre méthodologiques et pédagogiques proposées jusqu'ici sont loin d'être toujours cohérentes avec les principes; nombre de pratiques réduisent encore la langue étrangère à sa dimension étroitement linguistique en poussant les apprenants à l'utiliser dans des situations structurées par leur compétence communicative maternelle; d'autres risquent de favoriser l'apprentissage de savoir-faire autres que ceux qui régissent l'usage ordinaire du langage, sous prétexte de "faire quelque chose" avec la langue qu'on apprend; "l'apprenant" n'est pas encore pleinement reconnu dans sa singularité et dans ses potentialités d'apprentissage propres; on spécule probablement trop sur des motivations d'ordre utilitaire ou fonctionnel au détriment d'autres motivations au moins aussi efficaces.

Deux directions pourraient être explorées. Les catégorisations sémantiques et les documents "authentiques" conduisent les didacticiens à se détourner des problèmes de structuration grammaticale et de progression morpho-syntaxique d'apprentissage. Ces aspects ont certes été surévalués mais ils n'en restent pas moins déterminants pour certains apprenants, particulièrement ceux qui ont appris "une grammaire" en langue maternelle. On propose des progressions par "complexification de l'événement de communication" (Heddesheimer et Lagarde 1977: 162) donné à travailler aux étudiants, mais si on ne sait pas très bien ce qu'est le simple et le complexe en morpho-syntaxe, le saura-t-on mieux au sujet des activites d'apprentissage?

Les mots de *culture* ou de *civilisation,* curieusement, n'apparaissent guère en approche communicative et, pourtant, la compétence de communication est un concept central en ethnographie de la communication et en ethno-méthodologie. Chaque langue implique une compétence communicative qui lui est, au moins partiellement, propre; pour apprendre une compétence communicative étrangère il faut nécessairement se "distancier" de celle acquise dans la culture maternelle. Est-ce le meilleur moyen que d'associer la langue étrangère "aux zones de savoir et d'expérience qui sont familières à l'apprenant"?

Notes

1. Nous avons tenté de répondre à certaines d'entre elles dans *Polémique en didactique* (en collaboration avec R. Galisson), Paris: CLE International, 1980.
2. On pourra consulter E. Roulet et H. Holec, réds., *"L'enseignement de la compétence de communication en langues secondes,"* Bulletin CILA, 24 Neuchâtel, 1976.
3. Nous nous dispensons des citations, nombreuses, qu'il serait possible de faire ici.
4. Cette conception du jeu de rôles est à l'opposé des jeux de rôles impliquant fortement les apprenants dans leur affectivité et leur vécu.
5. Ce cours nous paraît particulièrement cohérent avec ce type d'option et nous ne le citons, ici, qu'à titre d'exemple.
6. La vieille procédure de la "transparence" (ressemblances graphiques ou phonétiques) joue un grand rôle dans cette démarche.
7. Il faudrait moduler cette assertion en fonction des contenus: un contenu "scientifique" est, en général, réputé plus translinguistique qu'un contenu non scientifique.
8. L'auteur ajoute que le "concept de besoin charrie toujours son lot d'ambiguités, de confusion, d'équivoques."
9. On pourra voir les travaux de R. Richtrich, *Langues vivantes: modèle pour la définition des besoins langagières des adultes.* Strasbourg: Conseil de l'Europe, 1972; ou ceux de T.C. Jupp et S. Holdin, dans *Industrial English,* 1976 (trad. par C. Heddesheimer et S.P. Lagarde, *op. cit.)*
10. Les travaux de Wilkins ont influencé *The Threshold Level* (J.A. Van Ek) et *un Niveau-seuil* (D. Coste et al.), Strasbourg: Conseil de l'Europe 1975 et 1976.

Références

Austin, J.L. 1970. *Quand lire, c'est faire.* (trad.) Paris: L. Seuil.

Bertrand, Y. 1979. "Quelques problèmes psychologiques du jeu de rôles," *Rollenspiel und Simulation im Fremdsprachenunterricht,* München.

Besse, H. 1975. *Pratique de la classe audiovisuelle au niveau I.* Paris: Didier.

Besse, H. 1980. "De la pratique des textes non littéraires au niveau 2," *Le Français dans le Monde,* 150 (janvier).

Besse, H. (à paraître). "Pratiques textuelles en langue étrangère."

Besse. H. (à paraître). "De l'authenticité pédagogique d'un document."

de Schonen, Scania. 1974. *La mémoire: connaissance active du passé.* Paris: Mouton, 1974.

Fontanel, J. 1978. "Les besoins et l'économique," *Le Monde,* 25 (juilet).

Halliday, M.A.K. 1970. "Language, structure and language function," dans *New Horizons in Linguistics,* réd. J. Lyon, Harmondsworth: Penguin.

Heddesheimer, C. et J.P. Lagarde. 1978. *Apprentissage linguistique et communication.* Paris: CLE International.

Hymes, D. *Towards Communicative Competence.* Philadelphia: University of Pennsylvania Press.

Labov, W. 1976. *Sociolinguistique.* (trad.) Paris: Ed. de Minuit.

Lehman, D., S. Moirand, F. Mariet, R. Catalan. 1979. *Lire en français les Sciences économiques et sociales. Fiches pédagogi-* ques. Paris: Didier.

Porcher, L. 1977. "Une notion ambigüe: les 'besoins langagiers'," *Les Cahiers du CRELEF, no 3.*

Richterich, R. et J.L. Chancerel. 1977. *L'identification des besoins des adultes apprenant une langue étrangère.* Strasbourg: Conseil de l'Europe.

Searle, J.R. 1973. *Les actes du langage. Essai de philosophie du langage* (trad.) Paris: Hermann.

Widdowson, H.G. 1978. *Teaching Language as Communication.* London: Oxford University Press.

Wilkins, D.A. 1976. *Notional Syllabuses.* London: Oxford University Press.

Claudette Tardif

13 En vue d'une méthodologie pour l'immersion

Qu'est-ce-que cela signifie que l'on s'est préparé à enseigner dans un programme d'immersion? En quoi enseigner dans une situation d'immersion diffère-t-il d'enseigner dans la première langue d'un enfant ou d'enseigner une langue comme sujet? Les réponses à ces questions revêtent une importance considérable à la lumière du nombre croissant d'élèves qui s'inscrivent dans des programmes d'immersion.

L'immersion comme méthode pour apprendre et enseigner une seconde langue a vraiment percé au cours des vingt dernières années. Bien qu'énormément de recherches aient accompagné le développement de l'enseignement par immersion, la préparation des professeurs d'immersion a retenu très peu l'attention. Leurs besoins spéciaux n'ont pas été reconnus. L'enseignement par immersion représente une façon distinctive d'aborder l'enseignement d'une seconde langue qui englobe toute l'éducation de l'enfant.

Il y a beaucoup de facteurs à considérer quand il s'agit de la question de la formation des enseignants en immersion. Cet article ne se propose pas de présenter les éléments d'un programme de formation pour enseignants en immersion. La question a été traitée dans de précédentes études (Tardif 1984). Nous vous proposons plutôt ici de vous concentrer sur le caractère distinctif de l'immersion comme processus de développement du langage et sur le rôle de l'enseignant dans ce processus.

Le Processus d'acquisition du langage

Il est essentiel que les futurs enseignants en immersion comprennent la nature du langage et la façon dont il s'acquiert. Le langage est un outil très complexe et aux multiples facettes que l'être humain utilise pour arriver à comprendre son environnement. Bien que diverses théories aient été avancées, qui tentent d'expliquer l'acquisition d'une première et d'une seconde langue, la théorie et la recherche des quinze dernières années corroborent les opinions sur l'acquisition d'une langue, qui maintiennent les processus créateurs qui sont à la base de tout développement du langage et le rôle des influences sociales sur le développement de celui-ci.

Les résultats de recherche de Piaget en psychologie développementale (1971) et de Chomsky (1965) en linguistique corroborent la conception de la participa-

''En vue d'une méthodologie pour l'immersion,'' tiré de *Notre langue et notre culture*, 13, 1(1985): 3-10. Reproduit ici avec la permission du rédacteur.

tion active et créatrice de l'apprenant dans le processus d'acquisition. En acquérant une langue, les enfants découvrent et recréent les règles du langage en formulant des hypothèses en fonction de ce qu'ils perçoivent qu'ils ont compris, et ils vérifient ces hypothèses. À mesure qu'ils se développent, les enfants apprennent à exprimer les idées qu'ils possèdent déjà dans leurs schémas cognitifs. Le langage s'inscrit sur la perception que l'enfant a de son environnement. Selon Bruner:

> le langage apparaît comme une acquisition procédurale pour aborder des choses que l'enfant comprend déjà sur le plan conceptuel et pour atteindre des objectifs de communication que l'enfant peut déjà, au moins partiellement, atteindre par d'autres moyens (1978:247).

Pour Tamir (1979:263), "le domaine du développement du langage chez l'enfant peut plus justement être appelé *développement de la communication*. On consacre de plus en plus d'attention aux fonctions sociales et de communication du langage. Les tenants de cette opinion partent du principe que l'enfant est un être social et que le langage s'acquiert d'abord comme moyen de remplir des fonctions de communication existant déjà. Comme être social, l'enfant apprend très tôt à jouer au "jeu de la communication" (McLean et Snyder-McLean, 1978:59). Les bébés peuvent maintenir et engager une interaction avec un adulte. Ils pleurent pour montrer qu'ils ont faim, ou qu'ils ne sont pas bien quand ils sont mouillés. Ils établissent le contact des yeux avec les personnes-clés de leur environnement. Ils peuvent attraper un objet qu'ils désirent. En résumé, ils apprennent qu'ils peuvent influencer leur environnement et les gens qui le peuplent. Cette communication préverbale sert de base à la communication linguistique ultérieure. Miller et Yoder (1972) affirment que, pour qu'un enfant recoure au langage, il faut non seulement qu'il ait quelque chose à dire et un moyen de le dire mais aussi une raison de le dire. Ainsi, le langage est un outil social qui sert à opérer des interactions coopératives entre l'enfant et les autres personnes de son environnement.

L'essentiel du travail de Michael Halliday (1978) constitue une interprétation sociale du langage et de ses fonctions. Le langage apparaît dans la vie de l'individu par suite d'un échange continu de significations avec les personnes-clés pour lui. Un enfant crée d'abord sa langue maternelle, en interaction avec le petit cercle de personnes qui constituent son groupe d'expression. C'est en ce sens que le langage est le produit d'un processus social. Selon Halliday (1978:12), "un enfant qui apprend sa langue maternelle apprend à signifier: il se bâtit un potentiel de signification par rapport à un nombre limité de fonctions sociales."

Acquisition d'une première et d'une deuxième langue

Les vues selon lesquelles l'acquisition du langage repose sur la créativité et sur des processus d'origine sociale possèdent d'importantes implications pour les professeurs de deuxième langue. L'apprentissage d'une seconde langue par la voie de l'immersion a beaucoup de points communs avec l'apprentissage de sa première langue. Dans les deux cas, le langage devient un outil de communication. Lapkin

(1984:8) parle de "l'immersion comme de l'enseignement par excellence du langage de la communication." Il y a cependant des différences notables que doivent prendre en considération les professeurs de seconde langue.

Le contexte socio-culturel dans lequel sont acquises la première et la deuxième langue est différent. L'acquisition de sa première langue dans le cadre du soutien affectif que procurent les personnes-clés est tout à fait différente de l'acquisition d'une langue dans le cadre d'une salle de classe. Il faut que les enseignants soient au courant des théories du langage qui insistent sur les conditions qui peuvent être cruciales pour la réussite de l'apprentissage d'une langue. De récentes recherches (Nelson 1978, Snow et Ferguson 1977) ont établi que le rôle de l'apport linguistique des adultes est crucial dans l'expansion et la transformation du parler des enfants. Pour Krashen (1984), la réussite de l'immersion est due à la somme considérable de données compréhensibles que reçoivent les élèves dans ces programmes. On y donne de l'importance aux sens plutôt qu'à la forme, "à ce qui est dit plutôt qu'à la façon dont c'est dit" (Krashen 1984:62). Les recherches faites dans l'acquisition de la première langue montrent que les parents réagissent aux erreurs de fond du parler de leurs enfants plutôt qu'aux erreurs de forme. Brown, Cazden et Bellugi (1973:330) rapportent qu'une phrase comme: *"Lui boucle mes cheveux* était approuvée parce que le père, de fait, était en train de boucler les cheveux d'Ève." (Adaptation et traduction d'un exemple donné dans l'étude de R. Brown, C. Cazden, et U. Bellugi 1973.)

Dans l'acquisition d'une seconde langue, la présence d'un système linguistique de communication qui existe déjà a un effet sur le processus du développement de la seconde langue. Le besoin réel de communiquer dans la seconde langue est souvent très réduit. Dans le contexte canadien, l'emploi de la seconde langue (le français dans la plupart des cas) se limite à des sphères d'activités en dehors de la réalité personnelle et sociale de l'individu. Le "monde linguistique" de la seconde langue ne représente pas pour les élèves "le monde concret du vécu." Souvent, la seconde langue ne se rapporte pas et n'est pas associée à des objets ou à des événements du monde réel dans lequel vivent les élèves. Selon Fallon (1985) le cadre de l'école d'immersion est limité dans son pouvoir de donner un rôle significatif à la seconde langue comparable à celui que joue la première langue de l'élève dans son "univers de base." La réussite des programmes d'immersion dépend par conséquent, en grande partie, de l'aptitude de l'enseignant à déborder les sphères et les fonctions de l'emploi de la langue de façon à maximiser les fonctions référentielles et communicatrices de la seconde langue.

Approches pédagogiques qui favorisent le développement du langage

Il est vrai qu'en mettant l'accent sur l'aspect éducatif plutôt que sur l'enseignement de la langue, l'immersion crée un climat dans lequel la langue est utilisée dans sa fonction communicatrice. Cela n'implique pas toutefois que *toutes les techniques pédagogiques utilisées dans les classes d'immersion soient les mêmes ni qu'elles aient la même valeur pour favoriser le développement du langage.* Les approches pédagogiques employées varient beaucoup d'une classe à l'autre.

La méthodologie peut généralement entrer dans deux catégories correspondant à deux orientations générales: une approche qui tourne autour de l'enseignant ou une approche où ce sont des activités et les élèves qui occupent le centre. Dans le contexte d'une classe d'immersion, une approche centrée sur l'enseignant donne une classe dans laquelle l'apprentissage de la langue est presque exclusivement dirigé par l'enseignant. Le contenu et les activités du programme linguistique sont choisis par l'enseignant conformément à une succession prédéterminée et fixe. Les approches dont l'enseignant est le centre ont tendance à insister moins sur l'aptitude à communiquer. Lorsque c'est l'enseignant qui joue le rôle principal, le contenu des programmes linguistiques a tendance à s'adresser au système linguistique employé par le communicateur plutôt qu'à l'apprenant comme communicateur. Ainsi, l'accent est souvent mis sur l'étude formelle de la langue (règles grammaticales) plutôt que sur l'usage de cette langue. Par contraste, l'approche centrée sur l'interaction activités-élèves-professeur attache beaucoup plus d'importance au rôle de l'enfant dans le processus d'acquisition. L'enseignant, en organisant des activités et des situations qui feront participer les élèves à des actes de communication dans la seconde langue, joue le rôle d'animateur. L'enfant devient un participant actif et créatif.

Stevens (1983) semble indiquer que les méthodes qui sont centrées sur les activités plutôt que sur l'enseignant sont beaucoup plus efficaces pour favoriser l'apprentissage et la communication dans l'environnement de la seconde langue. Pour Stevens (1983:61), une classe dont les activités occupent le centre: "est une classe dans laquelle le sujet est présenté à l'aide d'une approche thématique et où les élèves participent à des expériences pratiques." Une approche centrée sur l'interaction entre activités-élèves-professeur mérite d'être reconnue comme une approche à utiliser en classe d'immersion, car elle respecte les principes du développement du langage et de l'apprentissage.

L'Approche centrée sur l'interaction activités-elèves-professeurs

Piaget (1971) maintient que les enfants acquièrent une connaissance de leur monde par le jeu de l'interaction avec leur environnement. Les enfants agissent sur leur environnement de façon à se bâtir des groupes de significations tirées de l'expérience. Cela se produit naturellement dans le contexte de la première langue, mais dans celui de la seconde langue il faut y pourvoir. Le professeur d'immersion a donc la responsabilité de fournir aux élèves des expériences qui leur permettront d'agir sur leur environnement. Il est important de donner aux élèves des choix et des façons de travailler avec la langue, qui soient particulièrement significatives pour eux. "La façon dont l'enfant utilise sa première langue reflète son monde à lui - ce qu'il veut faire de sa langue, ce qu'il veut dire, comment il perçoit le monde et comment il découvre ses rôles sociaux" (Cook, Long et McDonough 1979:10). Il faut lui donner l'occasion de faire la même chose en classe pour la seconde langue.

Une organisation thématique respecte les principes de l'acquisition du langage et se prête bien à la situation de la classe d'immersion. Cette approche permet à l'enseignant d'intégrer le contenu des divers sujets enseignés et d'intégrer un contenu linguistique autour d'un thème qui en fait l'unité. Dans le cadre de cette approche, le langage sert à la fois à communiquer des idées et comme outil d'organisaton conceptuelle. L'enseignant s'efforce de créer des situations dans lesquelles l'enfant cherchera à utiliser la seconde langue dans un cadre de communication qui soit significatif pour lui. L'attention porte sur le *message* plutôt que sur la *forme*. Ce qui est plus important, l'approche thématique établit un système de référence par lequel l'enfant peut intégrer et relater ses expériences personnelles. Cela permet aux enfants de commencer au point où ils en sont, avec ce qu'ils connaissent déjà. Les enfants peuvent explorer des sujets à leur propre niveau de compréhension et dans leur propre style d'apprentissage. Ils peuvent agir sur l'environnement pour acquérir des connaissances. L'apprentissage de la langue qui s'accompagne de l'expérience que fait l'enfant du monde dans cette langue sert de base pour acquérir de nouvelles perceptions et de nouvelles significations à propos du monde.

Implications pour l'enseignant en classe

- Encourager les activités qui engageront l'enfant dans une interaction avec les autres en classe. Le langage est un processus social. Les enfants apprennent autant par l'interaction avec leurs semblables qu'avec leur professeur. *Les voies de la communication ne devraient pas se limiter au niveau enseignante-élève.*
- Organiser des activités qui demandent de l'enfant une participation active et créatrice au processus d'apprentissage. Les enfants apprennent en agissant sur leur environnement. Apprendre une langue, c'est faire *l'expérience du monde dans cette langue.* Dans ce sens, il faut laisser aux élèves une certaine marge d'indépendance dans la prise de décision, la recherche d'information et la présentation de faits et d'idées. Les enfants utilisent leur première langue pour organiser leur monde, pour contrôler leurs actions et les actions des autres personnes de leur environnement. Pour que la seconde langue ait du sens, *il faut que l'on fasse sentir aux élèves qu'ils peuvent, dans cette langue, influencer l'environnement et ceux qui le peuplent.*
- Insister sur *l'emploi* de la langue en classe plutôt que sur *l'étude* de la langue. Une langue est plus qu'un ensemble de structures grammaticales et de règles. *Une langue est un outil pour communiquer des idées, des émotions et des attitudes.* Encourager l'emploi de la seconde langue dans des domaines où les élèves cherchent à communiquer dans les circonstances de leur vie quotidienne. Par exemple, les élèves ont besoin du langage pour exprimer ce qu'ils éprouvent, ce qu'ils pensent de quelque chose, pour formuler ce qu'ils ont à demander, et comment construire un casse-tête, jouer à un jeu, suivre un mode d'emploi, inventer une histoire, etc.
- Encourager les enfants à parler de choses, de relations et d'événements au sujet desquels ils manifestent déjà une certaine conscience et connaissance. En sélectionnant des objectifs de contenu pour le développement du langage, il est important de se rappeler que le *langage ne peut être utilisé que pour exprimer ce qui est déjà connu de l'usager.* C'est seulement de cette façon que la seconde langue sera riche de sens pour l'enfant.
- Créer des situations qui permettront aux élèves d'utiliser la langue de façon

créative. Cette approche ressemble de plus près au contexte dans lequel a lieu la communication dans la première langue. Tout acte réel de communication comporte un certain degré d'incertitude et de doute. Nous ne sommes jamais sûrs de la façon dont notre interlocuteur réagira à ce que nous avons dit. Quand nous écoutons quelqu'un parler, nous n'avons aucun contrôle sur ce qui sera dit. Il devient important alors pour l'enseignant de faire *varier les contextes de communication* (la situation langagière, le message, les participants, les fonctions langagières, les genres de discours) et de faire *appel aux quatre savoirs* (écouter et lire aussi bien que parler et écrire) afin de maximiser le développement des habiletés de communication.

Conclusion

La tâche de l'enseignant est très difficile. Ce qui la rend encore plus difficile est le fait que, dans un programme d'immersion, la plupart des activités scolaires sont conduites dans une langue autre que celle de l'enfant. Avoir une compréhension des processus d'acquisition d'une seconde langue et des facteurs relatifs à l'apprentissage réussi d'une langue peut aider les enseignants dans leur rôle professionnel. Les théories portant sur l'acquisition du langage ont beaucoup d'implications pour l'enseignement d'une seconde langue. Cette étude a essayé de décrire les conceptions récentes sur l'acquisition du langage nées de la théorie et de la recherche des quinze dernières années et de décrire des approches pédagogiques qui s'alignent sur ces conceptions du développement du langage. Les approches pédagogiques qui tiennent compte de la nature du développement du langage chez l'enfant et du rôle du langage dans la vie de l'enfant sont les plus propices au développement des compétences communicatives et linguistiques. L'immersion comme manière distincte d'aborder l'enseignement d'une deuxième langue doit se caractériser par une méthodologie qui lui est propre. Cet article a voulu présenter quelques recommandations à cet effet tout en reconnaissant que le sujet est loin d'être épuisé.

Références

Brown, R., C. Cazden, et U. Bellugi. 1973. "The Child's Grammar From I to III," dans C. Ferguson et D. Slobin, réd., *Studies of Child Language Development*. Holt Rinehart and Winston, pp. 295-333.

Bruner, J. 1978. "The Role of Dialogue in Language Acquisition" dans A. Sinclair, R.J. Jarvella, et W.J.M. Levelt réds., *The Child's Conception of Language*. New York: Springer-Verlay, pp. 241-256.

Chomsky, N. 1965. *Aspects of the Theory of Syntax*. Cambridge, Mass.: M.I.T. Press.

Cook, V., J. Long et S. McDonough. 1979. "First and Second Language Learning." *The Mother Tongue and Other Languages in Education*. NCLE Papers and Reports 2.

Centre for Information on Language Teaching and Research, Great Britain.

Fallon, G. 1985. "Les Stratégies d'intervention pédagogiques en immersion; quelles orientations prendre?" *Alberta Modern Language Journal*, 3(2).

Halliday, M.A.K. 1978. *Language as Social Semiotic: The Social Interpretation of Language and Meaning*. London: Edward Arnold.

Krashen, S.D. 1984. "Immersion: Why it Works and What it Has Taught Us." *Langue et Société*. 12: 61-64.

Lapkin, S. 1984. "Further Perspectives on Administrative and Pedagogical Aspects of French Immersion Education." *Contact*,

3:4-10.

McLean, J., L. 1978. Snyder-McLean. *A Tran-sactional Approach to Early Language Training*. Columbus: Charles E. Merrill Publishing Company.

Miller, J., D. Yoder. 1972. "A Syntax Teaching Program" dans J. McLean, D. Yoder, et R. Schiefelbusch eds., *Language Intervention With The Retarded*. Baltimore: University Park Press.

Nelson, K.E., réd. 1978. *Children's Language* (Vol. 1). New York: Gardner Press.

Piaget, J. 1971. *The Construction of Reality in the Child*. New York: Ballantine.

Snow, C.E. et C.A. Ferguson, réd., 1977. Talking to Children: Language Input and Acquisition. London: Cambridge University Press.

Stevens, F. 1983. "Activities to Promote Learning and Communication in the Second Language Classroom." *TESOL Quarterly*, 17 (2): 259-272.

Tamir, L. 1979. "Language Development: New Directions," *Human Development*, 22: 263-269.

Tardif, C. 1984. "La Formation des enseignants en situation d'immersion," *The Canadian Modern Language Review/La Revue canadienne de langues vivantes*, 41(2):365-373.

François Weiss

14   Types de communication et activités communicatives en classe

Lorsque plusieurs personnes se trouvent réunies, soit fortuitement, soit volontairement, soit institutionnellement dans un espace délimité, il leur est impossible de ne pas communiquer ; dans une salle de classe de français langue étrangère les protagonistes en présence — l'enseignant et ses élèves — ne peuvent échapper à cette obligation.

Sans vouloir ni noircir la réalité ni en donner une description réductrice, nous devons cerner les limites imposées par cette situation de communication particulière qui repose sur des règles rituelles bien définies dont la principale est celle du "silence dans la classe", imposée par le maître : "classe, quand je parle, on se tait", — Ce maître qui a, lui seul, le pouvoir de distribuer les tours de parole aux élèves en leur donnant ou en leur refusant le droit de parler ou plutôt de répondre.[1]

On a souvent constaté et commenté cet état de choses[2] tout comme on a pu vérifier à l'aide de grilles et d'autres outils d'observation[3] cette surdomination du maître dans son temps de parole par rapport à celui des élèves ainsi que dans l'organisation des activités d'enseignement et d'apprentissage.

La vague et la vogue de l'approche communicationnelle vont-elles, peuvent-elles bousculer ces habitudes pédagogiques solidement ancrées aussi bien chez les élèves que chez les enseignants ? Peut-on, dans le cadre étroit des quatre murs d'une salle de classe, promouvoir le besoin, le désir et le plaisir de communiquer ?

Après avoir analysé les différents types de communication dans la salle de classe, fixé des choix pédagogiques et expérimenté des activités interactionnelles dans différentes classes de langue, nous pouvons, pensons-nous, répondre affirmativement à cette question, sans pour autant prétendre garantir l'infaillibilité de notre démarche.

Quatre types de communication

Dans la classe de langue on peut relever quatre types de communication allant du discours formel comprenant la communication didactique et la communication imitée au discours non formel comprenant la communication simulée et la communication authentique.[4]

"Types de communication et activités communicatives en classe," tiré de *Le Français dans le Monde.* 183(1984): 47-51. Reproduit ici avec la permission du rédacteur.

- La communication purement **didactique** tourne autour de l'organisation du travail en classe et comporte, à cet égard, les demandes d'explications, les explications données par l'enseignant, les suggestions et tout le guidage du travail et des activités. Elle englobe également tout le discours centré sur les formes de langue : les demandes d'éclaircissement, les contrôles et la réaction aux performances des élèves, les encouragements, les rejets, les descriptions grammaticales, les exercices de conceptualisation, les traductions, les conjugaisons, les déclinaisons, autrement dit toutes les manipulations de la langue. Cette communication ou plutôt cette interaction didactique est certes nécessaire mais doit-elle occuper une si grande partie du temps de classe ?
- La communication **imitée** est caractérisée par l'apprentissage par coeur et la récitation de dialogues, de textes, par la répétition des modèles donnés par le maître ou par la bande magnétique, par la présentation dramatisée des dialogues, par la pratique des exercices structuraux et des micro-conversations. Il s'agit avant tout d'exercices de *reproduction* qui permettent aux élèves de s'entraîner au maniement de l'outil linguistique.
- Dans la communication **simulée,** l'élève doit faire preuve de beaucoup plus d'imagination et d'initiative, car il est amené à fabriquer des dialogues à partir de situations, de scénarios ou d'images éparses, à réagir spontanément à partir de stimuli en situation, à participer à des débats simulés et à des jeux de rôle. Il est appelé à s'impliquer davantage dans un discours qui lui appartient et qui lui permet de s'exprimer plus librement et plus personnellement.
- Enfin, dans les moments de communication **authentique,** l'élève parle en son

propre nom, prend l'initiative de la communication dans les différentes phases de l'organisation et de l'animation de tout travail de groupe ainsi que dans les prises de décisions par le groupe — à condition que toute cette interaction se passe en français!

On peut également parler de communication authentique dans les exercices de créativité, de remue-méninges,[5] de débats réels, de résolution de problèmes, d'invention.

Afin de favoriser l'acquisition d'une certaine compétence de communication, il nous paraît important de donner autant de place aux deux derniers types de communication qu'aux deux premiers.

Des choix méthodologiques[6]

Les lignes de force méthodologiques qui ont déterminé le choix des procédures, des activités, des techniques et des exercices retenus pour atteindre notre objectif sont les suivants :

- *Le travail de groupe :* il est évident qu'il faut briser le cadre rigide du schéma de la communication dans la salle de classe tel qu'il a été décrit plus haut. Les élèves doivent pourvoir se mettre à deux, à trois, à quatre afin de créer une structure d'interaction sociale naturelle et pouvoir communiquer avec différents camarades-interlocuteurs. Ce mode de travail exige un changement d'attitude aussi bien de la part de l'enseignant que des élèves. L'enseignant doit accepter de perdre une partie de son pouvoir ainsi que son rôle de chef d'orchestre, car le travail de groupe :
  - doit se dérouler dans une atmosphère non contraignante de franchise et de coopération.
  - exige la participation de chacun selon ses moyens et l'égalité de tous à l'intérieur du groupe.
  - ne doit pas être compétitif : il ne s'agit pas de démontrer aux autres qu'on est meilleur mais de partager avec eux.
- *Les exercices de simulation :* Il faut recourir aux techniques de simulation afin de proposer aux élèves une variété de situations dans lesquelles ils pourront se trouver et dans lesquelles ils seront obligés d'utiliser la langue étrangère. La classe de langue permet d'utiliser à bon escient les talents théâtraux des élèves dans :
  - les exercices de dramatisation au cours desquels ils jouent les rôles des différents personnages dont ils reproduisent les dialogues tels qu'ils sont proposés par les méthodes actuelles ;
  - les sketches ou saynètes qu'ils peuvent inventer, écrire, mettre en scène et jouer devant leurs camarades ;
  - les jeux de rôle, qui à la différence des sketches ne sont pas préparés à l'avance et au cours desquels chaque participant doit réagir instantanément comme dans un dialogue normal.

Le jeu et les exercices de créativité

Les jeux dans la classe de langue ne devraient pas être considérés comme des activités "bouche-trou" destinées à terminer une leçon ou à meubler une dernière heure avant les vacances ou encore comme une récompense pour une classe qui a bien travaillé.

La motivation ludique — l'envie et le plaisir de jouer — contribue à animer les classes de langue et permet aux élèves de s'impliquer davantage dans leur apprentissage en prenant plaisir à jouer avec les mots, les phrases et les textes qu'ils créent individuellement et collectivement.

Les jeux et les exercices de créativité leur permettront d'utiliser de façon nouvelle, personnelle, le vocabulaire et les structures acquis au cours des leçons en les faisant sortir du cadre, du contexte, de la situation dans lesquels ils les ont appris. Cette utilisation nouvelle et personnelle constitue un palier capital dans tout apprentissage, palier qu'il est souvent difficile d'atteindre à l'aide des exercices courants proposés dans les méthodes.

Quelques exemples d'activités communicatives

Pour illustrer ces choix méthodologiques nous ne présenterons pas les exemples les plus spectaculaires ou les plus probants de libération de l'expression orale tels que les exercices de créativité, de remue-méninges et de jeux de rôle[7] qui donnent souvent d'excellents résultats et qui montrent que les élèves ont beaucoup plus d'imagination et de moyens d'expression que leur comportement habituel dans la salle de classe ne le laisserait prévoir.

Voici au contraire un certain nombre d'activités expérimentées dans différents contextes scolaires de l'enseignement secondaire et de l'enseignement aux adultes. Il s'agit d'activités à partir d'exercices traditionnels, familiers à la majorité des enseignants, sur le questionnement et sur les dialogues que nous avons essayé de rendre plus communicatifs.

Poser des questions

Comme nous l'avons déjà signalé, dans l'interaction professeur-élèves, ces derniers n'ont que très rarement l'occasion de poser des questions. Cependant toutes les méthodes présentent des exercices sur les questions qui consistent souvent à transformer une série de phrases affirmatives en phrases interrogatives ou en phrases interro-négatives, mais il est rare qu'on propose aux élèves des exercices dans lesquels ils sont amenés à poser de véritables questions afin d'obtenir une information sur quelque chose ou sur un événement qu'ils veulent effectivement connaître ou découvrir.

Afin d'encourager les élèves à poser des questions, voici divers exercices simples que l'on peut adapter à différents niveaux d'apprentissage :

• Vous préparez un *document visuel* quelconque (une photo, un dessin, une publicité, une carte postale, etc.) et vous donnez, à vos élèves, les consignes suivantes :

"J'ai devant moi, là sous mes yeux, un document visuel, une image. Vous allez essayer de deviner tous les éléments de ce document en me posant des questions. Attention, je ne peux répondre que par OUI ou par NON à vos questions. Si vous me demandez par exemple:
"Où est-ce que cela se passe?"
Je ne peux pas répondre. Mais si vous me demandez :
"Ça se passe dans une maison?"
Je peux répondre OUI ou NON".

- Au lieu d'utiliser un document visuel vous pouvez proposer à vos élèves de deviner le contenu d'un *fait divers*.

Il ne s'agit pas de faire une reconstitution de texte, mais tout simplement de trouver autant de détails que possible du fait divers, qui peut être la description d'un incident drôle, d'un vol, d'un accident, etc. Vous trouverez ces faits divers dans les journaux régionaux ou dans les pages régionales des grands journaux.

Procédant de la même façon que pour le document visuel, vous demandez à vos élèves de vous poser des questions fermées auxquelles vous ne répondrez que par OUI ou par NON. Une fois que les élèves ont trouvé la plupart des éléments contenus dans le fait divers, vous leur lisez le texte.

Si le fait divers est plus complexe, au lieu de leur faire poser des questions fermées, vous les invitez à poser des questions ouvertes telles que "Où cela se passe-t-il? Quand est-ce que c'est arrivé? Comment est-ce que cela s'est passé?" etc. Mais attention, vous ne donnez strictement que l'information minimale pour chaque question. S'ils vous posent la question "De quoi s'agit-il?" ne leur racontez pas toute l'histoire.

Vous pouvez faire ces deux exercices sous forme de travail de groupe. Vous divisez la classe en groupes de trois. Vous donnez un texte à un des membres de chaque groupe qui sans le montrer aux deux autres, doit lire silencieusement ce texte. Une fois qu'il l'a lu et compris, il est interrogé par le deuxième membre du groupe qui lui pose des questions fermées ou ouvertes, selon votre choix ; le troisième membre du groupe note les réponses sous forme de mots clés. Au bout de quelques minutes, vous demandez à chaque groupe de dire ce qui a été découvert du contenu du fait divers. L'élève qui a pris les notes fera le compte rendu en essayant de reconstituer le fait divers.

Vous pouvez, bien entendu, donner le même texte à tous les groupes : il y aura ainsi une mise en commun à la fin de l'exercice, chaque groupe complétant le compte rendu des autres groupes.

- Il existe également une série de jeux sur le questionnement comme celui des *vingt questions :* les élèves doivent deviner en moins de vingt questions le nom d'un personnage, d'une profession, d'un métier, d'un animal, d'une plante...

Pour rendre ce jeu plus interactionnel, vous pouvez préparer une série de feuilles sur lesquelles vous écrivez le nom d'un personnage. À l'aide d'une épingle vous accrochez une feuille dans le dos de chaque élève qui en posant des questions à ses camarades doit deviner quel personnage il représente. Vous pouvez instaurer un tour de rôle — chaque élève vient devant la classe et pose des questions jusqu'à ce qu'il ait découvert le nom de son personnage. Il ne peut poser que des questions fermées auxquelles on ne répond que par "OUI" ou par "NON".

Au lieu de faire ce jeu individuellement et, si vous n'avez pas trop peur du bruit ! vous demandez à vos élèves de se lever et de circuler dans la classe avec la règle du jeu suivante : "Vous n'avez le droit de poser qu'une seule question à chacun de vos camarades, puis vous passez au suivant."

Le même exercice avec les mêmes règles du jeu peut se faire à un niveau plus avancé, mais, au lieu d'une série de noms, vous pouvez préparer ou faire préparer des feuilles sur lesquelles vous écrivez des noms d'objets, de personnages et même d'idées hétéroclites, tels que : un thermomètre, la statue de la liberté, une centrale nucléaire, une bouteille de champagne, une marguerite, l'enfer, un vaisseau spatial, une gomme, un sac de couchage, une stylo à bille, la démocratie, etc.

• Un autre jeu qui ne porte pas uniquement sur le questionnement et qui permet aussi de s'entraîner à construire un récit est celui de *l'alibi*. Vous demandez à chaque élève de se choisir un partenaire puis vous donnez à toutes les paires ainsi constituées les indications suivantes :
"Un crime abominable a été commis hier soir entre 19 heures et 23 heures. Vous êtes tous suspects. Vous avez passé la soirée ensemble. Vous avez maintenant 10 minutes pour vous trouver un alibi. Vous devez vous mettre d'accord sur la façon dont vous avez passé la soirée. Vous avez le droit de prendre quelques notes."

Au bout de 10 minutes, la classe se transforme en tribunal : on demande à l'un d'entre les groupes de deux de se porter volontaire pour être interrogé par ce tribunal et on dit à l'un des deux "suspects" de ce groupe de sortir de la classe de sorte qu'il ne puisse pas entendre l'interrogatoire de son "complice".

Le tribunal interroge alors le premier "suspect." Il faut encourager les élèves à poser des questions très précises et à prendre des notes. Après l'interrogatoire du premier suspect, on fait entrer son "complice." On demande à celui qui vient d'être interrogé de sortir à son tour. (Si on lui permet de rester dans la classe, il faut lui assigner une place à partir de laquelle il ne puisse ni communiquer avec son camarade ni le voir.)

Après l'interrogatoire, le tribunal relève les points sur lesquels les deux témoignages divergent et déclare les "suspects" coupables ou non coupables.

Travail à partir de dialogues

La technique des dialogues à compléter ou à terminer est de pratique courante.

Vous écrivez au tableau un dialogue adapté au niveau de votre classe tel que:

a. — Qu'est-ce que tu fais?
b. — ...
a. — Il est difficile?
b. — ...
a. — Et combien de temps il te faudra?
b. — ...
a. — Ah bon! Alors, je ne reste pas. Salut!

Individuellement ou mieux en groupes de deux ou de quatre, vous demandez à vos élèves de compléter ce dialogue. Pour ce faire, ils doivent se mettre d'accord sur la situation de communication dans laquelle se déroule l'échange. Pour leur permettre de déterminer les différents paramètres de cette situation, vous pouvez leur demander de répondre d'abord aux questions suivantes que vous écrivez également sur le tableau :

1. *Qui* parle à *Qui*?
   Quelle est l'identité des interlocuteurs?
   Quelle est leur profession, leur métier, leur âge, leur relation (amis, copains, étrangers, inconnus, supérieur-inférieur, égal)?
2. Dans quel *but*?
   Quelle est l'intention de communication?
   Pourquoi parlent-ils?
3. De *quoi* et de *qui* parlent-ils?
   Quel est le thème de la conversation?
4. Dans quelles *circonstances* ce dialogue a-t-il lieu?
   Où? Quand? À quelle heure?
5. De quelle *humeur,* dans quel état d'esprit sont les interlocuteurs? Est-ce qu'ils sont contents, en colère, détendus, fatigués? etc.

Après s'être mis d'accord sur les principaux paramètres, chaque groupe complète le dialogue qui sera lu devant toute la classe au cours de la mise en commun et ensuite analysé, discuté, accepté ou amendé. Attention! Ce qui est important dans cet exercice n'est pas le résultat — le dialogue complété — mais l'interaction et la négociation à l'intérieur du groupe pour se mettre d'accord sur la façon de compléter le dialogue. Et encore une fois, à condition que cette négociation se fasse en français!

• Un autre exercice pour faire découvrir les différents paramètres d'une situation de communication et qui peut se faire à tous les niveaux d'apprentissage prend la forme suivante. Vous écrivez au tableau une série de phrases variées telles que:
— Un jus de pomme, s'il vous plaît.
— Une bouteille de jus de raisin, s'il vous plaît.
— T'as pas une cigarette?
— Fermez vos livres.

— C'était une soirée absolument merveilleuse!
— Ah non : là vous allez trop loin.

Vous choisissez évidemment des phrases adaptées au niveau des différentes classes. Vous demandez alors à vos élèves de se mettre en groupes et de se mettre d'accord sur:
— *l'endroit* où l'on peut dire ou entendre chacune des phrases.
— qui *dit* ces phrases.
— *l'intention* de communication de chaque locuteur. Pourquoi a-t-il dit cette phrase?

À un niveau avancé, il est possible de demander aux élèves de trouver plusieurs situations de communication dans lesquelles la même phrase est dite par des personnages différents à des fins différentes, ainsi on peut dire :

"Ah non, là vous allez trop loin"
— À un chauffeur de taxi qui dépasse l'adresse que vous lui avez indiquée.
— À un collègue avec lequel vous n'êtes pas d'accord sur un problème politique.
— À quelqu'un qui se permet des familiarités que vous ne pouvez accepter, etc.

Des activités et des jeux du genre de ceux que nous avons présentés et expérimentés semblent donner des résultats encourageants pour développer l'envie de parler et de communiquer dans la salle de classe.

Sans vouloir prétendre que l'on peut tout apprendre en groupe ou en jouant, il est certain que l'approche communicative peut enrichir de façon significative la pratique pédagogique. Si nous voulons que nos élèves acquièrent une certaine compétence de communication, il faut leur proposer des exercices et des activités qui leur permettent de s'entraîner valablement et régulièrement pour atteindre cet objectif qui n'est pas hors de leur portée.

Notes

1. Voir l'article de N. Soule-Susbielles dans *Le Français dans le Monde,* 183 (février-mars, 1984).
2. Voir en particulier J. Filloux, *De contrat pédagogique,* Dunod, 1974.
3. De nombreuses adaptations de la matrice d'analyse présentée par N. Flanders dans *Analyzing Teacher Behavior* ont été faites. Voir en particulier "Un outil d'observation: la grille linéaire" N. Soulè-Susbielles, F. Weiss dans *Langues modernes,* n° 2, 1981.
4. Ces distinctions sont présentées dans : *Pour un nouvel enseignement des langues* — Gilbert Dalgalian — Simone Lieutaud — François Weiss, Paris, Clé International, 1981, Collection DLE.
5. Traduction du terme "brainstorming."
6. Ces choix méthodologiques ont été exposés dans *Jeux et activités communicatives dans la classe de langue.* François Weiss — Hachette 1983, Collection F.
7. Une excellente série de telles activités a été elaborée par Jean-Marc Caré et Kathryn Talarico dans la série CREA-COM du BELC sous le titre de "Jeux et Techniques d'expression pour la classe de conversation."

Denis Lehmann et Sophie Moirand

15   Une approche communicative de la lecture

Si l'écrit épistolaire évoque à l'évidence un *échange* entre auteur(s) et récepteur(s), si l'on admet sans peine qu'une *intention de communication* préside à toute *production écrite,* il faut par contre une certaine ténacité pour faire reconnaître que l'*acte de lire* représente un échange et implique, de la part du lecteur, la recherche d'une communication.

Envisager la lecture comme un acte communicatif à part entière conduit alors assez légitimement à s'interroger sur ce que peut être une compétence de communication en lecture — si du moins l'on considère la notion de *compétence de communication* comme étant de quelque productivité en didactique des langues, ce dont on ne débattra pas ici. La lecture ainsi conçue (par exemple Coste 1978) impliquerait l'acquisition (et donc l'enseignement?) d'une somme de pratiques qui mettraient en jeu une compétence particulière, mobilisant diverses composantes, linguistique, textuelle, référentielle, relationnelle, situationnelle.

N'importe, au total, le type de modèle explicatif fourni, on voudrait s'interroger ici sur les implications méthodologiques du fait de considérer la lecture comme un acte communicatif, ainsi que sur la relation existant entre les savoirs et savoir-faire requis par un acte de lecture ainsi considéré et certains types de pratiques pédagogiques (Lehmann *et al.* 1979) visant à l'apprentissage de la lecture en français langue étrangère.

Lecteurs et lectures

Le texte premier

Une certaine conception de la lecture a longtemps prévalu en didactique des langues (ainsi d'ailleurs que dans l'enseignement de la littérature).

Selon cette conception, le texte est le produit d'un auteur, produit sur la signification duquel le récepteur n'a pas à peser. Le lecteur *reçoit* ainsi *le message* fourni par le scripteur, en une attitude ayant quelque chose de passif puisqu'elle n'implique essentiellement de sa part que *la maîtrise du code* dans lequel a été réalisé ce message ; en somme, la maîtrise de la langue, conçue comme l'intégration d'un lexique à une morpho-syntaxe.

Pour ce qui est de l'"expérience du monde," soit le lecteur étranger dispose déjà dans son univers culturel des éléments nécessaires à l'intelligence du texte,

"Une approche communicative de la lecture," tiré de *Le Français dans le Monde,* 153(1980): 72-79. Reproduit ici avec la permission du rédacteur.

soit ceux-ci lui font défaut, auquel cas de deux choses l'une: ou bien on choisit pour lui des textes censés convenir à son univers culturel (ce qui, soit dit en passant, supposerait que les concepteurs connaissent et comprennent cet univers ; condition sur laquelle il est probablement pudique de ne point trop longuement s'interroger...) ; ou bien on assortit les textes retenus d'une sorte d'"appareil critique" administrant par voie magistrale les données culturelles et situationnelles jugées nécessaires.

Le lecteur aussi

À côté de cette manière de voir les choses, on peut concevoir la lecture comme un phénomène plus complexe, dans lequel joue, certes, le texte en tant que message produit par un scripteur, mais dans lequel joue également une (re)-construction du (des) sens par le lecteur en fonction de ses connaissances préalables, linguistiques mais aussi extra-linguistiques, et de ce qu'il cherche à atteindre par la lecture du texte en question (information, plaisir, etc.). Il s'agit en somme d'un dialogue, d'une communication entre émetteur et récepteur, chacun ayant en propre ses *intentions,* son *projet,* ses *stratégies de communication.*

Bien entendu, comme toujours en pareil cas, cette dernière conception a suscité quelques excès dans le contre-pied. Il ne faudrait pas que l'importance justement accordée au projet du lecteur conduise à effacer jusqu'à l'existence de celui du scripteur.

Si la lecture est bien ce dialogue dont nous parlons, on en vient à réhabiliter l'intention du lecteur sans faire litière de celle du scripteur ; on prend en compte les «compétences» aussi bien que les objectifs du lecteur (selon, par exemple, qu'il cherche dans un écrit des consignes, un renseignement, des définitions, des néologismes, une émotion, un prétexte à rêverie) mais aussi les caractéristiques du texte lui-même, et tout particulièrement les conditions de sa production, c'est-à-dire l'ensemble de ses dimensions pragmatiques.

Processus unique et stratégies multiples

Ce que l'on sait des mécanismes de la lecture provient essentiellement de travaux sur la langue maternelle. Par exemple, qu'apprendre à lire c'est apprendre à formuler des hypothèses et à les vérifier dans le texte (Foucambert 1976, Lentin *et al.* 1977). Il semblerait que, quelle que soit l'intention présidant à une lecture, celle-ci soit le fruit d'un même type de processus général, que l'on peut schématiquement décrire comme se décomposant en trois opérations fondamentales : *anticipation, identification, vérification.* Ce n'est pas dire qu'en dernière analyse il n'y ait qu'un seul mode de lecture mais qu'un *processus* commun sert de "matrice" à des lectures diversifiées en fonction des deux variables indiquées plus haut : le projet du lecteur, sur quoi nous ne reviendrons pas, et les caractères propres au texte lui-même. De même que ces caractères incluent nécessairement les conditions de production du texte, de même faut-il ajouter une troisième variable, celle des conditions de réception du message-texte, incluant pour leur part les caractères sociologiques, psychologiques et événementiels attachés au lecteur. De l'interaction de ces facteurs découlent des *stratégies de lecture* relativement diversifiées, affirmation qui rejoint la constatation triviale selon laquelle deux individus de statut — social, psychologique, etc. — différent ne lisent pas de la même manière un tract, la lettre d'un familier, un mode d'emploi, un article de dictionnaire.

Mais on voit bien, alors, qu'il est parfaitement vain de prétendre opposer, comme on le fait parfois, une lecture linéaire et une lecture qui ne le serait pas, ni même une lecture exhaustive et une lecture sélective, une lecture-dépouillement (au sens de Galisson, 1979) et la recherche d'une compréhension de détail.

Modèles et réalité

À envisager ainsi les choses, la compétence de communication en lecture n'est sans doute que la capacité à maîtriser le processus et à savoir lui intégrer chacune des trois variables. Se pose alors légitimement la question de connaître (et d'énumérer) les types d'activités requis par l'acte de lecture lui-même — par exemple *reconnaître, structurer, interpréter* — et surtout les différentes composantes mobilisées par cette "compétence de communication en lecture" indispensable à la mise en oeuvre de ces activités. Nous avons fait plus haut référence à un modèle de description de ces composantes (Coste 1978) : il en est d'autres (Moirand 1979) et l'on peut chercher à les affiner, à multiplier les composantes pour mieux les cerner. Mais il doit être bien clair que ces tentatives ne sont jamais que des modèles, que ni l'expérience ni les expérimentations ne permettent jamais de valider ou d'infirmer : *ce qui se passe effectivement dans la tête du sujet-lecteur demeure inconnaissable.* Dans la pratique de la lecture on ne sait ni à quel moment, ni à quel endroit, ni avec quelle intensité intervient l'une ou l'autre de ces composantes. On suppose qu'elles se combinent, qu'elles interviennent parfois successivement, souvent simultanément, avec des ordres de priorités, des imbrications complexes... Ceci demeure du domaine des hypothèses, qui concourent sans nul doute à un renouvellement des interrogations didactiques, mais que l'on ne saurait faire passer pour des certitudes pédagogiques.

Stratégies de lecture, stratégies pédagogiques

Situation d'apprentissage en langue étrangère

On ne saurait cependant assimiler l'apprentissage de la lecture en langue étrangère ni à un parcours rigoureusement identique et parallèle à celui réalisé en langue maternelle, ni non plus à un simple transfert de pratiques déjà acquises (nous ne parlerons pas des publics non alphabétisés, dont nous n'avons pas l'expérience).

D'abord, le code est inconnu ou peu maîtrisé : non seulement le code graphique mais l'ensemble des modèles de la langue étrangère (compétence linguistique). Spontanément, le lecteur tend alors à "régresser" vers les activités qu'il a pratiquées jadis à l'école, auxquelles il ajoute une pratique supplémentaire : une "traduction" de vérification. On ne peut laisser les étudiants patauger dans les textes authentiques qu'on leur soumet aujourd'hui, avec pour *seules* stratégies de compréhension le déchiffrage (même subvocalisé) et la "traduction" mot à mot.

Ensuite, l'univers culturel auquel le texte réfère est lui aussi étranger. Même des spécialistes, devant des textes de leur propre domaine, butent sur des notions spécifiques, des faits historiques ou socio-culturels et surtout des références intertextuelles, des sous-entendus et des non-dits (Harding-Esch 1979). La connaissance des données culturelles ou professionnelles rencontre également d'autres limites, dues à la méconnaissance du champ de production des discours en pays étrangers (Lehmann *et al.* 1980).

Enfin, et surtout, dans un cours de langue, le lecteur n'a pas le même "projet" qu'en situation naturelle. Le contexte scolaire (dans la mesure où le texte est souvent sélectionné *a priori* par le concepteur du matériel ou par l'enseignant et non par l'apprenant en fonction de ses projets) ne peut favoriser la mise en oeuvre d'objectifs de lecture individuels, même si l'on propose un "projet" académique à la lecture (par exemple lire pour faire un résumé). Le lecteur d'un cours de langue a d'abord et prioritairement un objectif d'apprentissage (apprendre à lire), et il est lui-même rarement conscient de l'importance du projet dans le développement de ses propres stratégies de communication.

Des pratiques non linéaires pour apprendre à lire

Lorsqu'on propose à des étudiants des pratiques de lecture, il s'agit en fait de *stratégies pédagogiques* (conformes aux objectifs méthodologiques que l'on s'est fixés) qu'il ne faudrait confondre ni avec les stratégies d'apprentissage individuelles, ni avec les stratégies de lecture des apprenants. Ainsi l'approche dite globale n'est-elle qu'*une* stratégie d'enseignement découlant, pour nous, d'un objectif pédagogique précis : permettre à des apprenants d'accéder au sens général (d'avoir une idée "globale" sur le contenu) d'un texte en langue peu connue sans le déchiffrer terme à terme, sans le subvocaliser, sans le lire *a priori* dans son intégralité. Elle favorise ainsi une *prise de décision :* le texte vaut-il la peine qu'on entreprenne une lecture exhaustive ? Ce n'est donc pas une stratégie (ni même une technique) de lecture.

Les pratiques non linéaires, proposées par exemple dans *Lire en français les sciences économiques et sociales,*[1] reposent sur la mise en relation d'éléments textuels divers (indices iconiques, discursifs, formels, thématiques, énonciatifs) repérés de manière discontinue, lors de balayages successifs (non linéaires, linéaires, circulaires, etc.) opérés sur l'aire du texte. Elles ont pour objectifs principaux : de favoriser la formation d'hypothèses sur les contenus, les formes et les fonctions du texte et par conséquent l'intervention des stratégies nécessaires à la production du sens (stratégies découlant autant du projet que des caractéristiques textuelles) ; de sensibiliser en outre à une "grammaire du texte" et de concourir soit au transfert, soit au développement, soit à l'entraînement d'une compétence textuelle. Si les consignes qui sous-tendent ces pratiques de repérage peuvent sembler "simplistes" à certains (*encadrer, souligner, rapprocher, relever...*), elles n'en font pas moins appel à des opérations complexes (d'anticipation, etc.) mobilisant plusieurs sortes de compétences (voir 3, *infra*).

Nul ne sait cependant ce que deviendront les stratégies de lecture des étudiants, une fois le cours terminé et l'autonomie enfin acquise, face à des discours ayant trait à leurs recherches ou leurs goûts personnels. Ils s'éloigneront sans doute considérablement des pratiques suggérées, même s'ils les ont en partie (et inconsciemment?) intégrées à leurs stratégies de communication antérieures.

Un exemple de pratique pédagogique: les "entrées dans le texte"

Pourquoi des "entrées"

La première opération proposée (aux apprenants) consiste en une "entrée dans le texte," une quête de données éparses dans l'image du texte susceptible d'indiquer (plus ou moins rapidement, plus ou moins aisément) l'architecture générale du texte, l'organisation de son développement, et de "programmer" la lecture à venir (Lehmann *et al.* 1980).

À cette pratique, systématiquement appliquée à l'étude de chaque texte, s'attachent deux ordres d'objectifs. Les uns sont généraux et partagés par l'ensemble des activités d'apprentissage de la lecture ; ils viennent d'être énumérés. Les autres sont spécifiques aux entrées dans le texte :

- aider à inférer le micro-domaine de référence du texte et l'organisation de son développement afin de permettre la formulation d'hypothèses sur sa forme et son contenu ;
- préparer aux repérages systématiques qui seront proposés lors des lectures exhaustives ;
- servir de "galop d'entraînement" vers des pratiques autonomes ;
- permettre de "programmer" la lecture : rejeter le texte si cette première approche révèle qu'il ne répond pas aux objectifs et intérêts du lecteur ; entreprendre une lecture exhaustive soit de certains passages, soit de sa totalité s'il satisfait au projet que conduit à développer l'entrée.

Ce dernier objectif, moins directement pédagogique que les autres, est néanmoins fondamental puisqu'il rejoint la pratique quotidienne du lecteur à la recherche de pistes bibliographiques.

Un exemple

Voyons, à titre d'exemple, l'entrée dans un texte d'assez vastes dimensions. Cette entrée associe des pratiques plutôt analytiques (relevées sur le titre, sur les sous-titres et sur le début du texte) à des pratiques plutôt synthétiques (construction d'un tableau). Voici le début de ce texte.[2]

Les donnés du problème des inégalités sociales en France en 1975

A — L'observation des inégalités

Les informations sur les inégalités sociales sont relativement abondantes. 1

Mais, en dépit des progrès notables de notre outil statistique, la fiabilité de ces informations est fort inégale. Aussi l'appréciation chiffrée que l'on peut donner des inégalités est-elle sur bien des points encore assez approximative. Cependant, parmi les matériaux disponibles, il en est de suffisam- 5 ment solides pour que l'on puisse fonder sur eux des conclusions qualitativement — sinon quantitativement — incontestables. C'est sur ces matériaux que la Commission s'est appuyée.

D'un recensement des principales inégalités actuelles se dégagent ainsi trois constatations majeures :

L'entrée dans le texte débute par le repérage de l'auteur (afin de dégager qu'il s'agit d'un **rapport,** résultat du travail d'une **commission**) ; suit une lecture du titre, visant à faire dégager le terme *données* ainsi que l'objet du rapport : *les inégalités sociales en France en 1975.*

Le travail de relevé se poursuit sur l'introduction :
• on y recherche les **données** dont s'est servie la commission, et ce que l'auteur en dit:
les informations sont relativement abondantes (1),
la fiabilité de ces informations est fort inégale (2-3),
parmi les matériaux disponibles, il en est de suffisamment solides (5-6),
c'est sur ces matériaux que la Commission s'est appuyée (7-8) ;
• puis on entreprend le relevé systématique des verbes traduisant le travail de l'économiste et des termes indiquant ce que l'auteur en pense :
L'observation des inégalités (titre),
donner une appréciation chiffrée des inégalités (3-4) *assez approximative* (I. 4),
fonder... des conclusions qualitativement... incontestables (6-7),
recensement des principales inégalités actuelles (9),
trois constatations majeures (9-10).

La mise au point du plan d'ensemble conduit alors à relever les trois sous-titres :
1° Diversité des inégalités (11) ;
2° Cumul des inégalités (63) ;
3° Transmission des inégalités (97) ;
et à rechercher la présence éventuelle d'indices conclusifs dans les dernières lignes du texte :
Diversité, cumul, transmission, telles sont les observations que l'on peut faire... (107).

L'entrée dans le texte s'achève par la construction d'un tableau de synthèse du genre de celui proposé ici (voir Figure 1):

Les compétences requises

Nous envisagerons pour terminer quatre types d'entrées, assez différentes les unes

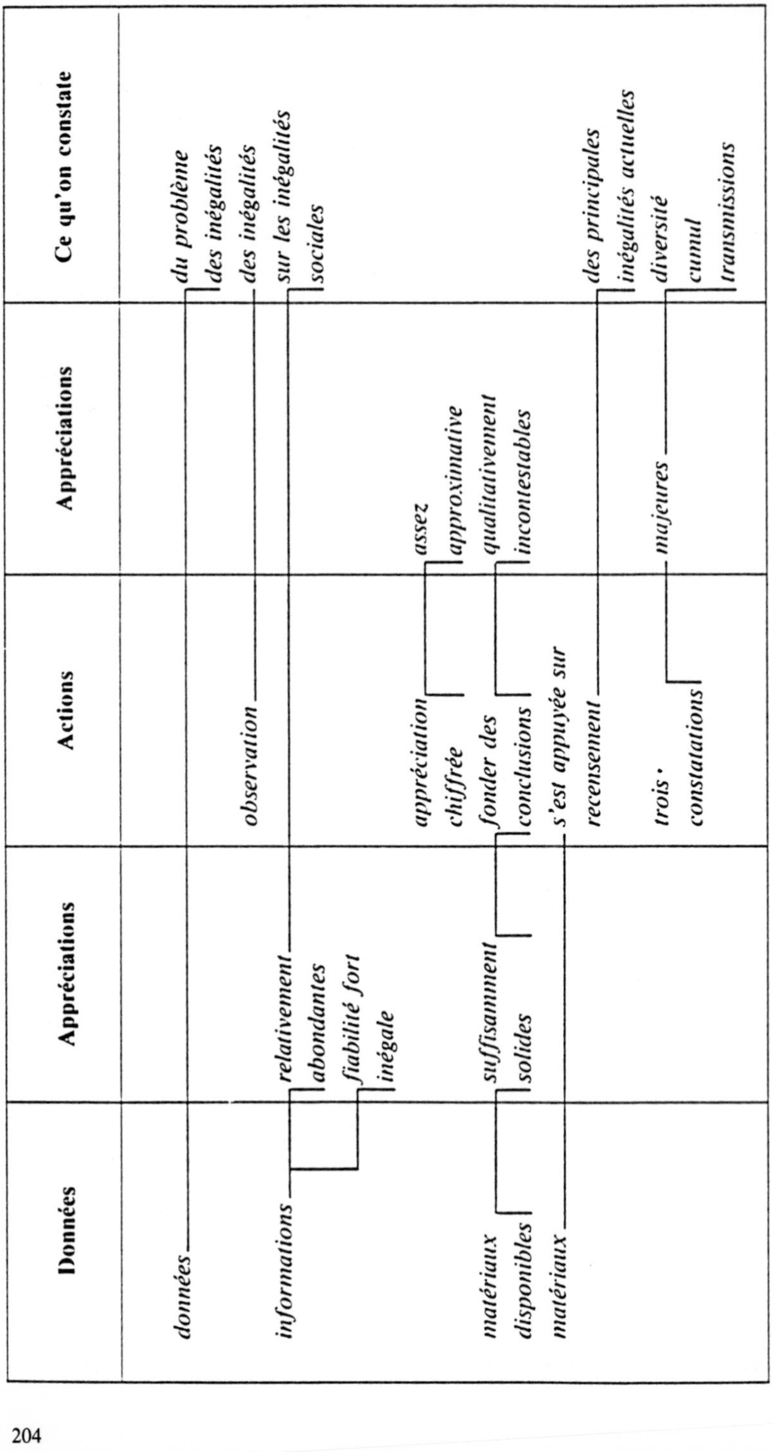

Données	Appréciations	Actions	Appréciations	Ce qu'on constate
données				
informations	*relativement abondantes*	*observation*		*du problème*
	fiabilité fort inégale			*des inégalités*
				des inégalités
				sur les inégalités sociales
matériaux disponibles	*suffisamment solides*	*appréciation chiffrée*	*assez approximative*	
matériaux		*fonder des conclusions*	*qualitativement incontestables*	
		s'est appuyée sur		
		recensement		*des principales inégalités actuelles*
		trois ·	*majeures*	*diversité*
		constatations		*cumul*
				transmissions

Figure 1

des autres, en tentant de mettre en évidence quelques-unes des compétences qu'ils impliquent de la part du lecteur-apprenant.

Premier cas : un texte accompagné d'une courbe avec légende.[3] Ceci fait d'abord appel à la compétence "professionnelle" d'étudiants en sciences économiques et sociales. Mais, pour qu'ils comprennent que cette courbe réfère à la "relation de Phillips," il faut d'abord qu'ils puissent décoder la légende des abscisses (*taux de chômage*) et celle des ordonnées (*taux d'inflation*) ; ce n'est qu'une fois ces segments décodés (par compétence lexicale ? par transparence avec les langues qu'ils connaissent ? en associant le segment *taux* au signe % ?) qu'intervient leur connaissance du domaine permettant, d'une part, d'identifier la "relation de Phillips," d'autre part, et surtout, de remarquer que la courbe présentée ne suit plus, à partir des années 70, la forme habituelle qu'ils lui connaissent. Ils peuvent alors, par rapprochement du linguistique et de l'iconique, comprendre le sous-titre *(Toujours plus d'inflation, toujours plus de chômage)* et produire des hypothèses sur la signification du titre (*La loi de Phillips démentie*) et sur le contenu de l'article.

Avec un autre texte,[4] c'est la mise en relation de tableaux et de leurs titres avec les titres de l'extrait, du chapitre et de l'ouvrage qui montre qu'il s'agit de chiffres hypothétiques (*Schéma d'un modèle de raisonnement,* titre du chapitre, courant en haut des pages impaires) portant sur un plan de cinq ans (*1956-57, 1960-61,* têtes de colonnes d'un tableau ; *plan quinquennal,* dans le titre du chapitre).

Sans cette clé initiale, la logique du raisonnement s'avère d'autant plus délicate à saisir que les apprenants ignorent sans doute le sens de certains segments (soulignés par nous) des premières lignes du texte :

E. — Structure de la population active.

Lors de l'élaboration du schéma ci-dessous de la *structure **envisagée** de la population active,* les hypothèses directrices suivantes ont été retenues :
a) *il **sera possible** au cours du deuxième P.Q.* d'incorporer à la population active une augmentation de population en âge de travailler de 10 à 11 millions ;
b) *l'importance relative à la population agricole pourra être réduite,* son importance absolue restant encore stationnaire ;
c) *l'essentiel de l'accroissement de la population active **devra être dirigé*** vers l'industrie (au sens large), l'éducation et les services sociaux et médicaux.
Sur cette base, le schéma suivant concernant le mouvement et la structure de la population active a été retenu :

Mais dans ce type de mise en relation où il s'agit, par-delà le visuel (notamment le gras ou l'italique de la typographie), de repérer des dérivés, des parasynonymes flanqués de leurs co-occurrents, le dernier élément d'un couple notionnel (*Keynésien/Monétariste; monnaie/masse monétaire; salaires/revenus; offre/demande; centre/périphérie ; actif/passif*) ou les éléments engagés dans une série notionnelle (*prix, prix de gros, prix industriels, prix des services*), le linguistique et le référentiel semblent indissociablement complémentaires.

Un autre type d'entrée consiste à rechercher l'enchaînement formel du raisonnement, par le repérage systématique des articulateurs et des pronoms ou substantifs diaphoriques. Par exemple, sur un texte ne comportant ni intertitres, ni parties clairement marquées:[5]

Toujours en raison de l'étroitesse de son horizon, l'entreprise isolée regardera comme une donnée tout élément de l'environnement économique dont l'évolution est lente ou ne pourrait être provoquée que par une politique déterminée et de longue haleine.

Cette observation, qui est de portée générale, *s'applique* d'abord à la hiérarchie (locale et internationale) des revenus. *Toute prévision* de marché, quand elle est effectuée par une entreprise, demeure schématique parce qu'elle ne peut s'appuyer que sur une image simplifiée de l'évolution attendue de l'environnement ; elle dépasse difficilement l'extrapolation d'un passé caractérisé par une hiérarchie donnée des revenus. *De même, tout* calcul économique, dans la mesure où il est effectué dans des entreprises, utilise des prix qui, quoique n'étant pas exactement ceux du marché actuel (lesquels doivent toujours être rectifiés à la marge pour tenir compte notamment de l'évolution technique attendue), n'en sont pas moins liés à la hiérarchie actuelle des revenus. *C'est pourquoi* l'évolution technique, dont les moteurs sont localisés dans les pays de niveau de vie élevé et notamment aux États-Unis, tend spontanément à se traduire par des systèmes qui sont adaptés, tant par la nature de ce qu'ils produisent que par les conditions de leur rentabilité optimale, aux marchés de ces pays : marchés de biens et de services, du travail, des capitaux. *Ce fait entraîne toute une série de conséquences qui se* rattachent à *deux catégories principales : d'une part,* dans un monde où les niveaux de vie évoluent et où, par conséquent, les modes de vie sont à inventer, ce sont les "inventions" faites sur les marchés à fort pouvoir d'achat (inventions nées de la collaboration des détenteurs de ce pouvoir d'achat et des entreprises qui les servent, qui souvent aussi les orientent) qui seront, dans une large mesure, imposées aux catégories nationales et sociales moins privilégiées; *d'autre part,* les instruments...

Cette pratique de repérage a un double objectif : aider à percevoir l'architecture du texte, mais aussi entraîner à l'identification des modèles textuels du français. Ce serait donc une contribution au développement d'une compétence textuelle en français (qui, dans un cours d'apprentissage de la lecture, ne serait que de reconnaissance et pas de production). La facilité avec laquelle les apprenants repèrent ces modèles (sans que cela nécessite un apprentissage prolongé) et cherchent à les discerner dans des textes nouveaux pour eux donne à penser qu'il s'agit plus d'un transfert en langue étrangère d'une compétence existant déjà dans les langues qu'ils maîtrisent (même si les formes de surface ne sont pas les mêmes qu'en français) que de la construction d'une compétence spécifique. Les blocages de compréhension semblent relever le plus souvent d'autres phénomènes, et notamment de la difficulté à inférer, par le seul repérage des marques énonciatives, les dimensions pragmatiques du texte.

Sur cet aspect particulier, voici un dernier exemple où l'entrée envisagée a consisté à rapprocher les titres, les intertitres et l'introduction de l'extrait étudié. Pour accéder au sens, il fallait comprendre, dès l'entrée, quel était le «lieu» du discours (c'est-à-dire la position des auteurs dans le champ théorique et politique).

Or, les apprenants ne possédaient pas les repères habituels des économistes et étudiants français : le nom de l'éditeur (*Maspéro*), celui des auteurs (*J. L. Dallemagne* et *J. Valier*), le titre de la revue (*Critiques de l'économie politique*) et même le titre de l'article original (*L'échec des explications bourgeoises de l'inflation*) n'évoquaient pour eux rien de déterminant.. Il s'agissait alors de substituer à une compétence non linguistique, d'ordre situationnel/référentiel (la connaissance des conditions de production de ce discours : article paru dans une revue d'extrême gauche...), des moyens de repère textuels dès la lecture de l'introduction, que nous reproduisons ci-après :

III. La critique de la théorie de l'inflation par les coûts salariaux

La critique doit porter sur *un point essentiel :* l'absence de prise en considération du rôle des monopoles. On rend les salaires responsables de l'inflation rampante, mais on ne dit rien des profits. Par ailleurs, *critique secondaire,* il est faux d'affirmer que l'inflation rampante est due aux coûts, à l'exclusion de tout rôle de la demande.

A. Le rôle des profits

a) Les gouvernements et les économistes bourgeois oublient, en défendant la théorie de l'inflation par les coûts salariaux, un élément important qui ruine leur argumentation.

Comme il s'agissait du cinquième texte étudié sur l'inflation, le lexique de ce micro-domaine ne présentait plus de difficultés et fut rapidement identifié : *inflation, coûts salariaux, monopole, salaires, profits, demande...,* de même que la formulation de cause-conséquence *est due aux.* C'est en fait le repérage du *on* (marque formelle d'énonciation) de la deuxième phrase qui joua ici un rôle révélateur : qui était ce *on* ? pas les auteurs, puisque *on ... ne dit rien des profits alors que l'intertitre A (le rôle des profits)* introduisait cinq pages sur la question. Donc les autres, ceux qui rendent *les salaires responsables de l'inflation rampante* (repérage sur *on*), ce sont ceux qui défendent *la théorie de l'inflation par les coûts salariaux* (repérage sur le titre, mise en relation *salaires — coûts salariaux,* connaissances référentielles ou linguistiques pour décoder la notion cause-conséquence *salaires — inflation, inflation par..., rendu... responsable de...*), les tenants des explications bourgeoises de l'inflation (repérage éventuel sur le titre de l'article : connaissance du mot "échec," vu dans un texte précédent ou bien reconnaissance, en partie d'ordre référentiel, du discours économique de tendance marxiste dans l'usage de *bourgeois*), ceux que les auteurs mettent précisément en cause (*critique, il est faux d'affirmer, absence de prise en considération...*). Si l'entrée dans le texte permet de formuler une hypothèse forte sur la position des auteurs, la compréhension de détail lors d'une lecture linéaire (ici inévitable, si l'on veut suivre le fil conducteur de l'argumentation) ne sera pas entravée par des segments tels que : *nos brillants économistes et nos hommes politiques distingués oublient...,* dont aucun dictionnaire ne peut liver la signification, mais qui constituent, par leur présence même, une possibilité de vérification de l'hypothèse préliminaire.

Les pratiques évoquées ici illustrent la diversité des compétences nécessaires à une lecture en langue étrangère et plus encore la complexité de leur combinaison. Peut-être est-ce la raison principale de la difficulté, voire de l'impossibilité d'une **évaluation** dans l'apprentissage de la lecture.

On entend souvent dire aujourd'hui (à propos de la production, il est vrai) que si l'on est en mesure d'évaluer la compétence linguistique, rien n'existe par contre pour tester une compétence de communication. Envisager l'évaluation des progrès en lecture dans cette optique montre, si besoin en était, à quel point la dichotomie compétence linguistique/compétence de communication est inopérante. En effet que peuvent évaluer les tests de lecture : la composante linguistique? la composante référentielle? la composante textuelle? N'évalue-t-on pas plus souvent la capacité des étudiants à reproduire les pratiques qui leur ont été proposées ou imposées? Ou simplement leurs connaissances préalables du domaine de référence? La seule évaluation concevable est celle qui pourrait mesurer le degré de réalisation du projet du lecteur une fois la lecture accomplie. Seul maître de son projet, il n'y a en fait que l'apprenant qui soit en mesure d'évaluer son apprentissage, sa compétence de lecture et ses pratiques de communication.

Notes

1. Dans ce "cours," les textes ne sont généralement pas proposés par les étudiants mais puisés dans un ensemble sélectionné sur des bases — sociologiques et sociolinguistiques — propres à faire de cet ensemble un échantillon représentatif du discours des sciences économiques et sociales (voir Mariet dans Lehmann *et al.* 1980).
2. Extrait de : *Rapport de la commission inégalités sociales. Préparation de l'orientation préliminaire du VII Plan.* Paris, La Documentation Française, 1975. pp. 11-14.
3. "La loi de Phillips démentie" : "L'année économique et sociale 1975," *Le Monde,* Supplément à Dossiers et Documents, Paris, janvier 1976, p. 92.

4. Extrait de C. Bettelheim, *Planification et croissance accélérée,* Paris: Maspéro, 1965, pp. 72-75.
5. Extrait de C. Gruson, *Renaissance du Plan,* Paris, Seuil, 1971, pp. 32-33.

Références

Coste, D. 1978. "Lecture et compétence de communication." *Le Français dans le Monde,* 141 (novembre-décembre): 25-34.

Descayrac, C. 1978. *Lecture rapide et/ou communication.* Université Paris III, UERd'EFPE. Mémoire de Maîtrise, multigr.

Escarpit, R. 1973. *L'écrit et la communication.* Paris: PUF.

Foucambert, J. 1976. *La manière d'étre lecteur.* Paris: OCDL-SERMAP.

Galisson, R. 1979. Communication au colloque *La lecture dans les langues étrangères: Théories et pratiques.* Université de Turin, Faculté de Sciences politiques, 10-12 octobre.

Harding-Esch, E. 1979. Communication au colloque *La lecture dans les langues étrangères: Théories et pratiques. Université de Turin, Faculté de Sciences politiques,* 10-12 octobre.

Lehmann, D., S. Moirand, F. Mariet et R. Catalan. 1979. *Lire en français les Sciences économiques et sociales.* Paris: Didier. Textes et fiches pédagogiques.

Lehmann, D., F. Mariet, J. Mariet et S. Moirand. 1980. *Lecture fonctionelle de textes de spécialité.* Paris: Didier.

Lentin, L., C. Clesse, J. Hebbard et I. Jan. 1978. *Du parler au lire.* Paris: Les Editions ESF.

Moirand, S. 1979. *Situations d'écrit en langue étrangère.* Paris: CLE International.

Vigner, G. 1979. *Lire: du texte au sens.* Paris: CLE International.

Voir également la bibliographie de W. Rivers dans *Le Français dans le Monde,* 141:23.

16   Les maux des mots

*Jusqu'à preuve du contraire, les mots restent
bien utiles pour communiquer. (R. Galisson)*

*Vocabulary is by far the most sizable and manageable
component in the learning of any language. (R. Lord)*

Malgré son importance indéniable dans l'apprentissage d'une langue, le vocabulaire n'a pas pour autant occupé, dans la didactique des langues secondes, une place aussi importante que la grammaire — il s'en faut de beaucoup! — ou même que la phonétique.

Pour justifier ce rôle mineur, certains avancent le fait que le lexique constitue une liste ouverte: on n'a donc jamais fini de l'apprendre. D'autres mettent en relief son caractère "marginal" par rapport à la syntaxe ou à la phonétique qui constitueraient en quelque sorte les piliers de la langue et qu'on devrait donc acquérir en premier. Et pourtant...

Si l'on se place d'un point de vue strictement communicatif, un seul mot bien choisi peut suffire à faire passer le message. Ainsi, "Toilettes?" avec une intonation appropriée et un air de circonstance a plus de chance de produire chez l'interlocuteur la réponse souhaitée que "Où est...?" ou "Où sont...?" sans le mot crucial! Même l'utilisation de tournures plus souples, adaptées au registre et au contexte social, du type, "Pardon, Madame, pourriez-vous me dire où sont...?" ne peuvent pas concurrencer avantageusement le seul mot "toilettes." On le sait bien par expérience, ce qui nous empêche le plus souvent d'exprimer une idée en langue seconde, ce qui crée le plus grand blocage dans la communication c'est l'absence des mots pour le dire...

On peut aborder le problème de l'enseignement du vocabulaire sous quatre aspects différents:

I.   La sélection du vocabulaire à enseigner;
II.   Le regroupement du vocabulaire sélectionné à des fins pédagogiques;
III. La présentation de ce vocabulaire pour en communiquer le sens; ce qui inclut la mise en relief de structures, de techniques ou d'outils qui permettent d'accéder au sens;

"Les maux des mots," tiré de *The Canadian Modern Language Review/La Revue canadienne des langues vivantes,* 41,6(1985): 1020-1040. Reproduit ici avec la permission du rédacteur. Ce chapitre a paru aussi dans *Didactique en questions,* textes réunis par Françoise Ligier et Louise Savoie. Beloeil, Québec: Les éditions La Lignée Inc., 1986.

IV.   L'exploitation et le ré-emploi de ce vocabulaire pour en assurer la maîtrise.

Je me propose de traiter de chacun de ces quatre volets, en situation scolaire, pour des élèves débutants ou d'un niveau intermédiaire, qui apprennent le français comme langue seconde. Une partie des remarques pourrait cependant s'appliquer à d'autres langues et à d'autres situations.

I. Sélection du vocabulaire à enseigner

Les critères de sélection du vocabulaire ont varié selon les années et selon les convictions méthodologiques des didacticiens. Par exemple, ce n'est pas un hasard si, dans les méthodes appelées communément méthodes de "grammaire - traduction" (où l'on faisait grand usage du dictionnaire) ce n'était pas le vocabulaire, mais la grammaire — plus exactement la morphologie — qui avait la part du lion. Si l'on attachait tant d'importance aux irrégularités du système, ce n'était pas, comme le pensaient peut-être les élèves, pour se compliquer la vie, mais plutôt parce que ces irrégularités rendent impossible l'accès au mot de base. En effet, même en disposant d'un excellent dictionnaire et de tout le temps du monde, il est impossible, par exemple, d'identifier des formes telles que: *a su, vais, aille, sommes,* etc. sans avoir recours à des notions grammaticales.

Mais l'enseignement du vocabulaire n'en était pas exclu pour autant. Les leçons de grammaire étaient en général construites autour d'un centre d'intérêt. Le choix de ces centres ainsi que les mots s'y rapportant étaient laissés à la discrétion des auteurs de manuels. Il n'existait aucun critère de choix objectif ou même conventionnel. Il faut souligner cependant, que l'enseignement du vocabulaire avait une place bien définie dans ces méthodes.

Les méthodes audiovisuelles et audio-orales qui ont suivi la "grammaire-traduction" ne se sont pas distinguées par une part plus grande accordée au vocabulaire, ni par un accroissement du nombre de mots à enseigner, mais par les critères de sélection de ce vocabulaire.

La popularité croissante de la linguistique et de la statistique, conjuguée aux progrès considérables de la technologie, ont permis des études plus scientifiques, basées sur des données empiriques orales plus vérifiables et donc plus valables.

D'autre part, notamment en France, des besoins nouveaux de diffusion du français à l'étranger, et la nécessité pour de nombreux immigrants d'apprendre rapidement la langue orale, ont mis en évidence l'urgence d'enseigner d'abord le vocabulaire le plus fréquemment utilisé dans la langue orale de tous les jours. De là est né le *Français fondamental* (1954) qui a eu un succès retentissant et une diffusion planétaire.

Les principes généraux et la procédure utilisés pour l'élaboration du français fondamental ont été minutieusement décrits par Gougenheim *et al.* dans *L'élaboration du français fondamental* (1964). On en trouve des résumés dans la plupart des manuels de didactique à l'usage des professeurs. Il me semble donc i n u t i l e d'y revenir ici. Pendant plus de vingt ans, rares sont les professeurs qui ne se sont pas vantés de baser leur vocabulaire exclusivement sur le français fondamental. On s'y réfère dans la plupart des programmes scolaires du Canada. Rivenc écrit:

> Le français fondamental a force de loi car dans certains pays comme l'Espagne, il constitue très officiellement la base de référence des contenus linguistiques du programme des deux premières années de français (1979:15).

Il faut reconnaître cependant que l'enthousiasme suscité par cette enquête n'a pas empêché, par la suite, les nombreuses critiques. Certains ont reproché l'inclusion de mots non fréquents et désuets du type *forge, caleçon* ou *T.S.F.,* ou celle de *paix et progrès* que le français fondamental a retenus "en raison de leur caractère éducatif" (Gougenheim *et al.* 1964:205). On a critiqué également l'exclusion de certains mots fréquents tels que *vélo, copain, merde* ou *se foutre,* que le français fondamental considérait comme trop familiers ou trop grossiers, ou l'absence de mots tels que *ordinateur* ou *radio-cassette* qui trahissent le vieillissement de l'étude.

Les critiques de ce genre, légitimes, certes, ne s'en prennent finalement qu'à des ereurs de détail. Elles ne remettent nullement en cause les principes de base qui ont mené à l'élaboration du français fondamental. C'est, du moins, ce qu'affirment les partisans irréductibles de cette enquête:

> (...), à peu près tout le monde semble s'accorder pour reconnaître la valeur scientifique de la liste des fréquences du français fondamental. La plupart des auteurs considèrent que cette enquête nous a fourni près d'un millier de vocables qui constituent une base de référence minimale indispensable, solide, stable, et qui - vingt - cinq ans plus tard - n'a pratiquement pas vieilli (Rivenc 1979:16).

D'autres critiques, cependant, s'attaquent à des lacunes plus "fondamentales." Mentionnons, à titre d'exemple, l'énumération des mots isolés, sans contexte ou acception, la présence exclusive de substantifs dans le vocabulaire disponible, ou le choix aléatoire des centres d'intérêt. Capelle (1967), par exemple, se plaint que les "étoiles" du français fondamental ne "brillent" pas et Galisson a rendu célèbre la vache fondamentale dont on ne sait que faire puisqu'on "ne peut pas la traire et qu'il n'y a pas d'étable pour la rentrer." Gouvenet dit du français fondamental que c'est un univers où "l'essence" précède "l'existence."

> L'homme "est," il "n'existe" pas... Le vent ne souffle pas. Il "est." Quant à la mer, elle peut être "d'argent," mais elle ne déroule jamais ses vagues le long des plages. Il n'y a ni vagues, ni plages, ni sable, ni rocs. L'enfant peut se promener au bord de la mer, sous la lune, mais il ne peut "rêver" à un voyage interplanétaire. On ne "rêve" pas en français fondamental pas plus qu'on n'imagine (1969:44).

Ceux et celles qui ont essayé d'écrire exclusivement en français fondamental se sont heurtés à des difficultés de taille et ils ont dû souvent réaliser de vrais tours de force. Ainsi, puisque la lune ne peut briller, elle "donne de la lumière."

Galisson (1979:26) de son côté, reproche au français fondamental d'avoir désincarné le langage et d'avoir neutralisé "son pouvoir de "séduction," en empêchant l'apprenti en langue de satisfaire sa légitime envie d'explorer au delà du "fondamental," quand le sujet l'intéresse."

Si on accepte, même en partie, ces nombreuses critiques, que doit-on faire alors du *français fondamental?* Chaurand et Lerat donnent, en les commentant, six options:

1. renoncer totalement au *français fondamental;*
2. *refaire un français fondamental* selon des critères nouveaux;
3. enrichir "méthodiquement" le *français fondamental* à l'aide d'apports du Niveau-Seuil et/ou des travaux sur les thèmes de prédilection;
4. refaire le *français fondamental* sur les mêmes bases;
5. faire une enquête à fondement purement statistique (fréquence et répartition) en affinant la méthode, compte-tenu du développement actuel des sciences sociales;
6. procéder à une toilette du *français fondamental* en revenant aux données brutes de la fréquence et de la répartition (avant les manipulations exposées dans *L'Élaboration du français fondamental*), garder les mots de haute fréquence, "réintroduire les termes malencontreusement écartés lors de l'exploitation des données brutes et concevoir les "progressions" de façon souple, sans avoir la religion des niveaux 1 et 2, dont la conception est peut-être naïve" (1981:24-25).

C'est cette dernière option que les auteurs préconisent. Si elle existait, on assisterait peut-être à un regain d'intérêt pour cette enquête. Pour le moment, on constate un délaissement généralisé du *français fondamental.* Autant on se vantait, il y a quelques années, de la respecter religieusement dans son enseignement et dans les "méthodes" utilisées, autant aujourd'hui on se fait presque un devoir de signaler son indépendance vis-à-vis cette liste. C'est ainsi que les auteurs de la *Méthode Orange* écrivent que le *français fondamental* n'a jamais été pour eux un point de départ. D'autres auteurs observent, à ce sujet, un silence discret...

Cependant, malgré le discrédit dont souffre aujourd'hui cette enquête, il n'en demeure pas moins qu'aucune autre liste basée sur des données plus scientifiquement valables n'a encore vu le jour. En effet, la seule autre liste disponible à ce jour, celle du *Niveau-Seuil,* élaborée par le Conseil de la Coopération culturelle du Conseil de l'Europe pour répondre aux besoins des étudiants adultes, ne se base sur aucune enquête. Comparant leur liste à celle du *français fondamental,* Coste *et al.* écrivent:

...comme le *français fondamental,* un *niveau-seuil* ne saurait satisfaire à tous les besoins sémantiques d'expression. Il ne permet pas de tout dire...

Dans sa définition actuelle, un *niveau-seuil* contrairement au *français fondamental* ... découle de choix arbitraires et non d'enquêtes portant sur l'usage des locuteurs francophones. Mais, comme pour le *français fondamental,* des enquêtes de cette nature pourraient - devraient - être entreprises (1976:36).

Et ils ajoutent, un peu plus loin:

...les choix qui ont permis l'élaboration de ce niveau-seuil sont pour l'essentiel arbitraires et subjectifs et ne sauraient guère être justifiés que par l'expérience et l'intuition linguistique des locuteurs francophones qui y ont travaillé.

...le *niveau-seuil* ne saurait en aucune manière délimiter impérativement un objectif et un contenu d'apprentissage modèles (1976:37).

En admettant l'arbitraire et la subjectivité de ses choix, et en niant toute valeur prescriptive à sa liste, l'équipe désarme la critique — justement en la devançant. On est en droit de se demander alors 1. si, sur le plan scientifique, le *Niveau-Seuil* ne constitue pas un recul plutôt qu'un progrès; 2. si son adoption ne constituerait pas davantage un acte de foi plutôt qu'un choix scientifiquement éclairé. De toute manière, il ne pourrait être question d'être "plus royaliste que le roi" en accordant au *Niveau-Seuil* une valeur tant soit peu prescriptive. Au mieux, pourrait-on s'en inspirer, à l'occasion... On voit mal cette liste servir de référence à un programme d'études officiel.

Pour éviter la "désincarnation du langage" du *français fondamental* ainsi que la subjectivité et l'utilitarisme du *Niveau-Seuil,* Galisson propose un choix de vocabulaire basé sur les "thèmes de prédilection" qu'il définit ainsi:

Par *thème de prédilection,* il faut entendre un domaine d'expérience que l'individu utilise comme lieu d'échange privilégié, ou sur lequel il exerce sa préférence, sa réflexion. Dans la totalité des rapports au monde, c'est l'expression d'un choix, conditionné par l'intérêt, donc variable d'un individu à l'autre (1979:27).

Conscient, cependant, que dans les conditions actuelles de l'enseignement, il est illusoire de penser qu'on pourra choisir les mots qui correspondent aux intérêts de chaque individu, il limite la validité du "thème de prédilection" au groupe-cours. "C'est un outil d'auteur de méthode, pas un outil de précepteur" (1979:28). Aux "thèmes de prédilection," Galisson ajoute les *thèmes d'usage* qui répondent à un besoin pratique. Par exemple, si un Allemand veut passer ses vacances en France, il peut vouloir apprendre le vocabulaire de l'hôtellerie. Son choix serait dicté, au moins en partie, par une certaine nécessité (1979:38-ss).

Ces deux types de thèmes constituent selon Galisson, des sources de motivation pour l'apprenant.

C'est pourquoi nous proposons de classer les thèmes d'usage et les thèmes de prédilection dans la catégorie générique des *thèmes de stimulation,* c'est-à-dire les domaines d'expérience que la didactique des langues se doit de privilégier parce qu'ils concourent en puissance au maintien à un niveau suffisant de l'appétit d'apprendre (1979:39).

Galisson décrit les principes de base et la procédure à suivre pour l'élaboration de ces listes et donne des exemples de résultats obtenus.

Pour les nombreux professeurs qui placent l'intérêt au coeur de tout apprentissage, une telle approche ne manque pas de séduction. Il est regrettable que Galisson ne nous ait encore fourni ni une liste des vocables relatifs à chaque thème, ni une liste, même incomplète, des thèmes de prédilection. On peut cependant se familiariser avec la procédure suivie et les résultats obtenus sur le thème de la musique (Galisson 1979:55-68).

En ce qui concerne la sélection du vocabulaire à enseigner, on se trouve donc aujourd'hui devant un vide à combler ou devant des solutions partielles ou partiales. Certains, comme Mengler, cité par Galisson (1979:68) vont jusqu'à contester le bien-fondé de toute sélection lexicale, l'accusant ''d'instaurer une sorte de terrorisme idéologique'' par l'imposition d'un choix. Mais peut-on enseigner ou apprendre sans choisir?

En attendant la réponse idéale au problème de la sélection du vocabulaire, les professeurs et auteurs de manuels semblent aujourd'hui puiser leur inspiration à diverses sources telles que le *français fondamental,* le *Niveau-Seuil,* ou les thèmes de stimulation, auxquelles ils ajoutent des choix de leur propre cru. Il faut espérer qu'on disposera, dans un proche avenir, de listes de référence valables qui gagneront la faveur des gens concernés.

II. Regroupement du vocabulaire à des fins pédagogiques

En admettant que le problème de la sélection soit résolu, il reste à déterminer la manière dont on pourrait regrouper ce vocabulaire à des fins pédagogiques.

La réponse à cette question varie selon la méthode ou l'approche. C'est ainsi que dans la ''grammaire-traduction,'' ou, du moins, dans les dernières versions de cette méthode, on groupait le vocabulaire par centre d'intérêt spécifique. Voir, par exemple, le manuel qui a été le plus utilisé au Canada pendant de très nombreuses années, *Cours moyen de français,* de Jeanneret, Hislop et Lake (1955).

Avec l'avènement du structuralisme et des méthodes audio-orales et audiovisuelles on a accusé les centres d'intérêt de tous les péchés: on a critiqué l'arbitraire de leur choix, la quasi-exhaustivité des listes inutiles comme celle des arbres fruitiers ou des fleurs sauvages, l'archaïsme des mots retenus, l'absence presque totale des mots familiers de la langue orale, le manque ''d'intérêt'' de ces ''centres d'intérêt,'' l'impossibilité d'inclure ces mots dans un dialogue même vaguement authentique... Et j'en passe...

On s'est abstenu, cependant, de faire valoir les aspects positifs de ce type de regroupement: pouvoir associatif des mots qui peut en faciliter la rétention, facilité de présentation de ce vocabulaire, sentiment de sécurité pour l'élève et le professeur d'avoir ''couvert'' un champ lexical, réalité psychologique de ces centres d'intérêt — réalité à laquelle a dû recourir l'équipe du *français fondamental* pour élaborer sa liste, et que reconnaît malgré tout — quoique avec des variantes importantes — l'équipe du *Niveau-Seuil.*

...les objets de référence existent certes en dehors des interlocuteurs, de la situation et des actes de parole, mais, ...il va de soi que ces champs de référence ne se réduisent pas à des centres ou à des thèmes d'intérêt, c'est-à-dire à de simples inventaires lexicaux (1976:20).

Avec l'avènement des méthodes audiovisuelles et audio-orales, on assiste à un nouveau regroupement par "situation." Selon ce point de vue, tout énoncé devant nécessairement se présenter dans un dialogue, source unique de tout savoir nouveau, les mots à apprendre se réduisaient à ceux qu'on pouvait présenter dans ce cadre — ce qui bannissait d'un seul coup le concept même de listes de vocabulaire. Les méthodes audiovisuelles et audio-orales ont également ajouté une autre restriction: celle du nombre de nouveaux mots à enseigner par leçon, surtout au début de l'apprentissage. Il fallait, avant tout, bien asseoir les "structures," charpente de la langue.

> The range of vocabulary, we are told, should be deliberately restricted while grammar is still being acquired so that the learner's power of acquisition can be concentrated on what is most important (Wilkins 1972:109).

Il y a donc moins de vocables, bien que ceux-là soient choisis plus "scientifiquement" et les mots de vocabulaire ne bénéficient d'aucun statut particulier, ni dans les manuels ni dans la classe. La présentation par situation excluait forcément les regroupements, même par mini-centres d'intérêt. En effet, dans un dialogue au restaurant, on peut s'arranger pour qu'un des personnages commande du rôti, des carottes et des pommes de terre, à la rigueur cette personne peut être accompagnée d'une autre aux goûts différents qui commandera du poulet, du riz et des haricots verts, mais là s'arrête le réalisme, déjà étiré!

Quand, où et comment va-t-on "boucher les trous?" Quand parlera-t-on du reste de la nourriture: de poissons, d'autres viandes, d'autres légumes ou plats? Combien de fois doit-on renvoyer les gens au restaurant pour "couvrir" le champ lexical de la nourriture? Il n'existe pas, à ma connaissance, de réponse à ces questions. Et comme, par surcroît, on doit "parler la langue" et non "parler de la langue" il est interdit d'effectuer des regroupements par thèmes ou selon la structure du lexique: préfixes, suffixes, synonymes, contraires, etc. Le vocabulaire constitue donc sans aucun doute, le parent pauvre, le "laissé pour compte" des méthodes audiovisuelles et audio-orales.

L'approche dite "communicative" basée sur le *Niveau-Seuil* groupe le vocabulaire par *notions,* elles-mêmes subordonnées aux *actes de parole,* c'est-à-dire aux opérations qui consistent à faire des demandes, à donner des ordres, à féliciter quelqu'un, etc. (Coste 1976:18)

> ... dans tout acte de communication, sont exprimées linguistiquement des *notions,* plus ou moins générales ("forme," "durée," "cause," "animal") plus ou moins spécifiques ("carré," "heure," "insubordination," "alouette")
> ... il paraît utile, s'agissant toujours de définir des objectifs d'apprentissage, de caractériser aussi ces objectifs en fonction des notions que les apprenants auront à exprimer ou à comprendre dans la langue étrangère pour réaliser tel acte de parole à propos de tel ou tel objet de référence (1976:20).

La liste des notions générales et spécifiques du *Niveau-Seuil* (pp. 307 à 401) s'adresse, de toute évidence, aux professeurs ou aux auteurs de manuels, comme le fait celle du français fondamental. Selon cette approche, on ne pourrait présenter en bloc toutes les notions spécifiques d'un acte de parole dans le cadre d'une ou de quelques leçons, sans nuire irrémédiablement à tout semblant de communication.

D'autre part, pour s'assurer de la prise en compte des dimensions psychologiques et sociolinguistiques de la communication, il est fréquent de recommander, dans cette approche, l'utilisation de documents authentiques. Sur le plan pédagogique, on se trouve alors face à un dilemme: ou bien on utilise des échanges ou des documents *authentiques* où sont nécessairement réalisés des choix aléatoires (on tombe sur du rôti, plutôt que du poulet...) et on ne couvre pas toute la notion, ou bien on utilise le document authentique comme prétexte à une présentation systématique du vocabulaire par champ lexical ou par structure, et l'approche cesse d'être plus "communicative" ou plus authentique qu'une autre... On voit mal comment il serait possible de "couvrir" une notion donnée par le seul biais des documents authentiques.

À part le regroupement par centres d'intérêt, par situations et par notions générales et spécifiques, on a vu plus haut qu'il existe la proposition de Galisson, qui consiste à regrouper le vocabulaire par thèmes de stimulation. Une autre proposition de découpage lexical faite par Holec (1974) repose non plus sur des choix de thèmes ou de centres d'intérêt, mais sur les caractéristiques internes du lexique et sur l'analyse en composantes de sens. Il suggère qu'on accorde la priorité aux verbes, plus rentables au niveau des débutants. En utilisant son système, on aurait, par exemple, la progression suivante, pour l'enseignement du français:

1. *donner*
2. *prêter:* donner / pour un temps limité
3. *vendre:* donner / moyennant de l'argent
4. *louer:* prêter / moyennant de l'argent

Cette approche, résolument cognitive, me semble très intéressante. Mais on n'en a, malheureusement, que l'esquisse. Il reste un travail gigantesque à faire pour appliquer ces principes à l'ensemble du vocabulaire, ou même seulement à la totalité des verbes.

Alors que faire? Faut-il présenter le vocabulaire par centres d'intérêt? en situation? en notions requises pour les actes de parole? par thèmes de prédilection? selon les caractéristiques internes du lexique? Il n'existe, à ce sujet, ni une réponse généralement admise, ni même des recherches qui démontreraient les avantages ou les inconvénients d'un type de regoupement par rapport à un autre.

En attendant les données scientifiques, objectives et pédagogiques souhaitées, les enseignants ne peuvent être qu'éclectiques. On pourrait, par exemple:

1. présenter autant que possible le vocabulaire en situation ou, pour le moins, en contexte — ce qui facilite, bien sûr, les échanges oraux;
2. enrichir ce vocabulaire en recourant, sans complexe mais avec modération, à des listes par centres d'intérêt. Ceci permettrait non seulement de présenter

systématiquement plusieurs mots d'un même champ lexical, mais aussi de combler des lacunes laissées par un dialogue ou un texte oral ou écrit, authentique ou non;
3. utiliser résolument une approche cognitive sans s'inquiéter du fait qu'on est amené à parler "de la langue" et non "la langue."

Par cette approche, ou peut enrichir le vocabulaire en mettant en relief les caractéristiques internes du lexique: préfixes, suffixes, synonymes, etc., et on tend à rendre l'apprenant plus autonome.

III. Présentation du nouveau vocabulaire

Le choix étant plus ou moins bien fait, il s'agit maintenant de le présenter à la classe. Avant d'aller plus loin, il convient de faire la distinction entre les activités qui consistent à *présenter* le nouveau vocabulaire — pour en communiquer le sens — et celles qui visent à faire pratiquer ou utiliser ce vocabulaire, dans l'espoir de l'inscrire dans la mémoire à long terme des apprenants. Commençons donc par la présentation du vocabulaire.

One of the most debated questions in language-teaching method is how the meaning of words and phrases should be conveyed to the learner (Mackey 1965:239).

Même si, comme le signale Mackey, les avis diffèrent sur la question, les professeurs chevronnés ont mis au point de nombreuses techniques efficaces pour communiquer le sens des nouveaux mots. Ces techniques ont été abondamment décrites dans de nombreux articles et manuels. On pourrait consulter, à titre d'exemple, Mackey (1965:239-253) et Allen et Valette (1972). Parmi les techniques les plus fréquentes, on peut mentionner:

1. *L'utilisation d'objets, de photos ou d'images* pour expliquer des mots concrets tels que: *pomme, lait, montagne* ou *avion.* On a beaucoup écrit, et avec raison, sur les difficultés d'interprétation des images. Sans parler des images qui représentent une situation complexe et qui se prêtent à des interprétations multiples, il convient peut-être de rappeler que même les images que l'on croit simples ne sont pas toujours univoques. Par exemple, un professeur bien intentionné peut montrer une photo ou un dessin pour faire comprendre le mot *arbre.* Or ce professeur montrera forcément un *sapin,* un *érable,* ou un autre *type* d'arbre, puisque l'*arbre* est une généralisation qui n'existe pas! Comment s'assurer que les élèves ont compris *arbre* et non *sapin* ou *érable?* Il serait donc utile, dans la plupart des cas, de montrer plus d'une image ou d'un objet pour le même lexème. De plus, une image ne donne forcément qu'une seule acception du mot. Il faudra donc, par la suite, utiliser des contextes variés qui permettent de mieux cerner le champ sémantique de ce mot.

2. *L'utilisation de gestes* pour des verbes tels que *sauter, écrire, s'asseoir,* ou *bailler,* des adjectifs tels que *gros, grand* ou *petit.* Se méfier cependant de la tendance que nous avons parfois à surestimer nos talents de mimes.

3. *L'utilisation de mots familiers plus ou moins synonymiques* comme par e-
   xemple: *très très petit* pour expliquer *minuscule;* de contraires comme *pas cher*
   pour expliquer *bon marché;* de paraphrases du type: *une personne qui ne peut
   pas voir,* pour expliquer *un-e aveugle.* Dans ces cas, il convient de se rappeler
   les dangers mentionnés plus haut, à savoir que:
   • les mots simples que nous utilisons pour expliquer un terme ne sont pas
     nécessairement plus faciles à comprendre que les mots que nous voulons
     expliquer;
   • les mots que nous croyons familiers ou connus ont souvent déjà sombré
     dans l'oubli;

4. *L'utilisation de contextes* qui aident à deviner le sens du nouveau mot: "Elle
   courait très vite. J'ai couru derrière elle pour essayer de la *rattraper,* mais
   elle était déjà trop loin." Une fois de plus, on ne doit pas oublier que la seule
   utilisation d'un contexte ne garantit pas que tous les élèves auront compris.

5. *L'utilisation de symboles conventionnels* tels que > (plus grand que) = (égale,
   la même chose que) $\nearrow$ (va en croissant) etc. Il faut évidemment s'assurer que
   les symboles sont interprétés correctement.

Bien que l'efficacité des techniques mentionnées soit communément admise,
il convient cependant de rappeler qu'aucune ne *garantit* la communication du
sens. De plus, une seule présentation ne peut donner les différentes acceptions
ou le champ sémantique des divers lexèmes. Il faut donc souvent présenter
plusieurs fois le même mot, par des techniques différentes et dans des contextes
variés.

Faut-il à tout prix que les élèves aient parfaitement compris le sens des nouveaux
mots ou doivent-ils tolérer un certain degré d'ambiguïté? Là encore, les avis sont
partagés. Certains considèrent que l'accès aux divers sens et à la valeur des mots
se fait par des approximations successives, comme c'est le cas pour l'acquisition
de la langue maternelle. L'ambiguïté serait donc inhérente au processus d'apprentissage. D'autres, au contraire, estiment que l'ambiguïté peut causer chez
l'élève un stress qui inhibe l'apprentissage. Ils basent leur position sur de nombreuses recherches qui tendent à prouver que les facteurs psychologiques jouent
un rôle primordial dans l'acquisition d'une langue seconde. Les deux points de
vue se défendent. D'un côté, il faut que les apprenants tolèrent un certain degré
d'ambiguïté, inévitable dans l'acquisition d'une langue seconde. Mais d'un autre
côté, il faut bien admettre que tout le monde n'a pas la même tolérance vis-à-vis
de l'ambiguïté, et que celle-ci peut causer des traumatismes ou des blocages
psychologiques. Il semble donc souhaitable de respecter les différences individuelles en encourageaent les élèves à accepter un certain degré d'approximation dans le sens, mais en fournissant les explications à ceux qui le
demandent.

Ces explications peuvent-elles se faire en langue maternelle? Le recours à la
traduction est-il souhaitable — voire légitime? C'est là un des problèmes les plus
controversés en didactique des langues secondes. L'usage de la langue maternelle
a été condamné avec passion par tous les tenants de la méthode directe ou des

méthodes qui s'en inspirent. Pour éviter à tout prix l'emploi de la langue maternelle, de nombreux professeurs ont réalisé des prouesses dignes des plus grands comédiens! D'autres ont créé des contextes verbaux qui font preuve d'une imagination débordante. Sans mettre en doute les talents de ces professeurs, on est en droit de se demander:

1. si le jeu en vaut la chandelle, en d'autres termes si l'on fait ainsi l'usage le plus efficace du peu de temps dont on dispose en classe;
2. si les élèves comprennent effectivement le sens des mots, à l'aide de ces procédés.

Plusieurs en doutent.

> Voulant expliquer le verbe *to swell* dans une grande classe... Mme X dit: "When you are stung by a bee, your skin swells." Un geste à l'appui vient compléter l'explication. Il n'en faut pas davantage, les élèves ont compris." C'est charmant, mais c'est faux!

> *Quelques* élèves ont compris, par exemple ceux qui se rappelaient le mot, qui n'est ni plus difficile ni plus rare que *sting,* mais la plupart n'auront pas compris parce qu'ils auront oublié le sens de *sting* et de *skin,* peut-être même de *bee,* surtout "dans une grande classe" (Cahen 1961 cité par Arnaud p. 90).

Malgré ces objections, le recours à la langue maternelle a souvent été interdit avec une ferveur presque fanatique. C'était le cas dans quelques provinces ou dans quelques institutions scolaires du Canada. On peut attribuer cette position extrême à une réaction légitime, certes, aux abus de la grammaire-traduction. De là à interdire tout recours à la langue maternelle ...

Depuis quelque temps, cependant, la langue maternelle reprend du poil de la bête. Certains aspects de l'approche communicative exigent même le recours à la langue maternelle. Sans aller à l'extrême inverse, il me semble raisonnable de dire qu'il vaut mieux éviter, dans la mesure du possible, le recours à la langue maternelle, ne serait-ce que pour maximiser le temps consacré à la langue seconde, sans bannir pour autant les explications rapides en langue maternelle qui peuvent rendre, à l'occasion, des services appréciables.

Toujours en rapport avec l'usage de la langue maternelle, doit-on encourager les élèves à chercher le sens des mots inconnus dans un dictionnaire unilingue ou bilingue? Avant de débattre cette question, il est peut-être utile de rappeler que la fréquentation du dictionnaire, même en langue maternelle, n'est pas aussi généralisée qu'on le pense.

> La motivation pour consulter, voire acheter un dictionnaire ... est directement proportionnelle à la maîtrise de la langue et non à son ignorance. [...] seuls les riches peuvent s'y enrichir (Gross et Ibrahim 1981:27-28).

On ne peut donc pas prendre pour acquis que les élèves savent utiliser le dictionnaire avec aisance et efficacité pour parfaire leurs connaissances.

Le recours fréquent au dictionnaire n'a pas la faveur de tous. De nos jours, on incite souvent les élèves à se fier au contexte pour deviner — par inférence ou induction — le sens des mots nouveaux. Il n'en a pas toujours été ainsi. En 1943, Morgan et Bailey se plaignaient que la présence du contexte "may lead the learner to guess the meaning of words and not verify his guesses" (cité par Cohen 1982:459).

Quant au choix du dictionnaire à utiliser, là encore, les avis sont partagés. Certains défendent avec véhémence l'utilisation du dictionnaire unilingue, même au début de l'apprentissage. C'est ainsi que sont nés des dictionnaires simplifiés, tels que *Le Dictionnaire fondamental* de Gougenheim (1958). D'autres préfèrent, au contraire, les dictionnaires bilingues dont on aurait, pour les débuts de l'apprentissage, des versions simplifiées.

L'utilité d'un dictionnaire unilingue — même simplifié — me semble très contestable. Comme on le sait, les mots simples et fréquents qu'on enseigne généralement aux débutants sont, très souvent, les plus difficiles à expliquer. De plus, sur quelle base suppose-t-on que l'élève qui ne comprend pas un mot simple comprendra davantage les mots utilisés pour l'expliquer? Le débutant a-t-il vraiment compris grand-chose quand il a lu, par exemple, dans *Le Dictionnaire fondamental* sous *colère:* "sentiment qui donne tout à coup l'envie de faire du mal à quelqu'un," ou sous *rire:* "faire un mouvement de la bouche et des joues (en découvrant un peu les dents) qui montre qu'on s'amuse." J'en doute...

Malgré ses inconvénients, c'est tout de même le dictionnaire bilingue qui peut le mieux "expliquer" les mots simples — en les traduisant dans la langue maternelle. Le dictionnaire unilingue ne devient utile, voire indispensable, qu'à un niveau bien avancé de maîtrise de la langue seconde.

IV. Activités de ré-emploi du vocabulaire

Une fois les mots présentés, il convient de les faire pratiquer. Malheureusement dans la plupart des manuels de didactique, la section sur l'enseignement du vocabulaire se limite aux techniques de *présentation* des mots nouveaux et laisse un peu de côté une dimension essentielle sur le plan pédagogique: celle qui consiste à *faire acquérir* ce vocabulaire.

Il est vrai que, comme le dit Rivers:

> Vocabulary cannot be taught. It can be presented, explained, included in all kinds of activities, but it must be learned by the individual (1981:463).

On peut supposer toutefois qu'il existe un rapport entre le nombre ou le type d'activités réalisées et les probabilités d'acquisition du vocabulaire. On peut également supposer que plus les élèves veulent apprendre, plus ils apprennent. Chastain, citant les études de Klausmeier et Ripple écrit:

> Intent to learn has been found to be an important variable in the acquisition and retention of material (1976:84).

Les résultats de plusieurs autres recherches semblent confirmer cette assertion.

Pour aider les élèves à acquérir les nouveaux mots de vocabulaire, il faut donc non seulement créer des activités variées, mais aussi inclure chaque nouveau mot dans plus d'une activité pour augmenter les probabilités de l'inscrire dans la mémoire à long terme des élèves. Stevick (1976 et 1982) cite de nombreuses recherches qui semblent indiquer que l'utilisation d'un même mot dans des activités différentes et bien espacées conduit à une meilleure rétention que l'utilisation répétée de ce mot dans la même activité. L'intervalle entre les activités doit cependant être relativement court. S'il est trop long, les taux de succès baissent.

Mais, si on tient compte des facteurs psychologiques de l'acquisition, on doit non seulement avoir des activités variées et bien espacées, mais également des activités qui motivent les élèves. Alors que pour les publics adultes on peut supposer que la seule présence des étudiants au cours témoigne de leur motivation, il n'en est pas de même dans les écoles, surtout lorsque la langue seconde est obligatoire.

Sans entrer dans le sujet complexe et fort débattu de la motivation, on peut supposer qu'une activité amusante (qui divertit), enrichissante (qui apporte des connaissances nouvelles), intéressante (enrichissante ou qui présente un certain défi intellectuel) ou qui permet de parler de soi, a plus de chance de motiver qu'une activité dont le seul but consiste à faire utiliser un certain mot de vocabulaire. De plus, on peut supposer qu'une activité qui contribue au développement de l'élève (esprit logique, sens de l'observation, esprit de synthèse, jugement critique, etc.) a plus de chance de motiver le professeur en donnant à ce dernier le sentiment de participer à part entière au projet éducatif de l'école. Et puisqu'un professeur motivé est plus motivant...

Examinons, à la lumière de ces remarques, un certain nombre de techniques anciennes ou nouvelles pour faire pratiquer le vocabulaire.

1. *Identifier un objet*

C'est la technique dont on use, et abuse, dans la plupart des cours de langue seconde et qui consiste à demander aux élèves: "Qu'est-ce que c'est?" ou "Est-ce que c'est un stylo?" en montrant un objet ou une image donnée. Bien que cette technique permette de vérifier si les élèves peuvent associer le mot et l'objet, on voit mal son pouvoir de motivation ou son intérêt d'un point de vue éducatif. À moins que l'identification de l'objet en question ne nécessite des connaissances spéciales ou de l'imagination, on voit mal quel intérêt on aurait à répondre à des questions du type: "Qu'est-ce que c'est?". On ne devrait y avoir recours qu'en désespoir de cause, si on ne peut vraiment pas penser à quelque chose de plus stimulant.

2. *Trouver ce qui manque*

L'élève doit identifier l'élément manquant dans chaque dessin (Figures 1 et 2).

Ces dessins sont inachevés. Qu'est-ce qui manque?

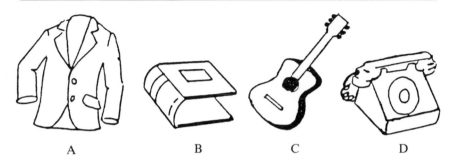

Figure 1

De quel instrument chaque musicien joue-t-il?

Figure 2   Mollica (1981:587)

Comme pour le numéro 1, ce type d'activité fait pratiquer le nom des éléments sélectionnés. Mais ici, l'élève doit aussi avoir recours à son sens de l'observation pour identifier les éléments manquants. Ce type d'activité est nettement supérieur à celui décrit au numéro 1 et il est à recommander — à condition qu'on ait des talents d'artiste, ou qu'on puisse faire appel à des collègues qui en ont!

3. *Compléter des phrases*

Remplacer un mot par un synonyme, un antonyme; trouver des mots d'une même famille, etc. Ces exercices classiques n'ont pas besoin d'explication. Ils présentent des avantages certains sur le plan linguistique. Leurs seuls problèmes sont (1) qu'ils font très "exercice." On est parfaitement conscient de "travailler" la langue. (2) qu'ils intéressent surtout les élèves qui veulent vraiment apprendre la langue. Ils ne sont pas particulièrement motivants par eux-mêmes. Ces exercices ont leur place dans les cours de langue. Il est impensable de les en exclure. Il serait peut-être sage, cependant, de ne pas en abuser.

4. *Répondre à des questions dont on connaît déjà la réponse*

C'est la technique fort répandue qui consiste à demander: "De quelle couleur est ma blouse?" ou "Est-ce que ton stylo est sur ton livre?" ou, à partir d'une image "Est-ce que Mireille est dans la rue?". Ces questions incitent les élèves à chercher dans leur mémoire un vocabulaire spécifique et donc à stimuler les réactions neurochimiques du cerveau. De plus, la réponse permet au professeur de vérifier le niveau des connaissances des élèves en langue seconde. Soit. Mais on n'assiste là à aucun échange d'information puisque la réponse est connue de tous. D'autre part, le défi intellectuel y est plutôt limité.

Du point de vue du professeur, ce type de question est peu rentable: une fois qu'un élève a répondu, il doit penser à une autre question puisque tout le potentiel de cette question a été épuisé à la première réponse. Pour toutes ces raisons, il convient d'utiliser ce type de questions avec prudence et modération. Il y a peu d'intérêt à parler de ce qui est évident.

5. *Répondre à des questions personnalisées*

Ces questions amènent soit une information qui varie selon les individus, du type "Tu as combien de soeurs?" soit l'expression de goûts, de préférences ou d'opinions personnelles, comme c'est le cas pour "Est-ce que tu préfères le vert ou le jaune?" ou "D'après toi, qu'est-ce qui est plus utile, un couteau ou une fourchette?"

Ce type de question permet un certain contrôle sur le vocabulaire susceptible d'apparaître dans la réponse, mais permet à l'élève d'exprimer quelque chose de personnel. Les autres élèves sont plus portés à écouter la réponse, ne serait-ce que par curiosité ou pour exprimer leur accord ou leur désaccord. De plus, avec le seul ajout: "Et toi, X?" une seule question peut amener autant de réponses qu'il y a d'élèves, et sans que la réponse de la dernière personne ne soit moins personnelle que celle de la première.

Stevick exprime les avantages de cette technique appelée communément "values clarification":

This technique has several strong points: (1) Each student's answer is *factually* (en italiques dans le texte) correct, and so contributes toward a feeling of dignity, self-esteem, and acceptance in your [the teacher's] eyes and the eyes of the rest of the class. (2) Students can draw much of the vocabulary and grammar for their answers from listening to (or reading) your [the teacher's] questions. This fact contributes to the linguistic side of the security. (3) The personal nature of the information guarantees that they will give to it a higher quality of attention than they would give to comparable answers that they found in a book (1982:125-126).

Pour toutes ces raisons, ce type de question est fortement à conseiller.

6. *Répondre à des questions qui font appel à des connaissances générales aussi bien que linguistiques*

C'est le cas des questions du type: "De quelle couleur est le drapeau québécois?" ou "Qu'est-ce qui court plus vite, un zèbre ou un guépard?" Ces questions présentent de nombreux avantages:

- Elles permettent aux élèves de montrer qu'ils savent quelque chose, même s'ils ne sont pas forts en français.
- Sur le plan linguistique, elles sont relativement simples, bien qu'elles exigent la compréhension des termes. Les élèves ont donc un sentiment de sécurité par rapport à la langue.
- Elles placent l'élève sur un pied d'égalité avec le professeur qui n'est pas la seule personne qui sache la réponse correcte. En fait, quand on utilise ce type de question, on est souvent surpris par les connaissances impressionnantes de certains élèves dans un domaine particulier.
- Elles incitent les autres élèves à écouter la réponse, soit pour juger de l'exactitude des faits, soit pour apprendre quelque chose de nouveau.
- Elles montrent qu'en classe de langue seconde on peut parler d'autre chose que de la langue et qu'on peut même y apprendre des choses intéressantes!
- Elles rendent le français compatible avec les autres matières scolaires. Ces questions, qui valorisent l'élève et le professeur, conviennent très bien à l'apprentissage du vocabulaire. Elles méritent une grande place dans notre enseignement.

7. *Mettre des actions ou des situations dans un ordre logique*

Ces actions ou situations peuvent être données (oralement ou par écrit) à l'aide de mots ou d'images. Exemples:

1. Je me lève. / Je prends une douche. / Je me réveille.
2. Je me lave. / Je me réveille. / Je m'habille.
3. Elle arrive au bureau. / Elle part de chez elle. / Elle prend l'autobus.

Ce type d'activité exige non seulement une compréhension des termes, mais il fait appel également au raisonnement logique. On peut supposer qu'il est donc plus éducatif, plus valorisant pour l'élève et par conséquent plus motivant.

8. *Trouver l'intrus. Expliquer pourquoi c'est un intrus.*

Pour trouver la réponse, l'élève doit aller au-delà de la langue pour saisir des rapports de toutes sortes. Exemples:

1. du beurre — du lait — un oeuf
   (Réponse: *un oeuf*. Ce n'est pas un produit laitier.)
2. du jambon — de la laitue — du saucisson
   (Réponse: *de la laitue*. Ce n'est pas de la viande.)
3. le Soleil — la Terre — Vénus
   (Réponse: *le Soleil*. Ce n'est pas une planète.)
4. les saisons — la lumière — les marées
   (Réponse: *les marées*. Elles sont l'effet de la Lune et non du Soleil.)

Ou encore:

5. autrefois — dorénavant — il y a longtemps
   (Réponse: *dorénavant*. S'emploie pour parler de l'avenir et non du passé.)
6. à côté — en face — à présent

(Réponse: à *présent*. Se réfère au temps et non au lieu.)

Les actes de parole peuvent se prêter à ce type d'activité. Exemples:
7. Bonjour! — C'est formidable! — Salut!
   (Réponse: *C'est formidable!* Ne s'emploie pas pour établir un contact avec quelqu'un.)
8. À demain! — À bientôt! — À ta santé!
   (Réponse: *À ta santé!* Ne s'emploie pas pour prendre congé.)

On peut également faire trouver l'intrus à partir d'indices visuels (Figures 3 et 4).
9.

Figure 3　　　Nemni et Szmidt (1982:94)

(Réponse: *la raquette*. On n'a pas besoin de raquette pour jouer au basket-ball (ou au ballon-panier.)

10.　**B1**　　　　　　**B2**　　　　　　　**B3**　　　　　　**B4**

Figure 4

Mollica (1981: 594-595)

(Réponse: *la fraise*. Elle ne pousse par sur un arbre. Mais on pourrait également dire que l'intrus est *l'orange*. Les autres fruits sont rouges. Toute réponse accompagnée d'une explication *logique* devrait être acceptée.)

Observation has shown that in the attempt to solve the problem and in the eagerness to provide suitable explanations, students rapidly forget that they are using another language. (Mollica 1982:596)

Ce type d'activité permet d'utiliser les mêmes termes plusieurs fois, dans des groupes différents, et donc de les pratiquer davantage. Sa valeur éducative est évidente. Il est donc fortement recommandé.

9. *Jouer*

Depuis longtemps déjà, la valeur pédagogique du jeu n'est plus à démontrer. Celui-ci s'avère efficace à tous les âges et à tous les niveaux. Ses avantages sont particulièrement évidents pour l'enseignement du vocabulaire. En effet, il semble difficile de faire utiliser des mots spécifiques tout en simulant une communication tant soit peu authentique. C'est pour cette raison d'ailleurs qu'on trouve souvent des exercices du type 3, mentionné plus haut, qui ne prétendent pas faire l'impossible. Dans le jeu, cependant, non seulement on admet d'office qu'on ne s'engage pas dans une situation de communication, mais on accepte et, pour la plupart des gens, on a plaisir à concentrer son attention sur les mots. On accepte de jouer avec les mots et de jouer plusieurs fois avec les mêmes mots. Conditions idéales pour pratiquer le vocabulaire!

Il existe un nombre quasi-infini de jeux possibles: jeux collectifs, en équipe, solitaires, avec un(e) partenaire, oraux, écrits, de difficulté variable, compétitifs, coopératifs, etc. En voici quelques-uns qui semblent utiles pour faire pratiquer le vocabulaire.

a) *Jeu du solitaire* (Jeu individuel.)

Distribuer à chaque élève une feuille où se trouvent, pêle-mêle, des mots qu'on pourrait grouper en paires, sauf un qui est le solitaire. Tous les types de rapports sémantiques ou autres sont permis (contraires, même champ sémantique ou lexical, etc.). Mettre un mot qui n'a pas de partenaire: c'est le solitaire.

Pour simplifier la lecture, on peut mettre des lettres pour un élément de la paire et des chiffres pour l'autre. Exemple:

1. demain	a. heureuse
2. malade	b. jaune
3. grand	c. à l'envers
4. contente	d. hier
5. vert	e. immense
6. à l'endroit	

Chaque élève doit trouver les paires et inscrire le solitaire. En plus de faire pratiquer les mots, ce jeu met en évidence les divers types de rapports sémantiques que les mots peuvent avoir entre eux.

b) *Jeu de concentration* (Jeu pour deux personnes)

Préparer des cartes avec des images ou des photos d'un lexique spécifique. En disposer un nombre donné sur une table, image visible. Chaque élève ou chaque équipe regarde les cartes pendant une ou deux minutes. On retourne les cartes, image cachée. Chaque personne, à son tour, dit quelque chose du type: "Ça, c'est le lit" et retourne la carte qui correspond, selon elle, à cette image. Si c'est correct, elle a un point et elle continue à identifier les cartes. Si elle se trompe, on remet la carte à sa place, face cachée et c'est le tour de l'autre personne ou de l'autre équipe. En plus de faire pratiquer le vocabulaire, ce jeu développe la mémoire et le sens de l'observation.

c) *Jeu de bataille* (Jeu pour deux personnes)

Chaque personne prépare une série de cartes avec des images, une autre série avec les énoncés qui correspondent à ces images. Les images peuvent représenter des objets ou des situations (Il fait beau; elle lit le journal, etc.). Les deux personnes préparent des séries identiques. Chaque personne prend 6 cartes. On met le reste des cartes (le talon) au centre de la table. Chaque personne essaie d'avoir le plus de paires possible. (Il y a trois possibilités: image/énoncé; image/image; énoncé/énoncé). Chaque personne doit toujours avoir 6 cartes en main. Elle prend une carte dans le talon. Si elle a une paire, elle l'étale et pioche deux autres cartes dans le talon. Si elle n'a pas de paire, elle se défait d'une carte qu'elle place sur une deuxième pile, image visible, près du talon. C'est au tour de l'autre. Quand il n'y a plus de cartes dans le talon, on retourne les cartes rejetées, pour en cacher la face, et on continue avec ce nouveau talon.

La partie est finie quand il ne reste plus de cartes dans le talon. La personne qui a le plus de paires gagne.

d) *Jeu d'associations d'idées* (Jeu pour un groupe)
La première personne dit un mot, par exemple, *maison*. La deuxième peut aussi bien dire *école*, que *chambre, chère, quitter* ou n'importe quel autre mot qu'elle associe au premier. Et ainsi de suite. La personne qui ne peut plus rien ajouter sort du jeu.

e) *Jeu de proximité spatiale* (Jeu pour un groupe)
La première personne dit un mot, par exemple, *table*. La deuxième personne nomme un objet qui peut toucher une table, comme par exemple *chaise, plancher, livre, nappe,* etc. La troisième personne nomme un objet qui peut toucher le deuxième et ainsi de suite.

f) *Jeu: Parce que...* (Jeu de groupe)
On part d'une proposition, telle que: "J'aime les fruits..." ou "Ils sont furieux..." etc. Chaque personne à son tour doit donner une raison. Exemple: "J'aime les fruits ... parce que c'est bon pour la santé," "Parce que c'est frais," "Parce que ça a moins de calories que les gâteaux" etc.

g) *Mots croisés* (Jeu individuel)
Depuis que Arthur Wynne a publié le premier spécimen de mots croisés dans le journal new-yorkais *World,* le 21 décembre 1913 (dans Mollica 1981:601) l'intérêt — sinon la passion — pour les mots croisés n'a fait que croître, un peu partout dans le monde. Cette activité bien connue des professeurs de langue se passe d'explications supplémentaires.

h) *Jeu des mots cachés* (Jeu individuel)
Il me semble superflu de décrire cette activité qui se trouve, sous diverses formes, dans de nombreux journaux et magazines. Il convient cependant de préciser que cette activité centre l'attention sur la forme ou l'orthographe des mots et non sur leur sens. Elle ne me semble pas particulièrement efficace pour l'apprentissage du vocabulaire, bien qu'elle soit, en général, très appréciée des élèves. On pourrait la réserver pour les moments de détente ou pour occuper le reste des élèves

pendant qu'on travaille avec un petit groupe sur un sujet particulier.

i) *Jeu de Monsieur et Madame* (Jeu de groupe)

La première personne dit un mot au masculin. La deuxième doit donner un mot au féminin qui fait partie du même champ lexical. Exemples:
le bouchon — la bouteille;
le pied — la chaussure;
le train — la locomotive;
le jour — la nuit; etc.

Les élèves qui ne peuvent pas trouver de "Madame" sortent du jeu. Si on le lui demande, la personne qui donne le mot au masculin doit être en mesure de donner un féminin correspondant au mot qu'elle a choisi; autrement elle sort du jeu.

j) *Jeu des mots tabous* (Jeu de groupe)

On détermine un certain nombre de mots tabous: Exemples: oui, non, Monsieur, Madame, blanc, noir, etc. On choisit une personne du groupe. Les autres lui posent les questions de leur choix. Elle doit y répondre sans utiliser les mots tabous. L'objectif est de faire "tomber" la personne choisie en l'amenant à utiliser un des mots tabous. Exemple de questions: (1) "Est-ce que tu t'appelles X?" ou (2) "De quelle couleur est la neige?", etc. Pour rester dans le jeu, la personne doit trouver des paraphrases qui évitent les mots interdits. Par exemple, pour (1) "C'est ce qu'on dit." ou "J'en suis sûr-e.", etc. Pour (2) "Parfois quand elle est sale, elle est grise" ou "Elle est d'une couleur très claire, très brillante," etc. Ce jeu, plus difficile, s'adapte mieux à un niveau intermédiaire.

Il existe donc une quantité considérable d'activités et de jeux variés pour faire pratiquer le vocabulaire. On n'en a vu que quelques exemples. Il est possible, et souvent facile, d'en inventer d'autres en fonction de besoins particuliers. Pour juger de la valeur relative d'une activité qu'on a créée, *en plus* d'analyser ce qu'elle apporte à l'apprentissage du vocabulaire, on pourrait se poser les questions suivantes:

1. L'activité est-elle motivante? Est-elle intéressante ou amusante? Les élèves auront-ils envie de la faire? On sait que la motivation joue un rôle primordial dans l'apprentissage.
2. Permet-elle aux élèves de parler de leur vécu? La contribution personnelle des élèves contribue à leur motivation.
3. Présente-t-elle un défi autre que linguistique? En concentrant leurs efforts pour relever ce défi, les élèves auront moins l'impression "de travailler la langue pour la langue." De plus, une activité qui fait appel à l'observation, au raisonnement logique ou au pouvoir de concentration, par exemple, apporte une contribution valable au développement général des élèves.
4. Fait-elle appel à des connaissances générales autres que linguistiques? Une telle activité aurait l'avantage de valoriser les élèves qui sauraient cette information, permettrait aux autres d'acquérir quelque chose de nouveau, et démontrerait aux apprenants qu'il est possible d'améliorer leurs connaissances

générales tout en apprenant une langue seconde.

Il est évident qu'on ne trouvera qu'exceptionnellement une activité qui réponde à toutes ces exigences à la fois. Mais on a vu qu'il est possible — et certainement souhaitable — de créer des activités qui satisferont au moins à une ou deux de celles-ci. En allant au-delà d'un objectif purement linguistique, je pense qu'il est non seulement possible de mieux motiver les élèves et de contribuer davantage à leur éducation générale, mais surtout de mieux atteindre cet objectif.

Références

Allen, Edward David et Rebecca M. Valette. 1972. *Modern Language Classroom Techniques.* New York : Harcourt Brace Jovanovich, Inc.

Arnaud, P.J.L. 1980. "L'enseignement du vocabulaire," in *Linguistique et enseignement des langues.* Presses Universitaires de Lyon, pp. 833-108.

Cahen, Jacques-Ferdinand. 1961. "Point de vue sur l'enseignement des langues vivantes," *Les langues modernes,* LV, 3.

Capelle, Guy. 1967. "Linguistique appliquée: les critères de choix des éléments lexicaux," in *Linguistique appliquée et enseignement du français.* P. Léon, éd., Centre éducatif et culturel, pp. 123-131.

Cembalo, M. 1970. "L'enseignement du vocabulaire aux débutants en anglais," in *Mélanges pédagogiques,* C.R.A.P.E.L., Nancy.

Chastain, Kenneth. 1976. *Developing Second-Language Skills: Theory to Practice,* 2nd ed., Rand McNally College Publishing Company.

Chaurand, Jean et Pierre Lerat. 1981. "Français fondamental et français d'aujourd'hui," *Le Français dans le Monde,* février-mars, 159:20-15.

Cohen, Abraham. 1982. "Le 'Contexte': Aspects linguistiques et didactiques," *The Canadian Modern Language Review/La Revue canadienne des langues vivantes,* 38(3):458-468.

Compte rendu de recherche sur le programme lexical. 1973. Paris. I.N.R.D.P.

Connoly, Patrick G. 1973. "How to Teach Families of Words by Comparison," *English Language Teaching Journal,* février, XXVII(2):171-176.

Coste, Daniel, J. Courtillon, V. Ferenczi, M. Martins-Baltar, E. Pappo et E. Roulet. 1976. *Un Niveau-Seuil,* Conseil de l'Europe, Hatier, 663p.

Danesi, M. 1975. "Semantics in Foreign Language Teaching," *The Canadian Modern Language Review/La Revue canadienne des langues vivantes,* 31(4).

Galisson, Robert. 1979. *Lexicologie et enseignement des langues (essais méthodologiques),* Hachette, 216p.

Galisson, Robert. 1983. *Des mots pour communiquer. Éléments de lexicométhodologie,* CLÉ International.

Gougenheim, G. 1958. *Le Dictionnaire Fondamental.* Paris : Didier. (Nouvelle édition: 1977).

Gougenheim, G., P. Rivenc, R. Michéa et A. Sauvageot. 1964 *L'Élaboration du français fondamental (1er degré).* Paris : Didier. 301 p.

Gougenheim, G., P. Rivenc et Hassan. 1964. "Le français fondamental," in *L'Éducation en Europe,* Conseil de la Coopération culturelle du Conseil de l'Europe, Strasbourg, Série IV, Général N°2, pp. 53-72.

Gouvenet, Hélène. 1969. "Écrire en 'français fondamental,'" "*Le Français dans le Monde,* août, 66:43-46.

Gross, Gaston et A. Ibrahim. 1981. "Dictionnaires du français langue étrangère," *Le Français dans le Monde,* février-mars, 159:26-31.

Holec, Henri. 1974. *Structures lexicales et enseignement du vocabulaire.* La Haye: Mouton.

Jeanneret, F.C.A., E.E. Hislop et M.H. Lake. 1955. *Cours moyen de français,* Clarke, Irwin & Co. Ltd. 386p.

Lord, L. 1974. "Learning Vocabulary," *I.R.A.L.* XII:239-247.

Ludwig, Jeannette. 1984. "Vocabulary Acquisition as a Function of Word Characteristics," *The Canadian Modern Language Review/La Revue canadienne des langues vivantes,* mai, 40(4):552-562.

Mackey, William Francis. 1965. *Language Teaching Analysis.* Longman, 554p.

Maiguasheca, Raffaella Uslenghi. 1984. "Semantic Fields: Towards a Methodology for Teaching Vocabulary in the Second-Language Classroom," *The Canadian Modern Language Review/La Revue canadienne des langues vivantes,* janvier, 40(2):274-297.

Meara, P.M. 1983. *Vocabulary in a Second Language.* Specialized Bibliography, London, C.I.L.T.

Michéa, René. 1974. "Les vocabulaires fondamentaux dans l'enseignement des langues vivantes," *Le Français dans le Monde,* 103:11-13.

Mollica, Anthony. 1981. "Visual Puzzles in the Second Language Classroom," *The Canadian Modern Language Review/La Revue canadienne des langues vivantes,* mars. 37(3) pp. 582-622.

Morgan, C.L. et W.L. Bailey. 1943. "The Effect of Context on Learning Vocabulary," *Journal of Educational Psychology.*

Nemni, M. et Y. Szmidt. 1982. *Ça tourne!* Prentice-Hall Canada Inc.

Rivenc, Paul. 1979. "Le français fondamental vingt-cinq ans après," *Le Français dans le Monde,* octobre, 148:15-22.

Rivers, Wilga. 1981. *Teaching Foreign Language Skills.* 2nd edition. University of Chicago Press.

Savard, Jean-Guy et Jack Richards. 1970. *Les indices d'utilité du vocabulaire fondamental français.* Les Presses de l'Université Laval. 170p.

Stevick, Earl W. 1976. *Memory, Meaning and Methods.* Newbury House Publications. 177p.

Stevick, Earl W. 1982. *Teaching and Learning Languages.* Cambridge University Press.

Surridge, Marie. 1984. "L'utilité d'un vocabulaire structuré pour l'étudiant anglophone du français langue seconde." *The Canadian Modern Language Review/La Revue canadienne des langues vivantes,* mai, 40(4):563-574.

"Vocabulaire et enseignement du français." 1981. Numéro spécial du *Français dans le Monde,* N° 159, février-mars.

Wilkins, D.A. 1972. *Linguistics in Language Teaching,* MIT Press.

Steven D. Krashen

17   L'acquisition du vocabulaire par la lecture

J'ai une suggestion radicale à faire concernant l'enseignement du vocabulaire. Je propose d'abandonner cet enseignement comme tel ainsi que les examens qui l'accompagnent et d'essayer plutôt de développer chez nos étudiants la "passion des livres," de quelque nature que ce soit, écrits dans la langue visée. Si nos étudiants en viennent à lire pour le plaisir dans leur langue seconde, je suis persuadé qu'ainsi, ils acquerront davantage de vocabulaire qu'autrement et qu'un plus grand nombre d'entre eux poursuivront des études en littérature, mettront à profit et amélioreront leurs aptitudes en langues étrangères une fois leurs études terminées.

Nombre d'érudits admettent l'hypothèse selon laquelle la lecture peut aider à développer le vocabulaire, mais seulement quelques écrivains affirment qu'il s'agit de la principale source d'acquisition du vocabulaire. Smith (1982) est au nombre de ceux-là :

> ...selon moi, la plupart des adultes instruits ont acquis le gros de leur vocabulaire par la lecture ... il me semble fort improbable que notre compréhension des nombreux mots que nous avons appris en lisant découle de multiples recherches dans le dictionnaire ou d'explications demandées à d'autres. Nous découvrons le sens d'un mot à l'aide du contexte (p. 163).

Cohen (1969) soutient également que la lecture personnelle et celle que quelqu'un nous fait sont d'excellents moyens d'acquérir du vocabulaire. Elle donne de nombreux exemples de contextes tirés de livres pour enfants qui facilitent de façon évidente l'acquisition de mots utilisés moins fréquemment. En voici deux, parmi les cinquante qu'elle cite, où les auteurs, sans vouloir délibérément enseigner du vocabulaire, apportent un éclaircissement. Dans le premier exemple, Cohen fait remarquer comment Monro Leaf aide le lecteur à découvrir au moins l'un des sens du mot "seul" dans *The Story of Ferdinand*. Ferdinand est un jeune taureau qui aime être seul, trait de personnalité qui permet de préciser le sens de ce nouveau mot :

> Parfois, sa mère, qui était une vache, s'en faisait pour lui. Elle avait peur qu'il se sente seul. "Pourquoi ne vas-tu pas courir et jouer avec les autres petits taureaux, gambader et donner des coups de corne?" lui demandait-elle.

Titre original "We Acquire Vocabulary By Reading," publié dans Anthony Papalia, réd., *Teaching Our Students a Second Language in a Proficiency-Based Classroom*. Schenectady, NY: New York State Association of Foreign Language Teachers, 1986, pp. 51-59. Reproduit ici avec la permission de la New York State Association of Foreign Language Teachers.

Mais Ferdinand faisait non de la tête et disait : "J'aime mieux rester ici et m'asseoir tranquillement dans l'herbe pour respirer les fleurs." Sa mère s'aperçut qu'il ne se sentait pas seul, et comme elle était une mère compréhensive, même si elle était une vache, elle le laissa s'asseoir là, tranquille et heureux." (Cohen, p. 920).

De même, Cohen montre comment H.A. Rey aide le lecteur à comprendre le mot "flotte" dans ce passage tiré de *Curious George Rides a Bike*. Georges le singe avait accepté de livrer des journaux, mais il décida plutôt d'en faire des bateaux en papier et de les faire voguer sur un petit cours d'eau dans un parc :

Georges décida donc de faire d'autres petits bateaux. Il finit par utiliser tous les journaux et se retrouva avec tant de bateaux qu'il ne pouvait pas les compter — toute une flotte. Regardant sa flotte descendre le cours d'eau, Georges se sentit l'âme d'un amiral (Cohen, p. 920).

Il existe, à mon avis, des preuves marquantes pour appuyer l'hypothèse voulant que la lecture, particulièrement celle qu'on fait pour le plaisir, est de loin le meilleur moyen d'acquérir du vocabulaire. La majeure partie de cette recherche est basée sur l'apprentissage de la langue maternelle. Rien ne garantit que ce qui vaut pour la langue maternelle vaut aussi pour la langue seconde, mais j'affirmerai qu'il s'agit là de l'hypothèse la plus encourageante.[1]

Dans cet article, j'examinerai d'abord les arguments à l'appui de la position selon laquelle la lecture facilite l'acquisition fortuite et sans effort du vocabulaire. J'aborderai ensuite le côté pratique, y compris la contribution possible de la "lecture facile," et les arguments selon lesquels il ne devrait pas y avoir de tests de connaissance du vocabulaire. Selon moi, nous n'avons jamais réellement donné de chance à la lecture; cette solution exige un investissement financier et un risque pédagogique beaucoup moindres que presque toute autre innovation que nous songeons ou travaillons à mettre en place, outre le fait qu'elle constitue l'une des activités les plus faciles et les plus agréables tant pour les étudiants que pour les professeurs.

Arguments en faveur de l'acquisition du vocabulaire par la lecture

Nous examinerons les arguments suivants en faveur de l'acquisition du vocabulaire par la lecture :
1. corrélations uniformément positives entre la richesse du vocabulaire et la compréhension des textes
2. études sur le sens des mots révélé par le contexte : des études montrent que les lecteurs peuvent, en situations expérimentales, découvrir le sens de certains mots à partir du contexte. La recherche qui tient compte de la "signification partielle" laisse supposer que la rencontre fréquente de mots dans des contextes naturels permet d'acquérir beaucoup de vocabulaire.
3. l'étendue du vocabulaire : les mots que connaît une personne dans sa langue maternelle sont trop nombreux pour qu'on les lui ait tous enseignés directement
4. études sur la fréquence des lectures : les programmes de lecture libre entraînent habituellement un développement remarquable du vocabulaire.

Commençons par l'argument le plus faible peut-être.

Corrélations entre le vocabulaire et la compréhension des textes

Il est bien établi qu'il existe une forte corrélation entre les tests de connaissance du vocabulaire et ceux de compréhension de texte. Dans des études portant sur la langue maternelle, Thorndike (1973) (cité dans Anderson et Freebody, 1981) s'est fondé sur des données fournies par plus de 100 000 étudiants de quinze pays et a trouvé des corrélations moyennes entre le vocabulaire et la lecture de ,71 (chez les 10 ans), ,75 (chez les 14 ans) et ,66 (chez les 17-18 ans). Des études menées auprès d'adultes qui apprenaient une langue seconde donnent des corrélations similaires (r = ,85; Oller, 1979; r = ,49 et ,71 à partir de deux échantillons, Oller et Hinofotis, 1980).

Toutefois, ces corrélations ne nous indiquent pas si c'est le développement du vocabulaire qui permet de comprendre un texte ou si c'est la compréhension du texte qui aide à développer le vocabulaire, ou encore si ces deux résultantes sont attribuables à autre chose. De nombreux programmes scolaires privilégient l'apprentissage du vocabulaire comme moyen de faciliter la lecture. Personnellement, je crois que la richesse du vocabulaire et la capacité de comprendre des textes résultent d'un troisième facteur sous-jacent : la fréquence des lectures, ou le nombre (et peut-être le type) de lectures que fait une personne dans le but de comprendre le sens des mots :

Fréquence des lectures → Vocabulaire

Fréquence des lectures → Compréhension de texte

Études sur le sens des mots révélé par le contexte

Plusieurs études ont été menées afin de mesurer la capacité des lecteurs de découvrir le sens des mots d'après le contexte. Ordinairement, on demande aux sujets de lire un passage qui renferme des mots qu'ils ne connaissent pas. Après la lecture du passage, on leur fait passer un test sur ces mots. Voici quelques exemples d'études où les sujets n'ont lu qu'une seule fois le mot cible :

Étude	*Sujets*	*Pourcentage d'exactitude*
Gibbons, 1940	Étudiants de 1re année de niveau collégial	42,4 %
Na et Nation, 1985	Professeurs d'anglais langue seconde	23 à 38 %
Elivian, 1938	Élèves de 5e et 6e années	38 %
Carnine *et al.* 1984	Élèves de 4e et 6e années	40 %

Les résultats de ces études ont habituellement été interprétés de façon à montrer l'inefficacité de l'apprentissage du vocabulaire à l'aide du contexte puisque les sujets ne réussissaient à deviner que ce que les responsables considéraient comme un faible pourcentage de mots. Cependant, des données expérimentales et des calculs fournis par Nagy, Herman et Anderson (1985) laissent croire fortement que lire pour comprendre le sens des mots permet d'apprendre un nombre considérable de mots.

L'étude de Nagy, Herman et Anderson ressemblait à d'autres études visant à mesurer la capacité des lecteurs de découvrir le sens des mots à partir du contexte, à une caractéristique importante près : elle tenait compte de l'identification par les lecteurs d'une partie seulement du sens du mot cible. (Voir aussi Carroll et Drum, 1983). Voici en quoi elle consistait : des élèves de huitième année lisent un texte choisi renfermant des mots nouveaux (extraits d'un texte scientifique et d'un récit à intrigue). On leur dit avant de commencer qu'on leur posera des questions de compréhension de texte, mais on ne leur précise pas qu'ils subiront des tests de connaissance du vocabulaire. Après la lecture du passage, les sujets subissent un test sur le contenu de l'histoire qu'ils viennent de lire, sont interrogés sur leur connaissance des mots et sont soumis à un test de vocabulaire à choix de réponses multiple.

D'après les résultats du test et les réponses aux questions sur la connaissance des mots, Nagy *et al.* ont établi que la lecture a permis aux sujets d'acquérir nombre de mots nouveaux, mais aussi de découvrir dans une certaine mesure une partie du sens d'autres mots. Même si bon nombre de mots cibles (23/30) ne figuraient qu'une seule fois dans les textes, Nagy *et al.* ont constaté que "l'apprentissage à l'aide du contexte s'est bien matérialisé. Même si le résultat était faible en chiffres absolus, il était solide sur le plan de la statistique et très uniforme d'un type de texte à l'autre..." (p. 245).

À partir d'une analyse de leurs données et de celles d'une étude menée par Jenkins, Stein et Wysoki (1984), Nagy *et al.* ont estimé que la probabilité d'avoir une bonne idée du sens d'un mot à l'aide du contexte après une seule lecture (qui permet de donner une définition complète et précise) se situe entre ,05 (un sur vingt) et ,10 (un sur dix). Les chances d'avoir une idée partielle du sens d'un mot, qui permet de répondre correctement à un test à choix de réponses multiple, sont d'environ ,15 et les chances d'en avoir une vague idée sont d'environ ,20 (un sur cinq). Bien que ces chiffres semblent constituer de faibles probabilités, Nagy *et al.* soulignent que l'acquisition de mots à l'aide du contexte occupe une place importante lorsque nous considérons le nombre de mots en contexte que rencontre un lecteur — citant une recherche faite par Fielding, Wilson et Anderson (sous presse), Nagy *et al.* estiment que des élèves de cinquième année qui se trouvent dans des endroits où ils ont sous la main du matériel de lecture rencontrent près d'un million de mots écrits par année. De ce nombre, environ 30 sur 1 000 sont nouveaux (Anderson et Freebody, 1981). À partir de ces données, Nagy *et al.* ont calculé que les enfants apprennent environ trois mots sur les 1 000 nouveaux qu'ils rencontrent (un sur dix), et environ 3 000 mots par année (intervalle = 750 à 5 500, moyenne = 3 125) jusqu'à ce qu'ils aient atteint le niveau de compréhension de l'adulte. Ce chiffre correspond bien aux estimations relatives à l'enrichissement annuel du vocabulaire fournies par d'autres chercheurs et s'accorde donc avec l'hypothèse selon laquelle "l'apprentissage fortuit à partir du contexte écrit peut largement contribuer à l'enrichissement du vocabulaire d'un enfant au cours de ses années d'étude" (p. 250).[2]

Lorsque Nagy *et al.* comparent l'enseignement direct à l'apprentissage à partir du contexte, ils qualifient ce dernier de méthode "gagnante" (p. 251). Les programmes d'enseignement intensif du vocabulaire que décrivent McKeown, Beck, Omanson et Perfetti (1983) sont beaucoup moins efficaces. Nagy *et al.* ont établi que, dans ces programmes, un élève n'apprend que ,02 mot par minute d'enseignement. Par contre, dans leur étude, un lecteur apprenait ,25 mot à la minute.

Outre que l'acquisition du vocabulaire par la lecture est plus efficace, cette méthode permet, comme le soulignent Nagy *et al.,* de développer ses connaissances, d'acquérir d'autres aspects du langage (Krashen, 1985a), et est beaucoup plus agréable que les exercices! En fait, même si l'acquisition du vocabulaire par la lecture ne s'avérait pas plus efficace ou l'était moitié moins que l'enseignement direct, il vaudrait la peine, selon moi, de privilégier cette méthode : une heure de lecture quotidienne est certainement plus tolérable que trente minutes d'exercices!

L'étude de Nagy *et al.* confirme donc qu'un lecteur n'apprend pas les mots dès qu'il les voit en contexte; l'apprentissage se fait plutôt "petit à petit"; ces chercheurs croient également qu'un lecteur "apprend inévitablement du vocabulaire nouveau même en lisant une ou deux fois seulement des textes qui ne sont pas parmi les meilleurs" (p. 251). Ces affirmations laissent fortement croire que la lecture, même à une fréquence moyenne sur une longue période, est une façon extrêmement efficace d'enrichir son vocabulaire malgré des contextes qui laissent à désirer et le fait que les lecteurs ne tentent pas délibérément d'apprendre des mots nouveaux.

Étude sur *L'orange mécanique*

Une brillante expérience réalisée par Saragi, Nation et Meister (1978) témoigne sans contredit de notre capacité d'acquérir du vocabulaire par la lecture. Les chercheurs ont demandé à des adultes de lire le roman d'Anthony Burgess, *L'orange mécanique*. Cet ouvrage renferme 241 mots d'argot appelé *nadsat,* qui reviennent en moyenne quinze fois chacun (intervalle = 1 à 209). La version originale du roman comportait un glossaire, mais les sujets de l'étude de Saragi *et al.* ont lu le livre sans le glossaire. On leur a dit qu'après avoir lu le livre, ils subiraient un test de compréhension du texte et de critique littéraire. Ils prirent trois jours ou moins pour lire le livre, pendant leurs loisirs. Quelques jours plus tard, ils subirent un examen à choix de réponses multiple portant sur 90 mots nadsat.

Les résultats ont révélé un apprentissage fortuit de vocabulaire considérable. Les points variaient de 50% à 96%, la moyenne de réponses exactes se situant à 76% — les sujets avaient appris au moins 45 mots sans effort, simplement en lisant un roman! (On pourrait prétendre que ces chiffres ne représentent pas une juste estimation puisque le test portait seulement sur 90 des 241 mots nadsat. Par contre, il faudrait préciser que les mots choisis étaient plutôt ceux qui revenaient le plus fréquemment et que les résultats des tests à choix de réponses multiple surestiment le nombre de mots appris compte tenu de la possibilité de deviner la réponse et du fait que la connaissance partielle d'un mot peut suffire à éliminer les mauvaises réponses. Ce qui est clair, c'est qu'il y a eu acquisition importante de vocabulaire). Saragi *et al.* ont aussi remarqué un certain rapport entre la fréquence des répétitions et l'acquisition du vocabulaire, et estiment que ''le nombre minimal de répétitions des mots qu'on peut apprendre en lisant est d'environ dix'' (p. 76), chiffre qui correspond assez bien à l'estimation de Nagy, Herman et Anderson selon laquelle la probabilité qu'un lecteur apprenne le sens partiel d'un mot après une seule lecture (voir ci-dessus) est de ,15.

L'étendue du vocabulaire

Il s'agit en fait d'un argument contre l'enseignement direct du vocabulaire au moyen d'exercices particuliers. On affirme que les enfants connaissent un nombre considérable de mots et les apprennent à un rythme incroyable. Miller (1977) estime que les enfants de six à huit ans apprennent en moyenne 21 mots par jour (ou 14,5 mots racines)! Nagy, Herman et Anderson (1985) croient que les enfants d'âge scolaire apprennent environ 3 000 mots par année (seulement 8,2 mots par jour; voir plus loin). Ces érudits soutiennent que l'enseignement direct du vocabulaire ne peut être la source de cet enrichissement, puisque les programmes ne portent habituellement que sur quelques centaines de mots par année. Je ne connais encore aucune étude qui ait tenté d'estimer la richesse du vocabulaire des personnes qui apprennent une langue étrangère ou seconde — il est plausible, toutefois, que les personnes qui parlent une langue seconde à un niveau avancé connaissent aussi d'énormes quantités de mots.

La recherche sur le vocabulaire montre également que des enfants du même âge n'ont pas tous la même richesse de vocabulaire. M. Smith (1941) révèle que certains enfants de deuxième année possédaient plus de vocabulaire que d'autres de onzième année (p. 329 et 330). Selon lui, le nombre de mots élémentaires que connaissaient des élèves de première année variait de 5 500 à 32 000 comparativement à 28 200 et 73 200 pour des élèves de douzième année (p. 343)! D'autres chercheurs ont avancé des données plus conservatrices. Graves, Brunetti et Slater (1982), limitant leur analyse aux 50 442 mots les plus fréquents des manuels scolaires anglais, ont constaté une différence de 1 200 mots entre les élèves de deuxième et troisième années de la classe moyenne ou défavorisée. Ces chiffres indiquent clairement que certains enfants apprennent plus de vocabulaire que d'autres. Nagy et Herman indiquent que ''même une méthode ambitieuse et systématique d'apprentissage du vocabulaire ne couvrirait pas assez de mots pour permettre à un étudiant faible en vocabulaire de devenir moyen.'' (p. 17)

Réfutation de l'argument en faveur de l'étendue du vocabulaire

Beck et McKeown (1985) ont réagi à l'argument en faveur de l'étendue du vocabulaire (p. 13 de leur ouvrage). Ils conviennent qu'un nombre considérable de mots sont en cause, mais indiquent qu'il n'est pas nécessaire de tous les apprendre. Citant Nagy et Anderson (1984), ils font remarquer que des 88 500 familles de mots qui, selon ces derniers, figurent dans les manuels scolaires anglais (troisième à neuvième année), environ la moitié sont très rares. Beck et McKeown maintiennent que nous devons nous intéresser à 15 000 familles de mot seulement, soit celles qui apparaissent au moins une fois tous les dix millions de mots dans un texte. Les élèves de troisième année connaissent sans doute déjà 7 000 de ces 15 000 familles de mots puisqu'elles reviennent souvent. Il ne reste ainsi que 8 000 familles de mots à enseigner de la troisième à la neuvième année. Un programme d'enseignement direct du vocabulaire tel celui qu'ont élaboré Beck et McKeown permet de faire apprendre environ 400 mots par année et pourrait ainsi aider les enfants à acquérir 40% du vocabulaire dont ils ont besoin.

Cette analyse pose deux problèmes. Premièrement, Nagy et Anderson soulignent qu'il y a des mots très importants parmi ceux qui n'apparaissent pas fréquemment. Au nombre des mots utilisés moins d'une fois tous les cents millions de mots, il y a : "assimilate," "amnesty," "fluent," "furor," et "liturgy;" parmi ceux qui apparaissent moins de trois fois tous les milliards de mots (!), citons : "billfold," "eminate," "pidgin," et "ventilate" (voir p. 320 et 321). Deuxièmement, même si le nombre de mots auquel nous devons nous arrêter est aussi faible que le prétendent Beck et McKeown, les calculs de Herman et Anderson prouvent que l'acquisition fortuite de mots de vocabulaire par la lecture demeure une méthode supérieure. Nagy et Herman (1985), travaillant avec l'estimation conservatrice que la chance d'apprendre la signification complète d'un mot après l'avoir rencontré une fois n'est que d'une sur vingt ou ,05 (voir plus haut), estiment que vingt-cinq minutes de lecture libre par jour permettraient d'acquérir entre 750 et 1500 mots de vocabulaire nouveaux en un an. Si les calculs de ces chercheurs sont exacts, cela signifie qu'une courte période de lecture silencieuse continue permet d'acquérir plus de vocabulaire que la méthode d'enseignement intensif. On utilise mieux son temps à lire pour le plaisir qu'à faire des exercices de vocabulaire.

Thorndike (1937) et Twadell (1973) apportent un argument similaire. Remarquant que certains mots très courants apparaissent relativement peu souvent (p. ex. "reach" est utilisé une fois tous les 9 958 mots, "guess," une fois tous les 18 111 mots), Twadell conclut que "les heures d'enseignement" et de travail à la maison ne suffisent absolument pas à fournir aux élèves les connaissances adéquates en vocabulaire" (p. 70).[4] Pour que des lecteurs rencontrent dix fois le mot "guess," par exemple, une lecture d'environ 180 000 mots s'impose, ce qui est impossible si la lecture se limite à de courts textes choisis, comme c'est habituellement le cas dans de nombreux devoirs donnés en enseignement des disciplines linguistiques et des langues étrangères, mais bien facile si la lecture libre d'un sujet intéressant fait partie du programme.

Fréquence des lectures :
Lecture silencieuse continue et lecture de son choix

D'autres preuves à l'appui de l'hypothèse selon laquelle la lecture est la meilleure source d'enrichissement du vocabulaire nous viennent d'études des programmes de lecture libre. Dans les programmes de lecture silencieuse continue et de lecture de son choix, les enfants sont activement encouragés à faire de la lecture libre et l'école prévoit une période à cette fin. Dans le premier cas, c'est une partie du cours d'anglais régulier qui est utilisée (habituellement dix à trente minutes), et les enfants n'ont pas à rendre compte de leur lecture : aucun rapport de lecture ni questions de compréhension de texte. Les programmes de lecture de son choix sont semblables, mais comportent habituellement un bref échange élève-professeur, qui peut être consacré au développement des automatismes, ou une discussion sur ce que l'enfant a lu. Dans les deux programmes, les enfants choisissent leurs lectures.

Dans une étude antérieure (Krashen 1985a) j'ai indiqué que les programmes de lecture silencieuse continue et de lecture de son choix en vigueur pendant au moins une année scolaire permettaient logiquement de développer les habiletés linguistiques. J'ai trouvé sept études à long terme sur ces deux programmes, dans lesquelles on mesurait l'enrichissement du vocabulaire : dans six de ces études, les enfants qui avaient participé aux programmes de lecture libre avaient appris un plus grand nombre de mots de vocabulaire. Certaines de ces études utilisaient des groupes témoins qui ne faisaient pas de lecture libre, mais suivaient les cours de langue réguliers (Schon, Hopkins et David 1982, Schon, Hopkins et Vojir 1985, Jenkins 1957) tandis que d'autres recouraient aux normes publiées à titre de comparaison (Carson 1957, Dickenson 1959, Largent 1959).[5]

Dans les deux études de Schon *et al.,* les élèves lisaient en espagnol, leur langue maternelle. En plus d'acquérir du vocabulaire en espagnol, ils en ont acquis en anglais autant que les élèves du groupe témoin, ce qui prouve qu'on peut améliorer son vocabulaire dans sa langue maternelle sans nuire à la langue seconde.[6,7,8]

Guthrie (1981) prouve apparemment le contraire. Il a constaté que la façon de lire dans trois pays (Nouvelle-Zélande, États-Unis et Iran) était "étroitement liée" au volume de lectures qui se faisaient dans ces pays; les élèves des pays où on lisait davantage lisaient mieux. Cependant, il n'existe pas de rapport clair entre la connaissance du vocabulaire et l'abondance des lectures; en fait, c'est dans le pays où on lisait le moins (Iran) que les jeunes de quatorze ans qui ont fait l'objet de ce rapport ont obtenu les notes les plus élevées en vocabulaire. On peut toutefois avoir certains doutes quant à la comparabilité des tests de vocabulaire utilisés dans des langues différentes — la version anglaise était peut-être plus difficile que les autres versions (voir Thorndike 1973, p. 31). Les comparaisons entre des élèves de langue anglaise ne sont pas incompatibles avec l'hypothèse voulant que la lecture améliore le vocabulaire; d'après le rapport, la Nouvelle-Zélande avait un volume de lectures plus élevé que les États-Unis et les résultats des tests de vocabulaire en Nouvelle-Zélande étaient soit égaux (chez les quatorze ans), soit supérieurs (chez les dix-huit ans) à ceux des États-Unis.

Résultats des tests de vocabulaire :

14 ans		18 ans		Volume de lectures
Iran	19,6	Nouvelle-Zélande	24,7	1. Nouvelle-Zélande
Nouvelle-Zélande	16,8	Iran	23,4	2. États-Unis
États-Unis	16,8	États-Unis	13,7	3. Iran

(Résultats des tests de vocabulaire fournis par Thorndike, 1973; Volume de lectures établi par Guthrie, 1981)

Applications
Lectures faciles

Tous les types de lecture aident-ils à l'acquisition du vocabulaire? Si les étudiants ne lisent que ce qu'ils aiment, s'en tiendront-ils à la lecture facile et plafonneront-ils tôt en ce qui touche le développement de leur vocabulaire? Arrêtons-nous d'abord à la possibilité que ce que nous considérons comme de la lecture facile ne soit pas si facile après tout, et comporte énormément de vocabulaire. À ma connaissance, le seul type de lecture facile qui a fait l'objet d'études est la bande dessinée en anglais. Des données empiriques nous viennent de R.L. Thorndike (1941) qui a tenté d'évaluer la difficulté que posait la lecture de textes de bandes dessinées au moyen de la formule de Lorge, appliquée à 300 mots échantillonnés. Voici les résultats :

Superman n° 11 (p.3)	6,6
Superman n° 11 (p. 23)	5,7
Action Comics n° 42 (p. 11) (Superman)	7,4
Action Comics n° 41 (p. 23) (Black Pirate)	6,2
Action Comics n° 41 (p. 36) (Mr. America)	5,5
Batman n° 8 (p. 4)	5,9
Detective Comics n° 53 (p. 6) (Batman)	5,2
Detective Comics n° 56 (p. 21) (Crimson Avenger)	6,0
Detective Comics n° 57 (p. 42) (Speed Saunders)	5,1

À une exception près, ces lectures correspondent, selon la formule, au degré de difficulté des élèves de cinquième ou sixième année ... Elles conviennent en moyenne à des enfants de onze ou douze ans, et aux enfants lents un peu plus âgés. On peut conclure que lire ces livres sans regarder les images constitue une tâche assez onéreuse pour un bon nombre de leurs amateurs... (p. 112)[9]

Les données de Thorndike remontent à 1941. Certaines bandes dessinées plus récentes sont au moins de ce niveau. Prenons cet exemple tiré de *Fantastic Four* de Marvel.[10] Dans cette scène, le protagoniste Reed Richards (M. Fantastic) explique à sa femme Sue Richards (la femme invisible) les méthodes du vilain Psycho-Man :

Psycho-Man dispose d'innombrables techniques ma chérie, mais il les a toujours utilisées à une seule fin : jouer avec les émotions. Tout ce qu'il fait vise à faire naître des stimuli émotionnels contradictoires et embrouillants chez ses futures victimes.'' *(The Fantastic Four, n° 283, 1985, p. 21)*

Dans *Secret Wars* n° 1 de Marvel, plusieurs super-héros se demandent comment ils se sont retrouvés sur une autre planète :

Capitaine Marvel : Comment sommes-nous arrivés ici? Enfin, il y a une minute, nous étions en train de quitter cet immense truc à Central Park et, tout à coup "pouf," le bout du monde.

M. Fantastic : Je n'en sais pas plus que vous, capitaine Marvel — ce dispositif semble avoir causé une dissociation des particules subatomiques qui nous a réduits à notre entrée en une matière primaire, qui a été emmagasinée jusqu'à ce que nous soyons téléportés ici, à ces coordonnées pré-établies dans l'espace, où nous avons été reconstitués dans un milieu de vie autodynamique!

L'incroyable Hulk : C'est évident, Richards!

(Secret Wars, n° 1, p. 2)

Les bandes dessinées dans d'autres langues sont souvent très compliquées. Voir, par exemple, la série réputée des *Thorgal* éditée par Lombard.

La question qu'on doit se poser au sujet de la lecture facile est donc la suivante: dans quelle mesure s'agit-il de lecture facile? Il se peut que ce que nous considérons comme de la lecture facile permette d'acquérir beaucoup de vocabulaire, mais du vocabulaire quelque peu ésotérique correspondant aux domaines d'intérêt particuliers du lecteur, qui peut être exclu des tests normalisés (voir renvoi 5). La recherche pourrait aussi prouver d'un autre côté que passé un certain point, la lecture facile ne sert plus à enrichir le vocabulaire de façon importante. Les fervents des exercices réagiront certainement à cette conclusion en recommandant des programmes. Ce que je constate de plus en plus, c'est l'accroissement graduel de la lecture de livres de son choix recommandés par les professeurs et les amis (voir Manning et Manning 1984, qui prouvent que les suggestions des amis aident vraiment).

Pédagogie

Comme Frank Smith l'a fait remarquer, nous avons confondu la cause et l'effet dans l'enseignement de la langue : on ne commence pas par apprendre du vocabulaire pour pouvoir lire ensuite. On acquiert plutôt du vocabulaire par la lecture. Les professeurs de langue portent, à mon avis, un intérêt intuitif à l'argument de la lecture — peu d'entre eux nieront que la lecture est une source importante d'enrichissement du vocabulaire. Cependant, on se comporte comme si tel n'était pas le cas. Dans les programmes des disciplines linguistiques, on réalise dans une certaine mesure l'importance de la lecture. Dans de nombreux programmes, la lecture est "équilibrée" par des exercices; il s'agit là bien sûr d'une amélioration, mais qui ne va pas assez loin. Ces programmes reposent sur l'idée que la lecture libre n'est valable que parce qu'elle constitue un exercice supplémentaire qui permet de "renforcer les compétences." Ce n'est pas mon avis.

Dans les premiers cours de langues étrangères, on enseigne encore souvent du vocabulaire à l'aide de listes de mots que les étudiants apprennent avant de lire leur partie de texte. Ces passages sont habituellement courts et pleins de règles grammaticales et de mots nouveaux, ce qui élimine presque entièrement le plaisir de lire. (Il est assez curieux de constater que les exercices de vocabulaire et les listes de mots sont rarement utilisés dans les cours de littérature en langues étrangères — l'hypothèse selon laquelle la lecture enrichit le vocabulaire semble ici acceptée! Qui plus est, les programmes de lectures de son choix ne font jamais partie, à ma connaissance, des cours de langue seconde à quelque niveau que ce soit).

Quelques recommandations

Mes recommandations sont simples. Les étudiants en langue de tous niveaux doivent lire un nombre considérable de textes intéressants et compréhensibles — en l'absence de tels textes, il faudrait s'efforcer de s'en procurer plutôt que de les remplacer par des programmes d'exercices. Dans l'enseignement des langues étrangères, les textes doivent être intéressants et compréhensibles, mais il n'est pas nécessaire qu'ils soient toujours "authentiques," c'est-à-dire rédigés par un auteur dans sa langue maternelle pour des lecteurs de même langue maternelle.[11] Des techniques telles que la lecture à haute voix faite aux étudiants (voir renvoi 7), celle basée sur le langage usuel de l'enfant et le recours judicieux aux "lecteurs" peuvent amener les débutants à comprendre suffisamment et à éprouver du plaisir à lire véritablement pour eux-mêmes.

D'innombrables lectures divertissantes dans le domaine d'intérêt de chaque étudiant peuvent, ironiquement, être la meilleure façon de préparer des étudiants en langues étrangères à l'étude sérieuse de la littérature (Krashen, 1985b). Twadell (1973) fait remarquer que "... parfois, il faut tout comprendre, et prendre le temps nécessaire pour y arriver" (p. 77), notamment lorsque les étudiants doivent connaître chaque mot d'un passage pour en faire une interprétation précise. Cela se produit souvent à la lecture de grands ouvrages de littérature (et d'ouvrages techniques). Mais la lecture divertissante est une excellente préparation pour ce genre de lecture intensive — de nombreuses lectures à "risque faible" que les étudiants n'ont pas à résumer, dans lesquelles ils peuvent sauter des mots sans craindre de mériter de mauvaises notes" contribueront sûrement à développer le vocabulaire et la compétence générale de la langue qui faciliteront ensuite la lecture des oeuvres classiques. Comme le dit Thorndike (1934) :

> Lorsqu'on peut développer son vocabulaire presque autant en lisant une grande oeuvre littéraire qu'un ouvrage ordinaire, on devrait bien sûr opter pour la première solution. Mais une personne doit pourtant posséder suffisamment de vocabulaire pour apprécier de grandes oeuvres littéraires (p. 7).

Le problème vient de ce qu'il n'est pas toujours possible d'avoir suffisamment de bons ouvrages que puisse comprendre le lecteur moins avancé (Thorndike, 1934, p. 6). De nombreuses lectures, même "faciles," permettront en fin de compte à l'étudiant de lire et d'apprécier les oeuvres classiques sans éprouver trop de problèmes linguistiques (voir aussi Krashen 1985b: 77 à 79).

Plus les étudiants lisent, plus ils développent leur vocabulaire — plus ils connaissent de mots, plus ils comprennent les textes et apprennent ainsi d'autres mots : "plus votre capital est grand, plus vite vous pouvez l'augmenter — qu'il s'agisse de mots ou de biens matériels" (Smith 1982; 163).

Tests de connaissance du vocabulaire

Dans ce document, j'ai présenté des arguments contre l'enseignement délibéré du vocabulaire et soutenu que nous devrions plutôt nous efforcer d'aider les étudiants à se faire un programme de lecture personnel. Si mes arguments sont justes, l'enseignement direct peut même nuire au développement du vocabulaire, puisqu'il consume temps et efforts — le temps consacré aux exercices pourrait être mieux utilisé au profit de la lecture libre. Ensuite, pour reprendre l'opinion exprimée maintes fois par Frank Smith (voir p. ex. Smith 1982), les exercices donnent aux étudiants une idée fausse de ce qu'est le développement de l'érudition et du langage. Sternfeld (1985) a vigoureusement soutenu qu'un objectif important en enseignement des langues est de renseigner les étudiants sur le processus d'acquisition d'une langue de façon qu'ils puissent poursuivre eux-mêmes leur perfectionnement. Les exercices de vocabulaire feront croire à tort aux étudiants qu'ils ne pourront continuer à élargir leur vocabulaire qu'à l'aide de cahiers d'exercices, de cartes-questionnaires et autres outils du genre.

Pour des raisons similaires, je m'oppose aux tests de connaissance du vocabulaire. J'ai déjà indiqué (Krashen 1982) que les étudiants étudient en fonction des examens et que les professeurs enseignent en fonction des examens, et que rien ni personne sur terre n'arrivera à changer cela. Donc, si nous recourons aux tests de connaissance du vocabulaire, les étudiants apprendront des listes de mots et les professeurs seront tentés de donner des exercices de vocabulaire. (Citons, à titre d'exemple, la pléthore de cahiers d'exercices portant sur le vocabulaire qu'on trouve en librairie et que doivent préparer les étudiants aux examens du genre test d'habileté scolaire). Si nous voulons faire subir des tests, que ce soit des tests qui favorisent davantage la lecture et les "apports compréhensibles" (pour avoir des suggestions, consulter Krashen 1982). Les tests de connaissance du vocabulaire ont pour effet de nuire au développement du vocabulaire puisqu'ils entraînent les professeurs et les étudiants dans la mauvaise direction.

Notes

1. Le processus d'acquisition du vocabulaire à partir du contexte peut se faire ainsi (selon Goodman 1967, Smith 1982) : nous rencontrons un mot nouveau qui semble jouer un rôle dans le sens général d'un texte, mot que nous ne pouvons sauter (voir le renvoi suivant). D'après ce que nous avons déjà lu du texte, nos connaissances du sujet et, peut-être, notre connaissance de mots apparentés, nous devinons le sens du mot ou, du moins, un certain aspect ou élément de son sens. Nous continuons alors de lire le texte. Si nous en comprenons le sens, c'est que nous avons bien deviné le sens du mot. Sinon, nous faisons une autre supposition. Chaque supposition juste nous permet de mieux comprendre le sens du mot. Twadell (1973) souligne que le bon lecteur (et celui qui sait écouter) a appris à tolérer une certaine imprécision qui diminue peu à peu au fil des lectures et des occurrences d'un mot. Comme le fait remarquer Twadell, "nous pouvons souvent "connaître" un très grand nombre de mots à divers degrés de précision — mots qui font partie d'une zone grise entre l'ignorance complète et la connaissance parfaite" (p. 73).

2. Duffelmeyer (1985) commente l'étude de Nagy, Herman et Anderson et souligne que leurs calculs ne tiennent pas compte des effets possibles de l'oubli des mots — il suppose qu'un lecteur oublie un mot chaque fois qu'il en apprend neuf. Il laisse entendre que le développement du vocabulaire chez les enfants peut, outre la lecture, être attribuable à l'apport verbal qui peut compenser les effets de l'oubli. Par contre, même si Nagy et Anderson (1984) croient que la langue parlée joue un rôle important, ils sont d'avis "qu'elle renferme habituellement une proportion moindre de difficultés ou de mots rares que la langue écrite" (p. 327) — selon eux, la langue écrite est la principale source de vocabulaire à partir de la troisième année environ. L'apport de la langue parlée reste une question empirique, mais les résultats de Liberman (Liberman, 1983) appuient la position de Nagy et Anderson. Liberman a analysé la grammaire et le vocabulaire de huit émissions de télévision réputées au moment de la rédaction de son article *(Mork and Mindy, Mash,* etc.) — son analyse lui a permis de relever au total moins de 4 000 mots différents. Ce chiffre semble appuyer l'opinion voulant que ces types d'émissions ne soient pas riches en vocabulaire, mais il faudrait faire des comparaisons avec la lecture.

3. Sachs (1943) a fait trois études qui toutes, selon lui, montrent que les étudiants de niveau collégial "possèdent la faculté étonnante de ne pas apprendre de mots d'après le contexte" (p. 462) :
   1. Quatre cent seize étudiants de niveau collégial ont subi un test à choix de réponses multiple qui portait sur vingt-cinq mots figurant dans des textes et "sept romans courants" lus dans des collèges locaux. Sachs a signalé que nombre d'étudiants n'avaient pas appris certains mots qui apparaissaient assez fréquemment. Le mot *"impious,"* par exemple, revenait 83 fois dans les sept romans, mais plus de la moitié des étudiants n'en ont pas découvert le sens.
   2. Des étudiants du collégial ont lu un essai de onze pages intitulé *"The Luxury of Integrity"* dans lequel le mot *"integrity"* revenait 13 fois. Sachs a indiqué que seuls 13 des 69 sujets ont pu donner une définition acceptable du mot *"integrity"* après la lecture de l'essai, même avec le "système de notation laxiste" de Sachs.
   3. Sachs a fait subir un test à 112 étudiants sur quatre mots qui revenaient fréquemment dans leur lecture obligatoire (de 24 à 48 fois), à savoir : *"ethics," "axiom," "cosmos"* et *"synthesis."* Selon Sachs, les résultats ont été déplorables; c'est le mot *"axiom"* qui a remporté la palme; 48% des étudiants l'ont choisi dans le test à choix de réponses multiple, et 34% ont pu en donner une définition. Les résultats pour les autres mots ont été les suivants :

Pourcentage des sujets ayant pu le définir :

Mot	Test à choix de réponses multiple	Définition donnée
"cosmos"	28%	24%
"ethics"	34%	30%
"synthesis"	39%	36%

   Plusieurs raisons expliquent ce résultat. D'abord, il importe de noter que, dans la plupart des cas, ces mots finissent par être appris non au moyen d'exercices, mais par la lecture. Ensuite, il s'agissait d'une lecture obligatoire et non d'une lecture de son choix. Il se peut qu'un bon nombre d'étudiants n'aient pas lu le texte et, dans le cas contraire, ne l'aient pas pris au sérieux. Enfin, un test qui tient compte de la signification partielle, comme les mesures utilisées par Nagy, Herman et Anderson (1984), aurait pu révéler une connaissance beaucoup plus vaste du vocabulaire.

4. Dans le même ordre d'idée, Thorndike (1937) conclut, après un examen du vocabulaire rencontré dans les livres pour enfants de la troisième à la huitième année : "Un corollaire au problème de l'étendue du vocabulaire et de la rareté des mots est qu'un élève doit lire beaucoup pour rencontrer un nombre suffisant de fois des mots qui ne font pas partie des six ou sept mille mots du vocabulaire de base. Un enfant qui lit un livre par semaine rencontre un mot qui fait partie de la moitié rare du vocabulaire des livres pour jeunes environ une fois par année" (p. 418). Thorndike est d'avis qu'une partie du vocabulaire acquis l'est par l'étude du contenu, mais il croit également que "la solution pratique consiste à fournir ... des livres intéressants adaptés aux divers degrés de connaissance des mots ..." (p. 418).

5. Kingsley (1958) a obtenu des résultats moins impressionnants, mais a remarqué que certains lecteurs avaient obtenu de bons résultats aux tests de compréhension de lecture : "Au début, les résultats des tests de connaissance du vocabulaire me laissaient perplexe. Comment les enfants avaient-ils pu progresser pendant douze mois sur le plan de la compréhension sans en faire autant sur le plan du vocabulaire? Je me suis alors rendu compte que le test était fondé sur un vocabulaire déterminé, semblable à celui des séries de texte de base. S'il avait été possible d'utiliser une liste de vocabulaire général ou d'adulte, je crois que les résultats auraient pu être bien différents" (p. 117).

6. Dans une étude qui n'est pas décrite ici, Schon, Hopkins et Vojir (1984) ont observé l'effet de la lecture silencieuse continue en langue maternelle sur des élèves bilingues du secondaire. Le test n'a pas porté sur le vocabulaire espagnol. Aucune différence n'a été constatée dans le développement du vocabulaire anglais. Les professeurs des groupes expérimentaux de cette étude ont cependant indiqué que les hispanophones nés aux États-Unis "n'étaient pas intéressés à lire en espagnol et utilisaient rarement, voire jamais, le matériel de lecture en espagnol qu'on leur avait expressément remis..." (p. 36) Les hispanophones nés au Mexique, par contre, étaient avides de lire en espagnol.

7. Une seule étude expérimentale, à ma connaissance, s'est intéressée directement à l'effet, sur le développement du vocabulaire, de la lecture à haute voix faite aux enfants. Cohen (1968) rapporte que des professeurs faisaient la lecture à haute voix à un groupe expérimental d'élèves "désavantagés" de deuxième année "tous les jours de l'année scolaire" (p. 211). "Au début, lorsque les professeurs leur faisaient la lecture, les enfants avaient absolument besoin des illustrations et d'explications pour comprendre le sens des mots nouveaux" (p. 914). Cependant, à la fin, "les enfants pouvaient écouter des histoires où la structure et la longueur des phrases étaient un peu plus compliquées que dans les premiers livres d'images et où les illustrations étaient légèrement moins nombreuses. On leur lisait des livres où les auteurs utilisaient des mots pour préciser le sens d'autres mots" (p. 914). (On trouvera des exemples de textes utilisés dans cette étude dans l'introduction de cet article).

Les enfants du groupe expérimental ont obtenu des résultats supérieurs à ceux du groupe témoin (à qui on faisait moins souvent la lecture, et seulement en guise de récompense) à la suite de deux tests de connaissance du vocabulaire : un test type de mesure du vocabulaire *(Metropolitan Reading Achievement Test),* et un test de vocabulaire fondé sur "l'association libre" où les enfants devaient écrire autant de mots qu'ils pouvaient se rappeler en vingt minutes. Les enfants à qui on avait fait la lecture régulièrement ont écrit plus de mots que les autres, et des mots moins courants et moins connus. Cohen conclut que "les jeunes enfants semblent apprendre davantage ... de vocabulaire dans un contexte émotionnel et intellectuel." (p. 213)

8. Draper et Moeller (1971) décrivent un système d'enseignement direct du vocabulaire consistant en trois cours de trente minutes par semaine diffusés sur les ondes de la radio de l'école aux élèves du primaire. Chaque cours portait sur vingt mots, soit 1 800 mots à la fin de l'année scolaire. Draper et Moeller rapportent que les élèves qui ont été inondés par cette "pluie de mots" (p. 484) ont obtenu de meilleurs résultats que prévu aux tests de vocabulaire, de lecture et d'épellation. Les chiffres de Nagy et Herman indiquent toutefois que les élèves auraient mieux fait de consacrer leur temps à la lecture libre. Le tableau ci-dessous présente les chiffres de Draper et Moeller correspondant aux gains en vocabulaire réalisés au moyen du système susmentionné.

Gains (en mois)	4e année	5e année	6e année
Prévus	6	6	7
Réels	9	9	12

Les enfants ont dépassé les gains "prévus" (d'après le rythme d'apprentissage antérieur, p. 483), mais comparons ces chiffres à ceux des programmes de lecture de son choix :

Étude	Année	Gains au cours de l'année scolaire
Jenkins (1957)	2e	19,6
Carson (1957)	2e	13
Dickenson (1959)	4e	15

| Kingsley (1958) | 6ᵉ | 6,5 |
| Largent (1959) | 3ᵉ | 11 |

9. Thorndike a également signalé que très peu de mots de vocabulaire des bandes dessinées sont "inacceptables"; seulement 649 mots des 41 000 que renfermaient les quatre bandes dessinées ne figuraient pas dans son ouvrage intitulé *Teacher's Word Book of 20 000 words;* pas plus de dix pour cent de ces mots étaient de l'argot "vulgaire" (par exemple "awk," "betcha," "conk"). Ces chiffres sous-estiment le nombre de mots d'argot dans les bandes dessinées, souligne Thorndike, puisque de nombreux mots courants ont un autre sens en argot (p. ex. "rod," "joint," etc.); "cependant, malgré l'utilisation de ces mots, on n'a pas l'impression que le magazine qui renferme ces bandes dessinées contient beaucoup de mots d'argots" (p. 112).

10. N.D.L.T. Les éditions Héritage ont traduit ces bandes dessinées sous le titre de *Les Fabuleux "Fantastic Four."*

11. On affirme souvent que les étudiants de niveau débutant ne sont pas capables de comprendre un texte tout à fait authentique. Steven Sternfeld (communication personnelle) a indiqué que ce n'est pas toujours le cas des adultes qui commencent à apprendre une langue étrangère; ses étudiants de niveau débutant en espagnol, à l'université, arrivaient toujours à saisir le sens de certains articles de quotidiens, grâce à leur connaissance des événements et de mots apparentés. Sternfeld souligne que le fait de suivre des histoires intéressantes, où revient le même vocabulaire, devrait être un moyen idéal d'acquérir la compétence d'une langue étrangère.

12. Ironiquement, sauter des mots est une excellente façon d'enrichir son vocabulaire. En sautant des mots accessoires, nous lisons davantage et apprenons d'autres mots. Si nous nous interrompons pour chercher chaque mot nouveau, nous lisons moins et acquérons moins de vocabulaire. Je connais personnellement des gens qui se refusent à lire dans d'autres langues parce qu'ils croient à tort qu'ils ne doivent jamais sauter les mots qu'ils ne connaissent pas, et qui ont horreur d'en chercher le sens!

Références

Anderson, E. et B. Hughes and Dixon, W.D. 1957. "The rate of reading development and its relation to age of learning to read, sex, and intelligence" *Journal of Educational Research* 50: 481-494.

Anderson, R. et P. Freebody. 1985. "Vocabulary knowledge" dans Singer, H. et R. Ruddell. réds., *Theoretical Models and Processes of Reading* Newark: International Reading Association, pp. 343-371.

Beck, I. et M. McKeown. 1985. "Teaching vocabulary: Making the instruction fit the goal," *Educational Perspectives* 23:11-15.

Burgess, A. 1972. *A Clockwork Orange.* Middlesex: Penguin.

Carroll, B. et P. Drum. 1983. "Definitional gains for explicit and implicit context clues," dans Niles, J. et L. Harris. réds., 32nd Yearbook, National Reading Conference, pp. 158-162.

Carson, L. 1957. "Moving toward individualization — a second grade program," *Elementary English* 34: 362-366.

Cohen, D. 1968. "The effect of literature on vocabulary and reading achievement," *Elementary English* 45: 209-213, 217.

Cohen, D. 1969. "Word meaning and the literary experience in early childhood," *Elementary English* 46: 914-925.

Dickenson, M. 1959. "Through self-selection to individualizing reading procedures," *California Journal of Elementary Education* 27: 150-177.

Draper, A. et G. Moeller. 1971. "We think with words (therefore, to improve thinking, teach vocabulary)," *Phi Delta Kappan* 52: 482-484.

Elivian, J. 1938. "Word perception and word meaning in silent reading in the intermediate grades," *Education* 59: 51-56.

Gibbons, H. 1940. "The ability of college freshmen to construct the meaning of a strange word from the context in which it appears," *Journal of Experimental Education* 9: 29-33.

Goodman, K. 1967. "Reading: a psycholinguistic guessing game," *Journal of the Reading Specialist* 6: 126-137. Publié dans

K. Goodman. 1982. *Language and Literacy* volume 1. Boston: Routledge and Kegan Paul, pp. 33-43.

Guthrie, J. 1981. "Reading in New Zealand: Achievement and volume," *Reading Research Quarterly* 17: 6-27.

Jenkins, M. 1957. "Self-selection in reading," *The Reading Teacher* 10: 84-90.

Kingsley, M. 1958. "An experiment in individualized reading," *Elementary English* 35: 113-118.

Krashen, S. 1985a. *Inquiries and Insights.* Haywood, Ca.: Alemany Press.

Krashen, S. 1985b. *The Input Hypothesis: Issues and Implications.* New York: Longman.

Largent, M. 1959. "My third graders are eager readers," *NEA Journal* 48: 64-65.

Liberman, M. 1983. "The verbal language of television," *Journal of Reading* 26: 602-609.

Manning, G. et M. Manning. 1984. "What models of recreational reading make a difference?" *Reading World* May, 1984: 375-380.

Na, L. et P. Nation. 1985. "Factors affecting guessing vocabulary in context," *RELC Journal* 16: 33-42.

Nagy, W. et R. Anderson. 1984. "The number of words in printed school English," *Reading Research Quarterly* 19: 304-330.

Nagy, W., P. Herman et R. Anderson. 1985. "Learning words from context," *Reading Research Quarterly* 20: 233-253.

Oller, J.W., Jr. 1979. *Language Tests at School.* London: Longman.

Oller, J.W. Jr. et F. Hinofotis. 1980. "Two mutually exclusive hypotheses about second language ability: indivisible or partially divisible competence?" dans Oller, J.W. Jr. et K. Perkins. réds. *Research in Language Testing,* Rowley, Ma.: Newbury House. pp. 13-23.

Rankin, E. et B. Overholser. 1969. "Reactions of intermediate grade children to contextual clues," *Journal of Reading Behavior* 2: 50-73.

Sachs, H. 1943. "The reading method of acquiring vocabulary," *Journal of Educational Research* 36: 457-464.

Saragi, T., P. Nation et G. Meister. 1978. "Vocabulary learning and reading," *System* 6: 70-78.

Schon, I., K. Hopkins et W.A. Davis. 1982. "The effects of books in Spanish and free reading time on Hispanic students" reading abilities and attitudes," *NABE Journal* 7: 13-20.

Schon, I., K. Hopkins et C. Vojir. 1984. "The effects of Spanish reading emphasis on the English and Spanish reading abilities of Hispanic high school students" *Bilingual Review* 11: 33-39.

Schon, I., K. Hopkins et C. Vojir. 1985. "The effects of special reading time in Spanish on the reading abilities and attitudes of Hispanic junior high school students," *Journal of Psycholinguistic Research* 14: 57-65.

Smith, F. 1982. *Understanding Reading.* New York: Holt Rinehart Winston.

Sternfeld, S. 1985. Foreign language education and the psychosocial variables of adult second language acquisition. Ph.D. Dissertation, University of Southern California, School of Education.

Thorndike, E. 1937. "The vocabulary of books for children in grades 3 to 8," *Teachers College Record* 38: 416-426.

Thorndike, R. 1941. "Words and the comics," *Journal of Experimental Education.* 10: 110-113.

Thorndike, R. 1973. *Reading Comprehension Education in Fifteen Countries.* New York: Halsted Press.

Twadell, F. 1973. "Vocabulary expansion in the TESOL classroom," *TESOL Quarterly* 7: 61-78.

Monique Duplantie et Michael Massey

18 Proposition pour une pédagogie de l'écoute des documents authentiques oraux en classe de langue seconde

L'avènement de l'approche communicative en didactique des langues, en remettant en question les principes de l'enseignement issus de certaines interprétations de la linguistique structurale, a permis du coup l'explosion du cadre pédagogique trop étroit dans lequel nous étions enfermés depuis bon nombre d'années. Nous pensons ici aux fameux "moments" de la classe de langue qui ont fait les beaux jours des méthodes audio-orales ou structuro-globales et auxquels il nous faut maintenant renoncer (Terrell 1977, Edge et Samuda 1980, Coianiz 1982.) Depuis, les nouvelles propositions pour une démarche pédagogique concrète sont parcellaires et lentes à venir. Il faut dire que l'expérience passée qui a conduit à un certain dogmatisme en enseignement des langues nous a appris la prudence en ce domaine. Il faut ajouter également que les résultats des recherches sur les langues et l'apprentissage des langues en général, maternelle ou seconde, nous arrivent de toutes parts, sont parfois contradictoires, souvent embryonnaires, et presque toujours trop difficiles à appliquer (Stern et Cummins 1981, Brumfit 1982, Widdowson 1983.) Cependant, notre métier qui consiste à enseigner les langues, quelle que soit la place exacte que nous occupions dans le domaine, nous oblige à réagir. Il devient donc urgent de trouver des cadres de travail qui faciliteront et la tâche de l'enseignant et celle de l'apprenant.

C'est dans cet esprit que nous nous proposons d'examiner un aspect de l'enseignement/apprentissage des langues, la compréhension orale, ou mieux, l'écoute, et d'en esquisser un cadre pédagogique approprié, dans la perspective des nouvelles orientations.

Compréhension orale ou écoute?

Telle que pratiquée dans les approches structurales, la compréhension orale est perçue, d'une part, comme une phase passive au service de la production orale, c'est-à-dire la répétition du modèle entendu. Dans ce sens, la notion se confond avec celle de compréhension auditive qui, elle, est axée sur les perceptions phonétiques, sons et rythmes. D'autre part, elle consiste en une vérification de la compréhension de mots ou de structures et se déroule toujours de la même façon.

"Proposition pour une pédagogie de l'écoute des documents authentiques oraux en classe de langue seconde," tiré de *Études de linguistique appliquée*, 56(1984): 48-59. Reproduit ici avec la permission du rédacteur.

Exemple:	*(professeur)*	élicitation	— Qu'est-ce que c'est?
	(élève)	réponse	— C'est un sac.
	(professeur)	réaction	— Oui, c'est un sac.
		(évaluation ou renforcement)	

Ce sont d'ailleurs les recherches menées sur les échanges verbaux entre professeurs et élèves dans la classe de langue qui nous ont révélé la nature de ces échanges et qui ont conduit à une interrogation sérieuse sur la place de la communication en classe (Sinclair et Coulthard 1975, 1977, Fanselow 1977.) Les observations de Fanselow sur les types d'interactions verbales en classe de langue ont clairement montré que ces dernières ont très peu à voir avec les interactions que l'on peut observer en milieu naturel. En effet, il ne fait aucun doute que l'écart est immense si la description qui a été faite ci-dessus du type d'interventions qui semblent se produire en classe est réaliste.

Dans le cadre de l'approche communicative, la notion de compréhension orale a pris un tout nouveau sens. C'est pourquoi d'ailleurs nous lui préférons le terme d'écoute qui est plus vaste et qui recouvre divers aspects, dont celui de la perception auditive (aspect de l'enseignement des langues qui semble malheureusement avoir été délaissé depuis un certain temps). Bien que ce ne soit pas notre intention ici d'entrer dans des considérations détaillées sur la nature de l'écoute, retenons que cette dernière est maintenant conçue comme un processus actif, axé sur une démarche intellectuelle plutôt que sur la mémorisation de la signification des mots (Tarrab 1982, Brown 1983, Richards 1983.) L'auditeur est dans l'anticipation de ce qu'il va découvrir, de ce qui va venir, de l'information qu'il aura à saisir et à traiter. "Écouter, c'est suivre le raisonnement de l'interlocuteur, se placer à son point de vue, saisir ses allusions, retenir ses arguments, résumer sa pensée" (Bibeau et Gagné dans Tarrab 1982.)

Les objectifs visés par le développement de cette habileté sont donc

1. d'amener l'élève à interpréter un morceau de discours auquel il est confronté, à l'évaluer, à en dégager du sens;
2. de l'habiliter à pouvoir réagir, le plus convenablement possible, à ces mêmes suites d'énoncés, lui facilitant ainsi le passage aux situations de communication orale dans lesquelles il pourrait se retrouver en dehors du contexte scolaire;
3. de lui apprendre à développer des stratégies compensatoires quand ses moyens linguistiques lui font défaut.

Ayant été habitué à faire reposer la compréhension orale d'un texte sur ses seules habiletés perceptives de sons et de mots, l'élève ne sait faire usage du contexte, ou d'autres aspects relatifs à la situation, pour l'aider à comprendre un message. Ainsi quand cette perception faillit, tout faillit. Nous sommes donc bien loin ici de ce qu'il était convenu d'appeler "compréhension orale" et qui était, jusqu'à hier encore, axée sur la mémorisation de sons et de mots.

À la lumière de ce qui vient d'être dit, nous constatons que la nature même de l'habileté "compréhension orale" a changé au cours des années et les objectifs visés également. Ainsi en est-il de la nature du document à écouter que nous proposons aux élèves. Jusqu'à tout récemment encore, les matériaux linguistiques sur lesquels reposait le cours de langue étaient des petits morceaux de langue bien organisés, un peu stérilisés, décontextualisés, bref, fabriqués. De plus, ils étaient construits autour de points de grammaire ou de structures linguistiques et suivaient une progression linéaire, très stricte. Les documents sonores qui nous intéressent maintenant sont des documents authentiques, ceux qui n'ont pas été conçus expressément pour l'enseignement des langues; ceux qui permettent à l'apprenant l'observation de la langue dans des situations riches, afin qu'il soit exposé aussi bien aux règles linguistiques qu'aux règles d'emploi. L'importance qu'a prise le document authentique dans l'enseignement des langues secondes depuis quelques années n'est plus à discuter, croyons-nous, mais pour le point particulier que nous examinons ici, à savoir le développement des habiletés d'écoute, il prend toute sa valeur.

Jusqu'ici, nous avons dit essentiellement ceci:

1. la nature de l'habileté "compréhension orale" qu'il faut développer chez l'apprenant ainsi que les objectifs visés par cet aspect de l'enseignement ayant changé au cours des dernières années, nous préférons parler *d'habiletés d'écoute;*
2. le *document authentique oral* est le moyen que nous privilégions pour développer ces habiletés.

Développer des habiletés d'écoute en langue seconde: Pourquoi?

Plusieurs raisons ont conduit les méthodologues à accorder une place de plus en plus grande à l'écoute dans l'enseignement/apprentissage des langues secondes ou étrangères. Rappelons brièvement ici les plus importantes:

• les études sur l'acquisition de la langue maternelle ont permis de remettre en cause certaines idées reçues concernant la façon dont l'être humain maîtrise, peu à peu, les règles de communication d'une communauté linguistique donnée. Elles nous ont appris, entre autres choses, que l'acquisition n'est pas le fruit d'une simple imitation de l'adulte liée à la répétition et au renforcement mais plutôt qu'une langue se construit progressivement; que l'appropriation des règles d'emploi se fait, par l'enfant, simultanément à celle des règles du système (Brown et Bellugi 1964, Ervin-Tripp 1974, Ferguson et Slobin 1973);
• les études sur l'acquisition des langues secondes en milieu naturel, c'est-à-dire sans enseignement formel, nous ont révélé que dans ces situations, les apprenants passent beaucoup de temps à écouter, à observer la langue du milieu, avant d'intervenir verbalement. Leur besoin premier est de saisir, de dégager du sens, tout en se familiarisant à un rythme, à des sons, à des mots, à des règles. On ne s'attend pas d'ailleurs, de leur part, qu'ils produisent des phrases dès leurs premiers contacts avec cette nouvelle langue (Terrel 1977);
• la notion de compétence de communication, beaucoup plus large que celle de compétence linguistique, a conduit le didacticien chercheur à remettre en question l'objet même de son champ d'étude, la langue à enseigner. Cet

examen a révélé un certain nombre de faits qui ont eu des implications sérieuses dans la manière de conduire une classe de langue : l'importance à accorder à la compréhension du message, dans un premier temps, plutôt qu'à la compréhension du système linguistique ; le besoin d'outiller l'apprenant pour l'amener à saisir la langue telle qu'utilisée par les locuteurs natifs (on n'exerce aucun contrôle sur la production des autres); la nécessité de recourir à des documents authentiques oraux et écrits ; l'intérêt de mettre en valeur le rôle actif des intervenants tout au long de l'acte de communication ; etc.

Devant les résultats de ces diverses recherches dans des disciplines connexes à son domaine, le méthodologue a tenté de dégager des principes conducteurs qui lui permettraient d'élaborer un cadre de travail pour la didactique. C'est ce que fait Sophie Moirand dans son ouvrage *Enseigner à communiquer en langue étrangère* (1982). Pour elle, la compétence de communication repose sur la combinaison de plusieurs composantes — linguistique, discursive, référentielle et socioculturelle — qui toutes interviennent à des degrés divers dans les actes de communication. Elle suppose (en langue étrangère comme en langue maternelle) l'existence de phénomènes de compensation entre ces composantes quand il y a manque pour l'une d'entre elles dans la production et l'interprétation des discours. Ce sont ces phénomènes qui relèvent de stratégies individuelles de communication.

Des recherches en psycholinguistique, elle retient les points suivants sur le processus d'apprentissage d'une langue, à savoir

1. l'exposition à la langue qui permet à l'apprenant d'en intégrer et d'en mémoriser certains éléments,
2. l'essai d'hypothèses sur le fonctionnement de cette langue que l'apprenant fait à partir des données recueillies ou retenues en (1) et,
3. la vérification de ses connaissances auprès des locuteurs natifs à partir des éléments mémorisés et des hypothèses faites.

Les implications de ces discussions et questionnements pour l'enseignement des langues sont nombreuses et semblent assez évidentes. Elles indiquent, entre autres choses, qu'un des objectifs de l'enseignement d'une langue seconde ou étrangère est de favoriser au maximum l'exposition des apprenants à des échantillons variés de la langue en question. Il s'agit alors pour l'enseignant d'organiser la présentation de ces documents de façon à aider l'apprenant à développer des stratégies qui vont lui permettre d'avoir accès à la saisie de ces données; de lui fournir les moyens de pouvoir les structurer; de lui proposer des activités qui l'amèneront à des productions pouvant être évaluées par comparaison avec des productions de locuteurs natifs ou, à défaut de locuteurs natifs, avec les échantillons de langue apportés en classe.

La suite de cet article traitera du comment on peut utiliser les documents authentiques oraux en classe dans le but de développer chez l'apprenant ces habiletés d'écoute dont il est question ici. Nous ne chercherons pas à donner des inventaires de différents types d'exercices mais plutôt à fournir un cadre général de travail.

Développer des habiletés d'écoute: Comment?

Le cadre pédagogique que nous voulons proposer pour l'enseignement/apprentissage de l'écoute dans une approche communicative comprend trois étapes :

1. des activités de pré-écoute,
2. des activités d'écoute,
3. des activités de post-écoute.

1. Les activités de pré-écoute

Cette première phase, son nom l'indique, en est une de préparation à l'écoute. Son objectif est de faciliter la prise de contact avec le document authentique oral en créant chez l'élève des attentes, des anticipations. Les activités présentées ici sont généralement de deux ordres : les premières servent à établir un lien entre le document à écouter et le vécu de l'apprenant ; celles du second type visent à sensibiliser de façon directe au document à l'étude.

(a) Le lien avec le vécu de l'apprenant

Dans le but de créer les conditions les plus favorables possible à l'écoute, il importe de se référer aux réalités vécues par l'apprenant, à sa connaissance du monde, à ses aptitudes et capacités extra-linguistiques.

Richards (1983), en traitant de la connaissance du monde qu'ont les individus, dit que celle-ci est organisée autour de "scénarios de bases" *(scripts)*. Un scénario de base est ce qui est commun et partagé par les membres d'une même communauté culturelle et linguistique sur toutes les situations de la vie. L'énoncé, "Je suis allée chez le dentiste. Il m'a donné une injection et ça ne m'a pas fait mal," met en branle une foule d'éléments préalablement connus et partagés des interlocuteurs dans cette situation particulière qui permet de comprendre et d'interpréter correctement l'énoncé. Ces éléments sont :

— on va chez le dentiste pour une vérification ou quand on a un problème de dents;
— un dentiste répare des dents, corrige des défauts, fait des obturations, extrait des dents;
— ces traitements sont généralement douloureux et coûteux;
— le traitement comprend presque toujours une injection.

Ces scénarios, précise-t-il, nous aident à interpréter rapidement la plupart de nos actes de communication. En d'autres mots, pour comprendre ou conduire une conversation sur quelque événement de la vie que ce soit, acheter un billet de train, un livre, une paire de chaussures, on a recours à une foule de connaissances ;

- celle du monde qui nous entoure (connaissance des transactions qui se font généralement dans une gare, une librairie, un magasin de chaussures);
- connaissance des paramètres socioculturels liés à ces différentes situations ;
- connaissance des buts poursuivis, des intentions des intervenants par l'interprétation des implicites, des sous-entendus.

Les apprenants de langue seconde ou étrangère, parce qu'ils appartiennent à des communautés culturelles et linguistiques différentes ont, selon le cas, des "scénarios" plus ou moins éloignés de ceux sous-jacents à la langue cible. C'est là une raison valable d'établir, dans des activités de pré-écoute, un lien avec leur vécu car nous comptons sur cette possibilité de transfert des expériences sociales, psychologiques et culturelles pour développer des habiletés de communication en langue étrangère (Widdowson 1978). Ces transferts font aussi partie des stratégies compensatoires.

Pour bien mener cette première étape, il faut laisser les apprenants avoir recours à leur langue maternelle si cela leur est nécessaire car ils doivent se référer à des situations puisées dans leur vie, leur réalité, pour faire les activités. Il faut également apporter le plus grand soin dans le choix des documents à utiliser en classe. Ces échantillons de discours doivent, avant tout, correspondre au niveau de développement psychologique du groupe classe ainsi qu'aux besoins et intérêts de ses membres. Autrement dit, un texte qui présente des informations relatives au coût de la vie ou du chômage a très peu de chance de soulever l'enthousiasme d'un groupe d'élèves de 12 ans et surtout n'offre aucun rapport avec leurs expériences de vie. Il est donc préférable de partir de situations connues.

Les activités proposées dans cette première phase visent à sensibiliser l'apprenant à ses propres "scénarios" par l'observation de situations de communication dans sa langue maternelle. Ces situations seront les mêmes que celles exploitées dans les documents sonores qu'il écoutera dans un deuxième temps, ou elles en seront très près.

(b) La sensibilisation au document oral à l'étude

L'enseignant intervient dans cette deuxième phase de la pré-écoute en donnant à l'élève une courte description de la situation de communication présentée dans le document sonore que l'on se propose d'écouter. Il peut aussi choisir de la faire découvrir en utilisant des illustrations, des photos, des schémas ou tout autre moyen qu'il juge pertinent. Il s'agit ici de donner, ou de faire trouver, les paramètres essentiels:

qui sont les intervenants (les situer — statuts, rôles);
où et *quand* ce discours a lieu;
quel est le *thème* abordé.

L'enseignant juge de la quantité d'information à fournir.

Cette partie est importante pour plusieurs raisons. D'abord, c'est à ce moment que commence à se dessiner le "scénario" sous-jacent au discours que l'on va écouter et qui va permettre à l'élève de faire des prédictions. Plus tard, il pourra comparer les deux "scénarios." On profite aussi de cette phase pour éliciter ou expliquer quelques mots essentiels de vocabulaire reliés au thème abordé. Avec les éléments recueillis jusqu'ici, l'élève va maintenant essayer de faire des prédictions sur le message à venir. Cette recherche se prête généralement à un travail de petits groupes. Les groupes comparent ensuite les résultats de leurs recherches.

Les activités proposées ici portent sur la recherche de vocabulaire, d'opinions, de faits, directement reliés à la situation présentée.

Étape 1: Activités de pré-écoute
— lien avec le vécu de l'apprenant
— sensibilisation au document oral à l'étude
  • description de la situation
  • prédictions de contenu

---

2. Les activités d'écoute

La deuxième étape vise à développer chez l'apprenant ses capacités d'écoute en le guidant et en l'orientant dans ses "expositions" à la langue orale authentique. Les activités proposées ici sont également de deux ordres. Celles de la première catégorie, toutes orientées vers la compréhension du message, portent sur la recherche de l'information. Elles servent à mettre en relation les données recueillies au cours des diverses écoutes avec les prédictions faites lors de l'étape 1 (activités de pré-écoute) afin d'en mesurer et d'en comprendre les écarts ou les rapprochements. Celles de la deuxième catégorie servent à développer des habiletés et des connaissances au niveau des différentes composantes de la compétence de communication. (L'article de Bergeron, Desmarais et Duquette (1984), publié dans la revue *Études de linguistique appliquée,* est éclairant à ce sujet.) Il y a lieu de croire que plus ces habiletés seront développées en (2) plus facile sera le premier contact avec le document en (1) et plus "justes" seront les interprétations.

Les activités et exercices présentés ici prennent toujours la forme de tâches à accomplir.

Exemple : l'élève doit transmettre par écrit un court message téléphonique. Il est important que l'enseignant explique clairement aux élèves l'objectif visé, qu'il lui donne des directives précises pour chacune de ces tâches avant de mettre "la machine en marche." L'élève sait alors pourquoi il écoute et il pourra concentrer ses efforts sur un seul type d'information, sur un seul problème à la fois. Les tâches sont généralement distribuées dans un ordre du plus simple au plus complexe et du plus général au plus détaillé. Il y aura autant de périodes d'écoute du document qu'il y aura de tâches à accomplir, de problèmes à résoudre, d'habiletés à développer.

(a) La recherche de l'information

À l'aide du travail préparatoire fait à l'étape 1, l'apprenant est en mesure d'écouter le document sonore. À partir d'une tâche simple, il cherche à repérer l'information demandée; il la discute avec les autres membres du groupe et la compare à ses prédictions. Une deuxième tâche plus complexe et plus spécifique lui est attribuée et suivant le même procédé, il tente de recueillir, lors de cette deuxième écoute, de nouvelles données. Il continue ainsi et le message peu à peu se raffine, se complète, se précise.

À chaque fois qu'une activité (ou qu'une série d'activités liées par un même objectif) se termine, l'élève retourne aux données qu'il a recueillies lors de l'étape 1 (activités de pré-écoute) pour mettre en relation ses prédictions et l'information obtenue après l'écoute du document. Cette démarche est importante dans le développement des habiletés d'écoute et ne devrait pas être négligée. Elle permet des ajustements constants par des retours à la bande sonore ou par la comparaison des données des uns avec celles des autres; elle soulève des discussions, encourage les interactions et conduit à une certaine forme d'auto-évaluation de ses propres capacités d'écoute.

Les activités de cette catégorie visent la compréhension du message; l'apprenant est à la recherche de l'information, il en discute, il échange, pour en arriver à des synthèses. Un moyen privilégié : la mise en relation des découvertes avec les prédictions faites à l'étape 1 et les ajustements nécessaires.

(b) Le développement des habiletés et des connaissances dans les différentes compétences

On ne peut véritablement parler d'ordre de présentation ou de hiérarchie dans les types d'activités à faire ici. Elles sont trop nombreuses et sont distribuées selon les besoins du groupe et selon la richesse du document à l'étude. Cependant il est nécessaire que l'enseignant structure ces activités et les regroupe dans les différentes composantes de la compétence de communication de manière à travailler chacune d'elles en classe. (Voir l'article de Bergeron, Desmarais et Duquette 1984.) Une liste d'objectifs d'écoute est d'un grand recours ici, car écouter pour interpréter les intentions des intervenants ou les buts poursuivis dans des conversations entraîne certainement des tâches autres que celles qui visent l'appropriation de modèles syntaxiques et lexicaux. De la même façon, écouter pour se familiariser avec les variétés linguistiques selon différents paramètres de la situation exige une séquence d'exercices autres que lorsqu'il s'agit d'écouter pour faire des observations sur l'organisation du discours. C'est ce que nous voulons dire quand nous parlons d'organiser les activités selon les types de compétence à développer.

Les activités de cette catégorie portent sur les fonctions, les notions, les marques énonciatives, l'organisation du discours, les variétés linguistiques, etc.

Étape 2 : Activités d'écoute
— recherche d'information
  • échange et synthèse
  • vérification, comparaison, avec les prédictions
— développement des habiletés et des connaissances
  dans les différentes compétences

---

3. Les activités de post-écoute

Cette étape consiste essentiellement dans des activités de ré-investissement et d'approfondissement. On se rappellera que les objectifs généraux visés par l'écoute sont doubles : apprendre à interpréter l'oral dans un premier temps et apprendre à produire l'oral dans un deuxième temps. C'est donc à ce moment que les élèves sont le plus en mesure de tenter des transferts à d'autres situations et de faire des essais de production. Les jeux de rôle et les simulations sont des techniques qui se prêtent bien aux tâches à accomplir ici.

Cependant, si la situation d'enseignement dans laquelle on se trouve permet de consacrer plus de temps à l'écoute, l'objectif de production étant plus lointain, les activités proposées dans ce cas permettront d'approfondir certains aspects des habiletés à développer. On favorise le travail individualisé ou en petits groupes à ce stade-ci, afin de mieux répondre aux besoins de chacun.

Un élève, par exemple, qui voudrait développer davantage ses perceptions phonétiques devrait pouvoir y consacrer du temps ici ; un autre qui s'intéresse plutôt à l'organisation du discours en conversation (prendre contact, couper la parole, donner la parole, etc.) devrait normalement pouvoir le faire.

Cette étape se prête bien également à des retours sur ce qui a été fait, sur les difficultés rencontrées, les frustrations, les plaisirs aussi. Elle permet une certaine forme d'évaluation.

Étape 3: Activités de post-écoute
— transfert à d'autres situations
— approfondissement de certains aspects
— évaluation

Illustration du modèle proposé

L'exemple est tiré d'une unité extraite d'un matériel en préparation pour l'enseignement de l'anglais, langue seconde au Québec, en première secondaire (des adolescents de 12, 13 ans). L'expérimentation a eu lieu à l'automne 1983 dans cinq groupes de 30 élèves. Il serait trop long de décrire toute l'expérience dans le cadre de cet article. Nous avons choisi d'illustrer, de façon détaillée, l'étape 1 seulement parce que nous soutenons que celle-ci joue un rôle très important dans le modèle pédagogique proposé et qu'elle constitue un élément original dans l'enseignement des langues. L'ensemble didactique dont il est question ici, conçu et élaboré par Roger Tremblay (auteur principal), Susan et Michael Massey, paraîtra à l'automne 1984 au Centre Éducatif et Culturel (Montréal) sous le nom de *Connecting*.

L'unité expérimentale proprement dite était précédée d'une leçon zéro qui servait à sensibiliser l'élève au mode d'apprentissage qu'il allait vivre ainsi qu'aux principes sous-jacents au matériel élaboré. Cette préparation s'est révélée une étape essentielle dans la démarche et sera intégrée au matériel final.

Objectif de l'unité

Amener l'élève à comprendre six courts documents authentiques oraux qui portent sur les transactions suivantes : demander et donner des directions relatives à des déplacements et à des endroits.

ÉTAPE 1 : *Activités de pré-écoute*

Préalable : Afin d'aider l'élève à faire les observations pertinentes dans sa langue maternelle sur les situations analogues à celles qu'il étudiera ultérieurement, un travail préparatoire est fait en classe sous la direction de l'enseignant.

1. Le lien avec le vécu de l'élève

Activité 1 :
À la maison, dans un cahier où il note ses observations, l'élève doit identifier les circonstances qui le conduisent à demander des renseignements au sujet de déplacements qu'il doit effectuer et des gens à qui il peut s'adresser dans ces situations.

Exemples recueillis :

Les circonstances : — je suis perdu quelque part ;
— je suis dans une ville nouvelle ;
— je suis dans un centre commercial (grande surface), et je dois retrouver quelqu'un ;
— je veux prendre un nouveau circuit d'autobus, etc.

Les personnes : — un passant ;
— un guide touristique ;
— un agent de police ;
— un agent de sécurité ;
— un préposé aux renseignements, etc.

Activité 2 :
Puis, on lui demande de faire un classement des gens identifiés à l'activité 1 d'après le critère suivant : certaines personnes sont payées pour donner des renseignements, d'autres pas. D'une part, cet exercice peut permettre à certains élèves de découvrir un fait culturel nouveau (il y a des gens qui sont payés pour donner des renseignements), d'autre part, il servira à illustrer les différentes façons

d'aborder la communication.

Activité 3 :
On lui fournit une série de mises en situation et avec ses parents et amis, un peu comme le ferait un sociolinguiste quand il fait ses enquêtes sur le terrain, il collecte des données.

Exemple 1 : Vous arrêtez quelqu'un dans la rue. Vous voulez savoir comment vous rendre à la gare. Qu'est-ce que vous dites?
Informateur 1 _____
Informateur 2 _____
Informateur 3 _____
etc.

Exemple 2 : Vous êtes dans un centre commercial et vous cherchez la boutique de disques. Vous êtes pressé. Qu'est-ce que vous faites? Qu'est-ce que vous dites?
Informateur 1 _____
Informateur 2 _____
Informateur 3 _____
etc.

Activité 4 :
L'élève doit décrire deux expériences personnelles dans lesquelles il a tantôt donné, tantôt demandé des renseignements au sujet de déplacements à effectuer. Ses renseignements sont compilés dans une grille.

Exemple:

Mon expérience				
Où?	Quand?	À qui?	Destination demandée?	Renseignement donné?
À l'école	La semaine dernière	Un visiteur	Le bureau du directeur	Par moi

Expérience[1] (à gauche de la rangée de données)

À la fin de cette série d'exercices, on fait la synthèse pour en arriver à une règle simple :

Je n'utilise pas toujours les mêmes formes linguistiques pour demander ou donner des renseignements pour atteindre une destination. Cela dépend des intervenants et des lieux où je me trouve.

2. La sensibilisation aux documents à l'étude (il y en a six)

Nous traiterons du document 1 seulement. Il s'agit d'une courte conversation entre Tina, une jeune adolescente, et son oncle. Ce dernier veut faire des photos de sa fille, à la patinoire. Il demande donc à Tina de lui expliquer comment s'y rendre. Compte tenu du fait que nous nous adressons à un public de jeunes, nous avons abondamment utilisé le support visuel.

Activité 1 :
À l'aide du roman photo, de quelques dessins et de quelques indices écrits, les élèves travaillent par paires et essaient de situer personnages, lieux et thème. L'enseignant écrit au tableau les éléments suivants pour les guider dans leurs recherches.

    Qui?_____
    Où? _____
    Relations?
    Pourquoi? _____

À la fin de l'activité, on s'entend sur les éléments de réponses.

Activité 2 :
Prédictions sur le contenu et recherches de mots relatifs à la situation : *patinoire, prendre des photos, où, comment, à gauche, à droite, tourner,* etc.

Les élèves sont maintenant prêts pour l'étape 2, les activités d'écoute.

ÉTAPE 2 : Activités d'écoute

1. La recherche de l'information

Activité 1 :
Tâche simple : Répondre à la question "Où est la patinoire ?" Après une première écoute, il y a échange d'information et vérification avec les prédictions faites à l'étape 1.

Activité 2 :
Tâche un peu plus complexe : Repérer dans une liste de noms de rues, ceux mentionnés dans le document. On fait l'activité en écoutant une deuxième fois. Après l'écoute, même procédé que pour l'activité 1.

Activité 3 :
Tâche : Les éléments relatifs aux directions à suivre sont donnés à l'élève mais en désordre. Il doit les placer dans l'ordre entendu, en écoutant le document une troisième fois.

    Exemple : _____ la rue Stevenson
              _____ au haut d'une colline
              _____ la rue suivante, etc.

Activité 4 :
Tâche : Sur un plan que l'on fournit à l'élève, il fait le tracé depuis la maison de Tina jusqu'à la patinoire en écoutant le document une quatrième fois.

2. Développement des diverses compétences : deux exemples

Activité 1 :
Par petits groupes, les élèves font un classement dans l'organisation des différents discours entendus (ils ont travaillé sur six documents oraux). Le professeur écrit les catégories au tableau. Les élèves les complètent.
1. Les expressions qui servent à prendre contact :_____
2. Les expressions qui servent à demander les directions : _____

Activité 2 :
On fournit à l'élève un texte écrit lié aux situations étudiées jusqu'ici. Dans ce texte, il y a des expressions qui sont soulignées. L'élève doit classer ces expressions sous les rubriques suivantes : distance, mouvement, localisation.

ÉTAPE 3 : Activités de post-écoute

Activité 1 :
Jeux de rôle. Déclencheur : quatre illustrations présentant deux personnes en situations analogues à toutes celles étudiées antérieurement. Indices linguistiques fournis. Les élèves jouent tantôt à demander, tantôt à donner une route à suivre.

Activité 2 :
À l'aide d'un plan de son quartier, un élève explique à un autre comment venir chez lui depuis l'école, ou depuis l'arrêt d'autobus, ou tout autre point de départ identifié sur le plan.

La séquence d'exercices que nous venons de présenter démontre, de façon succincte, l'articulation du cadre pédagogique proposé. Ce modèle ne se veut pas parfait, mais il a fonctionné à l'expérimentation et nous croyons, de ce fait, qu'il peut contribuer à la réflexion pour une pédagogie renouvelée de l'écoute.

Conclusion

Tout au long de l'article, nous avons voulu montrer que l'écoute n'est pas un aspect à négliger dans l'enseignement/apprentissage des langues. C'est un processus mental encore mal défini et mal connu mais qui ne se réduit pas à un simple état passif au service de la production. En ce sens, l'écoute constitue plutôt une lacune à combler dans l'enseignement de la communication. Nous avons également examiné les raisons qui ont suscité un nouvel intérêt pour cette question et enfin, nous avons proposé une pratique pédagogique mieux appropriée au développement de cette habileté. Nous souhaitons que cette lecture provoque des réflexions analogues aux nôtres afin que se poursuive le dialogue où les préoccupations des uns et des autres conduisent à une meilleure connaissance de la didactique des langues.

Références

Bergeron, J., L. Desmarais, et L. Duquette. 1984. "Les exercices communicatifs: un nouveau regard." *Études de linguistique appliquée.*
Brown, G. 1978. "Understanding Spoken English," *TESOL Quarterly,* 12(3).

Brumfit, C. 1982. "Some Current Problems in Communicative Language Teaching," *SPEAK Journal*, 6(1).

Chastain, K. 1971. "The Development of Modern Language Skills: Theory to Practice." *Language and the Teacher: A Series in Applied Linguistics*, 14.

Edge, J. et U. Samuda. 1980. "Methodials — The Role and Design of Materials and Method." Paper presented at *Colloquium on Communicative Course Design*, RELC Singapore.

Fanselow, J.F. 1977. "Beyond Rashomon — Conceptualizing and Describing the Teaching Act," *TESOL Quarterly*, 2(1).

Moirand, S. 1982. *Enseigner à communiquer en langues étrangères*. Paris: Hachette.

Porter, D. et J. Roberts. 1981. "Authentic Listening Activities," *ELT Journal*, 36(1).

Richards, J.C. 1983. "Listening Comprehension: Approach, Design, Procdure," *TESOL Quarterly*, 17(2).

Sinclair, J. et R.M. Coulthard. 1975. *Towards an Analysis of Discourse*. Oxford: Oxford University Press.

Stern, H. H. et J. Cummins. 1981. "Language Teaching/Learning Research: a Canadian Perspective on Status and Directions," *Actions for the '80s: A Political, Professional and Public Program of Foreign Language Education*. Skokie, Illinois: National Textbook Co.

Tarrab, E. 1982. *L'enseignement de l'écoute: une lacune à combler dans l'enseignement de l'oral*. Montréal: P.P.M.F. primaire, Université de Montréal.

Terrell, T.D. 1977. "A Natural Approach to Second Language Acquisition and Learning," *The Modern Language Journal*, 41(7).

Widdowson, H.G. 1978. *Teaching Language as Communication*. Oxford: Oxford University Press.

D.M. Paramskas

19   L'authenticité et la production orale dans la salle de classe

Les diverses approches communicatives ont démontré l'importance de l'authenticité des documents dans l'apprentissage d'une langue seconde, documents sur lesquels repose l'acquisition de la compréhension. Mais comment aborder la production orale? Est-ce que les étudiants en salle de classe communiquent vraiment quand ils discutent de la douane ou du restaurant, des armes nucléaires, du féminisme, ou de tout autre sujet classique? Ces échanges semblent abstraits, distanciés du locuteur et des auditeurs; les apprenants ne sont pas engagés dans leur discours; ils peuvent en effet dire n'importe quoi, bien qu'ils ne puissent pas le dire n'importe comment. Puisque "communiquer" et "authentique" veulent dire, essentiellement, saisir le réel, exprimer la vie telle qu'on la vit tous les jours, se dire soi-même et ses besoins, que doit-on penser de la production typique dans une salle de classe? À part l'exercice cérébral qui serait le même si on étudiait la logique ou une langue morte, quelle en est l'utilité, l'application?

Au coeur du problème, il y a la question de la motivation. L'approche communicative est basée sur les besoins des apprenants: s'il y a besoin particulier, la motivation est assurée. Pour certaines populations d'apprenants, la question ne se pose même pas: les immigrants cherchant à s'intégrer dans une société étrangère, les fonctionnaires qui doivent confronter un public de langue seconde tous les jours. Ces gens-là ont une motivation puissante et des besoins très précis. Il est donc assez facile de dépister les situations et les notions qui correspondent à leurs besoins.

Or il y a des populations d'apprenants encore plus nombreuses pour qui le problème est de taille: celles qui apprennent le français dans le cadre d'un programme d'études secondaires ou post-secondaires, qui vivent dans des pays ou des régions non-francophones et qui ont rarement l'occasion de rencontrer des francophones unilingues.

Quels sont leurs besoins? Quelle est leur motivation? *Grosso modo,* le seul besoin qu'ils partagent est celui de réussir le cours; et, en deuxième position, l'espoir, ou plutôt la fantaisie, de visiter un jour un pays francophone. Il faut bien avouer que ces besoins produisent une motivation relativement faible, abstraite. Les étudiants ne sont pas engagés personnellement; leur signe de succès est une note relative, et non pas la réalisation d'un acte de communication.

"L'authenticité et la production orale dans la salle de classe," tiré de *Contact,"* 4, 3(1985): 8-10. Reproduit ici avec la permission du rédacteur.

Du point de vue du professeur, le problème ne se résoud pas simplement parce qu'il(elle) se sert de documents authentiques: les étudiants sont parfaitement capables de "parloter" longuement sur ces documents sans pour autant dire quelque chose qui leur est important, qu'il faut vraiment communiquer.

Créer la motivation

Il s'agit ici d'examiner deux façons de créer une motivation particulière et immédiate pour ce genre d'apprenant: la provocation et l'inter-communication du vécu.

Dans le premier cas, le professeur se fait provocateur: il(elle) cherche, en jouant un rôle négatif, à plonger les apprenants dans une situation émotionnelle, à les sortir de leur distanciation confortable (rôles négatifs possibles: celui qui refuse toute réponse, celui qui rejette toutes les idées des autres, celui qui a des préjugés, celui qui veut tout savoir). L'apprenant(e), se sentant attaqué(e) personnellement, se sert de la langue seconde comme outil de défense, exprime des émotions réelles et produit ainsi un discours "authentique."[1]

Dans le second cas, on part d'un document audio-visuel qui traite d'une situation que l'apprenant(e) connaît par l'expérience personnelle (problèmes psycho-sociaux de l'enfance, de l'adolescence, l'aliénation sociale, les conflits de famille, etc.). On passe ce document dans la classe même, et ainsi le groupe entier subit les mêmes stimuli linguistiques et extra-linguistiques. On pourra, de cette façon, provoquer un échange d'informations, de sentiments réels entre les membres du groupe. Pour mieux structurer les échanges verbaux, on donne au groupe une tâche:[2] celle d'arriver à un consensus sur la signification, le "message" ou les thèmes du document visionné. À la fin de l'heure, on met au tableau les conclusions du groupe, et la classe choisit la meilleure formule par un vote.[3]

Cette méthode exige des changements dans le rôle traditionnel des professeurs, un rôle qui relève trop de l'ambiance magistrale, ce qui décourage la spontanéité. Les apprenants arrivent avec une longue expérience, voire de la méfiance, envers le pouvoir de l'enseignant(e), qui juge tout ce qu'ils disent, qui décide de la note dont dépend leur succès scolaire et qui en sait plus qu'eux sur tout. Le calculé remplace la spontanéité dans ces circonstances. Les apprenants veulent trouver la "bonne réponse" (celle qui se conforme aux idées du professeur); ils veulent "bien" s'exprimer (se conformer aux critères phonologiques, sémantiques et syntaxiques exposés ou supposés de la part du professeur). La parole de l'apprenant(e) s'adresse donc vraiment au professeur, même au cours d'un dialogue avec les autres apprenants. Il suffit d'observer les gestes et le regard dans une classe de conversation: la tête du locuteur se tourne généralement vers le professeur et non pas vers l'interlocuteur.

Communiquer le vécu

Il y a trois aspects dans l'intercommunication du vécu qui facilitent l'adaptation du professeur à un nouveau rôle. Le fait que le document-stimulus traite d'expériences déjà vécues par les apprenants permet la première adaptation: l'égalisation des connaissances. Partant de ces références, les apprenants ont autant d'expérience que le professeur et parfois plus, vu que l'expérience vécue est récente pour eux tandis que souvent le professeur manque parfois de contact direct avec les attitudes, les valeurs, les idées des adolescents contemporains.

Deuxièmement, il est préférable de choisir un document-stimulus qui relève de la fiction et non pas du documentaire;[4] ce dernier étant relié à des faits, on risque de retomber dans une situation où le locuteur doit trouver l'unique et "bonne" interprétation. Le professeur de sa part, doit se rappeler que le document fonctionne en tant que stimulus; il ne doit pas être l'objet d'une analyse critique sur le mode littéraire, où les conclusions du professeur — si valables soient-elles — seraient supérieures à celles des apprenants. Au contraire, la discussion, une fois lancée, peut très bien trouver des directions imprévues et des sujets assez éloignés du document lui-même, ce que la méthode encourage dans la mesure où la discussion spontanée engage réellement les apprenants, peu importe le sujet.

Autrement dit, le professeur doit s'éclipser pour devenir médiateur, rapporteur, personne ressource. Il(elle) peut faciliter la compréhension initiale (mots non compris, références obscures), jouer le rôle de dictionnaire ambulant et relancer la discussion si elle languit.[5]

Troisièmement, la classe a un but spécifique: trouver en consensus, tâche qui exclut le professeur. Cette stratégie détourne également l'attention des apprenants de la langue elle-même ("bien" parler) pour la fixer sur l'inter-communication afin de finir la tâche avant l'heure.

C'est ainsi que le discours des apprenants approche de "l'authentique": ils doivent s'écouter avec soin afin de bien se comprendre pour accomplir la tâche. Les échanges verbaux qui véhiculent des expériences vécues, appliquées à une expérience semblable illustrée par le document, intéressent et les locuteurs et les auditeurs — parler de soi est toujours une source de motivation assez riche. Les apprenants sont plus souvent portés à demander des explications là où l'expression de l'autre n'est pas claire. Il est intéressant de noter que le cri plaintif "Je ne comprends pas; peux-tu répéter?", qui s'élève assez rarement en présence du professeur (ce serait une preuve de faiblesse de la part de l'apprenant), est beaucoup plus fréquent dans notre situation. Egalement, quand les conclusions sont écrites au tableau, il y a beaucoup plus de coopération pour arriver à une formule élégante qui attirerait les votes de la majorité et on se corrige mutuellement plus souvent les fautes grammaticales. Une pointe de compétition (le vote) semble positive plutôt que négative. Les gagnants sont fiers de l'approbation du groupe entier et les perdants ne paraissent pas trop découragés. Ils auront peut-être une petite tendance à marmoter que, franchement, la majorité fait preuve d'un certain manque d'intelligence ou de bon goût puisqu'on n'a pas apprécié leur formule particulière.

Le document audio-visuel offre d'autres avantages. Dans les classes de conversation plus traditionnelles, on part souvent de documents écrits (articles de journal, extraits de romans, etc.) ou bien on choisit un sujet qu'on suppose être à la portée de tous. Dans le cas du document écrit, le passage du style écrit au commentaire oral se fait difficilement: les structures sont complexes et le vocabulaire est particulier. Ceci encourage les apprenants à passer par la traduction avant de s'exprimer, avec tous les pièges que cela comporte: calques, emprunts et manque frustrant de vocabulaire. Dans le cas du sujet "universel," il n'y a pas de modèle linguistique du tout: ni structure ni vocabulaire. Les apprenants connaissent le sujet, mais l'ont abordé surtout en langue maternelle, donc on tombe dans les mêmes pièges que pour le document écrit. On peut demander aux étudiants de préparer le vocabulaire à l'avance, mais ce genre de préparation ne se fait pas toujours. C'est une triste vérité.

Le document visuel, par contre, est visionné par le groupe entier immédiatement avant la discussion. Il donne des modèles de structures orales et, s'il est bien choisi, de vocabulaire abordable ou facilement compris par rapport à l'image. Il y a également tout l'apport du kinésique.

Un autre avantage de cette méthode est qu'elle permet la participation active d'un groupe plus large, ce qui n'est pas négligeable dans les conditions actuelles de surpopulation en classe et de pénurie en personnel enseignant. On peut diviser la classe en groupes de 3 à 5 (4 étant l'idéal) en essayant de regrouper les participants selon leur maîtrise de la langue: les forts ensemble et les faibles également. Mélanger les deux niveaux, du moins au début du cours, mène inévitablement à la dominance des forts. Laissés seuls, les faibles se sentent moins inférieurs et démontrent une capacité étonnante et très enrichissante d'entraide. Le professeur qui circule parmi les groupes a aussi l'avantage de pouvoir parler à chaque groupe avec le niveau de complexité sémantique qui lui convient. Ainsi une classe de conversation n'est plus limitée au nombre traditionnel de 8 à 12, mais peut aller jusqu'à 20 (4 sous-groupes) tout en assurant une participation égale et active pour tous. Une classe qui contient plus de 20 apprenants peut refléter une bonne participation, mais la discussion en fin de classe devient trop longue à cause du nombre de conclusions à considérer.

Il ne faudrait pas non plus que le document à visionner dépasse huit à dix minutes. Après plusieurs expériences, on a pu constater que le visionnement au-delà de dix minutes endort pour ainsi dire les apprenants; ils s'engloutissent dans le drame et reviennent difficilement à la tâche de discussion. Comme il est très rare de trouver des documents de cette longueur, on a choisi de découper un long métrange et d'en faire une sorte de téléroman, ce qui permet aussi une continuité dans le vocabulaire. Le travail de chaque sous-groupe consiste à formuler deux conclusions: l'une qui porte sur l'épisode du jour et l'autre qui porte sur l'ensemble du film à ce jour. Il est donc possible à deux sous-groupes différents de "gagner" chaque fois, pour ne pas parler du "suspense" qui encourage les apprenants à revenir avec plaisir, et qui désavantage ceux qui ont manqué le dernier épisode.

En conclusion, il faut dire qu'il n'existe pas de méthode qui garantisse une communication authentique dans la salle de classe. Le milieu est artificiel et le restera. La motivation des apprenants restera surtout scolaire. Un bon professeur est capable d'animer une discussion fantastique à partir de stimuli peu favorables à première vue; le prix des légumes au supermarché, un extrait de *L'Être et le Néant,* par exemple. L'essentiel, c'est de donner aux enseignants toute une gamme d'approches et de techniques qui permettraient d'encourager les apprenants à s'exprimer de la façon la plus authentique possible, afin que cette pratique en classe puisse jeter les bases de la communication réelle dans le monde extérieur.

Notes

1. Méthode et techniques développées par Alvina Ruprecht et son équipe à l'Université Carleton, Ottawa.
2. Technique inspirée par W. Fawcett Hill, *Learning Thru Discussion.* Beverly Hills: Sage Publications, 1977.
3. La méthode:
   a. visionnement du film ou de l'épisode en classe (8-10 min.);
   b. vérification de la compréhension (5 min.);
   c. division en sous-groupes; une fois que les apprenants se connaissent, ils peuvent changer de groupe;
   d. discussion en sous-groupes (20-25 min.);
   e. inscription des conclusions au tableau noir;
   f. réunion de la classe entière; clarification et discussion des conclusions (10 min.);
   g. vote à deux ou trois tours (chaque groupe a tendance à voter pour ses propres conclusions au premier tour, mais on change souvent de vote aux tours suivants) (3 min.).
4. Quelques exemples de films qui traitent de problèmes de jeunesse ou d'adolescence: longs métrages: *Diabolo menthe, Cocktail Molotov, La Boum, La Drolesse, La Petite Sirène* et courts métrages: *Le Chandail, Les Cloches* (ONF).
5. Il est important que le professeur ne corrige pas la langue des apprenants en ce moment: cela peut se faire dans d'autres parties du cours. Pour la description de techniques de correction orale, voir D.M. Paramskas, "Technology and Individualized Teaching," in Gerard L. Ervin, ed. *Proceedings of the Second National Conference on Individualized Instruction in Foreign Languages.* Columbus, Ohio: Ohio State University Press. 1981, pp. 211-217. Et aussi "Integrating the Language Laboratory into the Curriculum" in *SPEAQ Journal* IV, 3-4, 1982, pp. 129-148. Le professeur doit jouer le rôle de l'unilingue naïf qui demande à l'étudiant de répéter si la phrase n'est pas claire, ou qui propose des paraphrases.

Anthony Mollica

20

Casse-tête visuels dans la classe de langue seconde

Les spécialistes de la linguistique appliquée font vite remarquer la valeur psycholinguistique des jeux dans les méthodes d'enseignement des langues. On trouve d'ailleurs une grande abondance d'articles et d'ouvrages présentant toute une mine d'idées pour animer l'apprentissage en classe (Caré et Debyser 1978, Crawshaw 1972, *Le Francais dans le Monde* 1976, Hubp 1974a, 1974b, Lee 1965, Omaggio 1979, Phillips 1976, Schmidt 1977, Wright, Betteridge et Buckby 1979). Pourtant, malgré le stimulant indiscutable que l'élément ludique peut conférer, facilement et efficacement, au cours de langue seconde, ce n'est que depuis peu de temps que cet élément commence à se glisser dans les ouvrages de base sur la langue seconde. Si on le remarque couramment dans les ouvrages destinés aux élèves du niveau primaire, il est cependant moins évident dans les ouvrages qui s'adressent aux élèves du niveau secondaire et aux étudiants d'université. Conscients de l'efficacité de ces outils pédagogiques, parce que, comme le dit Ronald Wardhaugh (1974), ils prennent avantage "du mouvement, de la participation et de la situation," les professeurs de langue seconde tirent souvent parti de ce phénomène pour susciter une attitude constructive à la fois pour la langue étudiée et pour la culture qu'elle représente. Il n'est pas rare de voir des élèves résoudre des anagrammes et faire des acrostiches, des mots croisés et divers autres casse-tête dans la section des exercices des manuels actuels (voir Brigola 1978, Calvé *et al.* 1972, Da Silva 1971, Kozma 1978, Lamadrid *et al.* 1974, Merlonghi *et al.* 1978, Mollica *et al.* 1973, Mollica 1976, Mollica et Convertini 1976, Wright 1974).

Fermement persuadé que "l'élément ludique ne devrait pas être exclu de l'apprentissage," Mollica (1970:534) a choisi pour les élèves des casse-tête mathématiques, des casse-tête policiers et des causes juridiques, à résoudre seul ou en groupe (Mollica 1979). Se basant sur le modèle à deux composantes de Mollica pour l'utilisation des jeux et des activités en didactique des langues, à savoir, une *composante lexicale* comportant du matériel approprié pour le rappel ou l'enrichissement du vocabulaire et une *composante d'interaction linguistique,* composée d'activités favorisant et encourageant l'utilisation de la langue, Marcel Danesi, dans un article ultérieur, ajoute les *composantes grammaticales* et *stylistiques* au modèle pédagogique des casse-tête mathématiques (Danesi 1979, 1980a, 1980b). Pour Danesi, donc, les casse-tête mathématiques peuvent être utilisés pour les révisions ou l'enseignement morphologique et syntaxique, ainsi que pour l'analyse

Titre original, "Visual Puzzles in the Second-Language Classroom," publié dans *The Canadian Modern Language Review/La Revue canadienne des langues vivantes,* 37 3(1981): 582-622. Traduction de Lilyane Njiokiktjien. Reproduit ici avec la permission du rédacteur.

stylistique, car il est possible de les rédiger et sous forme de dialogues et sous forme de narrations. La fusion de ces deux propositions a donné la typologie proposée (Figure 1).

Typologie des casse-tête de Mollica et Danesi

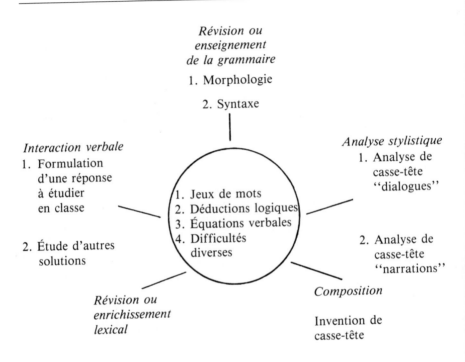

Révision ou enseignement de la grammaire

1. Morphologie

2. Syntaxe

Interaction verbale
1. Formulation d'une réponse à étudier en classe

2. Étude d'autres solutions

1. Jeux de mots
2. Déductions logiques
3. Équations verbales
4. Difficultés diverses

Analyse stylistique
1. Analyse de casse-tête "dialogues"

2. Analyse de casse-tête "narrations"

Révision ou enrichissement lexical

Composition

Invention de casse-tête

Tiré de, Marcel Danesi, *Puzzles in Language Teaching,* p. 279

Figure I

Une étude des casse-tête "imprimés" figure dans le présent exposé. Pour le moment, cependant, nous nous occuperons du casse-tête "visuel" et proposerons un modèle à trois composantes (Figure 2).

- *Élément visuel additif:* Casse-tête où les représentations visuelles ne sont comprises qu'en raison de leur intérêt esthétique, autrement dit, pour renforcer le mot imprimé, sans y ajouter grand-chose;
- *Élément visuel intégré:* Casse-tête où l'illustration s'intègre au texte imprimé et où les deux forment un tout, aux parties inséparables;
- *Élément visuel pur:* Casse-tête où seule se remarque l'illustration et où le signe indicateur est intégré à l'image.

Casse-tête visuels: Modèle à trois composantes

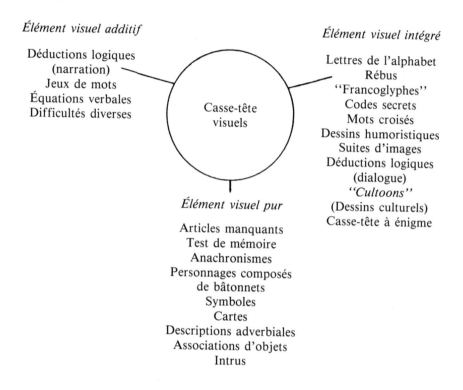

Élément visuel additif

Déductions logiques
(narration)
Jeux de mots
Équations verbales
Difficultés diverses

Casse-tête
visuels

Élément visuel intégré

Lettres de l'alphabet
Rébus
"Francoglyphes"
Codes secrets
Mots croisés
Dessins humoristiques
Suites d'images
Déductions logiques
(dialogue)
"Cultoons"
(Dessins culturels)
Casse-tête à énigme

Élément visuel pur

Articles manquants
Test de mémoire
Anachronismes
Personnages composés
de bâtonnets
Symboles
Cartes
Descriptions adverbiales
Associations d'objets
Intrus

Figure 2

Les enseignants peuvent créer une structure hiérarchique en choisissant une succession de casse-tête allant des plus faciles aux plus compliqués, de l'accent sur l'enseignement ou rappel d'unités lexicales uniques à l'encouragement à la conversation et à la discussion lors de la résolution de problèmes.

Pourquoi des casse-tête visuels?

La meilleure explication, peut-être, est celle fournie par Clifford T. Morgan et Richard A. King: "Tout le monde, pratiquement, a en soi des images, et les images facilitent souvent la réflexion. Certains ont même en eux des images tellement vivantes qu'ils peuvent se rappeler presque parfaitement les choses; ces images s'appellent images eidétiques" (1966:197). Les psychologues font souvent remarquer que l'utilisation d'images visuelles dans l'apprentissage est capitale pour rappeler des mécanismes et pour perfectionner la mémoire eidétique, ce qui, naturellement, est utile pour l'apprentissage des langues.

Pour aider les élèves à se rappeler des unités de vocabulaire uniques, l'enseignant peut utiliser l'un ou l'autre des stimulants visuels suivants: articles manquants, test de mémoire, anachronismes, personnages composés de bâtonnets ou symboles, cartes, association d'objets, intrus, lettres de l'alphabet, rébus, "francoglyphes", codes secrets, mots croisés, dessins humoristiques. Pour stimuler le débat ou la conversation, l'enseignant peut présenter des casse-tête visuels, des casse-tête à énigme, des dessins culturels ("cultoons"), ainsi que nombre des casse-tête déjà mentionnés. La table ci-dessous résume les activités diverses et leur accent possible (Table 1).

Casse-tête visuels: Résumé

Stimulant	Accent		
	Unités lexicales uniques	Phrases, proverbes	Débat, conversation
Articles manquants	•		•
Teste de mémoire	•		
Anachronismes	•		
Personnages composés de bâtonnets ou symboles	•		
Cartes	•		•
Descriptions adverbiales	•	•	
Associations d'objets	•		
Intrus	•		•
Lettres de l'alphabet	•	•	
Rébus	•	•	
"Francoglyphes"	•	•	
Codes secrets	•	•	
Mots croisés	•		
Dessins humoristiques		•	
Suites d'images			•
Dessins culturels "cultoons"			•
Déductions logiques (narrations)			•
Déductions logiques (dialogue)			•
Casse-tête à énigme			•

Table 1

Articles manquants

Au cours de cette activité (Casse-tête 1), les élèves doivent identifier des objets qui font toujours partie intégrante de l'illustration. Les illustrations manquantes se rapportent au vocabulaire que les élèves doivent se rappeler. Le casse-tête devrait susciter la mention des mots suivants: *la poche, les pages, les cordes, le cadran.*

Ces dessins sont inachevés. Qu'est-ce qui manque?

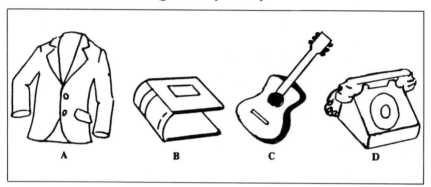

Casse-tête 1

D'autre part, l'enseignant pourrait viser un groupe d'articles se rapportant à un thème commun. Cette activité se prête parfaitement à cette fin. Au casse-tête 2, six instruments de musique manquent dans les illustrations. L'élève doit deviner l'instrument dont chaque musicien imite le jeu. Lors d'un exercice de grammaire avec le verbe *jouer de,* l'enseignant pourrait utiliser l'illustration pour susciter un certain nombre de questions personnelles:

1. De quel instrument est-ce que tu joues?
2. Est-ce qu'un membre de ta famille joue d'un instrument de musique? Quel instrument?
3. Quel est ton instrument de musique préféré? etc.

De quel instrument chaque musicien joue-t-il?

Casse-tête 2

Test de mémoire

L'enseignant peut illustrer un certain nombre d'objets à l'aide de transparents présentées au rétroprojecteur. Au cours de cette activité, il ne faut pas utiliser d'illustrations étroitement reliées à un thème, car les élèves veulent peut-être deviner et peuvent facilement relier les illustrations au thème. L'enseignant doit présenter la diapositive pendant soixante secondes, après quoi les élèves écrivent sur une feuille de papier le nom de tous les articles qu'ils ont vus sur l'écran. Si l'enseignant désire ajouter un élément de compétition, l'élève (ou le groupe d'élèves) qui a pu se rappeler le plus grand nombre d'articles gagne. Si l'enseignant désire souligner l'expression orale, seuls les articles qui ont été parfaitement prononcés sont considérés comme étant justes. Si l'enseignant désire souligner l'écriture, seuls les articles parfaitement épelés sont acceptés (Casse-tête 3). L'enseignant peut présenter des illustrations pour les noms concrets qui figurent dans un nombre donné de leçons déjà étudiées. Pour décourager les élèves qui répondent au hasard, l'enseignant doit enlever un point pour chaque réponse fausse. Si l'enseignant divise la classe en deux groupes, il enlève, pour les réponses fausses, des notes déjà accordées pour les réponses justes. La compétition fait partie intégrante de l'enseignement et stimule l'interaction verbale. L'enthousiasme suscité chez les élèves pour cette activité sera très vif.

Casse-tête 3

Anachronismes

Pour encourager les élèves à se rappeler certains mots, les enseignants peuvent utiliser une illustration comportant des anachronismes. On appelle souvent ce type d'activité "anomalies" ou "anachronismes." On demande aux élèves d'identifier des articles qui ne peuvent absolument pas figurer dans la scène illustrée ou qui sont absolument faux dans la scène. Outre l'amusement qu'elle suscite, cette activité aide les élèves à prendre conscience de ce qui est juste du point de vue visuel et du point de vue conceptuel. Elle stimule la concentration et l'observation des détails. D'autre part, si l'enseignant désire une activité favorisant les travaux en groupes, l'illustration convient pour encourager les élèves à travailler en équipes. Par conséquent, cette activité stimule la prise de conscience du lien intrinsèque qui existe entre la perception visuelle et les façons dont la langue la traduit en paroles. Elle amalgame aussi langue et humour — deux éléments importants dans l'enseignement et l'apprentissage (Casse-tête 4).

Ce dessin comporte huit anachronismes. Trouve-les.

Casse-tête 4

Personnages composés de bâtonnets et symboles

Pour illustrer pronoms et verbes, les enseignants utilisent souvent des personnages composés de bâtonnets. Le casse-tête 5 permet d'identifier les actes suivants:

a. Danser le ballet
b. Plonger
c. Conduire une voiture
d. Jouer au golf
e. Patiner
f. Lancer un ballon

g. Jouer du violon
h. Courir
i. Courir avec un
   ballon de football
j. Saluer
k. Skier

l. Prendre une photo
m. Se promener
n. Marcher sur une
   corde raide
o. Lancer un ballon
   de football

L'élève doit assortir l'action à l'illustration proposée.

Casse-tête 5

Les symboles des jeux olympiques (Casse-tête 6) peuvent également permettre d'identifier un certain nombre de sports:

a. la boxe
b. l'athlétisme
c. le basket-ball
d. la voile

e. le judo
f. le volley-ball
g. la lutte
h. le canoë

i. l'aviron
j. la natation
k. le tir
l. l'escrime

Dans ce cas encore, l'élève doit assortir symbole et sport. Il s'agit d'une activité thématique.

Casse-tête 6

Cartes

Dans l'enseignement des noms de pays, l'enseignant peut faire passer un test de langue et de connaissances en géographie en présentant le Casse-tête 7. John Niedre et Jocelyne Melnyk (1980) proposent la même chose pour les provinces et les territoires du Canada. Niedre et Melnyk n'ont cependant pas présenté les provinces et les territoires dans leur position géographique normale; certains étaient présentés sens dessus-dessous, d'autres en travers, ce qui rend la solution un peu plus difficile à trouver.

Ce casse-tête pourrait constituer un bon point de départ pour les exercices sur *à* ou *en* suivi d'un nom de pays. Il est utile également pour l'enrichissement du vocabulaire. Le casse-tête peut comprendre les instructions suivantes:

M. et Mme Dupont viennent de gagner le gros lot et décident de faire le tour du monde. Voici les cartes de quelques pays qu'ils veulent visiter. Précise ces lieux.

M. et Mme Dupont vont (1)_____ (2)_____ (3)_____
(4)_____ (5)_____ (6)_____ (7)_____ (8)_____
(9)_____ (10)_____

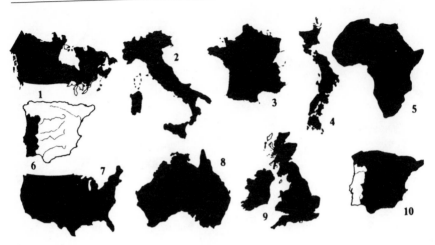

Casse-tête 7

Une autre activité appropriée pourrait être la suivante:

1. Les _____ habitent le Canada.
2. Les _____ habitent les États-Unis.
3. Les _____ habitent la France.
4. Les _____ habitent l'Italie.
5. Les _____ habitent l'Espagne.

L'activité ci-dessus pourrait également permettre de préciser la ou les langues parlées dans chaque pays.

1. En Espagne, on parle _____.
2. Aux États-Unis, on parle _____.
3. Au Canada, on parle _____ et _____.
4. En Italie, on parle _____.
5. En France, on parle _____.

Association d'objets

Pour favoriser le rappel de noms de sports, de professions, de métiers, etc., l'enseignant peut prévoir une série d'objets et demander aux élèves de préciser le sport, la profession ou le métier se rapportant à l'objet (Casse-tête 8).

Intrus

Certains manuels de base en langue seconde comprennent une série de mots où il faut chercher et trouver l'intrus, c'est-à-dire le mot qui n'appartient pas au groupe de mots donné. Je proposerais une activité analogue, à l'aide de l'élément visuel, en demandant à l'élève de justifier son choix. Casse-tête 9: *Désigne l'intrus et justifie ta réponse. Cette activité permet également le rappel de cer-*

Identifie le nom du sport, de la profession ou du métier associé à chaque objet.

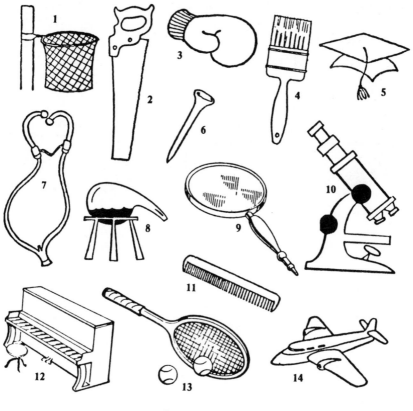

Casse-tête 8

tains mots déjà appris et le renforcement des associations lexicales. Par exemple, la réponse au Casse-tête 9, Rangée A, est *banane* (A4): *La banane est une fruit, tous les autres exemples sont des légumes.* Mais tout aussi acceptable est la réponse A2, *la carotte,* l'explication étant que si tous les autres fruits et légumes ont une *pelure,* la carotte n'en a pas.

La série suivante d'illustrations (Casse-tête 9, Rangée B) présente quatre fruits. Le choix logique est *la fraise,* car tous les autres fruits *poussent sur des arbres.* Dans cet exemple, il existe un contraste entre *sur des arbres* et *sur le sol.* Mais l'orange serait une réponse tout aussi acceptable. L'explication de ce choix porte sur la couleur: tous les fruits sont rouges, sauf l'orange. Tant que l'explication est logique, il faut l'accepter.

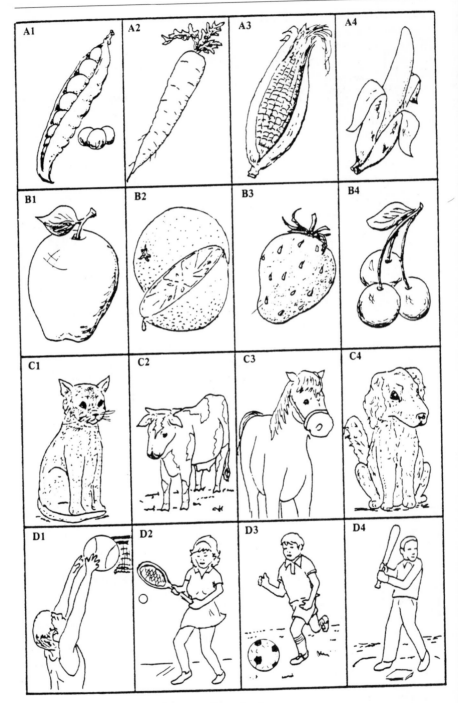

Casse-tête 9

Au Casse-tête 9, rangée C, la réponse semble plus compliquée. Les quatre animaux sont des animaux domestiques: deux vivent dans la maison (chat, chien), les deux autres, à la ferme (vache, cheval). La réponse donnée est généralement *la vache,* mais l'explication est toujours fausse. Les élèves disent que *la vache* est du genre féminin, tandis que les autres sont du genre masculin. Je leur assure que même si le cheval est du genre masculin, les deux autres sont du genre féminin: une chatte et une chienne. Les élèves n'ont pas *lu* l'illustration en français, sinon ils auraient constaté que *le chat, le cheval* et *le chien* commencent tous par le son *ch*; le son initial de *vache* est différent. J'ai délibérément suscité cette confusion, car le son *ch* existe dans le mot *vache,* ce qui pourrait troubler les élèves.

Au Casse-tête 9, rangée D, un certain nombre de réponses sont possibles tant que l'explication est logique.

a. La réponse est *joueur de basket-ball;* c'est le seul qui porte une chemise sans manches.
b. La réponse est *joueur de tennis;* c'est la seule fille du groupe.
c. La réponse est *joueur de football;* le football est le seul sport qui se joue avec les pieds, tous les autres sports illustrés se jouent avec les mains.
d. La réponse est *joueur de base-ball;* dans les trois premières illustrations, la balle ou le ballon est clairement visible, mais non dans l'illustration du base-ball.

L'objet de cette activité n'est pas nécessairement de donner la réponse juste, mais de faire preuve de logique dans l'explication. Il a été remarqué que dans leur effort pour résoudre la difficulté et dans leur zèle à donner l'explication juste, les élèves oublient rapidement qu'ils parlent une langue étrangère. Autrement dit, l'accent passe de la forme linguistique à l'utilisation linguistique, car, dans son effort pour trouver la solution, l'apprenant formule sa solution dans la langue cible. Ce procédé psycholinguistique mène à "réfléchir" dans la langue cible.

Lettres de l'alphabet

Les lettres de l'alphabet permettent de représenter certains sons. En les plaçant à un endroit fixé d'avance, l'enseignant peut composer orthophonétiquement (c'est-à-dire à l'aide de caractères de l'alphabet représentant la prononciation réelle d'un texte) un certain nombre de mots. Par exemple, P I = pays.

Il peut être amusant de décoder des mots uniques et isolés, notamment si on donne des synonymes aux élèves pour les aider. Dans cette activité (Casse-tête 10), les instructions sont renversées: le synonyme ou la définition est utilisé comme stimulant pour trouver les lettres de l'alphabet.

En associant certaines lettres, on peut former phonétiquement plusieurs verbes (par exemple, NRV énerver). Écrivez les lettres qui expriment phonétiquement le synonyme de chacun des verbes suivants:

1. diminuer   6. compléter

2. employer
3. acquérir
4. exciter
5. abandonner

7. enlever
8. arrêter
9. dresser
10. obtenir par héritage.

(Réponses: 1, ABC, 2. UC, 3. HET, 4. AJT, 5. CD, 6. HEV, 7. OT, 8. CC, 9. RIJ, 10. RIT).
Tiré de: Anthony Mollica, *Joie de vivre. Anthologie d'écrits québécois* (Toronto: Copp Clark, 1976), p. 26. Reproduit ici avec l'autorisation de l'éditeur.

Casse-tête 10

L'inverse est possible cependant et peut constituer une première activité. Voici quelques exemples de lettres de l'alphabet qui composent des mots:

B B: bébé
Q V: cuver (cuvée)
D C D: décéder (décédé, décédée)
L E V: élever (élevé, élevée)
L N: Hélène
M A: Emma

O T: ôter (ôté)
T T: téter (tété)
I R: hier
A T: hâter (hâté, hâtée)
I D: idée
A B: abbé

Il s'agit d'une activité où l'on utilise du papier et un crayon. L'enseignant peut cependant l'envisager comme faisant partie d'un casse-tête "visuel" (Mollica 1981), car il s'agit en réalité d'un cryptogramme linguistique, c'est-à-dire qui attire l'attention sur la langue ou le moyen selon lequel elle se construit.

Rébus

Dans la section précédente, nous avons vu comment une lettre peut remplacer un mot ou un son, mais une image peut aussi remplacer parfois une lettre ou un son. La place de l'illustration dans la page peut remplacer tout le mot ou une partie du mot. C'est ce qu'on appelle un *rébus,* mot latin signifiant "au sujet des choses." Les anciens connaissaient cette forme d'écriture, qui est effectivement la base des hiéroglyphes égyptiens et d'autres alphabets, y compris les symboles chinois. Les rébus non seulement conviennent parfaitement pour illustrer des unités lexicales uniques, mais sont aussi utiles pour présenter des proverbes, des maximes, des dictons, etc. Par exemple, l'enseignant peut illustrer une série de noms, de verbes ou d'adjectifs en donnant aussi la définition du mot exprimé dans le rébus. L'activité devient relativement simple. Si, par contre, l'enseignant désire stimuler l'esprit des élèves, les définitions sont omises et seul le rébus est présenté pour être décodé (Casse-tête 11).

A. *Rébus avec définitions*

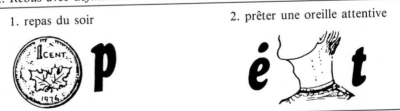

1. repas du soir

2. prêter une oreille attentive

B. *Rébus sans définitions*

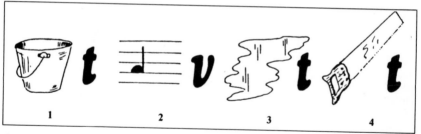

1   2   3   4

C. *Proverbes*

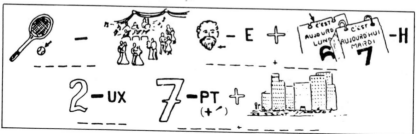

Casse-tête 11

Dans certains exemples, des lettres peuvent être ajoutées, ou ôtées, pour obtenir la solution souhaitée (Casse-tête 12).

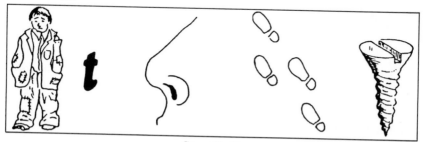

Tiré de: Maurice N. Taylor, *Jeux culturels* (Skokie, Illinois: National Textbook Co., 1968). Reproduit ici avec l'autorisation de l'éditeur.

Casse-tête 12

Le rébus le plus connu, peut-être, est celui que, nous dit-on, Frédéric II a adressé à Voltaire pour l'inviter à dîner:

$$\text{À} \quad \frac{\text{P}}{\text{6 heures}} \quad \text{À} \quad \frac{6}{100}$$

(À six heures souper à Sans-souci.)

La réponse de Voltaire fut simple et laconique: G a ("J'ai grand appétit.")

Maintenant que vous savez déchiffrer un rébus, essayez de résoudre le casse-tête suivant.

1 AB A̶ $\frac{P}{100}$

Une fois que les élèves ont déchiffré un certain nombre de rébus, on peut leur demander d'en composer quelques autres, soit seuls, soit en groupes. Si l'enseignant désire introduire un élément de compétition, l'élève ou le groupe qui aura composé le rébus le plus original recevra un prix.

"Francoglyphes"

Au cours de cette activité, les élèves reçoivent un cryptogramme à déchiffrer. Tous les mots sont écrits en majuscules, mais une ligne droite manque dans chaque lettre, sauf le "I". Les élèves doivent trouver la ligne qui manque dans chaque lettre, puis après l'avoir tracée où il faut, déchiffrer l'unité lexicale. Au Casse-tête 14, tous les mots se rapportent à la classe. Dans ce cas, l'activité est simplifiée, parce que chaque mot est précédé de l'article défini.

Si l'enseignant désire mettre l'accent sur des phrases plus longues, les maximes, les dictons et les proverbes conviennent parfaitement.

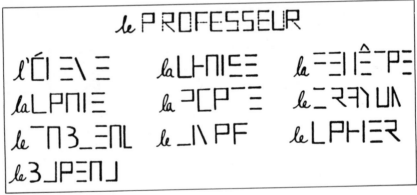

Casse-tête 13

Tiré de: Maurice N. Taylor, *Amusons-nous: A World Game Book for Students of French* (Skokie, Illinois: National Textbook Co., 1975). Reproduit avec l'autorisation de l'éditeur.

Codes secrets

Henry E. Dudeney fait remarquer que "Comme la vertu, un bon casse-tête comporte en soi sa propre récompense" (1958:13). "L'homme aime faire face à un mystère et n'est heureux que quand il l'a élucidé." Les élèves qui arrivent à décoder un message secret ont l'impression d'avoir vraiment accompli quelque chose. Pour une activité simple, le message peut se composer de chiffres. Le casse-tête ci-dessous (Casse-tête 14) en est un exemple possible qui pourrait être considéré davantage comme une activité où l'on utilise du papier et un crayon que comme un casse-tête visuel.

En mettant les lettres dans l'ordre voulu, trouvez cinq mots et écrivez-les sur les tirets à droite. (Le premier mot est un adjectif; le deuxième, un substantif; le troisième, un pronom; le quatrième et le cinquième, des verbes.) Puis transférez la lettre en bas, au numéro correspondant et vous trouverez une maxime d'un penseur français.

1. a t i s s u n p

$\overline{1}\ \overline{2}\ \overline{3}\ \overline{4}\ \overline{4}\ \overline{5}\ \overline{6}\ \overline{7}$ (puissant)

2. i x o v

$\overline{8}\ \overline{9}\ \overline{3}\ \overline{10}$ (voix)

3. l e a c

$\overline{11}\ \overline{12}\ \overline{13}\ \overline{5}$ (cela)

4. r i v v e

$\overline{14}\ \overline{3}\ \overline{14}\ \overline{15}\ \overline{12}$ (vivre)

5. d e r m o r

$\overline{16}\ \overline{9}\ \overline{15}\ \overline{17}\ \overline{15}\ \overline{12}$ (mordre)

Maxime:

$\overline{13}\ \overline{5}\quad \overline{1}\ \overline{5}\ \overline{4}\ \overline{4}\ \overline{3}\ \overline{9}\ \overline{6}$

$\overline{12}\ \overline{4}\ \overline{7}\quad \overline{13}\ \overline{5}\quad \overline{8}\ \overline{9}\ \overline{3}\ \overline{10}$

$\overline{17}\ \overline{2}\quad \overline{11}\ \overline{9}\ \overline{15}\ \overline{1}\ \overline{4}\text{'}\quad \overline{13}\ \overline{5}$

$\overline{11}\ \overline{9}\ \overline{6}\ \overline{4}\ \overline{11}\ \overline{3}\ \overline{12}\ \overline{6}\ \overline{11}\ \overline{12}\quad \overline{12}\ \overline{4}\ \overline{7}$

$\overline{13}\ \overline{5}\quad \overline{8}\ \overline{9}\ \overline{3}\ \overline{10}\quad \overline{17}\ \overline{12}\quad \overline{13}\ \overline{5}\ \overline{16}\ \overline{12}.$

Tiré de: Anthony Mollica, Elizabeth Mollica et Donna Stefoff, *Fleurs de lis. Anthologie d'écrits du Canada français* (Toronto: Copp Clark, 1973), p. 132. Reproduit avec l'autorisation de l'éditeur.

Casse-tête 14

Le casse-tête ci-dessous (Casse-tête 15) convient mieux, à titre de casse-tête visuel, pour décoder une maxime, un proverbe ou un dicton.

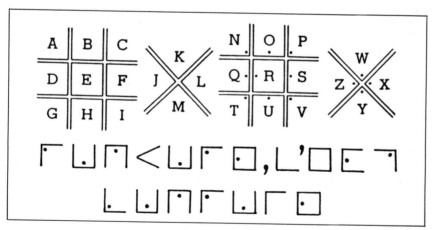

Casse-tête 15

Mots croisés

Le 21 décembre 1913, Arthur Wynne publiait les premiers mots croisés dans la page des casse-tête du journal du dimanche *World,* de New York (Millington

1977). Il ne se rendait probablement pas compte à ce moment-là du succès instantané que devaient connaître ses mots croisés. L'engouement le plus tenace
que l'Amérique ait jamais connu était éveillé.

On a beaucoup écrit sur l'utilisation des mots croisés dans la classe de langue.
Dino Bressan (1970), par exemple, préfère les mots croisés à cause de leur contribution évidente sur le plan linguistique. Bressan soutient qu'''un choix
minutieux de mots croisés, par ordre de complexité, contribue, grâce à la répétition, à l'acquisition de mots nouveaux et de locutions nouvelles, ainsi qu'à la
consolidation des connaissances déjà acquises.''

Dans un article publié deux ans après, dans la même revue, David E. Wolfe

Casse-tête 16

(1972) reconnaît la contribution utile de Bressan et donne un certain nombre d'exemples "peut-être davantage réalisables dans un cours de langue, en présumant que les mots croisés sont créés par l'enseignant et portent sur des questions déjà étudiées par l'élève." L'un des exemples proposés par Wolfe est l'indice-image. "Tout nom concret que l'enseignant peut dessiner," déclare Wolfe, "convient comme indice, en présumant qu'il a été enseigné." Nous sommes du même avis et préconisons l'indice indicateur sous forme d'image comme moyen efficace de créer des mots croisés, notamment si l'enseignant insiste sur le vocabulaire lié à un thème précis. Le Casse-tête 16 traite des "parties du corps." En tant que noms concerts, ces mots peuvent être illustrés et employés comme indices (Mollica 1978). Les mots croisés peuvent être très longs à composer. Il existe cependant un logiciel qui permet à l'enseignant d'introduire dans l'ordinateur les mots souhaités et d'obtenir, comme par magie, des mots croisés acceptables.

Dessins humoristiques

Assortir une légende à des dessins humoristiques est un autre type de casse-tête visuel dont les enseignants peuvent tirer parti (Mollica 1976b). Dans cette activité, l'élément visuel constitue le stimulant. C'est l'illustration qui présente les indices permettant de choisir la légende appropriée (Casse-tête 17). Etant donné que la légende contient souvent des unités ou des référence lexicales présentes dans l'illustration, il n'y a pas de difficulté à assortir une légende avec le dessin humoristique. Pour bien les fusionner, il faut comprendre parfaitement l'image et le texte imprimé.

Tiré de: Anthony Mollica, *Cartoons in the Language Classroom* (1976) Illustrations de Pellegrini.

Casse-tête 17

Quelle légende?...
Choisis la légende qui correspond au dessin humoristique.
a. — Quelle est la spécialité de votre restaurant?
    — L'addition
b. — Toi, quel numéro de soutien-rien portes-tu?
c. — Miaou!
    Miaou Tsé-Toung!
d. — Qu'est-ce que la télé représente pour vous?
    Une évasion.
e. — J'ai été chanceux, ma chère. J'ai trouvé un garçon!
f. — J'ai acheté une paire de souliers à la dernière mode.
g. — Papa, nos problèmes de provision d'essence n'existent plus. Je te présente mon fiancé!
h. — Voilà Colomb qui arrive. Il nous a découverts!
i. — Les invités arrivent. As-tu préparé le punch?

Suites d'images

Les dessins humoristiques sont utiles également pour stimuler la conversation. Les enseignants peuvent choisir quatre ou cinq dessins humoristiques à quatre images qui se font suite et donner à chaque élève une image seulement (Casse-tête 18). Dans cette illustration, quatre séries d'illustrations constituent une bande dessinée. Les illustrations ne sont évidemment pas disposées par ordre chronologique. Pour en tirer le meilleur parti possible pour l'expression orale, l'enseignant peut ne pas montrer aux élèves le Casse-tête 18, mais donner simplement une image à chacun. Chaque élève décrit ensuite son image aux autres (seize élèves en tout). À mesure que les élèves décrivent l'image qu'ils ont dans les mains, ils doivent comprendre très vite quelles sont les quatre images qui constituent la bande dessinée. Une fois que les quatre élèves ont trouvé les quatre images, ils se les décrivent et terminent en se plaçant dans l'ordre chronologique voulu. Résultat: Un groupe de quatre élèves résume oralement la bande dessinée. L'enseignant doit veiller à ce que les élèves ne se *montrent* à *aucun* moment les images. Chacun devrait ne voir que l'image qu'il a entre les mains. Ce n'est que quand l'ordre chronologique voulu a été établi que chaque élève montre son image, ce qui confirme que la suite d'images est bonne.

Casse-tête 18

Cette activité donne également de très bons résultats avec la série d'ouvrages que l'éditeur J.M. Dent a publiée (Latour 1968, Latour et Robinson 1973, 1974, 1975). Les enseignants peuvent découper les illustrations de l'ouvrage de Latour intitulé *Aventure à Montréal* et coller chacune d'elles sur une feuille de papier colorée (pour mieux faire ressortir l'illustration). Il y a trente-cinq illustrations en tout et chaque élève en reçoit une. L'objet de cette activité est le même que celui de la suite de dessins humoristiques. Dans cette activité, l'avantage est que les élèves connaissent déjà l'histoire (qu'ils ont lue avant l'organisation et l'activité). Une fois les illustrations disposées dans l'ordre voulu, l'enseignant demande à chaque élève de les décrire. Les descriptions consécutives donnent aux élèves le résumé, d'après les illustrations, de *L'Aventure à Montréal*. L'information est transmise de la page imprimée à la présentation non imprimée.

Dessins culturels ("Cultoons")

Dans un article récent, Genelle Morain souligne que "les professeurs de langue visent actuellement à rendre l'oeil responsable en formant l'esprit à voir ce qui est vraiment là." Selon Morain, les élèves, s'appuyant sur l'expérience accumulée dans leur mémoire, interprètent souvent mal les signes indicateurs provenant d'une autre culture. Morain discerne trois catégories de communication non verbale et crée le terme "cultoon" (*culture* + *cartoon:* dessin humoristique à caractère culturel) comme technique d'enseignement de ces aspects de l'initiation visuelle.

Une étude de "l'éducation visuelle" révèle trois catégories de communications non verbales que l'étudiant d'une langue doit être à même de comprendre. La catégorie la mieux connue est celle du *langage corporel:* gestes, expressions du visage, postures et distances d'interaction. La deuxième catégorie est celle du *langage des objets:* panneaux ou enseignes, dessins et objets tangibles qui transmettent un message spécial aux membres de la culture donnée. La troisième catégorie *le langage du milieu* est plus difficile à définir. Cette catégorie comprend les messages adressés par le milieu physique (couleurs et contours de la terre, du ciel et de la mer), toutes les contextures et les goûts de la culture qui transmettent à l'initié un sens que le profane peut difficilement pénétrer.

Une technique simple pour enseigner ces aspects de l'initiation visuelle est le "cultoon", terme hybride dérivé de *culture* et de *cartoon* (dessin humoristique). Anthony Mollica a démontré l'intérêt de l'utilisation systématique des dessins humoristiques dans le cours de langue. La raison de l'emploi du "cultoon" est légèrement différente. Le "cartoon" amuse, tandis que le "cultoon" informe. Il existe expressément pour dépeindre un aspect de la culture qui se comprend le mieux et qui est rendu mémorable si la présentation en est visuelle (Morain 1979:676). *(La traduction est de nous)*

Selon Morain, le "cultoon" peut comprendre:

- un dessin humoristique à une seule image, ou à images multiples, dépeignant un incident qui doit causer une méprise entre deux cultures;
- un texte de l'enseignant décrivant l'action;
- des points de discussion faisant ressortir la différence d'ordre culturel.

Tout en approuvant ce que dit Morain — ce que nous trouvons juste du point de vue pédagogique et susceptible de stimuler le débat et la conversation en classe — nous souhaiterions pourtant présenter une légère variante à la présentation ci-dessus, à l'aide de la *bande dessinée* et de l'agent qui élucide le mystère (détective). Nous estimons en outre que, même si Morain soutient que "le "cartoon" (dessin humoristique) amuse et le "cultoon" (dessin humoristique à caractère culturel) informe," ils peuvent tous deux s'harmoniser parfaitement et devenir inséparables (Casse-tête 19). L'"Inspecteur" découvre facilement le coupable à cause de la façon dont il tient sa fourchette. (En général, les Américains coupent la viande en tenant le couteau dans la main droite et la fourchette dans le main gauche, puis font passer la fourchette dans le main droite. Les Européens tiennent le couteau dans la main droite et la fourchette dans la main gauche, sans jamais faire passer la fourchette dans l'autre main.)

Les enseignants peuvent créer un personnage susceptible de repérer ces différences culturelles. Anthony Papalia et José A. Mendoza (1978a, 1978b, 1978c), par exemple, ont créé le personnage Inot (Toni épelé à l'envers!) qui vient d'une autre planète et qui, ignorant le mode de vie en Espagne, fait toutes sortes de bévues d'ordre culturel. Les élèves aident Inot à comprendre la culture du pays.

Casse-tête 19

Déductions logiques (Narrations)

Ce genre de casse-tête donne des renseignements fondés sur des faits qui permettent aux élèves de trouver la solution par la logique. Ces casse-tête n'exigent pas de connaissances mathématiques techniques, mais "de la lucidité et la faculté d'établir les relations logiques sous-entendues par les renseignements donnés" (Phillips 1961:v). Wylie décrit bien la façon d'obtenir la solution de ces casse-tête: "En répétant la méthode fondamentale qui consiste à énoncer une hypothèse quelconque, à en tirer des conclusions puis à en examiner la logique par rapport à l'ensemble du problème, on finit par tirer la réponse des renseignements, apparemment incohérents, donnés au début" (1957:4). Prenez, par exemple, le casse-tête suivant, qu'il faudrait présenter aux élèves en français ou en toute autre langue cible.

Mes filles, Pamela et Karen, ont invité dernièrement six jeunes filles du Québec. Étant donné que le troisième étage d'un immeuble d'appartements du voisinage n'est pas encore loué, le gérant accepte aimablement qu'elles logent dans les six appartements. Quand je demande qui va occuper chaque appartement et de quelle ville vient chacune des visiteuses, mes filles me donnent les indices suivants:
1. Hélène est de Sherbrooke.
2. La jeune fille de Québec occupe l'appartement 306.
3. Marie-Claire n'occupe pas un appartement d'angle.
4. La jeune fille de Chicoutimi occupe l'appartement situé entre ceux d'Hélène et de Suzanne.
5. La jeune fille qui occupe l'appartement 305 vient de Sept-Îles.
6. Gabrielle occupe l'appartement 302.
7. Paule occupe l'appartement 304.
8. La jeune fille de Trois-Rivières occupe l'appartement situé entre ceux de la jeune fille de Québec et de la jeune fille de Montréal.
9. Françoise occupe l'appartement qui fait face à celui de Suzanne.

Je dessine rapidement le plan du troisième étage de l'immeuble, et, compte tenu des indices donnés par mes filles, j'essaie de trouver le nom de chacune des visiteuses et de la ville d'où elle vient. Pourriez-vous le faire? Si oui, remplissez les blancs.

1. _____ vient de _____ et occupe l'app. 301.
2. _____ veint de _____ et occupe l'app. 302.
3. _____ vient de _____ et occupe l'app. 303.
4. _____ vient de _____ et occupe l'app. 304.
5. _____ vient de _____ et occupe l'app. 305.
6. _____ vient de _____ et occupe l'app. 306.

Casse-tête 20

L'enseignant peut, avec ce casse-tête, commencer à enseigner la géographie ou à faire des révisions dans cette discipline. Par exemple:

- On donne aux élèves une carte du Québec et on leur montre où se trouvent les villes de Sherbrooke, Chicoutimi, Sept-Îles, Montréal, Québec et Trois-Rivières.
- On peut demander aux élèves de dessiner la carte de la province et d'y situer les six villes qui sont mentionnées dans le casse-tête.
- On peut demander aux élèves de faire de la recherche sur chacune de ces villes et de trouver des renseignements sur chacune d'elles: population, histoire, lieux qui présentent de l'intérêt, etc.

L'élément visuel est utile dans le Casse-tête 20 (plan du troisième étage de l'immeuble d'appartements), mais, dans le casse-tête ci-dessous, l'élément visuel n'est pas vraiment nécessaire. Il confère cependant un certain effet esthétique et peut illustrer les trois sports: hockey, tennis et golf (Casse-tête 21).

À quel sport jouent-ils?

MM. Martin, Blanchet et LeBlanc aiment le sport. Ils aiment jouer au hockey, au tennis et au golf, mais pas nécessairement dans cet ordre. Le joueur de tennis qui est l'ami de M. Blanchet est le plus jeune des trois. M. LeBlanc est plus âgé que le joueur de hockey. Essaie de deviner le sport auquel chacun joue.

M. _____   M. _____   M. _____
   joue au hockey   joue au tennis   joue au golf

Casse-tête 21

Un autre casse-tête de déduction logique, comprenant quatre éléments au lieu de trois (voir le casse-tête précédent), est le suivant (Casse-tête 22):

Je connais quatre jolies filles qui aiment faire du ski nautique, prendre le soleil, faire du patinage artistique et tirer à l'arc. Je sais qu'elles s'appellent Marie, Renée, Hélène et Paule, mais je ne sais pas quel sport chacune aime. Je sais que...

1. Renée est plus grande que la jeune fille qui fait du patinage artistique et que la jeune fille qui tire à l'arc.
2. La jeune fille qui fait du ski nautique prend son repas toute seule.
3. Hélène joue souvent au tennis avec Paule.
4. La plus grande des quatre habite Montréal.
5. Marie prend souvent son déjeuner avec la jeune fille qui tire à l'arc et la jeune fille qui fait du patinage artistique.
6. Renée n'aime pas la danse.
7. Paule est plus grande que la jeune fille qui tire à l'arc.

Adaptation tirée de: Anthony Mollica et al., *Fleurs de lis. Anthologie d'écrits du Canada français* (Toronto: Copp Clark, 1973). Reproduit ici avec l'autorisation de l'éditeur.

Casse-tête 22

Réponses
a. Marie_____
b. Renée _____
c. Hélène _____
d. Paule_____

Les dessins ne servent qu'à illustrer le vocabulaire. Le casse-tête peut être déchiffré sans illustrations.

Dans un casse-tête descriptif proposé par Jocelyne Melnyk (1980), l'élément visuel est indispensable. Le casse-tête de Melnyk aurait pu prendre la forme d'une narration, mais, consciente de l'importance de la langue parlée, elle choisit et la narration et le dialogue (Casse-tête 23). Pour résoudre le casse-tête visuel, les élèves doivent comprendre le texte.

Un homme dangereux
Un agent de police parle avec M. Léon. M. Léon a vu un voleur dans une banque.
L'AGENT DE POLICE: Alors, monsieur Léon, vous avez vu le voleur. Est-ce que vous pouvez décrire cet homme dangereux?
M. LÉON: Oui, monsieur l'agent. Le voleur est grand et un peu gros. Il porte une chemise et une cravate. Il a aussi des lunettes, mais il n'a pas de chapeau sur la tête. Il a à la main droite une petite valise et à la main gauche un imperméable.

L'AGENT DE POLICE: Merci, monsieur Léon. Je sais maintenant qui est
le voleur.
*L'agent de police sait qui est le voleur. Est-ce que tu peux aussi trouver qui
est le voleur?*

Casse-tête 23

Déductions logiques (dialogue)

Les indices pour la déduction logique ne doivent cependant pas se présenter
nécessairement sous forme de narration. Dans le Casse-tête 24, les séries de remarques des joueurs de football devraient aider les élèves à trouver le numéro de
chacun.

De même, au Casse-tête 25, le dialogue entre les invités donne les indices
nécessaires pour trouver la réponse.

Casse-tête à énigme

Ces casse-tête ressemblent beaucoup aux déductions logiques. Dans ce cas, la
logique et un sens aigu de l'observation sont indispensables. Ces casse-tête présentent en général un héros ou un protagoniste (détective, agent secret, inspecteur
de police) qui élucide le "crime." Le héros ou protagoniste et le lecteur se trouvent sur le même plan, intellectuellement: on leur présente les mêmes faits et
ils observent tous deux exactement la même scène. Autrement dit, les con-

Anthony Mollica

Identifie le numéro de chaque joueur.

Casse-tête 24

Qui est Hélène? Elle est _____ de Marie.

Casse-tête 25

naissances que possède le héros ou le protagoniste sont présentées également au lecteur. Lors de l'élucidation de ce casse-tête, le sentiment de satisfaction est plus grand, car, en essayant de trouver la solution, le lecteur s'identifie au héros ou au protagoniste. Il y a transfert de rôle du monde imaginaire à la vie réelle. En élucidant le mystère, le lecteur se targue des mêmes exploits intellectuels que le héros ou protagoniste imaginaire. Dans le Casse-tête 26, le protagoniste repère le voleur par la réflexion logique (déduction) et par l'observation de diverses scènes (illustrations).

Aux Casse-tête 27 et 28, c'est la *bande dessinée muette* qui est utilisée. Dans chaque casse-tête, les quatre premières images représentent la narration de la victime. Le protagoniste (l'"inspecteur") élucide le crime en accusant la victime elle-même. Naturellement, certaines des remarques de la victime ne coïncident pas avec la réalité de la scène observée par l'"inspecteur." C'est à cause de son sens aigu de l'observation que le protagoniste peut accuser de mensonge les deux victimes. Le lecteur se trouve sur le même plan, visuellement et intellectuellement, et s'identifie évidemment avec le protagoniste du casse-tête à énigme.

Conclusion

En ajoutant au cours de langue un élément visuel à la résolution de problèmes,

Qui est-ce que l'agent a arrêté? Pourquoi?

Casse-tête 26

Pourquoi l'inspecteur décide-t-il d'arrêter ce monsieur?

Casse-tête 27

Anthony Mollica

l'enseignant non seulement intègre une composante récréative à l'apprentissage, mais aussi favorise l'apprentissage verbal et stimule l'interaction en communication. L'association de stimulants visuels et d'expressions linguistiques est au coeur même de la créativité linguistique, car chaque langue permet à ses locuteurs non seulement de parler de la réalité visuelle, mais aussi, dans nombre de cas (comme l'hypothèse de Whorf le laisse à entendre, à savoir que la perception du monde ou *die Weltanschauung* subit l'effet de la langue que l'on parle), d'y conférer une structure (Whorf 1956). En reliant la langue cible aux définitions visuelles, l'apprenant prend conscience de la subtilité avec laquelle la langue exprime la réalité. De tels indices visuels présentés sous forme de résolution de problèmes peuvent finalement faire partie intrinsèque de l'apprentissage, car ils sont intégrés aux exercices écrits traditionnels, lesquels ne comprennent pas les phénomènes visuels et leur traduction en paroles.*

* Le présent texte n'est que la version préliminaire d'un long ouvrage en cours de rédaction. Je tiens à remercier M. Ronald J. Cornfield, ministère de l'Éducation de l'Ontario, M. Marcel Danesi, Université de Toronto, et M. Anthony Papalia, State University of New York, à Buffalo, d'avoir bien voulu lire le manuscrit et présenter leurs critiques, leurs conseils inappréciables et leur encouragement. Je tiens également à remercier M.W. James Gray d'avoir illustré plusieurs casse-tête. Pour l'autorisation de réimprimer les parties protégées par le droit d'auteur, j'exprime ma gratitude aussi à Copp Clark Publishing, à la National Textbook Co., et à 3M.

Références

Beauregard, Jean et Léandre Turcotte. 1974. *Le langage*. Collection Balises. Montréal: Beauchemin.

Bressan, Dino. 1970. "Crossword Puzzles in Modern Language Teaching," *Audio-Visual Language Journal*, 8, 2: 93-95.

Brigola, Alfredo L. 1978. *Practicing Italian. Exercise Manual for Basic Italian*. Fourth Edition. New York: Holt, Rinehart and Winston.

Calvé, Pierre, Claude Germain, Raymond LeBlanc et Florence Rondeau. 1972. *Le français international*. Montréal: Centre Educatif et Culturel, inc.

Caré, J.M. et F. Debyster. 1978. *Jeu, langage et créativité*. Paris: Hachette/Larousse.

Crawshaw, Bernard E. 1972. *Let's Play Games in French*. Skokie, Illinois: National Textbook Co.

Danesi, Marcel. 1979. "Puzzles in Language Teaching," *The Canadian Modern Language Review/La Revue canadienne des langues vivantes*, 35, 2(janvier): 269-77.

Danesi, Marcel. 1980a. "The Language of Verbal Problems in Mathematics," *Ontario Mathematics Gazette*, 18, 3(mars): 28-33.

Danesi, Marcel. 1980b. "Mathematical Games in Foreign Language Courses," *Rassegna italiana di linguistica applicata*, 12, 2: 195-204.

Da Silva, Zenia Sacks. 1971. *Invitación al español*. New York: Macmillan.

Dudeney, Henry E. 1958. *The Canterbury Puzzles*. New York: Dover.

Le Français dans le Monde, 1976. No. 123 (août-septembre). Ce numéro est dédié aux "Jeux et enseignement du français."

Hubp, Loretta B. 1974a *Let's Play Games in Spanish*. Volume 1: Kindergarten to Grade 8, Skokie, Illinois: National Textbook Co.

Hubp, Loretta B. 1974b. *Let's Play Games in Spanish*. Volume 2: For Intermediate and Advanced Students. Skokie, Illinois: National Textbook Co.

Kozma, Janice M. 1978. *Carosello: A Cultural Reader*. New York: Holt, Rinehart and Winston.

Lamadrid, Enrique E., William E. Bull et Laurel A. Briscoe. 1974. *Communicating in Spanish Level 1 (Workbook)*. Boston: Houghton Mifflin.

Latour, Omer. 1968. *Aventure à Montréal.* Toronto: J.M. Dent.

Latour, Omer et Claudette Robinson. 1968. *Aventure en Gaspésie.* Toronto: J.M. Dent.

Latour, Omer et Claudette Robinson. 1973. *Aventure en Gaspésie.* Toronto: J.M. Dent.

Latour, Omer et Claudette Robinson. 1975. *Aventure dans les Laurentides.* Toronto: J. M. Dent.

Lee, W.R. 1965. *Language Teaching Games and Contests.* Oxford: Oxford University Press.

Melnyk, Jocelyne. 1980. "A Touch of ... Class!: Un homme dangereux." *The Canadian Modern Language Review/La Revue canadienne des langues vivantes,* 37, 1(octobre): 133.

Merlonghi, Ferdinando, Franca Merlonghi et Joseph A. Tursi. 1978. *Oggi in Italia: A First Course in Italian.* Boston: Houghton Mifflin.

Millington, Roger, 1977. *Crossword Puzzles. Their History and Their Cult.* New York: Pocket Books.

Mollica, Anthony. 1970. "The Reading Program and Oral Practice," *Italica,* 48,4(hiver): 522-541. L'article a été réimprimé dans *The Canadian Modern Language Review/La Revue canadienne des langues vivantes,* 29, 1(octobre 1972): 14-21 et 29,2:(janvier 1973): 46-52. Une version plus longue a paru dans Anthony Mollica. réd., *A Handbook for Teachers of Italian.* Publié par The American Association of Teachers of Italian. Don Mills: Livingstone Printing. 1976. Pp. 75-96.

Mollica, Anthony, réd. 1976a. *Joie de vivre. Anthologie d'écrits québécois.* Toronto: Copp Clark.

Mollica, Anthony 1976b. "Cartoons in the Language Classroom." *The Canadian Modern Language Review/La Revue canadienne des langues vivantes,* 32, 4(mars): 424-444.

Mollica, Anthony. 1978. "A Touch of ... Class!: Mots croisés." *The Canadian Modern Language Review/La Review canadienne des langues vivantes,* 34, 2(janvier): 265-269.

Mollica, Anthony. 1979. "Games and Language Activities in the Italian Classroom." *Foreign Language Annals,* 12, 5(octobre): 347-354. Une version plus longue

de cet article est disponible en microfiche, ERIC ED 140 654.

Mollica, Anthony. 1981. *Pencil and Paper Activities in the FSL Classroom.* Ancaster, Ont.: Wentworth County Board of Education.

Mollica, Anthony et Angela Convertini, réds. 1979. *L'Italia racconta ... Antologia di racconti e novelle.* Toronto: Copp Clark.

Mollica, Anthony, Donna Stefoff et Elizabeth Mollica, réds. 1973. *Fleurs de lis. Anthologie d'écrits du Canada français.* Toronto: Copp Clark.

Morain, Genelle. 1977. "Visual Literacy: Reading Signs and Designs in the Foreign Culture," *Foreign Language Annals,* 9, 3: 210-16.

Morain, Genelle. 1979. "The Cultoon," *The Canadian Modern Language Review/La Revue canadienne des langues vivantes,* 35, 4(mai): 676-90.

Morgan, Clifford T. et Richard A. King. 1966. *Introduction to Psychology.* 3e éd. New York: McGraw-Hill.

Niedre, John et Jocelyne Melnyk. 1980. "A Touch of ... Class: Peux-tu identifier les provinces et les territoires du Canada?" *The Canadian Modern Language Review/La Review canadienne des langues vivantes,* 36, 2(janvier): 321-22.

Omaggio, Alice. 1979. *Games and Simulations in the Foreign Language Classroom.* Language in Education: Theory and Practice Series No 13. Arlington, Virginia: Center for Applied Linguistics.

Papalia, Anthony et José A. Mendoza. 1978a. *Aventuras con la lengua y la cultura.* Rowley, Mass.: Newbury House.

Papalia, Anthony et José A. Mendoza. 1978b. *Lengua y cultura. Primera etapa.* Rowley, Mass.: Newbury House.

Papalia, Anthony et José A. Mendoza. 1978c. *Lengua y cultura. Segunda etapa.* Rowley, Mass.: Newbury House.

Philips, Hubert. 1961. *My Best Puzzles in Logic and Reasoning.* New York: Dover.

Philips, June K. 1976. "Fun! Not for Fridays Only." Conférence d'ouverture lue au Congrès Northeast Ohio Teachers' Conference, Cleveland, Ohio. Octobre.

Schmidt, Elizabeth. 1977. *Let's Play Games*

in German. Skokie, Illinois: National Textbook Co.

Wardhaugh, Ronald. 1974. *Topics in Applied Linguistics*. Rowley, Mass.: Newbury House. Voir particulièrement pp. 146-149.

Whorf, Benjamin Lee. 1956. *Language, Thought and Reality,* réd. John B. Carroll. Cambridge, Mass.: Massachusetts Institute of Technology Press.

Wolfe, David E. 1972. "Teacher-made crossword puzzles," *Audio-Visual Language Journal,* 10, 3(hiver): 177-181.

Wright, Andrew, David Betteridge et Michael Buckby. 1979. *Games for Language Learning.* Cambridge: Cambridge University Press.

Wright, Wendy, Margaret Dobson et Ramon J. Hathorn, réds. 1974. *Voix canadiennes.* Toronto: Holt, Rinehart and Winston.

Wylie, C.R. 1957. *101 Puzzles in Thought and Logic.* New York: Dover.

Roger Tremblay

21   La bande dessinée: Une typologie

Depuis quelques années déjà, la bande dessinée a fait son apparition dans le cours de français. Elle est devenue, aux dires de plusieurs, un des médiums les plus recherchés, capable à la fois d'intéresser les étudiants et de contextualiser la langue. Peut-on en dire autant des autres outils d'apprentissage de la didactique traditionnelle?

Si la bande dessinée elle-même est facile à trouver, il n'en est pas ainsi des ouvrages ou articles traitant de son utilisation dans la salle de classe. Le professeur de langues se voit donc obligé de développer lui-même ses propres stratégies d'intervention. Trop souvent l'imagination lui fait défaut, l'obligeant à sous-utiliser ce qu'il sait être un outil de premier ordre.

Les quelques lignes qui suivent sont le fruit d'une réflexion qui, nous l'espérons, lui permettra d'exploiter davantage ce médium. Dans un premier temps, nous explorerons quelques notions d'ordre théorique à la base d'une typologie de la bande dessinée; dans un deuxième temps, nous tenterons de dégager, pour certains de ces types, quelques stratégies d'intervention pédagogique.

Vers une typologie

La bande dessinée dont il est question ici se définit comme une suite d'images formant un récit. Il existe bien sûr d'autres catégories de bandes dont la fonction n'est pas de raconter, mais celles-ci ne font pas, pour l'instant, l'objet de notre étude.

La principale caractéristique de ce genre de récit illustré est la monosémie. L'artiste-concepteur met tout en oeuvre pour s'assurer que le message soit clair et facile à comprendre. Il veut raconter une histoire précise; il ne demande pas au lecteur de créer sa propre histoire.

La Figure 1 présente une histoire qui ne revêt pas cette caractéristique: elle ne constitue donc pas une véritable bande dessinée.

Si on demandait à trois personnes de raconter l'histoire qu'elle représente, on retrouverait certainement des versions assez différentes. Ces différences ne se situeraient pas au niveau de la description de l'action — il s'agirait toujours d'histoires de pêche — mais plutôt au niveau du temps de l'action (jour de la

"La bande dessinée: une typologie" tiré de *The Canadian Modern Language Review/La Revue canadienne des langues vivantes*, 36, 3 (1980): 504-513. Reproduit ici avec la permission du rédacteur.

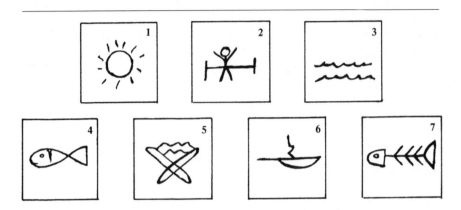

Figure 1

semaine, mois, partie de la journée), des lieux (au chalet de monsieur Untel, sur une rivière ou un lac), de l'importance des divers éléments (taille du poisson, température, etc.), du nombre et de l'attitude des personnages (pêcheur solitaire ou en famille, faim, degré de satisfaction face aux résultats de la pêche). En somme, chaque récit serait fortement influencé par l'imagination du conteur. Le dessinateur n'a pas tout dit.

Dans une véritable bande dessinée comme celle de la Figure 2, l'artiste, au con-

Figure 2

traire, nous demande de lire et de comprendre quelque chose de précis.[1] Tout est clair: on peut facilement identifier l'action (hypnotiser, rêver, manger), le temps (jour, nuit, matin), les lieux (dans le cabinet de l'hypnotiseur, à la maison), l'importance des divers éléments (apparence physique du patient, rêve, bâtons de hockey), l'attitude des personnages (sourire) et même les relations qu'ils entretiennent entre eux (patient-hypnotiseur, époux-épouse).

L'artiste a contrôlé l'information qu'il nous présente: il dit tout ce qui est important pour être compris. Le code visuel, la séquence des vignettes, le contenu des phylactères sont autant d'éléments qui lui permettent de structurer son message. L'art de la bande dessinée consiste à manipuler l'une ou l'autre de ces composantes de façon à atteindre un but, celui de raconter une histoire intéressante et facile à comprendre.

L'examen plus approfondi de ces trois composantes nous permet de définir une typologie de la bande dessinée. Lorsqu'on parle de la bande dessinée comme d'une série de vignettes, il est possible d'y déceler deux grandes catégories: les bandes fermées et les bandes ouvertes. Une bande est fermée lorsqu'elle ne contient qu'un nombre infime de vignettes; elle est complète dans chaque livraison du journal (e.g., Hubert, Achille Talon, etc.). Par contre, une bande est ouverte

Bande parlante où le texte porte le gros de la signification: si l'on cache le texte, on n'y comprend rien.

Figure 3

lorsque le récit comprend un grand nombre de vignettes et, par conséquent, requiert plusieurs jours et parfois plusieurs semaines pour se développer et atteindre un dénouement final (e.g., Tarzan, Dick Tracy, etc.). De fait, cette dernière catégorie ressemble parfois beaucoup au roman savon, feuilleton sentimental et romantique de la radio ou de la télévision.

De par sa longueur, cette dernière se compare aussi à la bande d'un album. Cependant, il est évident que c'est un mode distinct se caractérisant par une certaine lenteur du développement et par la présence d'au moins deux types de vignettes: la vignette *cliff-hanger,* dernière d'une série dont la fonction est de maintenir l'intérêt du lecteur (e.g., Tarzan dans la gueule d'un monstre marin), et la vignette-résumé, première d'une série dont la fonction est de résumer l'action ou de résoudre un dilemme (e.g., Tarzan réussit à s'échapper).

Lorsqu'on examine la bande dessinée du point de vue du texte, il est possible d'identifier deux groupes: celui des bandes qui ne font pas usage de phylactères ou dont les phylactères contiennent des images (cf. Figure 6) et celui des bandes parlantes dont les phylactères présentent un texte. Ce dernier groupe peut lui-même être divisé en trois groupes: ceux dont la signification est assurée surtout par le texte (cf., Figure 3) — dans ce cas, l'image ne fait que situer le récit — ceux dont la signification est véhiculée également par le texte et l'image, et ceux

Bande parlante où le texte et l'image sont en relation complémentaire: en cachant le texte on perd une partie de la signification.

Figure 4

Bande parlante où la signification repose surtout sur l'image

Figure 5

dont la signification est transmise surtout par l'image (cf., Figure 5) — le texte ne faisant que reproduire ou renforcer l'image.

À partir de ces quelques données, il est donc possible d'établir le tableau suivant d'une certaine typologie de la bande dessinée.

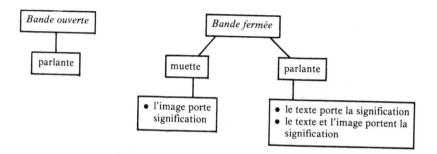

Ce tableau met en évidence le fait que la bande fermée peut présenter beaucoup plus de variété que la bande ouverte. Alors que la bande ouverte est toujours parlante, la bande fermée, elle, peut aussi être muette. De plus, lorsqu'elle est parlante, elle peut varier de trois façons dans sa relation texte-image, ce que l'on ne retrouve pas dans la bande ouverte où texte et image ont l'une par rapport à l'autre une fonction de complémentarité.

Stratégies d'intervention pédagogique

Le professeur de langue désireux d'utiliser au maximum la bande dessinée doit tenir compte des caractéristiques propres aux différents types de bandes. Il doit adopter des stratégies d'intervention lui permettant d'exploiter le potentiel de chacun.

Afin de l'aider dans cette tâche, nous suggérons deux modes d'utilisation:
1. présentation de la bande telle que l'a conçue l'artiste: exploitation de la monosémie;
2. modification de la bande de façon à créer une certaine ambiguité de la signification (e.g., vider les phylactères, ne présenter qu'une image de la série, etc.): exploitation de la polysémie.

Dans le premier, le professeur exigera de l'élève une certaine compréhension de ce que l'artiste a voulu dire; dans le deuxième, il exploitera sa créativité.

Nous tenterons maintenant de dégager pour chacun de ces modes d'intervention quelques stratégies fondamentales. Cette discussion ne portera, cependant, que sur l'utilisation de la bande dessinée dans la classe d'expression orale.

Exploitation de la monosémie
• *Bande ouverte:*

Vu le développement très lent de l'intrigue et la pauvreté des renseignements fournis, la bande ouverte se prête assez mal à une exploitation de la monosémie. Le professeur peut toujours amener ses élèves à en décrire les images et à y lire le texte. Cependant, il devra tenir compte du fait que ces activités exigent un certain degré de familiarité avec les personnages et le récit. Cette familiarité ne s'acquiert que par un contact avec plusieurs bandes ouvertes étudiées en séquence.

Avec des élèves de niveau plus avancé, le professeur pourra exploiter la bande dessinée en tant que médium et leur demander d'y analyser le langage visuel (Convard et Saint-Michel 1972). Il devra cependant bien choisir ses bandes car plusieurs bandes ouvertes, dont plusieurs bandes américaines, sont assez pauvres de ce côté. Il ne faudrait pas cependant étendre ce jugement à toutes les bandes américaines: le langage visuel d'un "Tarzan" est très riche.

• *Bande fermée muette:*

La bande fermée est plus facile à utiliser. Si nous prenons le cas de la bande muette de la Figure 6, plusieurs approches semblent possibles. Nous n'étudierons ici qu'une seule d'entre-elles.

L'apprentissage suggéré se divise en trois étapes distinctes:

- la description
- le dialogue
- la narration

Bande muette

Figure 6

Étape 1: Description

Avant d'entreprendre cette étape, le professeur reproduit chaque vignette de la bande sur du carton grand format (35 cm x 42 cm). Même s'il n'a aucun talent artistique, il pourra facilement le faire à l'aide d'un projecteur opaque.

En classe, il montre la bande vignette par vignette et demande aux élèves de décrire ce qu'ils voient. Chacun apporte sa contribution sous forme d'une courte phrase. Si les élèves ne réussissent pas à décrire l'essentiel de la vignette, le professeur les guide par des questions précises.

Après la description de la vignette, un élève résume en quatre ou cinq phrases ce qui a été dit. On procède ainsi pour chacune des vignettes.

Étape 2: Dialogue

Cette étape permet aux élèves de réutiliser et d'enrichir ce qu'ils ont trouvé dans la description. Il s'agit alors pour le professeur d'identifier tous les personnages de la bande — la mère, le petit garçon, le grand frère — et d'y ajouter le narrateur. (Celui-ci permet d'utiliser à nouveau ce qui a été dit dans la première étape). Ceci fait, il divise la classe en quatre groupes et attribue à chacun un rôle différent.

Il reprend ensuite la bande vignette par vignette et dirige la classe dans une activité d'expression orale. On construit ainsi une série de courts dialogues formant un petit "sketch." (À partir des suggestions des élèves, le professeur dicte aux différents groups ce qu'ils doivent écrire).

Le "sketch" terminé, chaque groupe se choisit un représentant pour jouer le rôle assigné. Le professeur sert alors de conseiller quant à l'intonation et à la prononciation.

Étape 3: Narration

Pour cette étape, le professeur prépare lui-même la narration correspondant à la bande étudiée en classe. Ce texte contiendra exactement le même nombre de phrases qu'il y a d'élèves dans la classe (e.g., 30 élèves, 30 phrases). Après avoir découpé chaque phrase et mélangé les petits bouts de papier, le professeur les distribue aux élèves et leur demande de reconstruite oralement le texte original. Il lit la première phrase et laisse à chacun le soin d'y ajouter la sienne au bon moment. L'activité se termine lorsque la classe a pu reconstituer le texte au complet (Gibson 1975).

• *Bande fermée parlante:*

La bande fermée parlante se prête, elle, à d'autres modes d'utilisation:
1. vider les phylactères, raconter l'histoire à la classe et demander aux élèves de construire le dialogue et de le jouer devant la classe,
2. diriger la classe dans une activité de composition orale où l'on cherche à raconter une bande déjà étudiée,
3. vider les phylactères d'une bande et écrire le texte de façon non-suivie au tableau, demander aux élèves de trouver la relation texte-image et de l'expliquer.

Exploitation de la polysémie
• *Bande ouverte*

Pour ce qui est de la bande ouverte, deux techniques principales semblent dominer le répertoire. Tout d'abord après avoir dirigé la classe dans un exercice de description, il est possible, dans le cas où la dernière vignette est de nature "cliff-hanger," de demander aux élèves d'imaginer comment le personnage va réussir à se sortir de sa situation précaire. De plus, lorsque les élèves ont une vue d'ensemble des bandes d'une semaine on peut leur demander de résumer l'intrigue et même de prévoir ce que sera la première vignette de la prochaine livraison.

• *Bande fermée muette:*

Les deux techniques sus-mentionnées sont nettement spécifiques à la bande ouverte. Cependant, un grand nombre d'autres techniques aussi riches se rattacheraient davantage aux bandes fermées. La première est spécifique à la bande muette. Dans ce cas, il s'agit de ne présenter aux élèves qu'une seule vignette. Evidemment, il faut identifier et utiliser celle que l'on pourrait qualifier "d'image en déséquilibre."

La vignette présentée à la Figure 7 illustre bien ce qu'on entend par image en

Image en déséquilibre

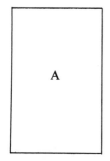  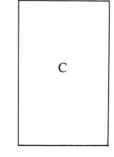

Figure 7

déséquilibre. Elle nous montre un pilote en train d'opérer une manoeuvre d'urgence, mais elle nous suggère en même temps pourquoi cette manoeuvre était nécessaire (ce que contiendrait normalement la vignette A et sa résultante, la vignette C).

La Figure 8, cependant, nous présente une image plutôt statique. Il s'agit bien d'une situation qui aura un dénouement, mais l'artiste ne nous suggère pas la nature de ce dénouement. C'est pourquoi cette image n'a pas le même impact sur nous. La classe décrit l'image, on forme des équipes et on prépare ainsi, sans avoir vu le reste de la bande, soit une description de la vignette qui précède et qui suit, soit un récit complet de l'incident. Quelques élèves présentent leurs idées, le professeur montre la bande complète et on compare les différentes versions

Image plutôt statique

Figure 8

à celle de l'artiste-concepteur.

Une deuxième technique basée sur la polysémie consiste à prendre une bande muette de sept ou huit vignettes, à les numéroter et à les découper. Au verso, le professeur écrit le nom du personnage principal et le thème du récit (e.g., la panne d'électricité). Il distribue les vignettes aux élèves, leur explique que chacune est numérotée et fait partie d'un même récit. Chaque élève prépare trois phrases servant à raconter la partie du récit représentée par sa vignette.

Les sept ou huit étudiants vont ensuite devant la classe, se placent en ordre selon le numéro de leur vignette et racontent leur partie du récit.

Avant de commencer, cependant, il faut avertir les participants que celui qui parle en premier dicte le temps du verbe à utiliser. Par exemple, s'il commence au présent, il faut que tous les autres utilisent le présent.

Lorsque l'activité est terminée, on demande aux étudiants de la classe d'identifier les erreurs de logique.

• *Bande fermée parlante:*

La dernière technique dont il sera question ici est basée sur l'utilisation de la bande parlante où il y a un équilibre entre le texte et l'image. Il s'agit de donner à tous les élèves une copie d'une bande parlante modifiée (on a vidé les phylactères) et leur demander de composer le récit de ce qu'ils comprennent de la situation. (Si la bande a été bien choisie, les élèves auront différentes interprétations.) Ils présentent ce récit à la classe, créent les dialogues correspondants et les écrivent dans les phylactères. Ceci sert ensuite à créer un "sketch" qu'ils peuvent enrichir et présenter devant la classe.

Conclusion

Nous avons tenté de dégager ici une certaine typologie de la bande dessinée et d'illustrer comment elle serait utile au développement d'une pédagogie de la langue seconde. Nous croyons qu'un professeur conscient de cette typologie pourra facilement trouver des moyens variés d'utiliser ce médium dans son enseignement. Nous espérons qu'elle servira de point de départ à la recherche et à la discussion.

Note

1. La plupart des illustrations sont tirées de R. Lado et R. Tremblay, *Lado English Series.*
   Montréal: Centre Educatif et Culturel, 1979.

Références

Brown, James W. 1977. "Comics in the Foreign Language Classroom: Pedagogical Perspectives,"*Foreign Language Annals*, 10: 18-25.

Byrne, D. 1973. "Oral Expression Through Visuals," *E.T. Forum* (septembre-octobre).

Convard, D. et S. Saint-Michel. 1972. *Le Français et la bande dessinée*. Paris: Fernand Nathan, 1972.

Gibson, R.E. 1985. "The Strip Story: A Catalyst for Communication," *TESOL Quarterly* 9, No 2 (juin)

Mollica, Anthony. 1987. "Print and Non-Print Materials: Adapting for Classroom Use," dans June K. Phillips, réd., *Building on Experience — Building for Success,* ACTFL Foreign Language Educational Series, Volume 10. Skokie, Illinois: National Textbook Co.

Mollica, Anthony. 1976. "Cartoons in the Language Classroom," *The Canadian Modern Language Review/La Revue canadienne des langues vivantes,* 32, 4 (mars): 424-444.

Rollet, G. 1974. "Des bandes dessinées ... pourquoi? *Le Français dans le Monde,* 107:14-18.

Roux, A. 1970. *La Bande dessinée peut être éducative.* Paris: l'Ecole.

Taska, B.K. 1976. "Mini-Lessons from the Funnies," *E.T. Forum* (juillet).

Tremblay, Roger. 1978. "Using Magazine Pictures in the Second-Language Classroom," *The Canadian Modern Language Review/La Revue canadienne des langues vivantes,* 35, No 1 (octobre): 82-86.

Tremblay, Roger. 1979. "Techniques d'utilisation de l'image," *OKAZOU,* 1, No 1 (octobre).

22

Enseignants et apprenants face à l'erreur: ou de l'autre côté du miroir

Dans la perspective d'un enseignement centré sur l'apprenant, les notions d'apprentissage et d'erreur occupent actuellement en didactique des langues une place centrale.

Une définition de l'erreur, et les options qui en découlent, dépendent du point de vue et de l'attitude adoptés. Comme l'a montré S.P. Corder (1967), il existe *grosso modo* deux attitudes vis-à-vis des erreurs des apprenants. Selon la première, leur apparition est le signe d'un enseignement inadéquat : avec une méthode et un enseignement parfaits, il n'y aurait jamais d'errers. La seconde, fataliste, y voit un phénomène inéluctable ; rien n'est parfait en ce bas monde ("errare humanum est") et, même si l'enseignant tente de les combattre comme un ennemi, une maladie, ou un péché, il faudra toujours s'y attendre et se résigner à les traiter lorsqu'elles apparaissent.

Il existe cependant une troisième attitude qui voit dans l'erreur une manifestation naturelle et nécessaire des processus d'apprentissage : c'est en se trompant qu'on apprend, "sbagliando s'impara." A cet égard, les recherches récentes sur l'appentissage des langues étrangères (L.E.) contribuent à réexaminer le concept d'erreur à l'intérieur d'une théorie de l'apprentissage. Leur diffusion dans la littérature pédagogique (voir bibliographie), dans les stages et les programmes de formation ont déjà donné un certain prestige, voir une certaine vogue à des pratiques telles que l'"analyse d'erreurs" et la "pédagogie de l'erreur." Celles-ci suscitent des réactions diverses : l'une de défiance ou de réprobation devant une pédagogie jugée laxiste, qui accepterait voire encouragerait les erreurs, l'autre de confiance devant les possibilités que pourrait ouvrir à l'enseignement une approche présumée scientifique des erreurs et de leur traîtement. Sans parler de l'indifférence d'un certain nombre pour qui leur expérience pédagogique suffit à connaître les errers — toujours les mêmes ? — prévisibles et constatées et à les corriger : les théories nouvelles en la matière ne leur apportant au fond rien de nouveau, si ce n'est un encombrement terminologique inutile. Ces diverses réactions paraissent fondées sur certains malentendus et sur une méconnaissance de la signification réelle des erreurs dans l'apprentissage d'une langue. Pour y voir plus clair, il y a lieu d'envisager tout à tout l'erreur du point du vue de l'enseignant, puis du point de vue de l'apprenant, de façon à éclairer diverses pistes pour une pédagogie intégrée de l'erreur.

"Enseignants et apprenants face à l'erreur," tiré de *Le Français dans le Monde,* 154 (1980): 29-36. Reproduit ici avec la permission du rédacteur.

---

1. L'enseignant face à l'erreur

L'évaluation institutionnelle des apprentissages, en langues vivantes et ailleurs, repose en partie sur le relevé et l'appréciation des erreurs. Dans cette optique, toute apparition d'erreurs constitue un "moment critique potentiel" (Allwright 1975). Critique parce que crucial et parce que difficilement vécu, et différemment, par l'apprenant et l'enseignant. Cet écart est lui-même une source virtuelle de malentendus, de conflits ou d'inhibitions. Pourtant, on le verra, ce moment critique peut aussi être envisagé, perçu et vécu de façon positive, tout comme les activités qu'il entraîne.

Dans toute situation institutionnelle, l'apparition des erreurs, leur appréciation, leur traitement et plus largement l'évaluation des apprentissages révèlent et cristallisent l'ambiguïté du statut de l'enseignant, investi de pouvoir et de responsabilité. Dans la classe, il est le seul habilité, en principe, à décider péremptoirement de ce qui est "correct" ou non ; seul à bien connaître la langue qu'il enseigne et la progression qu'il adopte, il a le pouvoir, dans le quotidien pédagogique comme dans l'évaluation et la notation, du verdict et de ses implications. Situation souvent malaisée, car la frontière entre le "juste" et le "faux," le "correct" et l'"incorrect," le "possible" et l'"impossible," n'est pas toujours tranchée ni facilement décidable, *à fortiori* lorsque le professeur n'enseigne pas sa propre langue maternelle et qu'il vise à enseigner une compétence de communication comparable à celle des locuteurs natifs.

En contrepartie de ce pouvoir, l'enseignant est responsable de l'apprentissage et donc de la réussite de ses élèves. Il est évalué et s'évalue, à chaque stade de l'apprentissage, à leur maîtrise de la langue étrangère, et donc, jusqu'à un certain point, à la quantité et à la gravité de leurs erreurs. Miroir qui lui renvoie une certaine image de son enseignement.

Au "moment critique," l'enseignant a la responsabilité de l'attitude à adopter et du traitement éventuel à entreprendre. Quelles que soient sa formation et ses convictions pédagogiques, il est alors soucieux de sa propre façon de réagir aux erreurs qui surviennent. Or, il n'existe pas là de solution simple en raison de la quantité de facteurs à considérer pour décider s'il faut corriger, quand corriger, et comment corriger. Ne disposant souvent que de quelques instants pour évaluer la situation, il n'a pas toujours la possibilité, même après des années d'expérience, de prendre une décision cohérente et mûrie, sauf en cas de correction différée.[1]

La solution radicale d'une correction immédiate et automatique, d'où la réflexion est exclue, adoptée empiriquement par nombre d'enseignants débutants, a été érigée en dogme par certains méthodologues au début des années 60 ("la principale méthode consiste, pour éviter l'erreur, à observer et pratiquer le modèle un nombre suffisant de fois ; pour le surmonter, à réduire au minimum le délai entre la réponse incorrecte et une nouvelle présentation du modèle correct" Brooks 1964).

Une technique qui limite le traitement de l'erreur à une "rectification" automatique ("voilà ce qu'il aurait fallu dire") peut-elle encore être considérée comme caractéristique du "bon professeur?" Corriger immédiatement, de façon réflexe, c'est ignorer le statut de l'erreur, ses causes et éventuellement sa légitimité; utiliser dans tous les cas un traitement immédiat et identique pour tous les apprenants, c'est faire abstraction des différences individuelles, et s'exposer à fournir une correction inefficace, voire néfaste, en ignorant un certain nombre de contingences.

Le traitement d'une erreur met en effet en jeu une serie d'opérations et de décisions complexes: identifier et analyser l'erreur; la traiter ou non; quand la traiter; comment la traiter (cf. Hendrickson 1978).

- L'enseignant doit d'abord remarquer et identifier l'erreur compte tenu de la forme de l'énoncé, de la signification visée, du contexte et de la situation. Il a en principe certaines facilités pour comprendre les énoncés erronés des apprenants, surtout lorsqu'il connaît leur L1 (et éventuellement L2, L3,...) et mieux encore lorsqu'il choisit ou canalise le contexte et la situation. En contrepartie, il risque, par accoutumance avec les productions du groupe-classe, de rectifier inconsciemment dans sa tête, de façon plus ou moins réflexe, les énoncés erronés, ou de ne plus les percevoir. De plus, l'identification de l'erreur s'avère parfois délicate lorsque les enseignants sont amenés à enseigner des registres de communication dont ils n'auraient pas eux-mêmes la maîtrise.
- Une fois l'erreur identifiée, il s'agit de décider de la traiter ou non: puisqu'il n'est généralement pas possible en classe de corriger toutes les erreurs, surtout si l'on encourage l'expression spontanée, un choix s'impose, déterminé par divers facteurs et par l'analyse qu'en fait l'enseignant.

— *Caractéristiques de l'erreur:*
sa fréquence chez un apprenant donné ou un groupe d'apprenants;[3]
le(s) niveau(x) linguistique(s) affecté(s): phonologique, lexical, syntaxique, etc.;
le degré d'écart avec la langue cible avec l'exposition antérieure (ce qui a été enseigné auparavant);
l'incidence de l'erreur sur la communication;
degré d'intelligibilité,[4] effet irritant ou dérangeant sur l'interlocuteur, etc.

— *Caractéristiques des apprenants:*
caractère,
motivations,
attitude,
aptitudes,
apprentissage antérieur,
stratégies d'apprentissage et de communication,
langue maternelle et culture d'origine.

— *Caractéristiques de l'enseignant:*
personnalité,

formation,
connaissance de la langue qu'il enseigne et rapport (normatif ou non) à
cette langue,
connaissance de la L1 (L2, L3...) des apprenants,
expérience antérieure,
stratégies pédagogiques, etc.

— *Contexte pédagogique :*
méthodologie adoptée,
progression suivie,
objectif de la leçon,
objectif (apprentissage ou contrôle) et nature (écrite/orale, libre/contrainte,
temps limité ou non, etc.) de la tâche demandée (cf. Frauenfelder et Porquier 1980).

Ces facteurs, dont l'inventaire aide à mieux comprendre l'impossibilité d'une
méthode simple de traitement, déterminent non seulement la décision d'intervenir
ou non mais aussi la façon de le faire. La conduite de l'enseignant va dépendre
là de *l'analyse* qu'il fait de l'erreur apparue, c'est-à-dire de la recherche des causes
et de l'appréciation de l'importance de l'erreur, selon différents critères. Cette
analyse est alors fonction, inévitablement, de sa propre conception de l'apprentissage et du rôle qu'elle attribue à l'erreur.

• Si l'enseignant décide d'intervenir, trois options s'offrent à lui : l'immédiat,
le court terme ou le "plus tard," les délais variant selon qu'il s'agit d'oral
ou d'écrit, d'apprentissage ou de contrôle et selon le temps disponible. Quant
au traitement proprement dit, la première étape consiste à faire prendre conscience aux apprenants de l'erreur, ce qui peut se faire de diverses façons,
éventuellement consécutives ; signaler la présence d'une erreur sans la localiser
dans l'énoncé, la localiser sans la commenter, spécifier la nature de l'erreur.
• La deuxième étape consiste à décider qui agit alors: soit l'apprenant lui-même, soit
les autres apprenants, soit l'enseignant, ou à combiner ces diverses interventions.
• La troisième étape consiste, pour l'enseignant, à structurer son intervention
éventuelle : soit de façon ponctuelle (traitement isolé de l'erreur), soit de façon
développée, l'erreur ou une série d'erreurs lui servant de point de départ ou
de repère pour un travail élargi sur un point jugé important. Dans ce dernier
cas, on dépasse la stricte correction individuelle, puisque l'activité pédagogique
suscitée par l'erreur constitue une nouvelle étape de la progression d'apprentissage et mobilise l'ensemble du groupe-classe.

La quantité et la diversité des facteurs et des décisions mis en jeu montre comment
l'apparition d'erreurs constitue pour l'enseignant un "moment critique." Il devient
alors nécessaire, pour mettre en perspective le phénomène des erreurs, de s'interroger sur leur signification et leurs causes et de tenter de compendre pourquoi et comment elles peuvent aussi constituer un moment crucial *pour les apprenants* et une
étape positive dans l'apprentissage. Il faut alors traverser le miroir.

2. L'erreur et l'apprenant

Pour comprendre la signification et l'importance des erreurs dans l'apprentissage et tenter de circonscrire le concept d'erreur, on peut considérer la langue d'un apprenant (la langue "étrangère" telle qu'il la connaît et l'utilise à un moment donné de son apprentissage) de trois points de vue :

a) Par comparaison avec la langue d'un natif — ou, idéalement, celle des natifs — selon l'écart qualitatif et quantitatif existant entre elles. Ces différences ou ces manques peuvent être identifiés à travers les erreurs jalonnant une distance restant à parcourir, la connaissance parfaite du natif étant envisagée implicitement comme objectif terminal virtuel.

b) En référence à ce qui a déjà été étudié, c'est-à-dire l'exposition préalable à la langue étrangère (l'exposition peut comporter des apports externes, ceux que l'apprenant reçoit hors de la classe (journaux, radio, contacts personnels) surtout lorsqu'il étudie dans un pays où est habituellement parlée la langue étrangère qu'il apprend). Les erreurs sont alors envisagées comme des différences ou des manques par rapport à cet acquis supposé et non plus par rapport à une visée terminale.[5]

c) Un troisième point du vue consiste à envisager, une fois dépassés les débuts de l'apprentissage, la langue de l'apprenant en soi comme un système linguistique autonome, cohérent et dynamique, relativement structuré à chaque étape de son évolution.

Le processus d'apprentissage peut alors être considéré comme l'interaction entre l'exposition, quelle qu'elle soit, et la connaissance de l'apprenant à un moment donné. Or, il n'y a pas identité entre l'exposition fournie à l'apprenant et ce qu'il saisit et assimile: il ne s'approprie pas tout ce à quoi il est exposé, et il ne l'intègre pas forcément de la façon prévue par l'enseignant.[6] En fait, l'apprenant élabore, le plus souvent de façon inconsciente, des hypothèses sur le fonctionnement de la langue étrangère, à partir de l'exposition et de sa connaissance de cette langue.

Ainsi, l'étudiant turc qui essaie timidement l'énoncé suivant; "*il mangera et il lirara le journal*" expliquera ensuite à sa façon qu'il a essayé, "pour voir," avec *lirara* un futur dans le futur (un futur postérieur en quelque sorte: "il mangera et il lira le journal *ensuite*" par opposition à "il mangera et il lira le journal en même temps"). Cette tentative exploratoire l'aidera, grâce à l'intervention de l'enseignant, à structurer le système verbo-temporel de son "français intermédiaire" en découvrant que, s'il existe bien dans le système des temps du français un passé dans le passé et un futur dans le passé, ainsi qu'un passé dans le futur, il n'y a pas (et pourquoi pas en effet?) de futur dans le futur.

Les hypothèses bâties par l'apprenant peuvent recevoir confirmation ou infirmation de façon différée (l'apprentissage ultérieur viendra lui apporter l'information recherchée) ou immédiate (l'enseignant, ou peut-être un autre apprenant, lui fournira à chaud les données requises). Dans ce dernier cas l'apprenant doit verbaliser ses hypothèses soit en interrogeant l'enseignant de façon explicite soit en essayant des énoncés.

Bien entendu, les hypothèses ne débouchent pas forcément sur des "erreurs" pas plus que les "erreurs" ou les "fautes" ne sont toujours la manifestation d'hypothèses. Mais l'apparition d'une "erreur" (de statut a ou b) constitue souvent un moment important dans l'apprentissage, pouvant déclencher l'apport d'information sur l'erreur elle-même ou plus largement sur certaines caractéristiques du fonctionnement de la langue-cible. Cette interaction, qui permet à l'apprenant de réajuster ses hypothèses, et par là de réviser, modifier et développer sa connaissance antérieure, constitue bien un "moment critique" de l'apprentissage et de l'enseignement : le profit qu'en retire l'apprenant dépend en grande partie du type de traitement choisi par l'enseignant, et de l'adéquation de ce traitement à la démarche des apprenants.

Mais bien souvent, l'enseignant est perplexe, voire désorienté ou irrité devant des productions erronées dont il ne comprend pas l'origine ni même parfois la signification et derrière lesquelles il a bien du mal à repérer des hypothèses. Ici apparaît l'importance de la prise de conscience par les enseignants de la nature des systèmes intermédiaires (SI) et de leur évolution.

Erreur et "systèmes intermédiaires"

Les productions (erronées ou non) des apprenants reflètent en partie les états successifs de leur connaissance[7] de la langue étrangère. Quoi d'étonnant d'entendre "il a prené" ou "il a prendu" chez quelqu'un qui n'a pas encore rencontré ou assimilé le participe passé de *prendre* ? On pourrait ici multiplier les exemples, y compris ceux qui portent sur des usages sociolinguistiques (le "tu" et le "vous," "salut" et "bonjour").

De telles productions, que l'on peut rencontrer également, pour des raisons comparables, chez des enfants francophones, sont à considérer comme la manifestation non pas de "la langue du natif adulte avec des erreurs en plus" mais bien d'un système spécifique, doté d'une cohérence propre qui va se complexifier avec le temps par des apports, des différenciations et des restructurations successives.

Les erreurs sont alors à resituer par rapport à cette cohérence et à la progression d'apprentissage.

À chaque stade, l'apprenant est en quelque sorte "locuteur natif" au sens chomskyen, de son système intermédiaire (SI). Lorsqu'on lui présente des énoncés, il est souvent capable de porter des jugements de grammaticalité ou d'acceptabilité ("c'est correct," "ça ne se dit pas," "c'est bizarre," etc.) en se référant à son propre système. Par ailleurs, il lui arrive, tout comme au locuteur natif, lorsqu'il s'exprime, de se tromper sur ce qu'il connaît : il est alors en mesure de se corriger lui-même. Il s'agit alors non pas d'erreur (en référence à son SI) mais de *faute* ou de *lapsus,* comme en témoignent ses autocorrections, qu'elles soient spontanées ou suscitées par autrui.

L'erreur peut alors être définie soit par rapport à la langue-cible (point de vue a), soit par rapport à l'exposition (point du vue b). Mais par rapport au SI de l'apprenant(point de vue c), on ne peut véritablement parler d'erreurs. On voit alors qu'il est impossible de donner de l'erreur une définition absolue. Ici, comme en linguistique, c'est le point de vue qui définit l'objet. Le décalage est manifeste entre le point de vue de l'enseignant (soit a, soit b, soit souvent une confusion compréhensible entre a et b) et celui de l'apprenant (soit b, soit c). Ainsi, si on définit l'erreur comme "une forme refusée par l'enseignant" (Georges 1972), celui-ci se trouve alors dans la situation paradoxale où il refuse une forme souvent inévitable pour l'apprenant et attendrait une forme inaccessible à ce dernier. Mais dans la mesure où, comme l'enseignant, l'apprenant lui-même se réfère implicitement à *a* comme visée d'apprentissage (dont le rapprochent progressivement les étapes successives de son apprentisage), le concept pédagogique d'erreur reste nécessairement opératoire, et devient même constructif s'il est relativisé par les points du vue *b* et *c*. Ce qui oblige à s'interroger, en se référant aux SI, sur les causes des erreurs.

On a longtemps vu dans l'influence de la langue maternelle (L1), la principale cause des erreurs en langue étrangère. Passé un âge précoce, l'apprentissage d'une langue étrangère n'échappe pas à cette influence. Tout apprentissage est influencé, de quelque manière, par les apprentissages antérieurs.

Cependant, l'interférence chez l'apprenant ne se produit pas entre deux *langues* (la langue-source et la langue-cible), comme on l'a longtemps pensé, mais entre la langue maternelle *et un SI,* lui-même différent de la langue-cible, même s'il tend à s'en rapprocher.

Cela explique en bonne partie que l'analyse contrastive *a priori,* qui consiste à comparer la langue-source et la langue-cible, en faisant abstraction de la progression d'apprentissage et donc des SI, ait souvent conduit à pronostiquer des erreurs qui ne se produisaient pas et à ne pas prévoir des erreurs qui se produisaient. L'analyse contrastive *a posteriori,* qui consiste à chercher dans l'influence de la L1 la cause d'erreurs *effectivement observées* dans l'apprentissage, peut fournir de meilleures explications dans la mesure où elle prend en compte les SI, et cherche à analyser les hypothèses interlinguales, c'est-à-dire les correspondances établies par l'apprenant entre sa L1 et son SI.

Cependant, nombre d'erreurs ne semblent pas pouvoir s'expliquer par l'interférence de la L1, mais par des phénomènes de généralisation anologique, comparable à ceux observés dans l'acquisition de la langue maternelle ("j'ai prendu," "y a pas personne"). Ces généralisations "intralinguales" donnent lieu, selon les cas, à des productions acceptables ou à des erreurs. En effet, les erreurs, mieux que les productions acceptables révèlent les mécanismes et les hypothèses sousjacents.

L'analyse des erreurs a alors pour objectif essentiel non pas d'établir des inventaires typologiques d'erreurs (ni *a fortiori* des quantifications statistiques des différentes catégories d'erreurs), mais bien de chercher à en élucider les causes.

Cette recherche des causes est inséparable de la situation d'apprentissage et de la pratique pédagogique. Comprendre les erreurs, c'est d'abord comprendre *comment on apprend.* C'est ainsi que l'analyse *explicative* des erreurs trouve naturellement sa place dans les programmes de formation pédagogique, permettant d'amener les enseignants et futurs enseignants à réfléchir sur la relation entre leur pratique et les processus d'apprentissage.

Si les erreurs révèlent certains aspects des SI et des processus qui les construisent, elles n'en sont que des manifestations partielles, en quelque sorte l'une des faces émergées de l'iceberg.

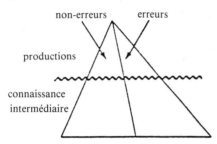

La connaissance intermédiaire ne se manifeste pas que par des erreurs et leur statut, lorsqu'elles apparaissent, est à apprécier en référence au système sous-jacent, et donc par confrontation avec les "non-erreurs."

Dans un test d'expression orale (CGM 62), on a relevé, chez une jeune Américaine, une erreur systématique: "ma soeur et moi retournent à chez moi," "ma soeur joue à chez moi," "la famille reste à chez moi." Cette "erreur" est à replacer dans son contexte, c'est-à-dire dans les trois minutes d'expression orale où l'on trouve également les énoncés suivants: "ma soeur et moi se lèvent pour l'école," "mon père reste à le... au restaurant," "ma soeur et moi ira à l'école encore," "nous partions pour chez moi."

Cet éventail fait apparaître le statut de l'erreur à l'intérieur du SI. Dans ce cas précis, on est amené à constater qu'en français on dit:
Je viens de Paris et je vais à Paris
Je viens de chez moi mais non* *je vais à chez moi,*[8] ce qui peut aider à comprendre l'origine de l'erreur et à envisager une démarche pédagogique qui en tienne compte.

On entrevoit là les limites d'une stricte analyse d'erreurs et la nécessité d'une approche élargie, *l'analyse des productions,* où la prise en compte des "non-erreurs" contribue à expliquer la source réelle ou plausible des erreurs en fonction de leur statut relatif à l'intérieur du SI. Une même erreur formelle, observée chez des apprenants différents, peut renvoyer à des systèmes individuels différents et nécessiter des analyses différentes.

L'analyse des productions (et aussi de l'activité de compréhension) fournit au chercheur ou à l'enseignant des informations sur les systèmes individuels. Ainsi, les tentatives de l'apprenant permettent à l'enseignant :

- d'apporter infirmation ou confirmation sur les hypothèses sous-jacentes;
- de susciter la recherche et l'examen par l'apprenant d'autres hypothèses;
- d'observer et évaluer la progression d'apprentissage;[9]
- d'orienter son enseignement en conséquence.

3. Vers une pédagogie intégrée de l'erreur

La complexité de l'ensemble de facteurs, de décisions et d'opérations impliqués par le traitement des erreurs a montré l'impossibilité de proposer des rélges méthodologiques précises qui s'adapteraient à l'extrême diversité des situations d'apprentissage et d'enseignement. Il serait illusoire d'imaginer une pédagogie de l'erreur conçue comme une série d'activités correctives ponctuelles et d'espérer que des techniques de traitement d'erreurs, aussi sophistiquées soient-elles, apportent aux enseignants la solution de leurs problèmes.

En fait, la signification de l'erreur, telle que nous l'avons esquissée, entraîne non pas l'adoption de nouvelles techniques pédagogiques superposables à n'importe quelle méthodologie mais bien des changements d'attitude profonds vis-à-vis de l'erreur, de l'apprentissage et de la pédagogie des langues. L'apparition d'une erreur constitue bien un moment crucial de l'apprentissage, à condition justement de l'envisager positivement, de la dédramatiser et de la replacer dans le continuum de l'apprentissage.

De ce changement d'attitude, on trouve un premier exemple dans la procédure préconisée par A. Lamy (1977) pour des non-débutants. Elle consiste, dans un premier temps, à sélectionner, ''à des fins de rattrapage,'' une erreur ou un type d'erreur permanent(e) dans le groupe. L'identification, l'analyse et la correction de l'erreur font l'objet d'une activité de groupe, avec l'aide éventuelle de l'enseignant. On passe ensuite à une systématisation et à un réemploi en situation. Cette démarche, où l'erreur est utilisée comme allié stratégique et où le traitement élargi de l'erreur devient activité d'apprentissage, est menée à partir des productions et donc des systèmes intermédiaires des apprenants, en suscitant une réflexion sur le fonctionnement de la langue étrangère.

Dans d'autres approches récentes, l'erreur acquiert naturellement droit de cité, comme manifestation des systèmes intermédiaires dans les activités d'apprentissage. Les étudiants s'essaient dans la langue, essaient leur langue et tentent, avec la collaboration de l'enseignant, qui devient moins correcteur qu'informateur, de réfléchir et de découvrir le fonctionnement de la langue étrangère, en référence à l'exposition et à leur système intermédiaire. Dans le même temps, l'enseignant observe le fonctionnement de leur SI. L'activité du groupe, qui suppose une prise en charge de l'apprentissage par les apprenants (qui ne se mesure pas seulement en temps de parole mais aussi dans le degré d'implication personnelle de chacun) modifie, en le libérant de la tâche étroite de correction, le rôle de l'enseignant qui devient observateur, facilitateur et catalyseur d'apprentissage. La recherche d'énoncés ou de paraphrases dans *De Vive Voix* (Niveau I), l'activité de conceptualisation dans *Interlignes* (Niveau II) ou *C'est le Printemps* (Niveau I), la phase de réflexion dans *Community Language Learning* (Niveau I) illustrent, sans en cerner les limites, une telle orientation. Beaucoup pensent que de telles approches ne conviennent qu'à un niveau avancé. Or, trois des méthodes précédentes l'introduisent très tôt, sans difficulté majeure. Et de plus, dès les premières étapes de l'apprentissage s'instaure en général entre les apprenants, l'enseignant et l'erreur une relation qui détermine les attitudes ultérieures. Lors de cette phase initiale, le pouvoir et la responsabilité de l'enseignant sont tels qu'il risque de conditionner les attitudes des apprenants, avant même de pouvoir mobiliser leurs SI et la dynamique de leur apprentissage. Il arrive que des enseignants, sensibilisés à une nouvelle approche de l'erreur et à une pédagogie de la découverte et de l'expression libre, se heurtent au "conservatisme" d'élèves déjà conditionnés à une certaine idéologie de l'erreur et de l'apprentissage.

On ne peut pas introduire une certaine pédagogie de la faute au bout de quelques centaines d'heures de français si l'attitude qui lui correspond n'a pas été favorisée dès le début (Lamy 1977).

D'où la nécessité, préalable à tout enseignement, ou plutôt en phase initiale de cet enseignement, d'une sensibilisation globale à l'apprentissage d'une langue étrangère, qui comporte une réflexion en commun (apprenants et enseignant) sur la communication, l'apprentissage et le statut de l'erreur, et établisse un consensus sur l'attitude adoptée vis-à-vis des erreurs dans la classe, sur lequel puisse se construire l'apprentissage ultérieur.

Changer les attitudes vis-à-vis de l'apprentissage et de l'erreur contribue à modifier les rapports entre les enseignants et les apprenants et aussi à instaurer entre eux un nouveau partage, plus équitable, des responsabilités, non seulement bien sûr dans le traitement des erreurs mais plus largement dans toutes les activités d'apprentissage.

Le rôle de l'enseignant peut alors à certains paraître minimisé. À ne parler que d'apprentissage, on semblerait parfois oublier l'enseignant. Celui-ci, face à une pédagogie centrée sur l'apprentissage, peut se sentir dépossédé de ses certitudes et de ses réussites, de ses recettes, de son savoir-faire et de son expérience. Or, la part de réflexion, d'invention, d'intuition et de savoir-faire de l'enseignant reste déterminante. Il y a des miroirs qu'il faut parfois savoir traverser: les apprenants, n'en doutons pas, ont encore besoin d'enseignants, mais nous avons encore beaucoup à apprendre des apprenants*....

---

* Nous remercions ici tous nos collègues de l'ORLA de Paris VIII-Vincennes, et Sophie Moirand, dont l'apport a été précieux pour la préparation de cet article. Les "erreurs" qu'on y trouvera sont les nôtres, non les leurs...

Notes

1. Cela, entre autres raisons, explique bien la façon non conséquente de corriger observée par Fanselow 1978 chez certains enseignants. Il a montré comment les corrections d'un groupe de professeurs expérimentés étaient souvent incohérentes, incorrectes ou ambiguës. Ce type de recherche, encore peu développé en France, ne peut que contribuer à faire prendre conscience aux enseignants de leurs propres stratégies de correction.
2. Au bout d'un certain nombre d'années, il semble que certains enseignants en viennent à parler comme leurs élèves, plutôt que l'inverse.
3. Les erreurs fréquentes, pense-t-on souvent, justifient un traitement prioritaire. Cependant, il n'y a pas *a priori* de relation entre la *fréquence* et la *gravisé* des erreurs, si l'on se place du point de vue de l'*intelligibilité*. D'autre part, la fréquence d'un type d'erreur peut varier selon les tâches demandées (écrit/oral, expression libre ou non, etc.).
4. Par exemple, Burt et Kiparsky 1972 opposent deux types d'erreurs, *globales* (affectant l'ensemble d'une phrase ou d'une proposition ou la relation entre phrases ou propositions) et *locales* (d'incidence isolée). Pour B et K, les premières perturbent souvent davantage l'intelligibilité de l'énoncé et justifient donc un traitement prioritaire.
5. Ainsi, lorsqu'un élève dit "il faut que je pars," alors que le subjonctif n'a pas encore été présenté, on verra là une erreur du point de vue a, mais pas du point de vue b. A l'inverse, si un apprenant, au même niveau, dit "il faut que je parte," on jugera cette forme correcte du point de vue a, alors qu'elle est pour le moins insolite du point de vue b : on peut même se demander dans ce cas s'il ne s'agit pas simplement d'une erreur (point de vue b) sur le présent de l'indicatif déjà étudié (peut-être dira-t-il également "tu sais bien que je parte").
6. Il a été constaté, par exemple, que des données explicites peuvent être assimilées sous forme implicite, ou inversement (cf.Frauenfelder et Porquier 1979).
7. Désignés, selon les auteurs, par "systèmes approximatifs" (Nemser), "dialectes idiosyncrasiques" (Corder), "interlangue" (Selinker), "français approché" (Noyau). Nous choisirons ici le terme de "système intermédiaire."
8. Il est un fait d'expérience que nombre d'erreurs d'apprenants, dans leur logique inattendue, aident les enseignants à mieux comprendre le fonctionnement de la langue qu'ils enseignent, surtout lorsqu'il s'agit de leur propre langue maternelle.
9. Si l'apprentissage repose sur des processus communs, on pourrait s'attendre à ce qu'un groupe linguistique homogène d'apprenants suivant le même progression suive un itinéraire identique, passe par les mêmes systèmes intermédiaires et fasse à peu près les mêmes erreurs au même stade. Il n'en va pas forcément ainsi. Les différences individuelles s'expliquent en partie par des stratégies individuelles d'apprentissage et de communication (voir Frauenfelder-Porquier 1979).

Références

Allwright, R.L. 1975. "Problems in the study of teacher's treatment of learner error," dans Burt, M. et H.Dulay, réds, *New directions in second language learning, teaching and bilingual education: On TESOL '75.* Washington D.C.: TESOL.

Brooks, N. 1964. *Language and Language Learning,* 4e éd. New-York: Harcourt, Brace and World.

Burt, M. et C. Kiparsky. 1975. "Global and local mistakes," dans J.H. Schumann et N. Stenson, réds, *New Frontiers in Second-Language Learning.* Rowley, MA: Newbury House.

Corder, S.P. 1967. "The Significance of Learners' Errors," dans Richards 1974 (Traduction française dans *Langages,* 57 (mars 1980).

Fanselow, J.F. 1977. "The Treatment of Error in Oral Work," *Foreign Language Annals,* 10: 583-593.

Frauenfelder, U. et R. Pourquier. 1979. "Les voies d'apprentissage en langue étrangère," *Travaux de recherche sur le bilinguisme,* 17: 37-64.

Frauenfelder, U., Porquier, R. (1980) "Le problème des tâches dans d'étude de la langue de l'apprenant." *Langages,* 57, pp. 61-71.

George, H.V. 1972. *Common Errors in Language Learning.* Rowley, MA: Newbury House.

Hendrickson, J.M. 1978. "Error Correction in Foreign Language Teaching: Recent Theory, Research and Practice," *Modern Language Journal,* 42, (8): 387-398.

Kefala, M., D. Nadjyhor et H. Vaulont. 1977. "La grammaire au service de l'apprenant," *Le Français dans le Monde,* 129: 60-65.

Lamy, A. 1976. "Pédagogie de la faute et de l'acceptabilité," *Etudes de Linguistiques Appliquées,* 22.

Noyau, C. 1976. "Les Français approchés des travailleurs migrants": un nouveau champ de recherches," *Langue Française,* 29: 45-60.

Porquier, R. 1977. "Analyse des erreurs. Problèmes et perspectives," *Études de Linguistique Appliquée,* 25: 23-43.

Richards, J.C. 1974. *Error Analysis.* London: Longmans.

Richards, J.C. 1979. *Understanding Second and Foreign Language Learning.* Rowley, MA: Newbury House.

Rojas, C. 1971. "L'analyse des fautes," *Le Français dans le Monde,* 81: 58-63.

Savignon, S. 1977. "En parlant avec mon fils..." *Le Français dans le Monde,* 132: 6-13.

On trouvera dans trois publications récentes en langue française (sous presse lors de la rédaction de cet article) une série d'articles en relation avec la problématique des erreurs et, plus largement, de l'apprentissage des langues:

Encrages, Numéro spécial de linguistique appliquée, novembre 1979. Paris: Service de la recherche, Université de Paris VIII, 75571 Paris Cedex 12;

Champs éducatifs, 1, (février 1980). Paris: Service de la recherche, Université de Paris VIII, 75571 Paris Cedex 12;

Langages, 57, (mars 1980). Paris, Larousse.

23 Procédés de prévention ou de correction de fautes orales en immersion

À la suite d'un relevé de fautes orales effectué auprès de professeurs d'immersion précoce de la maternelle à la huitième année (article en préparation), nous avons cru bon de proposer aux enseignants une première série de procédés pédagogiques susceptibles de prévenir ou de corriger ces fautes.

Les raisons pour lesquelles les élèves commettent ces fautes sont nombreuses. Les fautes peuvent être le résultat d'un ou de plusieurs facteurs combinés:
• l'interférence de l'anglais,
• le milieu environnant,
• le manque de contacts fréquents avec les jeunes francophones,
• les stratégies employées par l'enfant pour apprendre la langue (simplification, filtrage, généralisation...),
• le contenu des programmes,
• l'équilibre entre l'enseignement formel et
• l'enseignement fonctionnel, l'enseignant lui-même,
    etc.

Ce n'est d'ailleurs pas facile de dire avec certitude lequel ou lesquels de ces facteurs en sont la cause. De toute façon, le but de notre article n'est pas de discuter des causes mais de voir ce qu'on peut exercer comme action pédagogique pour prévenir ou corriger les fautes orales.

D'aucuns diront qu'il vaut mieux ne pas corriger les fautes et qu'elles partiront d'elles-mêmes, d'autres préfèrent parer au plus vite et administrer le remède qui convient.

Si l'on appliquait le premier principe de ne pas corriger les fautes aux autres matières telles que les mathématiques, l'histoire ou la géographie, bien des erreurs risqueraient de persister dans l'esprit des élèves et de ralentir leurs progrès.

En français, par ailleurs, les élèves souvent n'ont qu'un modèle, celui de leur professeur. Il y a danger de fossilisation de certaines fautes (place du pronom ou fautes de genre, par exemple.) Les programmes n'ont pas toujours été rédigés en fonction des besoins langagiers et des difficultés linguistiques propres aux jeunes anglophones en immersion. La recherche commence à s'intéresser davan-

"Procédés de prévention ou de correction des fautes orales en immersion," tiré de *Les Nouvelles de l'ACPI (Association canadienne des professeurs d'immersion)*, 4, 3(1981): 3-6. Reproduit ici avec la permission de la rédactrice.

tage à la nature du français parlé et écrit des élèves en immersion. Les données que fourniront ces recherches nous permettront de rédiger des programmes conçus spécialement pour des élèves d'immersion en fonction de leur capacité d'apprentissage de la langue française.

L'analyse complète de ces fautes ainsi que d'autres études que nous effectuons dans ce domaine nous permettront de dresser également une liste plus complète des fautes et des procédés pédagogiques qui s'y rapportent.

En attendant, nous espérons que les professeurs d'immersion pourront s'inspirer de ce modeste effort.

Nous avons divisé ces procédés en trois parties:

1. Conseils généraux s'appliquant à tous les niveaux.
2. Procédés généraux de base:
   a) Maternelle à troisième année.
   b) Quatrième à huitième année.
   Chacun de ces procédés porte un nom particulier. On peut, en les modifiant au besoin, les appliquer à différents niveaux.
3. Procédés en fonction de fautes spécifiques.
   Ces procédés sont présentés à la suite de la faute. Là encore, on peut, avec les modifications nécessaires, les appliquer à d'autres fautes.

Conseils généraux

- Insister sur la formation de phrases complètes.
- Tout vocabulaire (connu ou nouveau) doit être présenté avec une indication du genre (article, adjectif,...).
- Utiliser le plus souvent des objets concrets.
- Se servir de chansons et de jeux pour le renforcement.
- Fixer les mots et les structures au moyen de la répétition.
- Veiller à ne pas couper la spontanéité des élèves. Ne pas abuser de la correction.
- Réserver six à quinze minutes par jour pour des exercices systématiques de correction ou de prévention.
- Dans la mesure du possible faire corriger les fautes par les élèves.
- Faire remarquer les bonnes structures employées par les élèves.
- Faire poser des questions par les élèves. Varier les formes interrogatives: *est-ce que,* l'inversion, l'intonation.
- Se servir du magnétophone pour faire prendre conscience des fautes aux élèves.

Procédés généraux de base

Maternelle à troisième
1. Correction au vol:

Un enfant commet une des fautes fréquentes comme:

"Moi, un chat." On profite de la situation pour reprendre l'élève et pour faire une répétition individuelle (ou collective).
Professeur: Tu as un chat.
Élève: J'ai un chat.

2. Renforcement visuel:

Illustrer les structures que les élèves ont de la difficulté à maîtriser à l'aide d'images accrochées au mur. On les dispose de telle sorte qu'elles soient bien visibles. Exemple: il neige, il pleut, je saute. Si l'élève commet l'une des fautes représentées par les images, on attire son attention sur l'illustration et on lui fait répéter la structure.

3. Acquisition d'un automatisme:

Exemple: "Mon maman."
Il est difficile pour un enfant de cinq ans de saisir le concept du genre. Toutefois, on peut s'efforcer de corriger la faute en adoptant la démarche suivante:

1ère étape:
Procéder sous forme de jeu en demandant à l'enfant de remplacer "le" par "mon" et "la" par "ma." Pour chaque réponse correcte, féliciter l'enfant.
Il est à remarquer qu'il ne s'agit pas dans ce cas d'enseigner un concept mais plutôt de faire acquérir l'automatisme.
le ... mon, la ... ma.

2e étape:
Toujours sous forme de jeu, demander à l'enfant de remplacer l'article par un adjectif possessif dans un groupe de deux mots.
Exemple:
le chien / mon chien
la chaise / ma chaise
la maman / ma maman
le papa / mon papa
Ne pas oublier de complimenter l'enfant quand il donne une bonne réponse.

3e étape:
Procéder de la même façon dans une structure simple de 3 ou 4 mots. Exemple:
Un élève ou le professeur:
C'est la maman de Jim.
Jim: C'est ma maman.
(Varier en utilisant différents objets, photographies,...)

4. Renforcement par les magnétocartes:

Le professeur prépare des cartes contenant les structures à renforcer. L'élève glisse lui-même une carte dans l'appareil. Il entend alors la structure et la répète ensuite.

5. Saynète:

Présenter une saynète de son choix à la classe. Insister sur la compréhension et la créativité de chaque enfant plutôt que sur la mémorisation. Le professeur pourra mettre l'accent sur une faute particulière qu'il aura relevée.

Quatrième à huitième

N.B. Il y a de nombreux procédés de la Maternelle à la 3e année qui peuvent être aussi utilisés de la 4e à la 8e.

1. Construction de dialogues

Les élèves construisent des dialogues en équipe dans le but de corriger certaines structures. Les dialogues ainsi conçus pourraient être illustrés par les élèves.

2. Auto-correction

Si un élève commet une faute, attirer son attention sur la structure fautive et lui demander s'il peut se corriger lui-même. Si on n'abuse pas de ce procédé, l'élève sera plus attentif dans son expression orale. Il pourrait aussi corriger ses camarades, à l'occasion.

3. Situation comique

On pourrait profiter des fautes commises par les élèves pour attirer leur attention sur le sens cocasse de la faute. On essaiera ainsi de corriger la structure fausse.
Exemple 2: Sur samedi / samedi
Chaque fois qu'un élève dit: "Sur ... (le jour)," le professeur écrit rapidement le nom du jour sur un bout de papier, le montre aux élèves et s'assoit sur le papier.

Il est à noter que cette technique peut se révéler négative si l'enfant a le sentiment qu'on se moque de lui. C'est pourquoi il faut l'utiliser prudemment. D'autre part, si on fait le contraste avec l'anglais, (je suis **sur** le téléphone), l'enfant peut consciemment ou inconsciemment arriver à déprécier sa langue maternelle.

4. Utilisation de cartes-éclairs

Exemple: sais / connais
Le professeur préparera à l'avance des cartes-éclairs contenant des verbes d'action, des noms de villes, des additions, etc.
Exemple:
Montréal / nager / 3 + 4 /
Où se trouve le Parlement? /
Paul /... etc.
Mélanger les cartes et à chaque fois qu'on en présente une, l'élève doit employer "je sais" ou "je connais," en ajoutant les mots contenus dans la carte-éclair.
Exemple:
Le professeur montre la carte-éclair "Montréal."
L'élève: Je *connais* Montréal.
Le professeur montre "Nager"
L'élève: Je *sais* nager.
Le professeur montre "3 + 4"
L'élève: Je sais additionner.
(ou je sais la réponse.)

Pour que cette technique soit efficace, il faut procéder par étape en exerçant un verbe à la fois.

Le professeur peut aussi exploiter des expressions où "je le sais" est une affirmation simple.

Exemple: Le professeur:

C'est cet après-midi que tu vas chez le dentiste.

L'élève: Je le sais.

Procédés en fonction de fautes spécifiques

1. *C'est Paul chapeau / c'est le chapeau de Paul.*
C'est le (la) de Paul / c'est celui (celle) de Paul.

Matériel: objets quelconques, une boîte.

Jeu:

- Les élèves déposent un objet qui leur appartient dans la boîte. (Exemple: une de leurs mitaines).
- Ils sont assis en cercle.
- L'un d'entre eux est choisi pour être le meneur de jeu.
- Le meneur choisit un élève qui prend place au milieu du cercle.
- Le meneur prend un objet dans la boîte et demande: "À qui appartient cet objet?" (le groupe pourra répéter la question).
- L'élève au centre du cercle devra répondre: "C'est le ... de ..." ou encore "C'est celui (celle) de ..."
- Le meneur devra rétorquer (selon le cas):
  "Oui, c'est le ... de ..."
  "Oui, c'est celui (celle) de ..."
  "Non, ce n'est pas le ... de ..."
  "Non, ce n'est pas celui (celle) de ..."
- Si l'élève (du centre) a pu identifier correctement le propriétaire de l'objet, il devient automatiquement meneur, sinon le meneur (du début) continue à jouer son rôle et nomme quelqu'un d'autre pour prendre place au centre.

2. *Je suis six ans / j'ai six ans.*

Matériel: photos des élèves.

Jeu (1):

- Chaque élève apporte une ou plusieurs photos le représentant à différents âges.
- Le groupe est divisé en deux équipes: A et B.
- Les élèves ont leur photo épinglée sur leurs vêtements.
- Un membre de l'équipe A regarde la photo d'un membre de l'équipe adverse B et lui demande: "Sur cette photo, tu as (2) ans (Michel)?"
- (Michel) répond selon le cas:
  "Oui, j'ai deux ans" ou "Non, je n'ai pas deux ans sur cette photo."
- Puis, c'est à son tour d' essayer de deviner l'âge en regardant la photo d'un membre de l'équipe A. Ainsi de suite.
- Un point sera accordé à l'équipe du membre qui devine correctement.

Matériel: un numéro écrit sur un morceau de carton (ce numéro représente un

âge fictif)
Jeu (2):
- Un morceau de carton est distribué à chaque élève.
- Les élèves cachent leur numéro derrière leur dos pour la durée du jeu.
- L'élève qui a le numéro 1 dit: "j'ai un an. Qui a (trois) ans?"
- L'élève qui a le numéro 3 se doit de répondre: "j'ai trois ans. Qui a dix ans?" et ainsi de suite.
- L'élève qui hésite ou ne répond pas parce qu'il ne porte pas attention sera éliminé du jeu.

3. *Qu'est-ce que c'est pour? / À quoi ça sert?*
Matériel: une boîte - différents objets
Jeu:
- Placer différents objets dans une boîte.
- Les élèves sont assis en cercle.
- Demander à un élève de prendre un objet quelconque dans la boîte et de poser la question suivante: À quoi ça sert? / À quoi sert le / la ...?"
- Un autre élève répond: "Ça sert à ..." (C'est pour ...) s'il répond correctement, il devient le meneur.

4. *Je j'aime, je aime / j'aime (j'appelle, j'attends, j'ouvre, ...)*
Matériel: gravures si nécessaire
Jeu:
- On divise les enfants en deux équipes. Le professeur donne les instructions suivantes:
  Nomme 3 légumes que tu aimes.
  Nomme 2 fruits que tu aimes.
  Nomme un sport que tu aimes, etc.
- Si l'enfant ne réussit pas à nommer le nombre indiqué, il doit s'asseoir.

5. *C'est mon / C'est le mien.*
Jeu ou chanson (1):
- Le groupe est divisé en deux équipes A et B
- L'équipe A chante (ou récite):
  "J'ai un beau château
  Ma tante tirelire, lire
  J'ai un beau château
  Ma tante tirelire, lo
- L'équipe B entame:
  "Le mien est plus beau
  Ma tante litelire, lire
  Le mien est plus beau
  Ma tante tirelire, lo"
- Et ainsi de suite jusqu'à ce qu'une des deux équipes soit à court d'adjectif.
- On variera "le tien est moins grand," etc.
- Lorsque les structures "le mien" et "le tien" auront été bien assimilées on pourra refaire l'exercice avec, par exemple:
  "J'ai une belle maman

La mienne est plus gentille,'' etc.

Matériel: photos des élèves de la classe

Jeu (2):

- coller les photos sur un carton.
- Le professeur pose la question suivante: "À qui est cette photo?"
  "C'est la tienne Marie?"
- L'enfant questionné devra répondre:
  "Oui, c'est la mienne" ou encore
  "Non, voilà la mienne." Il pourra reprendre: "C'est la tienne (Pierre)?"

6. *Ça regarde comme / ça ressemble à.*

Matériel: objets ou gravures

Jeu (1):

- Montrer un objet ou une gravure aux élèves.
- Discuter de la forme de l'objet et la dessiner au tableau (un cercle).
- Le professeur pose la question suivante: "À quoi est-ce que ça ressemble?" (cercle)
- Laisser travailler l'imagination des élèves:
  "Ça ressemble à un ballon."
  "Ça ressemble à une pleine lune."
  "Ça ressemble à un soleil." etc.

Jeu (2):

Jeu de devinette.

- Prof: Je cache quelque chose dans la boîte magique (surprise).
  "Demandez-moi à quoi ça ressemble."
- Élève: "Est-ce que ça ressemble à une fleur?"
- Prof: "Non, ça ne ressemble pas à une fleur." etc.
- L'élève joue au professeur.

Variation:

- Se servir de différents objets, images ou encore de personnes.
- "Voilà Jennifer, à qui ressemble-t-elle?" "Elle ressemble à Karen."

7. *Il a frappé moi / il m'a frappé.*

Histoire: Jean Qui Pleure

Verbes à substituer: frappé, attrapé, battu, dérangé, demandé, donné, touché, dit, fait, enlevé, etc.

Jean Qui Pleure n'est jamais content. Il ne s'entend avec personne. Un jour, alors que Jean Qui Pleure se dirige vers l'école (...) lui *enlève* son chapeau. Jean Qui Pleure retourne à la maison en pleurant. Maman lui demande: "Que s'est-il passé?" (...) *m'a enlevé* mon chapeau" répond Jean Qui Pleure.

Puis, Jean Qui Pleure retourne à l'école. (...) lui *donne* un coup de poing. Il entre dans l'école en pleurant. Son professeur lui demande: "Que s'est-il passé?" (...) *m'a donné* un coup de poing" répond Jean Qui Pleure.

Puis, Jean Qui Pleure joue au ballon ... etc.

- Le professeur raconte l'histoire et s'arrête au verbe pour que les élèves emploient la structure à renforcer. Puis on pourra dramatiser la scène, lorsque le texte aura été assimilé.

8. *J'ai met, j'ai metté / j'ai mis.*
Matériel: un objet quelconque
Jeu: le voleur et le détective.
- Les élèves ferment les yeux.
- Un élève joue le rôle du voleur. Il cache l'objet.
- Tour à tour les élèves (les détectives) cherchent l'objet.
  "As-tu mis (...) dans ta poche?" ou encore:
  "As-tu mis (...) dans la poubelle?"
- Le voleur répond (selon le cas):
  "Non, je n'ai pas mis (...)" ou encore:
  "Oui, j'ai mis (...) dans la poubelle."
  "Oui, j'ai mis (...) derrière l'étagère."

9. *Sur dimanche / le dimanche (jours de la semaine).*
Matériel: objets ou gravures qui représentent une activité d'un jour de la semaine.
balle - gymnase
livre - bibliothèque
pinceau - peinture, etc.
- Les enfants sont assis en cercle.
- Un enfant choisit un objet (ballon).
- Le professeur lui demande:
  "Quel jour vas-tu au gymnase?"
- Si la réponse est correcte, l'enfant joue le rôle du professeur.

10. *À mon maison / chez moi.*
Jeu: Les enfants, divisés en groupes sont assis en cercle.
- Un meneur dans chaque groupe commence le jeu en disant: "Chez moi, j'ai une table."
- Chaque enfant reprendra la phrase et ajoutera un objet qu'il possède à la maison.
  Exemple:
  "Chez moi, j'ai une table et des chaises."
  "Chez moi, j'ai une table, des chaises et un lit."
Variation:
Procéder de la même manière, mais l'élève dira cette fois "Chez moi, j'ai une table, chez Paul, il y a des chaises et chez John, il y a un lit."

11. *De le / du.*
Jeu:
Les enfants sont divisés en deux équipes et on leur demande d'ajouter le bon article "du" ou "de la."
Exemple:
Je mange ... pain.
Je mange ... crème glacée.
Je mange ... confiture.
Je mange ... gâteau.

Ceux qui ne réussissent pas se retirent et on continue l'élimination jusqu'à ce qu'on puisse déclarer le gagnant.

12. *J'ai a / j'ai.*
Matériel: gravures quelconques
Jeu:
- L'enfant montre sa gravure et dit: "J'ai un ballon."
- Il devra aussi identifier la gravure de son voisin et dire: "Tu as une auto."
- C'est au tour du voisin à identifier ce qu'il a: "J'ai une auto." et il devra aussi identifier ce que son autre voisin a: "Tu as un crayon."
- Ainsi de suite jusqu'à ce que tous les enfants participent.
- Si un enfant fait une erreur il devra s'asseoir au centre du cercle et il ne fera plus partie du jeu (ou il pourra participer de nouveau après un certain temps.)

13. *C'est son (sa) / c'est à lui (elle).*
Matériel: différents objets ou vêtements.
Jeu:
- Le professeur se promène dans la salle de classe.
- Il prend un objet au hasard et demande: "À qui est la gomme? Est-ce à (Martine)?"
- Un élève devra répondre:
  "Oui, c'est à elle (à lui, à eux)."
  "Non, ce n'est pas à elle (à lui, à eux)" selon le cas.
- Les élèves devront répondre correctement de manière spontanée sinon ils seront éliminés du jeu.

14. *Est-ce que je peux va? / est-ce je peux aller?*
Matériel: gravures d'école, magasin, cinéma, au travail (usine), maison.
Jeu:
- Les élèves sont assis en cercle.
- Chaque élève choisit une carte au hasard.
- Un élève, meneur de jeu, demande à l'élève A: "Est-ce que tu peux aller à l'école?"
- Si l'élève A donne une réponse négative ("Non, je ne peux pas aller à l'école") le meneur continue à jouer son rôle.
- Si l'élève C donne une réponse affirmative ("Oui, je peux aller à l'école") il prend automatiquement la place du meneur.

15. *On jouer / on joue.*
  Je ne pas aller / je ne vais pas.
- Demander à l'enfant de mimer une action.
- L'enfant demande ensuite:
  "Qu'est-ce que je fais?"
- Les autres enfants doivent deviner l'action et répondre en employant la 2e personne:
  Exemple: "Tu manges."
- L'élève en vedette doit répondre:
  Exemple: "Oui, je mange."

- L'élève qui devine devient à son tour la vedette et mime une autre action.
- Pour faire employer la 3ᵉ personne, le professeur intervient et demande: "Qu'est-ce qu'on fait à midi?" (le soir, l'été, l'hiver, etc.)
  Les élèves doivent répondre: "On mange."

16. *Il / elle.*
- Demander à John de faire face à ses camarades.
- Demander à un garçon puis à une fille de passer devant John.
- John doit dire: "Il (elle) passe devant moi."

Variation:
Varier l'ordre (garçon et fille) et le nombre.
N.B. Lorsque les élèves sortent de la classe, ils peuvent répéter d'autres structures:
Exemple: "Je vais dehors."
"Je vais dîner."

17. *Une jardin / un jardin.*
La classe est divisée en 2 équipes.
- Un élève d'une équipe donne un nom.
  Exemple: "table" (accompagné de gestes).
- Un élève de l'autre équipe doit ajouter l'article.
  Exemple: "la table."

18. *J'ai allé / je suis allé.*
- Dès la première semaine de septembre, avoir une discussion sur les vacances, et faire répéter la structure:
  "Je suis allé ... (où?)"
  "Je suis allé ... (comment?)" - moyen de transport.
  "Je suis allé ... (avec qui?)"
  Puis dans un cahier, l'enfant dessine où, comment et avec qui il est allé en vacances.
- Chanson sur l'air de "Il était un petit navire"
  Exemple:
  "Je suis allé faire du ski (bis)
  Je suis allé lé lé
  avec maman
  Je suis allé lé lé
  avec papa
  faire du ski."
- Rédaction personnelle - Écrire 3 phrases sur le sujet "Pendant les vacances." Je suis allé(e)...

19. *Ils attaquent lui / ils l'attaquent.*
  Il raconte à lui / il lui raconte.
- Préparer des cartes avec des sujets, verbes, pronoms objets.
  Exemple: je raconte lui
- Donner une carte à chaque élève d'un groupe de trois.
- Demander aux trois élèves de se placer côte à côte pour former une phrase correcte.

Exemple: je lui raconte
- Les trois élèves lisent leur carte, ou bien un élève de la classe lit les trois cartes.
- Refaire l'exercice en variant les cartes sujets - verbes.
  Exemple: tu   dis
          il   parle
- Ensuite recommencer l'exercice avec d'autres pronoms.
  Exemple: je   vois   le
          tu   manges le

---

* L'auteur aimerait remercier tous les enseignants du Conseil d'éducation de Carleton qui ont bien voulu contribuer par leurs suggestions à la compilation de ces procédés pédagogiques, notamment Marie-Josée Pluviose, Maria Sarot, Monique Aubry et du Conseil scolaire d'Ottawa, Ronald Tourigny.

Gerardo Alvarez

24 Culturel et interculturel dans l'enseignement des langues vivantes

La prise en compte des contenus culturels dans l'enseignement des langues est loin de constituer un problème nouveau. On peut dire que de tous temps la préoccupation culturelle a été présente dans la didactique des langues. On fixait, par exemple, comme objectif final pour tout apprentissage d'une langue, celui de connaître "la culture du peuple dont on apprenait la langue," ou plus largement "contribuer à former chez l'apprenant un sens de "relativisme culturel." La difficulté surgissait, cependant quand on considérait ce que l'on entendait par "culture" et par "contenus culturels": c'était essentiellement "les belles oeuvres" — notamment littéraires — qui étaient considérées comme constituant LA culture. Outre cette conception de la culture comme savoir esthétique, un second problème apparaissait quand on considérait le manque de rapport entre les "objectifs culturels" signalés et les pratiques réelles de la classe. Des pratiques tout à fait mécaniques et répétitives, centrées sur la manipulation du code linguistique, étaient censées contribuer — comment? — à la formation d'un certain savoir culturel.

Si aujourd'hui le problème "culturel" nous interroge avec une telle acuité c'est qu'il se pose d'une façon complètement différente, et ceci sous un triple aspect: la notion de culture n'est plus la même, le rapport langue-culture est envisagé différemment, la culture maternelle de l'apprenant, enfin, est considérée comme une donnée qui doit être intégrée à toute formation d'un savoir socio-culturel. Nous reprendrons chacun de ces aspects d'une façon détaillée.

La notion de culture

Dans la conception actuelle, on refuse de réserver la notion de "culture" aux seules productions artistiques d'une société donnée. À cette vision élitiste et excluante (qui permet de séparer ceux "qui sont cultivés" de ceux "qui n'ont pas de culture"), nous opposons la conception anthropologique de la culture: tout membre d'une socio-culture donnée partage un certain nombre de savoirs avec les autres membres de ce groupe. C'est ce savoir partagé, implicite, qui constitue la culture d'un peuple. Précisons davantage. Pour Winston (1933: 25), "la culture peut être considérée comme la totalité des traits matériels et non-matériels, avec les

"Culturel et interculturel dans l'enseignement des langues vivantes," tiré du *Bulletin de l'AQEFLS (Association québécoise des enseignants de français langue seconde)*, 7, 3 (1986): 7-17. Reproduit avec la permission des rédactrices. Ce chapitre a paru aussi dans *Didactique en questions*, textes réunis par Françoise Ligier et Louise Savoie. Beloeil, Québec: Les éditions La Lignée Inc., 1986.

structures comportementales qui leur sont associées, et les usages langagiers qu'une société possède''. Pour Linton (1936: 288), la culture est ''la somme des idées, les réponses émotives conditionnées et les structures comportementales habituelles, que les membres d'une société ont acquis grâce à l'instruction ou à l'imitation et qu'ils partagent à un degré plus ou moins grand.'' Ces deux définitions nous semblent utiles car elles mettent l'accent sur divers aspects essentiels; la culture est constituée de traits matériels et non-matériels; il s'agit d'un savoir acquis, partagé, structuré et différencié; la culture est un ensemble de comportements.

Pour notre travail,[1] nous nous construisons un schéma opératoire à trois pôles: les ''objets culturels,'' qui donnent lieu à des ''représentations mentales'' (qui sous-tendent entre autres les attitudes et les comportements affectifs), tous les deux étant à la base d'une certaine structure comportementale (dont le comportement langagier).

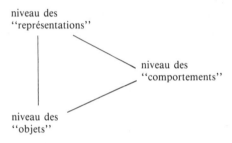

Il est clair que les ''objets culturels,'' dans cette conception, ne sont pas seulement les productions artistiques. Une cruche, une habitation, un outil, sont des objets culturels au même titre qu'un poème. Les représentations sont les images mentales que l'homme se forge à propos de son univers (et qui peuvent ne pas coïncider avec la réalité): c'est ici qu'interviennent les mythes, les idéologies, etc.

Deux corollaires pour la pratique de la classe:

• les enquêtes sociologiques sont utiles, mais non suffisantes. Par exemple, pour illustrer l'attitude et les comportements des Québécois face au mariage une enquête pourra nous dire combien de Québécois se marient par année, à quel moment de l'année, combien ils dépensent, comment ils s'habillent, etc. Mais ces enquêtes nous montreront difficilement le côté ''représentation'': que signifie le mariage pour les Québécois, quelles sont les attitudes sous-jacentes, etc. Des textes authentiques, issus de la communication quotidienne, peuvent être bien plus révélateurs de deuxième niveau.
• une publication municipale avertissant la population sur les mesures à prendre à l'approche de l'hiver (installation d'abris d'autos, pose de pneus d'hiver, remplacement des pneus d'été, etc.) (cf. *Visions du Québec II,* 1985) peut mieux illustrer cet aspect de la culture québécoise qu'un long poème sur l'hiver. Mieux

encore: une chanson comme "Mon pays" de Gilles Vigneault ("*Mon pays, ce n'est pas un pays, c'est l'hiver...*") se comprend plus clairement si elle est mise en parallèle avec le texte municipal mentionné. Les deux textes s'éclaireront l'un l'autre par une mise en regard des "objets," des "comportements" et des "représentations."

La rapport langue-culture

Associée à la conception "esthétique" de la culture, se trouve une vision de la culture comme "expression" d'un peuple. Et évidemment le moyen privilégié de cette expression culturelle est la langue. Sans refuser cette notion, nous mettons l'accent sur la langue comme élément constitutif de la culture. Autrement dit, il s'agit pour nous de trouver la culture dans la langue elle-même. Ce n'est pas un ajout, un ornement, qui viendrait se superposer au langage. Le langage EST culture. Il est utile de rappeler, peut-être, que Sapir (1968) soulignait que "de tous les aspects de la culture, c'est sans doute le langage qui a connu le premier un degré élevé d'élaboration, et il est probable que sa perfection essentielle soit la condition nécessaire du développement de la culture dans son ensemble." C'est ce qui lui faisait affirmer que le langage est "le guide symbolique de la culture." La culture, pour nous, est inscrite dans la langue.

Précisons qu'il ne s'agit pas ici pour nous seulement de ce qu'il est convenu d'appeler les connotations, dont tout le monde s'accorde à reconnaître le conditionnement culturel, mais de la dénotation elle-même. On peut en effet affirmer que le monde référentiel est dit, exprimé, par chaque langue d'une façon spécifique sans nécessairement adhérer à l'hypothèse whorfienne des visions du monde irréductibles d'une langue à l'autre. Ajoutons aussi que nous ne pensons pas seulement à la langue en tant que code, mais aussi aux productions discursives.

Au niveau de l'individu, le savoir socio-culturel se construit — en langue maternelle — en même temps que, et conjointement avec, le développement du système linguistique. Comme le signale Hymes (1972) "un enfant normal acquiert la connaissance de la grammaticalité des phrases et aussi de leur adéquation à la situation. Il apprend quand parler, quand se taire, parler de quoi avec qui, quand, où, de quelle façon. L'acquisition de cette compétence est évidemment sous-tendue par l'expérience sociale." Cette acquisition du savoir culturel est consciente et progressive. Ce savoir culturel devient tellement consubstantiel qu'il se donne comme une évidence indiscutable. Comme l'air que nous respirons, notre culture nous est invisible. Si nous avions à décrire notre environnement, sans doute la dernière chose à laquelle nous penserions ce serait à l'air. Il en va de même de la culture. Pour pouvoir objectiver notre culture "d'origine," il faut un choc culturel, ou un enseignement spécial, qui nous permette de prendre une distance à son égard.

Trois corollaires encore pour l'enseignement des langues:

• les "cours de civilisation," utiles sans doute pour la formation des enseignants, sont de faible rendement dans cette construction du savoir culturel des apprenants ordinaires. Ce qui est plus rentable c'est de confronter l'apprenant avec des productions discursives courantes (des documents "authentiques") de la langue seconde ou étrangère. Autrement dit, il s'agit de mettre en lumière comment ces éléments culturels sont présents dans la communication ordinaire des locuteurs dont on apprend la langue, et comment le fait de les ignorer entrave la compréhension.

• La notion de "textes de civilisation" ou "textes culturels" nous semble discutable. Pour nous, tout texte est culturel, en ce sens qu'il est le témoin du contexte socio-culturel dans lequel il a été produit. Une annonce publicitaire sur l'entreposage des fourrures au Québec *(Visions du Québec II)* est d'autant révélatrice de comportements culturels qu'un poème de Félix Leclerc.

• Pour prendre une distance vis-à-vis de sa propre culture, on peut faire appel à l'anthropologie, et étudier par exemple les comportements d'autres sociétés, ou procéder à des simulations de comportements différents.[2] Mais la classe de langues est le lieu privilégié pour cette prise de conscience, à condition que l'on procède à une interrogation interculturelle. Ceci nous mène à notre troisième partie:

La prise en compte de la culture maternelle

Dans la nouvelle conception de l'enseignement des langues, lié à l'enseignement de la culture, il ne s'agit plus de considérer seulement la culture de la langue cible comme un ensemble de contenus à assimiler (encore une différence par rapport à la notion classique d'"enseignement de la civilisation"). Le savoir culturel étranger n'est plus quelque chose qui s'apprend "en soi," indépendamment du bagage culturel maternel. Bien au contraire, un enseignement "interculturel" commence par la prise en compte du fait que l'apprenant possède déjà une compétence culturelle d'origine, qui sera toujours présente quand il s'engage dans des activités langagières, même si celles-ci se passent en L2.

En entreprenant des communications en langue étrangère, l'apprenant pourra:

• ne pas comprendre, par manque d'informations culturelles;
• comprendre de façon déviante par rapport aux "possibles interprétatifs" des locuteurs natifs;
• produire des énoncés déviants, ininterprétables par les locuteurs de L2, car il n'a fait que transposer en L2 ses références culturelles d'origine.[3]

Dans ce sens plus général, l'approche interculturelle permet de prendre une distance critique vis-à-vis de la culture étrangère, mais aussi de la culture maternelle elle-même. Ainsi, l'étude des productions discursives en L2 devrait donner lieu à une réflexion sur la culture 2 et sur la culture d'origine: réflexion critique qui permettra de mieux comprendre la culture 2 et en même temps d'objectiver la culture d'origine. Il s'agit, en fait, de regarder l'AUTRE, mais en même temps subir le regard de l'AUTRE. On s'éloigne ainsi de la démarche unidirectionnelle de l'enseignement classique de "la civilisation."

Communication et culture

L'accent mis, ces derniers temps, sur la communication — avec notamment les approches dites "communicatives" — a largement contribué à cette prise en compte de la dimension culturelle de toute communication. Désormais, apprendre à communiquer, c'est apprendre à communiquer culturellement. Comme le dit un collègue chinois: "Les problèmes que les élèves rencontrent dans la communication proviennent pour une large part de la différence des cultures. Par exemple, quand un débutant chinois apprend le verbe "manger," il arrive quelquefois qu'il salue un professeur français en disant "avez-vous mangé?" Il est difficile pour ce professeur de le comprendre. Il s'agit là d'une grande différence entre les moeurs des deux pays. Si l'on vous demande chez nous, si vous avez pris le repas, c'est une formule de politesse. Le fait qu'une personne a un bon appétit signifie qu'elle est en bonne santé. "Avez-vous mangé?" équivaut à "Comment allez-vous?" (Chen Zongbao, 1984).[4]

C'est évidemment dans les formules de politesse que nous trouvons les exemples les plus spectaculaires de ce conditionnement socio-culturel de la communication; mais — nous l'avons déjà dit — la situation est similaire pour l'ensemble du comportement langagier. Et ceci est valable non seulement pour les aspects linguistiques, mais aussi pour les comportements dits "para-linguistiques," comme les gestes, et les distances à observer dans les diverses situations de communication. Nous n'aborderons pas ici l'étude du comportement gestuel: qu'il suffise de dire que les gestes sont culturellement marqués, et qu'il existe des "faux-amis gestuels" qui sont aussi importants à dépister que les faux-amis lexicaux.

Pour ce qui est des distances (dont s'occupe la proxémique), qu'il suffise de rappeler, avec Hall, qu'il existe des cultures "de contact" et des cultures "de non-contact," et que ce contact concerne aussi bien le toucher, que le regard et l'olfaction. Ce qui est plus intéressant pour notre propos, c'est de rapprocher ces notions de celle de "territoire." Dans chaque culture, en effet, on a une conception différente de ce qui constitue "notre territoire personnel"; toute intrusion, par le toucher, par le regard, par le déplacement d'objets, peut être considérée comme une agression, et entraver la communication. On pourra trouver que les membres de la culture 2 sont "impolis," "qu'ils ne respectent pas notre vie privée"; ou au contraire, "qu'ils sont froids, distants, orgueilleux..." On peut affirmer que cette notion de territoire se trouve au fondement même de notre personnalité (laquelle, faut-il le dire, est un produit culturel). Les recherches sur le cerveau situent même les réactions de défense du territoire dans le plus profond des cerveaux, le cerveau reptilien. Il faudrait sans doute souligner, qu'à la différence des animaux, dans le cas de l'homme il s'agit d'un territoire balisé culturellement.

Les productions discursives

En classe de langues, cette construction d'un savoir culturel ne peut se faire que sur la base de textes de L2. Ce qu'il est convenu d'appeler les "documents authentiques" constituent en effet des outils privilégiés pour le montage d'une compétence culturelle en L2 et pour le développement d'une réflexion interculturelle. Le document authentique — comme un objet géologique — garde la trace du terrain d'où il a été prélevé, et ceci non seulement en ce qui concerne ses conditions de production et de réception, mais aussi pour ce qui est du cadre culturel dans lequel il a été créé.

Nous proposons donc, dans notre démarche de partir des textes, et grâce à des techniques d'interrogation des textes, de dégager leur contenu socio-culturel. La place nous manque ici pour donner les détails de notre grille de travail sur les textes (Alvarez 1982). Signalons simplement qu'elle intègre les techniques d'approche globale et celles de l'analyse du discours (notamment en termes de "données énonciatives," de "schéma narratif" et de "trame argumentative"). À l'aide de cet instrument d'interrogation du texte, on cherchera les indices — les marques formelles — qui nous permettent de construire de *petits espaces* de savoir culturel. Il nous semble, en effet, que le savoir culturel étranger ne pourra jamais être totalement expliqué et systématisé dans le cadre de la classe de langue. La construction du savoir culturel est en fait une problématique ouverte, toujours incomplète, où il n'y a pas de vérité finale — surtout si on tient compte des variétés socio-culturelles qui répondent aux clivages générationnels (cf. "la culture des jeunes"), socio-économiques (favorisés/défavorisés) géographiques (rural/urbain) et "sectoriels" (la mode, les sports, la politique...). Il n'est pas exagéré d'affirmer que, même en langue maternelle, notre savoir culturel est toujours incomplet. On ne saurait donc exiger l'exhaustivité au savoir culturel construit en langue seconde dans le cadre limité de l'enseignement institutionnel.

ANNEXE

Document:
"Semaine du grand nettoyage"

Quelques éléments de la démarche: Par approche globale, mettre en rapport l'image et le titre: les objets illustrés et le sens de "grand ménage." Faire produire des hypothèses sur la nécessité d'un GRAND MÉNAGE (approche d'une Fête Nationale?, visite d'un dignitaire étranger?, arrivée du printemps?). Le texte confirme cette dernière réponse, mais pose une nouvelle question: Pourquoi, au Québec, faut-il procéder, le printemps venu, à un "grand ménage"? Nécessaire explication sur l'hiver québécois. Influence du changement des saisons sur les comportements sociaux. Différence d'un pays à l'autre; notamment ceux qui vivent un hiver sous la neige et ceux qui ne connaissent guère d'hiver (et même, pas de "saisons" du tout).

Sans quitter le niveau des titres, pourquoi donne-t-on le téléphone de "la ville" et pourquoi invite-t-on à appeler? Hypothèses... Le texte signale plus loin qu'il s'agit de "grands objets" à jeter. Que jette-t-on? Voir le texte: des vieux meubles, de vieux réfrigérateurs... Faire ressortir cette image d'une société "du jetable". Etc.

Une étude détaillée des données énonciatrices (rapport établi entre l'énonciateur — ici, "la ville" — et le destinataire), des contenus narratifs (des actants qui font certaines actions) et de la trame argumentative (qui tend à montrer que la ville est "à votre service"), tout cela sur fond d'une image des comportements culturels, permettra de mieux dégager quelques éléments de la culture étrangère.

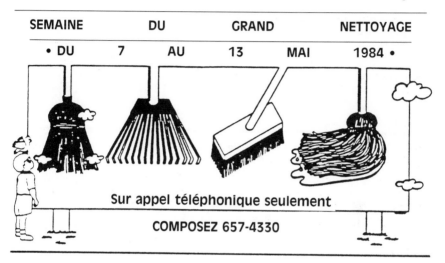

SEMAINE DU GRAND NETTOYAGE

• DU 7 AU 13 MAI 1984 •

Sur appel téléphonique seulement

COMPOSEZ 657-4330

Le printemps est enfin revenu. C'est le temps de faire le grand ménage de sa propriété. Pour vous faciliter la tâche, le Service des travaux publics se charge de vous débarrasser des objets encombrants et inutiles dont vous ne pouvez disposer en temps normal. Pendant la semaine du grand nettoyage, du 7 au 11 mai, la ville vous offre le service gratuit d'enlèvement des ordures spéciales (monstres) sur appel téléphonique uniquement. Il suffit de composer le 657-4330.

Disposition

Les ordures spéciales ne doivent, en aucun cas, être mêlées aux ordures ménagères courantes. Nous vous suggérons de les déposer dans des contenants ou encore de les attacher et de les placer en bordure de votre terrain en deçà de 2 mètres du trottoir. Et rappelez-vous que seul l'enlèvement manuel est toléré, aucune machinerie ne doit être utilisée.

Durant cette semaine de grand nettoyage, vos vieux réfrigérateurs, matelas, poêles, ou toute autre pièce d'ameublement ou utilitaire seront ramassés et transportés au terrain d'enfouissement.

Autres déchets

En ce qui concerne les débris de construction laissés par des contracteurs, les résidus de démolition ou les matières sèches telles que le sable, la terre ou la tourbe, vous devez porter vous-même ces déchets au terrain d'enfouissement situé sur l'avenue de l'Étrière, ouvert de 8 h à 17 h, du lundi au vendredi inclusivement.

Toutefois, pour tous vos monstres, il vous est possible de les déposer au terrain d'enfouissement ou encore dans le conteneur situé au 715, rue de Lestre, tout près du boulevard Versant nord, entre 8 h et 17 h, du lundi au vendredi.

N.B. Les matières volatiles, corrosives ou inflammables ne sont tolérées à aucun dépotoir de la Ville. Veuillez vous adresserau ministère de l'Environnement pour savoir comment en disposer.

Notes

1. Au sein de l'équipe DAQ - du GREDIL (Groupe de recherche en didactique des langues) - de l'Université Laval.
2. Comme le fait Louis Buñuel dans son film *Le fantôme de la liberté* où il nous présente une situation de "conversation à table" dans laquelle toutes les conventions ont changé.
3. Ce qui permet de parler d'interférences culturelles (cf. les interférences phonologiques, lexicales...)
4. Voir Actes du 6e Congrès Mondial de la FIPF.

Références

Chen Zongbao, 1984. "L'enseignement du français dans les écoles supérieures de Chine." dans *Actes du Sixième Congrès Mondial de la FIPF,* Québec.

Hymes, Dell H., 1972. "On communicative competence," dans Pride et Holmes, *Sociolinguistics,* Londres: Penguin.

Linton, R., 1936. *The Study of Man.* New York/London, D. Appleton-Century Co.

Sapir, E., 1968. "Le langage," *La linguistique,* Paris, Les éditions de minuit.

Winston, S., 1933. *Culture and human behaviour.* New York, The Ronald Press Co.

Françoise Tétu de Labsade

25

Initiation
à la culture québécoise
par la chanson

L'étranger qui ouvre un poste de radio à Québec ou à Montréal est frappé de la place qu'occupe la chanson, d'autant plus qu'elle est presque exclusivement française à Radio-Canada, à CKRL ou à CHRC : on chante en français au Québec. On reconnaît vite quelques vieilles connaissances de France, quelques valeurs sûres : Charles Trenet, Sylvie Vartan, la voix douce de Barbara ou celle de Johnny Hallyday ; mais on est étonné de la place tenue par les Québécois : mots nouveaux, rythmes nouveaux, chansons nouvelles. En chantant, les Québécois parlent d'eux-mêmes, de leur pays, de leur façon d'envisager avec humour une tempête de neige qui bloque leur voiture sur une autoroute ou de dire avec fermeté pour quel parti voter aux prochaines élections.

Les chansonniers[1] québécois sont nombreux, de Felix Leclerc à Gilles Vigneault ou à Robert Charlebois ; citons-en quelques-uns en vrac : Georges Dor, Jean-Pierre Ferland, Claude Léveillée, Pierre Calvé, Monique Miville-Deschênes et Clémence Desrochers, Raymond Lévesque, sans oublier la jeune garde : Diane Dufresne, Fabienne Thibeault et tant d'autres, plus ou moins connus au-delà des frontières. Comme leurs idées, comme leurs manies mêmes, leurs visages, leurs voix sont bien connus du public québécois : elles sont reprises par les interprètes les plus divers : on entend Gilles Vigneault, pour parler d'un des plus féconds, interprété par la tendre voix de Monique Leyrac, ou celle, passionnée, de Pauline Julien ; Catherine Sauvage lui a consacré au moins un disque, comme les Compagnons de la Chanson.

Au Québec,[2] la chanson a toujours eu une fonction sociale dans la paroisse ; il n'est pas étonnant qu'avec la multiplication des moyens d'information et de diffusion, le chansonnier soit devenu celui qui ose parler, celui que l'on écoute, que l'on fredonne, que l'on copie au besoin, que l'on aime en tout cas[3]. Ce goût pour la chanson semble plus naturel encore ici qu'ailleurs : la tradition orale y a été longuement et solidement établie pendant des siècles. D'autre part le goût pour la musique s'est rapidement développé dans l'habitat rural, car il fallait occuper les longues soirées d'un hiver interminable. Il s'agit d'une musique d'action plutôt que d'une musique de rêve ; c'est une musique qui incite à la danse, comme les rythmes de gigue[4] ou de reel, encore très utilisés dans la chanson traditionnelle. Depuis 1960, les Québécois ont décidé de prendre la parole — jusque-là, seule l'élite parlait — d'où le nouvel essor de la chanson contemporaine

---

"Initiation à la culture québécoise par la chanson," tiré de *Le Français dans le Monde*, 131(1977): 18-22. Reproduit ici avec la permission du rédacteur.

qui s'exprime aussi bien en français québécois qu'en joual[5] puisque c'est la langue du "monde ben ordinaire".

De grands espaces

Un jour, un jour quand tu viendras
Nous t'en ferons voir de grands espaces.

C'est ainsi que Stéphane Venne nous invitait à l'exposition universelle de 1967. Voilà le premier aspect de la nature québécoise (*cf. : Moi, mes souliers*, de Félix Leclerc). Qu'on ne vienne pas dire que l'espace est en réalité dépassé dans la civilisation urbaine : ici les villes ont respecté cette notion si nécessaire. Dans cet espace, les hommes ont depuis longtemps posé des jalons; la topologie en fait foi, de Trois-Rivières à Blanc-Sablon, en passant par tous les saints du calendrier. Écoutez Monique Miville-Deschênes nous chanter les noms de paroisses[6] délicieusement évocateurs du temps et de l'esprit de leur fondation :

Saint-Octave-de-l'Avenir
Saint-Joachim-de-Tourelle
Saint-Denis-de-la-Bouteillerie
Saint-Louis-du-Ha-Ha
Saint-Jean-Port-Joli
Sainte-Rose-du-Dégelé
Sainte-Émile-de-l'Énergie[5]

Cet espace est toujours — ou presque — axé sur le fleuve (le fleuve, ici, c'est quasiment la mer). Autrefois marin par nécessité, en même temps qu'habitant[8], le Québécois a truffé sa langue quotidienne d'expressions de marin : on débarque d'une voiture, on se dégreille[9], et prévoyant, on n'est pas parti sans biscuit.[10] Pierre Calvé a passé six ans en mer avant de se lancer sur d'autres planches *(Ressac, Reviendrez-vous au port? Quand les bateaux s'en vont)*. Pour Gilles Vigneault, chaque spectacle — chaque aventure — commence par cette invitation au voyage : *Larguez les amarres*. C'est *Jean du Sud* que l'on suit jusque sur l'Île d'Anticosti. L'eau, tout attirance et mutation perpétuelle, garde ses secrets, comme la mystérieuse *Manikoutai* dont

Ils diront que c'était une femme,
Moi je dis que c'était la Manikoutai.

Autre élément du paysage québécois : le vent habite l'espace. Georges Dor le connaît bien et le chante parce qu'il faut nommer les choses qui nous dépassent, leur parler, pour leur montrer qu'on n'est pas dupe, et qu'on se jouera d'elles ; la mélodie n'est que mouvement et bourrasque et colle merveilleusement à la réalité :

le vent qui mord
le vent qui tord
le vent qui défait tes cheveux...
...le vent qui emporte nos voix

toutes nos voix perdues d'avance
dans ce pays par trop immense
où les voix perdent la raison.

De grands espaces, habités par le vent : voilà un pays à la taille de l'hiver :

Mon pays, ce n'est pas un pays, c'est l'hiver ;
Mon jardin, ce n'est pas un jardin, c'est la plaine ;
Mon chemin, ce n'est pas un chemin, c'est la neige.

Il est naturel qu'on en parle, puisqu'on le vit cinq bons mois par année : on en vient même à le désirer avec Monique Leyrac :

Ah! que les temps s'abrègent,
viennent les vents et les neiges,
vienne l'hiver en manteau de froid!

Malgré ce climat difficile, le Québécois adore son pays ; il s'y sent chez lui ; il y est enraciné par les fibres les plus sensibles et les plus solides de son être : Georges Dor affirme : *Je suis de Saint-Germain.* Jean-Pierre Ferland rêve de dormir son dernier sommeil à *Sainte-Adèle, P.Q.* Pour Gilles Vigneault, c'est *Mon pays.* Et pourquoi la nostalgie ne ramènerait-elle pas ceux qui s'éloignent trop longtemps?

Fais du feu dans la cheminée
Je reviens chez nous.
(Jean-Pierre Ferland.)

Les gens de mon pays

Est-ce vous que j'appelle
Ou vous qui m'appelez?

C'est pour ceux-là que l'on rentre chez soi. Du chauffeur de *Taxi* de Claude Léveillée, au *Grand-six-pied* de Claude Gauthier, en passant par la galerie de portraits que nous lègue Gilles Vigneault : *Zidor le prospecteur, Bébé la guitare, Jos Hébert,* le facteur de la Côte-Nord, ce phénomène de *Caillou Lapierre:*

Le jour de ses 87 ans
Caillou partait pour la chasse
...Caillou revint avec sa chasse
En avait tant pris qu'il en avait laissé :
32 moyacs, 8 perdrix, puis 10 lièvres.
18 petits-noirs, canards et corbijoux,
3 capots-blancs, 2 becs-scies, un vrai rêve.
80 pièces avec les caribous.

Avec Félix Leclerc, on découvre le difficile métier de draveur[11]. *Macpherson* se sacifie pour faire sauter le «jam» de billots. La mélodie, incroyablement variée, de *La Drave* suit à merveille le fil de l'eau et les diverses péripéties de la descente du bois sur la rivière ; longue et très belle chanson, à la mesure de la tâche accomplie.[12]

Dans cette vie quotidienne, les chansonniers ont pensé à la solitude : celle, poignante, du gars de *La Manic* (Georges Dor) sur le chantier du fameux barrage à six cents milles de Montréal :

Si tu savais comme on s'ennuie
À la Manic,
Tu m'écrirais bien plus souvent
À la Manicouagan.

Même solitude que celle de la femme, que son mari a laissée pour aller passer l'hiver sur les chantiers, à bûcher — c'est le problème crucial du chômage saisonnier qui apparaît d'un seul coup[13].

L'homme est parti pour travailler,
La femme est seule, seule, seule.
L'homme est parti pour travailler
La femme est seule à s'ennuyer.
Ah! que l'hiver
(G. Vigneault/P. Julien)

Les deux chansons sont d'autant plus émouvantes qu'elles prennent la forme de lettres envoyées à l'autre. Le compositeur aborde de près même le problème délicat des relations entre Inuits[14] et Québécois. Ceux-ci, chatouilleux sur le plan des relations majorité/minorité, ont-ils toujours eu le beau rôle avec les premiers habitants du pays?

Jack Monoloy aimait une Blanche,
Jack Monoloy était indien
Il la voyait tous les dimanches
Et les parents n'en savaient rien...
La Mariouche est pour un Blanc.

La vie quotidienne, c'est aussi l'amour simple et tranquille, dont je ne retiendrai que la très belle *Chanson pour ma femme* de Georges Dor :

Le très beau nom de mon amour,
comme le pain quotidien,
comme la vie quotidienne.

Dans cette vie, entrent le rêve, la légende *(Jos Montferrant, La Corriveau)*, la joie de vivre (Vigneault entraîne l'auditeur, souffle coupé, dans *La Danse à Saint-Dilon)* et beaucoup d'humour. Voilà un élément de défense contre un climat impossible, une histoire difficile, une majorité écrasante[15]. Faire contre mauvaise fortune bon coeur, c'était, jusqu'à tout récemment, une des seules façons de survivre.

Le Québécois
narquois
comme tous les Québécois.
(F. Leclerc)

ou

Quand on aime, on a toujours vingt ans.
(J.-P. Ferland)

Félix Leclerc a plus d'un tour dans son sac *(Tour de reins)* et excelle dans la présentation humoristique de petits drames sociaux en raccourci *(L'Héritage, La Chanson du Pharmacien).*

Des vieux mots au nouveau jour

Qui dit communication, dit langage : il n'est pas meilleure approche de la langue parlée au Québec que la chanson. On a tout, tout de suite, en même temps ; l'accent, le rythme, les tournures, les mots d'un nouveau monde. Si vous voulez savoir quel genre d'animal est un "ouaouaron," un "orignal" ou un "carcajou," demandez-le à F. Leclerc ou à Charlebois ; vous ne savez pas ce qu'est la "pitoune?" Voyez de près de quel bois se chauffe G. Vigneault.

On évoque même les problèmes de langue — donc de rapports — entre anglophones et francophones :

C'est de valeur[16] qu'on se comprenne guère
...C'est de valeur qu'on se comprenne pas.
I went to the market (G. Vigneault)

Et, en écoutant *La Complainte du phoque en Alaska* de Beau Dommage, d'un seul coup on saisit l'un des aspects les plus importants du malaise québécois. La prise de conscience de cet état de malaise, encore récente, fut entière : on s'est dit que le Québec est un pays, qu'il peut se conduire comme tel, on s'est entendu pour prendre en main la destinée du dit pays. Les chansonniers n'ont pas été les derniers, ni les moins chauds, à entraîner la majorité silencieuse. Jacques Michel et Pauline Julien lancent leur appel du fond du coeur :

Viens, un nouveau jour va se lever
Et le soleil brillera pour la majorité qui s'éveille...
...Le temps de l'esclavage,
Le temps du long dressage,
Le temps de subir est passé.

Raymond Lévesque, lui aussi, d'une voix tout unie avec une langue extrêmement simple, raconte l'histoire de *Bozo-les-culottes.* L'action individuelle entraîne l'action collective :

Mais depuis que tu t'es fâché.

Dans le pays, ça a bien changé.

Ils furent au moins trente, poètes et chansonniers, à animer les spectacles des *Poèmes et Chants de la résistance* après octobre 1970[17].

J'voudrais chanter comme Charlebois[18]

Un des meilleurs exemples individuels de cette prise de conscience collective est sans doute — personnage étonnant — Robert Charlebois. Fantaisiste de nature, il se moque de l'hiver :

> *Je m'en vais dans le Sud, au soleil...*
> *...Je vous laisse "mon pays, ce n'est pas un pays, c'est l'hiver,"*
> *Je vous laisse ma pelle,*
> *Je vous donne ma pelle[19].*

Dans son entreprise de démythification de l'hiver québécois, il s'en prend à Jacques Cartier :

> *Cartier, si t'avais navigué à l'envers de l'hiver,*
> *On aurait Montréal à Dakar...*
> *...On aurait des palmiers sur la rue Sainte-Catherine.*

Étonnamment lucide, il se sent Nord-Américain en même temps que Québécois, dans sa *Ville grise de Presqu'Amérique.* Il est d'ailleurs très marqué par les rythmes du continent et a été l'un des fondateurs du jazz libre du Québec. Charlebois utilise, plus que d'autres, le joual puisque c'est la langue du peuple, et qu'il n'est lui-même "rien qu'un gars ben ordinaire." Les Québécois se reconnaissent dans son sens de l'humour *(Conception)* et rient de ses frasques, surtout quand elles ont lieu ailleurs[20]. Il dit "chu" pour "je suis," comme presque tout le monde. S'il fait une "crisse de chute," ça parle tout seul. Avec Mouffe, Louise Forestier, Yvon Deschamps, il lance son spectacle de l'Osstidcho.[21] C'est l'époque de *California,* de *Lindbergh*[22] qui exprime si bien le malaise des Québécois:

> *Alors chu r'parti*
> *Sur Québécair, Transworld, Northern, Eastern, Western*
> *Pi Pan-American*
> *Mais ché pu*
> *Où chu rendu.*

L'influence américaine a investi le spectacle, les rythmes sont à la taille du continent, mais le coeur reste viscéralement québécois.

Charlebois a fait école. Après lui, se sont fondés une quantité de groupes dont certains ont déjà traversé les frontières ; ils ont nom : Harmonium, Beau Dommage,[23] Sloche, Morse Code ou Offenbach. Leur musique est un curieux mélange de musique traditionnelle, de western, de rock et de blues à la sauce québécoise dont je ne connais pas l'équivalent dans la chanson de langue française.

Même en France, on est conscient de la richesse et de la diversité de la chanson québécoise. Les chanteurs français s'étonnent d'ailleurs de ces succès,

Ramenons pas nos fraises
Pour la chanson française...
Il n'est bon bec que de Québec.

Le fait québécois, qu'est-ce au juste? Les Québécois savent-ils s'amuser? Il y a encore des Indiens au Québec? Les Québécois ont-ils le coeur tendre et la langue bien pendue ? Plus, peut-être, que les journaux et la littérature, la chanson québécoise, si l'on sait l'écouter, peut avoir réponse à tout.

Notes

1. Attention, ne pas réduire le sens du mot à l'acception parisienne du terme.
2. Parallèlement à la chanson québécoise, il existe une chanson franco-ontarienne, représentée entre autres par le groupe CANO. Il existe aussi une chanson acadienne qui se porte très bien; elle est plus mélancolique, voire plus nostalgique (Edith Butler, Angèle Arsenault). Cette chanson, tout en touchant de près les Québécois est plus prisée dans les provinces maritimes dont elle traduit plus exactement sentiments et obsessions (la Québécoise Renée Claude interprète admirablement l'émouvante complainte de Shippagan).
3. Entre pays francophones, on considère le Québec comme le plus grand producteur de disques de chansons, compte tenu de ses 6 000 000 d'habitants.
4. La gigue: d'abord *jambe* puis danse qui fait remuer les jambes: même étymologie que *gigot,* gigue de chevreuil.
5. Façon relâchée de prononcer le mot *cheval* et, par extension, nom donné à la langue avachie parlée surtout par les masses populaires des grandes villes.
6. Le village s'est créé autour de l'église, le curé en étant longtemps le seul responsable.
7. Vrai village au nord de Joliette où les habitants font un des meilleurs sirops d'érable de la province.
8. Paysan.
9. De gréer; habiller; se dégreiller; se déshabiller.
10. Emporter tout ce qu'il faut, et même un peu plus.
11. Draveurs: hommes qui par équipes, accompagnent le bois qui flotte sur les rivières jusqu'au moulin: les contremaîtres étaient anglais: ils appelaient leurs hommes *drivers.*
12. La drave: l'Office national du film en a tiré un film tant l'évocation de la réalité en était précise (R. Garceau, 1957).
13. *Les bûcherons de la Manouane:* très beau film sur les chantiers de bûcherons de la Manouane: très beau film sur les chantiers de bûcherons (Office national du film, Lamothe, 1962).
14. Inuits: premiers occupants du pays: Indiens et Esquimaux.
15. Six millions de francophones au Canada contre deux cent vingt millions d'anglophones sur le continent.
16. C'est de valeur: c'est dommage.
17. Le grand désir de liberté sera ressenti jusqu'en Wallonie puisque ce sont des chansons interprétées par Pauline Julien qui illustrent les discours de Lucien Outers, dans un disque Rénovation LP.001.
18. Daniel Vangarde.
19. Pour enlever les 32 cm de neige qui sont tombés hier.
20. Avril 1969: "Le sauvage du Canada a barbé les Français" tiré de *La Patrie de Montréal,* après une soirée fracassante à l'Olympia.
21. Hostie de show = foutu spectacle. Même veine que *crisse de chut* = sacrée chute (Christ de chute).

22. Paroles de Claude Péloquin.
23. Affirmation ironique: bien sûr que oui, naturellement.

Références

Ouvrage de civilisation générale:

Rioux, Marcel. *1974. Les Québécois.* Paris: Ed. du Seuil.

Bibliographie:
En collaboration. 1975. *La Chanson au Québec. 1965-1975.* Québec, P.Q.: Ministère des Affaires culturelles, gouvernement du Québec.

Trois ouvrages très commodes avec des textes de chansons, des bibliographies, ou des discographies, et des illustrations, publiés dans la petite collection de Seghers, *Poésie et chanson d'aujourd'hui.*

Robert Charlebois présenté par Lucien Rioux. Paris: Seghers, 1974.

Félix Leclerc présenté par Luc Bérimont. Paris: Seghers, 1964.

Gilles Vigneault présenté par Lucien Rioux Paris: Seghers, 1969.

Pour plus de renseignements:
Duceppe, P. 1969. *Jean-Pierre Ferland, Chansons.* Montréal: Leméac.

Larsen, Christian. 1964. *Chansonniers du Québec.* Montréal: Beauchemin.

Leclerc, Félix. 1970. *Cent chansons.* Montréal: Fides.

Robitaille, Aline. 1968. *Gilles Vigneault.* Montréal: éd de l'Hexagone (avec une bonne bibliographie).

Gilles Vigneault a également publié ses paroles de chansons à Québec aux éditions de l'Arc.

Quand les bateaux s'en vont, 1965
Avec les vieux mots, 1965
Tam di delam, 1967
Les gens de mon pays, 1967

Longue distance, film sur Charlebois, Kébec films, 1976.

Discographie
Il existe une discographie de musique populaire vocale de langue française, publiée par Cécile Montpetit dans le *Bulletin de bibliographie,* vol. 2, no 4, janvier 1973. (Gouvernement du Québec.)

Chansonniers canadiens français, p. 252 à p. 267. *Folklore canadien et acadien,* p. 295 à p. 299.

— *Grands succès de Robert Charlebois,* Gamma G2-1003 (2 disques).
— *Georges Dor; Ses grands succès,* Gamma G-21002.
— *Jean Pierre Ferland: Les grands succès,* Barclay 75005.
— *Pleins feux sur Félix Leclerc,* Philips 6641030 (2 disques).
— *Gilles Vigneault: Les grands succès,* Columbia GFS 90003.
— *Pauline Julien: Suite québécoise,* Gamma GS-112.
— *Poèmes et Chants de la résistance,* Transworld. RE 604 (2 disques).
— *Harmonium: L'heptade,* CBS-PEF 90348.

Acadie
— *Edith Butler,* Transcanada, PS 19009.
— *Georges Langford,* Gamma GS-216.
— Groupe Beausoleil Broussard, Le Tamanoir.
— Alta musique. M + L.

Bibliographie et discographie très sélectives. Il existe des quantités d'enregistrements. Faut-il se réjouir de ce que notre chanson soit plutôt mieux comme au-delà de nos frontières que notre littérature?

Pour tout complément de renseignements, on peut s'adresser directement aux Délégations genérales du Québec, à Paris, Bruxelles, New York et Londres, ou aux Délégations du Québec, à Lafayette, Tokyo, Dusseldorf, Haiti, Milan ou Abidian.

Françoise Howard

26 Évaluation de la compétence de communication en français langue seconde: En quête d'une démarche

L'apprentissage d'une langue est un processus compliqué. Les méthodes d'enseignement grâce auxquelles on enseigne la deuxième (ou troisième) langue ne correspondent pas toujours à la façon d'apprendre de l'élève. Les tests que les enseignants mettent au point avec beaucoup de soin et d'intégrité ne mesurent pas toujours ce pour quoi ils ont été mis au point (validité), ne correspondent pas toujours au matériel, au cours ou au programme en vue (validité de contenu), ne donneraient pas de note uniformément sûre s'ils étaient répétés dans les mêmes conditions (fidélité), ne cadrent pas toujours avec la théorie de l'apprentissage des langues voulue (validité de construit), ni ne sont validés en fonction des autres sortes de mesures (validité convergente).

L'énoncé d'une théorie de l'apprentissage des langues devrait dicter la nature du comportement attendu, inspirer la conception d'un programme approprié et prévoir une méthode particulière d'évaluation.

Pourquoi des tests?

En principe, les critères d'évaluation doivent relever d'une théorie. Dans leur orientation, ces critères doivent être dotés d'un caractère scientifique en ce sens que les items de tests doivent être formulés en fonction d'un objectif explicite et se prêter à la vérification empirique.

Heaton explique ainsi le pourquoi d'un test:

- Évaluation de l'élève en vue d'une sélection (examens externes, par exemple);
- Détermination et diagnostic exacts de la difficulté à laquelle la classe ou l'élève fait face;
- Estimation de l'efficacité du programme, du matériel ou des méthodes employés par l'enseignant;
- Motivation de l'élève (en présumant que la rétroaction est immédiate).

De cette façon, un bon test peut être d'une grande valeur en tant qu'instru-

Titre original, "Testing Communicative Proficiency in French as a Second Language: A Search for Procedures," publié dans *The Canadian Modern Language Review/La Revue canadienne des langues vivantes*, 36, 2(1980): 272-289. Traduction de Lilyane Njiokiktjien. Reproduit ici avec la permission du rédacteur.

ment pédagogique (Heaton 1975:3).

Par contre, Pit Corder (1973:351) estime que les tests linguistiques sont des "...instruments de mesure appliqués aux apprenants, non pas au matériel pédagogique, ni aux enseignants." Ils sont conçus pour mesurer chez l'apprenant ses connaissances de la langue ou sa compétence dans cette langue à un moment donné du cours — "sans plus."

> Ce que ces mesures nous apprennent n'a aucun intérêt en soi. C'est ce que l'on peut en déduire qui compte et qui est important (...) Les résultats des tests sont neutres (poursuit-il): ils ne représentent que des données d'après lesquelles on déduit quelque chose à propos d'un aspect quelconque de l'enseignement (1973:351).

Ces déclarations semblent comporter des contradictions. Faut-il comprendre que les tests devraient mesurer uniquement le comportement linguistique de l'élève, ou qu'ils représentent aussi une mesure appropriée du rendement de l'enseignant? Ou les deux?

Tendances dans l'évolution des tests linguistiques: Naguère et aujourd'hui

Au Congrès mondial de l'Association Internationale de Linguistique appliquée (AILA), tenu en 1975, Bernard Spolsky, dans l'une des communications d'ouverture intitulée "Language Testing: Art or Science?," a précisé trois tendances qui se dégagent de l'historique des tests de langues vivantes: tendance pré-scientifique; tendance psychostructuraliste; tendance psycholinguistique-sociolinguistique.

La tendance pré-scientifique se caractérise par un manque d'intérêt pour l'analyse statistique, l'objectivité et la fidélité des tests. D'une façon légèrement élitiste, c'est l'enseignant qui doit juger la compétence des élèves. Il s'agissait alors surtout de devoirs écrits: traduction, composition, phrases isolées. Cette méthode (toujours employée par certains enseignants) était en vigueur avant 1920.

Avec la tendance psychométrique-structuraliste, les spécialistes ont abordé la question des tests linguistiques avec la conviction bien ancrée que la mesure devait être précise et scientifique. Ce fut l'époque des techniques d'évaluation de type objectif, l'item à choix multiple étant la technique la plus en vogue. Pour vérifier la fidélité, la validité et la corrélation avec d'autres types d'instruments de mesure, des méthodes statistiques furent introduites. Puis des tests normalisés commencèrent à apparaître. Enfin, la linguistique structurale imposa une vision scientifique du langage. Dès lors, les difficultés de l'apprenant furent envisagées dans l'optique de l'analyse différentielle. En 1961, Robert Lado apporta une contribution importante à l'évaluation de la compétence en langue seconde et son influence continue à se faire sentir aujourd'hui.

Selon Lado, la langue est un "système d'habitudes de communication" (1961:23) et la théorie des tests linguistiques repose sur cette prémisse. Ces "habitudes" portent sur la forme, le sens et la distribution des éléments linguistiques à plusieurs niveaux structuraux. Au niveau inférieur se placent les habitudes d'articulation et l'intonation, l'accentuation et le rythme. Lorsque l'apprenant s'exprime dans la langue seconde, il encode les significations culturelles liées aux significations linguistiques en suivant l'ordre dans lequel elles apparaissent *dans sa propre langue,* ce qui s'appelle "transfert." S'il y a similitude entre la langue première et la langue seconde, le transfert est "positif" et ne pose aucune difficulté d'apprentissage. Si une dissemblance quelconque divise les deux langues, un transfert "négatif" a lieu, Autrement dit, l'apprenant est compétent, linguistiquement parlant, dans la langue seconde, s'il peut maîtriser les unités de langue qu'il a assimiliées au point où ces dernières se transforment en automatismes. De cette théorie, on peut tirer les implications suivantes:

• La langue doit être examinée à un certain nombre de *niveaux discontinus.*
• Le transfert des habitudes est facilité si l'on sait *prédire* ses erreurs, grâce à l'analyse des différences entre la langue maternelle et la langue seconde.
• L'enseignement et les tests sont axés essentiellement sur les aspects où ces *différences* se présentent.

D'après l'hypothèse selon laquelle l'aptitude linguistique se mesure à la façon de traiter les divers *éléments* d'une langue et à l'acquisition de *compétences* individuelles (grammaire, compréhension orale, expression orale, lecture et écriture), Lado prétend, avec raison, que les tests sont fiables: si la réponse est "juste" ou "fausse" (telle que notée par la machine), le résultat serait très probablement le même le lendemain, à condition que la situation soit identique. Il revendique de même la validité parce que celui qui a conçu le test a obtenu ce qu'il cherchait, ainsi que la validité apparente, parce le test est plausible et valable aux yeux de celui qui le subit. La validité du contenu n'est guère mise en question là où les items discontinus mesurent la matière enseignée dans le programme. Pour ce qui est de validité de construit, c'est une autre histoire: si le programme est suspect (fondé sur une théorie douteuse de la langue et de l'apprentissage des langues), le test n'est-il pas aussi suspect? Parallèlement, la validité convergente aura-t-elle cours si les tests sont validés par rapport à d'autres tests relevant de la même théorie? Quant à la validité apparente, il ne s'agit pas seulement d'une "notion théorique" (Davis et al. 1977:60). Le fait qu'un test peut ne pas "sembler juste" au spécialiste ou au profane n'établit pas qu'il est inapproprié en tant qu'instrument de mesure équitable. Cependant, il est sûrement plus avantageux de chercher à rendre le test acceptable à ceux qui le subissent et l'opinion générale favorable à son créateur. Des arguments se présentent en faveur de la validité apparente. Ainsi, "il n'est pas mauvais de faire subir un test pour encourager l'enseignement d'une activité particulière" (David et al. 1977:60). À la longue, cependant, il semblerait plutôt vain de concevoir, ou de subir, un test qui ne contribuerait pas de façon importante à une estimation de la maîtrise de la langue, et qui aurait comme seul avantage de "bien paraître." Jusqu'à quel point peut-on transiger avec ses priorités?

Dans le style des tests à items discontinus de Lado, le principe de réponse "juste" contre réponse "fausse" a été fortement remis en question:

• Les étudiants appliquent les règles du code linguistique en effectuant un choix parmi des réponses proposées plutôt qu'en produisant des énoncés linguistiques.

• Le type d'aptitude évalué se limite à ce que l'élève *reconnaît,* plutôt qu'à ce qu'il peut reproduire.

• Dans le test objectif, la langue est entièrement celle du *concepteur du test.*

• Les *normes* sont celles du concepteur du test; l'examinateur n'a pas la possibilité de constater quelles normes l'élève applique dans son utilisation de la langue cible.

Revenons maintenant à la troisième tendance dont parle Spolsky dans l'historique des tests de langues vivantes, c'est-à-dire à la tendance psycholinguistique-sociolinguistique. Le terme que Spolsky a choisi pour désigner cette époque risque de déplaire à certains linguistes et à certains enseignants, mais il est juste: la tendance contemporaine est axée sur le test intégratif ou "global," où l'on cherche à mesurer la valeur communicative globale des énoncés. Cette méthode ne rejette pas la nécessité de l'évaluation régulière et systématique des diverses compétences selon la taxonomie populaire: compréhension et expression orales, lecture, écriture, ou aspect réceptif et aspect productif. Cependant, lorsque les linguistes actuels parlent de test intégratif, ils reconnaissent habituellement que le niveau de maîtrise de la langue, c'est-à-dire la "compétence" linguistique (qui se réalise dans la "performance") représente *plus* que la maîtrise d'habitudes et *plus* que l'accumulation d'éléments discontinus. Lorsqu'ils insistent sur la compétence en communication, ils considèrent l'apprentissage linguistique comme *la capacité d'utiliser.*

Selon J.B. Carroll,

il faut reconnaître que le rendement linguistique engage la capacité de la personne à mettre en branle sa compétence linguistique et ses aptitudes de rendement, de *façon intégrée,* c'est-à-dire compréhension, expression orale, lecture ou écriture du discours continu (1968:56).

Ailleurs, il explique de la façon suivante l'avantage du test intégratif sur le test d'items discontinus: "Le premier assure un échantillon plus général d'items linguistiques d'une *difficulté relative"* (1965). Selon lui, le fait que ces tests se prêtent mieux à une évaluation subjective, "facilite leur interprétation, et point n'est besoin que le test intégratif relève d'une analyse différentielle préalable des langues en cause" (1965).

En termes chomskyens généraux, ou peut dire que l'un des éléments les plus importants de la compétence du locuteur est la connaissance des règles de la production d'énoncés, non pas l'aptitude à produire une phrase *unique* quelconque.

Situation de communication

Quelles sont les caractéristiques de la situation de communication dont il faut tenir compte lors de la mise au point d'instruments d'évaluation?

1. La communication repose sur *l'interaction,* autrement dit, l'interaction des

mécanismes de réception et des mécanismes de production, le décodage et l'encodage de messages, sur un continuum à double base. La communication peut être orale ou écrite. Le stimulant peut être interne (né d'un désir d'expression réciproque ou menant à la présentation de renseignements) ou externe (incident ou fait stimulant un échange d'opinions ou d'impressions). Au niveau minimal, le phénomène est dyadique, c'est-à-dire qu'il engage deux participants (il peut en engager davantage). Les participants ne sont pas nécessairement en présence l'un de l'autre (lettre, brochure, par exemple). Qu'il s'agisse de la langue écrite ou de la langue parlée, le continuum se maintient pendant la durée de l'acte de communication, immédiat et momentané, ou indéfini (lire, dans son fauteuil, en 1979, les pensées de Rousseau sur l'éducation). Toute "rupture" au cours de cet échange affecte la communication. Voilà la version "forte" de l'acte communicatif.

Aux fins du présent article, la communication est définie dans un sens plus étroit et plus faible, en tant que série de messages compréhensibles échangés par au moins deux participants.

2. La nature de ce continuum suppose la manipulation d'un langage dont la forme et le contenu sont *imprévisibles;* c'est la langue sous son aspect créateur. Ce caractère imprévisible est conservé durant toute la communication, car les autochtones maîtrisent leurs propres moyens de s'exprimer.

3. Un échange verbal, envisagé dans son caractère immédiat, comporte une *pression quant à la durée* pour que la communication ne traîne pas, ne se détériore pas et ne cesse pas complètement, par consentement réciproque; autrement dit, l'échange doit stimuler la production de réponses dans les deux sens.

4. La communication s'effectue dans ce que Firth appelle le *contexte de situation* (Firth 1952). Ce contexte réglemente le *rôle* des participants, révèle des facteurs tels que le *rang social,* le cérémonial indiqué par le rang social ou par la situation, l'*humeur* des participants, leur *attitude* les uns envers les autres et à l'égard de la situation. Tous ces facteurs influent également sur les choix linguistiques: structures, unités lexicales, caractéristiques prosodiques comme l'accentuation et l'intonation, même les conditions "grammaticalement inappropriées" comme les trous de mémoire, les distractions, le déplacement de l'attention et de l'intérêt, et les erreurs, pouvant tous forcer chaque participant à rechercher le message au-delà des faux départs, des pauses, des répétitions, des lapsus linguae et des caractéristiques idiosyncrasiques révélatrices de l'individu et de sa culture (Chomsky 1965). Il n'est pas rare que ces conditions entravent le message qu'elles devaient au départ nuancer. "Le langage est source de malentendu" (Saint-Exupéry).

5. L'acte de communication tend vers un *objectif.* La langue des participants se classera dans des "catégories de fonction de communication" (Wilkins 1976): être d'accord avec un participant ou s'opposer à lui au sujet de la chasse au phoque au Canada, par exemple.

6. L'acte de parole est coloré par les *traits sociolinguistiques* du cadre et des participants, à l'échange verbal: faire une plaisanterie à une réception amicale à l'époque du Carnaval de Québec; ou à table, à un dîner officiel chez son patron, par exemple. Ces caractéristiques établissent l'"'à-propos" de l'acte de parole. (Pour "parole," entendre le mode parlé ou le mode écrit.)

7. L'acte de communication se fera dans une *langue authentique,* c'est-à-dire marquée de traits linguistiques de l'usager: accent régional, âge, rang social et particularités de chacun. La langue authentique est en outre marquée de certains aspects synchroniques: utilisation de l'expression "Canajun, eh?" ou de l'expression québécoise, "J'ai mon voyage!," par exemple.

8. L'acte de communication est efficace dans la mesure où il révèle la *cohérence du discours (cheminement logique de la pensée) et la cohésion* (utilisation de termes linguistiques justes identifiables comme par exemple les transitions, anaphores, etcetera).

9. Depuis peu, les linguistes étudient une variable nouvelle et intéressante, la *prédisposition* (Morrow 1977). La prédisposition se définit comme l'aspect de l'utilisation de la langue qui influe à la fois sur ce que dit le locuteur et sur la façon dont il le dit, compte tenu de la culture générale de l'*autre* participant de façon à ne pas le blesser, ou à le flatter, ou à faire preuve de tact, etcetera: s'entretenir, en 1979, à Québec, du projet de loi 101 avec un immigré italien, sachant pertinemment qu'il en souffre — ou avec un péquiste, qui l'approuve, par exemple.

Je reconnais que ces neuf caractéristiques de l'acte global de communication ne conviennent qu'en partie à l'estimation du rendement linguistique (aux niveaux primaire et secondaire) en langue seconde dans le cadre des écoles canadiennes. Cependant, à mesure que l'enseignement se modifiera, nous verrons peut-être bientôt l'enseignement des langues secondes commencer plus tôt, ainsi que la propagation de toutes sortes de cours, dans les écoles et dans la collectivité, depuis les formes diverses du cours d'immersion jusqu'aux possibilités d'apprentissage pour les adultes. Lors de la mise au point du programme d'études et des instruments d'évaluation, on aurait profit à se rappeler l'apport précieux de la recherche linguistique.

Évaluation de la compétence à communiquer

1. Méthode à points discontinus

Si le test à points discontinus de Lado était habituellement applicable plus directement aux caractéristiques grammaticales de la langue et devait surtout mesurer la compétence linguistique acquise par l'habitude, il ne faudrait pourtant pas en conclure que le test à points discontinus ne convient pas à l'estimation de l'aspect psycholinguistique-sociolinguistique de l'utilisation de la langue. Le test à points discontinus s'utilise souvent pour mesurer la compétence à communiquer. À l'aide de ce test, l'apprenant révèle qu'il sait *distinguer la langue utilisée comme il convient dans une "situation donnée,"* même au point d'y reconnaître un élément de "raffinement" (Firth 1952).

Les exemples qui suivent constituent une adaptation (pour le français langue seconde), des recommandations de Morrow (1977) relatives au test à points discontinus comme mesure des compétences à communiquer.

En premier lieu, considérons l'apprenant en tant qu'*instigateur* de la communication (orale ou écrite).

L'apport peut être:

a. La description d'une scène:

Vous êtes prêt à commencer votre repas dans un restaurant français. Vous laissez tomber votre fourchette. Que dites-vous au garçon?

b. Une image:

Une image représente un automobiliste, pris dans un embouteillage, qui regarde sa montre en fronçant les sourcils. Dans un "ballon" au-dessus de sa tête, une jolie fille finit de se maquiller. Décrivez la scène.

c. Un stimulant auditif:

Une bande sonore de cris joyeux et de rires d'enfants, mêlés aux bruits de la circulation. Tout à coup, grand fracas, bruit de verre cassé, cri, bruits de pas, coups de sifflet de la police, sirène d'une voiture de police. Selon vous, que se passe-t-il?

Cette forme de test à points discontinus doit tenir compte de la diversité des réponses. Il faut veiller à s'assurer d'une très bonne coordination de l'évaluation chez les correcteurs.

En second lieu, considérons l'apprenant en tant que *répondant* dans la communication.

L'apport peut être un message isolé, enregistré sur bande, ou écrit.

Exemple A
Évaluation d'une déclaration du point de vue de la *valeur de communication*.
Première version:
Étudiez l'énoncé suivant:
Je vous en prie, Marie, fermez-moi cette porte tout de suite!
Dire, en anglais:
   A. Où on pourrait entendre ces paroles (lieu);
   B. Dans quelles circonstances (nature de l'incident provocateur);
   C. Pourquoi la personne dit-elle cela (but);
   D. Sur quel ton la personne s'exprime-t-elle probablement (humeur);
   E. Qui peut être le locuteur (rang social ou rôle);
   F. À qui la personne s'adresse-t-elle (rang social);
   G. Quels sont les sentiments du locuteur (attitude).

Sauf si l'apprenant est très avancé dans ses connaissances de la langue seconde, c'est là probablement la limite où cet item de test devrait servir à évaluer la façon dont le candidat reconnaît la communication chez les autochtones. L'item tient compte de la correction grammaticale et lexicale, du point du vue sociolinguistique. Les études de Hymes, Halliday, Joos et Widdowson nous montrent de façon plus approfondie les complexités de l'analyse du discours.

Il serait également possible de présenter ce test à l'aide d'une réponse à choix multiple, au lieu de la formule ci-dessus.

Deuxième version
Je vous en prie, Marie, fermez-moi cette porte tout de suite.
Cette phrase ne saurait être dite que dans l'*une* des circonstances suivantes. Indiquez laquelle.
A. Par un prof à un élève, au cours de français;
B. Par une maman à sa fille, dans sa chambre à coucher;
C. Par une personne à sa domestique, chez elle;
D. Par un patron à sa secrétaire, au bureau.
(La connaissance des règles de l'étiquette française et de l'usage correct jouerait en faveur du point "C")

Exemple B
Choisir un énoncé selon son rapport à un autre. Examinez ce qui suit:
Si vous voulez bien me suivre.
Partie 1. Laquelle des phrases suivantes pourrait être dite par la même personne, dans le même contexte et dans la même situation?
A. Puisque je vous dis que M. Dubois est absent!
B. Vous avez attendu une heure, dites-vous? Et puis après!
C. M. Dubois en a à peine pour cinq minutes.
D. Cesse donc de rouspéter, non?

Partie 2. Laquelle des phrases suivantes pourrait suivre la phrase ci-dessus?
A. Veux-tu un bonbon à la menthe tout de suite?
B. Au plaisir de vous revoir, cher ami.
C. Je regrette ... J'étais trop occupé.
D. Le docteur va vous recevoir maintenant.
(En fonction de la cohérence et de l'information mutuellement partagée, la réponse "C" est la réponse à la Partie 1, tandis qu'en fonction de la cohésion et de l'information mutuellement partagée, la réponse "D" est la réponse exacte à la Partie 2.)

Partie 3. Certains des commentaires suivants font partie d'un récit où l'interlocuteur se rappelle avoir été surpris par une avalanche, au printemps de l'année 1978, lors d'un voyage en famille dans l'Ouest du Canada. Indiquez lequel (ou lesquels):
A. C'était mon premier voyage, seul, en Amérique.
B. En janvier, les avalanches sont fréquentes.
C. Mon fils Jeannot dormait à poings fermés.

D. Ce jour-là, nous avions décidé de faire escale plus tôt que d'habitude.
E. Soudain, un long grondement souterrain se fit entendre.
(L'attention apportée aux détails par l'apprenant lui ferait rejeter les réponses "A" et "B," présentés à titre de leurres; les réponses "C" et "D" sont plausibles; la culture générale de l'apprenant lui ferait accepter la réponse "E."

Partie 4. Examinez les deux séries de phrases suivantes et indiquez leur combinaison logique par paires.

Série A	**Série B**
A. Vous m'aviez promis ces vêtements pour aujourd'hui.	A. Tu es sûr que tu ne veux pas nous accompagner en Abitibi?
B. C'est une belle occasion de voir du pays.	B. Je ne suis pas content de vos services.
C. Je ne suis pas pressé de porter ce veston.	C. Tu es d'une distraction, mon pauvre!
D. Où as-tu laissé tes lunettes, cette fois?	D. Je passerai le chercher jeudi.

(Dans ce cas encore, il est évident, en raison de la cohérence du discours et de la cohésion linguistique, que les combinaisons, de gauche à droite: A-B, B-A, C-D, D-C)

Exemple C
Évaluation de la *probabilité* d'occurrence d'un énoncé dans un *situation donnée.*
Envisagez ce qui suit (écrit ou enregistré sur bande):
Dommage! Nous en avions encore un bon il y a dix minutes.
Partie 1. Cochez l'espace voulu, à droite, selon la probabilité que la phrase soit dite dans le contexte donné:
A. au guichet d'un théâtre   ☐
B. dans un magasin de meubles   ☐
C. au marché aux fruits et légumes   ☐
D. dans une agence de voyages   ☐

Partie 2. Vous passez acheter votre billet de chemin de fer à une gare de village après un séjour de trois jours à Maniwaki (Québec). Mettez les chiffres 1 et 2 dans deux espaces à droite, selon la probabilité que le commentaire en question soit fait par un vieux commis préposé aux billets:
A. Aller-retour, Monsieur?   ☐
B. Vous avez fait un bon séjour, Monsieur?   ☐
C. On vous rappelle donc d'urgence en ville?   ☐
D. Tu repars déjà de chez les Dupré?   ☐
Dans la Partie 1, l'expression *un bon* annonce le point a. Dans la Partie 2, une mise à l'essai du test a démontré que le choix préféré, chez les autochtones, était A.1 et B.2.)

Dans les exemples A, B et C, l'apprenant doit évaluer l'item d'après certaines des variables qui caractérisent un acte authentique de communication. Si l'item est enregistré sur bande, les caractéristiques prosodiques suscitent aussi l'interprétation juste du message.

Pour évaluer la capacité de l'élève à manipuler la langue de façon acceptable dans le contexte culturel, on pourrait imaginer des tests comme les suivants, où le "raffinement" de la langue entre clairement en jeu. Ainsi, dans l'item qui suit, l'étudiant est appelé à faire un choix.

1. Etudiez ce qui suit:
Un commis très obligeant à la réception de l'hôtel vous assure qu'une lettre attendue n'est pas arrivée. Vous désirez lui répondre poliment. Il vous dit: (écrit ou enregistré sur bande) Je regrette, madame, ... Peut-être que cette lettre arrivera dans le courrier de l'après-midi ... Vous répondez par l'une des expressions suivantes:
   A. Je ne serais pas surprise que votre personnel ait perdu ma lettre.
   B. Vous pourriez être plus attentif.
   C. Espèce d'incompétent, tu auras de mes nouvelles!
   D. C'est toujours possible. Je repasserai en fin d'après-midi.
2. Même item
Question: Comment répondriez-vous poliment au commis?

La seconde variante demanderait au candidat de reproduire un échantillon de ce "raffinement" de la langue, au lieu de l'identifier dans un texte donné. Naturellement, dans les tests où ce genre de production entre en jeu, le besoin de bien tenir compte du niveau de langue, de la personnalité, de la maturité et de l'expérience — et même de caractères individuels — de l'étudiant pourrait compliquer la mesure. À nos yeux, l'obstacle n'est pas insurmontable si le concepteur du test tient compte du matériel utilisé dans son enseignement et compose des exercices modèles appropriés, assignés au préalable.

Le lecteur se demandera sûrement maintenant comment le concepteur du test traite la difficulté évidente de la *métalangue,* c'est-à-dire l'utilisation de la langue seconde pour établir cette situation dans le cadre où l'étudiant doit fonctionner, verbalement ou par écrit. L'enseignant pourrait donc opter pour une explication de la situation ainsi que des directives concernant le test, énoncés tous deux dans la langue maternelle de l'élève, en particulier au début. L'auteur est cependant d'avis que la difficulté peut être contournée si l'on fournit aux candidats plusieurs exemples du genre durant des examens-modèles, en imaginant des expériences d'auto-évaluation (du genre "quiz") et en choisissant la langue du test en fonction de son caractère familier et de sa "transparence" (analogie littérale avec la langue première).

D'après notre récent examen des manuels, il ressort clairement qu'un très petit nombre d'entre eux tient compte de l'objectif *"communication"* que *tous* revendiquent pourtant si chaudement et que les directives générales du ministère de l'Éducation de l'Ontario et les programmes des conseils scolaires appuient aussi très fortement. Dans la plupart des manuels et des programmes, ce que l'on appelle "communication" se limite à ces dialogues dits "de base," sortes d'échanges entre deux personnages ... de carton en train de demander ou de donner quelques petits renseignements compréhensibles qui permettent aux participants de *survivre* dans le milieu où se parle la langue cible, comme par exemple: demander des renseignements et remercier la personne qui les a donnés, faire des achats, demander des services. Ces dialogues synthétiques de commande (aussi réalistes puissent-ils paraître) mettent l'accent sur des structures et des unités lexicales utiles apprises par coeur, puis adaptées, remaniées dans la pratique jusqu'à l'obtention de "réponses automatiques." L'enseignant organise ensuite des essais dans ce sens, en demandant aux apprenants de réappliquer à des situations analogues les mêmes structures et le même vocabulaire, selon une orientation parallèle. On prétend ainsi permettre à l'étudiant de produire un *nouveau* dialogue de son propre cru, pour ainsi "personnaliser" la langue — à condition que les résultats "sonnent français," phonétiquement et grammaticalement.

Quant à la méthode d'évaluation, l'enseignant (un autochtone ou un quasi-autochtone) propose habituellement un stimulus, sous la forme d'une "situation" dorénavant familière, qui servira de rappel d'une langue dorénavant familière, pour produire un message compréhensible. Il s'agit d'évaluer si la grammaire et la phonétique sont justes. La tâche de l'enseignant s'arrête ici, dans la mesure où l'apprenant est jugé prêt à "faire face" à une situation concrète dans un milieu d'expression française. Cette introduction à la langue pour fins fonctionnelles, est jugée utile en soi. Après tout, les gens se sentent plus à l'aise s'ils peuvent satisfaire à leurs besoins essentiels et obtenir les services indispensables partout où ils se rendent. Pourtant, la portée de la communication est assurément plus importante et englobe d'autres facteurs que ceux du "niveau seuil." Même un enfant de cinq ans utilise sa langue maternelle à des fins agréables, et tout autant "utiles." Voyez le plaisir que retirent les petits à accepter, à protester, à implorer, à défendre, à menacer, à argumenter et à taquiner, par exemple. Où donc — si jamais! — trouve-t-on ces catégories linguistiques, même aux pages des tout derniers manuels — même après deux ou trois ans d'étude de la langue?

Jusqu'ici, il a sans doute semblé indispensable d'initier l'apprenant en langue seconde à toute la gamme des structures et des unités lexicales qui permettent de survivre dans un milieu donné, en espérant que les étapes *ultérieures* de l'enseignement lui apporteront une satisfaction supplémentaire. De nos jours, d'autres préoccupations gagnent cependant du terrain. Des études poussées en ALS sont en train de convaincre le linguiste-enseignant que les "dialogues de base" de naguère pourraient fort bien faire place (de temps à autre, du moins!) à l'introduction de textes linguistiques authentiques (du genre enregistré sur bande, tout au moins!), où des autochtones s'expriment dans une conversation normale comportant, de par sa nature, diverses caractéristiques du discours authentique.

Ultérieurement, il faudra trouver des procédés d'évaluation qui mesurent la capacité de l'apprenant à traiter ces caractéristiques du discours jusqu'à des niveaux d'acceptation précisés. Ces tests exigeront, à notre avis, que ceux qui les administrent soient autochtones (non le professeur de français régulier, de préférence). Celui qui administre le test aura appris à interviewer les gens et connaître des techniques assurant la validité du test. À ce propos, il faudrait dans un proche avenir, déterminer les compétences et décrire les méthodes appropriées pour mener une entrevue, afin que l'enseignant et les facultés des sciences de l'éducation en comprennent l'importance dans *l'enseignement axé sur la communication*. Dans ce domaine-là, la recherche a beaucoup à faire. Ici une priorité encore plus urgente nous vient à l'esprit: c'est la recherche qui déterminera et énumérera les structures et les unités lexicales qui foisonnent dans le langage de l'enfant et de l'adolescent d'expression française, lorsqu'ils s'expriment spontanément dans leur langue maternelle.

Des articles nombreux et importants ont récemment paru traitant des moyens de motiver et d'encourager, en classe, la communication dans la langue seconde (français, italien, espagnol). Ainsi, Anthony Mollica (1976a) a mis au point des techniques de ce genre en s'appuyant sur des supports visuels représentant des archétypes culturels dans des bandes dessinées amusantes. En 1978, Denise Boiteau et David Stansfield rédigent à l'intention de l'OTEO une série d'émissions mettant en vedette le célèbre comique Sol, du Québec, qui, sous cet aspect exploite agréablement la langue-comme-jeu (Mollica 1979). De plus en plus reconnaît-on la simulation et le jeu de rôle comme techniques propres à susciter une interaction entre les apprenants (Mollica, 1973, 1976b, 1979). Enfin, Marcel Danesi (1979) propose même des casse-tête, dans le cadre de la théorie des *jeux éducatifs* pour l'apprentissage des langues.

Avec le temps, ces méthodes d'enseignement inspireront peut-être des formes nouvelles, mi-libres, de tests de la compétence en communication.

2. Méthode intégrative

En ce qui concerne la méthode intégrative, Morrow prétend qu'aussi longtemps que l'apprenant se limite à communiquer selon des caractéristiques de langage discontinues, il ne sera pas possible de mesurer les résultats comme ceux d'une communication *réelle*.

> Pour y arriver, il faut des tests assez différents, prenant la forme de *tâches de communication* (je souligne) et étant par conséquent de nature fonctionnelle (Morrow 1977:37).

À cette fin, Morrow estime que les tests à réponses-écrites conviennent moins. Il propose l'entrevue orale et rejette le test enregistré sur bande au laboratoire de langues.

Voici ce qu'il propose:

1. Test où l'étudiant répond à des questions données

Des questions, enregistrées sur cassette, sont remises au hasard par l'examinateur. Les questions sont posées par des autochtones s'exprimant avec divers accents. La fiabilité de l'évaluation par les correcteurs des réponses ''imprévisibles'' du candidat, ainsi que la fiabilité des enregistrements sur cassette, seraient assurées par une orientation et une coordination antérieures. Morrow propose ici les directives générales en vigueur pour le Certificat ARELS d'anglais parlé.

2. Test exigeant des questions à poser dans une situation donnée

Le candidat tente de donner les "renseignements qui manquent" entre lui et un allocutaire. Avant le test, il reçoit une carte expliquant la situation. Il invente un nombre (précisé) de questions, visant à susciter les renseignements nécessaires.

Exemple:
Vous êtes dans la rue, au centre-ville de Québec. Vous avez une lettre à envoyer aux Etats-Unis. Vous désirez acheter un timbre et savoir où déposer votre lettre. Que demandez-vous...

    A. à un agent de police?
    B. à un passant?
    C. à votre compagnon de voyage?
    D. à l'employé du bureau de poste?

Le cas échéant, la situation pourrait être présentée visuellement au lieu de prendre la forme de métalangue. Ce type de question, à validité apparente élevée, exige de la part de l'élève un jeu de rôle.

Palmer (1972) propose une variante exigeant des questions du type instructif: Le candidat et l'examinateur reçoivent tous deux la même série d'images. Chacune est différente des autres sur certains points, mais toutes sont analogues. L'examinateur choisit mentalement l'*une* des images. Le candidat doit, par ses questions, découvrir le choix de l'examinateur.

Exemple:
Six images montrent un couple assis à un café, sur un trottoir. Chacune diffère légèrement des autres par un petit détail, par exemple: le garçon est présent, le garçon est absent; l'homme lève le verre, l'homme commence à manger, etcetera.

Le candidat doit poser à l'examinateur des questions qui lui permettent de trouver l'image voulue.

Une version plus compliquée de ce type de test peut être imaginée. Le candidat arrive à une conclusion après avoir reçu de l'examinateur quelques "petits indices," par exemple le jeu du "roman policier," où l'on parvient à dévoiler, le "coupable," habituellement par élimination. Ce type de test s'effectue au mieux si la durée est limitée.

Ces tests sont limités dans leur valeur car, même si celui qui subit le test peut choisir ses propres mécanismes linguistiques afin d'obtenir l'information désirée, son échange avec l'examinateur permet de recueillir des renseignements *factuels,* mais mesure mal la convenance de la langue lors d'un échange social.

Le test qui exige une réponse appropriée dans un contexte social convient mieux.

Exemple A:
L'examinateur déclare ce qui suit:

À propos, j'ai fait la connaissance de votre soeur, hier.

Le candidat pose alors deux questions, à la suite de cette remarque comme par exemple: Où l'avez-vous rencontrée? Qui vous l'a présentée? Avec qui était-elle? etcetera.

Exemple B:
L'examinateur déclare ce qui suit:
J'ai vu le dernier film de Bunüel, hier soir. Malheureusement, le projecteur est tombé en panne et j'ai dû quitter la salle avant la fin du film.

Le candidat doit alors poser deux questions d'après ce qui a été dit, par exemple: Quel dommage! Vous avez apprécié le film, cependant? On me dit qu'il a été tourné aux États-Unis. Buñuel est-il comparable à Woody Allen, comme metteur en scène? etcetera.

Dans n'importe quelle langue, les caractéristiques idiosyncrasiques sont importantes dans les rapports sociaux. Les élèves doivent apprendre à les exploiter à bon escient, c'est-à-dire de façon acceptable dans la culture donnée.

Les méthodes intégratives de tests vont des méthodes structurées aux méthodes libres.

Parmi les méthodes structurées figure la méthode traditionnelle, selon laquelle l'élève joue un rôle avec l'examinateur (un autochtone), de préférence sans répétition préalable, ou, tout au plus, après un court moment accordé pour étudier le sujet et les directives.

La méthode mi-structurée serait celle qui emploie le dialogue imprimé, où le tiret prolongé remplace les paroles de celui qui subit le test. L'élève a quelques moments pour examiner le contexte où il doit utiliser la langue. Voici un exemple:

A: Enfin, Jules, vous voilà! Je ne vous attendais plus!
B: _____
A: Vraiment? Mais comment avez-vous réussi à vous rendre ici?
B: _____
A: Tant mieux! Le récital a déjà commencé...
B: _____
C: Non! Seulement un numéro jusqu'ici.

Dans la méthode *mi-libre,* l'interaction est fixée d'avance quant aux fonctions, mais le sujet n'est pas annoncé avant l'examen. L'élève est prévenu qu'il devra faire preuve d'enthousiasme, ou de déception, ou donner son avis ou faire preuve de désapprobation, etcetera. Voici un exemple de sujet: "On ne devrait pas légaliser le jeu, même pour des buts charitables de sociétés bénévoles." L'examinateur choisit au hasard un sujet parmi plusieurs (d'après le niveau de l'élève), l'annonce au candidat, auquel quelques minutes pourraient être accordées pour qu'il puisse réfléchir à son rôle. En précisant les fonctions, celui qui subit le test est orienté vers la forme de langue que le concepteur du test souhaite mesurer.

La méthode d'interaction *libre* est peut-être, de par sa nature, la plus facile à administrer et la plus authentique, mais aussi la plus difficile à évaluer. Il s'agit d'une méthode de test bien connue. Certains spécialistes estiment que le test est le plus équitable si les caractéristiques recherchées par l'examinateur ne sont pas détaillées et s'il s'appuie sur son "impression générale" (Pattison 1970). L'évaluation est cependant extrêmement difficile, sauf s'il est tenu compte de facteurs distincts et si des caractéristiques sont précisées, selon lesquelles l'examinateur peut, sans trop d'efforts, accorder objectivement une note au candidat. Dans ce cas encore, l'examinateur ne doit pas aider le candidat en lui posant trop de questions pour faire avancer l'entrevue; l'échange ne devrait pas amener le candidat à faire une longue *narration* (Savignon 1972). Autrement dit, l'apprenant doit être encouragé à *manipuler* la langue en autant de "catégories de fonctions de communication" que possible, par exemple: explication, justification, réfutation, approbation, compromis, etcetera.

Même si le terme "communication" ne comporte pas en général l'idée de narration et de description, des compétences précises en communication entrent en jeu dans ces divers genres. Un talent de bon raconteur n'est pas à mépriser et l'aptitude à décrire avec précision ce dont il s'agit est essentiel pour faire passer son message à l'auditeur ou au lecteur. Le premier talent relève d'une utilisation imaginative et créatrice de la langue; le deuxième, d'un raisonnement logique. Ces deux genres exigent deux attributs fondamentaux du discours: cohérence (de pensée) et cohésion (de langue).

La narration représentait jadis le moyen traditionnel de mettre à l'épreuve ces compétences, s'appuyant sur une suite d'illustrations et de directives, sur la description d'un acte familier ou d'une succession d'activités, ou sur une scène. Morrow propose cependant que l'on donne un tour nouveau à ces sujets afin qu'ils exigent un minimum de convenance dans la langue du candidat, comme par exemple la stipulation du *but* et de *l'auditoire* (Morrow 1977).

Exemple A
Racontez l'incident d'une actrice qui perd sa perruque en scène durant une tragédie de Racine, du point de vue:
  A. de l'actrice;
  B. d'un jeune spectateur;
  C. du metteur en scène.

Exemple B
Décrivez un accident de la route, du point de vue:
  A. de l'accidenté (le chauffeur au volant);
  B. du chauffeur qui se défend d'avoir causé l'accident;
  C. d'un passant, témoin de l'accident.

Sous un angle différent, ces narrations ou descriptions exigent des modifications fondamentales, qui représentent des variables de tests intéressantes.

Pour le moment, deux types de tests sont déclarés être des modèles de tests intégratifs de l'aptitude linguistique globale: la dictée et le test cloze.

Au début du cours de langue, la dictée peut être considérée comme test à points discontinus (listes ou dictée traditionnelle préparée). Elle vise à mettre à l'épreuve la forme écrite du système de sons *(graphie des sons),* ou l'orthographe. Durant les années 1960, dans leur effort pour produire des tests "purs," certains professeurs de langue ont rejeté la dictée, sous prétexte qu'elle n'exige guère plus que de savoir épeler puisque le vocabulaire et l'ordre des mots sont "donnés" (Lado 1961). D'autres rédacteurs de tests l'ont trouvée suspecte à cause de sa forme "hybride:" Pour eux, un test était jugé non valide si, en essayant de mettre une compétence à l'épreuve, ce même test reposait sur une autre compétence. L'élève faisait donc face à la possibilité qu'une note élevée en lecture ou en compréhension de la langue parlée soit menacée par une faiblesse en rédaction.

De nos jours, on estime que puisque les locuteurs s'exprimant dans la langue seconde utilisent nécessairement la langue dans au moins deux modes, le test "hybride" est peut-être la mesure de choix de sa maîtrise de la langue. Par définition, le test intégratif touche à toutes les habiletés linguistiques de l'étudiant. La dictée correspond donc à notre avis à la définition d'un test intégratif authentique car elle met à l'épreuve les points suivants:

1. Phonologie:

L'élève doit déterminer le son d'une langue nouvelle, ainsi que les caractéristiques non segmentales de l'accentuation, de l'intonation et du rythme.

2. Morphologie:

L'élève doit reconnaître les variables de la forme (temps, accord, etcetera).

3. Ordre des mots:

L'élève doit restructurer l'échantillon de discours qu'il a entendu.

4. Vocabulaire:

L'élève doit segmenter convenablement la "succession de sons" (Lado) qu'il a entendue et choisir entre des homonymes.

5. Compréhension de la langue parlée:

L'élève doit saisir le sens de ce qu'il entend.

6. Syntaxe:

L'élève doit reconnaître la fonction des éléments.

7. Mémorisation à court terme dans la langue cible:

L'élève doit retenir un segment de l'énoncé (plus ou moins long, notamment si la phrase n'est dictée qu'une seule fois).

Il a été constaté que "sauf si les élèves font beaucoup de dictées en classe, la note de la dictée la plus récente indique une forte correlation avec la note d'un examen complet des compétences en compréhension de la langue parlée, en lecture et en écriture'' (Valette 1964). Dans sa première étude expérimentale, D.K. Darnell (1968) a trouvé une plus forte corrélation entre la méthode cloze et la dictée qu'entre la méthode cloze et toutes les autres mesures qu'il a utilisées. Pour sa part, Oller (1973) prétend que ce résultat s'est répété plusieurs fois. Tout récemment, Oller et Richard 1974 ont constaté que la dictée en anglais constitue un test satisfaisant de la compétence générale dans la langue pour les élèves étrangers au niveau collégial, ainsi que pour le regroupement des nouveaux élèves, d'après l'aptitude.

À titre de mesure indirecte de la compétence à communiquer, la dictée est donc un instrument important pour mesurer l'usage ''global'' de la langue.

Depuis son lancement, le test cloze traditionnel est bien accepté en tant qu'instrument de mesure pour la lecture silencieuse (Taylor 1963). Dans ce sens, il se classe dans la catégorie des tests à points discontinus évaluant une compétence isolée. Depuis, on a découvert ses qualités cachées.

Il existe plusieurs variétés de ce test, la plus connue étant l'extrait où les lexèmes ou les mots de fonction (parfois des deux) sont supprimés au hasard (tous les 5 à 7 mots). Le test cloze présenté par ordinateur supprime souvent des mots d'après une échelle de nombres tirés au hasard. Dans le test du type entrée de lecture, à tous les cinquièmes espaces, l'élève peut choisir entre la réponse attendue et un leurre. Le leurre est choisi selon deux méthodes possibles: en prenant un au hasard dans le texte ou en imaginant n'importe quel mot. Dans le premier cas, le mot leurre et le mot clef peuvent figurer dans différentes parties du discours (verbe ou nom, par exemple); dans le deuxième, le mot leurre et le mot clef appartiennent habituellement à la même partie du discours (nom et nom, par exemple). Le mot leurre peut figurer ou non dans le texte, et ce dans n'importe quel rôle. Le test peut aussi être à choix multiple (dans ce cas, l'avantage, naturellement, est que celui qui subit le test n'a pas à inscrire le mot supprimé; l'inconvénient: choix maladroit des mots leurres.)

Le principe sur lequel repose le test cloze a été formulé par Oller (1974). Ce test repose sur ''la grammaire pragmatique de l'attente.'' Spolsky (1968) adopte le terme ''utilisation redondante'' et Kenneth Goodman (1973) écrit ce qui suit:

La recherche prouve que le lecteur ne traite pas le texte imprimé de façon séquentielle, mais d'un manière qui reflète son utilisation de la langue à chaque occasion. Ses prévisons quant à la syntaxe et à la sémantique, dans le contexte, le conduisent à des hypothèses qu'il lui est possible de confirmer (ou de réfuter) avec l'aide de seulement quelques-uns des indices donnés dans le test.

Résumons les caractéristiques intéressantes du test cloze:

1. Il est sensibile aux différences dans les connaissances générales (extra-linguistiques, langue maternelle) des apprenants. Celui qui le subit y ''injecte'' sa propre culture générale en une juste répartition. Reste à savoir, cependant, dans quelle mesure il faudrait choisir l'extrait de façon à ce qu'il reflète le

registre précis de celui qui subit le test en tenant compte de son occupation, par exemple.

2. A cause du fait qu'il doit s'appuyer sur le contexte, l'étudiant est forcé de traiter la langue avec le maximum de compétence.

3. Le test cloze mesure les connaissances des unités lexicales, des mots de fonction et des structures, jusqu'à la phonologie même quand il s'agit de dictée cloze ou de test cloze en compréhension de la langue parlée.

4. Il met à l'épreuve les contraintes de mémoire à court terme, car celui qui subit le test doit retenir l'information tout en "répondant" (Oller 1974).

5. Il se prête à divers genres de discours suivis (narration, description, dialogue, etcetera).

6. Il mesure (indirectement) la compétence en communication, dans la mesure où l'élève s'engage dans une "interaction" avec l'auteur. Dans le test cloze où l'extrait est une conversation authentique, cette interaction peut avoir lieu avec deux ou trois interlocuteurs, dont il doit décoder les messages multiples (Hughes, sous presse).

Le test cloze "exact," c'est-à-dire celui où l'étudiant reçoit une bonne note pour des synonymes à l'intérieur du test cloze, s'est révélé une mesure supérieure pour le test de la langue seconde (Oller 1974).

De futurs projets de recherche démontrer ont peut-être que le test pourrait englober une méthode d'achèvement de phrase, où la fin de la phrase serait supprimée, dans le contexte du passage donné. (Il est en effet établi que davantage de renseignements sont donnés dans la première partie de la phrase.)

Enfin, on se demande si cette technique d'évaluation ne pourrait pas constituer un procédé de test de l'aptitude avancée en traduction. (Les tentatives dans ce sens ont été, jusqu'ici, assez rudimentaires, portant sur des éléments linguistiques internes au lieu d'un type plus compliqué ayant trait à la stylistique.)

À titre de mesure de la compétence en communication, le test cloze est néanmoins limité: c'est l'examinateur, après tout, qui choisit les mots à supprimer et un texte à reproduire, même conçu par des locuteurs "authentiques," implique que celui qui subit le test a affaire à des interlocuteurs anonymes, avec lesquels l'interaction reste indirecte.

S'il est vrai que tout rendement linguistique impose à l'apprenant des exigences rigoureuses, il faut se rappeler — spécialement si les compétences en communication sont encouragées au début de l'apprentissage — que l'apprenant passe d'abord par ce que Corder (1973) appelle des niveaux de "compétence transitoire," que ce linguiste décrit comme étant les étapes auxquelles l'apprenant parvient lorsqu'il produit une *interlangue* (essentiellement une notion dynamique!). Selon Corder, la fonction du test consiste à "prouver à quel point la langue de l'élève se rapproche du système linguistique de l'auchtone." C'est au professeur de langue seconde qu'il incombe de tenir compte de ces étapes dans les progrès de l'élève.

Initiation précoce à la communication

L'enseignant d'expérience en langue seconde n'est guère surpris de ce que la maîtrise des *mécanismes* de la langue chez l'élève ne constitue pas, à elle seule, la capacité à utiliser la langue pour communiquer. Pourtant, la possibilité d'une communication authentique — appelée parfois "expression libérée," c'est-à-dire faisant appel à l'innovation linguistique — n'est souvent offerte que longtemps après que l'élève puisse produire une série fondamentale d'énoncés grammaticalement corrects. En 1968, W. Rivers a déclaré, lorsqu'elle écrivait sur la question de mettre à l'essai de nouvelles combinaisons d'éléments en vue de créer des "énoncés originaux," que "ce comportement par tâtonnements n'est pas à conseiller pendant que l'élève est en train de forger l'outil du code linguistique" (1968:201). À cette époque on citait très souvent le principe de la méthode audio-orale selon lequel "on s'attend à ce que l'enseignant s'en tienne rigoureusement aux limites du matériel appris par l'élève." Plus tard, voilà que Rivers (1971) elle-même modifie sa position au point d'encourager "l'esprit d'aventure" des élèves au début de leurs efforts pour apprendre la langue seconde.

En 1972, Sandra J. Savignon a appuyé cette théorie révisée de Rivers. Elle cherchait alors à "mesurer l'efficacité d'une formation précoce en compétence en communication" (p.9). Le test de Savignon comprenait certaines variables permettant d'examiner le lien entre les facteurs attitude et motivation et les résultats obtenus dans la langue étrangère (dans un collège uniculturel des grandes plaines du Midwest américain) et d'examiner "l'effet possible du milieu d'enseignement pour la formation de ces attitudes et de cette motivation."

On se rappelle que, dès 1963, Lambert déclarait:

> (...) la disposition ethnocentrique de l'apprenant et son attitude à l'égard de l'autre groupe subissent, croit-on, l'effet de son succès à apprendre la nouvelle langue (p. 114).

Dix ans après, Savignon abordait la question de la formation précoce contre la formation tardive en compétence de communication. En 1972, on cherchait encore à définir les termes "compétence" et "rendement" (ou "performance"). De toute apparence, ce que Savignon appelle "compétence en communication" correspond à l'utilisation effective de la langue seconde dans une situation de communication (simulée) avec un autochtone (Parties 1 et 2) et à un exercice d'expression libre (Parties 3 et 4).

Ses conclusions sont catégoriques. Voici ce qu'elle écrit:

> Tous les étudiants ayant fait l'objet de l'étude avaient reçu une préparation semblable en terme d'habiletés linguistiques. Rien ne prouvait qu'un groupe connaissait mieux que l'autre le français, pour ce qui est de leur niveau de compétence linguistique. Cependant, les élèves qui avaient participé à une communication réelle *parvenaient à parler français,* tandis que *les autres en étaient incapables* (Savignon 1972:9).

L'étude des expériences de Savignon révèle que ces expériences présentent plusieurs des caractéristiques intéressantes du test "global," à savoir:

1. Elles mesurent les compétences linguistiques de réception et de production (audio-orales) des candidats.
2. Elles mesurent le traitement de la langue par le candidat dans un contexte verbal que l'on peut qualifier d'"intégratif," par opposition aux "points discontinus."
3. Elles examinent la maîtrise de la compétence dans la langue (grammaire) et les traits sociolinguistiques (convenance) évalués par un examinateur autochtone.
4. Elles mettent à l'épreuve la culture générale des élèves (sujet).
5. Elles mesurent la polyvalence linguistique des étudiants lorsqu'ils traitent de deux genres stylistiques différents (dialogue, description).
6. Elles appartiennent au niveau mi-libre des tests intégratifs, niveau qui occupe le deuxième rang dans l'échelle des tests de langue globaux.

En résumé, le test de Savignon justifie un examen rigoureux et attentif si l'on cherche un modèle *d'évaluation simultanée de l'utilisation globale de la langue et de la compétence en communication.*

Jusqu'à présent, très peu de recherches ont porté sur les tests à points discontinus, pour mesurer la communication, et sur les tests intégratifs. L'enseignant n'a reçu, au plus, que des directives générales (et quelques échantillons) pour apprendre à construire ces tests, et probablement rien pour la notation.

Le dilemme est le suivant: la mise au point des méthodes d'évaluation devrait précéder la mise au point du matériel didactique et des programmes. Pourtant, ces méthodes d'évaluation ne peuvent guère être établies si nul programme ou matériel didactique n'existe encore pour atteindre ledit "objectif" de la communication.

Il est probable qu'à la longue, le dilemme se dissipera. Il n'y a pas de doute que les professeurs de langue seconde acceptent de mieux en mieux la notion de communication, telle que les spécialistes d'aujourd'hui la définissent. Toutefois, la recherche en cette matière accuse un sérieux retard.

Attendrons-nous que la question de l'évaluation soit résolue avant de chercher même à étudier l'objectif de la compétence en communication? Selon nous, quand les enseignants auront été suffisamment sensibilisés à cette nouvelle idée, ils sauront bien initier les démarches nécessaires pour la promouvoir. Et c'est bien là que se situe leur apport le plus important.

Références

Boiteau, Denise et David Stansfield. 1978. *Parlex-moi.* Toronto: TVOntario.

Carroll, J.B. 1965. "Fundamental Consideration in Testing for English Language Profi-ciency of Foreign Students" dans J.P.B. Allen. réd., *Teaching English as a Second Language.* Oxford: Oxford University Press.

Carroll, J.B. 1968. "Psychology of Language

and Testing" dans A. Davies, réd., *Language Testing Symposium*. Oxford: Oxford University Press.

Chomsky, N. 1965. *Aspects of the Theory of Syntax*. (Ann Arbor, Michigan: Michigan Institute of Techology.

Corder, S. Pit. 1973. *Introducing Applied Linguistics*. Londres: Penguin Education.

Danesi, Marcel. 1979. "Puzzles in Languages Teaching." *The Canadian Modern Language Review/La Revue canadienne des langues vivantes*, 35, 2 (janvier): 269-277.

Proficiency Test of Foreign Language Students using a Clozenthropy Procedure: Final Report. Boulder, Colorado: University of Colorado.

Davis, A. et al. 1977. *The Edinburgh Course in Applied Linguistics, Vol. 4: Testing and Experimental Method*. Oxford: Oxford University Press.

Firth, J.R. 1952. *Papers in Linguistics 1934-1951*. Oxford: Oxford University Press.

Goodman, K.S. 1973. "Analysis of Oral Reading Miscues: Applied Psycholinguistics." *Reading Research Quarterly*, 5: 9-30.

Heaton, J.B. 1975. *Writing English Language Tests*. Londres: Longman.

Lado, Robert. 1961. *Language Testing*. Londres: Longman.

Lambert, W.E. 1963. "Psychological approaches to the study of languages: II. On second language learning and bilingualism." *Modern Language Journal* 47.

Mollica, Anthony. 1976a. "Cartoons in the Language Classroom." *The Canadian Modern Language Review/La Revue canadienne des langues vivantes*, 32, 3 (mars): 424-444.

Mollica, Anthony. 1976b. *Joie de vivre. Anthologie d'écrits québécois*. Toronto: Copp Clark Pitman.

Mollica, Anthony. 1979. "OECA's *Parlex-moi* Series: Answering FSL needs." *The Cana-*

dian Modern Language Review/La Revue canadienne des langues vivantes, 35, 2 (janvie): 278-286.

Mollica, Anthony et Angela Convertini. 1979. *L'Italia racconta...Antologia di racconti e novelle*. Toronto: Copp Clark Pitman.

Mollica, Anthony, Donna Stefoff et Elizabeth Mollica. 1973. *Fleurs de lis. Anthologie d'écrits du Canada français*. Toronto: Copp Clark Pitman.

Morrow, K. 1977. *Techniques of Evaluation for a Notional Syllabus*. Londres: Royal Society of the Arts.

Oller, J.W. 1973. "Cloze Tests of Second Language Proficiency and What they Measure." *Language Learning*, 23, 1.

Oller, J.W. 1974. "Discrete-point Tests versus Tests in Integrative Skills," dans J.W. Oller et J. Richard, réds. *Focus on the Learner: Pragmatic Perspectives for the Languages Learner*. Rowley, Mass.: Newbury House.

Palmer, A.S. 1972. "Testing Communication." *International Review of Applied Lingustics*, 10, 1.

Pattison, B. 1970. "Research Priorities." *English Literature In Transition*, 25, 1.

Rivers, Wilga. 1968. *Teaching Foreign Language Skills*. Chicago: University of Chicago Press.

Rivers, Wilga. 1971. "Talking off the Top of Their Heads" Conférence prononcée devant la Defense Language Institute English Language Branch, Lackland Air Force Base, Texas, le 30 juin, 1971. publiée dans *TESOL Quarterly*, 6(1972): 71-81, réeimprimée dans Wilga Rivers, *Speaking in Many Tongues: Essays in Foreign-Language Teaching*, Rowley, Mass.: Newbury House, 1972. pp. 20-35. L'article a paru en version française dans *Le Français le Monde*, 94(1973): 23-30, et est reproduit, avec la permission du rédacteur, dans Pierre Calvé et Anthony Mollica, réds. *Le Français langue seconde: des principes à la pratique,* Welland, Ont.; The Canadian Modern Language Review/La Revue canadienne des langues vivantes, 1987,

Saint-Exupéry, Antoine de. *Le Petit Prince.*

Savignon, Sandra. 1972. *Communicative Competence: An Experiment in Foreign Language Testing.* Philadelphia: The Center for Curriculum Development.

Spolsky, B. 1968. "Language Testing: The Problem of Validation." *TESOL Quarterly 2.*

Talor, W. 1953. "Cloze Procedure: A new Tool for Measuring Readability." *Journalism Quarterly,* 30: 415-433.

Valette, Rebecca M. 1964. "The Use of Dictée in the French Classroom." *Modern Language Journal,* 48(novembre): 431-434.

Wilkins, D.A. 1976. *Notional Syllabuses.* Oxford: Oxford University Press.

Claude Girard, Diane Huot et Denise Lussier-Chasles

27

L'Évaluation
de la compétence
de communication
en classe de langue seconde

Introduction

Les pages qui suivent ont pour objet de rendre compte de pratiques évaluatives dans l'optique communicative auprès de publics variés — enfants, adolescents et adultes — en milieu québécois. Il s'agit, dans un premier temps, de la présentation de questions que soulève l'évaluation de la compétence de communication, dans un deuxième temps de la présentation de réponses apportées à ces questions par l'ensemble du milieu scolaire pour l'évaluation de la compétence de communication en général et, dans un troisième temps, d'une présentation de solutions apportées en évaluation de la compétence de communication à l'oral, dans le cas d'une expérience particulière, limitée à un programme universitaire à l'intention d'apprenants adultes.

Questions relatives à l'évaluation de la compétence de communication

Si le domaine des tests de langue dans une perspective de communication a connu des progrès importants depuis quelques années, l'évaluation des progrès de l'apprenant en classe de langue, et particulièrement l'évaluation de sa compétence de communication demeure en didactique des langues une zone d'ombre où sont vécues avec acuité les incertitudes et les insuffisances théoriques. L'évaluation de la compétence de communication apparaît en effet comme une entreprise complexe, difficile à réaliser et peut-être même téméraire.

La complexité de la tâche d'évaluation et la difficulté qui en découle sont imputables à de nombreux facteurs, tantôt d'ordre théorique, reliés principalement à la conception et aux orientations du test, tantôt d'ordre matériel, rattachés à son administration et à sa correction. Elles sont ressenties vivement par l'enseignant de langue qui, pour répondre aux exigences d'un système d'enseignement donné, doit trouver le moyen d'évaluer les progrès de l'apprenant en compréhension et en production. La difficulté d'évaluer la production, longtemps passée sous silence (ignorée ou méconnue), est depuis quelques temps signalée, en particulier dans le cas de l'oral, par des spécialistes d'orientation et de vues diverses, Adams (1978), Linder (1977), Morrow (1982), Palmer et Bachman (1981). Elle

"L'évaluation de a compétence de communication en classe de langue seconde," tiré de *Etudes de linguistique appliquée,* 56(1984): 77-87. Reproduit avec la permission du rédacteur.

dépend de réponses à apporter à certaines questions dont voici les principales:

1. La définition des concepts de communication et de compétence de communication

La nécessité de consensus sur la définition de ces concepts — quelles que soient ces définitions — et le besoin d'une définition applicable à la pratique du test constituent des conditions préalables à la fabrication d'instruments d'évaluation de la compétence de communication Gérard Monfils (1982) rappelait encore récemment à la suite de nombreux autres, que la communication doit être définie avant d'être mesurée.

2. L'adéquation entre intention de communication, situation de communication et réalisation linguistique

Le contrôle de l'adéquation entre ces trois paramètres, essentiel dans une situation idéale d'évaluation, semble encore pour le moment difficile, sinon impossible à exercer. Plusieurs spécialistes signalent, selon des optiques différentes, cette nécessité de vérification. John Upshur (1973), définissant la réussite de la communication comme étant la correspondance entre les intentions du locuteur et le concept que se fait l'allocutaire, poursuite, dans ses tests de production, l'objectif d'effectuer la vérification de la correspondance entre ces deux pôles. Jean-Claude Mothe (1981) pour sa part, exprime son point de vue en soulignant qu'il serait intéressant de vérifier si l'apprenant peut exprimer une intention de communication donnée. Il signale toutefois les inconvénients d'une telle vérification dont les consignes amènent à simuler les contraintes des situations de communication de la vie réelle.

3. L'authenticité de la situation d'évaluation

L'artificialité reconnue de la situation d'enseignement/apprentissage en classe de langue et l'artificialité propre au test de langue conduisent à une situation d'évaluation peu authentique. Il faut s'interroger, en effet, sur la possibilité d'une situation d'évaluation authentique, si l'épreuve de production, en plus de se dérouler dans le cadre artificiel de la classe, comporte des directives et des consignes qui éloignent du naturel. De plus, de quelle manière concilier, dans un situation d'évaluation de la compétence de communication qui se voudrait authentique, les contraintes imposées par le test avec la liberté inhérente au processus d'expression, qui implique la liberté du sujet parlant aux plans de l'intention de communication et des réalisations linguistiques.

4. Le temps d'administration et de correction du test

Il y a là un obstacle gênant, particulièrement lorsqu'il s'agit d'évaluer la production orale et même écrite de l'apprenant. Morrow (1982) rappelle que l'évaluation de l'oral nécessite beaucoup de temps. Cette exigence temporelle en administration et en correction augmente proportionnellement avec le nombre d'élèves d'un groupe donné, si bien que certains préfèrent renoncer pour le moment à évaluer la production orale et/ou écrite, qui exige en effort coûteux en temps et démesuré par rapport à l'inexactitude et au peu de fiabilité des résultats.

5. Le lien entre situation d'apprentissage et situation d'évaluation

Les mises en garde sur la nécessité d'un lien étroit entre les situations d'apprentissage et d'évaluation rejoignent celles que la pédagogie traditionnelle formulait sur l'objet de la mesure avec le *"mesure-t-on vraiment ce qu'on a enseigné?"* Et si, malgré les précautions d'usage, on évaluait d'autres éléments que la compétence de communication, comme l'habitude à se débrouiller lors d'un test, ou la capacité de réagir correctement, avec efficacité, à la situation de stress que représente la passation d'une épreuve d'examen? Si l'intelligence est étroitement reliée à la compétence globale de l'individu (Oller 1978), est-il toujours du ressort du didacticien ou du "praticien" de la didactique d'élaborer des instruments de mesure?

Voilà autant de questions auxquelles les réponses demeurent floues. Elles représentent quelques-unes des difficultés pour lesquelles le praticien doit apporter des solutions, heureuses parfois, discutables pour les uns, incultes pour les autres, imposées par les exigences du terrain. Au Québec, les solutions apportées à ces questions d'évaluation diffèrent selon la nature des publics visés. En effet, l'enseignement des langues secondes (français ou anglais) aux enfants et aux adolescents, assuré dans les écoles primaires et secondaires, est coordonné par un organisme centralisé, le Ministère de l'Éducation du Québec, qui assure une uniformité des pratiques méthodologiques et évaluatives. L'enseignement des langues aux adultes, au contraire, n'implique aucune uniformité de juridiction et varie dans ses programmes, ses choix méthodologiques et évaluatifs compte tenu des circonstances particulières d'une situation donnée. Il s'effectue dans des écoles ou organismes divers tels le Service de l'éducation aux adultes de commissions scolaires, les Cofi (Centre d'orientation et de formation des immigrants du Ministère des communautés culturelles et immigration), les écoles de langues privées, les compagnies privées, les collèges, les universités. Dans ce dernier cas, l'étude des langues peut s'effectuer dans le cadre d'un programme régulier en vue de l'obtention d'un diplôme ou d'un certificat, ou dans le cadre d'un programme spécial qui ne comporte aucun diplôme ou certificat.

Cette uniformité et cette diversité expliquent la nature différente des présentations qui suivent, la première, représentative des milieux primaire et secondaire, et la seconde, restreinte à un milieu adulte donné.

Public scolaire

1. Éléments d'histoire

La pratique évaluative actuellement en cours dans les écoles du Québec étant axée sur l'évaluation globale de la compétence de communication, il convient pour mieux comprendre ce choix d'en rappeler les principales étapes.

Dès la fin des années '60, s'inspirant des données de la linguistique structurale et de la psychologie behavioriste, le Ministère de l'Éducation du Québec concevait des examens destinés à mesurer les connaissances de l'élève en compréhension orale et écrite. Ces connaissances étaient mesurées, comme le préconisaient notamment Lado et Harris, par le biais de l'observation des sons, du vocabulaire et de la grammaire. À ces épreuves a été ajoutée ultérieurement — en raison de l'utilisation croissante des méthodes audio-orales dans les écoles — une épreuve d'expression orale appelée OREX (Oral Examination) qui reposait sur la technique d'entrevue et qui, elle aussi, mesurait les éléments discrets du langage.

Les apports de la psycho- et de la socio-linguistique des années '70 de même que les contributions des spécialistes américains comme Oller et Spolsky ont conduit les responsables de l'évaluation de l'apprentissage à concevoir une deuxième génération d'examens orientés moins sur la maîtrise des composantes linguistiques prises individuellement que sur la qualité globale de la compréhension et de l'expression.

À partir de 1978, l'influence des travaux du Conseil de l'Europe a contribué à la poursuite de ces modifications successives apportées aux pratiques évaluatives. Avant la préparation des nouveaux programmes qui se réclameront de l'approche communicative, les instruments d'évaluation ont été modifiés accordant une grande importance à l'exactitude du sens. Toutefois, malgré cette évolution vers la primauté du sens, les instruments de mesure ne s'inscriront explicitement et officiellement dans l'optique de l'approche communicative qu'après la publication des nouveaux programmes des niveaux primaire et secondaire.

2. L'évaluation actuelle

À la suite de l'approbation et de la mise en marche des nouveaux programmes de L_2 des niveaux primaire et secondaire qui accordent la priorité au développement de l'habileté à communiquer et qui mettent l'accent sur l'apprentissage de la langue comme moyen de communication, un renouveau en évaluation, tout comme en pédagogie, a été amorcé et est en cours de réalisation. Il se manifeste par des modifications apportées aux pratiques évaluatives quant à l'objet et au mode d'évaluation et quant au moment de l'insertion de l'évaluation dans le processus d'apprentissage.

Devant ce renouveau, conscients des difficultés soulevées initialement, les enseignants sont invités à revoir leurs pratiques évaluatives. Il ne s'agit plus d'évaluer des automatismes (parler, écouter, lire et écrire). Ces derniers ont fait place à un découpage où la compréhension et l'expression sont interreliées et cette interrelation doit être prise en compte au moment de l'enseignement et de la mesure. Différentes techniques d'évaluation la rendent possible, tels les jeux de rôles ou les tâches à accomplir.

L'objet de cette évaluation dans sa nouvelle version correspond comme il se doit à celui de l'approche renouvelée. Et s'il s'agit dans un premier temps de développer la compétence de communication et l'utilisation de la langue comme moyen de communication, il conviendra par la suite d'évaluer cette compétence de communication. Or, on sait que la compétence de communication n'est ni observable ni mesurable en soi et que par conséquent seulement l'utilisation effective de la langue dans une situation donnée peut être mesurée. Cette utilisation se manifeste sous forme de comportements langagiers — adaptés à la situation, à l'âge, aux intérêts et aux besoins des élèves — qui peuvent être observés sous différents aspects comme le présente le tableau suivant (Ministère de l'Éducation du Québec 1983) conçu à l'intention des enfants du cours primaire.

Les objets d'évaluation ont été délimités sous forme de paramètres rattachés à l'une ou l'autre des composantes de la compétence de communication telles que les ont définies Canale et Swain (1980). À chaque paramètre correspondent des *indices de mesure* qui sont les manifestations observables ou signes apparents pouvant servir de critères à l'enseignant pour évaluer l'habileté à communiquer de ses élèves. Par ailleurs, pour permettre à l'enseignant de porter un jugement éclairé sur la compétence de communication et le savoir-faire des élèves, le Ministère de l'Éducation du Québec (1983) préconise le recours à deux démarches évaluatives distinctes et complémentaires, soient *l'évaluation formative — interactive et ponctuelle —* et *l'évaluation sommative* (Tableau 1).

Composantes de l'évaluation pédagogique en langue seconde (synthèse)

Compétences	Objets d'évaluation (Paramètres)	Indices de mesure	Habiletés
Socio-linguistique	1. Fonctions de communication	• Intelligibilité du message	P
		• Réactions à des réalisations langagières données (manifestations verbales, non verbales, graphiques)	R
	2. Contexte de la situation de communication	• Reconnaissance, identification, association dans une situation de communication due à/au: sujet, rôle, statut, humeur, lieu, habitude culturelle	R
		• Caractère approprié des réalisations langagières dues à/au: sujet, rôle, statut, humeur, lieu, habitude culturelle	P
Linguistique	3. Pertinence des formes linguistiques	• Identification/emploi, erreurs de: 1. prononciation 2. vocabulaire 3. morpho-syntaxe	P/R
Discursive	4. Éléments du discours: - cohésion	• Emploi approprié de charnières (conjunctions prépositions...)	P
	- cohérence	• Organisation des idées, suite logique	P
		• Reconstitution de textes, de dialogues	R
De stratégie	5. Stratégie	• Emploi en situations de communication de gestes, de mimiques, de périphrases à des fins compensatoires	P
		• Emploi de questions pour comprendre ce qu'un lui dit.	P/R

* *Habiletés: P: de production / R: de compréhension*

Tableau 1

La première, l'*évaluation formative,* fournit des renseignements à l'apprenant et à l'enseignant sur l'apprentissage en cours et la seconde, l'*évaluation sommative,* permet de vérifier l'atteinte des objectifs à la fin d'un programme d'études. *L'évaluation formative interactive,* effectuée par l'enseignant au moyen de l'*observation* ou par l'élève par *auto-évaluation,* permet à tous moments du processus d'apprentissage de vérifier s'il y a lieu d'apporter des améliorations ou des changements à la démarche pédagogique en cours. L'*observation* de l'enseignant permet de recueillir des informations sur le développement des habiletés à communiquer, sur l'utilisation que l'élève apprend à faire de la langue, sur sa performance en situations d'apprentissage, sur sa facilité ou sa difficulté à comprendre ou à produire des messages. Cette *observation,* effectuée la plupart du temps verbalement, est notée sur une grille, si les éléments observés sont jugés importants par l'enseignant. Voici un exemple de grille d'observation utilisée au cours primaire (Ministère de l'Éducation du Québec 1983) (voir Tableau 2).

Exemple: Objecif de la leçon: exprimer son goût/aversion pour les fruits et légumes.

Activité d'évaluation: une série d'illustrations distribuées aux élèves qui expriment leur goût ou leur aversion à leur sujet.

GRILLE	PARAMÈTRES				Remarques
	Intelligibilité (goût/aversion)		Vocabulaire (fruits/légumes)		
Nom des élèves	Acceptable	Non acceptable	Correct	Non correct	
1.					
2.					
3.					

Tableau 2

L'*auto-évaluation* aide l'enseignant à engager le dialogue avec ses élèves sur la progression de leurs apprentissages et sur les savoirs et les comportements qu'ils doivent développer. Elle s'effectue à l'aide d'une fiche dont voici un exemple (Ministère de l'Éducation du Québec 1983) (Tableau 3).

J'OBSERVE CE QUI VA OU CE QUI NE VA PAS:	OUI	NON
Je suis capable d'exprimer mon goût ou mon aversion pour les fruits et légumes:	☐	☐
1. Je ne comprends pas	☐	☐
2. Je ne peux pas le dire dans ma langue maternelle	☐	☐
3. Je ne peux le dire en langue seconde	☐	☐
4. Je ne connais pas les mots de la langue seconde pour nommer:	☐	☐
a) les légumes	☐	☐
b) les fruits	☐	☐
5. Je ne sais pas comment placer les mots en langue seconde	☐	☐
6. J'ai des difficultés à dire:	☐	☐
a) ce que j'aime	☐	☐
b) ce que je n'aime pas	☐	☐

Tableau 3

L'évaluation formative ponctuelle a lieu à la fin d'une étape, d'une leçon ou d'une unité de travail au moment où l'enseignant évalue le degré d'atteinte de quelques objectifs. Elle s'effectue à l'aide de mini-situations analogues aux situations des travaux et exercices faits en classe et les fonctions langagières sont la manifestation de la compétence de communication. Les techniques d'évaluation varient selon les paramètres ou les habiletés à mesurer. Ainsi, par exemple, un des objectifs du programme d'anglais L_2 au primaire est évalué de la façon suivante (voir Tableau 4).

Objectif: 4.1.3.1.

Objet d'évaluation:
Understanding the description of a person.

Technique:
Une série d'énoncés associés à l'une des trois images présentées dans le cahier de l'élève.

Consigne:
On te demande d'aider le lieutenant Gumbo à identifier le véritable criminel parmi les trois suspects dont les photos sont ci-dessous. Écoute les descriptions des témoins et marque un X dans les cases sous les photos à chaque fois qu'une description s'y applique. Le criminel est celui pour lequel tu auras rempli-toutes les cases.

Stimuli:
1. She's tall and thin.
2. She has a big big nose.
3. She wears a long coat.
4. She has a big big hat.
5. She has long boots on her feet.

Tableau 4

Envin, l'*évaluation sommative* est utilisée au moment de dresser un bilan des apprentissages ou de juger de la maîtrise d'un ensemble d'objectifs. Les différentes situations d'évaluation seront élaborées par l'enseignant à partir des fonctions langagières uniquement. L'âge, la nature des intérêts des apprenants aussi bien que leur niveau de compétence détermineront le choix de ces fonctions. Le tableau suivant représente le cadre à suivre pour l'élaboration de situations d'évaluation, après lequel est fourni un exemple de question de production orale (voir Tableau 5).

Ainsi, l'évaluation de la compétence de communication de l'apprenant au primaire et au secondaire s'effectue autant en cours d'apprentissage qu'à la fin de l'ensemble du processus.

Public adulte

Bon nombre de personnes travaillent actuellement ou ont travaillé dans leur organisme ou établissement respectifs à l'élaboration d'instruments destinés à l'évaluation des progrès lors de l'apprentissage d'une langue seconde chez l'adulte et, notamment, à l'évaluation de la compétence de communication orale. Certains de ces travaux ont déjà fait l'objet d'articles ou de conférences. C'est le

Fonctions langagières	Sujets de la communication	Lieux/ Moments	Statuts/Rôles	Situations d'évaluation
1. Exprimer un désir (Production orale)	Cadeaux de Noël	Au souper	Enfants/Parents/Attitudes mielleuse/parentale	Jeu de rôle
2. Comprendre les consignes (Compréhension orale)	Montage d'un cerf-volant	En classe	Élèves/par équipe	Tâche à accomplir
3. S'identifier (Production écrite)	Fiche pour le pupitre	En classe	Enseignant/élèves	Tâche à accomplir

Exemple:

Objectif:
   Suivant le rôle qui lui est dévolu, vérifier si l'élève est capable de saluer, demander ou donner une information factuelle, accepter/refuser, justifier, remercier.

Consigne:
   Je vous propose un jeu de rôle qui se joue 2 par 2. Chacun va recevoir sur une carte ce qu'il a à faire. Il ne faut pas le dire à l'autre. Vous avez cinq minutes pour vous préparer.

Mise en situation:
   Carte 1 (élève A: c'est toi qui commence).
   Tu veux demander à ton père d'aller jouer dehors mais tu as peur qu'il te refuse. Comment vas-tu t'y prendre? Comment vas-tu réagir à la réponse de ton père?

   Carte 2 (élève B):
   Ton fils vient te demander d'aller jouer dehors. Tu n'es pas sûr. Finalement, tu acceptes mais à une condition. Choisis toi-même la condition.

Tableau 5

cas par exemple de Painchaud et LeBlanc (1984), de Jasmin-Demers (1982), de Charlebois (1981) ou de Gareau (1981). Par ailleurs, des projets en cours d'élaboration mis sur pied dans divers secteurs de l'enseignement des langues aux adultes n'ont pas encore donné lieu à des publications. Il s'agit à la BFC (Base des Forces Canadiennes) de St-Jean (Ministère de la Défense Nationale) de Hélène Cloutier et de Micheline Sicard, au Cofi (Centre d'Orientation et de Formation des Immigrants) de Marie-Claude Gilles et de son équipe, ou, au Service de l'éducation aux adultes de la CECM (Commission des Écoles Catholiques de Montréal) de Jocelyne Bergeron et de son équipe. Chacun essaie d'apporter aux questions soulevées précédemment des solutions dont l'ensemble ne peut être présenté dans les limites de cet article en raison de la diversité des situations en milieu adulte. Voici par conséquent la présentation d'une seule de ces situations, particulière à un groupe d'adultes inscrits dans un cours d'expression orale offert dans le cadre d'un des programmes de français L$_2$ à l'Université Laval.

1. Éléments d'histoire

Le cours de conversation, qui a consisté pendant plusieurs années à faire bavarder les étudiants sur un sujet d'intérêt commun au groupe, comportait un mode d'évaluation relativement impressionniste. Le professeur pouvait, par exemple, attribuer à l'étudiant une note fondée sur la perception qu'il avait de la qualité de l'élocution de ce dernier ou de la qualité de sa participation au cours. Avec l'avènement des méthodes inspirées de la linguistique structurale et de la psychologie behavioriste, une tendance vers des cours de conversation plus *structurés* a entraîné une nouvelle forme d'évaluation. Les progrès de l'apprenant en expression orale étaient alors évalués selon des critères d'ordre linguistique à partir d'un découpage en composantes phonétique, lexicale et grammaticale.

2. L'évaluation actuelle

À l'automne 1976, la réorganisation des cours d'expression orale pour étudiants non francophones des niveaux "intermédiaire" et "avancé", amorcée selon une perspective communicative, a nécessité l'élaboration de nouveaux instruments de mesure qui suivent de près les changements survenus en méthodologie. Ainsi, la préparation d'une épreuve d'expression orale, tout comme la préparation du matériel d'apprentissage, consiste en l'établissement d'un cadre général où sont précisés un contexte énonciatif et une intention de communication qui, au moment de la passation, constituent des contraintes auxquelles doit se soumettre l'apprenant. Il s'agit de questions comme les suivantes :

1. "Vous êtes étudiant et vous êtes en train de faire vos courses dans un supermarché luxueux, vaste et spacieux. Vous laissez momentanément votre panier pour vous choisir un poulet à l'étalage à viande. Le choix fait, vous revenez distraitement, en regardant vers un autre étalage, pour continuer à pousser votre panier. Tout à coup vous entendez : *'Eh, espèce de voleur!'* Vous vous rendez compte à ce moment-là, que par mégarde vous aviez repris le mauvais panier, celui d'une dame qui avait laissé son sac à main dans ce panier. Que faites-vous pour vous expliquer à cette dame qui visiblement vous associe plus à un voyou mal intentionné qu'à un étudiant non francophone distrait?"
2. "Tous les étudiants d'un même groupe sont invités à enregistrer leurs interventions sur magnétophone au moment de l'achat d'un certain livre à la librairie."
3. "Quelques étudiants de la classe qui connaissent bien la Cité Universitaire doivent expliquer à de nouveaux étudiants comment se rendre au Pavillon d'éducation physique."

Ce dernier type de question (3), axé sur la description d'éléments connus par un ensemble (un sous-groupe dans la classe) ou vécus par tous ses membres, facilite la vérification de l'adéquation entre intention de communication et réalisations linguistiques. En effet, l'élève peut difficilement inventer une réponse, si l'expérience a été partagée par ses pairs, et l'examinateur est en mesure de vérifier si ce dernier parvient à dire ce qu'il a l'intention de dire.

' On observe aux trois étapes d'une épreuve d'évaluation de l'expression orale — élaboration, administration/passation, correction — un parallélisme entre choix méthodologiques et évaluatifs qui se manifeste principalement 1) par la présence d'un rapport (désormais classique dans l'optique communicative) entre situations d'apprentissage et d'évaluation et 2) par le caractère évolutif du matériel d'évaluation. Ce dernier, auparavant invariable et statique, est devenu, à l'instar du matériel d'apprentissage, dynamique et évolutif. Il peut du reste sembler paradoxal, en parlant d'évaluation de la compétence de communication à l'oral, de constater l'absence du volet standardisé, définitif et permanent, qui a cédé la place à un processus en évolution. L'évaluation nouvelle version repose ainsi moins sur l'observation de phénomènes objectivés que sur celui de phénomènes en mouvement: le processus de la communication et les apports des apprenants. La préparation et l'administration d'un test unique à l'intention de tous les apprenants, sans exception, a fait place à l'élaboration de tests appropriés à chaque circonstance ou, le cas échéant, à la préparation d'une banque d'épreuves placée à la disposition de chaque auteur de tests éventuels.

La correction de ces tests, par ailleurs, s'appuie sur un certain nombre de critères établis et ordonnés à partir de notre expérience de l'observation des faits et compte tenu des apports de certains spécialistes. La définition de la communication et de ses composantes établie par Canale et Swain et la distinction entre usage et emploi de Widdowson sous-tendent en particulier la définition de nos catégories axées essentiellement sur l'adéquation entre les trois aspects d'*intention de communication, situation de communication* et *réalisation linguistique*. Ainsi, la correction d'épreuves d'expression orale s'effectue à l'aide des critères présentés dans le tableau suivant: (Tableau 6).

Communication :
Il s'agit de l'appréciation globale du degré de réussite et d'efficacité de la communication vue dans son ensemble. L'examinateur évalue la transmission de l'information contenue dans le message qui devrait être parvenu à l'interlocuteur ou avoir modifié ou changé une situation donnée.

Intention de communication :
L'examinateur apprécie à l'aide de ce critère les réalisations linguistiques quant à leur degré de conformité à l'intention de communication du locuteur et essaie de juger — lorsque le type de question le permet — si ces réalisations sont l'expression fidèle de l'intention.

Situation de communication et contexte psycho-socio-culturel :
Ce critère permet d'évaluer le degré d'appropriation des réalisations linguistiques à la situation de communication et à son contexte psycho-socio-culturel. Il permet de juger si le sujet fait preuve de connaissance des conventions dans sa manipulation du discours.

	Objet	Évaluation					
		A	**B**	**C**	**D**	**E**	**F**
A	Communication La communication a-t-elle atteint l'objectif visé?	5 pts	4 pts	3 pts	2 pts	1 pt	
B	1. *Intention de communication:* La réalisaton linguistique est-elle adéquate à l'intention de communication?						
	2. *Situation de communication et contexte psycho-socio-culturel:* La réalisation linguistique est-elle appropriée à la situation et au contexte?						

	3. *Réalisation linguistique:*
	1. Correction - prononciation
	          - vocabulaire
	          - grammaire
	2. Débit: le débit se rapproche-t-il de celui du locuteur natif?						

C	TOTAL						

Barème: A: excellent   B: très bien   C: bien
        D: passable   E: échec   F: ne s'applique pas

Tableau 6

Réalisations linguistiques :
Le correcteur examine les réalisations linguistiques selon leur degré de correction sur le plan phonético-phonologique, lexical et grammatical et évalue la rapidité d'élocution du locuteur au moment de leur production.

Ces critères rendent ainsi possible une évaluation relative de la compétnce de communication orale des apprenants adultes et, dans un système scolaire donné, l'attribution d'une note finale à la suite de l'assistance à un cours d'expression orale. Leur utilisation n'est toutefois par exempte de la subjectivité des correcteurs. Ils ne permettent pas non plus d'éviter les inégalités d'interprétation qui sont imputables aux différences individuelles entre les juges et à la disparité de leurs préjugés.

Conclusion

Voilà un aperçu de quelques pratiques évaluatives exercées dans l'optique de l'approche communicative. Devant les questions soulevées par l'évaluation de la compétnce de communication, les solutions québécoises élaborées à l'intention de publics variés (enfants, adolescents et adultes), se caractérisent principalement de trois manières : elles reflètent la prise en considération des apports fournis par les recherches actuelles en mesure et évaluation; elles comptent des procédés issus de l'invention et de l'improvisation mis en oeuvre pour combler les lacunes laissées par les insuffisances théoriques; et elles se tondent sur des observations du milieu et des procédés imposés par les exigences du terrain.

Réunies par les certitudes et incertitudes qu'elles partagent, ces pratiques diffèrent toutefois par la nature des publics auxquels elles s'adressent. Essentiellement évolutives à l'instar du matériel pédagogique, elles se détachent peu à peu des préoccupations métrologiques et, menées au Québec, carrefour des courants de pression américains et européens, elles se gardent de tout dogmatisme. Il s'agira, au cours des prochaines années, d'apprécier si les instruments d'évaluation, de plus en plus intégrés à l'apprentissage, peuvent aider l'apprenant à communqiuer.*

---

*Remerciements à Claude Claret pour sa contribution initiale.

Références

Adams, M.L. 1978. "Measuring Foreign Language Speaking Proficiency: A Study of Agreement Among Raters," in J.L.D. Clark, réd., *Direct Testing of Speaking Proficiency: Theory and Application.* Princeton, N.J., Educational Testing Service.

Canale, M., M. Swain. 1980. "Theoretical Bases of Communicative Approaches To Second Language Teaching and Testing," *Applied Linguistics,* 1, 1.

Charlebois, P.A. 1981. "Les Tests de connaissance linguistique: une avenue dynamique. Évaluation? Co-évaluation? Auto-évaluation?" *AQEFLS, Bulletin d'information,* 2, 4.

Gareau, C. 1981. "L'évaluation de la compétence linguistique des membres des orders professionnels au Québec," *Le Français dans le Monde,* 165.

Jasmin-Demers, L. 1982. "Des tests pragmatiques et multifonctionnels pour une évaluation objective de la compétence à communiquer," in G. Connolly, J.D. Girardet, B. Landriault, réds, *Bulletin de l'ACLA,* 4, 2 (automne).

Linder, C. 1977. *Oral Communication Testing.* Skokie, Illinois: National Textbook Company.

Ministère de l'Education du Québec. 1983.

Denise Lussier-Chasles et Marcel Danan, *Guide d'evaluation en classe de langue seconde, anglais et français, niveau primaire.* Document 16-7220-07.

Monfils, G. 1982. "La measure de la compétence de communication à la direction générale de la formation linguistique: fondements théoriques," *Médium,* 7, 1.

Mothe, J.C. 1981. "Evaluer les compétences de communication en milieu scolaire," *Le Français dans le Monde,* 165: 63-72.

Morrow, K. 1982. "Testing Spoken Language," in Heaton, J.B. réd., *Language Testing,* Hayes, Middx: Mondern English Publications.

Oller, J.W., Jr., K. Perkins, réds. 1978. *Language In Education: Testing The Tests.* Rowley, Mass.: Newbury House Publishers Inc.

Palmer, A.S., L.F. Bachman. 1981. "The Construct Validation Of The FSI Oral Interview," *Language Learning,* 31, 1.

Upshur, J.A. 1973. "Productive Communication Testing: Progress Report," in J.W. Oller, Jr. et J. Richards, réds. *Focus On The Learner: Pragmatic Perspectives For The Language Teacher.* Rowley, Mass.: Newbury House Publishers Inc.

28

L'évaluation
des habiletés actives
de communication: écrire

Dans son livre *Foreign Language Instruction: Dimensions and Horizons,* Ruth Cornfield termine son chapitre sur la mesure en disant:

> De bons tests équitables dans lesquels chaque étudiant éprouve un sentiment d'accomplissement contribueront largement à la formation d'attitudes favorables et au maintien de l'intérêt et de l'enthousiasme dans la poursuite de l'étude de la langue (1966:151).

Pour que les tests soient équitables et que les étudiants se sentent à l'aise dans un système de tests, il doit y avoir une coordination étroite entre la façon d'enseigner et la manière de mesurer cet apprentissage. La meilleure règle empirique est la suivante: mesurez la matière enseignée de la même manière que vous l'avez enseignée et ajoutez autant de variété dans votre programme de tests que vous en avez mis dans votre enseignement.

Avant d'étudier différentes façons de mesurer l'habileté d'écrire, il serait sage de définir ce que l'on entend par écrire. La regrettée Florence Steiner, dans son livre *Performing with Objectives,* offre la définition suivante:

> Pour certains, écrire veut dire copier et épeler. Pour d'autres, écrire signifie mettre sur papier ce que quelqu'un d'autre a dit: la dictée, par exemple. Certains enseignants estiment qu'un étudiant sait écrire lorsqu'il peut remplir des trous avec la forme verbale correcte; d'autres pensent qu'un étudiant sait écrire s'il peut traduire de sa langue à la langue cible. Plusieurs enseignants s'accorderaient pour dire que l'habileté d'écrire qu'ils recherchent chez leurs étudiants est cette faculté d'exprimer ses propres idées par écrit et que toutes les autres formes ci-mentionnées ne sont que des étapes préparatoires permettant l'attente de cette habileté (1975:81).

Bien que la plupart des enseignants soient d'accord qu'exprimer ses propres idées est le but ultime à l'écrit, plusieurs n'ont pas su aider leurs étudiants dans l'atteinte de ce but parce qu'ils n'ont pas développé une approche systématique étendue sur une période considérable de temps. Plusieurs enseignants ont tendance à sauter trop vite des niveaux d'écriture les plus bas et faciles à la composition libre ou à omettre carrément les premiers niveaux tout en s'attendant à ce que leurs étudiants écrivent soudainement sans avoir été entraînés à le faire. Nous allons voir comment nous pouvons structurer notre enseignement et notre

Titre original, "Evaluating the active Communication Skills: Writing," publié dans *The Canadian Modern Language Review/La Revue canadienne des langues vivantes,* 34, 4(1978): 735-745. Reproduit ici avec la permission du rédacteur.

programme de tests pour amener l'étudiant à progresser systématiquement en toute confiance en parcourant une série d'étapes qui débute avec le copiage pour finir avec la composition libre.

Le copiage

Bien que le simple copiage de mots dans la langue cible apparaisse simpliste, cela permet à l'étudiant en début d'apprentissage de concentrer son attention sur plusieurs données de base du langage écrit: l'épellation, les accords, la ponctuation, les majuscules, les abréviations. Si, dès le début, on peut lui faire prendre conscience de l'importance de la justesse de l'expression, l'étudiant prendra par la suite cette habileté pour acquis de sorte que ses efforts porteront, comme il se devrait, sur l'expression et le style. Les compositions libres en bonne forme en résulteraient. D'autant plus qu'un enseignant qui fait preuve d'imagination peut motiver des étudiants de différentes façons et à différents niveaux de rendement tout en leur faisant faire du copiage. Le copiage n'a pas à être routinier et monotone.

Voici quelques exemples de types de copiage:

1. Copier des phrases illustrant des difficultés spécifiques: les accents, les accords, la ponctuation, etc., peut-être même inclure une limite de temps.

    Est-ce que la petite Renée regarde le garçon près de la fenêtre?

2. Copier des mots ayant des sons identiques, mais dont la graphie diffère. Dans cette activité, les sons recouvrent une variété de graphies différentes que l'étudiant doit apprendre à reconnaître.

    aller, donné, et, achetez, clef, année, pied, les, j'ai

3. Sélectionner un mot qui rime avec un mot donné et les écrire.

    dix: fille, Paris, affiche, lisent, Nice

4. Mots cachés: trouver les mots et en écrire la liste. L'étudiant doit se concentrer sur la formation et l'orthographe des mots.

P	A	U	L
J	M	A	A
E	I	T	C
L	S	A	V

Paul	je	le
amis	ma	se
vas	ça	ta

5. Copier, du tableau noir, un dialogue ou une chanson apprise oralement. Ceci constitue un bon exercice mécanique qui vient renforcer ce qui a été maîtrisé en compréhension et expression orales et en lecture avant d'entreprendre l'étape de l'écriture. L'évaluation peut non seulement porter sur la correction, mais

aussi la vitesse de réalisation.

6. Choisir la forme correcte d'un adjectif modifiant un nom et l'inscrire dans le blanc devant ou après le nom.

   (bon, bonne) C'est une _____ idée _____.

7. Choisir, d'une liste de mots, la forme correcte d'une structure grammaticale et l'inscrire.

   Qu'est-ce que, Qu'est-ce qui, Qui est-ce qui, Qui est-ce que
   a) Son père achète un chalet.
   _____ son père achète?
   b) Sa tante voit son fils.
   _____ sa tante voit?

8. Choisir, d'une liste de mots, une série d'adjectifs appropriés.

   énergique, généreux, intelligent, modeste, ambitieux, paresseux, fort, irrésistible, riche, indépendant, sympathique, content
   a) Moi, je suis toujours _____.
   b) Moi, je désire être _____.

   L'usage de mots apparentés va rapidement enrichir de beaucoup leur vocabulaire et donner aux étudiants un sens d'accomplissement.

9. Choisir d'une liste (noms, adverbes, verbes, pronoms, etc.) les mots qui pourraient compléter correctement un texte lacunaire.

bon appétit	du café	en route
très beau	repas	avec des amis
arriver	belles	beaucoup de passagers

   Le bateau est _____ pour la France. Il fait _____ ce jour-là et _____ sont sur le pont. On parle des _____ français.

10. Mots croisés: les mots sont placés dans une liste et doivent être utilisés à la verticale ou à l'horizontale.

11. Copier la question qui convient à une des réponses données (choix multiple).

    Qu'est-ce que Paul boit?
    A. Il est mon ami.
    B. Il ne le désire pas.
    C. Il prend du thé.

12. Recopier les questions de la liste A avec une réponse appropriée tirée de la liste B.

Liste A	Liste B
1. Où vas-tu?	A. Oui, très bien.
2. Ça va?	B. J'ai treize ans.
3. Quel âge as-tu?	C. J'en ai douze.
4. Combien de soeurs est-ce que tu as?	D. Chez moi.

13. Construire des phrases à l'aide d'une table de substitution.

La jeune fille	regarde	les bonbons
Robert	trouve	le chat
Le professeur	cherche	l'argent
La grosse dame	montre	la télé

14. Corriger les phrases pour les rendre cohérentes.
    A. Il part pour la France à bicyclette.
    B. Il part pour l'école en avion.
    C. Il part pour Terre-Neuve en autobus.
    D. Il part pour le centre d'achat en bateau.

15. Recopier des mots dans un ordre logique pour faire une phrase.

    la Jean musique écoute de (Jean écoute de la musique.)

16. Recopier des phrases en les ordonnant de façon logique pour former un dialogue ou un passage en prose.

17. Copier la phrase appropriée correspondant à l'image.

    A. Ma nièce va à l'église.

    B. C'est une petite église.

    C. Je ne vois pas l'église.

18. Inscrire sur une carte contour du Québec ou de la France une liste de villes,

de rivières, de produits, etc.

19.
Remplacer les chiffres d'une équation par les mots équivalents.
un, deux, trois, quatre, cinq, six, sept, huit, neuf, dix, zéro.

$3 + 4 = 7$ $10 - 4 = 6$ $2 \times 5 = 10$ $9 - 1 = 8.$

20. Copier la bonne réponse à une question donnée oralement à partir d'une liste de phrases écrites pêle-mêle au tableau noir.

(Entendu seulement: "Quel temps fait-il?")
Les étudiants lisent au tableau:
Il est huit heures.
Il fait son travail.
Il neige.

Sans les vingt exemples cités, l'évaluation des étudiants porte sur l'exactitude de la retranscription du mot écrit. Dans plusieurs cas, la procédure est quelque peu mécanique; dans d'autres, les étudiants doivent s'attarder au sens et être conscients de la structure de la phrase. C'est dans ce deuxième genre que l'on peut relever le défi de faire du copiage un test applicable à n'importe quel niveau scolaire.

La construction de phrases à l'aide d'un stimulus visuel autre que le mot écrit.

Après avoir appris à copier correctement, l'étudiant progresse vers la construction de phrases non plus basée sur le mot écrit, mais sur un stimulus visuel tel qu'une esquisse, une image ou un film. Cette fois, l'étudiant n'est plus récompensé simplement pour recopier un mot qui lui est donné, mais pour créer des énoncés où la justesse de l'expression, la correction orthographique, le choix du vocabulaire et le style de présentation feront l'objet de l'évaluation.

Voici quelques exemples:

1. On donne aux étudiants une feuille sur laquelle des dessins schématisés accompagnés d'autres symboles suggèrent une partie d'un dialogue ou d'une description étudiés au préalable à l'oral. Les étudiants écrivent une phrase appropriée sous chacune des illustrations. On devrait varier les styles d'énoncés — affirmatifs, interrogatifs, exclamatifs. Voilà une bon exemple de composition dirigée, étape nécessaire vers la composition libre qui sera développée plus tard.

a)

Est-ce que le garçon regarde le drapeau?

b)

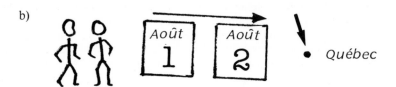

Ils ont passé deux jours à Québec.

2. On demande aux étudiants d'étiqueter une illustration schématique, puis d'utiliser ce vocabulaire pour construire des phrases de deux ou trois styles différents. Bien que simplistes, ces exemples constituent le début d'une écriture créative et imaginative.

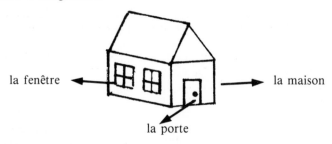

Voilà la porte.
Combien de fenêtres y a-t-il?
Quelle grande maison!

3. Les bandes dessinées peuvent être mises à profit de deux façons. On peut demander aux étudiants, soit d'écrire les commentaires accompagnateurs de la bande dessinée, soit de remplir les ''ballons'' indiquant ce que les personnages pourraient éventuellement dire selon les circonstances. On tiendra largement compte de la créativité lors de l'évaluation.

4. Au lieu d'images ou d'illustrations, on peut utiliser simplement des objets. Ainsi, on présente un plateau rempli d'une douzaine d'objets, puis on demande à chaque étudiant d'en identifier six et de faire une phrase décrivant ces objets.
C'est une poupée. C'est une petite poupée aux cheveux blonds.
Écrire de telles phrases descriptives est une bonne préparation à écrire éventuellement des paragraphes descriptifs.

5. Une série d'images peut occasionnellement servir à mesurer une structure grammaticale spécifique; par exemple, plusieurs images peuvent être décrites à l'aide d'un verbe réfléchi, une expression de quantité ou une comparaison d'adjectifs ou de verbes d'action, etc.

6. Plus tard, après avoir observé des séries d'images séquentielles, les étudiants pourront écrire une ou deux phrases par image de façon à construire un

paragraphe descriptif. Il serait avisé de fournir d'avance une liste de noms, de verbes, d'adjectifs, etc., à titre d'appui lexical pour permettre à l'étudiant de se concentrer sur la structuration de la phrase et sur le style. Ce genre d'exercice permet à l'étudiant de progresser de la construction de phrases descriptives isolées à la composition d'un paragraphe descriptif cohésif. Des volumes contenant des séries d'images illustrant de courtes histoires sont disponibles sur le marché.

7. Une variante du numéro 6 est la projection d'un film fixe où on demande aux étudiants d'écrire une phrase ou deux pour chaque image. La projection du film fixe peut se faire en silence ou accompagnée d'une bande sonore décrivant les activités de chaque image. Dans ce dernier cas, les étudiants écriraient un résumé de ce qu'ils ont entendu.

8. Suite au visionnement d'un film ou d'une émission télévisée, un travail écrit portant sur le visionnement pourrait être donné aux étudiants.

9. Le but ultime sera la description d'une seule image où l'action n'est pas décomposée en plusieurs séquences d'images, comme dans une bande dessinée, un film fixe ou animé. La composition dirigée devient maintenant la composition libre dans laquelle l'étudiant examine l'image et décide de lui-même de la façon d'en parler. Cependant, même à ce stade-ci, l'enseignant peut donner certaines directives à l'étudiant ou lui demander d'utiliser un temps de verbe particulier comme l'imparfait, par exemple, ou de se concentrer sur l'utilisation d'adjectifs qualificatifs ou de noms et de verbes exprimant l'émotion, etc.

(L'évaluation de compositions résultant des suggestions 6 à 9 sera discutée plus loin.)

La construction d'énoncés par la manipulation du mot écrit

Pour varier l'allure, par rapport au genre de support visuel présenté à la section précédente, le mot écrit lui-même peut servir de support visuel à être manipulé pour mesurer les habiletés de l'écrit.

Suivent des exemples de ce type:

1. Dans des phrases dites "déshydratées," les noms, les verbes, les adjectifs, etc., sont donnés sans accord et doivent être transformés pour former une phrase correcte. De plus, des mots de fonction, tels les articles définis, doivent être ajoutés.

soupe jour être délicieux
(La soupe du jour est délicieuse)

2. On demande aux étudiants de faire une paraphrase afin d'exprimer la même idée d'une autre façon. Ce genre d'exercice prédispose l'étudiant avancé à choisir le mot juste ou à varier son style lors d'une composition libre.

Il semblait fatigué.
(Il avait l'air fatigué.)

3. Les étudiants semblent avoir plus de facilité à utiliser le nom que le pronom. On devrait leur faire faire des phrases qui nécessitent une transformation structurale.

Est-ce que ta tante a reçu la lettre?
(Oui, elle l'a reçue.)

4. La relecture. Wilga Rivers, dans son livre *A Practical Guide to the Teaching of French,* déclare que l'hypothèse généralement admise qu'on ne devrait pas montrer de français incorrect aux étudiants prétextant qu'ils vont apprendre ces erreurs qui seront difficiles à oublier par la suite, ne semble pas avoir été scientifiquement prouvée. Elle affirme que les jeunes enseignants qui voient beaucoup de français incorrect sont constamment à l'affût des erreurs et consultent dictionnaires et grammaires dès qu'ils sont incertains.

Cette attitude de vigilance face aux erreurs, ce plaisir de trouver une confirmation face au doute, on doit les développer chez l'étudiant de sorte qu'il prenne intérêt à se relire avant de remettre son travail à l'enseignant (1975:245).

Rivers suggère à l'enseignant de choisir un texte de niveau de complexité correspondant au niveau de compréhension de l'étudiant, de le dactylographier à double ou à triple interligne en y insérant un certain montant d'erreurs: orthographe, accents, accords, etc. On demande ensuite à l'étudiant de préparer un modèle sans faute. Des points sont donnés pour toute correction effectuée et soustraits pour les erreurs non détectées ou mal corrigées.

5. Les dialogues à répliques orientées. Une réplique, souvent un seul mot, est suggérée pour construire chaque ligne d'un dialogue. Les étudiants écrivent au complet l'échange verbal.

Au rayon des gants
Vendeuse: désirez?
Client: gants
Vendeuse: couleur?
Client: brun
Vendeuse: pointure?
Client: ?

Construction de phrases à l'aide de mots et à partir d'indices visuels.

1. *Texte lacunaire à choix multiple*
   Ma grand'mère n'aime pas _____ souris.
   A. le   B. des   C. de   D. du   E. les   F. aucun mot

Dans ce cas, l'étudiant doit être au courant du contexte d'utilisation des articles définis et indéfinis. Les phrases doivent être comprises dans leur globalité ainsi que les implications de chaque partie. Il est important que l'étudiant lise et comprenne toute la phrase de façon à faire un choix judicieux. Le fait de forcer l'étudiant à penser au choix correct de mots individuels devrait porter fruit en composition libre où l'étudiant doit choisir correctement tous les mots de la phrase.

2. La *traduction,* spécialement des verbes, où l'étudiant doit comprendre le sens de toute la phrase pour traduire un verbe isolé.

Si Paul _____(knew)_____ ta soeur, il l'inviterait au bal.

Il se peut qu'elle _____(will be able to)_____ finir avant minuit.

3. La *terminaison* de phrases sans l'aide d'indices. Seul le contexte sert d'indice.

Elle s'intéresse _____ sports.

4. *Les séries à compléter.*

Les mois de l'été sont juin, _____, _____,
_____.
Les jours de la semaine sont lundi, mardi, _____,
_____, _____, _____.

5. *Les définitions.*

Pour couper la viande on emploie _____.

6. *L'amplification.* Ajouter un mot à chaque astérisque.

Cette * dame veut acheter une robe *.

7. *Les phrases à compléter.* On fournit la subordonnée que l'étudiant doit compléter en écrivant la proposition principale appropriée. L'étudiant doit faire preuve d'une compréhension totale de la situation pour formuler sans aide la proposition manquante.

Le samedi, quand il n'y a pas de classe, je _____.

8. *Le test de closure.* Dans ce genre de tests, chaque n ième mot (5e, 7e, etc.) est enlevé. L'étudiant doit vérifier attentivement tous les indices pour compléter le texte avec une grande variété de mots (articles, noms, verbes, adverbes, etc.). Tout mot logique qui complète grammaticalement le sens sera accepté. On mesure à la fois le vocabulaire et l'aspect grammatical.
Frank Grittner (1977:359-360), dans son livre *Teaching Foreign Languages,* déclare que le test de closure mesure plus que l'habileté de l'étudiant à deviner. L'étudiant doit comprendre le sens général du paragraphe et doit avoir appris la plupart des termes lexicaux. Le CLOZE est une procédure qui rend possible la transformation facile et rapide de portions de leçons de lecture en items de test écrit. La notation peut être faite plus rapidement. Dans l'e-

xemple ci-dessous, chaque 5e mot a été enlevé. Par pure coincidence, une grande variété de difficultés grammaticales peut être évaluée: un verbe, un article indéfini, l'article défini, un nom commun, un nom propre, un adjectif possessif.

Nos deux petits ____(sont)____ sur le pont d'__(un)__ bateau en route pour ____(la)____ France. Il fait un temps _(splendide)_ et Raymond et __(Suzette)__ ne restent pas dans __(leurs)__ cabines.

La construction d'énoncés écrits à l'aide d'un stimulus oral

Les tests les plus communs de ce type sont les suivants:

1. **La dictée.** Les étudiants associent les sons de la langue à leur contrepartie écrite. Les dictées peuvent être des extraits directement issus de ce que vient d'apprendre l'étudiant ou être formées de paraphrases qui en découlent.

a) **La dictée partielle** ou à trous où l'étudiant n'écrit que les mots manquants permet à l'enseignant de ne vérifier que les aspects problèmes ou de se concentrer sur du vocabulaire et des structures spécifiques. On peut n'omettre qu'une seule lettre représentant un son spécifique à mesurer.

J'ai (CHANTÉ) ou J'ai chant(É).
C'est un bât(ON). C'est un bat(EAU).

b) Une chanson enregistrée sur bande sonore fournit une variation de la dictée partielle. On fait d'abord écouter la chanson au complet, puis on en remet aux étudiants une version écrite sous forme de texte lacunaire. Lors d'une deuxième écoute, les étudiants remplissent les trous. Après correction, on écoute encore la chanson que les étudiants ont le plaisir de chanter à l'aide du texte complété qu'ils ont sous les yeux.

c) **La dictée complète.** L'enseignant lit de petits groupes de mots que les étudiants écrivent.

2. La réponse par écrit à des exercices structuraux.

3. Un résumé écrit d'une anecdote enregistrée sur bande sonore.

4. La prise de notes. Un message est donné à l'étudiant qui en retranscrit les points essentiels.

5. Une version écrite abrégée d'un bulletin de nouvelles.

6. Un résumé écrit d'une présentation ou d'une discussion.

7. Les résponses écrites à des questions posées oralement. L'enseignant pose oralement dix questions auxquelles l'étudiant répond par écrit, ce qui représente parfois un plus grand défi que de simplement répondre à des ques-

tions imprimées sur une page. Il est à remarquer que dans certaines des situations mentionnées, on exerce un contrôle rigide sur ce qui doit être écrit, comme en dictée par exemple, alors que dans d'autres, l'étudiant a une plus grande liberté d'expression personnelle.

Le style

Pour bien écrire, un étudiant doit non seulement se concentrer sur le fond, mais aussi sur la forme. Il doit dépasser le stade des exercices cognitifs et de copiage. Non seulement doit-il être en mesure de construire des énoncés, mais il doit aussi produire des paragraphes. Apprendre à construire différents genres d'énoncés et à exprimer ses sentiments et ses idées est un travail de longue haleine.

Le style d'un étudiant peut être évalué à l'aide des exercices suivants:

1. Transformer une série de phrases affirmatives en interrogatives ou en exclamatives.

2. Combiner des phrases simples ou des paires de phrases en énoncés plus complexes ou une série de phrases simples en paragraphe.

3. Convertir un genre d'écriture en un autre: un paragraphe narratif en dialogue et vice-versa.

4. Passer d'une séquence primaire à une séquence secondaire de façon à changer tous les temps de verbe du présent au passé, du futur au conditionnel.

5. Ecrire une phrase d'introduction pour un paragraphe dont la phrase d'introduction a été omise.

6. Imiter le style d'un auteur: réécrire la conclusion d'une histoire, mais en changeant le contenu (essayer *La parure* de Guy de Maupassant).

7. Les événements séquentiels: résumer les idées principales d'une histoire dans un ordre séquentiel.

Les critères d'évaluation

Les critères d'évaluation vont varier selon le niveau atteint par l'étudiant en expression écrite. Les exercices où l'étudiant n'a qu'à recopier ou manipuler un seul mot seront notés uniquement pour l'exactitude de la reproduction. Les exercices qui demandent à l'étudiant de s'exprimer dans ses propres mots seront évalués non seulement pour la justesse, mais aussi pour la clarté de l'expression, le choix du vocabulaire et même le style. La feuille de notation devrait inclure tous les critères qui serviront à l'évaluation. Lorsqu'on évalue un paragraphe, l'organisation du matériel constitue un critère supplémentaire. Une portion des points sera attribuée pour le contenu, spécialement quand les étudiants ont à résumer un passage oral entendu ou à décrire des images, etc. Une échelle en 5 ou 6 points est souvent utilisée pour mesurer chacun des critères ci-mentionnés.

organisation	excellente	6 5 4 3 2 1 0	non existente
clarté d'expression	compréhensible	6 5 4 3 2 1 0	incompréhensible
contenu factuel	les points importants	6 5 4 3 2 1 0	aucun point important
correction grammaticale	très peu d'erreurs	6 5 4 3 2 1 0	erreurs majeures et mineures
étendue du lexique	bien choisi, imaginatif	6 5 4 3 2 1 0	répétitif, sous le niveau scolaire
style	original, a du flair	6 5 4 3 2 1 0	non imaginatif

Ces critères peuvent être pondérés pour refléter les objectifs du cours au moment de l'évaluation. Ainsi, lors de l'évaluation d'un texte écrit spécifique, l'enseignant qui concentre l'attention de ses étudiants sur le style et l'organisation donnera deux ou trois fois plus de poids à ces deux critères ou bien en omettra certains autres. L'ordre d'importance des critères peut varier d'une année scolaire à une autre. Chez les débutants, la correction grammaticale, le contenu factuel et le style apparaîtront dans cet ordre; chez les plus avancés, cet ordre pourra être inversé.

L'évaluation de la composition au niveau avancé

À ce niveau, les compositions varient allant de sujets basés sur des lectures prérequises (écrire un résumé de l'intrigue, l'esquisse d'un caractère, une nouvelle fin à une histoire, etc.) jusqu'à une dissertation exigeant une part d'imagination, d'esprit créateur. Les premiers contrôlent et circonscrivent davantage le contenu, bien qu'on puisse parler de composition libre dans les deux cas parce que l'étudiant peut organiser ses idées, choisir le vocabulaire approprié et faire état de son style personnel. La composition libre contraste avec la composition dirigée où l'étudiant doit écrire à l'intérieur d'un cadre plutôt rigide basé sur des indices visuels, oraux ou écrits.

Voici une formule simple pour évaluer une composition au niveau avancé:

Style	= 20
Contenu	= 20
Justesse de l'expression	= 10
Total sur	= 50

La répartition des points pour le style est faite à l'aide de la formule appelée LOVE (barème utilisé dans les années soixante au Ministère de l'Education de l'Ontario pour corriger les compositions françaises "langue seconde" en année terminale, 13e en Ontario).

L — Mérite littéraire (5 4 3 2 1 0):
Le maximum de points est attribué pour l'originalité, l'imagination, la variété de la phrase (phrases complexes, interrogatives, exclamatives), les qualités oratoires, les figures de style (métaphores, métonymies, etc.).

O — Organisation du contenu (5 4 3 2 1 0):
L'introduction, le corps, la conclusion. On devrait y retrouver des énoncés d'introduction et de conclusion. La répartition en divers paragraphes pour-

rait être considérée comme un raffinement supplémentaire.

V — Vocabulaire (5 4 3 2 1 0):
Le niveau et l'étendue (appris dans les textes étudiés ou au cours des lectures personnelles).

E — Expression (5 4 3 2 1 0):
La clarté, la précision dans l'usage des mots, l'aisance.

Note: 5 points sont attribués dans chaque catégorie pour marquer l'excellence; 3 points sont attribués pour marquer un effort moyen.

Les 20 points attribués au **contenu** sont répartis comme suit: 4 points pour l'idée développée selon 5 composantes. On appelle composante un détail ou un point essentiel au thème et qui est développé, élaboré, amplifié. Voici un exemple: "Hyppolite a construit des pupitres" est un point d'information. En élaborant, en amplifiant, en ajoutant des détails, ce point devient une composante qui vaudra 4 points: "Hyppolite a construit des pupitres grands et petits, assortis à la taillle de ses enfants, le tout petit pour Joséphine."

Les 10 points pour la justesse de l'expression sont répartis comme suit: une dissertation parfaite décroche un 10. Un demi point est déduit pour chaque faute d'orthographe jusqu'à concurrence de 20 fautes. Que l'on attribue une note numérique ou alphabétique, cette formule permet d'objectiver la correction.

Conclusion

Rebecca Valette, dans son livre *Modern Language Testing,* décrit l'écrit comme étant la plus élaborée des quatre habiletés linguistiques. Elle affirme que "communiquer par écrit relève d'un certain degré de finalité et exige un niveau réel de performance pour être efficace" (1977:217, voir aussi Allen et Valette 1977). Ecrire est la dernière habileté qui sera développée chez l'étudiant. Il faut commencer tôt et simplement être patients et garder en tête que l'on devra entreprendre de façon systématique une longue série d'étapes si on veut que les résultats ultimes soient valables.

Références

Allen, Edward David et Rebecca M. Valette. 1977. *Classroom Techniques: Foreign Languages and English as a Second Language.* New York: Harcourt Brace Jovanovich, Inc.

Blackshaw, W., J. Walker et D. Hawkins. 1971. *Regardez! Racontez!* London: Harrap.

Corfield, Ruth R. 1966. *Foreign Language Instruction, Dimensions and Horizons.* New York: Appleton-Century-Crofts.

Grittner, Frank M. 1977. *Teaching Foreign Languages.* 2nd edition. New York: Harper and Row.

Mountjoy, M.E. 1969. *Regardez et écrivez.* Leeds: E.J. Arnold and Son Ltd.)

Richardson, G. et M.M. Lord. 1972. *Écris-moi bientôt.* London: Edward Arnold Publishers.

Rivers, Wilga M. 1975. *A Practical Guide to the Teaching of French.* New York: Oxford University Press.

Steiner, Florence. 1975. *Performing with Objectives.* Rowley, Massachusetts: Newbury House.

Valette, Rebecca M. 1977. *Modern Language Testing,* 2nd edition. New York: Harcourt Brace Jovanovich, Inc.

Donna Mydlarski

29 L'ordinateur: Outil de communication?

Parmi les nombreuses connotations du mot *communicatif* se trouvent *intention-nel, significatif, situationnel, référentiel, conversationnel, fonctionnel, notion-nel, discursif,* etc. Même si nous avons tous notre petite idée de ce qui constitue ou non une approche communicative, nous nous entendrons probablement sur le fait qu'une telle approche se doit d'impliquer non seulement un certain *savoir* mais aussi un *savoir faire* et que pour qu'une véritable communication puisse s'établir, l'emetteur et le récepteur doivent, en plus d'avoir à l'esprit un objectif précis, opérer dans un contexte psycho-socio-culturel.

La communication peut aussi s'établir à divers degrés. Pour ceux qui n'ac-ceptent rien de moins qu'une approche communicative totale, seul un appren-tissage "expérientiel" peut se définir comme communicatif. Mais ceux d'entre nous qui ont une certaine expérience de la salle de classe connaissent bien la simulation, les jeux de rôle et autres stratégies adaptées à ce milieu, incluant les documents "authentiques" simulés! D'où la question de savoir ce qui est vrai-ment "réel." Moirant (1981), Germain et LeBlanc (1982), ainsi que d'autres, font remarquer que la situation de la salle de classe est en soi un microcosme dont on pourrait tirer un meilleur profit qu'on ne le fait généralement. Quant aux simulations par ordinateur, John Higgins (1982:109) écrit:

> The chunky graphics are no substitute for looking at the real world. But the tasks one can carry out on them are quite real enough to engross learners. We all know that there are plenty of kids who find that navigating their interstellar battleships in the amusement arcades is more real to them than the business of answering teacher's questions.

Si seulement on pouvait mettre une telle énergie au service de l'apprentissage d'une langue seconde! Si seulement l'attrait et la puissance qu'exercent sur les esprit les jeux vidéo révélaient leur secret ... La recherche à date fait état de trois principes fondmentaux:

> (The games studied) were challenging because they each had a clear goal whose achievement was uncertain, they stimulated curiosity by offering the right level of complexity, and they evoked some degree of fantasy (Kearsley and Hunter 1983:42).

Sans prétendre que chaque activité doive se présenter comme un jeu, on est persuadé que les étudiants apprennent mieux et en plus grande profondeur précisé-

Titre original "How communicative can a computer be?" tiré de *The Canadian Modern Language Review/La Revue canadienne des langues vivantes,* 42(1): 75-82. Reproduit ici avec la permission du rédacteur. Traduction de Henri Mydlarski.

ment parce qu'ils attachent de l'importance aux jeux qui les absorbent. Il y a en effet tout lieu de croire (Stevick 1982) que l'apprentissage indirect, c'est-à-dire celui où la langue sert de véhicule, et n'est considérée comme un but en soi, possède une nette supériorité sur l'apprentissage direct. A preuve les programmes d'immersion où l'enseignement des différentes matières se fait dans la langue seconde.

ENSEIGNEMENT DES LANGUES ASSISTÉ PAR ORDINATEUR (ELAO)

• non-dirigé (l'élève contrôle et choisit)	• dirigé par le professeur ou par le système
• mode "découverte"	• structuré (semblable à l'enseignement programmé)
• holistique	• habiletés secondaires enseignées séparément
• cognitif	• béhavioriste
• inspiré de Papert (MIT)	• inspiré de Skinner
• travail individuel ou en petit groupe	• travail individuel
exemples	**exemples**
• jeux	• exercices structuraux
• résolution de problème	• travaux dirigés
• simulations	
• ELAO exploratoire	
voir les travaux de John Higgins (British Council) et Tim Johns (Birmingham) sur les micro-ordinateurs	voir les travaux de Patrick Suppes sur les maxi-ordinateurs

Tableau 1

Le tableau 1, qui représente deux positions extrêmes de ce qui devrait constituer l'enseignement des langues assisté par ordinateur (ELAO), servira de cadre de référence à notre étude. On peut y voir aisément que l'ELAO suit les tendances générales de la linguistique. Outre le retard qu'accuse toujours la pratique par rapport à la théorie sur laquelle elle se fonde, il importe de prendre en considération le long délai qu'impose le temps nécessaire au développement et à la vérification des programmes informatisés. Sanders et Kenner (1983) et Edelsky (1984) font même ressortir le fâcheux paradoxe qu'il y a à user d'un didacticiel de 1960 avec un appareil de 1980. C'est pourquoi les didacticiels modifiables par l'usager et les systèmes-auteurs sont devenus la norme, en quelque sorte la pierre de touche, des enseignants qui ne se voient plus forcés d'employer un logiciel visiblement irrecevable.

Procédant de la théorie à la pratique, nous commencerons par relever les aspects de l'approche communicative qui nous semblent les plus compatibles avec l'ordinateur, pour ensuite nous pencher sur quelques uns des épineux problèmes touchant toute la question de l'ELAO.

Principes de l'approche communicative compatibles avec l'usage d'un ordinateur

1. L'abaissement de la barrière affective

Les élèves sont généralement plus détendus devant l'écran d'un ordinateur que dans une salle de classe. L'ordinateur délimite un espace privé où se trouvent exploitées les règles de l'activité en cours et de la langue elle-même. L'élève peut se tromper sans se rendre pour autant ridicule: la rétroaction est impersonnelle et non menaçante. Assurément, le milieu qui l'encadre et le protège n'a rien du monde réel, mais il l'encourage à se faire confiance. L'élève exerce (à différents degrés, bien entendu) sur le programme un contrôle qui contribue à rehausser en lui l'opinion qu'il a de lui-même.

2. L'importance de la forme

Dans les approches communicatives, forme et contenu sont inséparables même si c'est le message qui a priorité. Ce que l'on soutient ici, c'est que certains aspects formels de la langue peuvent être travaillés à l'aide d'ordinateurs en dehors des heures de classe. Un tel emploi du temps, semblable à celui que Terrell (1982) propose pour les devoirs, permet au maître, en le libérant de ces tâches, de s'adonner en classe à des projets d'étude vraiment communicatifs. Les exercices structuraux, par exemple, sont utiles dans la mesure où ils sont significatifs et pertinents (voir Tableau 2). On pourrait aussi prendre pour exemples les jeux d'aventure et autres activités conçues pour renforcer des structures linguistiques précises (Dolbec et al. 1985).

3. La résolution de problèmes

Les approches communicatives, en général, s'appuient fortement sur les activités de résolution de problème. Les raisons en sont nombreuses:

- toute résolution de problème revêt un caractère intentionnel et ainsi offre un exemple d'emploi authentique de la langue
- comme la communication, la résolution de problème repose sur le principe que pour un problème donné il est loisible de faire appel à plusieurs stratégies
- la résolution de problème fait valoir la nécessité qu'il y a de suivre les directives à la lettre
- la résolution de problème exige une interprétation parfaite des données
- ainsi qu'il a été dit plus haut à propos des jeux, les théoriciens estiment que l'apprentissage est toujours plus fructueux lorsque la langue est le véhicule et non pas le but premier de l'activité
- les problèmes et les casse-tête présentent un attrait indéniable pour la plupart des gens, notamment pour les enfants; il s'ensuit généralement une forte motivation
- la résolution de problème se prête à un usage par petits groups.

Par bonheur, les logiciels abondent en exemples d'activités de résolution de problème, le plupart se présentant même sous forme de jeux. Encore que la majorité de ces activités soient destinées à des personnes qui parlent leur langue maternelle, il est parfaitement possible de les intégrer dans un programme de langue seconde. Peuvent également s'adapter à cet usage quelques-uns des didacticiels qu'a préparés le Ministère de l'Education du Manitoba pour les écoles françaises et les écoles d'immersion.

4. Les documents authentiques
Les systèmes matriciels courants *(template systems)* permettent l'emploi de documents authentiques oraux et écrits. Pour les exercices de lecture, le maître tape son texte comme sur une machine à écrire. Pour les exercices d'écoute, certains logiciels autorisent l'usage des enregistrements sur cassette alors que d'autres exigeraient une modalité technique assez peu courante. Il faut le rappeler: les jeux et simulations conçus à l'usage de ceux qui parlent leur langue maternelle peuvent également servir à initier les élèves à l'authentique emploi de la langue seconde. Il va pourtant de soi que ces derniers se devront d'avoir atteint, pour en tirer profit, un niveau intermédiaire. Les simulations scientifiques, commerciales et éducatives présentent toutes un intérêt certain, surtout dans le cas de besoins spéciaux d'apprentissage. Toutefois, à qui considérera pour son enseignement le potentiel de tels programmes, il incombera, critère capital, de privilégier l'abondance textuelle sur les extravagences graphiques.

5. L'écoute précède la production
L'enseignement et le contrôle de la compréhension auditive conviennent bien, à coup sûr, au laboratoire de langue. Il n'empêche qu'ils peuvent être améliorés à l'aide des travaux dirigés qu'offre l'ordinateur. Dans ce sens, la bonne et vénérable dictée jouit, comme exercice, d'une application idéale. Le stress est minime, et le petit monde privé que garantit l'ordinateur rassure l'apprenant et le met à l'abri de tout jugement de valeur. La rétroaction est immédiate et la correction de la dictée précise. Dans un programme qu'ont élaboré Dana Paramskas et l'auteur du présent article (Mydlarski et Paramskas 1985), l'ordinateur fait d'abord ressortir toutes les erreurs commises, puis demande à l'élève s'il souhaite se faire aider à les corriger. S'il le désire, celui-ci peut alors réclamer, au choix, soit une lettre correcte soit un mot ou encore un indice. Les indices, qui consistent en remarques plus ou moins brèves, sont fournis par le système (par exemple, "Les phrases commencent par une lettre majuscule") et par le maître lui-même (par exemple "Le son *f,* Bob, s'orthographie différemment dans Sté*ph*ane"). Dans le meilleur des cas une telle pratique devrait être considérée comme une préparation à la pratique communicative du langage, et ne devrait donc pas être considérée comme une fin en soi.

6. Correction d'erreurs
"Errare humanum est"

Il nous a toujours semblé que l'apprentissage naturel se faisait aussi sur le mode du tâtonnement menant à la découverte. Et pourtant bien des éducateurs paraissent nier que l'on puisse apprendre de ses fautes, et ils s'emploient à éliminer

Donna Mydlarski

INSTRUCTIONS Regardez l'horaire et complétez en mots les réponses.

Vol numéro	Provenance	Heure d'arrivée	Remarques
267	Montréal	7h30	à l'heure
482	Paris	10h15	à l'heure
232	Marseille	12h05	25 minutes de retard
420	Londres	12h40	à l'heure
409	Dakar	15h05	à l'heure
242	Rome	18h40	10 minutes de retard

À quelle heure est-ce que l'avion de Maseille va arriver aujourd'hui?

Il va arriver à midi cinq....

Mais non! Cet avion a 25 minutes de retard.   Appuyez sur RETURN pour continuer

avec la permission de The CLEF Group
Tableau 2

402

toute erreur possible, notamment en méthode audio-visuelle. Il n'en demeure pas moins que les ordinateurs mettent les élèves en mesure de tirer profit de leurs fautes. Ils peuvent en effet refaire celles-ci à dessein dans les contextes similaires ou différents, les éviter en s'y prenant autrement et en voyant où cela les mène, réfléchir sur elles pour en discuter, au besoin, avec d'autres. Le sentiment du ''qu'est-ce qui se passerait si'' se vérifie facilement: il suffit de faire intentionnellement une faute. Une telle pratique aide l'élève à se forger ses propres idées sur la grammaire, la langue, etc. Moirand (1981) estime même que c'est cette pratique qui fonde le principe de l'approche communicative. Certains théoriciens, de surcroît, prétendent que l'excellence de la compréhension chez l'élève est proportionnelle au nombre de questions qu'il se pose sur la nature du langage et de son acquisition (Stern 1984, Stowbridge et Kugel 1983).

S'il n'a pas toujours été possible dans le passé de formuler la composante corrective d'un programme d'ordinateur, nombreux par contre sont ceux qui, aujourd'hui, mettent les maîtres en mesure d'anticiper les erreurs et de fournir le genre de remarque qui se prête le mieux à l'esprit de leur enseignement.

7. L'interaction
On sait que les premiers programmes d'EAO se proposaient essentiellement d'établir entre l'élève et l'ordinateur un pont où l'élève se contentait de répondre à la machine. Ce serait là, aujourd'hui, réduire singulièrement le rôle des deux protagonistes. Higgins (1983:4) voit dans l'ordinateur ''a task-setter, an opponent in a game, an environment, a conversational partner, a stooge or a tool.'' Comme les travaux de Higgins peuvent ne pas être connus de tous, on se permettra de jeter quelque lumière sur les concepts ici énoncés.

Alors que *task-setter* et *opponent,* que l'on pourrait librement traduire par ''maître d'oeuvre et ''adversaire,'' sont employés dans leur sens habituel, *conversation partner,* ''un interlocuteur,'' exclut, en revanche, la dimension non-verbale (Weizenbaum 1966, Lavine 1981). *Environment, stooge* et *tool* (''milieu,'' ''hurluberlu'' et ''outil'') demandent peut-être à être expliqués. Le ''milieu'' serait par exemple le Grammarland de Higgins (inspiré du micro-monde de Seymour Papert, Mathland 1980.) Les élèves exercent le contrôle qu'ils désirent sur leur façon d'apprendre. Leur but: explorer le mini-univers en posant des questions, en donnant des ordres ou en laissant l'ordinateur les interroger. À ce propos, les systèmes experts qui pointent à l'horizon et qui plongent leurs racines dans l'intelligence artificielle promettent une véritable révolution en la matière. À l'avenir, en effet, les élèves seront en mesure de se servir d'une langue naturelle pour questionner l'ordinateur dans des domaines d'étude clairement définis, comme s'ils s'enquerraient auprès d'un spécialiste bien humain! La qualité d'''hurluberlu'' attribuée à l'ordinateur tient, quant à elle, à son absence de cervelle. L'élève intelligent peut se montrer plus rusé que lui en forçant le programme à débiter des inepties. Par là il prouve qu'il a bien compris l'ensemble des règles, grammaticales et autres, dont l'auteur du programme a chargé l'ordinateur. Enfin, l'ordinateur, en tant qu'outil, utilise ses capacités de traitement de texte, d'autocorrection, de formulation d'ébauche, de tableau d'affichage, de mise en page, etc.

Il apparaît donc que l'élève peut tour à tour répondre, amorcer, réagir, juger, etc. Et un tel procédé s'accorde avec l'approche communicative qui voit dans tout échange un va-et-vient perçu sous des angles divers.

8. L'accent sur le contexte socio-culturel

Il est loisible de mettre en valeur les dimensions sociales et culturelles à partir d'un choix de documents authentiques, tant auditifs que textuels. Et dans ce domaine, la palme revient à une technologie naissante: le vidéodisque. Celui-ci aillie en effet à la puissance du magnétoscope à double piste sonore l'interaction informatique. Le prototype pour l'enseignement des langues secondes est celui de "Montevidisco," lequel

is a computer-assisted instruction/interactive videodisc program that takes the student on a simulated visit to a northern Mexican town and in the process exposes students to real-life situations with natives speaking to them in Spanish at native speed. The program is also like an adventure game in that the student is never sure what will happen as a consequence of his remarks to the native speaker. In fact, the student may find himself in the local hospital or in jail depending upon the decisions he makes at critical points in the program..." (Gale 1983:43).

Plus récemment, le Massachusetts Institute of Technology (MIT) a développé un vidéodisque pour l'enseignement du français langue seconde. Les possibilités qu'offre sa combinaison de films en langue étrangère ou de bandes vidéo comprenant l'expression (verbale ou non verbale) avec les techniques informatiques de la boucle *(looping)* et du branchement pour, par exemple, montrer à quoi mène tel ou tel choix de l'étudiant sont vraiment passionnantes. Nous n'élaborerons pas plus puisque nous nous proposons ici de rester dans les limites de ce qui peut se faire avec l'aide de la technologie actuelle mais il est tout de même intéressant de noter que les professeurs de langues vivantes de MIT travaillent avec les spécialistes de l'intelligence artificielle dans le but de

create a game in which students will interact with computer personalities in the target language. Cultural awareness will be built into the program... The software will be limited to text until interactive voice communications are improved. The programs will be written in French, German, Russian, Spanish, and English...(*MLJ*, 1985:63).

Enfin, il semble que l'application la plus "sociale" et, à dire vrai, la plus communicative des ordinateurs pour l'enseignement et l'apprentissage des langues secondes soit celle qui encourage le travail en petits groupes. En stimulant la discussion en groupe, des didacticiels tels que *Hammurabi, Town Planning, Dream House, Lemonade Stad,* le *Proprio[1],* favorisent la pratique de la langue, de la négociation, de la suggestion, de l'argumentation, de l'accord, du compromis, etc. A échanger leur opinion sur les marches à suivre ou les procédés de langage à utiliser, les élèves tissent un authentique et riche réseau communicatif.

Tels sont donc les principes des théories de la communication qui se prêtent à des fonctions fondées en informatique. Si ces quelques pages ont pu convaincre le lecteur du riche potentiel qu'offre l'ordinateur dans la mise en valeur de l'approche communicative, elles n'auront pas été écrites en vain. Il ne reste plus désormais qu'à espérer qu'il n'hésitera pas à l'exploiter pour le plus grand bénéfice de son enseignement.

Quelques problèmes

Quelques-uns des problèmes afférents à l'ELAO:

- logiciels incompatibles, ce qui nécessite une diversité de micro-ordinateurs (on s'attend cependant à ce qu'on puisse bientôt transférer plus facilement les logiciels d'une marque d'ordinateur à l'autre);
- allocations budgétaires insuffisantes pour l'achat de logiciel;
- manque d'espace — certains établissements n'ont tout simplement pas assez de place pour loger un laboratoire d'informatique, surtout un laboratoire qui encouragerait la discussion en petits groupes (2 à 6 élèves par ordinateur);
- crédibilité — comme le professeur de physique que peint Papert (1980), certains professeurs de langue seconde peuvent se mettre à avoir des doutes. "Formidables, ces activités; sûr que les élèves s'amusent, mais est-ce que je leur apprends vraiment le français (ou l'anglais)?"
- attitudes négatives dans le corps enseignant.

Il y a chez certains maîtres quelque réticence à abandonner leur ancien rôle de pourvoyeur de connaissances pour celui d'animateur et d'organisateur. Nous avons personellement toujours trouvé terrifiante, par exemple, la pensée que notre réputation de professeur de français puisse dépendre du fait que nous savons ou non traduire le mot "cheerleader." En revanche, nous éprouvons une réelle satisfaction à nous percevoir comme l'inspiratrice d'une expérience linguistique pertinente.

Point n'est question ici d'informatiser l'enseignement des langues. Qui serait assez insensé pour suggérer que les professeurs de langue pourraient, ou devraient, être remplacés par des machines sans cervelle qui ne savent pas même écouter? Ce qui est proposé, c'est que les ordinateurs soient mis à contribution pour que se révèle à l'élève un milieu d'étude plus riche. L'image du groseiller (Stevens 1983) n'est pas malheureuse qui montre les étudiants de langue goûter d'abord un ou deux fruits, puis en cueillir d'autres, s'arrêtant une fois repus puis revenant à l'arbuste pour satisfaire leur appétit renouvelé.*

Note

1. Le Proprio: Vous vous décidez à réaliser votre rêve: l'achat d'un immeuble à loyers multiples. Vous devez effectuer des réparations, demander des loyers abordables, réaliser des profits et faire preuve de flair dans le choix des locataires.

---

* Je tiens à remercier Mme Danielle Willson et M. Kurt Moench des précieuses remarques qu'ils ont apportées à cette étude. Que mon mari, Henri Mydlarski, qui en a fait la traduction française, veuille aussi trouver ici l'expression de ma gratitude.

Références

Beauchamp, René. 1984. "L'ordinateur en français/Computers in French Education," *Contact,* 3(4): 12-13.

Davies, Graham. 1982. *Computers, language and language learning.* London: Centre for Information on Language Teaching and Research.

Dolbec, Jean, François Labelle and Bernadine McCreesh. 1985. "Hercule Robot and Other Stories: Adapting the Adventure Game to Computer Assisted Learning," *Medium,* 10(1):59-62.

Edelsky, Carole. 1984. "The Content of Language Arts Software: A Criticism," *CRLA,* Spring: 8-11.

Gale, Larrie E. 1983. "Montevidisco: An Anecdotal History of an Interactive Videodisc," *CALICO* Journal, 1(1): 42-46.

Germain, Claude et Raymond LeBlanc. 1982. "Quelques caractéristiques d'une méthode communicative d'enseignement des langues," *Canadian Modern Language Review,* 38(4):665-678.

Higgins, John. 1982. "How Real is a Computer Simulation?" *ELT Documents,* 113:102-109.

Higgins, John. 1983. "Can Computers Teach?" *CALICO Journal,* 1(2):4-6.

Holmes, Glyn and Marilyn Kidd. 1982. "The CLEF Project: Learning French on Colour Micros," *Proceedings of the ADCIS Conference,* 245-251.

Kearsley, Greg and Beverly Hunter. 1983. "Electronic Education," *High Technology,* April: 38-44.

Lavine, Roberta. 1981. "Humanizing Computer Assisted Instruction," *Micro,* March: 5-10.

Moirand, Sophie. 1981. "L'enseignement de la langue comme instrument de communication: état de la question," *Bulletin de l'ACLA,* Automne: 11-34.

Mydlarski, Donna and Dana Paramskas. 1984. "PROMPT: A Template System for Second Language Reading Comprehension," *CALICO Journal,* 1(5): 3-7.

Mydlarski, Donna and Dana Paramskas. 1985. "A Template System for Second Language Aural Comprehension," *CALICO Journal,* 3(2):8-11.

Papert, Seymour. 1980. *Mindstorms.* New York: Basic Books.

Sanders, David and Roger Kenner. 1983. "Whither CAI? The Need for Communicative Courseware," *System,* 11(1): 33-39.

Stern, H.H. 1984. "A Quiet Language Revolution: Second-Language Teaching in Canadian Contexts — Achievements and New Directions," *The Canadian Modern Language Review,* 40(4): 506-524.

Stevens, Vance. 1984. "Implications of Research and Theory Concerning the Influence of Choice and Control on the Effectiveness of CALL," *CALICO Journal,* 2(1):28-33.

Stevick, Earl W. 1982. *Teaching and Learning Languages.* Cambridge. Cambridge University Press.

Stowbridge, Marc D. and Peter Kugel. 1983. "Learning to Learn by Learning to Play," *Creative Computing,* 9(4):180-188.

Terrell, T.D. 1982. "The Natural Approach to Language Teaching: An Update," *Modern Language Journal,* 66(2):121-132.

Weizenbaum, Joseph. 1966. "ELIZA — A Computer Program for the Study of Natural Language Communication Between Man and Machine," *Communications of the ACM,* 9(1):36-45.

30 Bibliographie sélective

Abrate Halsne, Jayne. 1983. "Pedagogical Applications of the French Popular Song in the Foreign Language Classroom," *Modern Languge Journal,* 67(1).

Allard, Gaétan. 1982-83. "L'utilisation des petits groupes en classe," *Bulletin de l'AQEFLS (Association québécoise des enseignants de français langue seconde),* 4(3): 2-12.

Allen, J.P.B. 1977. "Structural and functional models in language teaching," *TESL Talk,* 8(1): 5-15.

Alvarez, Gerardo et collaborateurs. 1981. "Le développement de la compréhension auditive par les documents sonores radiophoniques," *Le Français dans le Monde,* 158 (janvier).

Alvarez, Gerardo. 1982. "Analyse du discours et pédagogie du texte authentique," *Québec français,* 45 (mars): 29-33.

Asher, J. 1969. "The total physical response approach to second language learning," *The Modern Language Journal,* 53: 3-17.

Audet, Francine. 1985. "Le journal quotidien: Un outil d'apprentissage du français langue seconde," *The Canadian Modern Language Review/La Revue canadienne des langues vivantes,* 42(2): 463-486.

Babcock, Arthur E. 1985. "Teaching Reading: Asking the Right Questions," *Foreign Language Annals,* 18(5): 385-387.

Bailly, D. et collaborateurs. 1983. "Innovations méthodologiques dans l'enseignement d'une langue étrangère," *Le Français dans le Monde,* 179: 88-99.

Bancroft, Jane. 1985. "Superlearning Techniques to Enhance Learning in the Foreign Language Classroom," *Contact,* 4(1): 2-5.

Beacco, Jean-Claude. 1980. "Compétence de communication: des objectifs d'enseignement aux pratiques de la salle de classe," *Le Français dans le Monde,* 153: 35-40.

Bélanger, Claire. 1981. "Les centres d'activités dans la classe de français au cycle primaire," *The Canadian Modern Language Review/La Revue canadienne des langues vivantes,* 38(1): 106-110.

Bourbeau-Walker, Micheline. 1984. "Le poids de l'histoire: À la recerche d'une pédagogie," *The Canadian Modern Language Review/La Revue canadienne des langues vivantes,* 40(2): 218-227.

Brault, G. 1983. "Enseignants, apprenants et communication," *Le Français dans le Monde,* 178 (juillet).

Brine, Janet. 1982. "L'immersion au cycle intermédiare — la période d'initiation," *Contact,* 1(3): 7.

Cette Bibliographie sélective est le résultat de suggestions soumises aux rédacteurs lors du sondage effectué auprès des professeurs chargés de la formation des enseignants de français langue seconde dans les universités canadiennes.

Brown, James W. 1984. "From Signs to Syntax: Some Observations on Discourse Formation," *Contact,* 3(1): 11-15.

Calvé, Pierre. 1983. "Un trait du français parlé authentique: La dislocation," *The Canadian Modern Language Review/La Revue canadienne des langues vivantes,"* 39(4): 779-793.

Calvé, Pierre. 1986. "L'immersion au secondaire: bilan et perspective," *Contact,* 5(3): 21-28.

Canale, Michael et Merrill Swain. 1980. "Theoretical bases of communicative approaches ..." *Applied Linguitics,* 1 (1): 1-47.

Clark, John L. 1981. "Une approche communicative dans un contexte scolaire," *Le Français dans le Monde,* 160 (avril).

Clark, John L. 1985. "Curriculum Renewal in Second-Language Learning: An Overview," *The Canadian Modern Language Review/La Revue canadienne des langues vivantes,* 42(2): 342-360.

Clément, R., R.C. Gardner et P.C. Smythe. 1980. "Social and individual factors in second language acquisition," *Canadian Journal of Behavioural Science,* 12 (4).

Cook, V. 1985. "Language Functions, Social Factors and Second Language Learning and Teaching," *IRAL,* 23, 3 (août).

Coste, Daniel et al. 1977. "Un niveau-seuil," *Le Français dans le Monde,* 126: 17-22; reproduit dans A. Ali Bouacha, *La pédagogie du français langue étrangère,* Paris: Hachette, 1978, pp. 105-115.

Coste, Daniel. 1980. "Communicatif, fonctionnel, notionnel et quelques autres," *Le Français dans le Monde,* 153: 25-34.

Coulombe, Raymonde. 1983-84. "Les outils de communication en expression orale," *Bulletin de l'AQEFLS (Association québécoise des enseignants de français langue seconde),* 5(4).

Courtel, Claudine. 1985. "La bande dessinée," *Dialogue,* 3(3): 1-2.

Courtillon, Jeannine. 1980. "Que devient la notion de progression?" *Le Français dans le Monde,* 153: 89-97.

Courtillon-Leclerc et Eliane Papo. 1977. "Le Niveau-seuil établi pour le français peut-il renouveler la conception des cours (audio-visuels) pour débutants?" *Le Français dans le Monde,* 133 (1977): 58-66.

Danan, Marcel. 1982. "L'enseignant de français langue seconde face à l'évaluation pédagogique," *Bulletin de l'AQEFLS (Association québécoise de français langue seconde),* 3(3): 19-28.

Debyser, Francis. 1973. "La mort du manuel et le déclin de l'illusion méthodologique," *Le Français dans le Monde,* 100: 63-68.

Debyser, F. 1985. "De l'imparfait du subjonctif aux méthodes communicatives," *Le Français dans le Monde,* 196: 28-31.

Desmarais, Lise. 1983-84. "Stratégies d'exploitation des documents authentiques," *Bulletin de l'AQEFLS (Association québécoise des enseignants de français langue seconde),* 5 (1-2): 9-15.

Duplantie, Monique. "Le communicatif: La voie de l'avenir?" *The Canadian Modern Language Review/La Revue canadienne des langues vivantes,* 39(4): 806-817.

Edwards, Viviane. 1985. "Assessment of Core French: The New Brunswick Experience," *The Canadian Modern Language review/La Revue canadienne des langues vivantes,* 42(2): 440-451.

Fallon, Gérald. 1984. "L'expérience langagière et le langage télévisuel: une approche motivationnelle de l'apprentissage de la lecture et de l'écriture au primaire," *Contact* 3, 4 (décembre): 5-8.

Favreau, Micheline et Norman Segalowietz. 1982. "Second Language Reading in Fluent Bilinguals," *Applied Linguistics,* 3: 329-341.

Frölich, M., N. Spada et P. Allen. 1985. "Differences in the communicative orientation in the L2 classrooms," *TESOL Quarterly,* 9(1): 27-57.

Gagnon, Madeleine. 1983-84. "Le français écrit: une entreprise," *Bulletin de l'AQEFLS (Association québécoise des enseignants de français langue seconde),* 5(4): 33-41.

Germain, Claude. 1980. "L'approche fonctionnelle en didactique des langues," *The Canadian Modern Language Review/La revue canadienne des langues vivantes,* 37(1): 10-24.

Germain, Claude. 1985. "Quelques enjeux fondamentaux dans une pédagogie de la communication en langue seconde," *The Canadian Modern Language Review/La Revue canadienne des langues vivantes,* 41(3): 501-510.

Gillis, Valérie et Irène Paradis. 1983. "Comment aider les enfants en difficulté," *Contact,* 2(4): 6-7.

Grandcolas, Bernadette. 1980. "La communication dans la salle de classe de langue étrangère," *Le Français dans le Monde,* 153: 53-57.

Higgs, Theodore. 1985. "Teaching Grammar for Proficiency," *Foreign Language Annals,* 18(4): 289-296.

Helt, Richard C. 1982. "Developing Communicative competence: A Practical Model," *The Modern Language Journal,* 66(3).

Higgs, Theodore. 1985. "Teaching Grammar for Proficiency," *Foreign Language Annals,* 18(4): 289-296.

Hullen, Jocelyne. 1985. "La BD de 7 à 77 ans, vous connaissez?" *Contact,* 4(1): 9-10.

Kenny, Lucille. 1982-83. "La mode est lancée," *Bulletin de l'AQEFLS (Association québécoise des enseignants de français langue seconde),* 4(4): 61-70.

Lange, Michel. 1985. "Approches, méthodes... Syllabus: leurs caractéristiques et leurs propriétés," *Medium,* 10, 1.

Lazaruk, Walter. 1985. "Implementing Core Programs," *The Canadian Modern Language Review/La Revue canadienne des langues vivantes,* 42(2): 452-462.

Leblanc, Raymond. 1983. "Approche communicative et grammaire," *Contact,* 2,3 (octobre): 2-7.

LeBlanc, Raymond. 1983-84. "Le professeur de langue face à l'approche communicative," *Bulletin de l'AQEFLS (Association québécoise des enseignants de français langue seconde),* 5, 1-2: 73-85.

Lentz, François. 1984. "Activités langagières à partir d'un plan de ville," *Contact,* 3(1): 27-29.

Malenfant-Loiselle, Lorraine. 1981. "La communication: comment l'enseigne-t-on?" *Bulletin de l'ACLA (Association canadienne de linguistique appliquée),* 3(2): 53-76.

Maley, Alan. 1980. "L'enseignement d'une compétence de communication:

Illusion de réel et réalité de l'illusion," *Le Français dans le Monde,* 153: 58-71.

McKay, Sandra. 1980. "On Notional Syllabuses," *The Modern Language Journal,* 64(2): 179-186.

Mertens, Bernadette. 1984. "Teaching a Second Language with the Help of Microcomputers," *Contact,* 3(3): 10-12.

Mollica, Anthony. 1978. "The Film Advertisement: A Source for Language Activities," *The Canadian Modern Language review/La Revue canadienne des langues vivantes,* 34(2): 221-243.

Mollica, Anthony. 1979. "Print and Non-Print Materials: Adapting for Classroom Use," dans June K. Phillips, réd., *Building on Experience — Building for Success,* ACTFL Foreign Language Education Series, Volume 10, Skokie, Illinois: National Textbook Co., pp. 157-198.

Mollica, Anthony. 1985. "Not for Friday Afternoons Only!: The Calendar of Memorable Events as a Stimulus for Communicative Activities," *The Canadian Modern Language review/La Revue canadienne des langues vivantes,* 42(2): 487-511.

Obadia, André. 1984. "Les piliers du nouveau bilinguisme," *Language and Society/Langue et société,* 12:17-21.

Omaggio, A.C. 1982. "Using Games and Interaction Activities for the Development of Functional Proficiency in a Second Language," *The Canadian Modern Language Review/La Revue canadienne des langues vivantes,* 38(3): 517-546.

Ouellet, Alfred et Lise Duquette-Perrier. 1982. "L'exploitation de documents authentiques: propositions d'exercices," *The Canadian Modern Language Review/La Revue canadienne des langues vivantes,* 38 (2): 303-30.

Palmer, David. 1982. "Information Transfer for Listening and Reading," *English Teaching Forum,* (janvier).

Pérez, Marcel. 1980. "L'enseignement du français langue seconde au Québec: les nouvelles tendances," *Québec français,* 37:62-64.

Porcher, Louis. 1976. "Monsieur Thibaut et le Bec Bunsen," *ELA,* 23; reproduit dans Ali Bouacha, *La pédagogie du français langue étrangère,* Paris: Hachette, 1978, pp. 67-69.

Porcher, Louis. 1977. "Note sur l'évaluation," *Langue française,* 36: 110-15.

Poulin, David. 1980. "Grammaire traditionnelle et grammaire nouvelle," *Québec français,* 40: 29-32.

Poyen, Janet. 1985. "Core French Programs Across Canada: An Overview," *The Canadian Modern Language Review/La Revue canadienne des langues vivantes,* 42(2): 243-262.

Rebuffot, Jacques. 1981. "Le français au Québec: Un aperçu du changement linguistique," *Zielsprache franzosisch,* 1: 1-10.

Richards, Jack C. 1980. "Conversation," *TESOL Quarterly,* 14, 4 (décembre).

Richards, Jack C. 1983. "Listening Comprehension: Approach, Design, Procedure." *TESOL Quarterly,* 17(2): 219-240.

Roulet, Eddy. 1976. "L'apport des sciences du langage à la diversification des méthodes d'enseignement des langues secondes en fonction des caractéristiques des publics," *Études de Linguistique Appliquée,* 21: 43-80.

Salt, Janet. 1985. "L'approche communicative dans l'enseignement des langues secondes," *Contact,* 4(2): 11-15.

Savignon, Sandra J. 1985. "Evaluation of Communicative Competence: The ACTFL Provisional Proficiency Guidelines," *The Canadian Modern Language Review/La Revue canadienne des langues vivantes,* 41(6): 1000-1007.

Stevens, Florence. 1975. "Activities to promote learning and communication in the Second Language Classroom," *TESOL Quarterly,* 17(2): 259-272.

Stern, H.H. 1981. "Communicative Language Teaching and Learning: Toward a Synthesis," dans J. Alatis et al., *The Second Language Classroom: Directions for the 1980's.* New York: Oxford University Press, pp. 131-138.

Stern, H.H. 1982. "Le concept de l'authenticité dans l'enseignement des langues vivantes: tentative de synthèse," *Bulletin de l'ACLA (Association canadienne de linguistique appliquée),* 4(2): 83-98.

Stratton, F. 1977. "Putting the Communicative Syllabus in its Place," *TESOL quarterly,* 11(2): 131-141.

Tardif, Cécile. 1983-84. "Exemple d'unité d'enseignement en relation avec le nouveau programe de français, langue seconde," *Bulletin de l'AQEFLS (Association québécoise des enseignants de français langue seconde),* 5(1-2): 37-53.

Tardif, Claudette. 1985. "L'approche communicative: pratiques pédagogiques," *The Canadian Modern Language Review/La Revue canadienne des langues vivantes,* 42(1): 69-73.

Wesche, Marjorie. 1981. "Communicative Testing in a Second Language," *The Canadian Modern Language Review/La Revue canadienne des langues vivantes,* 37(3): 551-571.

Wesche, Marjorie, Henry Edwards et Winston Wells. 1982. "Foreign Language Aptitude and Intelligence," *Applied Psycholinguistics,* 3: 127-140.

White, Joan. 1984. "Drama, Communicative Competence and Language Teaching: An Overview," *The Canadian Modern Language Review/La Revue canadienne des langues vivantes,* 40(4): 595-599.

Yalden, Janice. 1984. "The Design Process in Communicative Language Teaching," *The Canadian Modern Language Review/La Revue canadienne des langues vivantes,* 40(3): 398-413.